GEORG WILHELM FRIEDRICH HEGEL

# Berliner Schriften
## (1818–1831)

voran gehen
Heidelberger Schriften
(1816–1818)

Herausgegeben von
Walter Jaeschke

FELIX MEINER VERLAG
HAMBURG

PHILOSOPHISCHE BIBLIOTHEK BAND 504

*Hegel, Georg Wilhelm Friedrich:* Berliner Schriften :
(1818 - 1831). Voran gehen: Heidelberger Schriften :
(1816 - 1818). Georg Wilhelm Friedrich Hegel. Hrsg.
von Walter Jaeschke. - Hamburg : Meiner, 1997
(Philosophische Bibliothek ; Bd. 504)
ISBN 3-7873-1318-4

Satz: Rheingold-Satz Hildegard Smets, Flörsheim-Dalsheim.
Einbandgestaltung: Jens-Peter Mardersteig. Druck: Strauss
Offsetdruck GmbH, Mörlenbach. Buchbinderische Verarbei-
tung: Lüderitz & Bauer, Berlin. Werkdruckpapier: alterungs-
beständig nach ANSI-Norm resp. DIN-ISO 9706, hergestellt
aus 100% chlorfrei gebleichtem Zellstoff. Printed in Ger-
many.

# INHALT

## Georg Wilhelm Friedrich Hegel

Inhalt

VII

# EINLEITUNG DES HERAUSGEBERS

## I. Hegel in Heidelberg und Berlin

Mit dem Sommersemester 1806 mußte Hegel infolge der
Kriegsereignisse seine Jenaer Lehrtätigkeit beenden, und zu
Beginn des Jahres 1807 verließ er Jena. Ein Jahrzehnt dau-
erte es, bis sich ihm – nach einer zweijährigen Arbeit als
Redakteur der »Bamberger Zeitung« und einer achtjährigen
Tätigkeit als Rektor des Nürnberger Ägidiengymnasiums –
im Jahre 1816 wieder die ersehnte Möglichkeit bot, Philosophie an einer Universität zu lehren. Freilich ließ er die
Zeit des Wartens nicht ungenutzt verstreichen; sie war gefüllt durch die Herausbildung der verschiedenen Seiten seines Systems und ihre Eingliederung in eine »Enzyklopädie«,
vor allem aber durch die Ausarbeitung seiner *Wissenschaft der
Logik* (1812–1816). Gleichzeitig mit deren Abschluß und mit
dem politischen Neuanfang nach den Napoleonischen Kriegen wurde Hegel die ersehnte »Erlösung aus dem Schul-,
Studien und Organisationskatzenjammer«[1] zuteil: Im Sommer 1816 erhielt er zunächst einen Ruf nach Heidelberg[2]
und kurz nach dessen Annahme Rufe nach Berlin und nach
Erlangen.[3]

Doch trotz der Freude, in Heidelberg wieder im Umkreis
seines Mentors Heinrich Eberhard Gottlob Paulus und von
dessen Familie wirken zu können, war Hegels Interesse
bereits im Sommer 1816 darauf gerichtet, in Berlin die

---

[1] Hegel an Niethammer, 11. August 1816; *Briefe.* Bd 2.111; vgl. ebd.
107.

[2] Näheres siehe unten, XXIII.

[3] v. Schuckmann an Hegel, 15. August (empfangen 24. August)
1816; Hegel an v. Schuckmann, 28. August 1816; *Briefe.* Bd 2.111 f.
bzw. 123. – Hegel an Daub, 8. September 1816; Hegel an Bertholdt,
6. September 1816; *Briefe.* Bd 2.129–131.

Nachfolge Fichtes anzutreten. Friedrich v. Raumer hatte ihn – im Einverständnis mit dem preußischen Innenminister v. Schuckmann – bereits in Nürnberg besucht und dazu ermuntert, seine »Gedanken über den Vortrag der Philosophie auf Universitäten« niederzuschreiben;[4] in den ersten Augusttagen war auch noch Barthold Georg Niebuhr zu Erkundungen nach Nürnberg gekommen.[5] In einem Brief an Niethammer wog Hegel beide Möglichkeiten gegeneinander ab: »Vielleicht auch, so wenig meine Frau davon hören will, wäre die dasige (sc. die Berliner) Stelle das Vorzüglichere, das töricht wäre, dem ersteren (sc. der Heidelberger Stelle) nachzusetzen.«[6] Doch am gleichen Tage, am 24. August, an dem Hegel durch den Innenminister v. Schuckmann den Ruf nach Berlin erhielt, traf auch sein Schreiben in Heidelberg ein, mit dem er den Ruf dorthin annahm.[7]

Die beiden Jahre in Heidelberg waren für Hegel sowohl philosophisch als auch persönlich eine überaus fruchtbare Zeit.[8] Hier veröffentlichte er die erste Fassung seiner *Enzyklopädie der philosophischen Wissenschaften im Grundrisse*[9] und auch seine Rezensionen des dritten Bandes der Werke Friedrich Heinrich Jacobis und der *Verhandlungen in der Versammlung der Landstände*,[10] und die Form, in der er hier sein System in Vorlesungen vorzutragen und auszugestalten begann, weicht nicht mehr prinzipiell von der späteren ab. In Heidelberg fand Hegel auch einen lebhaften und engen Freundeskreis, zu dem neben Carl Daub insbesondere

---

[4] Hegel an v. Raumer, 2. August 1816; *Briefe*. Bd 2.96–102.

[5] Hegel an Boisserée, 8. August 1816; *Briefe*. Bd 2.108–110.

[6] Hegel an Niethammer, 11. August 1816; *Briefe*. Bd 2.111.

[7] Hegel an Daub, 20. August 1816; v. Schuckmann an Hegel, 15. August 1816; *Briefe*. Bd 2.111 f. bzw. 114–117.

[8] Siehe etwa Kuno Fischer: *Hegels Leben, Werke und Lehre*. Heidelberg ²1911, Bd 1.102–125, sowie den von Hugo Falkenheim verfaßten Anhang hierzu, ebd. Bd 2.1211–1213.

[9] Heidelberg 1817.

[10] Hegel: *Gesammelte Werke*. Bd 15.30–125.

Friedrich Creuzer, Carl Schwarz und Anton Friedrich Justus Thibaut zählten, aber auch solche Kollegen, die seiner Philosophie durchaus fern standen. Insbesondere die Berichte über den geselligen Umgang beim Besuch Jean Pauls in Heidelberg, im Sommer 1817, vermitteln den Eindruck einer fröhlichen, ja ausgelassenen Stimmung.[11] Zur gleichen Zeit zerbrach aber Hegels langjährige Freundschaft mit Paulus durch die heftigen öffentlichen Auseinandersetzungen um das Verhältnis der Württembergischen Landstände zum König.[12]

Doch bereits gut ein Jahr nach Hegels Wechsel nach Heidelberg nahmen die Pläne für einen erneuten Wechsel – diesmal nach Berlin – Gestalt an. Auf seiner Rückreise von Paris nach Berlin war der neu berufene preußische Kultusminister v. Altenstein in Heidelberg mit Hegel in Verbindung getreten und hatte dabei, wie er schreibt, den Eindruck gewonnen, daß Hegel einem Ruf nach Berlin folgen würde.[13] Am 26. Dezember 1817 lud er Hegel erneut ein, »die Lehrstelle bei der hiesigen Königlichen Universität als ordentlicher Professor in der philosophischen Fakultät anzunehmen«;[14] am 24. Januar 1818 erklärte Hegel sein Interesse;[15] am 20. Februar stellte Altenstein den Antrag an den König, Hegel zu berufen. In seiner Eingabe rühmte Altenstein Hegel als einen Hochschullehrer, »der, gleich fern von paradoxen, auffallenden, unhaltbaren Systemen

---

[11] *Hegel in Berichten seiner Zeitgenossen.* Hrsg. von Günther Nicolin. Hamburg 1970, 150–154.

[12] Siehe hierzu Franz Rosenzweig: *Hegel und der Staat.* München und Berlin 1920, ND Aalen 1962, Bd 2.33–62.

[13] Zu Hegels Berufung nach Berlin siehe Max Lenz: *Geschichte der Königlichen Friedrich-Wilhelms-Universität zu Berlin.* Bd 2, 1. Hälfte: Ministerium Altenstein. Halle a. d. S. 1910, 14–16. Siehe insgesamt 177–403: Kap. 3, »Unter dem Gestirn Hegels«; Bd 4.334 f. – Kuno Fischer: *Hegels Leben, Werke und Lehre.* Bd 1. Heidelberg ²1911, 129–139 sowie Hoffmeister in *Briefe.* Bd 2.397–403.

[14] v. Altenstein an Hegel, 26. Dezember 1817; *Briefe.* Bd 2.170 f.

[15] Hegel an v. Altenstein, 24. Januar 1818; *Briefe.* Bd 2.173–175.

und von politischen oder religiösen Vorurteilen mit Ruhe
und Besonnenheit seine Wissenschaft lehrt. Der einzige Gelehrte, welchem der Unterricht in der Philosophie auf der
Universität hier in einem hohen Grade mit Zuversicht in
dieser Beziehung anvertraut werden könnte, ist nach meiner Überzeugung der Professor Hegel, gegenwärtig Lehrer
der Philosophie zu Heidelberg, ein Mann von dem reinsten
Charakter, von seltenen mannigfaltigen Kenntnissen, von
Reife des Geistes und von philosophischem Scharfsinn [...].
Gleich weit entfernt von religiöser Schwärmerei und von
Unglauben, hat er bei seiner philosophischen Tiefe doch
auch schätzbare Ansichten in der allgemeinen Erziehungs-
kunst und sogar praktische Kenntnisse in solcher.«[16]
    Die zustimmende Kabinettsordre datiert vom 12. März;
am 26. März erhielt Hegel das förmliche Berufungsschrei-
ben vom 16. März sowie einen persönlich gehaltenen Brief
v. Altensteins, und am 31. März nahm er den Ruf an.[17]
    Eigentümlich ist es, daß vielleicht gar nicht so sehr die
Aussicht auf eine erweiterte Lehrtätigkeit, sondern vielmehr
auf ihre Beendigung ein gewichtiger Grund für Hegels
Wechsel nach Berlin war. In seinem Heidelberger Ab-
schiedsgesuch nannte Hegel als Grund »vornehmlich die
Aussicht zu mehrerer Gelegenheit in weiter vorrückendem
Alter von der prekären Funktion, Philosophie auf einer
Universität zu dozieren, zu einer andern Tätigkeit überge-
ben und gebraucht werden zu können«.[18] Er stützte sich
hierbei offensichtlich auf Andeutungen, die v. Altenstein
ihm bereits am 26. Dezember 1817 gemacht und am 18.
März 1818 konkretisiert hatte: »Ich beabsichtige eine große
Veränderung bei der Königlichen Akademie der Wissen-

---

[16] 20. Februar 1818; der vollständige Text in Lenz: *Geschichte,* Bd
4.334 f.
[17] Preußisches Kultusministerium an Hegel, 16. März 1818, v.
Altenstein an Hegel, 18. März 1818; Hegel an das preußische Kultusministerium, 31. März 1818; *Briefe.* Bd 2.177–180 bzw. 180 f.
[18] Hegel an das Badische Innenministerium, 21. April 1818; *Briefe.*
Bd 2.182.

schaften hier und hoffe dabei Gelegenheit zu haben, Ihnen eine sehr schöne Wirksamkeit zu eröffnen und Ihre Einnahme künftig zu erhöhen.«[19]

Doch bewog nicht allein diese Aussicht Hegel dazu, nach Berlin zu gehen; mehrere Gründe trafen hier zusammen. Bereits lange Jahre zuvor, noch aus Bamberg, hatte Hegel an Niethammer geschrieben: »Man sei in einem Staate, was man sei, so ist es am besten, es in der Hauptstadt zu sein; der Aufenthalt in einer Provinzstadt kann immer für eine Verweisung angesehen werden, wenn man es auch selbst wäre, der sich verwiese« – damals jedoch im Blick nicht auf Berlin, sondern auf München.[20] Allenfalls eine Universität, die sich selbst zu einem Mittelpunkte mache, könne mit einer Hauptstadt in Konkurrenz treten. Berlin aber war beides: Es war Hauptstadt des größten der damaligen deutschen Staaten (abgesehen von Österreich), und zumal eines Staates, der sich im zurückliegenden Jahrzehnt durch eine Reihe bedeutender Reformen ausgezeichnet hatte, und es war Universitätsstadt – zumal der Sitz eines neuen, zukunftverheißenden Typus von Universität. Hegel konnte sich hier mit gutem Grund, wie er in seiner *Berliner Antrittsrede* sagte, auf »der Universität des Mittelpunktes« wissen.[21] An anderer Stelle fügte er noch ein weiteres Argument hinzu: »die Philosophie war von jeher mehr im nördlichen Deutschland Bedürfnis und zu Haus als im südlichen«.[22]

---

[19] *Briefe*. Bd 2.179.

[20] Hegel an Niethammer, 20. Mai 1808; *Briefe*. Bd 1.226.

[21] Siehe unten, 44,17.

[22] Hegel an seine Schwester Christiane, 12. September 1818; *Briefe*. Bd 2.197. – Hegels Heidelberger und Berliner Schüler Richard Rothe hat die Entscheidung für Berlin mit der zu Beginn des Jahres 1818 noch ungeklärten Erbfolge in Baden in Beziehung gebracht; er vermutet hier »eine von den Ursachen, welche Hegel bewogen haben, den Ruf nach Berlin anzunehmen; denn da auf diese Weise Heidelberg leicht bayerisch werden könnte, hätte er zu fürchten gehabt, einmal wieder unter den bayerischen Szepter zu kommen, der ihm überaus verhaßt ist.« Rothe an seinen Vater, 7. Juni 1818; in *Richard*

Hegels Berufung bildete einen Hauptpunkt der Bestrebungen Altensteins, namhafte Gelehrte sehr unterschied-
licher Strömungen für die Universität Berlin zu gewinnen.
Goethe faßte sie in dem Wort zusammen: »Minister Altenstein scheint sich eine wissenschaftliche Leibgarde anschaffen zu wollen.«[23] Nicht immer allerdings führten diese
Bestrebungen zum Erfolg: August Wilhelm Schlegel zog die
Universität Bonn vor, und Ludwig Tieck lehnte den Ruf –
zumal auf die Nachfolge seines Freundes Solger – ab.[24]

Der Beginn von Hegels Berliner Tätigkeit fiel in eine
politisch gespannte Lage: Das Wartburgfest vom Oktober
1817 mit den ihm folgenden Repressionen lag noch nicht
lange zurück, und wenige Monate nach seinem Kommen
ermordete der Student Karl Ludwig Sand in Mannheim den
Literaten und russischen Staatsrat August Kotzebue – eine
Untat, die einige Professoren als eine aus einem reinen Herzen kommende Tat beschönigen zu können glaubten, was
zur Entlassung des protestantischen Theologen de Wette
und auch zum scharfen Disput unter den Berliner Kollegen
über das Recht des Staates zu einer solchen Maßnahme
führte.[25] Von seiten der Regierungen wurde dieser Mord
mit einer erneuten Verschärfung der Restaurationsbestre-
bungen durch die Karlsbader Beschlüsse beantwortet; insbesondere die Universitäten waren von der »Demagogen-
verfolgung« wie auch von den Zensurgesetzen betroffen.

*Rothe. Ein christliches Lebensbild* auf Grund der Briefe Rothes entworfen von Friedrich Nippold. Bd 1. Wittenberg 1873, 84. (Da die Ehe
des Großherzogs Karl mit Stephanie Beauharnais kinderlos war, erhob
Bayern Ansprüche auf die Pfalz, die erst auf dem Aachener Kongreß
1818 durch Änderung der Erbfolgeregelung abgewiesen wurden.)

[23] Goethe an Sulpiz Boisserée, 1. Mai 1818; *Hegel in Berichten seiner
Zeitgenossen,* 173.

[24] Lenz, *Geschichte,* Bd 2/1.26–31; Lenz berichtet ebd. 31, Tiecks
Pietät habe sich gegen den Gedanken gesträubt, »den Lehrstuhl eines
Mannes einzunehmen, als dessen Schüler er sich bekannte«.

[25] Schleiermacher an Gaß, Ende 1819; Rosenkranz: *Hegels Leben,*
325 f.

Diese Auseinandersetzungen haben Hegels erstes Auftreten in Berlin zunächst wenig Aufmerksamkeit finden lassen. Solger schrieb damals an Tieck: »Ich war begierig, was der gute Hegel hier für einen Eindruck machen würde. Es spricht niemand von ihm, denn er ist still und fleißig. Es dürfte nur der dümmste Nachbeter hergekommen sein, dergleichen sie gar zu gern einen hätten, so würde großer Lärm geschlagen, und die Studenten zu Heil und Rettung ihrer Seelen in seine Collegia gewiesen werden.«[26] Auch für seinen persönlichen Umgang bildete der Wechsel nach Berlin eine Zäsur, und zunächst keine erfreuliche. Noch ein Jahr nach seiner Ankunft verglich Hegel in einem Brief an Creuzer seine neue Situation mit derjenigen in Heidelberg: »Den Kreis der Freunde habe ich noch nicht gefunden.[27] Dies veränderte sich zwar im Lauf der Jahre, in denen Hegel mit vielen Kollegen in Verbindung trat. Doch waren diese Beziehungen im allgemeinen nicht von der Art der herzlichen Verbindung wie zu den Heidelberger Kollegen Carl Daub, Friedrich Creuzer und Thibaut – abgesehen wohl allein von der Freundschaft mit dem Theologen Philipp Marheineke und dem Sprachwissenschaftler und Indologen Franz Bopp. Im besseren Fall war die Basis des Verkehrs ein – zur inneren Reserve hinzutretender – gegenseitiger Respekt, wie etwa im Verhältnis zu August Böckh[28] oder Wilhelm v. Humboldt,[29] im weniger guten die allzu diplomatische Förmlichkeit, wie sie Alexander v. Humboldt bei einem Konflikt an den Tag legte,[30] und im schlechtesten die nahezu offene Feindschaft, wie im Verhältnis zu Schleiermacher.[31]

[26] Solger an Tieck, 22. November 1818; in *Solgers nachgelassene Schriften und Briefwechsel*. Hrsg. von Ludwig Tieck und Friedrich von Raumer. Bd 1, Leipzig 1826, 686 f.; vgl. die von Hegel leicht redigierte Fassung dieses Zitats, unten, 232,9–15.
[27] 30. November 1819; *Briefe*. Bd 2.220.
[28] *Hegel in Berichten seiner Zeitgenossen*, 302,318–322.
[29] Siehe unten, XLI–XLVI.
[30] *Briefe*. Bd 3.424–426.
[31] Über Hegels Beziehungen zur »Berliner Gelehrtenwelt«

Hegels Berliner Jahre sind eine Zeit des konsequenten Ausbaus des Systems – eines Ausbaus weniger durch Publikationen als durch seine Vorlesungen. Veröffentlicht hat Hegel in diesen Jahren nur ein größeres Werk: die *Grundlinien der Philosophie des Rechts* 1821. Die *Enzyklopädie der philosophischen Wissenschaften* und das erste Buch der *Wissenschaft der Logik* hat Hegel in zweiten Auflagen vorgelegt, die allerdings fast den Charakter neuer Bücher haben, während die rasch folgende dritte Auflage der *Enzyklopädie* sich nur noch geringfügig von der zweiten unterscheidet. Diese neuen Auflagen wie auch die Neubearbeitung der Disziplinen seines Systems im Rahmen von Vorlesungen sind gekennzeichnet einerseits von der Umgestaltung, tieferen Durchdringung und Ausarbeitung seines Systemgedankens, andererseits von der Fülle der Materien, die Hegel sich in diesen Jahren auf allen Gebieten seiner Philosophie erarbeitet hat. Eigens hervorgehoben seien seine intensive Rezeption der zeitgenössischen naturwissenschaftlichen, aber auch der »asiatischen« Forschungen sowie seine ausgedehnte Beschäftigung mit der Kunst – sowohl durch seine Liebe zu Theater, Oper und Museum, als auch durch seine »Kunstreisen« nach Dresden (1821, 1822 und 1824), aber auch in die Vereinigten Niederlande (1822), nach Prag und Wien (1824) und nach Paris (1827).

Nicht alles ist in diesen Jahren nach Wunsch verlaufen. Unerfüllt geblieben ist vor allem die 1817/18 von Altenstein genährte Hoffnung auf eine Tätigkeit bei der Königlichen Akademie der Wissenschaften – und damit dürfte gemeint gewesen sein: auf die Präsidentschaft einer neustrukturierten Akademie, ähnlich den Positionen Jacobis und Schellings in München. Hegel hat nicht einmal Aufnahme in die Akade-

---

(Schleiermacher, v. Savigny, Solger, Böckh, Alexander v. Humboldt, Wilhelm v. Humboldt, Franz Bopp, Friedrich v. Raumer) wie auch zu Goethe siehe die Artikel von Hugo Falkenheim im Anhang zu Kuno Fischer: *Hegels Leben, Werke und Lehre*. Bd 2. Heidelberg [2]1911, 1216–1223 bzw. 1223–1229; über sein Verhältnis zu Tieck ebd. 1219.

mie der Wissenschaften gefunden. Die jahrelangen, für
diese Akademie nicht eben rühmlichen und für ihre philosophische, dann philologisch-historische Klasse auch schädlichen Auseinandersetzungen um seine Aufnahme sind erst
durch seinen Tod beendet worden. Schleiermacher hat
lange Zeit Hegels Aufnahme in die Akademie verhindert –
mit dem bereits in seiner ersten Akademieabhandlung ver-
tretenen, vorgeblich sachorientierten, aber zunächst nicht
weniger gegen eine Aufnahme Fichtes gerichteten Argument, die Spekulation sei ein einsames Geschäft, das jeder
im Inneren seines Geistes vollenden müsse; es gehöre deshalb nicht in die Akademie, in der gemeinschaftliche Werke
unternommen werden sollen – ein Argument, das Schleiermacher nicht daran gehindert hat, seine eigene Philosophie
in der Akademie vorzutragen und das schließlich zur Aus-
trocknung und völligen Aufhebung der philosophischen
Klasse und zur Bildung einer historisch-philologischen
Klasse beigetragen hat. Schließlich hat sich zumindest in
dieser Klasse die Einsicht durchgesetzt, daß eine Aufnahme
Hegels nicht zu umgehen sei, und selbst Schleiermacher hat
sich genötigt gesehen, lebhaft für sie plädieren – doch ist
Hegel verstorben, noch bevor die Zuwahl stattgefunden
hat.[32]

Als eine Kompensation für die Nichtaufnahme in die
Akademie wird zuweilen die Begründung der »Sozietät für

[32] Siehe die Rede Schleiermachers vom 29. Januar 1811, in Akade-
mieabhandlungen 1804/11, 79 f. – Zu den langen Auseinandersetzungen siehe *Geschichte der Königlich Preußischen Akademie der Wissenschaften
zu Berlin*. Im Auftrag der Akademie bearbeitet von Adolf Harnack.
Bd 1, 2. Hälfte. Berlin 1900, 691 ff., 726–730, 734–741, 753 ff., 760–
763. – Siehe auch die Voten Wilhelm und Alexander v. Humboldts
in *Hegel in Berichten seiner Zeitgenossen,* 412. – Hegel scheint sich seit
1820 sogar von einer geselligen Vereinigung ferngehalten zu haben,
die vor allem von Akademiemitgliedern besucht wurde; siehe *Hegel
und die »Gesetzlose Gesellschaft«. Ein neu aufgefundenes Dokument mitgeteilt von Andreas Arndt und Wolfgang Virmond.* In *Hegel-Studien* 20
(1985), 113–116.

wissenschaftliche Kritik« und ihrer *Jahrbücher* angesehen[33] –
eine Deutung, die sich vornehmlich auf Hegels nunmehr
ebenso entschlossenen Widerwillen gegen die Aufnahme
Schleiermachers in die »Sozietät« berufen kann. Die Gründung der *Jahrbücher* darf aber nicht primär in dieser Perspek-
tive verstanden und beurteilt werden. Zum einen ist sie wesentlich ein Verdienst von Hegels jüngerem Kollegen und
Freund Eduard Gans; zum anderen entspringt sie einem
alten, bereits in Jena gehegten[34] und auch beim Übergang
nach Berlin verfolgten[35] Plan Hegels zur Herausgabe eines
Rezensionsorgans, das einen gegenüber den traditionellen
»Literaturzeitungen« neuen Stil pflegen sollte – nicht allein
durch die namentliche Kennzeichung der Rezensionen, sondern auch durch das auf die Gesamtheit der Wissenschaften gerichtete Interesse. In diesem, der Intention nach
universalen Ansatz liegt das Spezifikum der *Jahrbücher*
– nicht in einer zeitbedingten Polemik oder in einem
Versuch Hegels, hiermit eine Plattform zur Propagie-
rung seiner Philosophie zu schaffen. Zu diesem letzteren
Zweck wäre vielmehr eine personelle Beschränkung der
*Jahrbücher* auf seine Schule und eine thematische Beschränkung auf die Philosophie und verwandte Gebiete vorteilhaft
gewesen.

Freilich hat ein »strategisches« Handeln Hegel keineswegs
fern gelegen. Bereits die Zeitgenossen haben bemerkt, daß
er nicht allein Schüler um sich gesammelt, sondern bewußt

---

[33] Siehe etwa *Die »Jahrbücher für wissenschaftliche Kritik« – Hegels Berliner Gegenakademie.* Hrsg. von Christoph Jamme. Stuttgart-Bad Cann-
statt 1994.
[34] Hegel: »Maximen des Journals der deutschen Literatur.« GW
4.507–514, 549–553.
[35] Hegel: »Über die Errichtung einer kritischen Zeitschrift der
Literatur.« GW 15.147–203 (Entwurf bzw. Erstdruck), 294–297. –
Bereits Max Lenz: *Geschichte,* Bd 2/1.308, hat darauf hingewiesen, daß
das damals von Hegel vorgeschlagene Modell an französischen Vorbil-
dern orientiert gewesen sei, ja geradezu ein »Napoleonisches Element« enthalten habe.

»Schule gemacht« habe – eine Schule, die nach Hegels über-
raschendem Tod die Herausgabe seines Werkes besorgt und
dieses Werk in die leidenschaftlichen, vornehmlich religiösen und politischen Debatten des Vormärz eingeführt hat –
sosehr, daß es gelegentlich den Anschein haben konnte, als
seien diese Streitigkeiten zum einen Teil Auseinandersetzungen innerhalb der Hegelschule und zum anderen Teil
um die Hegelsche Philosophie.

Der Streit um Hegels Philosophie ist allerdings nicht erst
nach seinem Tod ausgebrochen. Schon seit der Mitte der
1820er Jahre häufen sich die Angriffe gegen Hegels Philosophie – nicht so sehr im Sinne einer philosophischen Auseinandersetzung als einer religiösen Verdächtigung: Sie kul-
minieren im Vorwurf zunächst des Pantheismus und wenig
später gar des Atheismus.[36] Der Zurückweisung solcher Angriffe hat Hegel nicht allein in seinen Vorlesungen breiten
Raum gegeben;[37] er hat sich auch genötigt gesehen, sich in
Publikationen dagegen zu verwahren – bereits in der Vorrede und in § 573 der zweiten Auflage der *Enzyklopädie*[38]
wie auch in den im vorliegenden Band enthaltenen »Repliken«[39]. Derartige Angriffe waren damals nichts weniger als
harmlos. Es war noch keine drei Jahrzehnte her, daß Fichte
im Atheismus-Streit seinen Jenaer Lehrstuhl verloren hatte
– was in dieser Zeit ja auch im Kreis um Hegel heftig disku-

---

[36] Als erster hat anscheinend Friedrich August Gotttreu Tholuck
Hegel des Pantheismus bezichtigt: in seiner anonymen Schrift *Die
Lehre von der Sünde und vom Versöhner, oder: Die wahre Weihe des Zweif-
lers.* Hamburg ¹1823, 234; ²1825, 231. Derartige – allerdings erfolglose
– Angriffe gab es auch innerhalb der Berliner Universität durch v.
Keyserlingk; siehe Lenz: *Geschichte,* Bd 2/1.294. – Siehe ferner Gottlob Benjamin Jäsche: *Der Pantheismus nach seinen verschiedenen Hauptfor-
men.* Bd 2. Berlin 1828, XXII, XXVII, XLIV.
[37] Hegel: *Vorlesungen über die Philosophie der Religion.* Hrsg. von
Walter Jaeschke. Teil 1, Hamburg 1983 (V 1), Nachdruck 1993 (PhB
459), insbesondere 273–277.
[38] Siehe GW 19.8–16, 404–412.
[39] Siehe unten, 354–428.

tiert wurde[40] –, und 1830 wurden von seiten des Bündnis-
ses der wiedererstarkten Orthodoxie und des Neupietismus
in dem – bereits seit Tholucks Wechsel nach Halle (1825/
26) schwärenden – sogenannten »Hallischen Streit« die beiden rationalistischen Theologen J. A. L. Wegscheider und
W. Gesenius als theologisch unorthodox (und folglich politisch unzuverlässig) denunziert – ein Anschlag, der nur dank
des besonnenen Vorgehens des preußischen Kultusministeri-
ums einen glimpflichen Ausgang genommen hat.[41]

Das zweite strittige Thema neben der Religion bildete
Hegels Verständnis des Staates. Anders als zum Thema »Religion« hat Hegel auf diesem Gebiet sehr früh eine unzwei-
deutige Stellung bezogen. Dies hat jedoch die bis in die Gegenwart reichende, offensichtlich einem tief verwurzelten
Bedürfnis entspringende Legendenbildung nicht verhindern
können. Das Schlagwort von Hegel, dem preußischen
Staatsphilosophen, dient bis in die Gegenwart teils der
Denunziation, teils als Anreiz zu deren Widerlegung – doch
wird durch das eine wie durch das andere lediglich eine
philosophische Auseinandersetzung mit Hegels Rechtsphilosophie erspart – wenn nicht mit seiner Philosophie überhaupt. Hegel hat nachdrücklich gegen den »Not- und Ver-
standesstaat« der Aufklärung optiert, aber ebenso gegen das
»alte Recht« der alten Stände, in dem er weniger die von
diesen Ständen reklamierte »Liberalität« gefunden hat als
vielmehr eine privatrechtlich argumentierende Verkennung
der Grundlagen moderner Staatlichkeit – wo nicht gar, mit
Marx zu sprechen, »die Niederträchtigkeit von gestern«.[42]
Er hat nicht minder nachdrücklich für diejenige Form der

[40] Varnhagen an Hegel, 4. November 1831; Hegel an Varnhagen
(Entwurf), Anfang November 1831; *Briefe*. Bd 3.353–355.
[41] Wilhelm Schrader: *Geschichte der Friedrichs-Universität zu Halle*.
Berlin 1894. Bd 2.165 ff.
[42] Marx: »Zur Kritik der Hegel'schen Rechts-Philosophie.« In:
*Deutsch-Französische Jahrbücher*. Hrsg. von Arnold Ruge und Karl
Marx. Paris 1844, 73.

Staatlichkeit optiert und sie als vernünftig ausgezeichnet, die sich nach den Befreiungskriegen in Deutschland herausgebildet hat – zunächst in Württemberg, später in Preußen: für den »sittlichen«, auf dem Gesetz beruhenden Staat, der als die Wirklichkeit von Freiheit begriffen werden kann. Dies hat ihm – in Württemberg wie in Preußen – bei einigen den Vorwurf zugezogen, er denke zu wenig liberal, oder gar, er neige dem Despotismus zu.[43] Der politische Kampf gegen Hegels Rechtsphilosophie ist indessen bis zur gescheiterten Revolution von 1848 von der Restaurationspartei geführt und auch entschieden worden: In ihren Augen hat Hegel den Staat auf das revolutionäre Prinzip der Vernunft statt auf das Prinzip der geschichtlich überkommenen und religiös überhöhten Legitimität gestützt. Als ein Indiz seiner Servilität gilt auch, daß Hegel sich der stetigen Unterstützung seitens des Kultusministers Altenstein erfreuen durfte. Doch zum einen hat Altenstein seine Unterstützung – und auf Grund der Lage der Dinge sogar in weit höherem Maße – auch denen angedeihen lassen, die politisch anders optiert haben, wie etwa Schleiermacher, und zum anderen hat Altenstein seine überaus erfolgreiche Linie der Kulturpolitik gegen erhebliche Widerstände und Angriffe seitens der zunehmend einflußreichen restaurativen »Kronprinzenpartei« verteidigen müssen. Eine angemessene Beurteilung dieses Themas wird sich deshalb weder mit der denunziatorischen Formel vom »preußischen Staatsphilosophen« noch mit ihrer Bestreitung begnügen dürfen; erforderlich ist hierfür eine Verständigung über Hegels Ort in den sehr vielschichtigen politischen Gruppierungen und Bestrebungen seiner Berliner Jahre – und auch eine differenziertere Beurteilung der Stellung Hegels zur Juli-Revolution

---

[43] Siehe etwa die Rezension seiner Rechtsphilosophie durch H. E. G. Paulus in den *Heidelberger Jahrbüchern der Literatur,* April 1821, 392–405, Nrr 25–26, oder die Notiz Varnhagens in seinem Tagebuch vom 30. Okt. 1827 über Alexander von Humboldt; Varnhagen weist dies jedoch zurück; vgl. *Hegel in Berichten seiner Zeitgenossen,* 355.

in Frankreich (1830) und zur englischen Reform-Bill (1831), als sie sich auf Grund insbesondere seines Biographen Karl Rosenkranz verfestigt hat.[44]

## II. Zu den einzelnen Texten

In Heidelberg und Berlin hat Hegel seine Publikationstätigkeit ganz in den Dienst der akademischen Lehre gestellt – abgesehen allein von der zweiten Auflage der *Wissenschaft der Logik* (1832). Auch die Heidelberger *Enzyklopädie* (1817) und die späteren Neubearbeitungen (1827, 1830) bilden ja einen Grundriß für die Lehrtätigkeit, und das einzige in Berlin neu veröffentlichte Buch, die *Grundlinien der Philosophie des Rechts* (1821), ist aus Hegels rechtsphilosophischen Vorlesungen erwachsen und als Kompendium für deren Fortsetzung konzipiert. Neben diesen Ausarbeitungen und seinen Vorlesungen hat Hegel jedoch eine Reihe kleiner Schriften veröffentlicht. Sie sind nicht, wie die Vorlesungen, im Interesse der kontinuierlichen Ausarbeitung seines Systems geschrieben; entstanden sind sie jeweils aus einem besonderen Anlaß. Als Quellen für die Stellung der Hegelschen Philosophie in diesen Jahren sind sie dadurch jedoch nicht weniger aussagekräftig. Sie erlauben es, ein charakte-

---

[44] Rosenkranz: *Hegels Leben,* 414 f., behauptet zunächst: »In solcher (sc. immer konservativer und gereizter werdender) Stimmung erschütterte ihn das Ereignis der Julirevolution auf das Furchtbarste.« Doch im nächsten Satz räumt Rosenkranz ein: »Es fehlt an größeren schriftlichen Dokumenten, den Gemütszustand Hegels in dieser Zeit genauer zu schildern,« um dann einen prekären Ausweg zu suchen: »allein man kann ihn gewiß dem von Niebuhr vergleichen, wenn Hegel auch ruhiger, gefaßter und nicht so von der Vorstellung eines verwildernden Kriegs- und Militärdespotismus gemartert war, als der Römische Historiker.« Diese Gleichsetzung hat Karl Hegel später korrigiert; siehe *Leben und Erinnerungen.* Leipzig 1900, 15 f. sowie insgesamt das Bild, das Karl Hegel zuvor vom Leben seines Vaters in den Berliner Jahren entwirft. – Siehe auch unten, LXXI–LXXIII.

ristisches Bild der Hegelschen Philosophie in diesen Jahren
zu zeichnen. Ihre Verflechtung in den zeit- und philosophiegeschichtlichen Kontext – durch Polemik und Apologie
– ist sogar erheblich engmaschiger als bei den gleichzeitigen
Vorlesungen. Und ferner haben diese Schriften in hohem
Maße die zeitgenössische Wirkung der Hegelschen Philosophie – über den Hörsaal hinaus – bestimmt.

Im folgenden seien Erläuterungen zum Umkreis der einzelnen Texte angefügt, die vor allem ihren Charakter als
»Gelegenheitsschriften« berücksichtigen. Sie beabsichtigen
keine Interpretation, sondern sie geben Hinweise zu ihrer
Entstehungsgeschichte und zur Erhellung ihres jeweiligen
gedanklichen Hintergrunds.

## Heidelberger Antrittsrede

Nach den langen Jahren in Bamberg und Nürnberg, in
denen Hegel stets danach getrachtet hat, wieder an eine
Universität zurückkehren zu können, hat sich ihm die Möglichkeit einer Anstellung in Heidelberg überraschend, durch
den Wechsel von Jakob Friedrich Fries nach Jena, ergeben.
Bemerkenswert ist auch die kurze Frist, die damals für eine
solche Entscheidung benötigt wurde. Am 2. Mai 1816 wendet Hegel sich an seinen langjährigen Freund und Förderer
Heinrich Eberhard Gottlob Paulus mit der Frage, »wie es
um Heidelberg steht«,[45] und nach einem kurzen, intensiven
Briefwechsel schreibt bereits am 30. Juli Carl Daub förmlich
an Hegel: Es sei ihm der »höchst erfreuliche Auftrag geworden, Sie zu fragen, ob Sie geneigt seien, die Stelle eines
ordentlichen Professors für Philosophie bei der hiesigen
Universität anzunehmen.«[46] Wenige Tage darauf nimmt
Hegel den Ruf an, und Daub teilt Hegel am 16. August mit,
daß im Wintersemester ein Kolleg über Geschichte der Phi-

---

[45] *Briefe*. Bd 2.74.
[46] *Briefe*. Bd 2.94 f.

losophie gewünscht werde.[47] Zwischen diesem Datum und
dem 28. Oktober, dem Beginn seiner Vorlesungen, hat Hegel die Heidelberger Antrittsrede geschrieben.

Dieser Antrittsrede haben die späteren Editoren ein
eigentümliches Schicksal bereitet. Da sie zu Beginn einer
Vorlesung über die Geschichte der Philosophie gesprochen
worden ist, hat Carl Ludwig Michelet sie an den Beginn
seiner Ausgabe dieser Vorlesungen gestellt – obschon sie zu
deren Thematik keine ausgezeichnete Beziehung hat –
sogar noch weniger als das Manuskript der Berliner Antrittsrede zu der dort anschließenden Vorlesung über Enzyklopädie. Diese hätte sich allenfalls durch die wenigen
Bemerkungen am Ende des erhaltenen Manuskripts nahegelegt, in denen Hegel nach dem Ende der feierlichen Antrittsrede zu seinem eigentlichen Thema, der Geschichte der
Philosophie, übergeht – doch gerade diese Bemerkungen
hat Michelet weggelassen. So eröffnet die Heidelberger Antrittsrede zwar seine Ausgabe der philosophiegeschichtlichen
Vorlesungen, doch hat er selber ihre Verbindung zu diesen
Vorlesungen gänzlich durchtrennt, an deren Beginn er die
Rede gestellt hat.[48]

Mit einer noch weniger glücklichen Hand hat ihr zweiter
Herausgeber, Johannes Hoffmeister, die Heidelberger Antrittsrede behandelt. Er hat sie nicht allein in dem ihr
fremden Kontext der philosophiegeschichtlichen Vorlesungen belassen, sondern er hat ihr ein späteres, aus Hegels
Berliner Zeit stammendes Manuskript zu den philosophiegeschichtlichen Vorlesungen – und zwar die fragmentari-
sche Abschrift eines aus dem Jahre 1820 stammenden Manuskripts – angefügt und diese beiden, in keinerlei Zusammenhang stehenden Fragmente zu einer »Heidelberger
Niederschrift der Einleitung« in die philosophiegeschichtlichen Vorlesungen verleimt.[49]

---

[47] *Briefe*. Bd 2.113.
[48] W 13.3–6.
[49] Hegel: *Einleitung in die Geschichte der Philosophie*. Hrsg. von

In dieser Form hat die bisherige Forschung die Heidelberger Antrittsrede rezipiert. Sie hat sich weder daran gestoßen, daß ihre Thematik nichts mit den *Vorlesungen über die Geschichte der Philosophie* zu tun hat, noch hat sie sich um die augenfällige Übereinstimmung zwischen der Heidelberger und der Berliner Antrittsrede gekümmert. Erst im Zuge der vorbereitenden Arbeiten[50] zur historisch-kritischen Ausgabe von Hegels Vorlesungsmanuskripten[51] ist der Sachverhalt erkannt und korrigiert worden. Hierdurch fallen auch die Parallelen, ja die mehrfachen wörtlichen Übereinstimmungen der Heidelberger und der Berliner Vorrede leichter ins Auge als bei der bisherigen, irrtümlichen Anordnung.[52]

Niedergeschrieben hat Hegel die Vorrede im Sommer oder Frühherbst 1816, nämlich erst, nachdem ihm Ende Juli die Heidelberger Professur angetragen worden ist und Carl Daub ihn mit Datum vom 16. August gebeten hat, über Geschichte der Philosophie zu lesen. Begonnen hat Hegel seine Heidelberger Kollegien am 28. Oktober 1816, so daß die Zeit von Ende August bis Ende Oktober als Entstehungszeit feststeht. Die erste und die dritte Fußnote hat Hegel jedoch in abweichender Schrift notiert; wegen des Bezugs auf Preußen ist es unzweifelhaft, daß diese beiden Notizen erst bei der Umarbeitung der Heidelberger zur Berliner Antrittsrede niedergeschrieben seien.[53]

Johannes Hoffmeister. [1]1940, Hamburg [3]1959, Nachdruck 1966, 1–17.

[50] Siehe Hegel: *Vorlesungen über die Geschichte der Philosophie*. Teil 1. Einleitung in die Geschichte der Philosophie. Orientalische Philosophie. Hrsg. von Walter Jaeschke. Hamburg 1993 (PhB 439), XXX, bzw. hrsg. von Pierre Garniron und Walter Jaeschke. Hamburg 1994 (V 6), XLVII f.

[51] Siehe GW 18.1–8, sowie den Editorischen Bericht, ebd. 355–358.

[52] Siehe die Erläuterungen zur Berliner Antrittsrede, unten, XXXIII f.

[53] Siehe unten, 3 Fußnote 1, und 4, Fußnote 2. – Zur detaillierten Beschreibung des Manuskripts siehe GW 18.9–31 sowie den Editorischen Bericht, ebd. 355–358.

Verglichen mit der überzogenen Polemik, mit der Hegel 1802 Jacobi in *Glauben und Wissen*[54] bedacht hat, mag es verwunderlich, zumindest unerwartet erscheinen, daß Hegel im Jahre 1817 den dritten Band der noch von Jacobi selbst veranstalteten Ausgabe seiner Werke besprochen und zudem – bei aller Distanz im einzelnen – insgesamt sehr wohlwollend besprochen hat. Dieser Umschwung ist nicht etwa durch einen Sinneswandel Jacobis veranlaßt. Die in dem besprochenen Band veröffentlichten Werke gehören ohnehin zum Teil bereits der frühen Zeit an, und die später geschriebenen weichen von ihnen nicht ab. So muß man vielmehr annehmen, daß Hegels Urteil über Jacobi sich in diesen Jahren gewandelt habe: An die Stelle des heftigen polemischen Tons, in dem der frühe Hegel mit Schelling wetteiferte, ist nun eine philosophisch wie auch historisch gerechtere Sicht der ebenso zentralen wie eigentümlichen Rolle getreten, die Jacobi während der drei Jahrzehnte von 1785 bis 1815 in der Philosophie gespielt hat.

Hegel gehört der Philosophengeneration am Ausgang der Aufklärung an, die entscheidende Anstöße durch Jacobis Briefe *Über die Lehre des Spinoza* empfangen hat.[55] Die Anziehungskraft dieses Buches geht ja nicht so sehr von der vordergründig erörterten Frage aus, ob Lessing ein Spinozist gewesen sei – denn diese Frage ist keine philosophische; sie hat kaum mehr als ein biographisch-historisches Interesse. Die außerordentliche Wirkung des Buches beruht auf Jacobis Einschätzung, daß die Philosophie Spinozas die einzige konsequente Philosophie sei – daß sie aber als konsequente Verstandesphilosophie unausweichlich in den Pantheismus

---

[54] GW 4.346–387.

[55] Friedrich Heinrich Jacobi: *Über die Lehre des Spinoza in Briefen an den Herrn Moses Mendelssohn*. Breslau 1785, jetzt in *Jacobi-Werke-Ausgabe*. Hrsg. von Klaus Hammacher und Walter Jaeschke. Hrsg. von Klaus Hammacher und Irmgard-Maria Piske. Hamburg.

oder gar Atheismus münde und daß deshalb alle solche Verstandesphilosophie zu verabschieden sei. Mit dieser These hat Jacobi den Spinozastreit oder Pantheismusstreit ausgelöst, der – entgegen Jacobis Absicht – eine Welle der Spinoza-Rezeption ausgelöst hat. Namen wie Herder, Schelling und Schleiermacher, aber auch Goethe sind hier anzuführen. Im Gefolge dieser Rezeption hat Hegels Freund Heinrich Eberhard Gottlob Paulus eine neue Ausgabe der Werke Spinozas veranstaltet, an der auch Hegel mitgearbeitet hat.[56]

Noch während der späteren Jahre dieses Pantheismusstreits hat ein neuer Streit die Zeitgenossen erregt: der Atheismusstreit, in dessen Verlauf Fichte seine Jenaer Professur verloren hat. Diesen Streit hat zwar nicht Jacobi ausgelöst; er hat aber in ihn eingegriffen und durch sein zunächst als Verteidigung Fichtes beabsichtigtes, aber als Verstärkung der Angriffe wirkendes Sendschreiben *Jacobi an Fichte*[57] die innere Verbindung mit dem Pantheismusstreit aufgewiesen: Von Fichtes Transzendentalphilosophie gilt, nicht anders als zuvor von der Substanzphilosophie Spinozas, daß sie als konsequente Verstandesphilosophie den Gottesgedanken nicht denken könne.

Es ist aber gerade diese, von Jacobi schärfer als von Kant vollzogene Reduktion von Philosophie auf Verstandesphilosophie und die daraus folgende Aufforderung zur Verabschiedung solcher Philosophie und die Aufforderung zur Erhebung in das philosophische Nichtwissen (als die bessere Form von Philosophie), gegen die Hegel in seinen Jenaer Jahren das Programm einer Vernunftphilosophie und einer

[56] Benedictus de Spinoza: *Opera quae supersunt omnia*. Hrsg. von Heinrich Eberhard Gottlob Paulus. 2 Bde. Jena 1802–1803.

[57] Dieses Sendschreiben ist in verkürzter Form auch im von Hegel rezensierten Band enthalten; siehe Jacobi: *Werke*. Bd III.1–57. Die vollständige Fassung siehe jetzt in *Religionsphilosophie und spekulative Theologie*. Der Streit um die Göttlichen Dinge (1799–1812). Hrsg. von Walter Jaeschke. Hamburg 1994, 3–43 (Philosophisch-literarische Streitsachen Bd 3 und 3,1).

vernünftigen Erkenntnis des Absoluten entwirft und ausarbeitet. Jacobis Philosophie erscheint ihm in dieser Phase als eine »Reflexionsphilosophie der Subjektivität« – wie es auch im Untertitel von *Glauben und Wissen* heißt –, und gegen eine solche Philosophie richtet sich die geballte, aber deswegen wenig differenzierende Wucht von Hegels Kritik. Denn so richtig es in seinen Augen ist, daß der Verstand nicht zu einer höheren Erkenntnis in der Lage ist, so wichtig ist es für ihn, daß die Philosophie über das Verstandesdenken hinausgehe.

Vor dem Hintergrund dieser frühen, weder im Tone noch in der Sache angemessenen Kritik muß die neue Wertschätzung Jacobis, die sich in Hegels Rezension ausspricht, die Zeitgenossen überrascht haben. Aus Hegels zwischenzeitlich erschienenen Schriften läßt sie sich auch nicht herleiten. In der *Phänomenologie des Geistes* ist Jacobi zwar vielfach präsent[58], ohne daß aus diesen Anspielungen aber schon ein Wandel in Hegels Sicht zu erkennen wäre; in der *Wissenschaft der Logik* bezieht Hegel sich wenig auf Jacobi[59], obschon Jacobis Kant-Kritik hierzu mannigfachen Anlaß geboten hätte. Erst die Neubearbeitung ihres ersten Buches, der Lehre vom Sein, geht, lange nach Jacobis Tod, ausführlicher auf Momente seiner Philosophie ein[60], und zwar offensichtlich entlang den durch die Rezension vorgezeichneten Linien.

Die Wurzeln des Wandels in Hegels Verhältnis zu Jacobi liegen vor allem im Politischen und im Persönlichen, weniger im Philosophischen. Seit seinen Bamberger Jahren wird Jacobi in Hegels Briefwechsel mit Niethammer häufig – und stets mit großer Achtung – erwähnt. Den Anlaß bilden die

---

[58] Siehe etwa die Nachweise von Gustav-H. H. Falke: *Begriffne Geschichte. Das historische Substrat und die systematische Anordnung der Bewußtseinsgestalten in Hegels Phänomenologie des Geistes. Interpretation und Kommentar.* Berlin 1996, passim.

[59] Siehe aber GW 12.229.

[60] GW 21.82–85.

vielfachen Verdächtigungen und Angriffe, denen Jacobi als
fremder und zudem protestantischer Präsident der Bayerischen Akademie der Wissenschaften ausgesetzt war.[61] Niethammer hat – offensichtlich in eigener Initiative – Jacobi mit
Hegels freundlichen Äußerungen vertraut gemacht[62] und damit das neue, bessere Verhältnis beider eingeleitet, das zunächst durch die Übermittlung von Grüßen gepflegt wird.[63]

Zu einer Begegnung zwischen Hegel und Jacobi und
einem herzlichen Verhältnis ist es wenig später gekommen
– im Umkreis eines erneuten philosophisch-theologischen
Streites: des Streites um die Göttlichen Dinge (1811/12).
Auch in diesem dritten Streit ist es wiederum um das Verhältnis der Philosophie zum Gottesgedanken zu tun – doch
anders als in den beiden früheren Streitsachen geht es hier
nicht um einen fixen Gegensatz des Theismus einerseits und
des Pantheismus oder Atheismus andererseits, sondern um
einen vertretbaren Begriff des Theismus selbst – weshalb
jüngst vorgeschlagen worden ist, diesen Streit als Theismus-
streit zu bezeichnen.[64] Ausgelöst hat ihn Jacobi, indem er
Schelling öffentlich des Atheismus bezichtigt hat; Schelling
hat hierauf mit der ganzen Kraft seiner Polemik geantwortet.[65] Hegels Stellung zu diesem Streit ist eigentümlich zu-
rückhaltend. Durch seinen Freundeskreis ist er auf Jacobis
Seite gezogen worden.[66] Es ist wohl aus diesen persönlichen
Beziehungen zu verstehen, daß Hegel zu diesem Streit nie

[61] Hegel an Niethammer, 23. Dezember 1807; *Briefe*. Bd 1.204–
206; Hegel an Creuzer, 28. Juni 1808, *Briefe*. Bd 1.234.

[62] Hegel an Niethammer, 22. Januar 1808, *Briefe*. Bd 1.208.

[63] Hegel an Niethammer, 20. August 1808, *Briefe*. Bd 1.239.

[64] *Religionsphilosophie und spekulative Theologie,* Bd 3.4 f.

[65] In *Religionsphilosophie und spekulative Theologie* sind die Quellen
zusammengestellt und kommentiert.

[66] Siehe Caroline und Heinrich Eberhard Gottlob Paulus an Hegel,
Sommer 1812, *Briefe*. Bd 1.411 f. – Siehe insbesondere Paulus' Ausruf
gegen Schelling: »Und daß der Wicht den Galgen für Jacobi aus
Ihren und Schlegels Beinen baut und seine Hände in Unschuld waschen will!!«.

ausdrücklich Stellung bezogen hat. Denn obgleich Hegel dem Programm einer vernünftigen, »wissenschaftlichen« Erkenntnis Gottes – das Schelling hier noch ein letztes Mal vertritt – in der Sache nahesteht, so hat er sich doch durch dessen mehrfache Lockungen nicht in den Streit hineinziehen lassen. Auch in seiner Rezension sagt er hierzu wenig mehr, als daß Jacobis diesen Streit auslösende Schrift »noch so in der Erinnerung des Publikums [sei], daß es unzweckmäßig sein würde, sich länger dabei aufzuhalten.«[67]

Zur Zeit dieses Streits, im Sommer 1812, hat Jacobi auf einer Reise über Nürnberg auch Hegel besucht. Dieser schreibt danach an Niethammer: «*Jacobi* wird wohl erst gegen Ende Julis zurückkommen, seine gütigen Gesinnungen gegen mich und die gute Aufnahme habe ich Ihnen zu danken und halte es recht hoch, was ich Ihnen darüber zu danken habe.«[68] Über Hegels Logik allerdings schreibt Jacobi damals, er habe sie »nur einmal angesetzt und dann auf immer bei Seite gelegt«.[69] Im Frühherbst 1815 – kurz nachdem Jacobi gegenüber Fries noch von Hegels »Grobianismus« gesprochen hatte[70] – besuchte dieser in München auch Jacobi;

---

[67] Siehe unten, 30,14–16.

[68] 19. Juli 1812; *Briefe*. Bd 1.413, vgl. 13. August 1812, ebd. 415.

[69] Jacobi an Fries, 29. Oktober 1812, in Ernst Theodor Ludwig Henke: *Jakob Friedrich Fries. Aus seinem handschriftlichen Nachlasse dargestellt.* Leipzig 1867, 324. – Zu solcher Reaktion sieht Jacobi sich damals, seines fortgeschrittenen Alters wegen, immer häufiger gedrängt. Im zitierten Brief räumt er außerdem ein, Reinhold mache es ihm »zu sauer«, und für Herbarts Philosophie sei sein Kopf »ganz vernagelt«. – Allerdings nennt Jacobi Fries' Rezension der Logik Hegels »trefflich« und eine »großmüthige Schonung gegen Grobianismus«. Ebd. 330 bzw. *Hegel in Berichten seiner Zeitgenossen,* 118; siehe auch Jacobi an Johann Neeb, 30. Mai 1817, ebd. 142 f.

[70] Kurz darauf, am 21. Oktober 1815, setzt sich Jacobi bei Nicolovius für Hegels Berufung nach Berlin ein – allerdings nur als Ersatz für Jakob Friedrich Fries: »Ich versprach Hegeln, da er jüngst hier war, seiner bei Dir zu erwähnen. Er ist gar nicht mehr, der er in Jena war, und ich könnte ihn Dir, wenn die Partei wider Fries dort zu mächtig war, nach diesem wohl empfehlen. Dieses will ich denn auf

danach sandten beide sich neben den Grüßen nun auch ihre Publikationen: Hegel seine »Wissenschaft der Logik«,[71] Jacobi den zweiten Band der Ausgabe seiner Werke[72] – den Hegel vom »liebsten, besten Jacobi« bereits im November »mit Sehnsucht« erwartet, »um wieder einmal an Philosophie erinnert und erregt zu werden«.[73] – Nach dem Empfang dieses Bandes schreibt Hegel wiederum an Niethammer: »Ich habe nur noch die erste Lektüre, die der Neugierde vornehmlich angehört, gemacht, und des Trefflichen und Neuen in der schönen Zugabe sehr vieles gefunden. Sie wirft auf die ganze Idee ein neues, erhellendes und erwärmendes Licht. Des Wunsches für den lieben Greis konnte ich mich nicht enthalten, daß das Schmerzliche der polemischen Seite ihm für immer untergesunken und nur der Genuß seines edlen Geistes und herrlichen Gemüts ihm ungetrübt und ganz abgeschlossen erhalten werde.«[74] Wie man einem Schreiben Niethammers entnehmen kann, war Jacobi sogar für eine Patenschaft ausersehen – ein Plan, der wegen einer Fehlgeburt Marie Hegels Ende 1815 nicht verwirklicht werden konnte: »Unser herrlicher Jacobi hat über die verlorne Gevatterschaft ein so aufrichtiges Bedauern geäußert, daß sie *(!)* in der Tat ernstlich auf einen Ersatz werden Bedacht zu nehmen haben«.[75]

Zu solchem »Ersatz« ist es jedoch nicht mehr gekommen, deshalb auch nicht zu einer Patenschaft, aber auch

---

alle Fälle noch getan haben, und zwar auf das nachdrücklichste«. – Vgl. *Hegel in Berichten seiner Zeitgenossen,* 119.

[71] Hegel an Niethammer, 20. September 1815, *Briefe.* Bd 2.57. – Hierbei kann es sich nicht, wie Hoffmeister vermutet, um den dritten Band der *Wissenschaft der Logik* gehandelt haben, da dieser erst ein Jahr später erschienen ist (siehe GW 12.326), sondern wohl um den zweiten. Zur Übersendung des dritten Bandes an Jacobi siehe Hegel an Schrag, 6. Oktober 1816, *Briefe.* Bd 2.139.

[72] Hegel an Niethammer, 28. Dezember 1815, *Briefe.* Bd 2.66.

[73] Hegel an Niethammer, 23. November 1815, *Briefe.* Bd 2.62.

[74] Hegel an Niethammer, 28. Dezember 1815, *Briefe.* Bd 2.66.

[75] Niethammer an Hegel, 19. Januar 1816, *Briefe.* Bd 2.67.

nicht mehr zu einem persönlichen Treffen. In den letzten
Nürnberger oder ersten Heidelberger Monaten hat Hegel
jedoch die Rezension des im Sommer 1816 erschienenen
dritten Bandes der Werkeausgabe Jacobis geschrieben. Sie
ist zu Beginn des Jahres 1817, also nur ein Vierteljahr nach
Hegels Eintreffen in Heidelberg, in den beiden ersten
Nummern dieses Jahrgangs der Heidelbergischen Jahrbücher
erschienen und von Jacobi erfreut, wenn auch nicht ohne
Einwände aufgenommen worden, wie Briefe Jacobis an Jean
Paul und Johann Neeb[76] sowie ein Brief Hegels an Niethammer[77] und das anhaltend herzliche Verhältnis beider erweisen.

Hegels vielfältige neue Verpflichtungen, zunächst in Heidelberg und kurze Zeit darauf sein Wechsel nach Berlin,
haben es mit sich gebracht, daß sein Briefwechsel mit Niethammer und damit auch die Verbindung zu Jacobi weniger
dicht geworden ist. Unberührt davon ist die Herzlichkeit
des Verhältnisses geblieben: Zu Beginn der Berliner Zeit,
am 19. Januar 1819, teilt Niethammer Hegel mit: »Jacobi hat
mich zuletzt fast jedesmal, so oft er mich sah, gefragt: Noch
immer kein Brief von Hegel?«[78] Aber noch bevor Hegel
antworten konnte, erhielt er die Nachricht von Jacobis
Tod. An Niethammer konnte er nun nur noch schreiben:
»Jacobis Tod hat mich außer dem persönlichen Schmerz

---

[76] *Friedrich Heinrich Jacobis auserlesener Briefwechsel.* Bd 2. Leipzig
1827. An Jean Paul: 464; an Neeb: 464–470; siehe auch *Hegel in Berichten seiner Zeitgenossen,* 142 f. Hier beschreibt Jacobi sehr präzise den
Unterschied zwischen ihm und Hegel: Auch für diesen sei der Spinozismus das letzte, wahrhafte Resultat des Denkens, doch Hegel
komme auf dem Wege des Gedankens darüber hinaus zu einem System der Freiheit, er, Jacobi, hingegen nur durch einen Sprung: Hegel »mag wohl recht haben, und gern wollte ich mit ihm noch einmal alles durchversuchen, was die Denkkraft allein vermag, wäre
nicht der Kopf des Greises zu schwach dazu.« – Siehe auch ebd. 156,
Jean Paul an Jacobi, 3. September 1817: »Hegel ist Dir viel näher gekommen, nur einen Punkt über den Willen abgerechnet.«
[77] 19. April 1817, *Briefe.* Bd 2.152.
[78] Niethammer an Hegel, 19. Januar 1819, *Briefe.* Bd 2.207.

auch darum überfallen, daß, wie Sie schreiben, er öfters
nach Nachrichten von mir gefragt und nun keine von mir
aus Berlin mehr erhalten hat. Man fühlt sich immer verlassen, je mehr dieser alten Stämme, zu denen [man] von
Jugend auf hinaufgeschaut hat, eingehen. Er war einer von
denen, die einen Wendepunkt der geistigen Bildung der
Zeit sowie der Individuen formierten und die für die Welt,
in der wir uns unsere Existenz vorstellen, einer der festen
Halte waren.«[79]

## Berliner Antrittsrede

Seine Berliner Lehrtätigkeit hat Hegel am 22. Oktober 1818
eröffnet, mit einem Kolleg über *Enzyklopädie der philosophischen Wissenschaften*. Wie bereits in Heidelberg, hat er
diesem Kolleg jedoch eine Antrittsrede allgemeinen Charakters, thematisch unabhängig von der Enzyklopädie-Vor-
lesung, vorausgeschickt. Der Übergang von diesem allgemein gehaltenen Teil zum eigentlichen Thema ist im Manuskript kenntlich gemacht; eine Fortsetzung ist nicht erhalten.[80]
    Bei der Niederschrift dieser Antrittsrede im Frühherbst
des Jahres 1818 hat Hegel sich eng an der Heidelberger Antrittsrede orientiert. Dies lassen nicht allein die beiden oben
erwähnten Randnotizen zur Heidelberger Antrittsrede erkennen, die sicherlich erst im Kontext der Neubearbeitung
geschrieben worden sind. Auch darüber hinaus weisen die
beiden Reden häufige gedankliche Parallelen, ja mehrfache
wörtliche Übereinstimmungen auf. Verwiesen sei etwa auf
die zweimalige Erwähnung des größeren Ernstes in beiden
Reden;[81] auch die Wendung der Heidelberger Antrittsrede,

---

[79] Hegel an Niethammer, 26. März 1819, *Briefe*. Bd 2.213.
[80] Zur detaillierten Beschreibung des Manuskripts siehe GW 18.9–
31 sowie den Editorischen Bericht, ebd. 358–360.
[81] Vgl. unten, 3, Fußnote 1, und 4, Fußnote 2, mit 44,37 und
45,22.

»daß nur Ideen galten«, wird in der Berliner wieder aufgenommen,[82] und die spätere Erwähnung der *Seichtigkeit* und
*Schalheit* könnte ein Nachhall der früheren Rede von einem
»schalen Gespenst« sein.[83] Auch die Wendungen vom An-
bruch der Morgenröte einer schöneren Zeit oder vom
Glauben an die Macht des Geistes hat Hegel nahezu wörtlich aus der Heidelberger Antrittsrede in die Berliner übernommen.[84]

## Hinrichs-Vorrede

Hegels Vorrede zum Buch seines Heidelberger Schülers
Hinrichs ist seine erste Veröffentlichung nach dem Erscheinen der *Grundlinien der Philosophie des Rechts,* abgesehen von
einer kurzen »Erklärung« aus dem Kontext des Streites um
dieses Werk.[85] Auch mit dieser Vorrede greift Hegel in die
damaligen Auseinandersetzungen ein, und wenn auch nicht
in die rechtsphilosophischen, so doch in die gewiß nicht
minder zugespitzten Streitigkeiten um die Religionsphilosophie.

Hermann Wilhelm Friedrich Hinrichs (1794–1861) war
einer der Heidelberger Schüler, seit 1822 Professor in Breslau und seit 1824 in Halle. Er gehörte zum engsten Kreise
der Schule, jedoch nicht zu denjenigen, deren Namen auch
über den Kreis der Schule hinaus bekanntgeworden sind.
Bereits Mitte Oktober 1820 und mehrfach danach hat Hinrichs seinen ehemaligen Heidelberger Lehrer um ein Vorwort zu seinem Buch gebeten[86]; Hegel hat ihm dies am
7. April 1821 zugesagt.[87] Nachträglich sind ihm Bedenken

---

[82] Vgl. unten, 4, Fußnote 2, mit 44,5–7.
[83] Vgl. unten, 4, Fußnote 2, mit 44,35 und 47,17.
[84] Vgl. unten, 5,13 mit 47,31–32, und 5,35 mit 48,29.
[85] Hegel: *Grundlinien der Philosophie des Rechts.* Berlin 1821; »Erklärung«, in *Allgemeine Literaturzeitung.* Halle, Mai 1821, Nr 122, 111 f.
[86] Hinrichs an Hegel, 14. Oktober 1820, 14. März 1821, 22. April
1822, 28. Mai 1821; *Briefe.* Bd 2.239, 252, 260 f., 264.
[87] *Briefe.* Bd 2.253.

hinsichtlich der Publikation einer Schrift religionsphilosophischen Inhalts gerade in diesen politisch-religiös aufge-
wühlten Jahren gekommen. Unter dem Eindruck aktueller
Streitereien und Verdächtigungen notiert Hegel im Entwurf
eines Briefes an Creuzer die Sorge, ob Hinrichs' Buch auch
wirklich alles vermeide, was ihn in den Verdacht des Atheismus bringen könne: »Ich werde Hinrichs selbst über diese
Seite schreiben. Ich habe sein Manuskript nach diesem Gesichtspunkt damals, als ich es in Händen hatte, nicht näher
angesehen, – inwiefern es zu Mißverständnissen in Aus-
drückungen Gelegenheit geben könnte.«[88] Auch Hinrichs
ist sich der prekären Situation wohl bewußt. So trägt er Hegel selbst sein Bedenken vor, der ihm für seine Schrift
eigentlich angemessen erscheinende Titel »Philosophische
Begründung der Religion durch die Wissenschaft« sei »etwaiger zu erregender Mißverständnisse wegen wohl nicht
ratsam«.[89] Statt dessen nennt Hinrichs in diesem Brief als
Titel: »Philosophische Begründung der von Jacobi, Kant,
Fichte und Schelling gemachten Versuche, die Religion
wissenschaftlich zu erfassen und nach ihrem Hauptinhalt zu
entwickeln.« Am 25. Januar 1822 berichtet Hinrichs noch-
mals ausführlich über den Stand seiner Arbeiten. Diesen Bericht zitiert Hegel am Ende seines Vorworts, mit einigen
stilistischen, aber auch einigen signifikanten Änderungen:
Hegel wendet alle Äußerungen Hinrichs' über destruktive
Momente der Hegelschen Philosophie, die öffentlich gegen
ihn verwandt werden konnten, ins Allgemeine. Hinrichs
schreibt: »*Ihre* Wissenschaft nahm mir aber dieses vorstellende Element, und was war natürlicher, als daß ich [...]
die durch *Ihre* Wissenschaft in mir bewirkte höchste Entzweiung und höchste Verzweiflung aufzuheben [...] bemüht war. [...] Kann ich das, was [...] in dem Christentum
als die absolute Wahrheit vorliegt, nicht durch *die Hegelsche*

---

[88] Ende Mai 1821, *Briefe*. Bd 2.266.
[89] Hinrichs an Hegel, 13. Oktober 1821; *Briefe*. Bd 2.297.

Philosophie in der reinen Form des Wissens begreifen, [...]
so will ich nichts mehr von *ihr* wissen [...].«

Hegel veröffentlicht: »*Die* Wissenschaft nahm mir aber
das vorstellende Element, [...] und was war natürlicher, als
daß ich die durch *die* Wissenschaft in mir bewirkte höchste
Entzweiung und höchste Verzweiflung aufzuheben [...] bemüht war. [...] kann ich das, was in dem Christentum als
die absolute Wahrheit vorliegt, nicht durch *die* Philosophie
in der reinen Form des Wissens begreifen, [...] so will ich
nichts mehr von *aller Philosophie* wissen [...].[90]«

Diese Änderungen spricht Hegel auch in dem Brief an,
mit dem er Hinrichs, drei Tage nach dem Hauptteil, den
Schluß seiner Vorrede zusendet – und zwar mit der sehr bestimmten Aufforderung, seine Korrekturen nicht etwa wieder rückgängig zu machen: »Die Worte in Ihrer Abfassung,
die meine Philosophie näher ausdrücken, habe ich weggestrichen. [...] wenigstens so, wie es lautet, ist es gut und
muß so bleiben.«[91]

Den von Hegel befürchteten Anstoß wegen etwaiger
atheistisch zu mißdeutender Wendungen hat Hinrichs'
Schrift nicht erregt. Daß sie gleichwohl erheblich Anstoß
erregt hat, ist nicht durch ihren Verfasser verschuldet, sondern durch Hegels Vorwort mit dem bekannten Angriff auf
Schleiermacher: Wenn – nach Schleiermacher – das Gefühl
der Grund der Religion sei, und das fromme Gefühl »ein
reines Gefühl der Abhängigkeit sei,[92] so sei der Hund der
beste Christ – zumal er auch Erlösungsgefühle habe, wenn
man ihm einen Knochen vorwerfe.[93]

Mit dieser Wendung hat Hegel lediglich seine bereits zuvor vorgetragene Kritik des Gefühls als der »tierischen Form

---

[90] Vgl. Hinrichs an Hegel, 25. Januar 1822; *Briefe*. Bd 2.302. mit
unten, 85,34–86,8 (Hervorhebungen vom Hrsg.).

[91] 7. April 1822; *Briefe*. Bd 2.304 f.

[92] Schleiermacher: *Glaubenslehre*. § 9. Kritische Gesamtausgabe. Bd
7/1.31 f.

[93] Siehe unten, 78,1–6.

des vernünftigen Selbstbewußtseins«[94] wiederholt – aber
durch ihre Adressierung hat er ihr auch eine spezifische
Schärfe gegeben. Gegenüber Hinrichs spielt Hegel diese Polemik herunter, indem er sein Vorwort so charakterisiert:
»auf unsre jetzige Theologie hat es hin und wieder direkten
Bezug«.[95] Doch die Entrüstung über die Heftigkeit des
Hegelschen Ausfalls hält in manchen Kreisen bis in die Gegenwart an. Sie hat allerdings auch dazu geführt, daß man
sich ein sachliches Eingehen auf Hegels Kritik an Schleiermacher ersparen zu können geglaubt hat – wie ja auch
Schleiermacher selber auf diesen Angriff nicht geantwortet
hat.[96]
Zwei Dimensionen der Hegelschen Kritik an Schleiermachers Glaubenslehre sind zu unterscheiden – eine philosophische und eine theologie- bzw. kirchenpolitische. Im
Briefwechsel Hegels mit Hinrichs und seinen Heidelberger
Freunden steht die kirchenpolitische Dimension im Vorder-
grund. Hegel nutzt die Gelegenheit der Vorrede, um einen
öffentlichen Streit um die theologische Richtung der eben
begründeten Kirche der preußischen Union zwischen Lutheranern und Reformierten auszulösen. Deshalb schreibt er
auch an Hinrichs, er erwarte von dem Heidelberger Theologen und Freund Carl Daub »eine offene Erklärung, ob
denn das die Dogmatik der unierten evangelischen Kirche
sei, was man uns, – freilich in einem *erst* ersten Teile, vermutlich weil man für Weiteres in diesen Zeiten der Unter-
drückung, wie man es heißt, nicht traut, – als solche zu
bieten die Unverschämtheit und Plattheit gehabt hat.«[97]
Und er schreibt weiter: »Es tut not, daß wir nach und nach
lauter werden. Sagen Sie *Daub* ganz im Stillen, es sei ein
Gedanke des Ministers, ihn und *Schwarz* hieher einzuladen,

[94] Siehe unten, 55,2.
[95] 4. April 1822; *Briefe*. Bd 2.303.
[96] Schleiermacher an Karl Heinrich Sack, 28. Dezember 1822, sowie an de Wette, Sommer 1823, in Schleiermacher: *Briefe*. Bd 4.306
bzw. 309.
[97] 4. April 1822; *Briefe*. Bd 2.303 f.

um über Theologie und Kirche zu konferieren. [...] Wenn mir der Herr Minister davon spricht, werde ich ihm sagen, er brauche nur die beiden Herrn 1) um die Artikel Ihrer Union *(gemeint sind Ausführungen zur Badischen Union)* und 2) um eine Kritik der Dogmatik der evangelischen Kirche (wovon der Verfasser mit dem 2ten Teil, der schon Weihnachten erscheinen sollte, sich wohl nicht getraut herauszurücken) ersuchen, so werde er schon klar genug finden können, was sie von Theologie und solcher Berliner Theologie halten.«[98] – Diese Erwartungen Hegels haben sich jedoch nicht erfüllt.

Philosophisch ist Hegels Kritik gegen die beiden Aspekte der Grundlegung von Schleiermachers *Glaubenslehre* gerichtet, die gemeinsam die Formel vom »Gefühl der Abhängigkeit« tragen: gegen die Rede von »Abhängigkeit« und gegen die Rede von »Gefühl«. Ein Gedanke von »Abhängigkeit« liegt Hegels Religionsverständnis fern. In seiner ersten Rezeption, in den religionsphilosophischen Vorlesungen des Jahres 1821, stößt er sich sogar primär an Schleiermachers Rede von Abhängigkeit. Er bestreitet zwar nicht, daß ein solches Abhängigkeitsgefühl in Religionen vorkomme – aber es bilde geradezu einen Index des Verfehlens des wahren Gehalts der Religion: Das Abhängigkeitsgefühl führe zur religiösen Verehrung der politischen Macht und in letzter Konsequenz zur Teufelsanbetung.[99] In der christlichen Religion hingegen sei hierfür kein Platz: Denn wo der Geist des Herrn ist, da ist nicht Abhängigkeit, sondern Freiheit.

Hinsichtlich des zweiten Elements, des Gefühls, läßt sich Hegels Kritik auf eine knappe Formel bringen, die seine religionsphilosophischen Vorlesungen[100] nur ausführlicher

---

[98] 7. April 1822; *Briefe.* Bd 2.305.

[99] Dies ist hier nicht auszuführen; siehe aber vom Verf. »Paralipomena Hegeliana zur Wirkungsgeschichte Schleiermachers.« In: *Internationaler Schleiermacher-Kongreß Berlin 1984.* Hrsg. von Kurt-Victor Selge. Berlin – New York 1985, 1157–1169.

[100] S. Hegel: *Vorlesungen über die Philosophie der Religion,* insbeson-

entfalten: Der Inhalt der Religion muß auch im Gefühl sein
– aber das Gefühl ist eine leere Form, die allen – guten wie
bösen – Inhalt zwar in sich aufnehmen, aber eben deshalb
nicht als berechtigt erweisen kann. Hierfür kann Hegel
nicht allein Bibelzitate, sondern auch sonst gute Argumente
anführen: Legitimierende Kraft hat nicht das Gefühl, sondern allein das Denken. Eine andere Frage ist, ob Schleiermachers Rede vom frommen Gefühl und vom Gefühl der
Abhängigkeit überhaupt unter den angedeuteten Gefühlsbe-
griff zu subsumieren sei und wie diese Formeln anderenfalls
zu verstehen seien – eine Frage, an deren Antwort bekanntlich auch heute noch vielfältig gearbeitet wird.[101]

## Über die Bekehrten.
## Antikritisches

Dieser kleine, für Hegels Urteile über die zeitgenössische
Kunst jedoch nicht unwichtige Artikel hat unter den hier
versammelten Texten das am wenigsten glückliche Schicksal
gehabt: Er ist bisher in verstümmelter, um ein Viertel seines
Inhalts verkürzter Form überliefert worden. Bei ihrer Aufnahme des Artikels in Band 17 der »Freundesvereinsausga-
gabe« haben Friedrich Förster und Ludwig Boumann nicht
allein Hegels Schlußwendung weggelassen; sie haben sogar
die dritte Lieferung in Nummer 10 der Schnellpost übersehen, und sämtliche späteren Ausgaben haben in ihrer charakteristischen Scheu vor der Kenntnisnahme der Manuskripte und Erstausgaben diese Fehler durch Abschreiben
perpetuiert. Sowohl die absichtlich weggelassenen wie auch

---

dere Teil 1.175–183 – die Partie aus dem Kolleg 1824, die noch
unter dem frischen Eindruck der Auseinandersetzung mit Schleiermacher formuliert ist.
   [101] Siehe zuletzt den Kommentar in Friedrich Schleiermacher:
*Schriften*. Hrsg. von Andreas Arndt. Frankfurt am Main 1996, 1200–
1209 (Bibliothek deutscher Klassiker, 134).

die vergessenen Textabschnitte[102] sind somit seit ihrem –
schwer zugänglichen – Erstdruck völlig unbekannt geblieben; daß der letzte Teil von Hegels Artikel, der auf Details
der Handlung eingeht, gedanklich nicht an das vorhergehende anschließt, ja daß die Einführung der Personen des
Schauspiels völlig fehlt, hat bislang nicht gestört.

Hegels Zuschrift ist in der von Moritz Saphir[103] herausgegebenen *Berliner Schnellpost* anonym erschienen. Veranlaßt
ist sie durch eine – nicht namentlich gezeichnete, wohl vom
Herausgeber stammende – Charakteristik der »Bekehrten«
in der *Berliner Schnellpost*,[104] die auf die Erstaufführung der
*Bekehrten* am 3. Januar 1826 Bezug nimmt. Diese Charakteristik ist keineswegs gänzlich abschätzig; Saphir zollt den
Schauspielern Beifall, und er endet mit der Wendung: »Das
Stück im Ganzen wird das Publikum noch manchen Abend
ergötzlich unterhalten.« Gleichwohl finden sich eine Reihe
von Einwänden gegen das Stück, die Hegels Widerspruch
herausgefordert haben.

Im Blick auf die Handlung – oder vielmehr auf den Mangel an Handlung, wie Hegel schreibt – wendet Saphir ein:
»Unsere neueren Lustspieldichter scheinen sehr wohl von
dem schlechten Zustande des Merkantils unterrichtet zu
sein, da sie alle Handlung in ihren Stücken vermeiden.«
»Das Talent des geschätzten Herrn Verfassers, den ich in
manchen Produkten hochschätze, und dessen Geist auch
heute in vielen schönen Szenen ans Licht tritt, gefällt sich
zu sehr, mit Außerwesentlichem, mit Zufälligkeiten zu spielen.« Saphir bemängelt ausdrücklich, wie Hegel zitiert, daß
der Stoff des Stücks »aus einer überschraubten Gewaltaufgabe eines blinden Zufalls« herrühre – und daß das Stück
hierdurch seinen Charakter als Lustspiel verfehle: »Es ist

---

[102] Siehe unten, 93,8–96,11 und 100,6–13.

[103] Zu Moritz Gottlieb Saphir siehe Hugo Falkenheim im Anhang
zu Kuno Fischer: *Hegel,* 1236 f.

[104] Jahrgang 1826, Nr 3, vom Sonnabend, den 7. Januar, Sp. 11a–
12a.

kein Lustspiel, eher ein Possenspiel, wie es der gute Graf
selbst nennt.« – Daß der kritisierte Artikel, wie Hegel
schreibt, die beiden Hauptfiguren gleich anfangs für so
mürbe genommen habe, daß sie nichts zu tun gehabt hätten,
als einander schon beim ersten Anblick in die Arme zu
fallen, nimmt ebenfalls eine Wendung Saphirs auf: »die
Leutchen sind so mürbe und bekehrlich, daß eine Bibel-
gesellschaft ihre Freude an ihnen hätte.« Und daß das Stück
bereits im ersten Akt zu Ende wäre, wenn nicht Narr und
Kammerkätzchen es aufhielten, spiegelt den Satz Saphirs:
»Fiametta, das Kammerkätzchen, und Burchiello, der Narr,
müssen nun das Stück aufhalten, sonst wäre es im ersten
Akte schon zu Ende.« – In all diesen Aspekten nimmt
Hegel Saphirs Einwände angemessen auf, sucht sie aber teils
durch übergreifende ästhetische Erwägungen, teils durch
abweichende Akzentuierungen speziell der *Bekehrten* zu ent-
kräften. – Die hier erstmals wieder mitgeteilte Schlußwendung Hegels spielt übrigens auf das Goethe-Motto der
Schnellpost an: »Nur frisch, holpert es gleich, über Stock
und Stein den Trott rasch ins Leben hinein.«

## Humboldt-Rezension

Hegels Besprechung von v. Humboldts Abhandlung über
die Bhagavad-Gita gehört zu denjenigen Rezensionen, mit
denen die *Jahrbücher für wissenschaftliche Kritik* sich im Januar
1827 erstmals dem Publikum vorstellten; vielleicht sollte sie
die *Jahrbücher* sogar eröffnen. Über die Entstehungsgeschichte der Rezension gibt es keine Nachrichten außer der
brieflichen Bemerkung Hegels gegenüber Carl Daub, er sei
unter anderem durch den ersten Artikel dieser Rezension
von der Arbeit an der zweiten Auflage der *Enzyklopädie* abgehalten worden.[105] Dies kann sich allenfalls auf das letzte
Viertel des Jahres 1826 beziehen. Die *Jahrbücher für wissen-*

---

[105] Hegel an Daub, 19. Dezember 1826; *Briefe*. Bd 3.150.

*schaftliche Kritik* wurden zwar bereits am 23. Juli 1826 formell konstituiert,[106] und Humboldt hatte den ersten Teil seiner Abhandlung schon am 30. Juni 1825 in der Akademie der Wissenschaften vorgetragen, den zweiten Teil aber erst am 15. Juni 1826,[107] und erst vom 30. September 1826 ab sandte Humboldt den gedruckten Vortrag an auswärtige Freunde[108] – also gerade zu der Zeit, von der Varnhagen berichtet, bei einem Besuch bei Humboldt habe dieser »fast von nichts anderm als von der neuen Literaturzeitung« gesprochen, »die ihn höchlich zu interessieren schien.«[109] Zu dieser Zeit wird auch Hegel ein Exemplar der – erst 1828 im Handel erschienenen – Schrift Humboldts erhalten haben.

Auch über die Aufnahme dieser Rezension ist wenig bekannt. Humboldt hat zwar gleich nach Erscheinen des Ersten Artikels Hegel mit freundlichen Worten gedankt: »Es ist mir ein wahres Bedürfnis, Ew. Wohlgeboren gleich in dem Augenblick, in dem ich Ihre Beurteilung meiner letzten akademischen Abhandlung erhalten und gelesen habe, meinen lebhaften und wärmsten Dank für die gütige und schmeichelhafte Art abzustatten, mit der Sie meine Arbeit bei dem Publikum eingeführt haben. Ueber die Ideen, wel-

---

[106] So Eduard Gans: *Rückblicke auf Personen und Zustände.* Berlin 1836, 251–256 (zugleich als Separatdruck erschienen). – Vgl. Hegel: *Briefe.* Bd 3.390–399, hier 394.

[107] Wilhelm von Humboldt: »Über die unter dem Namen Bhagavad-Gítá bekannte Episode des Mahá-Bhárata. Gelesen in der Akademie der Wissenschaften am 30. Juni 1825 und 15. Juni 1826.« In *Abhandlungen der historisch-philologischen Klasse der Königlichen Akademie der Wissenschaften zu Berlin.* Berlin 1828, 1–44, 45–64. – Vgl. Wilhelm v. Humboldt: *Gesammelte Schriften.* Hrsg. von der Königlich Preußischen Akademie der Wissenschaften. Abt. 1. Werke. Bd 5. Berlin 1906, 190–232, 325–344.

[108] Siehe die »Bemerkungen zur Entstehungsgeschichte« in Wilhelm v. Humboldt: *Gesammelte Schriften,* Bd 5. Berlin 1846, 479. Albert Leitzmann, der Herausgeber, nennt Goethe (30. September), Schlegel und Welcker (10. Oktober) sowie Friedländer (22. Oktober 1826).

[109] *Hegel in Berichten seiner Zeitgenossen,* 320 f.

che Sie auf eine so geistvolle und scharfsinnige Weise entwickeln, hoffe ich, erlauben Sie mir, mich nächstens mündlich weiter zu besprechen. Das Ende Ihres Artikels hat mich
mit der schmeichelhaften Aussicht überrascht, daß Ew.
Wohlgeboren sich noch einmal mit meinem Aufsatz zu beschäftigen die Güte haben wollen.«[110] Es ist nicht bekannt,
ob es zu diesem Gespräch gekommen ist und wie Humboldt
auf die Fortsetzung der Rezension Hegel gegenüber geantwortet hat. Humboldt war jedoch inzwischen Mitglied der
»Sozietät für wissenschaftliche Kritik« geworden,[111] und in
diesem Rahmen können Gespräche zwanglos stattgefunden
haben. Daß die zitierten Formulierungen mehr förmlich gehalten waren und Humboldts Einschätzung nicht wirklich
wiedergeben, lehrt ein Brief v. Humboldts an Friedrich v.
Gentz. Er berichtet über die Berliner Jahrbücher, daß er
trotz einiger vorzüglicher Artikel dem Ganzen »den Geschmack nicht abgewinnen« könne, und äußert sich sodann
ambivalent über Hegel;[112] hierbei kommt er auch auf die

---

[110] 25. Januar 1827; *Briefe*. Bd 3.152.

[111] *Jahrbücher für wissenschaftliche Kritik*. Oktober 1827, Einbands. 2.

[112] Humboldt an Gentz, 1. März 1828, in *Schriften von Friedrich Gentz. Ein Denkmal*. Von Gustav Schlesier. Bd 5. Mannheim 1840, 298: »Hegel ist gewiß ein tiefer und seltener Kopf, allein daß eine Philosophie dieser Art wahrhaft Wurzel schlagen sollte, kann ich mir nicht denken. Ich wenigstens habe mich, soviel ich es bis jetzt ver-
sucht, auf keine Weise damit befreunden können. Viel mag ihm die Dunkelheit des Vortrags schaden. Diese ist nicht anregend und, wie die Kantische und Fichtische, kolossal und erhaben wie die Finsternis des Grabes, sondern entsteht aus sichtbarer Unbehilflichkeit. Es ist, als wäre die Sprache bei dem Verfasser nicht durchgedrungen. Denn auch wo er ganz gewöhnliche Dinge behandelt, ist er nichts weniger als leicht und edel. Es mag an einem großen Mangel von Phantasie liegen. Dennoch möchte ich über die Philosophie nicht absprechen. Das Publikum scheint sich mir in Absicht Hegels in zwei Klassen zu teilen; in diejenigen, die ihm unbedingt anhängen, und in die, welche ihn, wie einen schroffen Eckstein, weislich umgehen. Er gehört übrigens nicht zu den Philosophen, die ihre Wirkung bloß ihren Ideen überlassen wollen, er macht Schule und macht sie mit Absicht.

Rezension zu sprechen: »Die lange Rezension über mich kann ich am wenigsten billigen. Sie mischt Philosophie und Fabel, Echtes und Unechtes, Uraltes und Modernes; was kann das für eine Art der philosophischen Geschichte geben? Die ganze Rezension ist aber auch gegen mich, wenn gleich versteckt, gerichtet, und geht deutlich aus der Überzeugung hervor, daß ich eher alles, als ein Philosoph sei. Ich glaube indes nicht, daß mich dies gegen sie parteiisch macht.«[113]

Humboldts Vorbehalte gegen Hegels Besprechung sind nicht unverständlich – obgleich sie den Hauptmangel von Hegels »Rezension« gar nicht bestimmt aussprechen: Es handelt sich dabei gar nicht im strengen Sinne um eine Rezension, sondern um die Ausbreitung einer Fülle von Materialien zur indischen Religion, die Hegel auch im Zusammenhang seiner Vorlesungen über Religionsphilosophie und über Geschichte der Philosophie ausführlich vorgetragen hat.[114] Thema und Methode der ersten Abhandlung v. Humboldts werden hingegen trotz häufiger Bezugnahmen nicht verdeutlicht, und auf die zweite Abhandlung geht Hegel, wie er am Schluß selber einräumt, ohnehin nicht ein.

Auch die Jahrbücher sind daraus entstanden. Ich bin sogar darum mit Fleiß in die Gesellschaft getreten, um anzudeuten, daß man sie nicht so nehmen solle. Ich gehe übrigens mit Hegel um und stehe äußerlich sehr gut mit ihm. Innerlich habe ich für seine Fähigkeit und sein Talent große und wahre Achtung, ohne die oben gerügten Mängel zu verkennen.«

[113] Ebd. 298 f. – Der Herausgeber der Werke v. Humboldts, Albert Leitzmann, erwähnt außerdem noch einen – nicht edierten – Brief v. Humboldts an Niebuhr vom 28. März 1827; siehe v. Humboldt: *Gesammelte Schriften,* Bd 5.479.

[114] Siehe Hegel: *Vorlesungen über die Philosophie der Religion.* Teil 2. Hamburg 1985, mit Quellennachweisen, insbesondre 835–858 (Nachdruck des Textteils 1995, PhB 460); Hegel: *Vorlesungen über die Geschichte der Philosophie.* Teil 1. Hamburg 1995, mit Quellennachweisen, insbesondre 458, 462–483 (Vorabdruck des Textteils 1994, PhB 439).

Mit der Beziehung der in der Tat kritischen Untertöne von Hegels Rezension auf sich selber hat Humboldt Hegels Vorbehalte jedoch kaum adäquat getroffen. Hegel hat ja einerseits die damals zahlreichen Nachrichten über die indische und die orientalische Kultur überhaupt begierig rezipiert: die Aufsätze in den *Asiatic Researches,* die *Transactions of the Royal Asiatic Society,* aber auch die Übersetzungen von Passagen indischer Literatur, insbesondere durch seinen Kollegen Franz Bopp. Doch tritt Hegel nicht als Philologe, sondern als Philosoph an diese Texte heran – und hierin gründet seine merkliche Reserve. Er liest sie zwar als Zeugnisse für den geschichtlichen Reichtum des absoluten Geistes – aber doch nur für solche Stufen von dessen Geschichte, die nicht mehr die unseren sind und die auch von der griechischen Welt bereits zurückgelassen worden sind. Auf die Fragen etwa nach dem Göttlichen und Sittlichen geben sie keine Antwort, die uns befriedigen könnte.

Die nüchtern-kritische Frage Hegels nach den philosophisch aktualisierbaren Potentialen der neugewonnenen umfassenderen literatur- und religionsgeschichtlichen Kenntnisse gewinnt zudem ihre spezifische Schärfe durch ihre Entgegensetzung gegen die vermeintliche Aneignung der Gedankenwelt des Orients durch die Romantik – unter Einschluß der späteren Kehrtwendung in dieser romantischen Zugangsweise. Zunächst hatte sie den Orient als besseren Ersatz für die abgelebte christliche Religion in den Blick genommen. Der junge Friedrich Schlegel hatte dazu aufgerufen, die »Schätze des Orients«, und im Orient »das höchste Romantische« zu suchen,[115] und auch der junge Görres hatte in seiner »Mythengeschichte der alten Welt« in

[115] Friedrich Schlegel: »Gespräch über die Poesie.« In *Athenäum.* Eine Zeitschrift von August Wilhelm Schlegel und Friedrich Schlegel. Dritten Bandes erstes Stück. Berlin 1800, 103. – Siehe auch *Früher Idealismus und Frühromantik. Der Streit um die Grundlagen der Ästhetik (1795–1805).* Hrsg. von Walter Jaeschke. Hamburg 1995, 119 (= Philosophisch-literarische Streitsachen 1,1).

phantastischer Manier die orientalischen Mythen den Zeitgenossen als eine tiefere Quelle der Wahrheit vor Augen zu
stellen gesucht. Aber auch später, nach der Konversion des
einen und der Reversion des anderen, spielt der Orient eine
nicht unwichtige Rolle. Wenn er auch nicht mehr als der
tiefere Quell der Weisheit gilt, so doch als Beleg für die damals grassierende Annahme einer göttlichen Uroffenbarung,
als deren versprengte Trümmer die orientalischen Mythen
zu gelten haben – worüber unten noch zu sprechen sein
wird. Hegels Absicht ist es hingegen, sich in ein kritisches
Verhältnis zu diesen neu erschlossenen Texten zu setzen und
über der Freude darüber, daß sie uns erstmals erschlossen
werden, nicht die Frage zu vernachlässigen, was sie uns zu
sagen haben. Er will sie nicht nur positivistisch aufgreifen –
wie es dann insbesondere der spätere Historismus getan
hat –, sie aber auch nicht dogmatisch instrumentalisieren,
sondern im Rahmen einer übergreifenden Geschichte des
Geistes verstehen und ihren geschichtlichen Ort erkennen.
In dieser Weise des Vorgehens konnte er sich – zumindest
nach dem Erscheinen von dessen *Nachgelassenen Schriften* –
auch mit Solger einig wissen.[116]

## Solger-Rezension

Mehr noch als die Humboldt-Rezension steht die Rezension der *Nachgelassenen Schriften und Briefwechsel* seines –
heute zu wenig bekannten[117] – Berliner Kollegen Karl Wilhelm Ferdinand Solger im Umkreis von Hegels Auseinandersetzung mit der Romantik.

---

[116] Solger: *Nachgelassene Schriften*, Bd 1.709, 757 f.; vgl. unten, 200–
202, 240 f.
[117] Zu Solgers Leben siehe Hermann Fricke: *Solger. Ein brandenbur-
gisch-berlinisches Gelehrtenleben an der Wende vom 18. zum 19. Jahrhundert*. Berlin 1972.

Über das Verhältnis beider finden sich – abgesehen von
Hegels Rezension – nur wenige Nachrichten. So ist es nicht
einmal sicher, ob und wieweit sie sich aus Solgers Jenaer
Zeit, 1801/02, kannten. Den Herausgebern der von Hegel
rezensierten *Nachgelassenen Schriften* zufolge war Solger nach
Jena gegangen, um Schelling zu hören. Dort nahm er auch
an dem von Schelling und Hegel geleiteten Disputatorium
teil, wodurch eine frühe Bekanntschaft Solgers mit Hegel
gesichert scheint – doch anders als seine Kommilitonen
Troxler und Abeken erwähnt Solger in seinen Briefen
Hegel kein einziges Mal, und er ist auch nicht unter den
Hörern der Vorlesungen Hegels genannt.[118] 1811 wurde Solger an die Berliner Universität berufen; er setzte sich bereits
im Jahre 1816, beim ersten Versuch, Hegel nach Berlin zu
berufen, für diesen ein[119] und begrüßte auch seine spätere
Berufung: »Ich bin begierig, was Hegels Gegenwart für eine
Wirkung machen wird. Gewiß glauben viele, daß mir seine
Anstellung unangenehm sei, und doch habe ich ihn zuerst
vorgeschlagen und kann überhaupt versichern, daß, wenn
ich etwas von ihm erwarte, es nur eine größere Belebung
des Sinnes für Philosophie, also etwas Gutes ist. [...] Ich
verehre Hegel sehr und stimme in vielen Stücken höchst
auffallend mit ihm überein. In der Dialektik haben wir
beide unabhängig von einander fast denselben Weg genommen, wenigstens die Sache ganz von derselben und zwar
neuen Seite angegriffen. Ob er sich in manchem anderen,
was mir eigentümlich ist, ebenso mit mir verstehen würde,
weiß ich nicht. Ich möchte gern das Denken wieder ganz
in das Leben aufgehen lassen«.[120] Noch von Heidelberg aus

[118] Siehe »Aus Schellings und Hegels Disputatorium im Winter
1801/02. Ein Hinweis.« Von Friedhelm Nicolin. *Hegel-Studien* 9
(1974), 43–48. – »Solgers Schellingstudium in Jena 1801/02. Fünf un-
veröffentlichte Briefe. Mitgeteilt und erläutert von Wolfhart Henck-
mann.« *Hegel-Studien* 13 (1978), 59.

[119] Siehe *Hegel in Berichten seiner Zeitgenossen*, 117.

[120] Solger an Tieck, 26. April 1818, in *Nachgelassene Schriften*, Bd
1.619 f.

läßt Hegel über seinen ehemaligen Heidelberger und dann auch Berliner Kollegen Wilken bei Solger nach dessen Themen im Wintersemester 1818/19 anfragen, um sich mit ihm abzustimmen; Solger gibt Hegel hierüber Auskunft und fährt fort: »Möchte es mir gelingen, mir, wenn Sie hier sein werden, Ihre Freundschaft zu erwerben! Ich will keine langen Vorreden machen über die innige und tiefe Verehrung, die mir von jeher Ihre Schriften eingeflößt haben. Ich habe das Werk auf meine Weise und auf einem andern Wege versucht und wünschte, daß Ihnen dies auch nicht ganz mißfiele. Vielleicht ist es möglich, daß wir nicht nur in Eintracht, sondern auch im Einverständnis arbeiten, und dies Glück würde ich um so höher schätzen, da man dessen so wenig gewohnt ist.«[121] Am Tage der Antrittsrede Hegels schreibt Solger an v. Raumer: »Hegel ist kurz vor meiner Rückkehr hier angekommen, hat mich aber, weil ich mit Umziehen beschäftigt war, erst vor kurzem besucht. Er gefällt mir sehr wohl, und ich hoffe und wünsche ihn näher zu kennen« – eine Formulierung, die zumindest keine nähere Bekanntschaft zur Jenaer Zeit vermuten läßt.[122] Einen Monat später notiert Solger die bereits oben zitierte Verwunderung über die geringe Aufmerksamkeit, die Hegel zu Beginn seiner Berliner Tätigkeit gefunden habe. Und auch Hegel erwähnt Solger noch ein weiteres Mal – aber hier muß er Creuzer mitteilen, er habe zwei Tage zuvor Solger zu Grabe geleitet; es liege nicht fern von dem Fichtes, und dort werde einmal auch sein Grab sein.[123]

Über sein Verhältnis zu Hegels Philosophie hat Solger sich nur einmal, Tieck gegenüber, geäußert. Er kritisiert hier zunächst den Fehler »der S***schen« (d. h. Schleiermacherschen) »Schule«, »daß alle Wahrheit bloß dem Grade nach verschieden sei von der Art, die Dinge anzusehen, die

---

[121] *Briefe*. Etwa im Mai 1818, Bd 2.189.

[122] Solger an v. Raumer, 22. Oktober 1818, in *Nachgelassene Schriften*, Bd 1.681 f.

[123] 30. Oktober 1819; *Briefe*. Bd 2.220.

der gemeine Verstand befolgt«, und kommt dann auf die gegenteilige Ansicht zu sprechen: »In einen anderen Fehler verfallen dagegen die strengern Philosophen, zu welchen ich jetzt besonders H. rechne, so hoch ich ihn auch wegen seiner großen Kenntnisse und seiner klaren Einsicht in die verschiedenen wissenschaftlichen Metamorphosen des Denkvermögens achten muß. Diese nämlich erkennen zwar das höhere spekulative Denken als eine ganz andere Art an, als das gemeine, halten es aber in seiner Gesetzmäßigkeit und Allgemeinheit für das einzig wirkliche, und alles Übrige, auch die Erfahrungserkenntnis, insofern sie sich nicht ganz auf diese Gesetze zurückführen läßt, für eine täuschende und in jeder Rücksicht nichtige Zersplitterung desselben. Beim ersten Anblick könnte es nun scheinen, als müsse dies recht meine Meinung sein; Ihnen, hoffe ich, wird es nicht so vorkommen. Ich leugne nämlich keineswegs, daß das unwahre Erkennen und sein Gegenstand sei: beides ist nur allzusehr da; aber es ist als das Nichts, es ist mit einem Worte das Böse.«[124] Hegel hat verneint, daß hierin eine Differenz zwischen ihm und Solger liege[125] – wie er überhaupt die Unterschiede zwischen Solgers und seinem Denken zu begrenzen sucht und dabei manchen möglichen Streitpunkt mit Stillschweigen übergeht.

So ist Hegels Rezension weniger eine Auseinandersetzung mit Solger als ein Streit um Solger, um die posthume Bundesgenossenschaft Solgers. In ihrem Interesse sucht Hegel, die ästhetischen Bindungen Solgers zu den Romantikerkreisen, bei aller Anerkennung der engen Freundschaft Solgers mit Tieck, nachträglich zu lockern. Gegenüber den der Romantik angehörenden Zügen in Solgers Werk und Persönlichkeit hebt Hegel diejenigen Momente hervor, die Solger als einen dem Klassischen zugewandten und auch

---

[124] Solger an Tieck, 1. Januar 1819, in *Nachgelassene Schriften,* Bd 1.702.

[125] Siehe unten, 207 f. Fußnote.

L        Walter Jaeschke

von der Persönlichkeitsbildung her klassischen, Hegel verwandten Denker erscheinen lassen: seine Übersetzung des Sophokles, sein Verständnis Goethes, seine – gegenüber Friedrich Schlegels »Frechheit« – tiefere Auffassung und systematische Begrenzung der Ironie.[126] Wo Hegel gleichwohl Mißgriffe Solgers anprangert, da erweckt er den Eindruck, als gehörten sie der Frühzeit Solgers an oder seien durch Tieck oder andere Freunde veranlaßt, ja seiner Freundschaft »abgedrungen«.[127] Die Auseinandersetzung mit der Romantik, ihren »Verirrungen des Geschmacks«, ihrer Mißachtung des Objektiven, die Hegel im Interesse eines Kampfes um Solger führt, läßt seine Rezension sogar zum Schlüsseltext für seine Kritik der Romantik werden – lange bevor die Veröffentlichung seiner *Vorlesungen über Ästhetik* diese Kritik allgemein bekanntgemacht hat. Varnhagen von Ense berichtet, die Rezension mache »wegen der Schärfe gegen Tieck und Friedrich von Schlegel hier großes Aufsehen.«[128] Das hier ausgesprochene Urteil – nicht allein über die Genannten, sondern über die Romantik insgesamt – zeichnet bereits die Linien vor, denen später Theodor Echtermeyers und Arnold Ruges Manifest »Der Protestantismus und die Romantik« folgt.[129]

Enger als die Berührungen in den Urteilen über die neuere Literatur sind diejenigen in der spekulativen Philosophie. Hier kann Hegel viele verwandte und der Romantik auch recht fern stehende Gedankengänge Solgers hervorheben – etwa die Auffassung der Negation der Negation

[126] Siehe unten, 222–228 sowie Hegels *Vorlesungen über die Ästhetik. Einleitung.* W 10/I.84–90 und *Grundlinien der Philosophie des Rechts,* § 140, dritte Fußnote, W 8.201 f.
[127] Siehe unten, 185,19.
[128] Tagebuch, 18. April 1828; in *Hegel in Berichten seiner Zeitgenossen,* 383.
[129] Siehe jetzt in *Philosophie und Literatur im Vormärz. Der Streit um die Romantik.* Hrsg. von Walter Jaeschke. Hamburg 1995, 192–325 (= Philosophisch-literarische Streitsachen. Bd 4,1).

als Affirmation.[130] Deutlich spricht Hegel aber auch hier die Differenzen aus: Solger sei in einem unkritischen Gebrauch der Kategorien, in einem inkonsistenten Umgang mit den höchsten Gesichtspunkten steckengeblieben; er habe die innere Notwendigkeit des Fortschreitens des Begriffs nicht erkannt, und er habe die Dialektik über das Dialogische zur Konversation werden lassen.[131]

Weitere Berührungspunkte ergeben sich hinsichtlich der Stellung der Philosophie zur Religion – etwa im Blick auf Solgers Plan, zu zeigen, »wie das Christentum aus rein spekulativen Gründen verstanden und zur Einsicht gebracht werden könne«,[132] oder die Bemerkungen Solgers, die Hegel als Anerkennung der Bedeutung der Trinitätslehre interpretiert.[133] Aber auch hier bleiben zahlreiche, schwerlich überbrückbare Differenzen – insbesondere gegenüber Solgers, an Jacobi gemahnender Ausweitung des Offenbarungsbegriffs[134] und seiner Ansicht, daß die Philosophie im Glauben ihren Schlußstein finden müsse.[135]

Es sind aber nicht allein diese durchaus brüchigen Übereinstimmungen in den Urteilen über die neuere Literatur oder über das Verhältnis von Philosophie und Religion, die Hegel mit Solger verbinden. Auf einem weiteren Gebiet ist diese Übereinstimmung allem Anschein nach nahtlos gewesen: in der Haltung zu den zeitgenössischen politischen Auseinandersetzungen. Die von Hegel zitierten Passagen über »das Gewäsch der *Wartburgsredner*« oder über diejenigen, die den Studenten seit zehn Jahren *vorgepredigt* haben, »sie seien die Weisen und Vortrefflichen, von denen die Wiedergeburt des Staats und der Kirche ausgehen müsse«, und seine

---

[130] Siehe unten, 206,14 f.

[131] Siehe unten, 212,2–222,14 bzw. 229,35–230,16 und 235,31–239,5.

[132] Solger: *Nachgelassene Schriften,* Bd 1.349; s. u., 211,22–24.

[133] Solger: *Nachgelassene Schriften,* Bd 1.632 f.; s. u., 206,2–13.

[134] Solger: *Nachgelassene Schriften,* Bd 1.461; s. u., 212, 216–223.

[135] Solger: *Nachgelassene Schriften,* Bd 1.599–605.

Bemerkung über die »Verunglimpfung von serviler Gesinnung«[136] sprechen eine überaus deutliche Sprache: Es ist Hegels eigene Stellung zu den betreffenden Zeitereignissen, die Solger hier ausspricht; und die Verunglimpfung, die diesem seines Schweigens wegen erspart geblieben ist, hat jener selber erfahren. Bemerkenswert aber ist es, daß Hegel den Satz Solgers mit Stillschweigen übergeht, der die ohnehin nur wenig verhüllten Adressaten seiner Kritik namentlich preisgibt. An der Stelle eines von Hegel gesetzten Gedankenstrichs[137] heißt es in den *Nachgelassenen Schriften:* »So würden S-r und F-s wohl sonst einander sehr unähnliche Philosophen sein und einander wohl gar bekämpfen; jetzt will das Unglück der Zeit, daß sie doch gewissermaßen gemeinschaftliche Sache machen und sich sogar in einem Dritten, dem schwachen d. W., berühren müssen.« Niemand, der damals nicht gewußt hätte, daß von Schleiermacher, Fries und de Wette die Rede sei![138] Das große Gewicht, das die politischen Auseinandersetzungen für Hegels Berliner Jahre gehabt haben, läßt es wahrscheinlich werden, daß Hegels völlige Übereinstimmung mit dieser Sichtweise Solgers nicht der geringste Grund für Hegel war, Solger nicht einfach von seinen Gegnern vereinnahmen zu lassen, sondern dem überraschten Publikum als eigenen Bundesgenossen vorzustellen – womit die anderen genannten Berührungspunkte keineswegs verdunkelt werden sollen.

Der eingebürgerte Kurztitel »Solger-Rezension« hat aber – anders als etwa der Titel »Humboldt-Rezension« – auch noch eine besondere Bedeutung. Sie ist keineswegs bloß eine Besprechung der *Nachgelassenen Schriften,* sondern eine Charakteristik des Solgerschen Werkes und darüberhinaus

---

[136] Siehe unten, 192,26f.

[137] Siehe unten, 192,6.

[138] Solger: *Nachgelassene Schriften,* Bd 1.725 f. – Erstaunlich ist es, daß v. Raumer den an ihn gerichteten Brief Solgers vom 21. April 1819 in dieser überdeutlichen, von Hegel entschärften Form veröffentlicht hat.

auch des Menschen Solger. Eigentümlich ist es, daß Hegel
hier einen Typus von »Rezension« erneuert, wie ihn vor
allem der in ihr so scharf angegriffene Friedrich Schlegel in
seiner Rezension von Jacobis Roman *Woldemar* ausgearbeitet hat. Wilhelm v. Humboldt hat diesen Typus bezeichnet
als die Art, »nie bei einem, ja nicht bei allen Werken eines
Schriftstellers zusammengenommen stehenzubleiben, sondern immer zugleich den ganzen Menschen selbst zu rezensieren[139] – wobei es sich im Falle Solgers aber nicht um eine
»gehässige« Rezension handelt, wie Humboldt dies Schlegels Jacobi-Rezension vorwirft.

## Hamann-Rezension

Auch Hegels »Hamann-Rezension« gehört dem Typus einer
Rezension »zugleich des ganzen Menschen« an. Unter Hegels Rezensionen ist keine, die weniger Berührung mit seiner eigenen Philosophie hätte als diese. Hier hat Hegel sich
in eine ihm fremde Gedankenwelt vorgewagt – und sie ist
ihm fremd geblieben. In seiner *Geschichte der Philosophie* hat
er Hamanns Denken deshalb nicht abgehandelt. Diese Distanz ist Hegel aber keineswegs eigentümlich; sie findet sich
nicht anders bei seinen Zeitgenossen, sofern diese sich überhaupt ins Verhältnis zu Hamann stellen – abgesehen von Jacobi und seinem Kreis, zu dem auch der Herausgeber der
Werke Hamanns, Karl Johann Friedrich Roth, zählt.

Der Verbindung mit Jacobi und seinem Kreis verdankt
Hegel seine Berührung mit dem Werk Hamanns. Roth ist
ihm allerdings nicht erst durch Jacobi, sondern bereits aus
früherer Zeit bekannt; brieflich erwähnt Hegel ihn erstmals

---

[139] Wilhelm v. Humboldt an Friedrich Heinrich Jacobi, 23. Januar
1797, in *Früher Idealismus und Frühromantik. Der Streit um die Grundlagen der Ästhetik (1795–1805). Quellenband.* Hamburg 1995, 271 (=
Philosophisch-literarische Streitsachen. 1,1).

1808,[140] und zumindest seit Beginn seiner Nürnberger Zeit tritt er auch in persönliche, später in freundschaftliche Verbindung zu Roth, der damals Finanzrat in Nürnberg ist; 1810 wird er in München Oberfinanzrat sowie seit 1817 Ministerialrat und 1828 Präsident des protestantischen Oberkonsistoriums. In Briefen an Niethammer nennt Hegel Roth oft im unmittelbaren Zusammenhang mit Jacobi; beide bewohnen dort dasselbe Haus.[141] Von einer wissenschaftlichen Verbindung mit Roth ist erstmals die Rede, als Hegel in seiner Eigenschaft als Redakteur der *Heidelberger Jahrbücher* Niethammer bittet, bei Roth anzufragen, ob er Rezensionen übernehmen wolle.[142] Am 18. Dezember 1820 dankt Roth für die Übersendung von Hegels *Grundlinien der Philosophie des Rechts* – wobei er einräumt, daß er die Paragraphen gar nicht und auch die Anmerkungen nicht alle verstehe – und drückt seine Hoffnung aus, Hegels Geschenk »auf Ostern mit dem ersten Teile der Hamannischen Schriften, welche rein philologisch sind, erwidern zu können«;[143] am 9. Juni 1821 bittet Hegel Niethammer, »Herrn Oberfinanzrat Roth [...] meinen vorläufigen Dank für die vielerlei so reichhaltigen Geschenke zu machen, die seine Güte mir hat zukommen lassen.«[144] Ein Jahr darauf übersendet Hegel – wiederum durch Vermittlung Niethammers – Roth ein Exemplar der Hinrichs-Vorrede und läßt wiederum »für das Geschenk der mir so interessanten Hamannschen Schriften« danken[145] – wahrscheinlich für den 1821 erschienenen zweiten Band.

---

[140] Hegel an Niethammer, 1. Oktober 1808; *Briefe*. Bd 1.245.

[141] Hegel an Cousin, 5. August 1818; *Briefe*. Bd 2.193.

[142] Hegel an Niethammer, 19. April 1817; *Briefe*. Bd 2.153.

[143] *Briefe*. Bd 2.244.

[144] *Briefe*. Bd 2.272. – Der Plural könnte ein Zeichen dafür sein, daß Roth neben dem ersten Band der Schriften Hamanns auch einen Band der von ihm und Friedrich Köppen herausgegebenen Werke Jacobis an Hegel geschickt hat.

[145] Hegel an Niethammer, 18. Juli 1822; *Briefe*. Bd 2.325.

Nach Gründung der *Jahrbücher für wissenschaftliche Kritik* läßt Hegel auch Roth zur Mitarbeit einladen und kündigt eine Besprechung der Hamann-Ausgabe an: »Ich hoffe mit Ungeduld, daß wir diese Messe den 8ten Band erhalten, der für sich schätzbar sein wird und auf den ich noch warten muß, um einen Artikel über Hamanns Sein und Treiben für unsere Zeitschrift, wie ich gedenke, abzufassen.[146] Niethammer berichtet, Roth habe »auf die Einladung nichts erwidert«. »Dagegen hat er mir in Beziehung auf Ihre angekündigte Anzeige von Hamanns Werken aufgetragen, Ihnen zu schreiben: 1) daß die Sammlung der Werke als mit dem 7ten Band abgeschlossen zu betrachten sei, indem der 8te Band eigentlich nur die Register enthalten werde und außerdem höchstens noch einige wenige Nachträge von wenigem Belang; 2) daß die Erscheinung dieses 8ten Bandes so bald nicht zu erwarten sei und daß er ihn nach Ankündigung Ihrer Anzeige des Werkes um so mehr noch aufzuschieben gedenke, um sich für den möglichen Fall ein Plätzchen darin in Beziehung auf Ihre Anzeige offen zu behalten; 3) insbesondere aber, daß Sie von selbst den Grund, warum Hamann so wenig begriffen worden und werde, darin finden würden, daß er oft einen sehr hohen Standpunkt genommen, wie z. B. in seinem Urteil über Homer.« Und Niethammer schließt an: »Ich für meine Person sehe Ihrem Urteil über Hamanns Werke mit großem Verlangen entgegen. Ich finde seinen Standpunkt von der Art, daß ich von einem gründlichen Urteil über ihn eine Auflösung des Mißstandes erwarte, in dem nach der gemeinen Ansicht Philosophie und Geschichte zueinander stehen. Ich halte aber die Auflösung nicht für leicht. Daß Hamann in der Vergleichung seiner Zeit mit der unsrigen als ein Seher über seinen Zeitgenossen steht, wird schwerlich widersprochen werden können. Aber unsre Zeit – wenn man dem Troß diesen Ehrennamen lassen will – versteht ihn noch weniger als seine eigne. Es ist also vollkommen an der Zeit, daß einer

---

[146] Hegel an Niethammer, 11. September 1826; *Briefe.* Bd 3.116.

komme, der den Star zu stechen vermag. Ich heiße ihn von Herzen willkommen!«[147]

Entgegen Roths Vorschlag hat Hegel aber mit der Rezension gezögert, um die Vollendung der Ausgabe abzuwarten; er schreibt an Niethammer: »Ich wollte Hamann vornehmen, warte aber immer noch auf den 8ten Teil und dessen nötige Erläuterungen.«[148] Zwei Monate später hat Hegel Goethe besucht; Eckermann berichtet über ihr Gespräch: »Man sprach sehr viel über Hamann, wobei besonders Hegel das Wort führte und über jenen außerordentlichen Geist so gründliche Ansichten entwickelte, wie sie nur aus dem ernstesten und gewissenhaftesten Studium des Gegenstandes hervorgehen konnten.«[149] Zu dieser Zeit hat Hegel sich wohl schon entschlossen, nur die sieben erschienenen Bände zum Gegenstand der Besprechung zu machen. Neben der Rezension haben sich – offensichtlich aus den Vorarbeiten – noch *Notizen zu Hamann* erhalten.[150]

Über die Aufnahme der Rezension im Kreis um Niethammer, insbesondere durch den Herausgeber Roth, finden sich keine Nachrichten – was die Vermutung nahelegt, daß sie im Münchener Freundeskreis erhebliche Verstimmung ausgelöst habe. Vor ihrem Erscheinen hatte Niethammer noch geschrieben: »An den Jahrbüchern habe ich zwar nicht immer, aber doch genug meine Freude, um ihnen von Herzen fröhliches Wachstum und Gedeihen zu wünschen.«[151] Doch der nächste von Niethammer überlieferte Brief stammt erst vom 27. Mai 1831. Niethammer dankt hier für die Zusendung von Hegels »Reformationsrede«, d. h. der Rede zum Jubiläum der Confessio Augustana, und einer

---

[147] Niethammer an Hegel, 12. Oktober 1826; *Briefe*. Bd 3.145 f.

[148] Hegel an Niethammer, 9. August 1827; *Briefe*. Bd 3.175. – Bd 8 erschien jedoch in zwei Abteilungen erst 1842 und 1843, hrsg. von Gustav Adolf Wiener.

[149] *Hegel in Berichten seiner Zeitgenossen*, 351.

[150] Hegel: *Berliner Schriften*. Hrsg. von Johannes Hoffmeister. 694 f.

[151] Niethammer an Hegel, Januar 1828; *Briefe*. Bd 3.216.

Anfang Dezember 1830 zu Hegels Ehren geschlagenen Medaille.[152] Daß der Briefverkehr zwischen beiden in dieser Zeit nicht völlig abgebrochen war, belegt ein neuerlich – leider nur als Regest – bekanntgewordener, ausführlicher Brief Hegels an Niethammer, der aber nicht ausdrücklich auf die Hamann-Rezension eingeht. Daß Hegel dort versuche, »Niethammers Vorbehalte (sc. gegen die Jahrbücher) zu zerstreuen«, kann sich auf eine Reaktion gegen die Hamann-Rezension, aber auch auf den vorhin zitierten Brief vom Januar 1828 beziehen.[153] Für eine solche Verstimmung spricht ferner, daß der von Roth beauftragte Herausgeber des achten Bandes der Hamann-Ausgabe im Anhang zur ersten Abteilung zwar Äußerungen von Goethe, Claudius, Jacobi, Lavater, Lessing und Jean Paul über Hamann mitteilt, jedoch lakonisch notiert: »Einer Rezension, welche in schmerzlicher Verkennung des persönlichen wie schriftstellerischen Wertes Hamanns, die bei ihm so eng zusammen gehören, und seiner ganzen Lebensstellung geschrieben ist, wird billig hier nicht weiter gedacht.«[154]

Von den anderen Zeitgenossen wurde die Rezension zumeist günstig aufgenommen. Rahel Varnhagen erwähnt »seine vortreffliche merkwürdige Rezension«, und auch Varnhagen selbst bezieht sich in der Zueignung eines Buches an Hegel auf die »vortrefflichen, so scharfen zugleich als milden Charakteristiken von Solger und Hamann, in welchen Sie die heutige Bedeutung und das Recht andrer Zeiten und Verhältnisse gleichmäßig berücksichtigt haben«, und nennt sie »das schönste Vorbild derjenigen maßvollen und gehaltreichen Kritik [...], in deren Kreis ich dieses Buch am liebsten niederlegen möchte.«[155] Auch später noch

---

[152] Zu ihr siehe *Briefe.* Bd 3.462. sowie *Hegel in Berichten seiner Zeitgenossen,* 419.

[153] Regest eines Briefes von Hegel an Niethammer. Mitgeteilt von Johann Ludwig Döderlein. In *Hegel-Studien.* Bd 13. Bonn 1978, 75 f.; vgl. *Briefe.* Bd 4/2.72.

[154] Hamann: *Schriften.* Bd 8, Abt. 1.VIII f.

[155] Denkwürdigkeiten des Philosophen und Arztes Johann Benja-

schreibt er, er habe diese Rezension wiedergelesen »mit
großem Genuß und wahrer Befriedigung. Hegel hat ihn gut
gefaßt, jenen seltsamen, bewunderungswürdigen Kauz!«[156]
Über Goethes Urteil notiert Eckermann: »Hegel, fuhr Goethe fort, hat in den Berliner Jahrbüchern eine Rezension
über Hamann geschrieben, die ich in diesen Tagen lese und
wieder lese und die ich sehr loben muß. Hegels Urteile als
Kritiker sind immer gut gewesen.«[157] Von Hamanns Nachkommen hingegen ist die Rezension wegen Hegels Eingehen auf die Umstände von Hamanns Privatleben als
»Schmähschrift« und Angriff auf dessen Ehre verurteilt worden, also als eine »gehässige« Rezension der vorhin[158] be-
zeichneten Art – obgleich Hegel doch nur die in der rezensierten Ausgabe bereits mitgeteilten Nachrichten referiert.[159]
Doch hat diese Kritik möglicherweise zur Tilgung der beiden ersten Absätze des »Zweiten Artikels« in den *Werken*
geführt, in denen diese Seite ausführlicher zur Sprache
kommt.[160]

min Erhard. Hrsg. von Karl August Varnhagen von Ense. Stuttgart
und Tübingen 1830, IV; vgl. *Briefe.* Bd 3.455.

[156] Tagebucheintragung vom 27. April 1838; zitiert nach Karlfried
Gründer: »Nachspiel zu Hegels Hamann-Rezension.« In *Hegel-Studien.* Bd 1. Bonn 1961, 89–101, Zitat S. 91.

[157] *Hegel in Berichten seiner Zeitgenossen,* 391 f.

[158] Siehe oben, LIII.

[159] Siehe den von Karlfried Gründer, a. a. O. veröffentlichten Brief
von Hamanns Tochter Magdalena Katharina Rosenberger an Hegel;
vgl. *Briefe.* Bd 4/2.84–87, sowie Gründers Bericht von der weiteren,
wenig erfreulichen Rezeption gegen Ende des 19. Jahrhunderts.

[160] Die Spalten 859–864 fehlen ohne Hinweis in *Werke.* Bd 17.66.
Dies kann schwerlich ein Versehen sein – wie bei dem Artikel über
Raupachs »Bekehrte« –, zumal mit dem Wegfall des Beginns des
»Zweiten Artikels« auch die Überschrift »Erster Artikel« zu Anfang
der Rezension getilgt worden ist.

## Göschel-Rezension

Anders als die vorangegangenen Rezensionen zeigt die Göschel-Rezension Hegel in der Verteidigung. Sie bildet mit
den hier folgenden »Repliken« die Gruppe der primär apo-
logetischen Rezensionen. Daß auch sie bereits zur Verteidigung geschrieben ist, bleibt allerdings eher implizit.

Geschrieben ist sie in einer Situation, in der sich die Anklagen häuften, seine Philosophie sei Pantheismus.[161] Es ist
begreiflich, daß Hegel in dieser Lage eine Schrift als wohl-
tuend empfunden hat, die ausdrücklich für seine Philosophie Partei ergriff – ja ein »Autoritätszeugnis eines frommen
Herzens«[162] für sie ablegte. Deshalb hat er sowohl in seiner
*Enzyklopädie* als auch in seinen *Vorlesungen über die Beweise
vom Dasein Gottes* auf diese Schrift verwiesen.[163] Marie
Hegel berichtet hierüber an Hegels Schwester: »Es ist in der
letzten Zeit viel über seine Philosophie geschrieben worden, viel Hartes, viel Giftiges; je weiter sich seine Philosophie ausbreitet, je mehr Anhang sie findet, je mehr regt sich
der Neid und Verdruß derer, deren Reich dadurch einen
Stoß bekommt oder ein Ende gemacht wird. [...] Eine
Schrift, die m i r auf so viele harte Anklagen wohlgetan hat
und die mit Wärme Hegels Philosophie verficht, ist von
einem ihm u n b e k a n n t e n Gelehrten in Naumburg.«[164] Dabei war ihr Verfasser – Carl Friedrich Göschel (1781–1861)
– nicht einmal ein Gelehrter von Profession, sondern Ober-
landesgerichtsrat in Naumburg und damit Kollege des einflußreichen Konservativen Ernst Ludwig von Gerlach, des
Initiators des »Hallischen Streits«.

Trotz dieser erfreuten Aufnahme der *Aphorismen* Göschels
hat es noch mehrere Monate gedauert, bis Hegel eine persönliche Beziehung zu Göschel angeknüpft hat. Am 10. Mai

---

[161] Siehe oben, XIX.
[162] Siehe unten, 353.
[163] Siehe GW 20.550 (§ 564) bzw. GW 18.252.
[164] 24. Juni 1829; *Hegel in Berichten seiner Zeitgenossen,* 396 f.

1829 verweist Hegel seinen ehemaligen Schüler Ravenstein
»auf eine vor etlichen Monaten hier [...] erschienene
Schrift« und führt dazu aus: »Der Verfasser beschäftigt sich
darin vornehmlich mit meinen Darstellungen der christlichen Ideen und einer nach allen Seiten sich wendenden
Rechtfertigung derselben und zeigt eine ausgezeichnete
Vereinigung tiefer, christlicher Frömmigkeit und des
gründlichsten spekulativen Denkens.«[165] Ravenstein hat sich
daraufhin an Göschel gewandt und zitiert nun in seinem
Antwortschreiben an Hegel aus einem Schreiben Göschels,
das bereits Hegels Rezension berücksichtigt: »Auch kann
ich nicht verbergen, daß die Urteile des Herrn Professor
Hegel über meine Aphorismen in den Berliner Jahrbüchern
mich nicht allein belehrt, sondern nach dem ganzen Menschen bewegt haben; es spricht sich darin neben der bestimmtesten Schärfe eine Milde aus, die mir sehr wohlgetan
hat. Ich sehe diese freundliche Anerkennung meiner unter
vielen Dienstgeschäften niedergeschriebenen Blätter als eine
Vergeltung für die große Verehrung und Liebe an, womit
ich meinen Lehrer in der Philosophie, ohne ihn zu kennen,
seit 10 Jahren auf dem Herzen getragen und so oft in mündlichen Gesprächen gegen einzelne Mißverständnisse möglichst in Schutz genommen habe. Dennoch habe ich bis jetzt
keine Beziehung zu diesem sehr verehrten Meister erhalten
können; indessen fühle ich mich jetzt in mehr als einer Hinsicht verpflichtet, mich mit schriftlichem Danke an ihn zu
wenden. Sollten Sie dem Herrn Professor Hegel früher als
ich schreiben, so bitte ich Sie sehr, ihm im voraus meine
größte Verehrung und Dankbarkeit nicht bloß für seine
Freundlichkeit gegen mich, sondern auch für alles, was ich
seit 10 Jahren von ihm gelernt, in meinem Namen auszudrücken.«[166] Bereits zuvor aber scheint Hegel auf seiner
Reise nach Böhmen einen Besuch bei Göschel beabsichtigt,
ihn aber verfehlt zu haben, wie man dessen erstem und sehr

[165] *Briefe*. Bd 3.255.
[166] Ravenstein an Hegel, 21. September 1829; *Briefe*. Bd 3.271 f.

ausführlichen Schreiben an Hegel entnehmen kann.[167] Hiermit beginnt der Briefwechsel zwischen beiden; Hegel antwortet zwar erst am 13. Dezember 1830, aber ebenso ausführlich,[168] worauf Göschel wiederum am Sylvestertag antwortet;[169] sein letzter Brief an Hegel enthält die Glückwünsche zur Verleihung des Roten Adlerordens.[170]

Göschels Schrift ist durch Hegels Rezension zwar bekanntgemacht, doch zugleich eher verdeckt als vorgestellt worden. Sie ist aber auch von der späteren Rolle Göschels überschattet worden, ebenso wie Göschels von der Forschung zur Rechtsphilosophie des Hegelianismus bislang beharrlich ignorierte »Zerstreuten Blätter«.[171] Übersehen worden ist deshalb auch, daß Hegels erfreute, dankbare Zustimmung keineswegs uneingeschränkt ist. Hegel hebt aus Göschels Buch diejenigen Züge heraus, die seiner Verteidigung gegen den Vorwurf des Pantheismus und der Untermauerung seines Anspruchs dienen, daß die Philosophie mit der Religion einen und denselben Inhalt habe – nämlich das Absolute – und dieser dem Begriff und nicht allein dem Glauben oder gar dem Gefühl zugänglich sei. Er übergeht hingegen diejenigen Aussagen mit Stillschweigen, die die Tendenz verraten, über seinen Philosophiebegriff hinauszugehen. Besonders deutlich wird dies in Göschels »Nachwort« über Hegels Auffassung des Sündenfalls[172] sowie in der Behauptung des Vorworts, den Jammer der Negativität und die alles zersetzende und zermalmende Dialektik überstehe nur »der spekulative Geist, welcher dem Subjekte gegeben wird, wenn es im Gebete und im Glauben anhält

---

[167] Göschel an Hegel, 14. Oktober; *Briefe*. Bd 3.281.
[168] Hegel an Göschel, 13. Dezember 1830; *Briefe*. Bd 3.321–324.
[169] Göschel an Hegel, 31. Dezember 1830; *Briefe*. Bd 3.324–327.
[170] Göschel an Hegel, 24. Februar 1831; *Briefe*. Bd 3.334 f.
[171] Göschel: *Zerstreute Blätter aus den Hand- und Hilfsakten eines Juristen*. 3 Bde. Erfurt, Schleusingen 1832–1842.
[172] Göschel: *Aphorismen über Nichtwissen und absolutes Wissen*, 190–195.

und in allen seinen Nöten bei der Schrift, als dem Worte Gottes, Zuflucht sucht.«[173]

Mit ebenso beredtem Stillschweigen übergeht Hegel die von Ravenstein und Göschel brieflich gebrauchten prononciert-frommen, zum Pietismus neigenden Wendungen. Ravenstein etwa schreibt, ihm sei klar geworden, »daß Christus nur in einem gänzlich zerbrochenen Herzen wohnen kann«,[174] und Göschel bekennt, es mache ihm zu schaffen, daß der Widerspruch gegen seine Schrift von seiten des lebendigen Glaubens der Pietisten sich am schärfsten vernehmen lasse, mit denen er sich »in Christo verbunden fühle«.[175] Ohne Vergleich mit Göschels *Aphorismen* und diesen Briefen aber erweckt Hegels Rezension allerdings den Eindruck einer nahtlosen Übereinstimmung mit Göschel. Es ist deshalb nicht verwunderlich, daß er für diese Rezension Beifall auch aus Kreisen erhalten hat, zu denen er sonst auf Distanz geblieben oder gegangen ist.[176] Andererseits hat er – nach Rosenkranz' Bericht – großes Erstaunen hervorge-

---

[173] Ebd. VII. – Gleiches gilt für die drei Mottos auf den Seiten II (1.Kor. 1,20–23), IX (1. Kor. 3,18 f.) und X (Kol. 2,8 f.), von denen die beiden erstgenannten die Weisheit dieser Welt als Torheit bei Gott identifizieren, während das letztgenannte vor der Beraubung durch die Philosophie und der Abkehr von Christo warnt.

[174] Ravenstein an Hegel, 21. September 1829; *Briefe*. Bd 3.272.

[175] Göschel an Hegel, 14. Oktober 1829; *Briefe*. Bd 3.283.

[176] Immanuel Hermann Fichte an Hegel, 12. Oktober 1829; Bd 3.281. – Fichte sieht seine Philosophie in Übereinstimmung mit Göschel, vertritt aber gegen Hegel den Begriff einer »christlichen Philosophie«, deren Aufgabe im Erweis der Persönlichkeit Gottes und der individuellen Unsterblichkeit der Seele besteht. – Karl Joseph Hieronymus Windischmann, der Schwiegervater Karl Ernst Jarckes, eines wichtigen Repräsentanten der deutschen Restaurationspartei, verweist Hegel auf übereinstimmende Äußerungen in seinem Vorwort zur Übersetzung eines der einflußreichen Bücher der französischen Restaurationspartei: Joseph de Maistre: *Abendstunden zu St. Petersburg oder Gespräche über das Walten der göttlichen Vorsehung in zeitlichen Dingen*. 2 Bde. Frankfurt 1824; siehe Windischmann an Hegel, 27. Oktober 1829; *Briefe*. Bd 3.267.

rufen, als er sich die von Göschel »mit seinem advokatisch
gewandten Apologetentalent« »nachgewiesene Christlich-
keit seiner Philosophie allen Ernstes sehr zur Ehre rechnete
und mit dem vollen Bewußtsein über den bösen
Schein, den er der Menge dadurch gab, dem Verfasser für
seine Rechtfertigung vor dem ganzen Publikum freundlich
die Hand drückte.«[177]

Sein Gefühl der Verbundenheit mit dem Pietismus hat
Göschel nach Hegels Tod versuchen lassen, solchen »lebendigen Glauben« mit der Hegelschen Philosophie auf recht
unvermittelte und unproblematische Weise zu verknüpfen
und die im Interesse der Frömmigkeit an Hegels Philosophie gerichteten Forderungen als von dieser immer schon
erfüllt auszugeben – wobei er zur Legitimation seiner Sichtweise stets auf Hegels »dankbaren Händedruck« pochen
konnte. Prekär war dies insbesondere nach dem Streit um
David Friedrich Strauß' *Leben Jesu,* in dessen Folge sich
Göschel vollends von Hegels Philosophie abwandte und
dem damaligen Bündnis von Pietismus und Reaktion anschloß – was durch seine Ernennung zum Mitglied des
Preußischen Staatsrates und zum Konsistorialpräsidenten in
Magdeburg berufliche Früchte für ihn trug.[178]

## Repliken

Vermutlich schon während der Arbeit an der Göschel-
Rezension hat Hegel eine weitere, groß angelegte Antwort
auf fünf gegen seine Philosophie – und insbesondere gegen
das Verhältnis seiner Philosophie zur christlichen Religion
(und somit zum Staat) – gerichteten, überwiegend anonymen Schriften begonnen. Als Verfasser der ersten Schrift

---

[177] Rosenkranz: *Hegels Leben,* 400.
[178] Jaeschke: »Urmenschheit und Monarchie. Eine politische Chri-
stologie der Hegelschen Rechten.« In *Hegel-Studien* 14. Bonn 1979,
73–107.

nennt Erdmann einen »Hülsemann«,[179] von dem jedoch nicht viel mehr bekannt ist, als daß er noch ein weiteres Mal gegen Hegel geschrieben hat. Die Vorrede zu dieser späteren Schrift bildet insgesamt eine Duplik auf Hegels Rezension; hier bezeichnet sich der Verfasser als einen 32 Jahre alten Protestanten, der nie mit einem Hegelianer oder gar mit Hegel in Berührung gekommen sei und dessen Philosophie nur durch Lektüre kennengelernt habe; etwas später heißt es, er sei »ehemaliger preußischer, jetzt als invalid verabschiedeter Offizier«.[180]

Hingegen hat Hegel mit dem einen der beiden Verfasser der zweiten Schrift, Karl Ernst Schubarth, zuvor sogar in freundlicher, durch Goethes Fürsprache[181] und den Streit um die Farbenlehre[182] vermittelter Verbindung gestanden. Etwa um diese Zeit hat Schubarth aber wohl schon an seinem Pamphlet gegen Hegel gearbeitet, denn bereits am

---

[179] Johann Eduard Erdmann: *Grundriß der Geschichte der Philosophie.* Berlin ⁴1896, § 332,1, Bd 2.642.

[180] *Ueber die Wissenschaft der Idee.* Erste Abteilung. Die neueste Identitätsphilosophie und Atheismus oder über immanente Polemik. Breslau 1831, V,XXXV.

[181] Goethe wendet sich Schubarths wegen am 9. Mai 1827 an Hegel; dieser sucht am 18. Juni 1827 bei Altenstein um eine Audienz nach »zur Vorlegung einer gehorsamsten Bitte« – wahrscheinlich Schubarth betreffend; am 29. Juni 1827 antwortet Hegel Goethe und gibt Rat, was zur Erhöhung der Erfolgsaussichten auf eine Anstellung Schubarths in Preußen zu berücksichtigen sei; Goethe schreibt daraufhin am 9. Juli 1827 Schubarth sehr detaillierte Hinweise – die man fast die Vorformulierung eines Briefes nennen könnte –, wie er sein Gesuch an den Minister Altenstein abzufassen habe (Goethe: *Werke.* Weimarer Ausgabe. Abt. IV, Bd 42.250–253); am 17. August 1827 dankt Goethe Hegel für den Anteil, den er an Schubarths Schicksal nehme, und nennt Schubarth einen »vorzüglichen, obgleich durch gewisse Eigenheiten verkürzten Mann«; siehe *Briefe.* Bd 3.160 bzw. 166 bzw. 177. – S. auch Schubarths Autobiographie *Persönliches in biographischen Notizen* in ders.: *Gesammelte Schriften philosophischen, ästhetischen, historischen, biographischen Inhalts.* Hirschberg 1835, 235–267.

[182] *Briefe.* Bd 2.485.

16. Januar 1829 übersendet Schubarth sein Buch an Goethe in der Hoffnung auf dessen Zustimmung;[183] schon am 27. Januar trägt Goethe in sein Tagebuch ein: »Mittags Dr. Eckermann. Bei Gelegenheit von Schubarths Anti-Hegel über diese wichtige Angelegenheit das Entscheidende durchgesprochen.«[184] Eigentümlicher Weise ist Goethes Urteil über Schubarth durch dessen »Anti-Hegel« aber nicht wesentlich getrübt worden. Eckermann berichtet über ein Gespräch mit Goethe vom 4. Februar 1829: »Ich habe im Schubarth zu lesen fortgefahren, sagte Goethe; er ist freilich ein bedeutender Mensch, und er sagt sogar manches sehr Vorzügliche, wenn man es sich in seine eigene Sprache übersetzt. Die Hauptrichtung seines Buches geht darauf hinaus, daß es einen Standpunkt außerhalb der Philosophie gebe, nämlich den des gesunden Menschenverstandes; und daß Kunst und Wissenschaft, unabhängig von der Philosophie, mittels freier Wirkung natürlicher menschlicher Kräfte, immer am besten gediehen sei. Dies ist durchaus Wasser auf unsere Mühle. Von der Philosophie habe ich mich selbst immer frei erhalten; der Standpunkt des gesunden Menschenverstandes war auch der meinige, und Schubarth bestätiget also, was ich mein ganzes Leben selber gesagt und getan habe. / Das einzige, was ich an ihm nicht durchaus loben kann, ist, daß er gewisse Dinge besser weiß als er sie sagt, und daß er also nicht immer ganz ehrlich zu Werke geht. So wie Hegel zieht auch er die christliche Religion in die Philosophie herein, die doch nichts darin zu tun hat. Die christliche Religion ist ein mächtiges Wesen für sich, woran die gesunkene und leidende Menschheit von Zeit zu Zeit sich immer wieder emporgearbeitet hat; und indem man ihr diese Wirkung zugesteht, ist sie über aller

---

[183] Siehe Hoffmeisters ausführliche Darstellung dieser Vorgänge in *Briefe*. Bd 3.407–410.
[184] *Hegel in Berichten seiner Zeitgenossen,* 391; siehe ferner ebd. 397 sowie *Briefe*. Bd 3.252.

Philosophie erhaben und bedarf von ihr keiner Stütze. So auch bedarf der Philosoph nicht das Ansehen der Religion, um gewisse Lehren zu beweisen, wie z. B. die einer ewigen Fortdauer.«[185]

Im Frühherbst dieses Jahres, also kurz nach Erscheinen des Zweiten Artikels, hat Hegel sich noch der Hoffnung auf einen gewissen Erfolg seiner Repliken hingegeben. Über die gegen ihn gerichteten Angriffe schreibt er an Daub: »Beschränkt man sich auf das etwa nicht Abweisbare, eine dergleichen Schrift flüchtig zu durchlaufen, so kommt man mit dem allgemeinen Verdrusse ab. Aber eine Kritik bringt es mit sich, alle Einzelheiten des üblen Willens und der Unfähigkeit des Denkens durchzugenießen. Ganz verloren beim Publikum mag jedoch die kritische Arbeit, so sauer sie ist, nicht sein, so groß sich dasselbe durch solche Schriften den leeren Kopf oft machen läßt und durch Stillschweigen in dem günstigen Eindruck bestätigt wird, so gibt es denselben auch wieder ebenso leicht auf und will nichts davon gehalten haben, wenn man ihrer Blöße stark entgegentritt. Es ist in der Tat in diesen Schriften vieles zu niederträchtig.«[186] In gesteigertem Maß trifft diese Charakterisierung auf die Schriften zu, mit denen die Verfasser der von Hegel rezensierten Schriften ihre Angriffe wiederholten und verstärkten.[187]

Die drei weiteren zur Besprechung angekündigten Schriften hat Hegel jedoch nicht mehr rezensiert. Bedauerlich ist dies im Blick auf die Schrift C. H. Weißes – denn

---

[185] Johann Peter Eckermann: *Gespräche mit Goethe in den letzten Jahren seines Lebens.* Hrsg. von H. H. Houben. Wiesbaden 1957, 235.

[186] Hegel an Daub, 27. September 1829; *Briefe.* Bd 3.274.

[187] Siehe oben, LXIV FN 180, sowie Schubarth: *Erklärung in Betreff der Recension des Hrn. Professor Hegel in den letzten Nummern der Jahrbücher für wissenschaftliche Kritik vom vorigen Jahre.* Berlin 1830. Siehe ferner Schubarths spätere Schrift: *Ueber die Unvereinbarkeit der Hegel'schen Staatslehre mit dem obersten Lebens- und Entwickelungsprinzip des Preußischen Staats.* Breslau 1839.

sie ist unter den genannten die einzige, mit der eine philosophische Auseinandersetzung möglich gewesen wäre. Die Schrift *Über Sein, Nichts und Werden* hat ihm sein »Kollege und Freund Schmalz, selbst zugeschickt«, und als Verfasser der *Briefe gegen die Hegelsche Enzyklopädie* ist ihm Schleiermacher genannt worden – eine Vermutung, die sicherlich nicht zutrifft, die aber auch Carl Daub geteilt hat.[188] Daß Hegel seine Absicht nicht ausgeführt hat, dürfte zum Teil dadurch veranlaßt sein, daß er im Oktober dieses Jahres das Rektorat übernommen hat – ein Umstand, der ihn auch verhindert hat, andere Rezensionen zu übernehmen.[189] Doch hat Hegel später auch noch die Schriften von Ohlert und Görres besprochen, so daß die Überhäufung mit Amtsgeschäften keine ausreichende Erklärung für den Abbruch der Sammelrezension bietet. Einen anderen, wohl tieferen Grund teilt K. F. Zelter am 10. November 1829 Goethe mit: »Vorige Woche gestand mir Hegel (der mich für sein Blatt werben will), es tue ihm leid, sich mit seinen Gegnern eingelassen zu haben.«[190] Bereits in der Solger-Rezension hatte Hegel ja seine – dann aber nicht befolgte – Einsicht so formuliert: »man ist überhaupt der Erklärung der Philosophen müde geworden, daß man sie mißverstanden habe«.[191]

[188] Siehe FN 186 sowie Daub an Hegel, 11. Oktober 1829; *Briefe*. Bd 3.280.

[189] Am 23. Februar 1830 schreibt Varnhagen an Goethe, Hegel sei »mit Geschäften überhäuft; ein schönes Vorhaben von ihm, die Seherin von Prevorst, welches Buch hier wie in München und andern Orten den Gläubigen eine Heilsnahrung, den Vornehmen eine scharfduftende Leckerei geworden, für die Jahrbücher zu rezensieren, scheint in den zeitraubenden Pflichten und Ehren seines Rektorats untergegangen; sonst wäre zu erwarten gewesen, daß er tüchtig eingegriffen und manches von seinem Ort Gerückte gründlich dahin zurückgestellt hätte.« – *Hegel in Berichten seiner Zeitgenossen,* 410.

[190] *Hegel in Berichten seiner Zeitgenossen,* 406.

[191] Siehe unten, 214,5 f.

Rede zur Feier der Augsburgischen Konfession

Hegels letztes Lebensjahr zeigt ihn äußerlich auf dem Höhepunkt seines Wirkens. Zum Wintersemester 1829/30 ist er
zum Rektor der Universität gewählt worden,[192] und diese
Stellung dürfte auch der Grund gewesen sein, daß Hegel,
wie er zu Beginn sagt, vom Senat der Universität aufgefordert worden sei, anläßlich der dritten Säkularfeier der Übergabe der Augsburgischen Konfession die Festrede zu halten.
Zu dieser Feier hat Hegel auch den Minister v. Altenstein
persönlich eingeladen[193] – nur wenige Tage vor Ausbruch
der Juli-Revolution in Frankreich.

Drei Tage vor der Feier dankt Hegel seinem Schüler und
Freund Friedrich Förster für eine Sendung Lacrimae Christi; er wertet diesen Wein als Beweis dafür, »daß die Tränen, die der Herr über das katholische Unwesen ausgegos-
sen, nicht salziges Wasser nur gewesen, sondern Flaschen
tropfbaren Feuers«, und er äußert die Hoffnung, daß dieses
Feuer »dem lateinischen Redewasser, das ich dermalen
durchzukneten habe«, aufhelfen werde.[194] Diese – etwas ex-
travagante – Deutung des Anlasses für die Tränen Christi
verrät bereits den Grundton seiner Rede. Primär ist die
»Confessio Augustana« eine lutherische Bekenntnisschrift,
und sie ist erst allmählich – auf Grund einer abgeänderten
Fassung – zur Bekenntnisschrift auch der reformierten Konfession geworden. Am Ende eines Jahrzehnts, das kirchen-
politisch durch den Versuch einer Überwindung der Differenzen zwischen Lutheranern und Reformierten durch die

---

[192] Am 16. Oktober 1829 ersucht Hegel in dieser neuen Funktion
um eine Audienz beim Minister v. Altenstein; *Briefe*. Bd 3.285. Am
18. Oktober hat Hegel sein Amt angetreten; siehe *Hegel in Berichten
seiner Zeitgenossen*, 404 (hiernach wäre das Datum der 19. Oktober). –
Seine lateinische Rede zu dieser Gelegenheit ist veröffentlicht in Hegel: *Berliner Schriften*. Hrsg. von Johannes Hoffmeister. Hamburg
1956, 25–29.

[193] Hegel an v. Altenstein, 21. Juni 1830; *Briefe*. Bd 3.306.

[194] Hegel an Friedrich Förster, 22. Juni 1830; *Briefe*. Bd 3.307.

Evangelische Kirche der Preußischen Union geprägt war, geht Hegel jedoch – trotz seines sonst prononciert ausgesprochenen Lutherthums[195] – nicht auf diese innerprotestantischen Differenzen ein.[196] Vielmehr präsentiert er die »Confessio Augustana« entgegen ihrer historischen Rolle als allgemein protestantische Bekenntnisschrift gegen den Katholizismus.

Dem Gegensatz zwischen Protestantismus und Katholizismus hat Hegel nicht stets dieselbe Bedeutung beigemessen wie gegen Ende seiner Berliner Jahre. Noch an ihrem Beginn, in den *Grundlinien der Philosophie des Rechts*, scheint der Konfessionsgegensatz für ihn bedeutungslos geworden zu sein: Im Einklang mit den staatskirchenrechtlichen Regelungen seiner Zeit räumt Hegel dem Staat das Recht ein, »von allen seinen Angehörigen zu fordern, daß sie sich zu einer Kirchengemeinde halten, – übrigens zu irgend einer, denn auf den Inhalt [...] kann sich der Staat nicht einlassen.« Während damals aber – nach Art. 16 der Deutschen Bundesakte – die Staatsbürgerrechte an die Zugehörigkeit zur katholischen, lutherischen oder reformierten Konfession gebunden waren, zieht Hegel diesen Kreis erheblich weiter: Gerade der starke Staat könne sich anderen religiösen Gemeinschaften gegenüber um so liberaler verhalten. Mit bemerkenswertem Sarkasmus wendet Hegel sich insbesondere gegen den – aus der rechtlichen Privilegierung der drei christlichen Konfessionen folgenden – Ausschluß der Juden: Das gegen die Verleihung von Bürgerrechten an Juden »erhobene Geschrei« übersehe, daß die Juden »zu allererst Menschen sind und daß dies nicht nur eine flache, abstrakte Qualität ist.«[197]

---

[195] Siehe Hegels Rechtfertigung vom 3. April 1826 gegen eine »Anklage wegen öffentlicher Verunglimpfung der katholischen Religion«, in *Berliner Schriften,* hrsg. Hoffmeister, 572–575.

[196] Zu dieser Problematik siehe etwa Rosenkranz: *Hegels Leben,* 409 f.

[197] Hegel: *Grundlinien der Philosophie des Rechts.* § 270 Anm., in W 8.337 f.

Die Erfahrung der politischen Lage in den romanischen Ländern der 1820er Jahre, insbesondere im Frankreich der Restauration, und ihres Einflusses auch auf die deutschen Staaten hat Hegel seine frühere Annahme der politischen Indifferenz konfessioneller Differenzen revidieren lassen. Die Gefahr der »Zertrümmerung aller sittlichen Verhältnisse« sieht er nun nicht mehr in den unbesonnenen Aktionen einzelner, »die den Herrn suchen, und in ihrer ungebildeten Meinung alles unmittelbar zu haben sich versichern« und unter Berufung auf ihr frommes und deshalb unfehlbares und unantastbares Herz sich das Recht selbst zum politischen Mord anmaßen und hierin auch noch von geistlichen Führern bestätigt werden.[198] Er sieht sie nun durch eine Konfession bedroht, die sich der Sittlichkeit des Staates nicht unterstellt, sondern ihn unter ihre Herrschaft zu bringen sucht − gestützt auf die Behauptung, daß die weltliche Macht nicht unmittelbar von Gott verliehen sei, sondern durch seinen Stellvertreter auf Erden. Deshalb sieht Hegel es nun nicht mehr als gleichgültig an, welche Konfession bestimmenden Einfluß in einem Staat ausübt: »Es ist Ein Begriff der Freiheit in Religion und Staat.«[199]

Ein charakteristischer Zug der Festrede Hegels liegt in der Hervorhebung der Rolle, die die »Fürsten der deutschen Staaten und die Bürgermeister der Freien Reichsstädte«, d. h. die nicht-kirchlichen und nicht-theologischen Gruppierungen, bei der Übergabe der Confessio Augustana gespielt haben. Sonst entspricht der Tenor seiner Rede den etwa gleichzeitigen Ausführungen zum Verhältnis von Religion und Staat in den *Vorlesungen über die Philosophie der Religion*[200] sowie der umfassenden Anmerkung zu § 552 der *Enzyklopädie der philosophischen Wissenschaften:* Der Freiheitsbegriff ist wohl zuerst in der Religion gefaßt worden, aber der Staat ist die Wirklichkeit der Freiheit, und diese wirk-

---

[198] Ebd. 336 (§ 270 Anm.); siehe auch oben, LI f.
[199] Hegel: *Vorlesungen über die Philosophie der Religion,* Teil 1.340.
[200] Ebd. 339−347: »Das Verhältnis der Religion zum Staat«.

liche Freiheit und Sittlichkeit des Staates darf nicht durch
unmittelbare Berufung auf ein religiöses Prinzip gefährdet
und ausgehöhlt werden – sei es unter pseudoliberaler Berufung auf die Frömmigkeit und Reinheit des eigenen Herzens, sei es unter restaurativer Berufung auf die religiöse
Fundierung aller sittlicher Verhältnisse.

Unter diesem Gesichtspunkt der Wirklichkeit der Freiheit ist Hegels – zunächst nur in der lateinischen Fassung
veröffentlichte – Rede ein knappes Jahrzehnt später erstmals
übersetzt und in die nunmehr äußerst zugespitzten politisch-
theologischen Auseinandersetzungen eingeführt worden.[201]

## Über die englische Reformbill

Das letzte Jahr seines Lebens hat Hegel nicht allein äußere
Anerkennung gebracht, sondern ebensosehr eine Zunahme
der Heftigkeit der Angriffe auf seine Philosophie und Person. Vor allem aber ist es durch eine politische Krise geprägt
– eine Krise, die Hegel in ähnlichen Wendungen beschreibt, wie sie sich bei ihm auch im Jahre 1806 und im
Rückblick auf den Krieg von 1813–1815 finden: Gegenwärtig habe »das ungeheure politische Interesse alle anderen
verschlungen – eine Krise, in der alles, was sonst gegolten,
problematisch gemacht zu werden scheint.«[202] Außenpoli-

---

[201] F. A. Maercker: »Hegel und die christliche Freiheit.« In *Der
Freihafen* 2 (1839), 192–209; siehe insbesondere 195: »Nichts dürfte
geeigneter sein, uns auf den wahren Standpunkt der christlichen
Freiheit, wie wir ihn jener herrlichsten Entwicklungsepoche deut-
schen Geistes danken, zu stellen, als eine akademische Rede, welche
Hegel bei der dritten Säkularfeier der Übergabe der augsburgischen
Konfession im Jahre 1830 in lateinischer Sprache gehalten, und von
der am hiesigen Ort eine deutsche Übertragung zu geben, wir inmit-
ten der neuerweckten religiösen und konfessionellen Wirren unserer
Zeit für angemessen und ersprießlich halten.«

[202] Hegel an Göschel, 13. Dezember 1830; *Briefe*. Bd 3.323; ähnlich
Hegel an Rakow, 30. März 1831; Bd 3.337; vgl. hiermit Hegel an
Niethammer, 17. September 1806; *Briefe*. Bd 1.116; hier äußert Hegel

tisch ist dieses Jahr geprägt durch die Juli-Revolution in Frankreich, das Zerfallen der Vereinigten Niederlande und den Aufstand in Polen, aber auch durch die innenpolitische Krise in England.

Sicherlich haben diese Entwicklungen – entgegen Hegels Formulierung – seine philosophischen Interessen keineswegs ganz verschlungen: Er hat in diesem Jahr neben seiner Lehrtätigkeit sowohl die Neubearbeitung der »Logik des Seins« vollendet als auch eine Neubearbeitung der *Phänomenologie des Geistes* und die Ausarbeitung seiner Vorlesungen über die Beweise vom Dasein Gottes für den Druck begonnen.[203] Gleichwohl hat das politische Interesse auch ihn ereilt – und dies hat seinen Niederschlag in Hegels Aufsatz über die englische Reformbill gefunden.

Der erste Teil dieser Abhandlung ist Ende April 1831 anonym in der *Allgemeinen Staatszeitung* erschienen. Eigentümlicher Weise fehlt jeder Hinweis auf ihre Entstehung. Hegel hat zwar stets eine Neigung zur politischen Publizistik erkennen lassen. Schon seine erste Veröffentlichung ist eine politische Streitschrift;[204] es folgten die nicht erhaltene Flugschrift über die Württembergische Verfassungskrise von 1798 sowie die Schrift über die Verfassung Deutschlands aus den Jahren um 1800 und noch 1817 die Rezension der Verhandlungen der Württembergischen Landstände.[205] Hegel ist auch stets ein aufmerksamer Beobachter der politischen Lage Englands und Frankreichs gewesen – doch erklärt dies schwerlich die Publikation einer derart detaillierten, weni-

---

seine Sorge, daß »Gott sei bei uns – der Krieg – ausbricht. – – Daß diese Eine Sorge alles verschlingt«.

[203] GW 21.400–403, 9.472–478, 18.394–400.

[204] Siehe seine anonyme Bearbeitung einer Schrift von Jean Jacques Cart: *Vertrauliche Briefe über das vormalige staatsrechtliche Verhältnis des Waadtlandes (Pays de Vaud) zur Stadt Bern. Eine völlige Aufdeckung der ehemaligen Oligarchie des Standes Bern. Aus dem Französischen eines verstorbenen Schweizers übersetzt und mit Anmerkungen versehen. Frankfurt am Main 1798.*

[205] GW 15.30–125.

ger philosophischen als verfassungsrechtlichen Abhandlung
über die politischen Verhältnisse Englands, und zumal in der
*Preußischen Staatszeitung.* Ob er seine Abhandlung auf fremde Veranlassung oder aus eigenem Antrieb geschrieben, ist
jedoch nicht bekannt. Karl Rosenkranz berichtet zwar, angesichts der Diskussion um die Reformbill »ward er (sc. Hegel) von den quälerischsten Vorstellungen erfaßt, die ihn
Tag und Nacht beunruhigten.«[206] Belege hierfür führt Rosenkranz jedoch ebensowenig an wie für seinen – später von
Karl Hegel abgeschwächten[207] – dramatisierenden Bericht
über Hegels Stellung zur Juli-Revolution.

Hegels Abhandlung ist jedoch nur in drei Folgen der
*Staatszeitung* erschienen; die Fortsetzung ist auf Anordnung
des Königs unterblieben. Marie Hegel berichtet hierüber am
2. Dezember 1831 an Niethammer, Hegel habe im abgelau-
fenen Jahr gearbeitet an einem »Aufsatz über die Reform-
Bill (der halb abgedruckt in der Staatszeitung auf Königl.
Befehl nicht fortgesetzt werden durfte).« In einer Fußnote
wird dieses Verbot erläutert: »Seine Majestät hatten an und
für sich nichts dagegen, nur die Bedenklichkeit, daß ein Mi-
nisterielles Blatt einen Tadel gegen die Engl. Verhältnisse
enthielt. – Auf Befehl wurde die Fortsetzung besonders abgedruckt und unter der Hand verteilt und Hegel, der nicht
genannt sein wollte, erhielt privatim die größten Elogen dafür.«[208]

Die Zuverlässigkeit dieses Berichts läßt sich jetzt durch
drei Briefe belegen. Zur Begründung der Einstellung des
Abdrucks hat der Geheime Kabinetts-Rat Albrecht dem
Redakteur (?) der Staatszeitung, Philipsborn, eine Notiz zu-

---

[206] Rosenkranz: *Hegels Leben,* 418, ohne Angabe von Quellen;
Franz Rosenzweig übernimmt dies ohne Nennung von Rosenkranz
– nicht ohne dessen Zeugnis in den Plural zu versetzen: Hegel sei,
»nach guten Zeugnissen, von quälendster Unruhe erfaßt« worden;
*Hegel und der Staat.* München und Berlin 1920. Bd 2.229.
[207] Siehe oben, XXII FN 44.
[208] *Hegel in Berichten seiner Zeitgenossen,* 498.

gesandt, die in Hegels Abschrift vorliegt: »S. Maj. haben den Aufsatz über die Reformbill nicht getadelt, finden ihn aber zur Aufnahme in die Staatszeitung nicht geeignet, und ich muß daher bitten, den mir gefälligst mitgeteilten, hiebei zurückgehenden Schluß desselben zurückzulegen. Potsdam, den 3. Mai 1831. Albrecht.« Philipsborn hat Hegel auf dessen Anfrage hin zu diesem Vorgang mitgeteilt: »Der befohlene Schluß des Aufsatzes erfolgt anbei: wie leicht es übrigens wird, sich Gehör zu verschaffen, wollen Euer Hochwohlgeboren aus der sub voto remissionis zur vertraulichen Kenntnisnahme angeschlossenen Antwort des Herrn Geh. Kabinetts-Rats Albrecht gefälligst ersehen. Wäre man nicht ein zu solider Protestant, was könnte man alles werden? – Hochachtungsvoll und ganz ergebenst der Ihrige bin und bleibe ich Philipsborn. 8/5. 31.« Ausführlicher sind wir über die Vorgänge unterrichtet durch einen Brief Hegels an v. Beyme, der offensichtlich in einem – nicht überlieferten – Brief vom 16. Mai 1831 die »schmeichelhafte Bezeugung der Zufriedenheit« mit der Abhandlung ausspricht und »zu großes Lob« spendet; hierauf könnte sich die Äußerung Marie Hegels beziehen. Der mit der Staatszeitung vereinbarten Anonymität wegen bekennt Hegel sich sogar Beyme gegenüber nicht ausdrücklich zur Verfasserschaft. Weiter schreibt Hegel über seinen Aufsatz:

»Da die Tendenz desselben, Prinzipien in Anspruch zu nehmen, die unter anderem auch eine konstante Quelle der Verkennung und Verunglimpfung der preußischen Verfassung und Gesetzgebung sind, wie gegen dieselbe auch die Prätention und der zugestandene Ruhm der englischen Freiheit gelten gelassen wird, die Gelegenheit der englischen Reformbill genommen hat, so hat der Gesichtspunkt daraus erwachsen können, daß die englische Staatsverfassung damit angegriffen wurde, was als ungeeignet für die preußische Staatszeitung den Abdruck des Beschlusses des Artikels verhindert habe. Ein besonderer Abdruck, wozu Eurer Exzellenz gnädige Aufmunterung der wichtigste Bestimmungsgrund sein würde, erfordert wohl eine größere Ausfüh-

rung, wozu es wohl weniger an Stoff als an Zeit gebrä-
che.«

Beyme scheint somit den Anstoß zu einem privaten Abdruck des Schlusses von Hegels Abhandlung gegeben zu
haben, der sich anscheinend nicht erhalten hat, jedoch der
Veröffentlichung in den *Werken* zugrundeliegt. Daß es hierzu gekommen ist, legt allerdings nahe, daß die »größten
Elogen«, von denen Marie Hegel schreibt, nicht allein von
Beyme gemacht worden sind.

Franz Rosenzweig hat darüber hinaus wahrscheinlich gemacht, daß die weitere, von Hegel nicht antizipierte dramatische Wendung des Konflikts – die Auflösung des Parlaments durch den englischen König – den weiteren Abdruck
»höchst unpassend« gemacht hätte.[209] Seine weiteren Hinweise auf das anhaltende Wohlwollen des Königs stützen
sich aber ebenfalls nur auf den Brief Marie Hegels; sie
haben keinen eigenen Quellenwert. Von den Späteren ist
Hegels Abhandlung überwiegend kritisch beurteilt worden.
Bereits Rosenkranz meint, daß man dem Aufsatz bei aller
Gediegenheit doch eine »krankhafte Verstimmung« an-
merke;[210] Hegels beständiger Kritiker Rudolf Haym urteilt:
»Die ganze vorurteilsvolle Beschränktheit, die ganze leidenschaftliche Verstimmtheit, welche das Urteil von politischen
Parteien über ihre Gegenpartei charakterisiert, macht sich in
dem Urteil Hegels über das englische Parlament Luft« – ein
Urteil, das sich selbst charakterisiert. Franz Rosenzweig
hingegen trifft den eigentümlichen Zug dieser Abhandlung,
wenn er ihren aporetischen Charakter hervorhebt: Trotz
seiner Kritik der herrschenden Zustände und seiner Sympa-
thie für die zu schaffenden habe Hegel sich nicht zu einem
mutigen Nein gegen jene und einem entschlossenen Ja zu
diesen durchgerungen. »Ein hamletischer Zug, ihm sonst
fremd, liegt über seinem Verhalten.«[211]

---

[209] Rosenzweig: *Hegel und der Staat*, Bd 2.235.
[210] Rosenkranz: *Hegels Leben*, 419.
[211] Rosenzweig: *Hegel und der Staat*, Bd 2.236.

Die vorliegende Edition legt die Endfassung des Textes zugrunde, wie sie in Hegels Manuskript überliefert ist, ohne die zahlreichen Streichungen zu verzeichnen und die am Rande stehenden Erweiterungen zu markieren. Der Abdruck in der *Staatszeitung* weicht an mehreren Stellen markant von Hegels Manuskript ab; er ersetzt jeweils provozierende Formulierungen durch weniger scharfe, bis hin zur Streichung eines Satzes. Ob diese Änderungen noch von Hegels Hand stammen, ob sie zwar auf den Redakteur der *Staatszeitung* zurückgehen, jedoch von Hegel vor dem Druck autorisiert worden sind oder ob sie – was wahrscheinlicher ist – ausschließlich auf den Redakteur zurückgehen, läßt sich gegenwärtig nicht entscheiden. Der vorliegende Band teilt deshalb sämtliche, über Schreibgewohnheiten hinausgehende Abweichungen der Druckfassung vom Manuskript als Fußnoten mit.

## Ohlert-Rezension

Unter Hegels Rezensionen nimmt die Besprechung der Schrift Ohlerts über den »Idealrealismus«[212] eine Sonderstellung ein: Sie dient weder dem Angriff noch der Verteidigung noch einer umfassenden »Charakteristik«, wie die Solger- oder die Hamann-Rezension. Zwar hat Ohlert seine Arbeit Hegel übersandt,[213] und er nimmt in ihr auch Bezug auf Hegel, ja auf den »genialen Hegel«[214] – doch ist dies sicherlich kein zureichender Grund für Hegels Besprechung in den *Jahrbüchern*.

[212] Der in Hegels Anzeige genannte »besondere Titel« »Der Idealrealismus als Metaphysik […]« ist auf dem rechten, »Der Idealrealismus. Erster Teil« auf dem linken Titelblatt von Ohlerts Buch genannt. Ein weiterer Teil ist jedoch nicht erschienen.

[213] Ohlert an Hegel, 4. Dezember 1830; *Briefe*. Bd 3.318.

[214] So Ohlert: *Der Idealrealismus,* 57, Fußnote zu § 46, im Blick auf Hegels Begriff des Absoluten in der *Differenz-Schrift*.

Über Albert Leopold Julius Ohlert ist wenig bekannt. Bei Erscheinen seines *Idealrealismus* war er bereits durch eine Abhandlung der Geschichte des Ich-Begriffs vor Fichte und in der Fichteschen Philosophie sowie durch eine kurzgefaßte Logik hervorgetreten.[215] Karl Rosenkranz nennt ihn einen »Schüler Herbarts«, wohl auch in dem Bemühen, Hegels Rezension zu einer Auseinandersetzung mit Herbarts Metaphysik zu stilisieren;[216] Hermann Glockner erklärt Ohlert schlicht zum »Herbartianer«.[217] Doch ist weder in Ohlerts Buch noch in Hegels Besprechung von Herbart die Rede, und in seiner *Religionphilosophie*[218] bezeichnet Ohlert Herbarts System als die kühnste, konsequenteste und scharfsinnigste Durchführung des Realismus – aber somit als einen einseitigen Ansatz, den er durch seinen »Idealrealismus« vielmehr ebenso zu überbieten trachtet wie den einseitigen Idealismus.

Eine Antwort Hegels auf Ohlerts Schreiben ist nicht bekannt, jedoch dessen Aufnahme von Hegels Rezension. Im Vorwort zu seiner *Religionsphilosophie* geht Ohlert auf Beurteilungen seines *Idealrealismus* ein: »Außer der ausführlichen Inhaltsanzeige in B e c k s a l l g e m e i n e m R e p e r t o r i u m ([...]) ist mir zuerst die Rezension des verewigten H e g e l in dem Junihefte der wissenschaftlichen Jahrbücher für 1831 zu Gesichte gekommen, welche mir nicht nur als eine der letzten literarischen Arbeiten des verehrungswürdigen Mannes interessant gewesen ist, sondern gründlich und eindringend, wie alle Aufsätze Hegels, mich auch auf vielfache

<hr />

[215] Ohlert: *De notione του ego dissertatio* [...]. Königsberg 1823; *Grundriß der allgemeinen reinen Logik zum Gebrauche für seine Vorlesungen.* Königsberg 1825.

[216] Rosenkranz: *Hegels Leben,* 405; er bezeichnet ihn als Ostpreußen, Ohlert selber sich als Westpreußen, und zwar auf dem Titelblatt seiner Dissertation, die Rosenkranz wohl nicht eingesehen hat.

[217] Hegel: *Sämtliche Werke.* Jubiläumsausgabe, hrsg. von Hermann Glockner. Stuttgart 1958, Bd 20.XV.

[218] Ohlert: *Religionsphilosophie in ihrer Übereinstimmung mit Vernunft, Geschichte und Offenbarung.* Leipzig 1835.

Weise belehrt hat. Dank dem verehrten und hochverdien-
ten Philosophen noch im Grabe dafür.«[219] Dies ist nicht eine
bloße Geste aus der Distanz zu Hegels Philosophie; im Verlauf seiner weiteren Ausführungen erklärt Ohlert sich ferner
für ein Verhältnis von Philosophie und Christentum, wie es
in der neueren deutschen Philosophie von Kant vorbereitet
und von Schelling – gemeint ist der frühe Schelling – und
Hegel auf je eigentümliche Weise verkündet worden sei:
»aus beiden strahlt der Hauptgedanke hervor, daß die Vernunft, wie sie sich im Menschen ausspricht, mit der göttlichen, die in der christlichen Offenbarung redet, übereinstimmen müsse, wolle anders nicht das Relative dem Absoluten entgegen sein. [...] So bemüht sich die Wissenschaft
der Vernunft, oder die wahre Philosophie, in unsern Tagen
immer mehr, mit den Wahrheiten, die die unmittelbare
Offenbarung verkündigt, die genaueste Verbrüderung zu
schließen, und es wird hoffentlich die unselige Spaltung
zwischen Philosophie und christlicher Religion, oder
meinetwegen Theologie, welche früher stattfand, soviel
an der Philosophie ist, nicht mehr vorkommen«.[220]

## Görres-Rezension

Hegels letzte Rezension, von Görres' Vorträgen über die
Weltgeschichte, steht an Schärfe den kurz zuvor geschriebenen Repliken nicht nach. Schon die früheren Erwähnungen
von Görres in den an Hegel gerichteten Briefen lassen ein
zumindest sehr distanziertes Verhältnis vermuten. Schon
Ende Januar 1807 fordert Franz Josef Schelver, ein nach
Heidelberg übergesiedelter Kollege aus Jena, Hegel auf,
»sich ganz unumwunden über die philosophischen Manieren
der Görres- und Windischmann'schen Produkte beispiels-

[219] Ebd. XII; hieran schließt sich eine ausführliche Auseinandersetzung mit Immanuel Hermann Fichte.
[220] Ohlert, ebd. 192.

weise zu erklären«.[221] Dies läßt vermuten, daß Hegel bereits
in der frühen Jenaer Zeit Görres' mythologische Schriften
zur Kenntnis genommen hat. Auch ein Brief Clemens
Brentanos von Anfang 1810 an Görres deutet auf eine zumindest indirekte Verbindung; Brentano schreibt, er habe
»den ehrlichen hölzernen Hegel« in Nürnberg besucht: »er
las Heldenbuch und Nibelungen und übersetzte sie sich unter dem Lesen, um sie genießen zu können, ins Griechische.«[222] In Nürnberg könnte Hegel sich durch Johann Arnold Kanne noch näher mit Görres' »Manieren« vertraut
gemacht haben, und auch sein Heidelberger Freund Creuzer stand in enger Verbindung mit Görres. In der Berliner
Zeit hat Hegel das von Görres herausgegebene *Schah-Name*
erworben, das er auch im Kontext seiner religionsphilosophischen Vorlesungen herangezogen hat.[223]

Hegels Rezension weist aber auch einige Berührungspunkte mit seiner Solger-Rezension auf. Denn auch im
Blick auf die Bearbeitung der Mythologie konnte Hegel sich
mit Solger einig wissen. Solger etwa schreibt im Rahmen
der Auseinandersetzung mit seinem Freund v. Hagen an
diesen, er sei »nach und nach zur festesten und klarsten
Überzeugung gekommen [...], daß die Art und Weise, wie
schon Creuzer, noch mehr aber Görres, Kanne und ähnliche die Geschichte der Religionen und die damit zusammenhängende Weltgeschichte behandeln, auf der absoluten
Unfähigkeit beruht, die wahre Natur dieser Dinge zu begreifen.«[224]

Mehr noch als für Solger stellt sich für Hegel aber das
Problem des Verhältnisses von Vernunft und Geschichte. Es

---

[221] *Briefe.* Bd 1.140. Siehe auch ebd. Bd 2.153, 224, 243.

[222] *Hegel in Berichten seiner Zeitgenossen,* 103.

[223] Görres: *Das Heldenbuch von Iran aus dem Schah Nameh des Firdussi.*
2 Bde Berlin 1820. Siehe Hegel: *Vorlesungen über die Philosophie der Religion,* Bd 2.655, 726, 781, 803.

[224] Solger: *Nachgelassene Schriften,* I.745; auf den folgenden Seiten
begründet er sein scharfes Urteil.

stellt sich aber gerade nicht in der Weise, daß beide unvereinbar seien und der Philosophie die ungeschichtliche
Vernunft, der mythologischen Forschung hingegen die Geschichte zufalle. Gegen die Okkupation des Geschichtsbe-
griffs – oder eigentlich nur des Wortes »Geschichte« –
durch die mythologische Schule macht Hegel deutlich, daß
dort zwar das Wort ständig im Munde geführt werde, das
ungeschichtlich schematisierende und sich mit biblischen
Einsprengseln dekorierende Verfahren aber jeden Gedanken
an Geschichte ad absurdum führe und der Phantasie freien
Lauf lasse. Daß die »Einsicht in die Notwendigkeit allein
durch das Denken und Begreifen bewirkt« wird, steht
keineswegs dem anderen Satz entgegen, daß »die Beglaubigung des Geschichtlichen nur auf historische Zeugnisse und
deren kritische Würdigung gegründet werden kann, und
daß solche Erkenntnis allein Wissenschaftlichkeit genannt
wird.«[225]

Hegel sucht damit einem bereits damals verbreiteten Vorurteil entgegenzuwirken, das auch noch die späteren Auseinandersetzungen um seine Philosophie belastet. Es zeigt
sich kurz vor Veröffentlichung seiner Rezension auch bei
Görres selber. Am 15. Mai 1831 schreibt Ernst v. Lasaulx,
der auch Schelling in München gehört und seine Vorlesungen nachgeschrieben hat, an Görres: »So las ich die neue
Ausgabe der Enzyklopädie, einige polemische Broschüren
dagegen und Hegels Kritik derselben ... Eine größere Kraft
im Festhalten des reinen Gedankens und ihn zwingen, alle
immanenten Begriffsmomente zu explizieren habe ich nirgends gefunden, aber diese Dialektik des Begriffs ist wie ein
trockenes Feuer der Intelligenz, das alles feuchte Leben der
Natur aussaugt und statt des grünen Lebens ein gespensti-
sches Schema hinstellt. Der frische lebenswarme Frühlings-
hauch, der überall in der Schellingschen Naturphilosophie
wehet, ist durch eine Wissenschaft der Logik ersetzt, die am
Ende des Systems die Bedeutung der spekulativen Theolo-

---

[225] Siehe unten, 511,14–19.

gie erfüllt.«[226] Görres bestätigt am 27. Mai diesen Eindruck
und verallgemeinert ihn: »Dein Urteil über Hegel scheint
mir großenteils wahr, doch ist die Dürre, die Du ihm vor-
wirfst, auch noch in höherem Grade bei allen mathematischen Untersuchungen, und nicht zu trennen von jeder mit
wissenschaftlicher Schärfe – und die hat er in eminentem
Grade – geführten Untersuchung. Er ist eben ein logischer
Geometer, nichts mehr und nichts weniger, und baut sich
seine Welt aus einigem Zugegebenen, [...] aber von dieser
Welt bis zur überreichen wirklichen mit allen ihren Kur-
ven, Kräften und Lebendigkeiten ist noch ein weiter
Schritt.«[227] Der eigentliche Streitpunkt ist aber nicht, ob
hier ein solcher Schritt zu machen sei, sondern wie er zu
machen sei: durch Görres' Amalgamierung eines »Reflexionsformalismus« mit Phantasie und Frömmigkeit – oder
eben durch historische Forschung.

Die Görres-Rezension wirkt somit wie eine verspätete
Einlösung der frühen Aufforderung Schelvers. Daß sie aber
erst zu dieser Zeit geschrieben wird, dürfte nicht ohne Zusammenhang mit den veränderten Umständen sein, unter
denen Görres' Schrift entstanden ist. Görres war zu dieser
Zeit nicht mehr der phantastische Mythologe; er war einer
der profiliertesten Vertreter des politischen Katholizismus
und als solcher an die neugegründete Universität München
berufen worden – wo er neben Schelling lehrte. Niethammer schreibt an Hegel, er sei unter den Hörern der eben
begonnenen Münchener Vorlesungen Schellings: »In der
Tat sind diese Vorlesungen in mehr denn einer Beziehung
zu den merkwürdigen Erscheinungen des Tages zu zählen.
Um auch nur einiger Äußerlichkeiten dabei zu gedenken:
neben Görres' Bauchrednerei und unter einer Menge
schwarzer Talare aus dem Klerikalseminar!«[228]

---

[226] *Hegel in Berichten seiner Zeitgenossen,* 429.
[227] *Hegel in Berichten seiner Zeitgenossen,* 430.
[228] Niethammer an Hegel, Januar 1828; *Briefe.* Bd 3.216.

Gegen diese Verbindung der Romantik mit dem politischen Katholizismus ist Hegels Angriff – gerade in seinen letzten Lebensjahren – gerichtet. Ein Indiz hierfür bildet auch das Abbrechen seiner Beziehungen zu dem – ebenfalls schon von Schelver genannten – Windischmann,[229] der inzwischen Schwiegervater eines zeitweiligen Kollegen Hegels geworden war, zu dessen Konversion er maßgeblich beigetragen hatte: Karl Ernst Jarckes, des späteren ultramontanen Nachfolgers von Friedrich v. Gentz als Sekretär Metternichs.[230] In der Rezension selbst bleiben diese Zusammenhänge jedoch im Hintergrund, bis auf eine Stelle, an der Hegel auf das damals grassierende Phantasma einer Uroffenbarung eingeht, das Görres »mit Fr. von Schlegel und andern katholischen Schriftstellern, besonders mit modernen französischen, außer dem Abbé Lamenais, Baron Eckstein, auch Gelehrten, die mit der Congregation zusammenhingen, teilt. Im Interesse der katholischen Religion, um ihr auch der Existenz nach Allgemeinheit und Ursprünglichkeit zu vindizieren,« werde die in den Menschen als Geist, als Ebenbild Gottes, ursprünglich gelegte Vernunft als ein am Beginn der Geschichte stehender Zustand vorgestellt.[231] Gegen diese Vorstellung von der Uroffenbarung hat Hegel seit seinen späteren Jenaer Jahren und insbesondere in seinen Berliner Vorlesungen häufig polemisiert: Sie verwechsle das Erste im Begriff mit dem Ersten in der Geschichte.[232] In seinem letzten Lebensjahr drängt sich ihm jedoch die Verbindung dieser romantischen Vorstellung mit den Kreisen der katholischen Restauration in Frankreich auf, wie er sie etwa im Journal *Le Catholique* finden konnte.[233]

---

[229] Windischmanns letzter Brief an Hegel datiert vom 1. August 1829; *Briefe.* Bd 3.265–267.

[230] Lenz: *Geschichte,* 386–388.

[231] Siehe unten, 515,4–12.

[232] Hegel: *Vorlesungen über die Philosophie der Religion,* Teil 2 (= V 4). Hamburg 1984, 146, 170–172 mit Anm.

[233] Siehe den Nachweis in GW 18.187,17–189,18 mit den Anmer-

Erschienen ist die Görres-Rezension im September 1831. Sie ist damit der letzte Text, dessen Erscheinen Hegel noch erlebt hat. Ähnlich wie in den Repliken kündigen sich auch in ihr die Auseinandersetzungen an, die in den 1830er und 1840er Jahren um seine Philosophie geführt worden sind und zum Verlust ihrer Geltung in religiös gestimmten Kreisen entscheidend beigetragen haben.

## III. Zu den bisherigen Editionen und zur vorliegenden Ausgabe

Die vorliegende Ausgabe unterscheidet sich von den früheren sowohl material als auch methodisch. Während sowohl die Ausgabe durch den »Verein von Freunden des Verewigten« als insbesondere die Ausgabe durch Johannes Hoffmeister darauf angelegt waren, die Texte vollständig zu präsentieren, beschränkt sich die vorliegende auf eine Auswahl. Unter den Heidelberger Schriften verzichtet sie auf Hegels »Landstände-Schrift« und unter den Berliner Schriften – gegenüber Hoffmeisters Ausgabe – auf die beiden Reden »bei der Promotion des Dr. Rose« und »beim Antritt des Rektorats an der Berliner Universität«, ferner auf sämtliche Gutachten und Stellungnahmen, auf die Auszüge aus den »Akten der philosophischen Fakultät« und auf die »Auszüge und Bemerkungen«. Hoffmeister hat im Rahmen seiner »Neuen Kritischen Ausgabe« beabsichtigt, die Quellen umfassend wiederzugeben; da die vollständige Präsentation künftig durch die *Gesammelten Werke* wahrgenommen wird,

kungen ebd. 430–432. – Ein späterer Herausgeber von Görres' Schrift hat Hegels Kritik sowohl ihrer mythologischen wie auch ihrer theologisch-politischen Aspekte zurückgewiesen; siehe Görres: *Ueber Grundlage, Gliederung und Zeitenfolge der Weltgeschichte.* [...] In zweiter Auflage mit einem Vor- und Nachwort hrsg. von M. A. Strodl. München 1880, insbesondere 123, 152 ff.; er wirft Hegel vor, daß seine Philosophie der Geschichte von historischen Unrichtigkeiten strotze, und erinnert an seine Parteinahme für Preußen.

kann der vorliegende Band auf diejenigen Texte verzichten, die teils sehr speziell – wie die »Landstände-Schrift« –, teils für die Kenntnis der Philosophie Hegels von untergeordnetem Rang sind. Diese Beschränkung ermöglicht es andererseits, die wichtigen Texte der Heidelberger und der Berliner Zeit in einem Band zusammenzufassen.

In der Textgestaltung nimmt sich die »Freundesvereinsausgabe« bekanntlich große Freiheiten – bis hin zur stillschweigenden Auslassung mehrerer Textspalten der Hamann-Rezension.[234] Hoffmeister hat an der »Freundesvereinsausgabe« scharfe und nicht unberechtigte Kritik geübt: Ihre Abweichungen von den Erstdrucken seien »durchgängig Abweichungen, die entweder als stilistische Schulmeistereien oder als gedankliche Änderungen und Verkehrungen angesehen werden müssen und bis auf einige Druckfehlerverbesserungen kaum motivierbar sind.«[235] Doch hat er selbst diese Fehler sogar noch vergröbert. In seiner Ausgabe lassen sich drei Klassen von Fehlern unterscheiden.

a) Ihr fundamentaler Mangel ist es, daß Hoffmeister sich bei der Textgestaltung gleichsam mit einem Auge an den Erstdrucken, mit dem anderen an den *Werken* orientiert. Die von ihm hergestellte Textfassung läßt sich schwerlich anders erklären als durch die Annahme, er habe seine Druckvorlage zunächst an Hand der *Werke* hergestellt und sie nachträglich auf Grund der Lektüre der Erstdrucke zu korrigieren gesucht. Hierbei sind ihm die beiden Fassungen mehrfach durcheinandergeraten, und die Bruchstellen zwischen ihnen hat er schließlich durch angebliche Emendationen geheilt, die dem Benutzer einen »kritischen« Eindruck vermitteln – obgleich er die Fehler doch erst selbst verursacht hat. Dieses Urteil sei an nur drei, leicht vermehrbaren Beispielen belegt.

---

[234] Siehe oben, LVIII.

[235] H XIV. – Dieses Bedenken gilt auch gegen den Nachdruck der *Werke*, Redaktion Eva Moldenhauer und Karl Markus Michel, Frankfurt am Main 1970 u. ö.

In der »Humboldt-Rezension« hat Hegel den Beginn eines wörtlichen (wenn auch von ihm übersetzten) Zitats aus einer Abhandlung Francis Wilfords versehentlich nicht durch Anführungszeichen gekennzeichnet: »Nachdem ich ihnen einen strengen Verweis über diese Prostitution ihres priesterlichen Charakters gegeben, gestattete ich es nicht, daß sie dazu fortgingen.« Die *Werke* beseitigen auch noch die Schlußzeichen und damit den Zitatcharakter und referieren in indirekter Rede: »Nachdem Wilford ihnen einen strengen Verweis über diese Prostitution ihres priesterlichen Charakters gegeben, gestattete er nicht, daß sie dazu fortgingen.« Hoffmeister folgt zunächst im wesentlichen der Fassung der *Werke,* springt aber schließlich auf die Erstfassung über; hierfür muß er das Personalpronomen der ersten Person in die dritte versetzen und notiert dies »kritisch« als Texteingriff: »... gestattete er« *(Apparatnotiz:* »Erstdruck: ich«) »es nicht, daß sie dazu fortgingen.«[236] Er täuscht somit dem Leser vor, der Erstdruck sei fehlerhaft, während der Fehler allein durch Hoffmeisters Kompilation zweier Fassungen entsteht. – Umgekehrt verfährt er auf der folgenden Seite. In der von Hegel publizierten Fassung lautet der Text: »Man braucht nur den Versuch gemacht zu haben, auch aus neuern Schriftstellern, welche Quellen vor sich gehabt, über indische Religion, Kosmogonie, Theogonie, Mythologie usf. sich zu unterrichten«. Die *Werke* ändern in: »Wer deshalb auch aus neueren Schriftstellern, welche Quellen vor sich gehabt haben, ... sich zu unterrichten versucht«. Diesmal folgt Hoffmeisters Text dem Erstdruck, doch behauptet er, das in den *Werken* durch die Änderung der Satzkonstruktion hinzugekommene »versucht« stehe in Hegels Text; so lautet das Ende des Zitats bei ihm: »... sich zu unterrichten« *(Apparatnotiz:* »Erstdruck: unterrichten versucht«).[237] – Dieses Verfahren befolgt Hoffmeister auch an weiteren Texten. An einer Stelle der »Hinrichs-Vorrede«

---

[236] Vgl. unten, 102 Fußnote, Z. 14–16, mit H 86.
[237] Vgl. unten, 103,24–28, mit H 87.

folgt er zwar Hegels Text: »Das Bewußtsein kann das Gehaltvolle, vor der Reflexion nicht Wankende nur noch in
der eingehüllten Weise der Empfindung ertragen.« Er ver-
merkt aber dazu: »Erstdruck: zu ertragen«, so daß seine Fassung also als eine Richtigstellung des – völlig richtigen –
Erstdrucks erscheint. Diesen Infinitiv »zu ertragen« hat
Hoffmeister nicht im Erstdruck finden können, sondern
vielmehr in den *Werken*. Er verwechselt aber wiederum
nicht nur die *Werke* und den Erstdruck, sondern ihm ent-
geht auch, daß der Infinitiv »zu ertragen« in den *Werken* im
Kontext der stilistischen Änderung von »kann [...] ertragen« zu »vermag [...] zu ertragen« sprachlich korrekt –
wenn auch eine überflüssige Variante – ist.[238]

b) An anderen Stellen folgt Hoffmeister nicht dem Erstdruck, sondern schlicht dem Text der *Werke* – sogar dort,
wo er fehlerhaft ist. Hegel schreibt, er rechne zum Glauben
weder bloß das subjektive Überzeugtsein noch allein das objektive Glaubensbekenntnis, sondern daß beide »in ununterschiedener Einheit vereint sind«. Die *Werke* machen – ohne
Notiz – aus der »ununterschiedenen« eine »unterschiedene«
Einheit, und Hoffmeister folgt ihnen hierin, weil er die –
wahrscheinlich durch ein Setzerversehen entstandene –
Veränderung gegenüber dem Erstdruck gar nicht bemerkt.[239]

c) Schließlich creiert Hoffmeister die Fehler, die er dann
kritisch beseitigt, nicht allein durch Vermischung von Erstdruck und *Werken,* sondern durch eine Art von editorischer
generatio aequivoca: Er emendiert seine eigenen, beim Abschreiben der Drucktexte produzierten Fehler. Nicht anders
ist beispielsweise seine Behauptung zu verstehen, am Beginn
des Satzes »Sie ist es, die den Spitznamen ...« habe statt
»Sie« »Sein« gestanden.[240] Ebenso wiederum bei der Humboldt-Rezension: Zum Text »so zeigt sich Brahm als das

---

[238] Vgl. unten, 75,22–25, mit H 72.
[239] Vgl. unten, 63,19, mit H 60.
[240] Vgl. unten, 80,23 mit H 77.

Mangelhafte, das« behauptet Hoffmeister, im Erstdruck habe »der Mangelhafte« gestanden – was hier weder für den Erstdruck noch für die *Werke* zutrifft.[241] – Soweit nur einige, leicht zu vermehrende Hinweise zu Hoffmeisters Textkonstitution, aus denen erhellt, daß der Nachdruck dieser »Neuen kritischen Ausgabe« nicht opportun gewesen wäre.

Von den Texten des vorliegenden Bandes sind die Heidelberger und die Berliner Antrittsrede auf der Grundlage der *Gesammelten Werke* ediert;[242] die in den Kolumnentitel gesetzte Paginierung bezieht sich auf diese Ausgabe. Die Fassungen der anderen Texte mußten auf Grund der jeweiligen Erstdrucke bzw. – für die Abhandlung *Über die englische Reformbill* – aus dem Manuskript erarbeitet werden, die im Quellenverzeichnis am Schluß des Bandes genannt werden; auf diese Quellen bezieht sich hier die Paginierung. Die Texte werden – dem Charakter der »Philosophischen Bibliothek« entsprechend – in modernisierter Form geboten; sämtliche über die Modernisierung hinausgehenden editorischen Eingriffe in den Erstdruck sind am Schluß des Bandes im »Textkritischen Anhang« aufgelistet. Da der Band keine Anmerkungen enthält, werden die häufig inkorrekten Seitenverweise Hegels auf die von ihm zitierten Schriften im Text richtiggestellt (mit Vermerk im Textkritischen Anhang); bei sonstigen Irrtümern Hegels wird die irrige Version im Text belassen und im Textkritischen Anhang berichtigt. Offensichtliche Druckfehler, die keine möglichen Wörter ergeben (etwa: »vernüftig« statt »vernünftig«), werden stillschweigend, also ohne Verzeichnung im Textkritischen Anhang korrigiert.

---

[241] Vgl. unten, 154,19 mit H 136.
[242] GW 18.1–8 bzw. 9–31.

# SIGLENVERZEICHNIS

GW   Hegel: Gesammelte Werke. In Verbindung mit der Deutschen Forschungsgemeinschaft herausgegeben von der Rheinisch-Westfälischen Akademie der Wissenschaften. Hamburg 1968 ff.

H   Hegel: *Berliner Schriften*. Hrsg. von Johannes Hoffmeister. Hamburg 1956

O   Originalfassung des edierten Textes

V   Hegel: *Vorlesungen*. Ausgewählte Nachschriften und Manuskripte. Hamburg 1983 ff.

W   Hegel: *Werke*. Vollständige Ausgabe durch einen Verein von Freunden des Verewigten. Berlin 1833 ff.

# GEORG WILHELM FRIEDRICH HEGEL

Heidelberger Schriften
(1816–1818)

# HEIDELBERGER ANTRITTSREDE
## (1816)

Meine hochverehrten Herrn!

Indem ich die Geschichte der Philosophie zum Gegenstande
dieser Vorlesungen mache und heute zum ersten Mal auf
5 hiesiger Universität auftrete, so erlauben Sie mir nur, dies
Vorwort hierüber vorauszuschicken, daß es mir nämlich
besonders erfreulich [und] vergnüglich, gerade in diesem
Zeitpunkte meine philosophische Laufbahn auf einer Akademie wieder aufzunehmen; denn der Zeitpunkt scheint
10 eingetreten zu sein, wo die Philosophie sich wieder Aufmerksamkeit und Liebe versprechen darf, diese beinahe verstummte Wissenschaft ihre Stimme wieder erheben mag
und hoffen darf, daß die für sie taubgewordene Welt ihr
wieder ein Ohr leihen wird. Die Not der Zeit hat den klei-
15 nen Interessen, der Gemeinheit des alltäglichen Lebens eine
so große Wichtigkeit gegeben, die hohen Interessen der
Wirklichkeit und die Kämpfe um dieselben haben alle Vermögen und alle Kraft des Geistes sowie die äußerlichen Mittel so sehr in Anspruch genommen, daß für das höhere, in-
20 nere Leben, die reinere Geistigkeit, der Sinn sich nicht frei
erhalten konnte und die bessern Naturen davon befangen
und zum Teil darin aufgeopfert worden sind – weil der
Weltgeist in der Wirklichkeit so sehr beschäftigt war, daß
er sich nicht nach innen kehren und sich in [sich] selbst |
25 sammeln konnte. Nun, da dieser Strom der Wirklichkeit gebrochen ist, da die deutsche Nation sich aus
dem Gröbsten herausgehauen, da sie ihre Nationalität, den Grund alles lebendigen Lebens gerettet
hat, so dürfen wir hoffen,[1] daß neben dem Staate, der
30 alles Interesse in sich verschlungen, auch die Kirche sich

---

[1] *Daneben am Rande:* großer Ernst

emporhebe, daß neben dem Reich der Welt, worauf
bisher die Gedanken und Anstrengungen gegangen, auch
wieder an das Reich Gottes gedacht werde, mit andern
Worten, daß neben dem politischen und sonstigen an
die gemeine Wirklichkeit gebundenen Interesse auch        5
die reine Wissenschaft, die freie, vernünftige Welt
des Geistes wieder emporblühe.[1] Wir werden in der
Geschichte der Philosophie sehen, daß in den andern europäischen Ländern, worin die Wissenschaften
und die Bildung des Verstandes mit Eifer und Ansehen ge-        10
trieben, die Philosophie, den Namen ausgenommen, selbst
bis auf die Erinnerung und Ahndung verschwunden
und untergegangen ist, daß sie in der deutschen Nation als eine Eigentümlichkeit sich erhalten hat.
Wir haben den höhern Beruf von der Natur erhalten,        15
die Bewahrer dieses heiligen Feuers zu sein;[2] wie die Eu-
molpidische Familie zu Athen die Bewahrung der eleusini-
schen Mysterien, die Inselbewohner von Samothrake die
Erhaltung und Pflegung eines höhern Gottesdienstes, wie
früher der Weltgeist die jüdische Nation [für] | das höchste        20
Bewußtsein seiner selber sich aufgespart hatte, daß er aus ihr
als ein neuer Geist hervorginge. Aber die[3] Not der Zeit, die
ich bereits erwähnt, das Interesse der großen Weltbegebenheiten hat auch unter uns eine gründliche und ernste Beschäftigung mit der Philosophie zurückgedrängt und eine        25
allgemeinere Aufmerksamkeit von ihr weggescheucht; es ist
dadurch geschehen, daß, indem gediegene Naturen sich
zum Praktischen gewandt, Flachheit und Seichtigkeit
sich des großen Worts in der Philosophie bemächtigt
und sich breit gemacht haben. Man kann wohl sagen, daß,        30

[1] *Daneben am Rande:* in andern europäischen Ländern
[2] *Eine Zeile tiefer am Rande:* überhaupt so weit daß nur Ideen galten, Vernunft gerechtfertigt. Preußen auf Intelligenz gebaut – größere
Ernst und höheres Bedürfnis – diesem Ernste zuwider das schale Gespenst –
[3] *Eine Zeile tiefer am Rande:* Auch hier Not der Zeit, der Leere der
Weltbegebenheiten

seit in Deutschland die Philosophie sich hervorzutun angefangen hat, es niemals so schlecht um diese Wissenschaft
ausgesehen hat als gerade zu jetziger Zeit, niemals die
Leerheit und der Dünkel so auf der Oberfläche ge-
5 schwommen und mit solcher Anmaßung gemeint und
getan hat, als ob er die Herrschaft in der Wissenschaft in
Händen hätte. Dieser Seichtigkeit entgegenzuarbeiten,
mitzuarbeiten im deutschen Ernst, Redlichkeit, Gediegenheit,[1] und die Philosophie aus der Einsamkeit, in wel-
10 che sie sich geflüchtet, hervorzuziehen, dazu dürfen wir
dafür halten, daß wir von dem tiefern Geiste der Zeit
aufgefordert werden. Lassen Sie uns gemeinschaftlich
die Morgenröte einer schönern Zeit begrüßen, worin der bisher nach außen gerissene Geist in sich zurückkeh-
15 ren und zu sich selbst zu kommen vermag und für sein
eigentümliches Reich Raum und Boden gewinnen kann,
wo die Gemüter über die Interessen des Tages sich erheben
und | für das Wahre, Ewige und Göttliche empfänglich sind
– empfänglich, das Höchste zu betrachten und zu erfassen.
20 Wir Ältern, die wir in den Stürmen der Zeit zu
Männern gereift sind, können Sie glücklich preisen, deren
Jugend in diese Tage fällt, wo Sie sie der Wahrheit und der
Wissenschaft unverkümmerter widmen können. Ich habe
mein Leben der Wissenschaft geweiht, und es ist mir
25 erfreulich, nunmehr auf einem Standorte mich zu befinden,
wo ich in höherem Maße und in einem ausgedehntern Wir-
kungskreise zur Verbreitung und Belebung des höhern wissenschaftlichen Interesses mitwirken und zunächst zu Ihrer
Einleitung in dasselbe beitragen kann. Ich hoffe, es wird mir
30 gelingen, Ihr Vertrauen zu verdienen und zu gewinnen; zunächst aber darf ich nichts in Anspruch
nehmen, als daß Sie vor allem nur Vertrauen zu
der Wissenschaft und Vertrauen zu sich selbst mitbringen. Der Mut der Wahrheit, der Glaube an die
35 Macht des Geistes ist die erste Bedingung der Phi-

---

[1] *Daneben am Rande, noch weiter hinausgerückt:* Raum.

losophie; der Mensch, da er Geist ist, darf und soll sich
selbst des Höchsten würdig achten, von der Größe
und Macht seines Geistes kann er nicht groß genug denken;
und mit diesem Glauben wird nichts so spröde und hart
sein, das sich ihm nicht eröffnete; das zuerst verborgene und 5
verschlossene Wesen des Universums hat keine Kraft, die
dem Mute des Erkennens Widerstand leisten könnte; es
muß sich vor ihm auftun und seinen Reichtum und seine
Tiefen ihm vor Augen legen und zum Genusse geben.[1] |
[2]Die Geschichte der Philosophie stellt uns die Gale- 10
rie der edeln Geister dar, welche durch die Kühnheit
ihrer Vernunft in die Natur der Dinge, des Menschen und in die Natur Gottes gedrungen, uns ihre
Tiefe enthüllt und uns den Schatz der höchsten Erkenntnis erarbeitet haben. Dieser Schatz, dessen wir selbst 15
teilhaftig werden wollen, macht die Philosophie im allgemeinen aus; die Entstehung desselben ist es, was wir in
diesen Vorlesungen kennen und begreifen lernen.
    Wir treten nun diesem Gegenstande selbst näher. Kurz
zum voraus erinnern, 1) kein Kompendium zu Grunde 20
legen, die wir haben zu dürftig, zu oberflächliche Begriffe
von der [Geschichte der Philosophie]; zum privatim

---

[1] *Zwei Zeilen höher am Rande:* Galerie von Beispielen; erhabensten
Geistern
    nicht vorher wissen
    in ihren Anfängen; fortschreitend;
    nichts zufälliges
[2] *Daneben am Rande:* Reich der reinen Wahrheit – nicht die Taten der äußern Wirklichkeit, sondern des innern bei sich selbst
bleibenden Geistes
    Einleitung in die Philosophie
    Verhältnis der Geschichte der Philosophie zur neusten Philo-
sophie
    a.) Wie kommt, daß die Philosophie eine Geschichte hat
    b.) Verschiedenheit der Philosophien
    c.) Verhältnis der Philosophie selbst zu ihrer Geschichte
    D. zur Geschichte anderer Wissenschaften und politischen Um-
stände.

Nachlesen, Anleitung der Bücher und besondre Stellen der Alten insbesondere.[1]

Was bloße Namen betrifft, ferner auch berühmte Lehrer, die übrigens nicht zum Fortschreiten der Wissenschaft bei-
5 getragen, großen Massen – Angabe der Jahrzahlen – Namen; Zeiten, in denen die Männer gelebt. |

Zuerst Zweck und Notwendigkeit Gesichtspunkt, aus welchem die Geschichte der Philosophie überhaupt zu betrachten ist; Verhältnis zur Philosophie selbst.
10 Folgende Gesichtspunkte

a) Wie kommt es, daß die Philosophie eine Geschichte hat. – Notwendigkeit und Nutzen; man werde aufmerksam und dergleichen, lerne die Meinungen anderer kennen.

b) Form. Die Geschichte nicht eine Sammlung zufälliger
15 Meinungen – Nachen, Linienschiff – sondern notwendiger Zusammenhang; in ihren ersten Anfängen bis zu ihrer reichen Ausbildung

α) verschiedene Stufen β) die ganze Weltanschauung auf dieser Stufe ausgebildet; aber dies Detail von keinem Inter-
20 esse

c) hieraus das Verhältnis zur Philosophie selbst |

---

[1] *Am Absatzende zwischen den Zeilen:* Allgemeine Übersichten; Bestimmten Data. Stunde. Vorläufige Einleitung, publicum.

# JACOBI-REZENSION
## (1817)

Friedrich Heinrich Jacobis Werke. Dritter Band. Leipzig, bei Gerhard Fleischer d. Jüng. 1816. XXXVI und 568 S.

Referent freut sich der bald nach dem vorhergehenden erfolgten Erscheinung eines neuen Bandes der gesammelten 5
Werke Jacobis und wünscht dem edlen Greise ebenso als
dem Publikum Glück zu der ungestörten Fortführung dieses
Geschäfts. – Der vorliegende dritte Band enthält vier
Schriften, die, nach dem Ausdrucke der Vorrede, »gewissermaßen auch zugleich entstanden und nur auseinandergetre- 10
tene Teile eines Ganzen sind, das sich in jedem dieser Teile
auf eine andere Weise wiederholt«. Es sind 1) der im J. 1799
erschienene Brief J's an Fichte. 2) Die Abhandlung, die
wir zuerst in Reinholds Beiträgen usw. 3. Heft 1801 lasen:
Über das Unternehmen des Kritizismus, die Ver- 15
nunft zu Verstande zu bringen und der Philosophie
überhaupt eine neue Ansicht zu geben. 3) Über
eine Weissagung Lichtenbergs, zuerst gedruckt 1801.
4) Die Schrift: Von den göttlichen Dingen und ihrer
Offenbarung, mit einem Vorberichte zu der gegenwärti- 20
gen neuen Ausgabe. Eine interessante Zugabe von 23 Briefen an Joh. Müller, Ge. Forster, Herder, Kant (darunter
auch einem von Kant an Jacobi), Geh. Rat Schlosser, J. G.
Jacobi und an einige Ungenannte beschließt den Band.

Vielleicht hätte man wünschen mögen, daß in der Fol- 25
genreihe dieser Sammlung die frühere Schrift J's, die
Briefe über die Lehre des Spinoza, den im gegenwärtigen Bande enthaltenen Abhandlungen vorausgeschickt
worden wäre, indem diese Briefe sich an ein Zeitinteresse
knüpfen, das der Erscheinung nach älter ist als die philo- 30
sophischen Gestalten, mit denen sich diese Abhandlungen
beschäftigen, nämlich an die | zur letzten Mattheit herabge-

sunkene Leibnizisch-Wolffische Metaphysik, an welcher die
Jacobische Philosophie zugleich den gemeinschaftlichen
Ausgangspunkt mit der Kantischen Philosophie hat, welcher
sie später gegenübergetreten ist. Die genannten Briefe stel-
5 len auch die Ansicht J's von der Nichtigkeit aller wissenschaftlichen Erkenntnis des Göttlichen in einer
gewissen Ausführung und Begründung dar – eine Ansicht,
die in den vorliegenden Schriften nicht bloß mit der Einschränkung auf die darin behandelten philosophischen Sy-
10 steme, sondern in ihrer ganzen Allgemeinheit herrschend ist
und, mit so viel Geist und Wärme begleitet sie vorkommt,
doch für die, welche über die Wahrheit noch nach Gründen
zu fragen gewohnt sind, weitere Wünsche zuläßt; die Vor-
ausschickung der Briefe hätte mehr noch als die Voraus-
15 schickung des Gesprächs: David Hume über den Glauben, im II. Bande, als eine dieser Gewohnheit noch
erzeigte Ehre angesehen werden können. – Die Art und
Weise, welche in gegenwärtiger Anzeige darzustellen ist,
wie sich J. den in vorliegendem Bande behandelten Philo-
20 sophien gegenüberstellt, wird mehr Klarheit und Anschaulichkeit gewinnen, wenn wir vorher daran erinnert haben,
wie sein Geist sich in das Studium des Spinozismus vertieft
und sich in dieser Beschäftigung sein Standpunkt fixiert hat,
auf welchem ihn, schon mit sich fertig, die Kantische Phi-
25 losophie bei ihrer Erscheinung antraf. Zur Erläuterung dessen ist aber einiges über den damaligen Zustand der Philosophie ins Gedächtnis zu rufen.
    Die französische Philosophie hatte den großen Geist
des Cartesianischen: cogito ergo sum, den Gedanken als den
30 Grund des Seins zu wissen und die Gestaltungen des letztern
nur aus und in jenem zu erkennen, aufgegeben und den
umgekehrten Weg des Lockeanismus eingeschlagen, den
Gedanken aus dem unmittelbar Gegebenen der Erscheinungswelt abzuleiten. Insofern noch das Bedürfnis blieb,
35 auch in dieser einen allgemeinen Grund zu fassen, wurde
eine begrifflose Allgemeinheit, nämlich eine unbestimmte
Natur oder vielmehr eine Natur, an welche die ganze

Oberflächlichkeit einiger dürftigen Reflexionsbestimmungen von Ganzem, Kräften, Zusammensetzung und dergleichen Formen der Äußerlichkeit | und des Mechanismus geheftet wurde, als Grundwesen ausgesprochen. Die deutsche Bildung hatte der Sache nach dieselbe Richtung 5 genommen und die Aufklärung die Traditionen ehrwürdiger Lehre und Sitte, den empfangenen und unmittelbar gegebenen Inhalt einer göttlichen Welt nach allen Seiten aufgelöst und dieses sogenannte Positive, weil und insofern das Selbstbewußtsein sich in ihm nicht oder, was 10 dasselbe ist, weil es sich nicht im Selbstbewußtsein fand, aufgegeben und verworfen. Was übrigblieb, war der Totenkopf eines abstrakten, leeren Wesens, das nicht erkannt werden könne, d.h. in welchem das Denken sich selbst nicht habe; das an und für sich Seiende war 15 damit eigentlich auf Nichts reduziert, denn was das Selbstbewußtsein in sich fand, waren endliche Zwecke und die Nützlichkeit als die Beziehung aller Dinge auf solche Zwecke. Dieser Ansteckung begnügten sich andere ihr religiöses Gefühl entgegenzusetzen, schrieben auch die theore- 20 tischen Resultate Fehlern, die das Erkennen begehe, zu und suchten etwa die Wahrheit durch Berichtigung und Verbesserung der Erkenntnis derselben zu stützen und zu retten. Jacobi dagegen setzte nicht nur die Sicherheit seines Gemüts entgegen, sondern die tiefe Gründlichkeit seines Geistes 25 blieb nicht bei den kahlen Resten, in denen die Metaphysik ein ermattetes Leben dürftig fristete und noch schale Hoffnungen nährte, stehen; sie faßte vielmehr die Philosophie in den Quellen des Wissens auf und versenkte sich in ihre kräftigste Gediegenheit. Wie auch das philosophische Bestreben 30 sonst in Materien der Metaphysik sich mit Analysieren, Unterscheiden oder Zusammenleimen, mit Erfinden von Denkmöglichkeiten und Widerlegung anderer Möglichkeiten abmühen mag; wenn es die gediegene unendliche Anschauung und Erkenntnis des Einen Substantiellen, welche 35 der Spinozismus ist und in deren Besitz wir Jacobi sehen, nicht zu seiner Grundlage hat und alle weiteren Bestim-

mungen nicht daran mißt, so fehlt diejenige Beziehung,
durch welche alle Erkenntnis-Bestimmungen allein Wahrheit erhalten – die Beziehung, welche Spinoza so ausdrückt,
daß alles unter der Gestalt des Ewigen betrachtet wer-
5 den müsse. Jacobi trat mit dieser ausgezeichneten Über-|
legenheit in der Zeit der vormaligen Metaphysik auf, weil
ihm die Gediegenheit jener Anschauung beiwohnte, die andern aber das Interesse des Erkennens in etliche dürftige,
begrifflose Verstandesbestimmungen von Dasein, Möglich-
10 keit, Begriff und dergleichen legten. Es macht keinen Unterschied, daß Gott dabei der Gegenstand und das Ziel war;
indem er durch Bestimmungen dieser Art gefaßt werden
soll, so sind sie das, was den Inhalt der Erkenntnis ausmacht. Die Idee Gottes selbst bleibt außer solchem end-
15 lichen Inhalt eine bloße Vorstellung oder Empfindung,
die nach ihrer Unendlichkeit nicht in jenes Erkennen eintritt. In dem Einen Absoluten aber sind diese Endlichkeiten
des Inhalts und damit ebenso des subjektiven Abmühens mit
denselben aufgezehrt; der Geist erreicht dasselbe nur und
20 wird sich Bewußtsein der Vernunft, indem er diese seine
Beschränkungen als nichtige, als Formen nur der Erscheinung erkennt und sie somit in jenen Abgrund versenkt. – J. hatte diese höchste Anschauung nicht bloß im
Gefühl und der Vorstellung erreicht, einer Form, bei wel-
25 cher die bloße Religiosität stehenbleibt, sondern durch den
höhern Weg des Gedankens, mit Spinoza erkannt, daß sie
das letzte, wahrhafte Resultat des Denkens ist, daß
jedes konsequente Philosophieren auf den Spinozismus führen muß.
30 Hier tritt nun aber der große Unterschied ein, daß die
Eine absolute Substanz nur als die nächste Form des notwendigen Resultats gefaßt und daß über dieselbe hinausgegangen werden muß. In Jacobi zeigte sich denn das ebenso
feste Gefühl, daß das Wahre in dieser seiner ersten Un-
35 mittelbarkeit für den Geist, der nicht ein Unmittelbares
ist, ungenügend, daß es noch nicht als der absolute Geist
erfaßt ist. Das Objekt, wie es vom sinnlichen Bewußtsein

aufgenommen wird, ist das geglaubte Sein endlicher
Dinge. Das zur Vernunft fortschreitende Bewußtsein verwirft aber solche Wahrheit des Unmittelbaren und den
Glauben der Sinnlichkeit. Das zur Unendlichkeit erhobene Sein ist die reine Abstraktion des Denkens, und  5
dies Denken des reinen Seins ist nicht sinnliche Anschau-
ung, sondern intellektuelle oder Vernunft-An | schau-
ung. Weil aber das unendliche Sein in dieser Unmittelbarkeit das nur abstrakte, unbewegte, ungeistige ist, vermißt sich das Freie als das sich aus sich selbst bestimmende  10
in jenem Abgrund, in den sich alle Bestimmtheit geworfen
und zerbrochen hat; die Freiheit ist sich unmittelbar Persönlichkeit, als der unendliche Punkt des an und für
sich Bestimmens. In der Einen gediegenen Substanz
aber oder in dem reinen Anschauen, was dasselbe ist als  15
das abstrakte Denken, ist nur die Eine Seite der Freiheit
enthalten, nämlich diese Seite, welche aus den Endlichkeiten des Seins und Bewußtseins nur erst zum einfachen
Elemente der Allgemeinheit gekommen ist, aber darin
noch nicht die Selbstbestimmung und Persönlichkeit gesetzt  20
hat. Denn es hilft nichts, daß in der absoluten Substanz das
Denken, das Prinzip der Freiheit und Persönlichkeit ebensowohl Attribut ist als das Sein oder die Ausdehnung;
weil die Substanz die ununterschiedene und ununterscheid-
bare Einheit derselben ist, so ist ihre Grundbestimmung  25
wieder nur die Unmittelbarkeit oder das Sein. Aus diesem Sein ist daher kein Übergang zu dem Verstande und
zum Einzelnen enthalten. Die noch näherliegende Forderung wäre, daß ein Übergang von dem Absolut-Einen zu
den göttlichen Attributen aufgezeigt wäre. Es ist aber nur  30
angenommen, daß es solche Attribute gibt, sowie ferner,
daß ein endlicher Verstand oder Einbildungskraft und
in denselben einzelne und endliche Dinge sind. Das
Sein derselben wird zwar immer zurückgenommen und als
ein Unwahres in die Unendlichkeit der Substanz versenkt;  35
sie haben dabei die Stellung eines gegebenen Ausgangs-
punktes für dieses Erkennen ihrer Negativität; aber umge-

kehrt ist die absolute Substanz nicht als Ausgangspunkt für
Unterschiede, Vereinzelung, Individuation gefaßt,
überhaupt für alle Unterschiede, wie sie erscheinen mögen,
als Attribute und Modi, als Sein und Denken, Verstand,
5 Einbildungskraft usw. – Es geht daher in der Substanz alles
nur unter, sie ist unbewegt in sich, und kehrt aus ihr nichts
zurück. |

Es ist aber in der Tat eine einfache Betrachtung, welche
in ihr selbst das Prinzip der Abscheidung erkennen läßt –
10 eine Betrachtung nur dessen, was die Substanz, faktisch sozusagen, enthält. Indem sie nämlich als die Wahrheit der
einzelnen Dinge, welche in ihr aufgehoben und ausgelöscht
sind, erkannt worden, so ist die absolute Negativität,
welche der Quell der Freiheit ist, die in sie selbst bereits ge-
15 setzte Bestimmung. – Es kommt hierbei nur darauf an, die
Stellung und Bedeutung des Negativen richtig ins Auge
zu fassen. Wenn es nur als Bestimmtheit der endlichen
Dinge genommen wird (omnis determinatio est negatio), so
ist damit die Vorstellung aus der absoluten Substanz heraus,
20 hat die endlichen Dinge aus ihr herausfallen lassen und erhält sie außer ihr. So aber wird die Negation, wie sie Bestimmtheit der endlichen Dinge ist, nicht aufgefaßt als im
Unendlichen oder als in der Substanz, die vielmehr
das Aufgehobensein der endlichen Dinge ist. – Wie da-
25 gegen die Negation aber in der Substanz ist, dies ist schon
gesagt, und das systematische Fortschreiten im Philosophieren besteht eigentlich in nichts als darin, zu wissen, was man
selbst schon gesagt hat; die Substanz soll nämlich sein das
Aufgehobensein des Endlichen; damit sagt man, daß sie ist
30 die Negation der Negation, da dem Endlichen nur bloß
die Negation zugeteilt ist; als Negation der Negation ist
die Substanz hiermit die absolute Affirmation und ebenso
unmittelbar Freiheit und Selbstbestimmung. – Der Unterschied, ob das Absolute nur als Substanz oder als Geist
35 bestimmt ist, besteht hiernach allein in dem Unterschiede,
ob das Denken, welches seine Endlichkeiten und Vermittlungen vernichtet, seine Negationen negiert und hierdurch

das Eine Absolute erfaßt hat, das Bewußtsein dessen besitzt,
was es im Erkennen der absoluten Substanz bereits getan,
oder ob es dies Bewußtsein nicht hat. – Jacobi hatte diesen Übergang von der absoluten Substanz zum absoluten
Geiste in seinem Innersten gemacht und mit unwidersteh-  5
lichem Gefühle der Gewißheit ausgerufen: Gott ist
Geist, das Absolute ist frei und persönlich. – In
Rücksicht auf die philosophische Einsicht | war es von
der bedeutendsten Wichtigkeit, daß durch ihn das Moment
der Unmittelbarkeit der Erkenntnis Gottes aufs bestimm-  10
teste und kräftigste herausgehoben worden ist. Gott ist kein
toter, sondern lebendiger Gott; er ist noch mehr als der
Lebendige, er ist Geist und die ewige Liebe und ist dies
allein dadurch, daß sein Sein nicht das abstrakte, sondern
das sich in sich bewegende Unterscheiden und in der von  15
ihm unterschiedenen Person Erkennen seiner selbst ist; und
sein Wesen ist nur die unmittelbare, d. i. seiende Einheit, insofern es jene ewige Vermittlung zur Einheit ewig
zurückführt, und dieses Zurückführen ist selbst diese Einheit, die Einheit des Lebens, Selbstgefühls, der Persönlich-  20
keit, des Wissens von sich. – So hat Jacobi von der Vernunft als dem Übernatürlichen und Göttlichen im
Menschen, welches von Gott weiß, behauptet, daß sie Anschauen ist; somit, indem sie als Leben und Geist wesentlich die Vermittlung ist, ist sie unmittelbares Wissen nur als  25
Aufheben jener Vermittlung. Ein totes, sinnliches Ding ist
allein ein Unmittelbares, nicht durch die Vermittlung seiner
mit sich selbst. – Jedoch hat bei J. der Übergang von der
Vermittlung zur Unmittelbarkeit mehr die Gestalt einer äu
ßerlichen Wegwerfung und Verwerfung der Vermittlung.  30
Es ist insofern das reflektierende Bewußtsein, welches, getrennt von der Vernunftanschauung, jene vermittelnde Bewegung des Erkennens von dieser Anschauung entfernt; ja
er geht noch weiter und erklärt sie sogar für etwas, was dieser Anschauung hinderlich und verderblich sei. Es sind hier  35
zwei Actus zu unterscheiden, erstlich das endliche Erkennen
selbst, welches nur mit Gegenständen und Formen zu tun

hat, die nicht an und für sich, sondern bedingt und begründet durch anderes sind – ein Erkennen, dessen Charakter somit die Vermittlung ausmacht; das zweite Erkennen ist dann die soeben genannte Reflexion, welche sowohl die
5 Gegenstände als die subjektiven Erkenntnisweisen des ersten für einen Inhalt und für Formen der Vermittlung und damit für nicht absolut erkennt. Dies zweite Erkennen ist daher einerseits selbst vermittelt, denn es ist wesentlich auf jenes erste Erkennen bezogen, hat dasselbe zu seiner Voraussetz-
10 zung und Gegenstande; | andererseits ist es Aufheben jenes ersten Erkennens; also, wie vorhin gesagt wurde, ein Vermitteln, welches Aufhebung der Vermittlung ist; oder ein solches Aufheben der Vermittlung, nur insofern es selbst ein Vermitteln ist. Das Erkennen, als Aufheben der Vermitt-
15 lung, ist eben damit unmittelbares Erkennen; faßt es seine Unmittelbarkeit nicht so auf, so wird nicht aufgefaßt, daß sie so allein die Unmittelbarkeit der Vernunft, nicht eines Steines ist. Im natürlichen Bewußtsein mag das Wissen von Gott die Erscheinung von einem bloß unmittel-
20 baren Wissen haben, es mag die Unmittelbarkeit, nach der ihm der Geist ist, der Unmittelbarkeit seines Wahrnehmens des Steines gleich erachten; aber das Geschäft des philosophischen Wissens ist es zu erkennen, worin wahrhaft das Tun jenes Bewußtseins besteht, zu erkennen, daß in ihm
25 jene Unmittelbarkeit eine lebendige, geistige ist und nur in einer sich selbst aufhebenden Vermittlung hervorgeht. Das natürliche Bewußtsein entbehrt gerade so diese Einsicht, wie es als Organisch-Lebendiges verdaut, ohne die Wissenschaft der Physiologie zu besitzen. – Es scheint, daß J. durch
30 die Form der Erkenntnisse von Gott, welche man früher die Beweise vom Dasein Gottes genannt hat, zu der Vorstellung veranlaßt worden, als ob dem Bewußtsein damit zugemutet worden sei, daß es kein Wissen von Gott sein könne, ohne die Reihe der Schlüsse, vorausgesetzter Be-
35 griffe und Folgerungen, die jene Beweise enthielten, förmlich durchgemacht zu haben; gerade, wie soeben erinnert, als ob man dem Menschen zumute, er könne nicht ver-

dauen, noch gehen, noch sehen, noch hören, ohne Anato-
mie und Physiologie studiert zu haben. Ein damit zusam-
menhängendes Mißverständnis ist dieses, daß das Wissen
von Gott und das Sein Gottes selbst durch die Vermittlung des Erkennens zu einem abhängigen, in einem an-    5
dern gegründeten gemacht worden. Dies scheinbare
Mißverhältnis ist aber schon durch die Sache selbst aufgehoben; indem nämlich Gott das Resultat ist, so erklärt sich
im Gegenteil darin diese Vermittlung selbst als sich durch
sich aufhebend. Was das Letzte ist, ist als das Erste erkannt;    10
das Ende ist der Zweck; dadurch, daß es als der Zweck,
und zwar als der ab|solute Endzweck erfunden wird, ist dies
Produkt vielmehr für das unmittelbare, erste Bewegende erklärt. Dieses Fortgehen zu einem Resultat ist hiermit ebensosehr das Rückgehen in sich, der Gegenstoß gegen sich; es    15
ist das, was vorhin als die einzige Natur des Geistes angegeben worden, als des wirkenden Endzwecks, der sich selbst
hervorbringt. Wäre er ohne Wirken, ein unmittelbares
Sein, so wäre er nicht Geist, nicht einmal Leben; wäre er
nicht Zweck und ein Wirken nach Zwecken, so fände er    20
nicht in seinem Produkt, daß dieses Wirken nur ein Zusam-
mengehen mit sich selbst, nur eine Vermittlung ist, durch
welche ihre Bestimmung zur Unmittelbarkeit vermittelt
wird.

Indem nun J. die Vermittlung, die im Erkennen ist,    25
wegwirft und sie sich ihm nicht innerhalb der Natur des
Geistes, als dessen wesentliches Moment, wiederherstellt, so
hält sich sein Bewußtsein des absoluten Geistes in der
Form des unmittelbaren, nur substantiellen Wissens
fest. Die einfache Grundanschauung des Spinozismus hat die    30
Substantialität zum einzigen Inhalt. Wenn die Anschauung
des Absoluten sich aber als intellektuelle, d. h. erken-
nende Anschauung weiß, wenn ferner ihr Gegenstand und
Inhalt nicht die starre Substanz, sondern der Geist ist, so
müßte ebensowohl die bloße Form der Substantialität des    35
Wissens, nämlich die Unmittelbarkeit desselben, wegge-
worfen werden. Denn eben durch das Leben und die wis-

sende Bewegung in sich selbst unterscheidet sich allein der
absolute Geist von der absoluten Substanz, und das Wissen
von ihm ist nur ein Geistiges, Intellektuelles. – Es ist nun
hauptsächlich an der Bestimmung von Geist, welche J. in
5 seiner Vernunftanschauung findet, woran er die philosophischen Systeme mißt, die er in den in dem vorliegenden
Bande enthaltenen Abhandlungen zu seinem Gegenstande
machte. Er spricht nun diesen Philosophien gegenüber nicht
nur den Inhalt, sondern ebenso hartnäckig diese substanti-
10 elle Form seiner Vernunftanschauung aus. Die Kantische,
Fichtesche und die Natur-Philosophie sind es, welche hier
von ihm betrachtet werden; und der Grundcharakter seiner
Behandlungsweise ist durch das Angegebene bezeichnet. |
    Die Abhandlungen selbst sind dem Publikum sattsam
15 bekannt; aber die Leidenschaft der Zeit, in der sie erschienen, kann als vorbeigegangen angesehen werden; die Betrachtung ihrer Momente kann darum um so kürzer und
auch unverfänglicher sein und sich auf das Wesentliche beschränken. Überflüssig darf die vorliegende Sammlung und
20 deren Studium nicht scheinen, weil ein Teil der Philosophien, auf die sie sich bezieht, vergangen seien; ungern
sehe ich auch Jacobi S. 340 in dem Tone sprechen, daß es
bekannt sei, wie schnell die philosophischen Systeme seit 25
Jahren in Deutschland gewechselt haben. Denn dies pflegt
25 sonst vornehmlich die Sprache derer zu sein, die sich über
ihre Verachtung der Philosophie nicht nur bei sich rechtfertigen, sondern etwas darauf zu Gute tun wollen, daß ja die
philosophischen Systeme sich so sehr widersprechen und so
oft wechseln, daß es hiermit eine simple Klugheit sei, sich
30 nicht einzulassen, um so mehr, da dies Einlassen den Sinn
habe, in einem so Vergänglichen nicht ein Vergängliches
suchen und haben zu wollen, sondern vielmehr unvergäng-
liche Wahrheit. – Was in der Tat vergänglich ist und gewesen ist, sind die vielerlei Bestrebungen, ohne Philosophie
35 philosophieren und eine Philosophie haben zu wollen.
Doch dieses Vergängliche selbst kann auch als unvergäng-
lich, der Wechsel als perennierend angesehen werden. –

Die Jacobischen Behauptungen von der Unfähigkeit der Wissenschaft, das Göttliche zu erkennen, können wohl von dieser Folge nicht freigesprochen werden, daß die Unwissenheit und Geistlosigkeit sich solche Sätze als ein bequemes Polster utiliter akzeptiert und sich daraus ein gutes Gewissen 5 und sogar Hochmut bereitet hat; wie die Kantische Philosophie das Objekt zu einem problematischen Etwas herabgesetzt und ihm, nach einem geistreichen Ausdrucke J's S. 74, als Ding-an-sich ein otium cum dignitate zu genießen verschafft hat. 10

Die Kantische Philosophie ist hauptsächlich der Gegenstand der zweiten Abhandlung, deren Titel oben angegeben ist; die andern Abhandlungen, insbesondere die dritte, kommen aber gleichfalls häufig auf sie zurück. Ich will von ihr, als der ersten, und der Jacobischen Polemik 15 gegen dieselbe zuerst sprechen und kurz angeben, warum ihre Lehrsätze | an dem großen Standpunkte Jacobis gemessen, daß das Absolute als Geist zu erfassen ist, sich für denselben sehr ungenügend zeigen müssen. Was diese Philosophie nämlich auf dem theoretischen Wege, das ist, im 20 Erkennen dessen, was ist, als das Höchste findet, sind im allgemeinen bloße Erscheinungen. Als deren Wesenheiten aber ergeben sich drei Bestimmungen, in welche sie analysiert sind, nämlich erstens ein Ding-an-sich, dem gar keine weitere Bestimmung zukommt, als dies ganz be- 25 grifflose Ding-an-sich zu sein; zweitens das Ich des Selbstbewußtseins, insofern es aus sich Verknüpfungen macht, aber hierbei durch ein gegebenes Mannigfaltiges bedingt ist und nur endliche Verknüpfungen des Endlichen hervorbringt; endlich das andere Extrem zum rei- 30 nen Ding-an-sich, das Ich als reine Einheit. Ich in jener endlichen Tätigkeit hat Kant Verstand, Ich als die reine Einheit Vernunft genannt. Die beiden Extreme des Schlusses, als welcher das Erkennen dessen, was ist, dargestellt wird, das Ding-an-sich und die reine Einheit des 35 Selbstbewußtseins, sind somit abstrakte Allgemeinheiten; und so fixiert, sind die durchaus ein Ungeistiges. Ebenso

ist die Mitte des Schlusses zwar ein Konkretes, aber dafür
ein äußerliches Zusammenkommen und Zusammenbrin-
gen wesentlich gegeneinander äußerlich bleibender Ingredienzien; ebensowenig ist daher hierin weder der seiner
5 selbst gewisse, noch des Andern als eines Wahren gewisse
Geist zu erkennen. Für das Wissen aber dessen, was sein
soll, des Praktischen, fand Kant im Selbstbewußtsein dieselbe formale Einheit, die das eine Extrem des vorigen
Schlusses ausmachte, als das Prinzip, wodurch das Gute und
10 die Pflicht konstituiert werden soll. Diesem Prinzip gegenüber macht eine mannigfaltige Natur das andere Extrem
aus; die konkrete, allgemeine Einheit dieser Extreme
bleibt im Kantischen Systeme ein Jenseits. Die innere Gewißheit nur seiner selbst und die als äußerlich vorgefundene
15 Wirklichkeit werden als schlechthin geschiedene und wahrhaft seiende erhalten; und die Einheit dessen, was ist, und
dessen, was sein soll, des Daseins und des Begriffs, kann
deswegen nur als perennierendes Postulat, nicht als das,
was wahrhaftig ist, hervorkommen. | Das Praktische hat
20 darum auch den Geist nicht zu seinem letzten Resultate,
und damit, wie vorhin erläutert wurde, findet er sich nicht
in ihm als erste Grundlage und Wahrheit.

　　J. hat nun an die Kantische Philosophie nicht bloß seinen
Maßstab als vorausgesetzt angelegt, sondern hat sie auch
25 auf die wahrhafte Weise, nämlich dialektisch, behandelt.
Die Kantische Bestimmung der Form, nach welcher die
Aufgabe der Philosophie gefaßt und gelöst werden sollte,
gab selbst unmittelbar die Waffe dazu. Kant stellte die Frage
auf: wie sind synthetische Urteile a priori möglich?, statt
30 die Notwendigkeit dieser Urteile als den Gegenstand der
Philosophie zu bestimmen. Er teilte die Stellung der Aufgabe mit der Methode der Metaphysik seiner Zeit, welche
von den Begriffen, so auch von dem Begriffe Gottes, allererst die Möglichkeit dartun zu müssen meinte. Solcher
35 Möglichkeit, da sie von Wirklichkeit und Notwendigkeit
noch getrennt gehalten werden soll, hiermit ein Abstraktum
ist, liegt die abstrakte Identität, die formelle Einheit des

Verstandes, zu Grunde. Jac. nimmt diese Form auf und
hält so Raum als Eines, die Zeit als Eines, das Bewußtsein als Eines, dessen reine Synthesis, die Synthesis an
sich, von Thesis und Antithesis unabhängig, d. h. die ganz
abstrakte Copula, Ist, Ist, Ist, ohne Anfang und Ende,  5
nach dem trocknen Verstande fest, in dem sie vorkommen,
und fragt nun mit Recht, wie hier die Möglichkeit, daß
ein Knoten geschlungen werde, stattfinden sollte. In der
Tat, wenn das Weiße nur weiß, das Schwarze gegenüber
nur schwarz bleiben soll, so ist nicht möglich, daß ein Grau  10
oder sonst eine Farbe entstehe noch bestehe. – Ferner schildert nun Jacobi mit gleichem Recht solche Abstraktionen
als leere Gedankendinge, als Schatten und Hexenräuche. –
Nur bleibt er dabei stehen, die Nichtigkeit des abstrakten
Raumes, der abstrakten Zeit, der abstrakten Identität und  15
der abstrakten Verschiedenheit als seine eigene, diesen Abstraktionen äußerliche Reflexion zu betrachten. Dies ist
insofern ganz konsequent, als die Dialektik hier nur gegen
die Kantische Darstellung gerichtet war und nur deren
gleichfalls abstraktes Nichts daraus hervor|gehen sollte.  20
Die solchen Abstraktionen immanente Nichtigkeit aber
wäre die objektive Dialektik derselben gewesen und hätte
zur Notwendigkeit des Konkreten geführt, des hier
sogenannten synthetischen Apriori. Der Beweis von der
Unmöglichkeit des Konkreten, der aus der vorausge-  25
setzten Gültigkeit jener Gedankendinge geführt wird, wäre
somit, vermittelst ihrer aufgezeigten Unwahrheit, in das
Gegenteil, in den Beweis der Notwendigkeit des Konkreten, umgeschlagen. – Ferner kommt nun auch das Konkrete, als Einbildungskraft, Urteilen, Apperzeption des  30
Selbstbewußtseins, in Beziehung auf jene Abstraktionen vor. Für dies Verhältnis, indem die Abstraktionen als
für sich bestehende fixiert sind, ergibt sich nun, daß sie und
ebenso auch die Konkreten in ihrer Verschiedenheit wieder
abstrakt festgehalten, die nicht sich selbst aufhebende, dia-  35
lektische, sondern bestehende Grundlage voneinander
sind – daß die Vernunft auf dem Verstande ruhe, der Ver-

stand auf der Einbildungskraft, diese auf der Sinnlichkeit
und diese auch wieder auf der Einbildungskraft. – Es ließe
sich jedoch noch darüber streiten, ob nicht das Verhältnis
von Bedingung und Bedingten genauer die Beziehung
5 ausdrückte, in welcher jene Kräfte bei Kant gegeneinander
erscheinen. – Wichtiger aber ist es, bei dieser Behandlung
der Kantischen Kritik der Vernunft nicht zu übersehen, daß
das unendliche Verdienst derselben nicht bemerklich gemacht ist, die Freiheit des Geistes auch in der theore-
10 tischen Seite als Prinzip erkannt zu haben. Dies Prinzip,
freilich in einer abstrakten Form, liegt in der Idee einer
ursprünglich-synthetischen Apperzeption des Selbstbewußtseins, welches auch im Erkennen wesentlich selbstbestim-
mend sein will. So abstrakt diese theoretische Freiheit ist,
15 so ist sie nicht abstrakter als die moralische, von der J. S.
324 sagt, daß sie zwar das Vermögen im Menschen ist, »wodurch er sein Leben in ihm selbst hat, einer jeden
Widerstand überwindenden Kraft zum Guten sich bewußt
ist; aber die teils durch einen Widerstand bedingt ist, teils
20 nicht zur Wirklichkeit kommt und nur ein Annähern und
Streben ist«. – Erwähnt etwa ist dieser Seite insofern, als S.
80 gesagt ist, daß ein ur|sprüngliches Synthesieren ein ur-
sprüngliches Bestimmen sein würde; dieser Begriff ist
jedoch daselbst damit beseitigt, daß ein ursprüngliches Be-
25 stimmen ein Erschaffen aus Nichts sein würde. Mit dieser Konsequenz oder vielmehr mit dem Ausdrucke: Erschaffen aus nichts, kann man aber den Begriff der Freiheit
im Theoretischen um so weniger für abgefertigt halten, als
auch die moralische Freiheit damit abgefertigt wäre.
30    Sonst aber gibt die erzählende Manier Kants, dem es
zunächst auf seinem Standpunkt nur noch überhaupt um
eine Basis eines Allgemeinen und Notwendigen im
Erkennen zu tun war, allerdings die gegründete Veranlassung an die Hand, die Materialien seiner Historie vom
35 Erkennen, Gefühl, Zeit und Raum, Einbildungskraft, Verstand und zuletzt Vernunft, als ganz zufällig
gegeneinander, wie ihr Zusammenkommen in einer blo-

ßen Historie erscheint, zu nehmen und, indem sie als abstrakte Grundlagen fixiert werden, den Widerspruch geltend zu machen, sie zusammenzubringen und in eins zu setzen. Diese Geistlosigkeit ihres Auffassens, der Mangel dieser Darstellung, an die Aufzeigung der Notwendig- 5
keit dieser Geistestätigkeiten in ihrer Bestimmtheit sowohl als des Konkreten derselben nicht gedacht zu haben, ist es, was durch die Jacobische Kritik klar gemacht wird. Diese Kritik erhält dermalen eine um so größere Bedeutsamkeit, als selbst Freunde J's haben meinen können, sogar eine 10
Verbesserung der kritischen Philosophie damit gefunden zu haben, daß sich die Erkenntnis des erkennenden Geistes zur Sache einer Anthropologie machen lasse – zu einem simpeln Erzählen von Tatsachen, die im Bewußtsein sollen vorgefunden werden, und das Erkennen dann in 15
nichts weiter bestehe als in einer Zergliederung des Vorgefundenen. Sie geben damit vorsätzlich, als ob dies das Rechte wäre, es auf, die Tätigkeiten des Geistes in ihrer Notwendigkeit zu erkennen, da vielmehr der Mangel dieser Notwendigkeit, die Zufälligkeit und Äußer- 20
lichkeit, in welcher die Bestimmungen des Geistes gegeneinander bei Kant erscheinen, es ist, was J. den Grund seiner Dialektik | gegen deren Synthesis überhaupt und gegen die schlechten, endlichen Verhältnisse gibt, welche bei jener vorausgesetzten Äußerlichkeit der Tätigkeiten des 25
Geistes zum Vorschein kommen.

Es ist hiernach noch kürzlich zu erwähnen, wie der Mangel dessen, was die Kantische Philosophie von der praktischen Vernunft lehrt, in der Jacobischen Abhandlung aufgefaßt wird. Der theoretischen Vernunft sind die Ideen von 30
Gott, Freiheit und Unsterblichkeit unerweislich, diese ihre Gegenstände können nicht erkannt werden; sie geht auf das, was ist; zur Erkenntnis desselben bedarf sie des Verstandes, der seinerseits zur Anwendung seiner Kategorien einer Erfahrung oder vielmehr der Wahrnehmung von 35
Zeitlichem und Räumlichem und eines Gefühlstoffes bedarf. Solche Erkenntnis bringt es hiermit nur zu Erscheinun-

gen; Gott, Freiheit und Unsterblichkeit fallen aber nicht in
solches Erfahren und in die Erscheinungswelt. Die praktische Vernunft postuliert nun diese Ideen, die theoretisch
unerweislich sind; die Subjektivität derselben braucht
5 aber nicht postuliert zu werden, denn diese haben sie als
Ideen; ihre Objektivität aber ist eben diese Seite, welche
der erkennenden Vernunft angehört. Die Rüge dieser Einseitigkeit des Praktischen ist höchst bedeutsam, um so mehr,
da es beinahe zu einem Vorurteil geworden ist, im Prakti-
10 schen, im Triebe des Herzens sei allein das Wahrhafte zu
finden und Erkenntnis, Wissen, theoretische Vernunft sei
dazu entbehrlich, ja selbst nachteilig und gefährlich. Das Bewußtsein, daß Gott ist, daß Freiheit ist, daß Unsterblichkeit ist, ist etwas ganz anderes als das Postulat, daß diese
15 Ideen nur sein sollen; jene theoretische Seite macht das
Komplement zum Sollen aus, und erst die Überzeugung,
daß das Vernünftige ebenso ist, als es sein soll, kann die
Grundlage fürs Praktische ausmachen; das bloße Sollen, der
subjektive Begriff ohne Objektivität ist ebenso geistlos, als
20 ein bloßes Sein ohne den Begriff, ohne sein Sein-Sol-
len in sich zu haben und ihm gemäß zu sein, ein leerer
Schein ist.

Wir gehen nun zu dem Briefe an Fichte über. Das
Ungenügende, was an der Fichteschen Philosophie | in
25 diesem Aufsatze, dem ersten dieses Bandes, aufgezeigt wird,
geht im wesentlichen auf dasselbe, was J. an der Kantischen
bestritt. Das Fichtesche System ist bekanntlich nur das
Kantische, in eine höhere Abstraktion erhoben und konsequenter durchgeführt. Es ist ein Versuch, die Kategorien,
30 die Denkbestimmungen der theoretischen sowohl als der
praktischen Sphäre auf eine systematische Weise im Zusammenhange der Notwendigkeit darzustellen. Wenn bei
Kant das Objekt zu einem unerkannten und unerkennba-
ren Ding-an-sich erst gewissermaßen durch den ganzen
35 Verlauf der Kritik zusammenschrumpft und außer dem
Bereich des Verstandes und dann auch der Vernunft erst
durch die Erkenntnis dieser sogenannten Seelenvermögen

gesetzt wird, so tritt bei Fichte gleich unmittelbar die
reine Einheit des Ich mit sich selbst und ihm entgegen sogleich so abstrakt das Ding-an-sich als Nicht-Ich
auf; die fernere Entwicklung der Formen, welche die Bestimmung des einen durch das andere annimmt, hat　5
jenen Gegensatz fortdauernd zum Grunde liegen, indem
jede weitere Form zwar eine reichere Synthesis desselben
ist, aber nicht dazu kommt, ihn zu überwinden. Diese Auf-
lösungen bleiben deswegen Verhältnisse und endliche
Formen, deren letzte Auflösung gleichfalls ins Praktische　10
hinübergewiesen wird, welches aber ebenso nicht [weiter]
gebracht wird als zu einem einseitigen, mit einem Jenseits
behafteten Sollen und Streben. Von so unendlicher
Wichtigkeit seinem Inhalte nach das Fichtesche Prinzip als
Moment ist, oder von seiten der Form, daß Fichte dem　15
Kantischen Prinzip diese hohe Abstraktion gegeben hat, so
muß es, weil es in seiner Einseitigkeit absolutes Prinzip bleiben soll und nicht zum Moment herabgesetzt wird, dem
konkreten Geiste gegenüber gleichfalls als ein Geistloses er-
scheinen. |　20
　　Jacobi hat diese Philosophie nicht dialektisch behandelt,
wie die Kantische, obgleich sie ihrer wissenschaftlichen
Form wegen sich einfacher dieser Behandlung dargeboten
hätte. Denn indem Fichte mit Ich = Ich als dem ersten
absoluten Grundsatz seiner Philosophie anfängt, so läßt er　25
unmittelbar den zweiten folgen, daß das Ich sich ein
Nicht-Ich schlechthin entgegensetzt, welcher Grundsatz seiner Form nach, als Entgegensetzen nämlich,
gleichfalls unbedingt sei. Diese beiden Unbedingten sind
ebensolche mit sich identische Abstraktionen als der ab-　30
strakte Raum und die abstrakte Zeit oder das abstrakte Ist
bei Kant. Gegen den dritten Grundsatz bei Fichte, welcher
die Synthese jener Abstraktionen und die Grundlage aller
folgenden Synthesen enthält, konnte dieselbe Unmöglichkeit geltend gemacht werden als gegen die Kantische Syn-　35
these. J. begnügt sich hier, seine gediegene Anschauung des
absolut Konkreten, des Geistigen, gegen jene Abstraktion

des Ich, die auch in ihrer Synthese noch immer dieselbe
bleibt, auszusprechen und aus jenem Standpunkt heraus die
Einseitigkeit der Fichteschen Subjektivität zu verwerfen.
Was Jacobi S. 40 das Moral-Prinzip der Vernunft nennt,
5 was aber eigentlich nur das Prinzip einer zum Verstand
heruntergebrachten Vernunft ist, nämlich die abstrakte
Einstimmigkeit des Menschen mit sich selbst, bestimmt er
richtig als öde, wüst und leer und stellt ihr das Vermögen
der Ideen als nicht leerer, die konkrete Vernunft un-
10 ter dem populären Namen Herz entgegen. – Im Grunde
ist dies dasselbe, was schon Aristoteles | an dem mora-
lischen Prinzip tadelt (Ηθιϰ. μεγ. A); er sagt nämlich, der erste Lehrer der Moral, Sokrates, habe die Tugenden zu
einem Wissen, ἐπιστημας, gemacht – das Gute und
15 Schöne ist die praktische Idee nur als Allgemeines –, dies
aber ist unmöglich, setzt er hinzu; denn alles Wissen
ist mit einem Grunde (λογος), der Grund aber gehört der denkenden Seite des Geistes an; es widerfährt ihm daher, daß er die alogische Seite der
20 Seele aufhebt, den Trieb und die Sitte (παθος ϰαι
ἠθος). – Das Allgemeine des Praktischen enthält nur, was
sein soll; Aristoteles vermißt, wie Jacobi, daran die Seite
dessen, durch und nach welcher das Allgemeine ist. Trieb
und Sitte des Aristoteles sagen aber etwas viel Bestimmte-
25 res als das bloße Herz. – Es ist von je für das Werk der
weisesten Männer erachtet worden, nicht nur das Allgemeine, die abstrakten Gesetze zu kennen, sondern auch
die Einsicht in das zu haben, was dem Trieb, der Gewohnheit und Sitte als bewußtloser Seite angehört, und die Re-
30 gulierung dieser Seite zu finden und zu Stande zu bringen.
Durch eine solche Regulierung hat jene abstrakte Seite eine
natürliche Realität in einem besondern Volke, und das
Gesetz hat als Sitte für den Einzelnen eine seiende Gültigkeit; so ist es sowohl als sein Trieb als auch für den
35 noch unbestimmten, richtungslosen Trieb gegeben. Für
die höher gebildete Gesinnung und für deren Moralität ist
aber eine noch allgemeinere Erkenntnis erforderlich, näm-

lich das, was sein soll, nicht nur als das Sein eines Volkes
vor sich zu haben, sondern es auch als das Sein, welches
als Natur, Welt und Geschichte erscheint, zu wissen.
Dies ist dasselbe, was vorhin als die Einseitigkeit des praktischen Grundsatzes, wie er im Kantischen Systeme gefaßt ist,        5
aufgezeigt wurde, daß er nämlich vom theoretischen
Momente abstrahiert und daher subjektiv ist. – Es kann
scheinen, daß der Tadel des Aristoteles vielmehr gerade
das Gegenteil betreffe und darauf gehe, daß die Tugend von
Sokrates zu einem Wissen gemacht, d. i. das moralische        10
Prinzip etwas Theoretisches sei. – Einesteils aber tadelt
Aristoteles es nicht, daß das, was im Sittlichen | das Allge-
meine ist, d. i. das Gute, gefaßt werde, vielmehr findet er,
im weitern Verfolge, die Betrachtung desselben notwendig,
nur unterscheidet er sie von der Untersuchung über die Tu-        15
gend. Jacobi weicht insofern hiervon ab, als er diese Form
des Guten und eine Pflichtenlehre verwirft und darüber an
das Herz verweist. – Als immanenter Zweck des Selbstbewußtseins ist nun das Gute, und sein Sein ist ein Anund-
fürsichsein; insofern gehört es zum Theoretischen; es ist        20
aber insofern einseitig, als es in der Form der Allgemeinheit gegen die konkrete Idee festgehalten wird. Sein Inhalt
ist dagegen das, was sein soll, also als subjektiver
Zweck gesetzt ist. Hiervon ist die andere Seite die Realität, das eigentlich theoretische Moment, was als unver-        25
nünftiges, als Natur, sowohl als äußerliche, körperliche, wie
auch als innerliche, Gefühl, Trieb, Gewohnheit, Sitte vorgefunden wird. Das Wissen von dieser Natur erhält ihr seinerseits diese Form der Unvernünftigkeit, insofern es des
Begriffes, wie sie sein soll, entbehrt, in ihr nicht den ab-        30
soluten Endzweck, sie nicht als bloße Realisation und
Darstellung desselben weiß; so wie das Gute geistlos bleibt
und sich nicht über den Standpunkt des Daseins, nämlich
das bloße Streben, erhebt, insofern es sich nicht durch die
Ansicht der Realität ergänzt.        35
    Es ist jedoch noch in einem andern Sinne, in welchem
Jacobi das Herz hier dem an sich Guten, dem an sich

Wahren gegenüberstellt; er sagt S. 37, daß er dasselbe
nicht kenne, von ihm nur eine ferne Ahndung habe; er
erklärt, daß es ihn empöre, wenn man ihm den Willen, der
Nichts will, diese hohle Nuß der Selbständigkeit und
5 Freiheit im absolut Unbestimmten dafür aufdringen
will. Dies wäre hiermit jenes an sich Gute. J. erklärt sich
feierlicher in der darauf folgenden schönen Stelle: »Ja, ich
bin der Atheist und Gottlose, der, dem Willen der
Nichts will zuwider, lügen will wie Desdemona ster-
10 bend log; lügen und betrügen will wie der für Orest sich
darstellende Pylades; morden will wie Timoleon; Gesetz
und Eid brechen wie Epaminondas, wie Johann de
Witt; Selbstmord beschließen wie Otho, Tempelraub
unternehmen | wie David – ja, Ähren ausraufen am Sab-
15 bath, auch nur darum, weil mich hungert und das Gesetz um des Menschen willen gemacht ist, nicht
der Mensch um des Gesetzes willen; mit der heiligsten Gewißheit, die ich in mir habe, weiß ich, daß das privilegium aggratiandi wegen solcher Verbrechen wider den
20 reinen Buchstaben des absolut allgemeinen Vernunftgesetzes
das eigentliche Majestätsrecht des Menschen, das Sie-
gel seiner Würde, seiner göttlichen Natur ist.« –
Man kann die Absolutheit, die das Selbstbewußtsein in sich
weiß, nicht wärmer und edler aussprechen als hier ge-
25 schieht. Warum erscheint aber diese Majestät, die in demselben ist, diese Würde, diese göttliche Natur hier der
Vernunft entgegengesetzt? Ist es nicht sonst allenthalben
die ausdrücklichste Behauptung Jacobis, daß die Vernunft
das Übernatürliche, das Göttliche im Menschen ist, welches
30 Gott offenbart? – Aber dies Göttliche ist hier nur dem Ver-
nunftgesetze, dem Buchstaben des Gesetzes und, in den
aufgenommenen Beispielen, den Gesetzen von bestimmtem Inhalt, welche diesen bestimmten Inhalt zu einem Absoluten machen, entgegengestellt – den bestimmten Geset-
35 zen, welche absolut verbieten zu lügen, zu betrügen,
zu morden, Gesetz und Eid zu brechen, Selbstmord
zu beschließen, die Tempel zu berauben, den Sabbath

zu brechen. – Ich will, sagt Jacobi, solches tun, berechtigt durch die Majestät, die im Menschen ist! – Spricht er
hier nicht einen absoluten Willen aus, der Nichts will,
d.i. nicht ein bestimmtes Gesetz, nicht ein bestimmtes
Allgemeines – eine Selbständigkeit und Freiheit im abso-  5
lut Unbestimmten? Die Handlungen Desdemonas, des
Pylades, Timoleons usf. sind äußerlich-konkrete Wirklichkeiten, aber ihr Inneres ist der Wille, das innerlich Konkrete, das diese Hoheit und Majestät nur erreicht durch
diese unendliche Kraft der Abstraktion von dem Be-  10
stimmten und das allein dadurch Selbständigkeit und Freiheit ist, als es sich als das absolut Unbestimmte, das Allgemeine, an sich Gute weiß und sich zum absolut
Unbestimmten macht, zugleich aber eben darum nur sich
aus sich selbst bestimmt | und konkretes Handeln ist. –  15
So wichtig ferner es nun ist, daß der Wille als diese allmäch-
tige, rein allgemeine Negativität gegen das Bestimmte erkannt werde, so wichtig ist es, auch den Willen in seiner
Besonderung, die Rechte, Pflichten, Gesetze zu erkennen
und anzuerkennen; sie machen den Inhalt der sittlichen  20
oder moralischen Sphäre aus. Wenn J. an die unbestimmte
Seite der Majestät der Persönlichkeit nur appelliert und
nur aus der Gewißheit, die er in sich findet, von ihr
spricht, so ist es einesteils dieselbe Grundlage und das Resultat, welches eine Dialektik hat, die an den bestimmten  25
Rechten, Pflichten, moralischen oder religiösen Geboten
ihre Schranke zum Bewußtsein bringt. Aber andernteils ist
ebenso wichtig, daß das Erkennen dieser Schranken nicht
bloß dem Herzen überlassen bleibe. Jacobis Appellation
geht, wie vorhin bemerkt, nicht gegen das an sich Gute,  30
d.i. nicht gegen den Willen, der in diesem reinen Selbstbewußtsein seiner Wesenheit alle Bestimmtheit aufgehoben
hat; wenn sie gegen die bestimmte Einsicht der Endlichkeit der bestimmten Gesetze, Rechte und Pflichten
gehen sollte, so bedarf es keiner Ausführung, wohin dies  35
führen würde; ebensowenig als einer Rechtfertigung dieser
bestimmten Einsicht selbst, da ja dasjenige, dessen Einsicht

sie ist, selbst ein Bestimmtes, ein Recht, eine Pflicht, ein
Gesetz ist.

   Aber diese Appellation kann auch nicht absolut gegen
diese Bestimmungen selbst gehen. Wenn die Dialektik
5  zwar die Schranken derselben darstellt und damit ihre Be-
dingtheit und Endlichkeit, ihre Unterwürfigkeit unter ein
Höheres erkennt, so muß ebensosehr ihre Sphäre, wo sie
ein positives Gelten haben, anerkannt werden. Es ist
gleichmäßig eine Forderung an die Philosophie, diese Not-
10 wendigkeit der sittlichen Bestimmungen und ihres Geltens
als auch das Höhere aufzuzeigen, in welchem sie gegründet
sind, das eben darum auch Macht und Majestät über sie hat.
– Ja, man könnte sogar geneigt werden, das Bewußtsein
dieser Majestät für den Ort der Wissenschaft oder das Aller-
15 heiligste der Religion aufzusparen und es von einer populären Behandlung, in welcher Appellationen an das Gefühl
und die innere Gewißheit des Subjekts gestattet sind, ferne
zu halten; wenn man nämlich | betrachtet, wie die Ro-
mantik leicht auch in die Sittlichkeit einbricht, wie gern
20 die Menschen lieber großmütig als rechtlich, lieber
edel als moralisch zu handeln geneigt sind und indem sie
sich wider den Buchstaben des Gesetzes zu handeln erlauben, sich nicht sosehr vom Buchstaben als vom Gesetz los-
sprechen. – Außerdem ist jenes aus göttlicher Majestät sich
25 vom Gesetze lossagende Handeln, auf dessen Beispiele sich
J. beruft, gleichfalls bedingt, bedingt durch besonderes
Naturell des Charakters, vornehmlich durch Lage und Umstände – und durch welche Umstände? durch Verwicklungen des höchsten Unglücks, durch seltene höchste Not, in
30 welche seltene Individuen versetzt sind. Es wäre traurig mit
der Freiheit beschaffen, wenn sie nur in außerordentlichen
Fällen grausamer Zerrissenheit des sittlichen und natürlichen
Lebens und in außerordentlichen Individuen ihre Majestät
beweisen und sich Wirklichkeit geben könnte. Die Alten
35 haben dagegen die höchste Sittlichkeit in dem Leben eines
wohlgeordneten Staates gefunden. – Von einem solchen
Leben könnte man auch sagen, daß darin der Mensch viel-

mehr um des Gesetzes willen als das Gesetz um des
Menschen willen gemacht und gilt. Der umgekehrte bekannte Satz, der oben angeführt wurde, schloß eine hohe
Wahrheit in sich, indem er das positive, d. i. bloß statutari-
sche Gesetz meinte; aber das sittliche Gesetz allgemein ge-      5
nommen, so ist es wohl wahrer zu sagen, daß der Mensch
um desselben gemacht ist; denn wenn man einmal Gesetz
und Mensch so trennen und entgegensetzen will, so bleibt
dem Menschen nur die Einzelnheit, die sinnlichen Zwecke
der Begierde übrig, und diese können nur als Mittel im      10
Verhältnis zum Gesetze betrachtet werden.

   Wir gehen nun noch zu der Schrift von den göttlichen Dingen über. Sie ist aber ohne Zweifel von ihrer
ersten Erscheinung her noch so in der Erinnerung des
Publikums, daß es unzweckmäßig sein würde, sich länger      15
dabei aufzuhalten. – Der erste Teil betrifft die Einseitigkeit
des Positiven in der Religion, wenn dasselbe in bloß äußerlicher Haltung bleiben solle, hiermit das Verhältnis des
Menschen als ein geistloses vorgestellt wird. J. macht in
einer schönen | Ausführung hier die Notwendigkeit des      20
subjektiven Moments geltend, daß, wie es S. 292 ausgedrückt wird, das Sehen nicht aus den Dingen hervorgehe,
die gesehen werden, das Vernehmen nicht aus dem, was
vernommen wird, das Selbst nicht aus dem Andern; wie
auf der andern Seite das Sehen für sich allein Nichts sehe,      25
das Vernehmen allein Nichts vernehme; das Selbst endlich
– nicht zu sich selbst komme, sondern wir unser Dasein von
einem andern erfahren müssen – daß der Geist im Menschen allein von einem Gott zeuge. – Der andere Teil dieser Schrift betrifft die Naturphilosophie. Die Grundidee      30
dieser Philosophie ist nicht mehr eine der Abstraktionen
und Einseitigkeiten, die soeben bezeichnet worden oder die
in den oben betrachteten Systemen die Basis ausmachen,
sondern das Konkrete, der Geist selbst. Hier gilt es also
nicht mehr, dessen Anschauung entgegenzusetzen, noch      35
sich bloß an die Aufzeigung des Widerspruchs, die der Natur alles Konkreten nach darin leicht bewerkstelligt werden

kann, zu halten. Es würde eine vergebliche und unfruchtbare Mühe sein, die Mißverständnisse entwirren zu wollen,
die in den Verhandlungen hierüber vorgekommen sind; ich
schränke mich auf zwei Bemerkungen ein. – Es geht erstens
5 schon aus den wiederholt erneuerten Versuchen, der Natur-
philosophie ihre wissenschaftliche Form zu finden, hervor, daß sie sich darin selbst noch nicht befriedigt, so wie
keine der nacheinander folgenden Darstellungen die Voll-
ständigkeit des Inhalts erschöpft, sondern jede nach mehr
10 oder weniger weit fortgeführtem Anfang vor der Vollendung wieder abgebrochen ist. Beide Umstände können
einer Polemik Seiten für vorteilhafte Angriffe gewähren.
Wenn die wissenschaftliche Form nicht ihre bestimmte und
sichere Methode gewonnen, so muß das Verhältnis von
15 Natur und Geist eine Bestimmung von Unmittelbarkeit
behalten, welche einer gegründeten Dialektik bloßgestellt
ist. Dies Verhältnis kann außerdem nur vermittelst der voll-
ständigen Durchführung zur Wahrheit verklärt werden und
alle die unvollkommnen Verhältnisse abstreifen, in denen es
20 vor dem Ende erscheint.
Was aber zweitens die Dialektik J's hierbei betrifft, so
hängt sie nicht sowohl von dem Gehalte seines Stand-
punk|tes als von der beharrlichen Form ab, in welcher er
diesen Standpunkt behauptet. Nur diese Form will ich da-
25 her näher zu beschreiben suchen. Sie hat bekanntlich das Eigentümliche, der Entwicklung aus Begriffen, dem Beweisen
und der Methode im Denken entgegengesetzt zu sein.
Nackt von diesen Erkenntnisformen, durch welche eine
Idee als notwendig aufgezeigt wird, vorgetragen, zeigen
30 sich die positiven Ideen J's nur mit dem Werte von Versicherungen; Gefühl, Ahndung, Unmittelbarkeit
des Bewußtseins, intellektuelle Anschauung, Glauben
– unwiderstehliche Gewißheit der Ideen sind als die
Grundlagen ihrer Wahrheit angegeben. Was nun aber
35 dem Vortrage von Versicherungen und dem bloßen Berufen
auf solche Grundlagen die Trockenheit benimmt, ist der
edle Geist, das tiefe Gemüt und die ganze vielseitige Bil-

dung des verehrten, liebevollen Individuums. Hiervon umgeben treten die Ideen gefühlvoll, gegenwärtig oft mit tiefer Klarheit, immer geistreich hervor. Das Geistreiche
ist eine Art von Surrogat des methodisch ausgebildeten
Denkens und der in solchem Denken fortschreitenden Ver-          5
nunft. Über den Verstand erhaben hat es die Idee zu seiner
Seele; es ergreift die Antithese, in der sie liegt; indem es
aber nicht deren abstrakten Gedanken noch den dialektischen Übergang in Begriffen zum Bewußtsein bringt, so hat
es nur konkrete Vorstellungen, auch verständige Gedanken          10
zu seinem Material und ist ein Ringen, darin das Höhere
reflektieren zu machen. Dieser Schein des Höhern in Ver-
ständigem und in Vorstellungen, der durch die Gewalt des
Geistes in solchem Material hervorgebracht wird, ist mit
dem eigenen milden Reize vergesellschaftet, mit dem uns          15
die Dämmerung anzieht. Es begegnet uns daher auch in den
sämtlichen vorliegenden Abhandlungen ein Reichtum geistreicher Wendungen und Bilder, durch welche das Tiefe in
seiner Klarheit und Naivität hervortritt – oft ganz einfache
Gegensätze, die eine Fülle von großem Sinn bemerklich          20
machen, einzelne Stellen, die für sich weit übergreifende
Gnomen sind. Das Verdienst solcher glücklicher Eingebun-
gen und sinnreicher Erfindungen ist nicht nur nicht zu verkennen, sondern wir dürfen uns ihrem Genusse überlassen,
insofern sie dafür da | sind, durch Sinn und Vorstellung den          25
Gedanken und das Geistige anzuregen. In diesem Genusse
dürfen wir uns da noch nicht stören lassen, wenn das Bestreben des Geistreichen, seine Gesichtspunkte klar zu
machen, zur Übertreibung derselben und der Konse-
quenzen geführt wird. Denn es ist sein Recht, sich auf die          30
Spitze zu treiben, weil die Form und Gestalt der Äußerung
nur Mittel ist und die Gewaltsamkeit, die darin erscheint,
gleichfalls nur zum Mittel gehört.
    Nur dann wird diese Manier störender, wenn sie sich im
Spekulativen, besonders wenn sie sich darin polemisch          35
zeigt. Denn sosehr das Geistreiche der Philosophie selbst
nur das Spekulative zu seiner innern, aber verborgenen

Triebfeder hat, sosehr vermag dieses, wo es als Spekulatives
sein soll, nur in der Form des Begriffes offenbar zu werden.
Wenn die Dämmerung des Geistreichen darum lieblich ist,
weil das Licht der Idee in derselben scheint, so verliert sie
5 dies Verdienst da, wo das Licht der Vernunft leuchtet, und
was ihr gegen dieses eigentümlich zukommt, ist dann nur
die Dunkelheit. Alles, was sonst dieser Weise gestattet wird,
das Unzusammenhängende, die Sprünge, die Kühnheit des
Ausdrucks, die Schärfe des Verstandes und seine Übertrei-
10 bung und Hartnäckigkeit, der Gebrauch von sinnlicher
Vorstellung, die Berufung aufs Gefühl und an den gesunden Menschenverstand, wird hier dem Gegenstande
unangemessen. – Die äußere Gestalt auch der Abhandlungen, welche der vorliegende Band enthält, zeigt keine
15 methodische und doktrinelle, sondern zufällige Absichten
und Veranlassungen, deren die Vorberichte Erwähnung
tun, zugleich mit der Angabe der erlittenen Unterbrechun-
gen sowie der auch mehrfachen Abänderung der ursprünglichen Absicht im Fortgange der Zeit und der Arbeit – Um-
20 stände, die für das Verständnis der Gestalt dieser Schriften
angegeben sind, welche Angabe ihnen auch von dieser Seite
den Charakter zufälliger Ergießungen oder einer Mittelgat-
tung, die mehr vom Briefe als einer Abhandlung hat, be-
währt.
25    Es hat aber bei J. die eigne Bewandtnis, daß er dies Zufällige der Form und das Geistreiche nicht nur unbefangen
als Manier seines Geistes hat, sondern daß er positiv und polemisch an dem Standpunkte hält, spekulatives Wissen,
be|greifendes Erkennen für unmöglich zu erklären – ja
30 selbst für ein Ärgeres als das Unmögliche, indem wir z. B.
bei ihm die Rede finden, daß ein G o t t , der g e w u ß t
w ü r d e , k e i n Gott mehr wäre, daß der Mensch sich selbst
und das Wesen Gottes u n e r g r ü n d l i c h sei, weil sonst im
Menschen ein ü b e r g ö t t l i c h e s Vermögen wohnen, Gott
35 von dem Menschen müßte e r f u n d e n werden können, und
andres in diesem Sinne. Es wird nicht leicht in Abrede gestellt werden, daß es das gemeinsame Werk J's und Kants

ist, der vormaligen Metaphysik nicht sosehr ihrem Inhalte nach, als ihrer Weise der Erkenntnis, ein Ende gemacht und damit die Notwendigkeit einer völlig veränderten Ansicht des Logischen begründet zu haben. Jacobi hat
hierdurch in der Geschichte der deutschen Philosophie und, 5
da außer Deutschland die Philosophie ganz verkommen und
ausgegangen ist, in der Geschichte der Philosophie überhaupt eine bleibende Epoche gemacht. Bei Anerkennung
dieses Verdienstes in Ansehung des Erkennens muß stehengeblieben werden; denn das weitere ist, daß, wie Kant das 10
negative Resultat gegen die endlichen Erkenntnisformen,
J. es gegen das Erkennen an und für sich fixiert hat. Er
hat sich enthalten weiterzugehen und anstatt des Verstandes,
der vorher sozusagen die Seele des Erkennens war, nun die
Vernunft und den Geist zur Seele des Erkennens zu ma- 15
chen, es aus Vernunft und Geist wieder zu gebären, es mit
diesem, nach der Wassertaufe des Verstandes, wieder zu tau-
fen. – Den Versicherungen J's hierüber ließen sich nur
Versicherungen entgegenstellen, seinen Autoritäten
andere Autoritäten, z.B. die Autorität des Christen- 20
tums, welches Gott erkennen zur höchsten Forderung
macht, wie der Delphische Apoll die Erkenntnis seiner selbst, nämlich die Erkenntnis des absoluten Wesens
des Selbstbewußtseins.

Worauf es der Sache nach ankommt, ist oben angedeutet 25
worden. Polemisch aber und dialektisch gegen das
Geistreiche verfahren zu wollen, würde ungeschickt sein.
Einerseits ist dasselbe schon von seiner Seite zu Mißverständnissen geneigt. Indem seiner Form überhaupt der
Charakter | der Zufälligkeit beiwohnt, so steht ihm offen, 30
diese oder eine andere Seite eines philosophischen Systems
zu ergreifen und diesen oder einen andern Gesichtspunkt
gegen dasselbe festzuhalten. Für so gegründet oben z.B. die
Dialektik gegen das Kantische System anerkannt wurde,
wenn sie den trocknen Verstand seiner Abstraktionen dem 35
Ursprünglich-Synthetischen oder eigentlich Geistigen desselben entgegenhält, das mit jenen ebenso ungeistig zusam-

mengehängt ist, so konnte umgekehrt dieses gegen jene
geltend gemacht und, statt die Unstatthaftigkeit des Ursprünglich-Synthetischen durch das Beharren auf der Abstraktion zu zeigen, vielmehr die Unwahrheit der Abstrak-
5 tion durch die Behauptung des Synthetischen gezeigt oder
besser aus der Unwahrheit der erstern die Wahrheit des
letztern hergeleitet werden. – Insofern aber das Geistreiche
seine Art, sein Auffassen und Haben des Wahren nur als ein
unmittelbares Bewußtsein kennt und die Ausschließung
10 des Begriffs aus sich thetisch behauptet, so muß ihm der
Mißverstand widerfahren, sich selbst, seine eigene Anschauung sowohl der Form als dem Inhalte nach in Aus-
drückungen und Gestalten nicht wiederzuerkennen, welche
von der seinigen verschieden sind, welche aber denselben
15 Inhalt, dieselben materiellen Resultate enthalten, aber das
Denken und den Begriff zu ihrer Seele haben. So hält es
nicht schwer, z. B. schon in den ersten Definitionen Spinozas, in dem Begriffe der causa sui für sich, in der Definition derselben als einer solchen, deren Natur nur als exi-
20 stierend begriffen werden könne, in der Definition der
Substanz als eines solchen, das in sich ist und aus sich
begriffen werde, d. i. dessen Begriff nicht des Begriffes
einer andern Sache bedürfe, etwas Höheres zu finden
als bloß das starre Sein, die geistlose Notwendigkeit. Es
25 ist vielmehr der reine Begriff der Freiheit, des für-sich-sei-
enden Denkens, des Geistes darin enthalten, sosehr als in
dem Subjekt-Objekt. – Nur müßte z. B. die causa sui
nicht auf die mechanische Weise entstanden vorgestellt
werden, wie dies S. 416 über die Lehre des Spinoza
30 genommen ist, als ob nur dem Satze, daß alles seine Ur-
sache habe, zuliebe, um Gott darunter ein|schließen zu
können, bei Gott eine andere Ursache sowie auch eine
andere Wirkung formeller Weise weggeschnitten und er
selbst sich auch zur Ursache sowie zur Wirkung hinzuge-
35 setzt worden sei; so daß der Begriff der causa sui eigentlich
eine bloße äußerliche Zurichtung, nicht an und für sich ein
Gedanke sein würde.

Bei Gelegenheit des Begriffes von Ursache kann im
Vorbeigehen erwähnt werden, daß es als eine Inkonsequenz
gegen die Abneigung vor Begriffen und Begriffsbestimmun-
gen erscheinen kann, wenn wir J. ein Gewicht darauf legen
sehen, daß Gott nicht als Grund, sondern als Ursache der 5
Welt gedacht werden sollte. Man kann es als eine populäre
Befugnis oder im Philosophieren als einen augenblicklichen
Notbehelf gelten lassen, solche Verhältnisse zur Bestimmung der Natur Gottes oder seiner Beziehung zur Welt zu
gebrauchen; es möchte sein, daß das eine bei einer Seite 10
einen kleinen Vorzug vor dem andern hätte; aber beide sind
gleichmäßig nur Verstandesbestimmungen, Verhältnisse
der Endlichkeit (vergl. S. 413), die hiermit den Begriff
des Geistes nicht zu fassen vermögen. Die causa sui ist auch
in dieser Rücksicht das Geistreichere, weil sie das ursäch- 15
liche Verhältnis zugleich in seinem Gegenstoße gegen sich
selbst und das Aufheben seiner Endlichkeit enthält – nicht
daß es gar nicht sei, sondern zugleich diese Bewegung sich
selbst aufzuheben; so wie auch, wenn Gott als Grund sich
bestimmend gedacht wird, er ebenso wesentlich als ewig ein 20
solches Verhältnis aufhebend gedacht werden muß. – Dergleichen Bestimmungen, noch mehr die dunklern, welche
in bloßen Präpositionen, z.B. außer mir, über mir usf.
enthalten sind, mögen nicht wohl dazu dienen, Mißverständnisse zu entfernen; der Erfolg hat vielmehr gezeigt, 25
daß sie solche eher veranlassen und vermehren. Denn der
bloßen Verständigkeit, die zunächst damit ausgedrückt ist,
und zwar in den Präpositionen auf eine unvollkommnere
Weise, ist die im übrigen herrschende Idee des Geistes zuwider. Indem aber doch der Nachdruck auf sie gelegt wird, 30
als ob in ihnen der Gegensatz, der gemeint ist, wahrhaft
gefaßt sei, so geben sie schon für sich zu Angriffen eine
Berechtigung, noch mehr, da andere | Stellen solchen Be-
hauptungen der einen Seite des Gegensatzes widersprechen
müssen. Oft ist diejenige Seite ganz nahegelegt und selbst 35
verbunden, durch welche die berichtigt und aufgehoben
wird, welche behauptet werden sollte. So behauptet Jacobi

durchaus, daß es das Übernatürliche im Menschen ist,
das Gott offenbart, S. 424, das höchste Wesen in ihm, was
von einem Allerhöchsten außer ihm zeugt; der Geist in
ihm allein von einem Gott (S. 325); diese Majestät im Men-
5 schen wird auch, wie oben angeführt, seine göttliche
Natur genannt. – Somit ist es selbst gesagt, daß Gott
ebensosehr nicht außer mir ist, denn was wäre das gott-
verlassene Göttliche in mir? Nicht einmal das Gott, wie
Jacobi geistreich den bewußtlosen Naturgott nennt – auch
10 nicht das Böse, denn dies Göttliche in mir ist der heilige
Zeuge von Gott. Mit der Idee des Geistes, als dieses Zeugen
in mir, wird man auch den Hauptsatz im Briefe an Fichte
nicht übereinstimmend finden können, der S. 49 so ausgedrückt ist: »Gott ist, und ist außer mir, ein lebendiges,
15 für sich bestehendes Wesen, oder Ich bin Gott. Es
gibt kein Drittes.« Man wird diesen Gegensatz vielmehr
als dem ganzen übrigen Sinn Jacobis widersprechend ansehen können und namentlich demjenigen, was S. 253 mit
einem schönen Bilde in Ansehung des Christentums aus-
20 gedrückt und als die offenbare Richtung der Schrift von den
göttlichen Dingen angegeben wird, »auf die mannigfaltige Weise darzutun, daß der religiöse bloße Idealist und
der religiöse bloße Materialist sich nur in die beiden
Schalen der Muschel teilen, welche die Perle des Chri-
25 stentums enthält«. In obigem Entweder, Oder: es gibt
kein Drittes, ist das principium exclusi tertii zu Grunde
gelegt und anerkannt; ein Verstandesprinzip der vormaligen Logik, welche sowohl in ihrem übrigen Umfange als insbesondre nach diesem höchsten Grundsatze der
30 Einseitigkeit des Verstandes gerade das Erkenntnisgesetz der
vormaligen Metaphysik ausmachte – ein Erkenntnisgesetz,
das ausdrücklich zu verwerfen ein Hauptgedanke und, wie
oben erwähnt, ein Hauptverdienst Jacobis ist. |
Der Geist und die Grundanschauung Jacobis ist so weit
35 von solchen Bestimmungen des trocknen Verstandes entfernt, daß dieser dessen ungeachtet gemachte Gebrauch derselben, um die Natur Gottes zu bestimmen, wohl nichts als

Mißverständnisse veranlassen konnte, wenn er für ernst-
licher gelten und genommen werden sollte, als mit dem
Sinne des tiefen Denkers und dessen übrigen geistreichen
Formen verträglich war. – In der allgemeinen Vorrede
dieses Bandes und in dem besondern Vorberichte zu der　5
Schrift von den göttlichen Dingen läßt sich J. auf einige solche Mißverständnisse ein, die ihm widerfahren sind;
unter andern auch in Betreff seines Christentums. Es
begegnen uns überhaupt in diesen philosophischen Verhandlungen viele Äußerungen über Persönlichkeit. Jacobi　10
sagt z. B. zu Fichte, in dem Briefe an denselben S. 46, daß
er ihn persönlich für keinen Atheisten, für keinen Gott-
losen halten würde, wenn er schon dessen Lehre, gleich
der des Spinoza, atheistisch nennen müßte; ebensolches
Zeugnis legt er von diesem ab und führt die schöne Stelle　15
über ihn an, worin er ihn anrief: »sei du mir gesegnet,
großer, ja heiliger Benedictus! wie du auch über
die Natur des höchsten Wesens philosophieren und
in Worten dich verirren mochtest; seine Wahrheit
war in deiner Seele und seine Liebe war dein Le-　20
ben.« – Diese gefühlvolle und wahre Huldigung betrifft
einen edeln, so verkannten Schatten; etwas Fremdartiges
und anderes aber liegt in öffentlichen Behauptungen über
die persönliche Gesinnung und Religion eines gegenwärtigen Individuums. Bei der vorhin dargestellten Art und　25
Weise J's, seine Ansichten über die höchsten Ideen zu
äußern, war die Abgleitung von diesen Ideen und deren
Untersuchung auf die Person nahegelegt; so will dann auch
ich, ohne weitern vergeblichen Versuch, jene Mißverständnisse zu vermitteln, diese Anzeige mit der Äußerung des　30
Gefühls schließen, das die meisten Leser der Jacobischen
Schriften wohl gemeinschaftlich mit mir haben, sich im Studium derselben mit einem liebevollen und edeln Geiste un-
terhalten zu haben und vielfältig, tief, lehr- und sinnreich
angeregt worden zu sein. |　　　　　　　　　　　　　　35
　　Es knüpft sich hieran von selbst die noch zu machende
Erwähnung der angenehmen Zugabe von 23 Briefen, in de-

nen wir J. in seiner eigentümlichsten Gestalt, der liebenden,
gedankenreichen und heitern Persönlichkeit sehen; sie werden daher keiner weitern Empfehlung bei unsern Lesern bedürfen. Ich hebe daraus nur einiges zur Probe über einen
5 besonders merkwürdigen Freund Jacobis, Hamann, aus,
der uns darin näher auf eine interessante Weise zur Anschauung gebracht wird und dessen Schriften wir vielleicht
von J. noch gesammelt zu sehen hoffen dürfen. J. schreibt
an seinen Bruder in Freiburg, den 5. Sept. 1787 folgendes
10 über ihn: »Der Genuß, den ich an ihm habe, läßt sich nicht
beschreiben, wie denn immer bei außerordentlichen Menschen, was ihren besondern und eigentlichen Eindruck
macht, gerade das ist, was sich nicht beschreiben oder angeben läßt. Es ist wunderbar, in welch hohem Grade er fast
15 alle Extreme in sich vereinigt. Deswegen ist er auch
von Jugend auf dem principio contradictionis« (damit um
so mehr dem vorhin erwähnten principio exclusi
tertii) »sowie dem des zureichenden Grundes von Herzen
gram gewesen und immer nur der coincidentiae oppo-
20 sitorum nachgegangen. Die Koinzidenz (J. faßt sie hier
nicht als einen leeren Abgrund, als Ungestalt, Chaos,
durchaus Unbestimmtes, das Nichts als Nichts, sondern vielmehr als die höchste Lebendigkeit des Geistes auf),
die Formel der Auflösung einiger entgegengesetz-
25 ten Dinge in ihm, bin ich noch nicht im Stande,
vollkommen zu finden, aber ich erhalte doch fast mit
jedem Tage darüber neues Licht, unterdessen ich mich an
der Freiheit seines Geistes, die zwischen ihm und mir
die köstlichste Harmonie hervorbringt, beständig
30 weide. – Er ist ebenso geneigt als ich, seiner Laune freien
Lauf zu lassen und die Ansicht des Augenblicks zu verfolgen; Buchholtz sagte im Scherz von ihm, er sei ein voll-
kommner Indifferentist, und ich habe diesen Beinamen
nicht abkommen lassen. Die verschiedensten heterogensten
35 Dinge, was nur in seiner Art schön, wahr und ganz ist, eigenes Leben hat, Fülle und Virtuosität verrät, genießt er mit
gleichem Entzücken; omnia divina, et humana omnia. –

Lavaters Durst nach Wundern ist ihm ein bitteres Ärgernis
und erregt ihm Mißtrauen in Absicht auf die Gottseligkeit
des Mannes, den er übrigens von Herzen liebt und ehrt,
usf.« – Dürften wir hiernach nicht die Gewißheit haben,
daß J., wie er hier den Geist Hamanns schildert und sich     5
mit ihm harmonisch findet, auch ebenso sich | in Harmo-
nie mit einem Erkennen finden sollte, das nur ein Bewußtsein der Koinzidenz und ein Wissen der Ideen von Persönlichkeit, Freiheit und Gott, nicht in der Kategorie von
unbegreiflichen Geheimnissen und Wundern ist.            10

Hegel.

# GEORG WILHELM FRIEDRICH HEGEL

Berliner Schriften
(1818–1831)

# BERLINER ANTRITTSREDE
## (1818)

Meine Herrn![1]

Indem ich heute zum ersten Male auf hiesiger Universi-
5 tät in dem Amte eines Lehrers der Philosophie auftrete, zu dem mich die Gnade Seiner Majestät des Königs
berufen hat, erlauben Sie mir dies Vorwort darüber vorauszuschicken, daß ich es mir nämlich für besonders wünschenswert und erfreulich hielt, sowohl gerade in diesem
10 Zeitpunkte als auf hiesigem Standpunkte in ausgebreitetere akademische Wirksamkeit zu treten. Was den
Zeitpunkt betrifft, so scheinen diejenigen Umstände eingetreten zu sein, unter denen sich die Philosophie wieder
Aufmerksamkeit und Liebe versprechen darf – wo diese
15 beinahe verstummte Wissenschaft ihre Stimme wieder erheben mag. Denn vor kurzem war es einesteils die Not der
Zeit, welche den kleinen Interessen des täglichen Lebens
eine so große Wichtigkeit gegeben, andererseits waren es
die hohen Interessen der Wirklichkeit, das Interesse und
20 die Kämpfe, nur | zunächst das politische Ganze des
Volkslebens und des Staats wiederherzustellen und zu
retten, welche alle Vermögen des Geistes, die Kräfte aller
Stände sowie die äußerlichen Mittel sosehr in Anspruch genommen, daß das innere Leben des Geistes nicht
25 Ruhe und Muße gewinnen konnte; der Weltgeist, in
der Wirklichkeit sosehr beschäftigt, nach außen geris-
sen, war abgehalten, sich nach innen und auf sich selbst
zu kehren und in seiner eigentümlichen Heimat sich zu ergehen und zu genießen. Nun, nachdem dieser Strom der
30 Wirklichkeit gebrochen und die deutsche Nation überhaupt ihre Nationalität, den Grund alles lebendigen

---

[1] *Daneben am Rande:* Berlin 22 Oktober 1818

Lebens, gerettet hat, so ist dann die Zeit eingetreten, daß
in dem Staate, neben dem Regiment der wirklichen
Welt, auch das freie Reich des Gedankens selbständig
emporblühe. Und überhaupt hat sich die Macht des Geistes so weit in der Zeit geltend gemacht, daß es nur die 5
Ideen sind und was Ideen gemäß ist, was sich jetzt erhalten
kann, daß, was gelten soll, vor der Einsicht und dem Gedanken sich rechtfertigen muß. Und es ist insbesondere
dieser Staat, der mich nun in sich aufgenommen hat, welcher durch das geistige Übergewicht sich zu seinem Ge- 10
wicht in der Wirklichkeit und im Politischen empor-
gehoben, sich an Macht und Selbständigkeit solchen
Staaten gleichgestellt hat, welche ihm an äußern Mitteln
überlegen gewesen wären. Hier ist die Bildung und die |
Blüte der Wissenschaften eines der wesentlichsten Mo- 15
mente, selbst im Staatsleben; auf hiesiger Universität, der
Universität des Mittelpunktes, muß auch der Mittelpunkt
aller Geistesbildung und aller Wissenschaft und Wahrheit, die
Philosophie, ihre Stelle und vorzügliche Pflege finden.

Nicht nur ist es aber das geistige Leben überhaupt, wel- 20
ches ein Grundmoment in der Existenz dieses Staates
ausmacht, sondern näher hat jener große Kampf des Volks
in Verein mit seinem Fürsten um Selbständigkeit, um Vernichtung fremder, gemütloser Tyrannei und um Freiheit,
im Gemüte seinen höhern Anfang genommen; es ist die 25
sittliche Macht des Geistes, welche sich in ihrer Energie gefühlt, ihr Panier aufgesteckt und dies ihr Gefühl
als Gewalt und Macht der Wirklichkeit geltend gemacht
hat. Wir müssen es für schätzbar achten, daß unsere Generation in diesem Gefühle gelebt, gehandelt und ge- 30
wirkt hat, einem Gefühle, worin sich alles Recht-
liche, Moralische und Religiöse konzentrierte. – In
solchem tiefen und allumfassenden Wirken erhebt sich der
Geist in sich zu seiner Würde, und die Flachheit des Lebens
und die Schalheit der Interessen geht zu Grunde, und 35
Oberflächlichkeit der Einsicht und der Meinungen steht
in ihrer Blöße da und verfliegt. Dieser tiefere Ernst, der

in das Gemüt überhaupt gekommen ist, ist denn | auch
der wahrhafte Boden der Philosophie. Was der Philosophie entgegensteht, ist einerseits das Versenktsein des
Geistes in die Interessen der Not und des Tages; ande-
5 rerseits aber die Eitelkeit der Meinungen; das Gemüt,
von ihr eingenommen, läßt der Vernunft, als welche nicht
das Eigene sucht, keinen Raum in sich. Die Eitelkeit muß
sich in ihrem Nichts verflüchtigen, wenn es dem Menschen
zur Notwendigkeit geworden, sich um substantiellen
10 Gehalt zu bemühen, wenn es so weit gediehen, daß nur
ein solcher sich geltend machen kann. In solchem substantiellen Gehalt aber haben wir die Zeit gesehen, haben
wieder den Kern sich bilden sehen, dessen weitere Entwicklung nach allen Seiten, d. i. der politischen, sittlichen,
15 religiösen, wissenschaftlichen Seite, unserer Zeit anvertraut
ist.
    Unser Beruf und Geschäft ist die Pflegung der philo-
sophischen Entwicklung, der substantiellen Grundlage, die sich nun verjüngt und bekräftigt hat. Ihre
20 Verjüngung, die ihre nächste Wirkung und Äußerung in der
| politischen Wirklichkeit zeigte, hat ihre weitere Erschei-
nung in dem größern sittlichen und religiösen Ernste,
in der Forderung von Gediegenheit und Gründlichkeit überhaupt, welche an alle Lebensverhältnisse er-
25 gangen ist; der gediegenste Ernst ist an und für sich
selbst der Ernst der Wahrheit. Dies Bedürfnis, wodurch
die geistige Natur von der bloß empfindenden und ge-
nießenden [sich] unterscheidet, ist eben deswegen das
Tiefste des Geistes; es ist an sich allgemeines Bedürfnis,
30 der Ernst der Zeiten hat es teils tiefer aufgeregt, teils ist
es ein näheres Eigentum des deutschen Geistes. Was die
Auszeichnung der Deutschen in der Kultur der Philosophie betrifft, so zeigt nämlich der Zustand dieses Studiums und die Bedeutung dieses Namens bei den andern
35 Nationen, daß der Name sich noch bei ihnen erhalten, aber
seinen Sinn verändert hat und daß die Sache verkommen und verschwunden ist, und zwar so, daß kaum eine

Erinnerung und Ahndung von ihr zurückgeblieben
ist. Diese Wissenschaft hat sich zu den Deutschen geflüchtet und lebte allein noch in IHNEN fort; uns ist die
Bewahrung dieses heiligen Lichtes anvertraut, und es
ist unser Beruf, es zu pflegen und zu nähren und dafür zu      5
sorgen, daß das Höchste, was der Mensch besitzen kann,
das Selbstbewußtsein seines Wesens, nicht erlösche
und untergehe. Aber selbst in Deutschland ist die Flachheit der frühern Zeit vor seiner Wiedergeburt so weit
gekommen, daß sie gefunden und bewiesen zu haben      10
meinte und versicherte, es gebe keine Erkenntnis der
Wahrheit; Gott, das Wesen der Welt und des Geistes, sei
ein unbegreifliches, unfaßbares; der Geist müsse bei
der Religion stehenbleiben und die Religion beim Glau-
ben, Ge | fühl und Ahnden, OHNE VERNÜNFTIGES Wis-      15
sen; das Erkennen betreffe nicht die Natur des Absoluten, Gottes, und dessen, was in Natur und Geist wahr und
absolut ist, sondern vielmehr allein teils nur das Negative, daß nichts Wahres erkannt, sondern daß allein
Unwahres, Zeitliches und Vergängliches gleichsam      20
den Vorzug genieße, erkannt zu werden, teils, was eigentlich darunter gehört, das Äußerliche, nämlich das Historische, die zufälligen Umstände, unter denen angeb-
liches, vermeintliches Erkennen erschienen ist, und ebensolche Erkenntnis sei als etwas Historisches zu nehmen      25
und nach jenen äußerlichen Seiten kritisch und gelehrt
zu unternehmen; aus seinem Inhalte könne kein Ernst
gemacht werden. Sie sind so weit gekommen als Pilatus,
der römische Prokonsul; wie er Christus das Wort Wahrheit nennen hörte, erwiderte er dies mit der Frage: was      30
ist Wahrheit? – in dem Sinne als einer, der mit solchem
Worte fertig sei und wisse, daß es keine Erkenntnis der
Wahrheit gebe. So ist das, was von jeher für das Schmäh-
lichste und Unwürdigste gegolten hat, der Erkenntnis
der Wahrheit entsagen, vor unsern Zeiten zum höch-      35
sten Triumphe des Geistes erhoben worden. Die Verzweiflung an der Vernunft war, wie es bis zu ihr ge-

kommen war, noch mit Schmerz und Wehmut verknüpft, aber bald hat der religiöse und sittliche
Leichtsinn und dann die Plattheit und Seichtigkeit des
Wissens, welche sich Aufklärung nannte, frank und
5 frei seine Ohnmacht bekannt und seinen Hochmut in
das gründliche Vergessen höherer Interessen gelegt;
und zuletzt hat die sogenannte kritische Philosophie
diesem Nichtwissen des Ewigen und Göttlichen ein gutes Gewissen gemacht, indem sie nämlich versichert hat,
10 bewiesen zu haben, daß vom Ewigen und Göttlichen,
vom Wahren nichts gewußt werden [könne]. Diese ver-
meinte | Erkenntnis hat sich sogar den Namen Philosophie
angemaßt, und nichts ist der Seichtigkeit des Wissens sowohl als des Charakters willkommner gewesen, nichts so
15 willkommen von ihr ergriffen worden als diese Lehre, wodurch eben diese Unwissenheit, diese Seichtigkeit und
Schalheit für das Vortreffliche, für das Ziel und Resultat alles intellektuellen Strebens ausgegeben worden ist.
Das Wahre nicht zu wissen und nur Erscheinendes, Zeitli-
20 ches und Zufälliges – nur das Eitle zu erkennen, diese Eitelkeit ist es, welche sich in der Philosophie breit gemacht
hat und in unsern Zeiten noch breit macht und das große
Wort führt. Man kann wohl sagen, daß, seitdem sich die
Philosophie in Deutschland hervorzutun angefangen hat, es
25 nie so schlecht um diese Wissenschaft ausgesehen hat, daß
eine solche Ansicht, ein solches Verzichttun auf vernünftiges
Erkennen, solche Anmaßung und solche Ausbreitung erlangt hätte – eine Ansicht, welche noch von der vorhergehenden Periode sich herübergeschleppt hat[1] und welche
30 mit dem gediegenern Gefühle, dem neuen, substantiellen Geiste so sehr in Widerspruch steht. Diese Morgenröte eines gediegenern Geistes begrüße ich,
rufe ich an, mit ihm nur habe ich es zu tun, indem
ich behaupte, daß die Philosophie Gehalt haben

---

[1] *Daneben am Rande:* Gegen diese Seuche

müsse und indem ich diesen Gehalt vor ihnen entwik-
keln werde; überhaupt aber rufe ich den Geist der Jugend dabei an, denn sie ist die schöne Zeit des Lebens,
das noch nicht in dem Systeme der beschränkten
Zwecke der Not befangen und für sich der Freiheit 5
einer interesselosen wissenschaftlichen Beschäftigung fähig ist; ebenso ist sie noch unbefangen von dem
negativen Geiste der Eitelkeit, von dem Gehaltlosen
eines bloß kritischen Abmühens. Ein noch gesundes
Herz hat noch den Mut, Wahrheit zu verlangen, und das 10
Reich der Wahrheit ist es, in welchem die Philosophie zu
Hause ist, welches sie | erbaut und dessen wir durch ihr
Studium teilhaftig werden. Was im Leben wahr und
groß und göttlich ist, ist es durch die Idee; das Ziel der
Philosophie ist, sie in ihrer wahrhaften Gestalt und Allge- 15
meinheit zu erfassen. Die Natur ist darunter gebunden, die
Vernunft nur mit Notwendigkeit zu vollbringen; aber das
Reich des Geistes ist das Reich der Freiheit; alles, was
das menschliche Leben zusammenhält, was Wert hat und
gilt, ist geistiger Natur; und dies Reich des Geistes exi- 20
stiert allein durch das Bewußtsein von Wahrheit und
Recht, durch das Erfassen der Ideen.

Ich darf wünschen und hoffen, daß es mir gelingen
werde, auf dem Wege, den wir betreten, Ihr Vertrauen zu
gewinnen und zu verdienen; zunächst aber darf ich nichts 25
in Anspruch nehmen als dies, daß sie Vertrauen zu der
Wissenschaft, Glauben an die Vernunft, Vertrauen
und Glauben zu sich selbst mitbringen: Der Mut der
Wahrheit, Glauben an die Macht des Geistes ist die
erste Bedingung des philosophischen Studiums; der 30
Mensch soll sich selbst ehren und sich des Höchsten
würdig achten. Von der Größe und Macht des Geistes
kann er nicht groß genug denken; das verschlossene Wesen
des Universums hat keine Kraft in sich, welche dem
Mute des Erkennens Widerstand leisten könnte; es muß sich 35
vor ihm auftun und seinen Reichtum und seine Tiefen ihm
vor Augen legen und zum Genusse bringen.

Nach diesem Vorworte trete ich dem Gegenstande dieser
Vorlesungen näher, der Enzyklopädie der philosophischen Wissenschaften. Kurz und im allgemeinen den
Gegenstand angeben – α) ich verstehe darunter die Philoso-
5 phie in ihrer Begründung und in ihrem ganzen systematischen Umfang; es wird sich innerhalb ihrer selbst
näher zeigen, daß ihre Begründung nur in ihrem systematischen Umfange ruht; die gewöhnliche Vorstellung des
Verstandes ist, daß die Begründung und dergleichen voran-
10 gehen müsse und außer und nach diesem Grunde die Wis-
senschaft selbst kommen müsse; die Philosophie ist aber |
wie das Universum rund in sich, es ist kein erstes und kein
letztes, sondern alles ist getragen und gehalten – gegenseitig und in Einem. – Die Absicht dieser Vorlesung ist,
15 Ihnen ein vernünftiges Bild des Universums [zu ge-
ben]. – Ich habe es ebendeswegen vorgezogen, mit dem
Ganzen anzufangen, weil die Teile nur aus dem Ganzen zu
begreifen sind. Späterhin werde ich über die einzelnen Teile
besondere Vorlesungen [halten], wie ich denn schon in die-
20 sem Semester mit der Wissenschaft des Naturrechts anfange –
Enzyklopädie auch darum – β) Die Philosophie soll einen
positiven Inhalt haben und gewinnen, nicht philosophieren ohne Philosophie β) Dieses Bild des Univer-
25 sums als philosophisches ist nur ein Gedachtes, wie es der
Gedanke frei und selbständig aus sich erzeugt. – Die
Philosophie erkennt das, was ist, und insofern ist ihr Inhalt
nicht jenseits, nicht von dem verschieden, was sich auch
dem Sinne, dem äußern und innern Gefühl – Gott, Welt,
30 des Menschen Bestimmung – darstellt, was der Verstand erfaßt und sich bestimmt. Aber wie es wahrhaft ist, stellt es
sich sich nur der denkenden Vernunft dar – was ist, ist an
sich vernünftig, aber darum noch nicht für den Menschen,
für das Bewußtsein; erst durch die Tätigkeit und Bewegen
35 des Denkens wird das Vernünftige, das, was wahrhaft ist,
für ihn; nicht ein passives Auffassen – denn wie es äußerlich ist, ist es sinnlich –, aber ebensowenig ein willkür-

liches Hervorbringen, hin und her Räsonieren, sondern
vernünftiges Denken – ein Denken, in das sich nicht das
Sinnliche, Gemeinte, Subjektive einmischt, sondern das frei
und nur bei sich selbst sich entwickelt. Die Vernunft, welche das ist, was ist, und die Vernunft, welche das Wesen 5
des Geistes ausmacht, ist Eine und dieselbe. Was der Geist
aus sich Vernünftiges produziert, das ist ein Objekti-|
ves, und dies Objektive ist nur vernünftig für ihn, insofern
es denkt. Wie der Mensch die Welt anblickt, so blickt sie
ihn [an]; blickt er sie sinnlich und räsonierend an, so gestal- 10
tet sie sich für ihn nur sinnlich und in den unendlich mannigfaltigen und zerstreuten Zusammenhängen; nur insofern
er sie vernünftig anblickt, gestaltet sie für ihn sich vernünftig.

γ) Damit ist im allgemeinen der Standpunkt bezeichnet, 15
auf den sich das Individuum stellt, indem es philosophiert.
– Man verlangt oft, man solle in dem, der zur Philosophie
hinzutritt, erst das Bedürfnis der Philosophie erwecken
und ihn auf denjenigen Standpunkt bringen, auf welchem
eben die Philosophie Bedürfnis ist – α) ist dies Bedürfnis bei 20
Ihnen, meine Herrn, die einen Teil ihrer Beschäftigungen
dem Studium der Philosophie widmen wollen, schon vorauszusetzen; dies Bedürfnis mag nun aus einem tiefern, innern Grund kommen oder eine äußerliche Veranlassung
haben, die Autorität andrer, der Eltern, Lehrer, die Ihnen 25
dieses aufgegeben haben; aber im allgemeinen ist das, was
dem eigentlichen Bedürfnis der Philosophie zu Grunde
liegt, bei jedem (denkenden) Menschen vorauszusetzen.
Der Mensch fängt nämlich überhaupt von sinnlicher Erkenntnis, sinnlichen Begierden und Trieben an; eine äußer- 30
liche Welt legt sich offen vor ihm dar, seine Bedürfnisse
und seine Neugierde treiben ihn zu derselben; die Regun-
gen seiner innern Empfindung, seines Herzens, Gefühl von
Recht und Unrecht, Gefühl seiner Selbsterhaltung, seiner
Ehre usw. treiben ihn. Dieser Standpunkt befriedigt ihn 35
nicht; das Vernünftige, das instinktmäßig in ihm ist,
und die Reflexion, die sich darauf richtet, führt ihn zum

Allgemeinen und zum Ursprünglichen in dieser erscheinenden Welt – zum Forschen nach Gründen und Ursachen,
nach den Gesetzen, nach dem Bleibenden in diesem Wandelbaren und Unsteten; sie führt ihn ferner überhaupt vom
5 Sinnlichen ab, entrückt ihn demselben und stellt ihm den
Gedanken eines Ewigen gegen das | Zeitliche, eines Un-
endlichen und Unbeschränkten gegen das Endliche und Beschränkte dar oder macht ihn empfänglich, solche Gedanken
von einer allgemeinen Weltordnung, von einem ersten
10 Grund und Wesen aller Dinge aufzunehmen und sie in sich
zu nähren. Hier ist denn schon ein Beginn von Philosophie
– in der Idee selbständiger, allgemeiner Gesetze, eines Bestehenden, eines absoluten Wesens. Aber dies ist etwa zunächst nur der Standpunkt der Reflexion, des Verstandes,
15 oder des Glaubens und Gefühls. Noch steht das Unendliche
dem Endlichen gegenüber, das Ewige macht noch den Gegensatz zum Zeitlichen, die Welt ist in zwei getrennte Teile
zerrissen – ein Reich der Gegenwart und ein Reich des
Jenseits; an jenes bindet mich die Wirklichkeit, mein Be-
20 wußtsein; zu diesem reißt mich der Geist fort, in keinem
kann ich ganz sein und in keinem kann ich bleibend verweilen; keines ist für mich befriedigend, jedes hat absolute
Ansprüche an mich, und diese Ansprüche sind im Widerspruch, und den Widerspruch kann ich nicht lösen, indem
25 ich eines aufgebe, sondern beide behaupten ihr Recht. Dieser Widerspruch ist es, der das nähere Bedürfnis der Philosophie enthält, dessen Auflösung sie zum Ziele hat; der in
sich entzweite Geist sucht in ihr, d. h. in sich selbst, seine
Versöhnung. Der Widerspruch kann näher in dreifache
30 Form gefaßt werden, a.) überhaupt der Objektivität gegen
die Freiheit – die äußere Welt gegen mich; ich bin abhängig von Naturnotwendigkeit und fühle mich frei; eins so
stark als das andere; Zwecke meiner Vernunft sind das Gute,
das Recht, das Wahre – die äußere Welt ist ihnen angemes-
35 sen oder auch nicht – fordern die Realisierung derselben
schlechthin in der Welt, und diese selbständig, andern Gesetzen zu folgen – β) der objektiven äußern Welt – in sich

selbst ein buntes Reich von Zufälligem – und Notwendigkeit; bald scheint dies, das Leben, Zweck zu sein, bald
ebenso vergänglich; das Allgemeine, Gesetze, in ihr selbst
ein Mannigfaltiges – eine Sammlung, in welcher noch keine
Harmonie ist, diejenige Zusammenstimmung und Einheit,   5
welche zugleich von der Vernunft als Grund gefordert
wird, und diese | Einheit – durch Abstraktion bei ihr
stehen – Wesen – so ist sie leer, befaßt nicht jene Mannigfaltigkeit in sich –

γ) Aber Ich, die Freiheit in sich selbst – das Mannigfaltig-   10
ste, Widersprechendste – Triebe, welche die Natur in mich
gepflanzt – [auf] mein Interesse und Genuß gehen – und
deren Befriedigung mich zugleich zum Untergang führt,
und Vernunft, welche deren Aufopferung, Abbruch, Tun
fordert und welche doch die Bedingungen meines Selbstbe-   15
wußtseins sind –

Diese Widersprüche machen das Rätsel aus, als welches
die äußere Natur und mein Inneres mir erscheint. Sie sind
es, deren Auflösung die Philosophie zu ihrem Ziele hat; sie
sind es, die sich mehr oder weniger in jedem Menschen, in   20
dem das Denken, Selbstbewußtsein erwacht ist, hervortun,
die ihn treiben, Wahrheit in diesem allgemeinen Gewirre
zu suchen.

Jeder hat dieses Bedürfnis, für jeden ist die Auflösung in
der Religion vorhanden – im Glauben, in der Lehre, Ge-   25
fühl, Vorstellung – dem Unendlichen näher gebracht –
Lehren ganz in abstrakter Allgemeinheit gehalten – Formen
der sinnlichen Vorstellung – Glauben an die Harmonie. α)
Denselben Zweck, denselben Inhalt – Wahrheit nicht in
Gestalt der Wahrheit, sondern Gefühl – Gegebenen,   30
Geglaubten, Geahndeten – Unmittelbarkeit – Vorstellen –
bei der Religion nicht stehenbleiben – nicht begriffen –
Vorstellung es IST so; – unmittelbar angenommen, nicht
als eine ewige Wahrheit, sondern in der Weise zeitlicher
Geschichten und historischer Wahrheiten. Das Fremdartige,   35
bloß allgemein Versicherte abtun –

α) Religion ist die Weise, in welcher den Menschen

überhaupt das Bewußtsein ihres Wesens aufgegangen
ist; das Wesen der Natur und ihres Geistes ist in ihr
ihnen gegenständlich – die Wahrheit ist ihnen darin
geoffenbart; in ihr geht der Mensch über seine bloße
5 Subjektivität, Ein|zelnheit, Bedürftigkeit, Schranke
hinaus, und der Geist in ihm erfaßt sich selbst; der
wesentliche Geist wird dem wesentlichen Geiste darin gegenwärtig; in ihr tut der Mensch von sich seine beschränkten, zeitlichen Zwecke – der Not und der Lust
10 der Gegenwart – ab, und das Wesen ist frei bei sich – der
innre Gott identisch mit dem äußern. Die Religion
soll deswegen nicht das Subjektive sein, nicht dem
Subjekt als solchem angehörig, sondern seiner Besonderheit abgetan – als rein denkendes, als ein reines all-
15 gemeines Wissen. – Wenn man in neuern Zeiten die
Religion zu einem bloß meinem subjektiven Gefühle
gemacht hat – zu einer Angelegenheit, die nur mich betreffe, in mir vorgehe, was jeder mit sich nach seiner besondern Weise abzumachen habe, seiner besondern An-
20 schauung, der Weise seines Seins –, so hat man darin das
Moment der Wahrheit übersehen. Religion ist meine
Angelegenheit, ich bin persönlich als dieser darin, aber
ich soll darin sein – eben nach meinem Wesen, nicht
meine Partikularität darin geltend machen, sondern viel-
25 mehr mich über sie stellen, über sie hinaussein – abstrahieren –, ich soll als objektiv mich darin verhalten – es ist
gerade mein OBJEKTIVES Sein. – Wenn ich esse, trinke,
überhaupt auf Zwecke meiner Besonderheit gerichtet bin,
dann bin, existiere, lebe, fühle [ich], bin meiner bewußt
30 nur als ein Besonderes; das religiöse Gefühl und Leben ist
eben das höhere Leben. Im Kultus wird das Göttliche
zum Selbstbewußtsein – α) ich Besonderer erhebe mich
zum Unendlichen – β) umgekehrt das nur innre Unendliche, das nicht selbstbewußte wird als ein Selbstbewußtsein
35 – es ist der selbstbewußte Gott – wovon nur die Form,
nämlich das Selbstbewußtsein, mir als Subjekt zukommt,
aber worin ich meine Besonderheit vernichte und eben

darum und darin allein die Form ebenso zum Inhalte erhebe und das Göttliche als Selbstbewußtsein wird.

Diese Objektivität – die ebensosehr Subjektivität – macht allein die Religion aus. Aber dies göttliche Selbstbewußtsein hat als Religion noch eine | Gestalt, die ihrem Inhalte, der Wahrheit, nicht angemessen ist. In der Religion bleibt das Gefühl eine Hauptform, aber weiter die Wahrheit, die Art und Weise, wie das Wesen bewußt wird, ist die Vorstellung; das Verhältnis des Erkennens ist Glauben – auch nur untermischt mit Gedanken. – Vorstellung – So IST Gott – das ewige göttliche Sein und Leben wird vorgestellt, in Formen der Äußerlichkeit gefaßt für die Phantasie. Gott hat die Welt erschaffen; daß die Vernunft dies ist, und als ein Handeln nach außen, als ein Geschehen, nach der Weise und in Verhältnis der Endlichkeiten sich selbst anzuschauen, sich gegenüberzutreten, für sich selbst zu werden – Erzeugung eines Sohnes; die ewige Einheit dieses göttlichen Gegenstands wird zwar als Geist ausgesprochen, aber als ein Drittes, das ausgehe von Vater und Sohn – nicht als das, worin allein jene beiden ersten Momente ihr reelles Sein haben. So Mensch, Selbstbewußtsein, zur Erkenntnis des Guten und Bösen – als eine zufällige Geschichte; weitere äußere – Essen, Baum der Erkenntnis des Guten und Bösen – VERFÜHRUNG – etwas Unrechtes, ebenso Versöhnung des Geistes mit sich selbst – Identität der göttlichen und menschlichen Natur, als ein nur äußeres Geschehen, zeitliches Geschehen – Anschauung in einem Andern als an einem besonderen Individuum, nicht als an und für sich selbst in der Vernunft.

In allem dieser Weise der Vorstellung ist eine Fremdartigkeit, Äußerlichkeit – in Zeit und Raum – andere Zeit, anderer Raum – andre Wirklichkeiten – der Kern darin ist das Meine, denn es ist Vernunft. Aber diese Gestalt ist mir eine andre – deswegen nicht durchdrungen, nicht begriffen. Deswegen kann der Geist nicht bei der Gestalt der Religion stehenbleiben, ohnehin

nicht als einer subjektiven Empfindung – denn dies ist
die tierische Form des vernünftigen Selbstbewußtseins –,
aber | auch nicht bei jener Form der Vorstellung – Form
wegnehmen – Vernunft gedacht – dann Ich schaue mich
5 darin, weiß mich darin – begreife es als notwendig – als
eigene Bestimmung der Vernunft –
    Philosophie also DENSELBEN ZWECK und GEHALT mit Re-
ligion – nur nicht Vorstellung. Ihre Bewährung ist nicht
Autorität, Glauben, sondern Denken. Die Gestalt der
10 Religion deswegen unbefriedigend für das höher gebildete
Bewußtsein – muß erkennen wollen, über die Form der
Religion aufheben – aber allein dann, um ihren Inhalt
zu rechtfertigen. Dies dann die wahrhafte Rechtfertigung, nicht die geschichtliche, gelehrte, äußerliche; das
15 Ewige hat nicht im Zeitlichen seine Begründung – wie
Fakta usf. –; jenes ist das Zeugnis des Geistes –
    Damit ist denn auch der Standpunkt der Philosophie
festgestellt – Erkenntnis der Wahrheit ist Zweck an
und für sich selbst – hat nicht ihren Zweck außer ihr
20 in einem andren. Ihre Grundbestimmung ist nicht,
nützlich zu sein, d. h. seinen Zweck nicht in sich selbst,
sondern in einem andern zu haben. Es läßt sich dies
[nicht] besser sagen, als Aristoteles im ersten Buch seiner
Metaphysik; es ist die höchste Weise der Existenz und
25 Tätigkeit des Geistes; sein Leben in seiner Freiheit. Alle
andren Weisen haben nicht diese Freiheit – Weise der Existenz – Essen und Trinken, Schlafen, Bequemlichkeit des
Lebens, Reichtum, Genuß – Geistigere Arten – Recht
verteilen – Vaterland verteidigen – Staatsleben – in diesem
30 großen Ganzen der Wirklichkeit – dort beschränkte
Zwecke, hier allgemeine, geistige – aber die Gegenstände der Rechtsverwaltung sind selbst beschränkte
Zwecke des Eigentums – Staatsleben treibt sich ebenso in
zufälligen, gegebenen Einzelheiten – Religion wie Phi-
35 losophie zum Gegenstande den höchsten, unbeschränkten
– ist ein Umgehen mit | ihm. Wie die Religion als Pflicht
für sich selbst vorgestellt – das Individuum im Dienste

Gottes – ein selbständiges Reich und Leben – zu den
das Individuum als einem Heiligen hinzutritt, nicht
um daraus FÜR SICH etwas zu machen, was ihm beliebt
und seinen Zwecken dient, sondern in ihm seine eigenen Zwecke vielmehr aufgibt, so ist die Philosophie 5
vielmehr die Region, in der der Mensch sein Belieben und seine besonderen Zwecke aufzugeben hat,
nicht mehr sich, das Seine sucht, sondern sich dadurch
ehrt, dessen teilhaftig zu sein als eines von ihm selbst
Bestehenden. Verkehr mit der Philosophie ist als der 10
Sonntag des Lebens anzusehen; es ist eine der größten
Institutionen, daß im gewöhnlichen bürgerlichen Leben die
Zeit verteilt zwischen Geschäften des Werktags, der Interessen der Not, des äußerlichen Lebens, Mensch versenkt in
die endliche Wirklichkeit, und einem Sonntag, wo der 15
Mensch sich diese Geschäfte abtut, sein Auge von der Erde
zum Himmel erhebt, seiner Göttlichkeit, Ewigkeit, seines
Wesens sich bewußt wird – der Mensch arbeitet die Woche
durch um des Sonntags willen, hat nicht den Sonntag um
der Wochenarbeit willen. – So ist die Philosophie Bewußt- 20
sein, Zweck für sich selbst – Staatsveranstaltung – und alles
Zweck für sie. Im wirklichen Leben widmen sich einige
einzelne dem Stande der Religion, um ihr Bewußtsein in
den andern aufzuregen, zu erhalten und ihnen behilflich
darin zu sein; vormals hat es auch einen Stand gegeben, der 25
ohne Lehre für andere sich bloß dem Dienste des Ewigen
weihte – Menschen, welche von der übrigen Gesellschaft
ausgeschlossen und aufgeopfert, damit das nutzlose Leben,
der von andern Sorgen und Beschäftigungen unverstrickte
Dienst und Beschäftigung im Göttlichen existiere. Dieser 30
Stand ist mehr oder weniger verschwunden, aber die Wissenschaft, ebenso dieses interesselose freie Geschäft, hat zum
Teil ange|fangen, an die Stelle zu treten, und zur Vollen-
dung dessen, was der Staat in der Wirklichkeit einzurichten
hat, gehört auch noch dies, daß für die Existenz der Wissen- 35
schaft und insbesondere der Philosophie ein eigner Stand,
eine eigne Existenz gewidmet sei. Aber diese völlige Aus-

scheidung kann nur partiell sein; die Vernunft fordert zu
ihrer Existenz eine ausgebreitetere, weiter sich verzwei-
gende Wirklichkeit. Aber ebenso wesentlich ist, daß der
Geist nicht in ihre Endlichkeit versenkt bleibe, und die Phi-
5 losophie ist die Region, in welcher er sich als seinem
höhern Leben einheimisch wissen und erhalten soll; dies
höhere Selbstbewußtsein macht die Grundlage und Substanz
des übrigen in die Endlichkeiten ausgehenden Lebens aus,
das seine Wurzel, Erleuchtung, Bewährung und Bekräfti-
10 gung, Heiligung darin hat –
       Damit ist auch der Nutzen der Philosophie ausgespro-
chen, denn vom Nutzen einer Wissenschaft pflegt auch gesprochen zu werden. Die Wahrheit ist um ihrer selbst willen, und alle weitere Wirklichkeit ist eine Verkörperung,
15 äußerliche Existenz derselben; hier entstehen die andern
Zwecke, Einzelnheiten. Sie ist der Träger, die Substanz derselben. Alles hat nur ein Bleiben, vollführt sich, insofern es
seinem Begriffe gemäß, insofern es in der Wahrheit ist. Das
Verhältnis zu andren Zwecken – Zwecken des Lebens oder
20 der Wissenschaft. – Das Tiefe ist auch das Allgemeine (hat
seine Anwendung auf alles – aber nicht nur eine äußere Anwendung) – Aber ferner wahrhaftes Erkennen – Das Substantielle – macht den Grund und Träger von allem aus; alle
andern Zwecke sind untergeordnet, können nur ihre Aus-
25 führung und Verwirklichung erlangen dadurch, daß sie der
Substanz gemäß – sonst nichtig in sich selbst. So kann
man sagen, Gott ist das Nützlichste – das absolut
Nützliche, weil alle andren Exi|stenzen nur in ihm
bestehen. So hat alle Bildung der besondren Wissen-
30 schaften in der Philosophie – was in ihnen wahr ist, ist
das, was Inhalt der Philosophie ist – in Lebensver-
hältnissen, Staatsinstitutionen, was der Idee gemäß
ist, dies existiert nicht blind für sich, wie die äußere Natur
und ihre Erzeugnisse, sondern ist Tat des erkennenden Gei-
35 stes – das Wahre und Rechte darin – das Philosophische –
so im wirklichen Leben eines jedes Einzelnen, seiner Bestimmung – das Substantielle in ihr, ihr Zusammen-

hang, Stelle im Allgemeinen – ferner die Ansicht
des Einzelnen, die er vom Wesen der Welt hat, welches Verhältnis er sich zu ihm gibt – das Wahre darin
– ist Philosophie.

Nutzen in Ansehung der formellen Bildung – durch die 5
Philosophie ist das Formelle, denken überhaupt zu
lernen, d. i. das Allgemeine und Wesentliche festzuhalten und das Zufällige, Hindernde fallen zu lassen, Abstrahieren lernen. Dies ist die erste Befähigung zu irgendeinem Geschäfte des Lebens, aus, in dem Konkreten das All- 10
gemeine zu erkennen, den Punkt herauszuheben, auf den es
ankommt. Ein ungebildeter Mensch bleibt in einer Sache
mit allen ihren zufälligen Umgebungen; in seinem Auffassen, Erzählungen verwickelt er sich wie im Handeln in die
zufälligen Umstände und kommt dadurch um die Sache. 15
Der gebildete Mensch, so wie der Mensch von Charakter,
hält sich im Auffassen an das Wesentliche – nur an dieses,
und vollführt dies. Und das Studium und Beschäftigung mit
der Philosophie ist die fortdauernde Gewöhnung mit dem
Wesentlichen – das Verschwindenlassen des Zufälligen, Ver- 20
gänglichen –, so wie sie dem Inhalte [nach] eben dies ist,
die absoluten Zwecke und das wahrhafte Sein kennenzulernen –

Weil nun die Philosophie sich mit dem Wesentlichen beschäftigt, so gilt sie für eine schwere Wissenschaft, und die 25
Schwierigkeit wird darein gesetzt, sie zu verstehen. Kurz
uns noch darüber verständigen – α) Philosophie allerdings
eine | schwere Wissenschaft, als sie Wissenschaft des Den-
kens ist – denn das Leichteste ist α) Sehen, Hören,
Schmecken – β) sich Vorstellungen vom Sehen, Hören 30
machen – deswegen z. B. Naturgeschichte eine leichte
Wissenschaft – wo man sieht – die Farbe –, Gestalten im
Raume fühlt oder, wenn nicht Gegenwärtiges, nur vorzustellen hat – Sichtbares – Hörbares – Fühlbares usf. Ferner
den Gedanken, Begriff, Reflexionen, die darin vor- 35
kommen, zur Ordnung, Systematisierung – einfachste, und deswegen leicht – Größe – Im Philosophieren

verläßt man allerdings den Boden des Anschauens – ihre
Welt ist im Gedanken; es muß einem Hören und
Sehen vergangen sein –

β) Weitere Schwierigkeit. Aber noch mehr, nicht nur
5 diese sinnlichen Formen fallen hinweg, sondern überhaupt alle sonstigen Stützpunkte, an die sich das Bewußtsein gewöhnt. In unserem gewöhnlichen Vorstellen
haben wir Grundlagen – Grundlagen, die ihm sonst bei allem bleiben, z. B. Gott bleibt in der Vorstellung feste
10 Grundlage als ein Subjekt, und alles, was von ihm gesagt
wird, wird nur auf diesen Grund aufgetragen, als Eigenschaft; so mein Gefühl und Vorstellungen von äußern Körpern, mein Gefühl von Recht. Es werden die Grundsätze,
allgemeinen Vorstellungen, z. B. von Ursache und Wir-
15 kung, Kraft, Gründen gebraucht, die man schon hat; man
läßt sie gelten, ein in der Vorstellung Allgemeines bleibt zu
Grunde liegen, und es werden nur einzelne Bestimmungen hinzugefügt, anders gestellt oder weggenommen. Den ganzen Umfang dessen, was uns so in
20 unserem Vorstellen geläufig ist – einesteils allgemeine Sätze,
der Inhalt – Tatsachen des Bewußtseins – teils Formen –,
nennt man zusammen den gemeinen Verstand, gesunden Menschenverstand – die hergebrachten Grund-
sätze, nach welchen | der Mensch im Gewöhnlichen
25 sein Leben einrichtet, über das Vorkommende urteilt –
Form, Art von Vorurteilen –, und es ist ein großer Vorteil eines Menschen, gesunden Menschenverstand zu haben,
etwas zu beurteilen, zu tun – was steht und geht, was sich
anschließt – gemäß dem Geltenden in der Wirklichkeit, und
30 was daher ausführbar und tunlich ist. Aber der gesunde
Menschenverstand hat seine Grenzen – das Gewohnte;
früher, vor Entdeckung Amerikas, gegen den gesunden
Menschenverstand, daß die Erde rund sei, daß die Sonne
stille stehe, daß es schwarze Menschen gebe; Reisende in
35 orientalischen, morgenländischen Staaten gegen den gesunden Verstand – Republiken geben – in der Philosophie
reicht er nicht aus; die Philosophie gibt vielmehr alle diese

Stützpunkte, diese Gewohnheiten auf – die gewohnten Anschauungen der Welt, an was er sich im Leben und im Denken sonst hält – seinen Begriff vom Wahren, vom Recht,
von Gott –

Der Entschluß zu philosophieren wirft sich rein 5
in Denken – (Das Denken ist einsam bei sich selbst) –, er
wirft sich wie in einen uferlosen Ozean; alle die bunten Farben, alle Stützpunkte verschwunden; alle sonstigen
freundlichen Lichter und rechte Polarstern sind ausgelöscht,
nur der Eine Stern, der innere Stern des Geistes leuch- 10
tet – er ist aber der Polarstern – aber es ist natürlich,
daß den Geist in seinem Alleinsein mit sich gleichsam
ein Grauen befällt, man weiß noch nicht, wo es
hinauswolle, wohin man hinkomme. Unter dem, was
verschwunden ist, findet sich vieles, was man um allen Preis 15
der Welt nicht aufgeben wollte, und in dieser Einsamkeit aber hat es sich noch nicht wiederhergestellt, und
man ist ungewiß, ob es sich wiederfinde, wiedergegeben
werde – |

Dieser Standpunkt, diese Ungewißheit, Unsicherheit, 20
Wanken aller Dinge ist oft unter dem begriffen, was man
nicht Verstehen heißt. Es wird unter Verstehen dann
dies gemeint, daß die philosophischen Ideen von dem AUS-
GEHEN und sich an das anknüpfen sollen, was man sonst
im Gemüt, Gedanken oder Vorstellung besitzt; was 25
diesem – dem gemeinen Menschenverstande – gemäß ist,
sich ANPASSEND ZEIGT, VERSTEHT man am leichtesten. Wie
man überhaupt das am leichtesten versteht, was MAN SCHON
WEISS, was im Gedächtnis zugleich am geläufigsten ist. So
sind Prediger am leichtesten verständlich, wenn sie geläufige 30
Sprüche aus der Bibel anbringen, Dichter, wenn sie das Bekannte des gemeinen bürgerlichen und häuslichen Lebens
darstellen; Verständlichste, was sich unmittelbar an unsern
gewohnten Lebens- und Gedankenkreis anpaßt –

Was den Inhalt betrifft, so ist jenes Verständlichsein zu- 35
nächst im Anfang allerdings nicht vorhanden; das Gefühl,
die Vorstellung hat ihre festen Haltungspunkte unmit-

telbar vor sich, läßt jene Fragen und ihre Antworten, Voraussetzungen ganz beiseite liegen. Man bekommt nichts von den WORTEN zu hören, die durchaus geläufig sind – hat sich seine Fragen schon beantwortet und hat die bekannten
5 Antworten; der Glaube, diese natürliche Gewißheit ist mit dieser Unmittelbarkeit befriedigt. Aber das Denken, das von sich ausgeht, erkennt diese Antworten nur in ihrer sich entwickelnden Notwendigkeit, und es würde nur eine der Sache nicht gemäße Ungeduld sein, die
10 ihre Frage gleich im Anfang beantwortet, gleich anfangs zu Hause sein wollte. Der Geist darf nicht fürchten, etwas zu verlieren, was WAHRHAFT Interesse für ihn hat; es ist seine Vernunft, auf welcher das beruht, was sich in der Philosophie für ihn ergibt; sie wird ihm da-
15 her alles wiedergeben, was Wahres in den Vorstellungen ist, welche der Instinkt der Vernunft zuerst hervorbrachte. |

# HINRICHS-VORREDE
## (1822)

Der Gegensatz von Glauben und Vernunft, der das Interesse
von Jahrhunderten beschäftigt hat, und nicht bloß das Interesse der Schule, sondern der Welt, kann in unserer Zeit von 5
seiner Wichtigkeit verloren zu haben, ja beinahe verschwunden zu sein scheinen. Wenn dem in der Tat so wäre, so
würde vielleicht unserer Zeit hierüber nur Glück zu wünschen sein. Denn jener Gegensatz ist von dieser Natur, daß
der menschliche Geist sich von keiner der beiden Seiten des- 10
selben wegwenden kann; jede beweist sich vielmehr, in seinem innersten Selbstbewußtsein zu wurzeln, so daß, wenn
sie im Widerstreite begriffen sind, der Halt des Geistes er-
schüttert und die unseligste Entzweiung sein Zustand ist.
Wenn aber der Widerstreit des Glaubens und der Vernunft 15
verschwunden und in eine Aussöhnung übergegangen ist, so
würde es wesentlich von der Natur dieser Aussöhnung selbst
abhängen, inwiefern zu ihr Glück zu wünschen wäre.

Denn es gibt auch einen Frieden der Gleichgültigkeit gegen die Tiefen des Geistes, einen Frieden des Leichtsinns, 20
der Kahlheit; in einem solchen Frieden kann das Widerwär-
tige beseitigt scheinen, indem es nur auf die Seite gestellt
ist. Dasjenige aber, was nur übersehen oder verachtet wird,
ist darum nicht überwunden. Im Gegenteil, wenn nicht in
der Aussöhnung die tiefsten, wahrhaften Bedürfnisse befrie- 25
digt, wenn das Heiligtum des Geistes sein Recht nicht erlangt hätte, so wäre die Entzweiung an sich geblieben, und
die Feindschaft eiterte sich desto tiefer im Innern fort; der
Schade würde nur, mit sich selbst unbekannt und uner-
kannt, desto gefährlicher sein. |                              30
Ein unbefriedigender Friede kann zustande gekommen
sein, wenn der Glaube inhaltslos geworden und von ihm
nichts als die leere Schale der subjektiven Überzeugung üb-
riggeblieben ist, und andererseits die Vernunft auf die Er-

kenntnis von Wahrheit Verzicht getan hat und dem Geiste
nur ein Ergehen teils in Erscheinungen, teils in Gefühlen
übriggelassen ist. Wie sollte da noch großer Zwiespalt zwischen Glauben und Vernunft stattfinden können, wenn in
5 beiden kein objektiver Inhalt mehr, somit kein Gegenstand
eines Streites vorhanden ist?

Unter Glauben verstehe ich nämlich weder das bloß subjektive Überzeugtsein, welches sich auf die Form der Gewißheit beschränkt und es noch unbestimmt läßt, ob und
10 welchen Inhalt dieses Überzeugtsein habe, noch auf der andern Seite nur das Credo, das Glaubensbekenntnis der Kirche, welches in Wort und Schrift verfaßt ist und in den
Mund, in Vorstellung und Gedächtnis aufgenommen sein
kann, ohne das Innere durchdrungen, ohne mit der Gewiß-
15 heit, die der Mensch von sich hat, mit dem Selbstbewußtsein des Menschen sich identifiziert zu haben. Zum Glauben
rechne ich, nach dem wahrhaften, alten Sinn desselben, das
eine Moment ebensosehr als das andere und setze ihn darein, daß beide in ununterschiedener Einheit vereint sind.
20 Die Gemeinde (Kirche) ist in glücklichem Zustande, wenn
der Gegensatz in ihr sich rein auf den angegebenen formellen Unterschied beschränkt und weder der Geist der Menschen aus sich einen eigentümlichen Inhalt dem Inhalte der
Kirche entgegensetzt, noch die kirchliche Wahrheit zu
25 einem äußerlichen Inhalt übergegangen ist, welcher den
heiligen Geist gleichgültig gegen sich läßt. Die Tätigkeit der
Kirche innerhalb ihrer selbst wird vornehmlich in der Erziehung des Menschen bestehen, in dem Geschäfte, daß die
Wahrheit, welche zunächst nur der Vorstellung und dem
30 Gedächtnis gegeben | werden kann, zu einem Innerlichen
gedeihe, das Gemüt davon eingenommen und durchdrungen und das Selbstbewußtsein sich und seinen wesentlichen
Bestand nur in jener Wahrheit finde. Daß diese beiden Seiten weder unmittelbar noch fortdauernd und fest in allen
35 Bestimmungen miteinander vereinigt sind, sondern eine
Trennung der unmittelbaren Gewißheit seiner selbst von
dem wahrhaften Inhalte vorhanden ist, gehört in die Er-

scheinung jener fortdauernden Erziehung; die Gewißheit
seiner selbst ist zunächst das natürliche Gefühl und der
natürliche Wille und das demselben entsprechende Meinen
und eitle Vorstellen; der wahrhafte Inhalt aber kommt zunächst äußerlich in Wort und Buchstaben an den Geist – 5
und die religiöse Erziehung bewirkt beides in einem, daß
die Gefühle, die der Mensch nur unmittelbar von Natur
hat, ihre Kraft verlieren und das, was Buchstaben war, zum
eigenen lebendigen Geiste werde.

Diese Verwandlung und Vereinigung des zunächst äußer- 10
lichen Stoffes findet zwar sogleich einen Feind vor, mit dem
sie es zu tun hat; sie hat einen unmittelbaren Widersacher
an dem Naturgeiste und muß solchen zur Voraussetzung
haben, eben weil es der freie Geist, nicht ein Naturleben
ist, was erzeugt werden soll, weil der freie Geist nur als ein 15
Wiedergeborner ist. Dieser natürliche Feind aber ist durch
die göttliche Idee ursprünglich überwunden und der freie
Geist erlöst. Der Kampf mit dem Naturgeiste ist darum nur
die Erscheinung im endlichen Individuum. Aber es kommt
aus dem Individuum noch ein anderer Feind hervor – ein 20
Feind, der nicht in der bloßen Natürlichkeit des Menschen
den Ort seines Ausgangs, sondern ihn vielmehr in dem
übersinnlichen Wesen desselben, im Denken hat – dem
Urstande des Innern selbst, dem Merkzeichen des göttlichen
Ursprungs des Menschen, demjenigen, wodurch er sich 25
vom Tiere unterschei|det und was allein, wie es die Wur-
zel seiner Hoheit, so die seiner Erniedrigung ist; denn das
Tier ist weder der Hoheit noch der Erniedrigung fähig.
Wenn das Denken sich eine solche Selbständigkeit nimmt,
in der es dem Glauben gefährlich wird, so ist ein höherer, 30
hartnäckigerer Kampf eingeleitet als jener erstere Kampf
ist, in welchem nur der natürliche Wille und das unbefangene, sich noch nicht für sich stellende Bewußtsein befaßt
ist. Dieses Denken ist dann dasjenige, was man menschliches
Denken, eigenen Verstand, endliche Vernunft genannt und 35
mit Recht von dem Denken unterscheidet, welches, obwohl im Menschen, doch göttlich ist, von dem Verstand,

der nicht das Eigene, sondern das Allgemeine sucht, von der
Vernunft, welche das Unendliche und Ewige nur als das
allein Seiende weiß und betrachtet.

Es ist jedoch nicht notwendig, daß jenes endliche Denken
5 sogleich der Glaubenslehre entgegengesetzt sei. Zunächst
wird es vielmehr innerhalb derselben und vermeintlich zugunsten der Religion bemüht sein, um sie mit seinen Erfindungen, Neugierden und Scharfsinnigkeiten auszuschmük-
ken, zu unterstützen und zu ehren. In solchem Bemühen
10 geschieht es, daß der Verstand als Folgerungen oder Voraussetzungen, Gründe und Zwecke eine Menge von Bestimmungen an die Glaubenslehren anknüpft – Bestimmungen,
die von endlichem Gehalte sind, denen aber leicht eine gleiche Würde, Wichtigkeit und Gültigkeit mit der ewigen
15 Wahrheit selbst beigelegt wird, weil sie in unmittelbarem
Zusammenhange mit dieser erscheinen. Indem sie zugleich
nur endlichen Gehalt haben und daher ebensosehr der Ge-
genrede und Gegengründe fähig sind, bedürfen sie leicht,
um behauptet zu werden, äußerlicher Autorität und werden
20 ein Feld für menschliche Leidenschaften. Im Interesse der
Endlichkeit erzeugt, haben sie nicht | das Zeugnis des hei-
ligen Geistes für sich, sondern zu ihrem Beistande endliche
Interessen.

Die absolute Wahrheit selbst aber tritt mit ihrer Erschei-
25 nung in zeitliche Gestaltung und in deren äußerliche Bedingungen, Zusammenhänge und Umstände. – Dadurch ist sie
von selbst schon mit einer Mannigfaltigkeit von örtlichem,
geschichtlichem und anderem positiven Stoffe umgeben.
Weil die Wahrheit i s t, muß sie erscheinen und erschienen
30 sein; diese ihre Manifestation gehört zu ihrer ewigen Natur
selbst, welche untrennbar von ihr ist, so sehr, daß diese
Trennung sie vernichten, nämlich ihren Inhalt zu einem
leeren Abstraktum herabsetzen würde; von der ewigen Erscheinung aber, die dem Wesen der Wahrheit inhäriert,
35 muß die Seite des momentanen, örtlichen, äußerlichen Beiwesens wohl unterschieden werden, um nicht das Endliche
mit dem Unendlichen, das Gleichgültige mit dem Substan-

tiellen zu verwechseln. Dem Verstande wird an dieser Seite
ein neuer Spielraum für seine Bemühungen und die Vermehrung des endlichen Stoffes aufgetan, und an dem Zusammenhange dieses Beiwesens findet er unmittelbare Veranlassung, die Einzelnheiten desselben zu der Würde des           5
wahren Göttlichen, den Rahmen zur Würde des davon um-
schlossenen Kunstwerkes zu erheben, um für die endlichen
Geschichten, Begebenheiten, Umstände, Vorstellungen,
Gebote usf. dieselbe Ehrfurcht, denselben Glauben zu fordern als für das, was absolutes Sein, ewige Geschichte ist.     10
    An diesen Seiten ist es denn, wo die formelle Bedeu-
tung des Glaubens hervorzutreten beginnt – die Bedeutung, daß er ein Fürwahrhalten überhaupt sei; das, was
für wahr gelten soll, mag seiner innern Natur nach beschaffen sein, wie es wolle. Es ist dies dasselbe Fürwahrhalten,  15
welches in den alltäglichen Dingen des gemeinen Lebens,
dessen Zuständen, Verhältnissen, Be|gebenheiten oder son-
stigen natürlichen Existenzen, Eigenschaften und Beschaf-
fenheiten an seinem Orte ist und gilt. Wenn die sinnliche
äußerliche Anschauung oder das innere unmittelbare Ge-       20
fühl, die Zeugnisse anderer und das Zutrauen zu ihnen usf.
die Kriterien sind, aus welchen der Glaube für dergleichen
Dinge hervorgeht, so kann wohl hierbei eine Überzeugung,
als ein durch Gründe vermitteltes Fürwahrhalten, von dem
Glauben als solchem unterschieden werden. Aber diese Un-   25
terscheidung ist zu geringfügig, um für solche Überzeugung
einen Vorzug gegen den bloßen Glauben zu behaupten;
denn die sogenannten Gründe sind nichts anderes als die be-
zeichneten Quellen dessen, was hier Glauben heißt.
    Von anderer Art aber ist in Ansehung dieses allgemeinen   30
Fürwahrhaltens ein Unterschied, der sich auf den Stoff und
insbesondere den Gebrauch bezieht, der von dem Stoffe
gemacht wird. Indem nämlich diejenigen endlichen und
äußerlichen Geschichten und Umstände, welche in dem
Umfange des religiösen Glaubens liegen, in einem Zusam-     35
menhange mit der ewigen Geschichte, welche die objektive
Grundlage der Religion ausmacht, stehen, so schöpft die

Frömmigkeit ihre mannigfaltigen Erregungen, Erbauungen
und Belehrungen über die weltlichen Verhältnisse, individuellen Schicksale und Lagen aus diesem Stoffe und findet
ihre Vorstellungen und den ganzen Umfang ihrer Bildung
5 meistenteils oder ganz an jenen Kreis von Geschichten und
Lehren, von welchem die ewige Wahrheit umgeben ist, angeknüpft. Auf alle Fälle verdient solcher Kreis, in welchem,
als einem Volksbuche, die Menschen ihr Bewußtsein über
alle weiteren Verhältnisse ihres Gemüts und Lebens über-
10 haupt geschöpft haben, ja welcher auch das Medium ist,
durch welches sie ihre Wirklichkeit zu dem religiösen Gesichtspunkt erheben, wenigstens die größte Achtung und
eine ehrfurchtsvolle Behandlung. |

Ein anderes ist es nun, wenn solcher Kreis unbefangen
15 bloß von der frommen Gesinnung gebraucht und für dieselbe benutzt wird, und wenn er vom Verstande gefaßt und
wie er von diesem gefaßt und festgesetzt ist, anderem Verstande so geboten wird, daß er diesem als Regel und ein Festes für das Fürwahrhalten gelten, hiermit dieser Verstand
20 nur dem Verstande sich unterwerfen soll, und wenn diese
Unterwerfung im Namen der göttlichen Wahrheit gefordert
wird.

In der Tat tut solche Forderung das Gegenteil ihrer
selbst; indem es nicht der göttliche Geist des Glaubens ist,
25 sondern der Verstand, welcher die Unterwerfung des Ver-
stands unter sich verlangt, so wird vielmehr der Verstand
unmittelbar dadurch berechtigt, das Hauptwort in den göttlichen Dingen zu haben. Gegen solchen Inhalt des Buchstabens und der dürren Gelehrsamkeit der Orthodoxie hat der
30 bessere Sinn ein göttliches Recht. So geschieht es denn,
daß, je breiter sich diese endliche Weisheit über göttliche
Dinge macht, je mehr sie Gewicht auf das äußerliche Historische und auf die Erfindung ihres eigenen Scharfsinns legt,
sie desto mehr gegen die göttliche Wahrheit und gegen sich
35 selbst gearbeitet hat. Sie hat das der göttlichen Wahrheit
entgegengesetzte Prinzip hervorgebracht und anerkannt,
einen ganz andern Boden für das Erkennen aufgetan und

bereitet, und auf diesem wird die unendliche Energie, die
das Prinzip des Erkennens zugleich in sich besitzt und in der
die tiefere Möglichkeit seiner einstigen Versöhnung mit
dem wahren Glauben liegt, sich gegen die Einzwängung in
jenes endliche Verstandesreich kehren und dessenAnsprü-  5
che, das Himmelreich sein zu wollen, zerstören.

Es ist der bessere Sinn, der empört über den Widerspruch
solcher Anmaßung, Endlichkeiten und Äußerlichkeiten als
das Göttliche anerkennen und verehren zu lassen, | ausge-
rüstet mit der Waffe des endlichen Denkens, als Aufklä-  10
rung einerseits die Freiheit des Geistes, das Prinzip
einer geistigen Religion, hergestellt und behauptet, andererseits aber als nur abstraktes Denken keinen Unterschied zu machen gewußt hat zwischen Bestimmungen
eines nur endlichen Inhalts und Bestimmungen der Wahr-  15
heit selbst. So hat dieser abstrakte Verstand sich gegen alle
Bestimmtheit gekehrt, die Wahrheit durchaus alles Inhalts
entleert und sich nichts übrigbehalten als einerseits das reine
Negative selbst, das caput mortuum eines nur abstrakten
Wesens, und andererseits endlichen Stoff, teils den, der  20
seiner Natur nach endlich und äußerlich ist, teils aber den,
den er sich aus dem göttlichen Inhalt verschafft hat, als welchen selbst er zu der Äußerlichkeit von bloß gemein historischen Begebenheiten, zu lokalen Meinungen und besondern Zeitansichten herabgesetzt hat. – Untätig kann aber  25
das Denken überhaupt nicht sein. Aus und in jenem Gotte
ist nichts zu holen noch zu erholen, denn er ist bereits in
sich ganz hohl gemacht. Er ist das Unerkennbare, denn das
Erkennen hat es mit Inhalt, Bestimmung, Bewegung zu tun,
das Leere aber ist inhaltslos, unbestimmt, ohne Leben und  30
Handlung in sich. Die Lehre der Wahrheit ist ganz nur dies,
Lehre von Gott zu sein und dessen Natur und Geschäfte geoffenbart zu haben. Der Verstand aber, indem er allen diesen Inhalt aufgelöst hat, hat Gott wieder eingehüllt und ihn
zu dem, was er früher zur Zeit der bloßen Sehnsucht war,  35
zu dem Unbekannten, herabgesetzt. Der denkenden Tätigkeit bleibt daher kein Stoff als der vorher angegebene end-

liche, nur mit dem Bewußtsein und der Bestimmung, daß es nichts als zeitlicher und endlicher Stoff ist;
sie ist darauf beschränkt, in solchem Stoffe sich zu ergehen
und die Befriedigung in der Eitelkeit zu finden, das Eitle
5 vielfach zu gestalten, zu wenden | und eine große Masse
desselben gelehrterweise vor sich zu bringen.

Dem Geiste aber, der es in dieser Eitelkeit nicht aushält,
ist nur das Sehnen gelassen; denn das, worin er sich befriedigen wollte, ist ein Jenseits. Es ist gestaltlos, inhaltslos,
10 bestimmungslos; nur durch Gestalt, Inhalt, Bestimmung ist
etwas für den Geist, ist es Vernunft, Wirklichkeit, Leben,
ist es an und für sich. Jener endliche Stoff aber ist nur etwas
Subjektives und unfähig, den Gehalt für das leere Ewige ab-
zugeben. Das Bedürfnis, das in dem Geiste, der nach Reli-
15 gion wieder sucht, liegt, hat darum näher die Bestimmung,
daß es einen Gehalt, der an und für sich sei, eine Wahrheit
verlangt, die nicht dem Meinen und dem Eigendünkel des
Verstandes angehöre, sondern welche objektiv sei. Was
nun diesem Bedürfnisse allein noch übrig ist, um zu einer
20 Befriedigung zu gelangen, ist, in die Gefühle zurückge-
trieben zu werden. Das Gefühl ist noch die einzige
Weise, in welcher die Religion vorhanden sein kann; an
den höhern Gestalten ihrer Existenz, an der Form des Vor-
stellens und Fürwahrhaltens eines Inhalts, hat immer
25 die Reflexion einen Anteil, und die Reflexion hat sich bis
zur Negation aller objektiven Bestimmung getrieben.

Dies sind kurz die Grundzüge des Ganges, den die formelle Reflexion in der Religion genommen hat. Das
System von spitzfindigen, metaphysischen, kasuistischen
30 Unterscheidungen und Bestimmungen, in welches der Verstand den gediegenen Inhalt der Religion zersplitterte und
auf das er die gleiche Autorität, als die ewige Wahrheit hat,
legte, ist das erste Übel, das innerhalb der Religion selbst
beginnt. Das andere Übel aber, sosehr es zunächst das Ge-
35 genteil zu sein scheint, ist schon in diesem ersten Stand-
punkte gegründet und nur eine weitere Entwicklung | des-
selben; es ist das Übel, daß das Denken als selbständig auf-

tritt und mit den formellen Waffen, welchen jene Masse
von dürrer Gehaltlosigkeit ihren Ursprung, und die es selbst
jenem ersten Geschäfte verdankt, sich dagegen kehrt und
sein letztes Prinzip, die reine Abstraktion selbst, das bestim-
mungslose höchste Wesen findet. Für die philosophische 5
Betrachtung hat es Interesse, eben dieses der Reflexion
selbst unerwartete Umschlagen in ein Feindseliges gegen
das, was ihr eigenes Werk ist, zu bemerken – ein Umschlagen, welches ebenso nur die eigene Bestimmung der Reflexion selbst ist. 10

Nach dem Gesagten bestimmt sich das Übel, in welches
die Aufklärung die Religion und die Theologie gebracht
hat, als der Mangel an gewußter Wahrheit, einem objektiven Inhalt, einer Glaubenslehre. Eigentlich kann
jedoch nur von der Religion gesprochen werden, daß sie 15
solchen Mangel leide, denn eine Theologie gibt es nicht
mehr, wenn es keinen solchen Inhalt gibt. Diese ist darauf
reduziert, historische Gelehrsamkeit und dann die dürftige
Exposition einiger subjektiven Gefühle zu sein. Das angegebene Resultat aber ist es, was von der religiösen Seite her 20
geschehen ist, zur Versöhnung des Glaubens und der Vernunft. Es ist jetzt noch zu erwähnen, daß die Philosophie
auch von ihrer Seite zu dieser Ausgleichung, und zwar auf
dieselbe Weise, die Hand geboten hat.

Denn der Mangel, in den die Philosophie herabgefallen 25
ist, zeigt sich gleichfalls als Mangel an objektivem Inhalte. Sie ist die Wissenschaft der denkenden Vernunft,
wie der religiöse Glaube das Bewußtsein und absolute Fürwahrhalten der für die Vorstellung gegebenen Vernunft,
und dieser Wissenschaft ist der Stoff so dünne geworden als 30
dem Glauben.

Die Philosophie, von welcher der Standpunkt der | all-
gemeinen Bildung des Gedankens in neuerer Zeit zunächst
festgestellt worden und welche sich mit Recht die kritische genannt hat, hat nichts anderes getan, als daß von ihr 35
das Geschäfte der Aufklärung, welches zunächst auf konkrete Vorstellungen und Gegenstände gerichtet war, auf

seine einfache Formel reduziert worden ist; diese Philosophie hat keinen andern Inhalt und Resultat, als aus jenem
räsonierenden Verstande hervorgegangen ist. Die kritische
oder Kantische Philosophie ist zwar, sogut als die Auf-
5 klärung, etwas dem Namen nach Antiquiertes, und man
würde übel ankommen, wenn man denjenigen, welche sich
die Philosophen unter den Schriftstellern nennen, ferner
den wissenschaftlichen Schriftstellern über Materien der
Theologie, Religion, Moral, so auch, welche über politi-
10 sche Angelegenheiten, Gesetze und Staatsverfassungs-
Sachen schreiben, heutigentags noch Schuld gäbe, was von
Philosophie daran zu sein scheinen könnte, sei Kantische
Philosophie; so wie man ebenso übel ankommen würde,
wenn man den räsonierenden Theologen und noch mehr
15 denen, welche die Religion auf subjektive Gefühle stellen,
noch die Aufklärung zuschreiben wollte. – Wer hat nicht
die Kantische Philosophie widerlegt oder verbessert und
wird nicht etwa noch jetzt zum Ritter an ihr? Wer ist nicht
weiter fortgeschritten? Betrachtet man aber die Taten dieser
20 Schriftstellerei, der philosophischen, moralischen und der
theologischen, welche letztere häufig gegen nichts so stark
als dagegen, etwas Philosophisches sein zu wollen, protestiert, so erkennt man sogleich nur dieselben Grundsätze
und die Resultate, welche aber hier bereits als Vorausset-
25 zungen und anerkannte Wahrheiten erscheinen. An
ihren Früchten sollt ihr sie erkennen. Der Umstand, sich
ganz nur auf der Heerstraße der Zeitvorstellungen und Vorurteile zu befinden, hindert den Eigendünkel nicht zu
mei|nen, daß seine aus dem allgemeinen Strome aufge-
30 schöpften Trivialitäten ganz originelle Ansichten und neue
Entdeckungen auf dem Gebiete des Geistes und der Wissenschaft seien.

    Das, was an und für sich ist und was endlich und zeitlich
ist – dies sind die zwei Grundbestimmungen, die bei einer
35 Lehre von der Wahrheit vorkommen müssen, und von welchem Gehalt eine solche Lehre sei, da kommt es darauf an,
wie diese zwei Seiten gefaßt und festgestellt sind und wel-

che Stellung dem Geiste zu ihnen angewiesen ist. Betrachten wir hiernach die Wahrheiten der Zeitphilosophie – Wahrheiten, die so sehr für anerkannt gelten, daß kein Wort mehr über sie zu verlieren sei.

Die eine der absoluten Voraussetzungen in der Bildung 5 unserer Zeit ist, daß der Mensch nichts von der Wahrheit wisse. Der aufklärende Verstand ist nicht sowohl zum Bewußtsein und zum Aussprechen dieses seines Resultates gekommen, als daß er es herbeigeführt hat. Er ist, wie erwähnt worden, davon ausgegangen, das Denken von jenen 10 Fesseln des anderen Verstandes, der auf dem Boden der göttlichen Lehre selbst seine Endlichkeiten gepflanzt und für dies sein wucherndes Unkraut die absolute göttliche Autorität gebrauchen wollte, zu befreien und die Freiheit herzustellen, welche von der Religion der Wahrheit errungen 15 und zu ihrer Heimat gemacht worden. So hat er zunächst den Irrtum und Aberglauben anzugreifen den Willen gehabt, und was ihm wahrhaft gelungen ist zu zerstören, ist freilich nicht die Religion gewesen, sondern jener pharisäische Verstand, der über die Dinge einer andern Welt auf 20 Weise dieser Welt klug gewesen und seine Klugheiten auch Religionslehre nennen zu können gemeint hat. Er hat den Irrtum entfernen wollen, nur um der Wahrheit Raum zu machen; er hat ewige Wahrheiten gesucht und anerkannt und die Würde | des Menschen noch darein gesetzt, daß 25 für ihn und für ihn nur, nicht für das Tier, solche Wahrheiten sind. In dieser Ansicht sollen diese Wahrheiten das Feste und Objektive gegen die subjektive Meinung und die Triebe des Gefühls sein und das Meinen und die Gefühle wesentlich der Einsicht der Vernunft gemäß und unterworfen 30 und durch sie geleitet sein, um eine Berechtigung zu haben.

Die konsequente und selbständige Entwicklung des Prinzips des Verstandes aber führt dahin, alle Bestimmung und damit allen Inhalt nur als eine Endlichkeit zu fassen und 35 so die Gestaltung und Bestimmung des Göttlichen zu vernichten. Durch diese Ausbildung ist die objektive Wahrheit,

die das Ziel sein sollte, mehr bewußtlos zu der Dünne und
Dürre herabgebracht worden, welche nun von der Kantischen Philosophie nur zum Bewußtsein gebracht und als die
Bestimmung des Ziels der Vernunft ausgesprochen zu wer-
5 den nötig hatte. Demnach ist von dieser die Identität des
Verstandes als das höchste Prinzip, als das letzte Resultat,
wie für das Erkennen selbst so für seinen Gegenstand, angegeben worden – das Leere der atomistischen Philosophie,
Gott bestimmungslos, ohne alle Prädikate und Eigenschaf-
10 ten, in das Jenseits des Wissens hinaufgesetzt oder vielmehr zur Inhaltslosigkeit herabgesetzt. Diese Philosophie
hat diesem Verstande das richtige Bewußtsein über sich gegeben, daß er unfähig sei, Wahrheit zu erkennen; aber indem sie den Geist nur als diesen Verstand auffaßte, hat sie
15 es zum allgemeinen Satze gebracht, daß der Mensch von
Gott – und als ob es außer Gott überhaupt absolute Gegenstände und eine Wahrheit geben könnte –, überhaupt von
dem, was an sich ist, nichts wissen könne. Wenn die Religion die Ehre und das Heil des Menschen darein setzt,
20 Gott zu erkennen, und ihre Wohltat darein, ihm diese Erkenntnis mitgeteilt und das unbekannte Wesen desselben
enthüllt | zu haben, so ist in dieser Philosophie im unge-
heuersten Gegensatze gegen die Religion der Geist zu der
Bescheidenheit des Viehs, als zu seiner höchsten Bestim-
25 mung, verkommen, nur daß er unseliger Weise den Vorzug
besitze, noch das Bewußtsein über diese seine Unwissenheit
zu haben; wogegen das Vieh in der Tat die viel reinere,
wahrhafte, nämlich die ganz unbefangene Bescheidenheit
der Unwissenheit besitzt. Dies Resultat darf man nun wohl
30 dafür ansehen, daß es mit weniger Ausnahme allgemeines
Vorurteil unserer Bildung geworden ist. Es hilft nichts, die
Kantische Philosophie widerlegt zu haben oder sie zu ver-
achten; die Fortschritte und Einbildungen von Fortschritten
über sie hinaus mögen sich sonst auf ihre Weise viel zu tun
35 gemacht haben; sie sind nur dieselbe Weltweisheit wie jene,
denn sie leugnen dem Geiste die Fähigkeit und die Bestimmung zur objektiven Wahrheit.

Das andere hiermit unmittelbar zusammenhängende
Prinzip dieser Weisheit ist, daß der Geist, indem er freilich
erkennend, aber die Wahrheit ihm versagt ist, es nur mit
Erscheinungen, mit Endlichkeiten zu tun haben kann. Die
Kirche und die Frömmigkeit haben häufig die weltlichen 5
Wissenschaften für verdächtig und gefährlich, ja oft für
feindselig gegen sie gehalten und sie dafür angesehen, daß
sie zum Atheismus führen. Ein berühmter Astronom soll
gesagt haben, er habe den ganzen Himmel durchsucht und
keinen Gott darin finden können. In der Tat geht die welt- 10
liche Wissenschaft auf Erkennen des Endlichen; indem sie
in das Innere desselben hineinzusteigen sich bemüht, sind
Ursachen und Gründe das letzte, bei welchem sie sich beruhigt. Aber diese Ursachen und Gründe sind wesentlich ein
dem zu Erklärenden Analoges, und darum sind es gleichfalls 15
nur endliche Kräfte, welche in ihren Bereich fallen. Wenn
nun gleich diese Wissenschaften ihre Erkenntnisse nicht zur
Region des Ewigen – welches nicht | nur ein Übersinnli-
ches ist, denn auch jene Ursachen und Kräfte, das Innere,
welches vom reflektierenden Verstande erzeugt und auf 20
seine Weise erkannt wird, sind nicht ein Sinnliches – hinüber führen, indem sie nicht das Geschäft dieser Vermittlung haben, so ist doch die Wissenschaft des Endlichen
durch nichts abgehalten, eine göttliche Sphäre zuzugeben.
Gegen eine solche höhere Sphäre liegt es für sich ganz nahe, 25
dasjenige, was nur durch die Sinne und die verständige Reflexion in das Bewußtsein kommt, für einen Inhalt anzuerkennen, der nichts an und für sich, der nur Erscheinung ist.
Aber wenn auf die Erkenntnis der Wahrheit überhaupt Verzicht geleistet ist, dann hat das Erkennen nur Einen Bo- 30
den, den Boden der Erscheinung. Auf diesem Standpunkte
kann es auch in den Bemühungen der Erkenntnis mit einer
von ihr sonst als göttlich anerkannten Lehre nicht um die
Lehre selbst, sondern allein um die äußerliche Umgebung
derselben zu tun sein. Die Lehre für sich bleibt außer dem 35
Interesse der geistigen Tätigkeit, und es kann nicht eine
Einsicht, ein Glaube und Überzeugung von derselben ge-

sucht werden, denn ihr Inhalt ist als das Unerreichbare angenommen. So muß die Beschäftigung der Intelligenz mit
den Lehren der Religion sich auf ihre erscheinenden Seiten
beschränken, sich auf die äußerlichen Umstände werfen und
5 das Interesse zu einem historischen werden, einem solchen, wo der Geist es mit Vergangenheiten, einem von sich
Abgelegenen zu tun hat, nicht selbst darin präsent ist.
Was die ernsthafte Bemühung der Gelehrsamkeit, des Flei-
ßes, des Scharfsinns usf. herausbringt, wird gleichfalls Wahr-
10 heit genannt und ein Meer solcher Wahrheiten zu Tage gefördert und fortgepflanzt; aber dies sind nicht Wahrheiten
der Art, wie sie der ernste Geist der Religion für seine Befriedigung fordert.

   Wenn nun das, was diesseits ist und Gegen | wart für
15 den Geist hat, dieses breite Reich des Eiteln und Erscheinenden ist, das aber, was an und für sich ist, dem Geiste
entrückt und ein leeres Jenseits für ihn ist, wo kann er noch
einen Ort finden, in welchem ihm das Substantielle begeg-
nete, das Ewige an ihn käme und er zur Einigkeit damit,
20 zur Gewißheit und dem Genusse derselben gelangen
könnte? Es ist nur die Region des Gefühls, wohin sich
der Trieb zur Wahrheit flüchten kann. Das Bewußtsein
kann das Gehaltvolle, vor der Reflexion nicht Wankende
nur noch in der eingehüllten Weise der Empfindung ertra-
25 gen. Diese Form ermangelt der Gegenständlichkeit und der
Bestimmtheit, die das Wissen und der seiner bewußte Glauben erfordert, die aber der Verstand zunichte zu machen
gewußt, vor welcher sich eben wegen dieser Gefahr die
Religiosität nur fürchtet und deswegen in diese Einhüllung
30 zurückzieht, welche dem Denken keine Seite zum dialektischen Angriff darzubieten scheint. In solcher Religiosität,
wenn sie aus echtem Bedürfnisse hervorgeht, wird die Seele
den verlangten Frieden finden können, indem sie in der Intensität und Innerlichkeit das zu ergänzen bestrebt ist, was
35 ihr an Inhalt und Extension des Glaubens abgeht. Es kann
aber noch als das dritte allgemeine Vorurteil angeführt
werden, daß das Gefühl die wahrhafte und sogar einzige

Form sei, in welcher die Religiosität ihre Echtheit be-
wahre.

Unbefangen ist zunächst diese Religiosität nicht mehr.
Der Geist fordert überhaupt, weil er Geist ist, daß, was in
dem Gefühle ist, für ihn auch in der Vorstellung vorhanden 5
sei, der Empfindung ein Empfundenes entspreche und die
Lebendigkeit der Empfindung nicht eine bewegungslose
Konzentration bleibe, sondern zugleich eine Beschäftigung
mit objektiven Wahrheiten und dann, was in einem Kultus
geschieht, eine Ausbreitung zu Handlungen sei, welche die 10
Gemeinsamkeit der Geister in der Religion so|wohl beur-
kunden als auch, wie die Beschäftigung mit den Wahrheiten, die religiöse Empfindung nähren und in der Wahrheit
erhalten und ihr den Genuß derselben gewähren. Aber solche Ausdehnung zu einem Kultus wie zu einem Umfange 15
von Glaubenslehren verträgt sich nicht mehr mit der Form
des Gefühls; vielmehr ist die Religiosität in der hier betrachteten Gestalt aus der Entwicklung und Objektivität
zum Gefühle geflohen und hat dieses polemisch für die aus-
schließende oder überwiegende Form erklärt. 20

Hier ist es denn, wo die Gefahr dieses Standpunkts und
sein Umschlagen in das Gegenteil dessen, was die Religiosität in ihm sucht, den Anfang nimmt. Dies ist eine Seite von
größter Wichtigkeit, welche nur kurz noch zu berühren ist,
wobei ich mich, ohne in die Natur des Gefühls hier weiter 25
eingehen zu können, nur auf das Allgemeinste berufen
muß. Es kann kein Zweifel dagegen stattfinden, daß das Gefühl ein Boden ist, der, für sich unbestimmt, zugleich das
Mannigfaltigste und Entgegengesetzteste in sich schließt.
Das Gefühl für sich ist die natürliche Subjektivität, ebenso- 30
wohl fähig, gut zu sein als böse, fromm zu sein als gottlos.
Wenn nun vormals die sogenannte Vernunft, was aber in
der Tat der endliche Verstand und dessen Räsonement war,
zum Entscheidenden ebensowohl über das, was ich für wahr
halten, als was mir Grundsatz für das Handeln sein soll, ge- 35
macht ist und wenn es nun das Gefühl sein soll, aus welchem die Entscheidung, was ich sei und was mir gelte, her-

vorgehen soll, so ist auch noch der Schein von Objektivität
verschwunden, der wenigstens im Prinzip des Verstandes
liegt; denn nach diesem soll das, was mir gelten soll, doch
auf einem allgemeingültigen Grunde, auf etwas, das an und
5 für sich sei, beruhen. Noch bestimmter aber gilt in aller Re-
ligion wie in allem sittlichen Zusammenleben | der Men-
schen, in der Familie wie im Staate, das an und für sich seiende Göttliche, Ewige, Vernünftige als ein objektives
Gesetz und dies Objektive so als das Erste, daß das Ge-
10 fühl durch dasselbe allein seine Haltung, allein seine wahrhafte Richtung bekomme. Die natürlichen Gefühle sollen
vielmehr durch die Lehren und die Übung der Religion
und durch die festen Grundsätze der Sittlichkeit bestimmt,
berichtigt, gereinigt und aus diesen Grundlagen erst in das
15 Gefühl gebracht werden, was dasselbe zu einem richtigen,
religiösen, moralischen Gefühle macht.
»Der natürliche Mensch vernimmt nichts vom Geiste
Gottes und kann es nicht erkennen, denn es muß geistlich
gerichtet sein.« Der natürliche Mensch aber ist der Mensch
20 in seinen natürlichen Gefühlen, und dieser ist es, der nach
der Lehre der Subjektivität zwar nichts erkennen, aber
allein es sein soll, der, wie er als natürlicher Mensch ist, den
Geist Gottes vernehme. Unter den Gefühlen des natürlichen
Menschen befindet sich freilich auch ein Gefühl des Gött-
25 lichen; ein anderes aber ist das natürliche Gefühl des Göttlichen, ein anderes der Geist Gottes. Und aber welche anderen Gefühle finden sich nicht noch in der Menschen
Herz? Selbst daß jenes natürliche Gefühl ein Gefühl des
Göttlichen sei, liegt nicht im Gefühle als natürlichem; das
30 Göttliche ist nur im und für den Geist, und der Geist ist
dies, wie oben gesagt worden, nicht ein Naturleben, sondern ein Wiedergeborner zu sein. Soll das Gefühl die
Grundbestimmung des Wesens des Menschen ausmachen, so
ist er dem Tiere gleichgesetzt, denn das Eigene des Tieres
35 ist es, das, was seine Bestimmung ist, in dem Gefühle zu haben und dem Gefühle gemäß zu leben. Gründet sich die
Religion im Menschen nur auf ein Gefühl, so hat solches

richtig keine weitere Bestimmung, als das Gefühl seiner
| Abhängigkeit zu sein, und so wäre der Hund der beste
Christ, denn er trägt dieses am stärksten in sich und lebt
vornehmlich in diesem Gefühle. Auch Erlösungsgefühle hat
der Hund, wenn seinem Hunger durch einen Knochen Be- 5
friedigung wird. Der Geist hat aber in der Religion vielmehr seine Befreiung und das Gefühl seiner göttlichen Freiheit; nur der freie Geist hat Religion und kann Religion haben; was gebunden wird in der Religion ist das natürliche
Gefühl des Herzens, die besondere Subjektivität; was in ihr 10
frei wird und eben damit wird, ist der Geist. In den schlechtesten Religionen, und dies sind solche, in welchen die
Knechtschaft und damit der Aberglaube am mächtigsten ist,
ist für den Menschen in der Erhebung zu Gott der Ort, wo
er seine Freiheit, Unendlichkeit, Allgemeinheit, d. i. das 15
Höhere, was nicht aus dem Gefühle als solchem, sondern
aus dem Geiste stammt, fühlt, anschaut, genießt.

Wenn man von religiösen, sittlichen usf. Gefühlen
spricht, so wird man freilich sagen müssen, daß dies echte
Gefühle seien; und wenn dann, wie wir von da aus auf die- 20
sen Standpunkt gekommen sind, das Mißtrauen oder vielmehr die Verachtung und der Haß des Denkens – die Mi-
sologie, von welcher schon Plato spricht – hinzugekommen
ist, so liegt es nahe bei der Hand, in die Gefühle für sich
das Echte und Göttliche zu setzen. Es wäre, besonders zu- 25
nächst in Beziehung auf die christliche Religion, freilich
nicht notwendig, für den Ursprung der Religion und
Wahrheit nur eine Wahl zwischen Verstand und Gefühl zu
sehen, und man muß das, was die christliche Religion für
ihre Quelle angibt, die höhere göttliche Offenbarung, be- 30
reits beseitigt haben, um auf jene Wahl beschränkt zu sein
und dann nach Verwerfung des Verstandes, ferner des Gedankens überhaupt, eine christliche Lehre auf Gefühle grün-
den zu wollen. – Indem aber überhaupt das | Gefühl der
Sitz und die Quelle des Wahrhaftigen sein soll, so übersieht 35
man diese wesentliche Natur des Gefühls, daß es für sich
eine bloße Form, für sich unbestimmt ist und jeden Inhalt

in sich haben kann. Es ist nichts, was nicht gefühlt werden
kann und gefühlt wird. Gott, Wahrheit, Pflicht wird gefühlt, das Böse, die Lüge, Unrecht ebensosehr; alle menschlichen Zustände und Verhältnisse werden gefühlt; alle Vor-
5 stellungen des Verhältnisses seiner selbst zu geistigen und
natürlichen Dingen werden Gefühle. Wer wollte es versuchen, alle Gefühle, vom religiösen Gefühle, Pflichtgefühle,
Mitleiden an usf., zum Neide, Haß, Hochmut, Eitelkeit
usf., Freude, Schmerz, Traurigkeit und so fort zu nennen
10 und aufzuzählen. Schon aus der Verschiedenheit, noch mehr
aber aus dem Gegensatze und Widerspruche der Gefühle
läßt auch für das gewöhnliche Denken der richtige Schluß
sich machen, daß das Gefühl etwas nur Formelles ist und
nicht ein Prinzip für eine wahrhafte Bestimmung sein kann.
15 Ferner ist ebenso richtig zu schließen, daß, indem d a s  G e -
f ü h l zum Prinzip gemacht wird, es nur darum zu tun ist,
dem S u b j e k t e es zu überlassen, w e l c h e Gefühle es haben
will; es ist die absolute Unbestimmtheit, welche es sich als
Maßstab und Berechtigung gibt, d. h. die Willkür und das
20 Belieben, zu sein und zu tun, was ihm gefällt, und sich zum
Orakel dessen zu machen, was gelten, was für Religion,
Pflicht, Recht, edel gelten soll.
   Die Religion, wie Pflicht und Recht, wird und soll auch
Sache des Gefühls werden und in das Herz einkehren, wie
25 auch die Freiheit überhaupt sich zum Gefühle herabsenkt
und im Menschen ein Gefühl der Freiheit wird. Allein ein
ganz anderes ist, ob solcher Inhalt wie Gott, Wahrheit,
Freiheit aus dem Gefühle geschöpft, ob diese Gegenstände
das Gefühl zu ihrer Be|rechtigung haben sollen, oder ob
30 umgekehrt solcher objektiver Inhalt als an und für sich gilt,
in Herz und Gefühl erst einkehrt und die Gefühle erst vielmehr wie ihren Inhalt, so ihre Bestimmung, Berichtigung
und Berechtigung von demselben erhalten. Auf d i e s e n
U n t e r s c h i e d  d e r  S t e l l u n g kommt alles an. Auf ihm be-
35 ruht die Abscheidung alter Redlichkeit und alten Glaubens,
wahrhafter Religiosität und Sittlichkeit, welche Gott,
Wahrheit und Pflicht zu d e m  E r s t e n macht, von der Ver-

kehrtheit, dem Eigendünkel und der absoluten Selbstsucht, welche in unserer Zeit aufgegangen und den Eigenwillen, das eigne Meinen und Belieben zur Regel der Religiosität und des Rechten macht. Gehorsam, Zucht, Glaube im alten Sinne des Worts, Ehrfurcht vor Gott und der Wahrheit sind 5 die Empfindungen, welche mit der ersteren Stellung zusammenhängen und aus ihr hervorgehen, Eitelkeit, Eigendünkel, Seichtigkeit und Hochmut die Gefühle, welche aus der zweiten Stellung hervorgehen, oder es sind vielmehr diese Gefühle des nur natürlichen Menschen, aus welchen diese 10 Stellung entspringt.

    Die bisherigen Bemerkungen wären geeignet, den Stoff für eine weitläufige Ausführung zu geben, welche ich von einigen Seiten desselben teils anderwärts schon gemacht, teils aber ist zu einer solchen hier der Ort nicht. Sie mögen 15 nur Erinnerungen an die angeregten Gesichtspunkte sein, um dasjenige näher zu bezeichnen, was das Übel der Zeit, und damit, was ihr Bedürfnis ausmacht. Dieses Übel, die Zufälligkeit und Willkür des subjektiven Gefühls und seines Meinens, mit der Bildung der Reflexion verbun- 20 den, welche es sich erweist, daß der Geist des Wissens von Wahrheit unfähig sei, ist von alter Zeit her Sophisterei genannt worden. Sie ist es, die den Spitznamen der Weltweisheit, den Herr Fried. von Schlegel neuerlichst wieder hervor|gesucht hat, verdient; denn sie ist eine Weis- 25 heit in und von demjenigen, was man die Welt zu nennen pflegt, von dem Zufälligen, Unwahren, Zeitlichen; sie ist die Eitelkeit, welche das Eitle, die Zufälligkeit des Gefühls und das Belieben des Meinens zum absoluten Prinzipe dessen, was Recht und Pflicht, Glaube und Wahrheit sei, er- 30 hebt. Man muß freilich oft diese sophistischen Darstellungen Philosophie nennen hören; doch widerspricht nun auch selbst diese Lehre der Anwendung des Namens von Philosophie auf sie, denn von ihr kann man häufig hören, daß es mit der Philosophie nichts sei. Sie hat recht, von 35 der Philosophie nichts wissen zu wollen; sie spricht damit das Bewußtsein dessen aus, was sie in der Tat will und ist.

Von je ist die Philosophie im Streite gegen die Sophistik gewesen; diese kann aus jener nur die formelle Waffe, die Bildung der Reflexion, nehmen, hat aber am Inhalte nichts
Gemeinschaftliches mit ihr, denn sie ist eben dies, alles Ob-
5 jektive der Wahrheit zu fliehen. Auch der andern Quelle
der Wahrheit, wie die Wahrheit Sache der Religion ist, der
heiligen Schriften der Offenbarung kann sie sich nicht bedienen, einen Inhalt zu gewinnen; denn diese Lehre anerkennt keinen Grund als die eigene Eitelkeit ihres Dafürhal-
10 tens und Offenbarens.

Was aber das Bedürfnis der Zeit betrifft, so ergibt sich,
daß das gemeinschaftliche Bedürfnis der Religion und
der Philosophie auf einen substantiellen, objektiven
Inhalt der Wahrheit geht. Wie die Religion von ihrer
15 Seite und auf ihrem Wege ihrem Inhalte wieder Ansehen,
Ehrfurcht und Autorität gegen das beliebige Meinungs-
wesen verschaffe und sich zu einem Bande von objektivem
Glauben, Lehre, auch Kultus herstelle, diese Untersuchung,
für sich von so weitreichender Natur, müßte zugleich den
20 empirischen Zustand der Zeit nach seinen vielfachen Rich-
tungen in gründliche Rücksicht | nehmen und daher wie
hier nicht an ihrem Orte, auch überhaupt nicht bloß philosophischer Art sein. An einem Teile des Geschäfts, dies Bedürfnis zu befriedigen, treffen aber die beiden Sphären der
25 Religion und der Philosophie zusammen. Denn dies kann
wenigstens erwähnt werden, daß die Entwicklung des Geistes der Zeiten es herbeigeführt hat, daß dem Bewußtsein
das Denken und die Weise der Ansicht, welche mit dem
Denken zusammenhängt, zu einer unabweislichen Be-
30 dingung dessen geworden ist, was es für wahr gelten
lassen und anerkennen soll. Es ist hier gleichgültig auszumachen, inwieweit es nur ein Teil der religiösen Gemeinde
wäre, welcher ohne die Freiheit des denkenden Geistes
nicht mehr zu leben, d. h. nicht mehr geistig zu existieren
35 fähig wäre, oder inwiefern vielmehr die ganzen Gemeinden, in denen sich dies höhere Prinzip aufgetan hat, es sind,
für welche nunmehr die Form des Denkens, auf irgendeine

Stufe entwickelt, unerläßliche Forderung ihres Glaubens ist.
Die Entwicklung und das Zurückgehen auf die Prinzipien
ist sehr vieler Stufen fähig; denn das Denken kann, um sich
populär auszudrücken, darein gesetzt werden, besondre
Fälle, Sätze usf. auf einen immanenten allgemeinen 5
Satz zurückzuführen, welcher relativ der Grundsatz für
jenen im Bewußtsein davon abhängig gemachten Stoff ist.
Was so auf einer Stufe der Entwicklung des Gedankens ein
Grundsatz, ein letztes Festes ist, das bedarf für eine andere
Stufe wieder weiterer Zurückführung auf noch allgemei- 10
nere, tiefere Grundsätze. Die Grundsätze aber sind ein Inhalt, den das Bewußtsein fest in der Überzeugung hält, ein
Inhalt, dem sein Geist das Zeugnis gegeben und der nun ungetrennt vom Denken und von der eigenen Selbstheit ist.
Sind die Grundsätze dem Räsonement preisgegeben, so ist 15
oben der Abweg bemerkt, auf dem es die subjektive Mei-
nung | und Willkür an die Stelle von Grundsätzen stellt und
sich zur Sophisterei steigert.

Die Art und Weise der Überzeugung aber, welche in der
Religion stattfindet, kann in der Gestalt dessen, was eigen- 20
tümlich Glauben heißt, stehenbleiben, wobei nur nicht
außer acht zu lassen ist, daß auch der Glaube nicht als etwas
Äußerliches, mechanisch Einzugebendes vorgestellt werden
dürfe, sondern damit er lebendig und keine Knechtschaft
sei, wesentlich des Zeugnisses von dem inwohnenden Gei- 25
ste der Wahrheit bedarf und ins eigene Herz eingesetzt
worden sein muß. Wenn aber in das religiöse Bedürfnis das
Element der Grundsätze eingedrungen ist, so ist jenes Bedürfnis nun ungetrennt von dem Bedürfnisse und der Tätigkeit des Gedankens, und die Religion erfordert nach dieser 30
Seite eine Wissenschaft der Religion – eine Theologie.
Was in dieser mehr ist oder nur in ihr mehr zu sein verdient, als die allgemeine, jedem Mitgliede jedweder Bildung
zugehörige Kenntnis der Religion, dies hat diese Wissenschaft mit der Philosophie gemein. So hat sich im Mittel- 35
alter die scholastische Theologie erzeugt – eine Wissenschaft, welche die Religion nach der Seite des Denkens

und der Vernunft ausgebildet und sich bemüht hat, die tiefsten Lehren der geoffenbarten Religion denkend zu erfassen. Gegen die erhabene Richtung solcher Wissenschaft ist
diejenige Weise der Theologie sehr zurück, die ihren wis-
5 senschaftlichen Unterschied von der allgemeinen Religionslehre bloß in das geschichtliche Element setzt, welches sie
in seiner Breite und Länge, in seinen grenzenlosen Einzelnheiten z u der Religion hinzufügt. Der absolute Inhalt der
Religion ist wesentlich ein Gegenwärtiges, und darum,
10 nicht in dem äußerlichen Zusatz des gelehrten Geschichtlichen, sondern nur in der vernünftigen Erkenntnis kann
der Geist das weitere ihm Gegenwärtige und Freie finden,
was sein ewiges Bedürfnis, | zu denken und hiermit die un-
endliche Form dem unendlichen Inhalte der Religion hin-
15 zuzufügen, zu befriedigen vermag.

Mit dem Vorurteil, mit welchem das Philosophieren über
den Gegenstand der Religion in unserer Zeit zu kämpfen
hat, nämlich daß das Göttliche nicht b e g r i f f e n werden
könne, daß vielmehr sogar der Begriff und das begreifende
20 Erkennen Gott und die göttlichen Eigenschaften in das Gebiet der Endlichkeit herabsetze und eben damit vielmehr
vernichte – mit diesem Vorurteile hatte glücklicherweise
die scholastische Theologie noch nicht zu kämpfen; die
Ehre und Würde der denkenden Erkenntnis war sosehr
25 nicht herabgesetzt gewesen, im Gegenteil wie unangetastet,
so noch unbefangen gelassen. Es war nur die neuere Philosophie selbst, welche ihr eigenes Element, den Begriff, so
sehr mißverstand und ihn in diesen Mißkredit brachte. Sie
hat die Unendlichkeit desselben nicht erkannt und die end-
30 liche Reflexion, den Verstand, damit verwechselt; sosehr,
daß nur der Verstand denken, die Vernunft aber nicht denken, sondern nur unmittelbar wissen, d. i. nur fühlen und
anschauen, somit nur s i n n l i c h soll w i s s e n können.

Die ältern griechischen Dichter gaben von der göttlichen
35 Gerechtigkeit die Vorstellung, daß die Götter das sich Erhebende, das Glückliche, das Ausgezeichnete anfeinden und es
herabsetzen. Der reinere Gedanke von dem Göttlichen hat

diese Vorstellung vertrieben; Plato und Aristoteles lehren,
daß Gott nicht neidisch ist und die Erkenntnis seiner
und der Wahrheit den Menschen nicht vorenthält. Was
wäre es denn anders als Neid, wenn Gott das Wissen von
Gott dem Bewußtsein versagte; er hätte demselben somit 5
alle Wahrheit versagt, denn Gott ist allein das Wahre; was
sonst wahr ist und etwa kein göttlicher Inhalt zu sein
scheint, ist nur wahr, insofern es in | ihm gegründet ist und
aus ihm erkannt wird; das übrige daran ist zeitliche Erscheinung. Die Erkenntnis Gottes, der Wahrheit, ist allein das 10
den Menschen über das Tier Erhebende, ihn Auszeichnende
und ihn Beglückende oder vielmehr Beseligende, nach Plato
und Aristoteles wie nach der christlichen Lehre.

Es ist die ganz eigentümliche Erscheinung dieser Zeit, auf
der Spitze ihrer Bildung zu jener alten Vorstellung zurück- 15
gekehrt zu sein, daß Gott das Unmitteilende sei und seine
Natur dem menschlichen Geiste nicht offenbare. Diese Behauptung von dem Neide Gottes muß innerhalb des Kreises
der christlichen Religion um so mehr auffallen, als diese
Religion nichts ist und sein will, als die Offenbarung des- 20
sen, was Gott ist, und die christliche Gemeinde nichts sein
soll als die Gemeinde, in die der Geist Gottes gesandt und
in welcher derselbe, der eben, weil er Geist, nicht Sinnlichkeit und Gefühl, nicht ein Vorstellen von Sinnlichem, sondern Denken, Wissen, Erkennen ist und, weil er der gött- 25
liche, heilige Geist ist, nur Denken, Wissen und Erkennen
von Gott ist, die Mitglieder in die Erkenntnis Gottes leitet.
Was wäre die christliche Gemeinde noch ohne diese Erkenntnis? Was ist eine Theologie ohne Erkenntnis Gottes?
Eben das, was eine Philosophie ohne dieselbe ist, ein tönend 30
Erz und eine klingende Schelle!

Indem mein Freund, der mit nachstehender Schrift sich
dem Publikum zum ersten Male vorstellt, gewünscht hat,
daß ich derselben ein Vorwort voranschicken möge, so
mußte sich mir dabei die Stellung zunächst vor Augen brin- 35
gen, in welche ein solcher Versuch, wie eine spekulative
Betrachtung der Religion ist, zu demjenigen tritt, dem er

auf der Oberfläche der Zeit zunächst begegnet. Ich glaubte
in diesem Vorworte den Verfasser selbst daran erinnern zu
müssen, welche Aufnahme und Gunst er sich | von einem
Zustande zu versprechen habe, wo dasjenige, was sich Phi-
5 losophie nennt und wohl den Plato selbst immer im Munde
führt, auch keine Ahnung von dem mehr hat, was die Natur des spekulativen Denkens, der Betrachtung der Idee ist,
wo in Philosophie wie in Theologie die t i e r i s c h e  U n w i s -
s e n h e i t  v o n  G o t t und die S o p h i s t e r e i  d i e s e r  U n w i s -
10 s e n h e i t, welche das individuelle Gefühl und das subjektive
Meinen an die Stelle der Glaubenslehre wie der Grundsätze
der Rechte und der Pflichten setzt, das große Wort führt,
wo die Schriften von christlichen Theologen wie eines
D a u b und M a r h e i n e k e, welche noch die Lehre des Chri-
15 stentums wie das Recht und die Ehre des Gedankens be-
wahren, und Schriften, worin die Grundsätze der Vernunft
und Sittlichkeit gegen die den sittlichen Zusammenhalt der
Menschen und des Staats wie die Religion zerstörenden
Lehren verteidigt und durch den Begriff begründet werden,
20 die schnödeste Verunglimpfung der Seichtigkeit und des
übeln Willens erfahren.
Was aber meines Freundes eigene Tendenz bei der Abfassung seiner Abhandlung gewesen, kann ich nicht besser als
mit dessen Worten sagen; er schrieb mir darüber in einem
25 Briefe vom 25. Jan. d. l. J. folgendes:
»Mein Buch hat jetzt eine ganz andere Gestalt gewonnen,
als es in dem Ihnen zugesandten Manuskripte hatte und
haben konnte und wird, wie ich hoffe, Sie jetzt mehr an-
sprechen. Dasselbe ist aus dem Bedürfnisse meines Geistes
30 so eigentlich hervorgegangen. Denn von Jugend auf war die
Religion (keine Frömmelei) mir immer das Höchste und
Heiligste, und ich hielt sie für wahr, aus dem ganz einfachen
Grunde, weil der Geist des Menschengeschlechts in dieser
Hinsicht sich nicht täuschen läßt. Die Wissenschaft nahm
35 mir aber das vorstellende Element, in welchem ich die
Wahrheit zu schauen | gewohnt war, und was war natür-
licher, als daß ich die durch die Wissenschaft in mir be-

wirkte höchste Entzweiung und höchste Verzweiflung aufzuheben und so in dem Elemente des Wissens die Versöhnung zu gewinnen bemüht war. Dann sagte ich zu mir
selber: Kann ich das, was in dem Christentum als die absolute Wahrheit vorliegt, nicht durch die Philosophie in der 5
reinen Form des Wissens begreifen, so daß die Idee selber
diese Form ist, so will ich nichts mehr von aller Philosophie
wissen. – Aber dann muß die Wissenschaft (fuhr ich weiter
fort), wie sie sich als christliche Philosophie in der neuern
Zeit entwickelt hat, selbst das höchste Erzeugnis des Chri- 10
stentums sein, und so wurde diese Untersuchung, die ich in
dem Buche ausgeführt habe, meine Aufgabe, welche ich
denn von seiten der Religion zu meiner Beruhigung und
damit zur Anerkennung der Wissenschaft zu lösen bestrebt
gewesen bin.« 15

Berlin, am Ostertage 1822. Hegel.

# ÜBER DIE BEKEHRTEN
(1826)


Über die Bekehrten
Antikritisches (Eingesandt)

Vom 11. Januar.

Nach der gestern erfolgten zweiten Aufführung des neuen
Raupachschen Stücks die Bekehrten erlauben Sie mir,
einige antikritische Bemerkungen über die Kritik, die Sie
im dritten Stücke der Schnellpost davon gegeben, zu über-
10 senden; indem ich es Ihrem Urteil überlasse, ob Sie dieselben, die nicht auf Humor und Witz gestellt sind, in Ihr von
beiden sprudelndes Blatt aufnehmen mögen.
   Die erste Bemerkung betrifft gleich die Beziehung Ihrer
Kritik auf die gestrige Aufführung. Bei der ersten war das
15 Haus, wie Sie gesehen haben werden, nicht voll; die beiden
Reihen Logen waren so gut als ganz leer! – ich stimmte von
Herzen in die Deklamationen eines unserer Bekannten ein,
der sich darüber ereiferte, nicht lebhaftere Neugierde auf
ein neues Stück eines Autors zu finden, der die Bühne
20 schon mit mehreren beliebten Produkten bereichert hatte;
jener Bekannte hatte, wie er sagte, bei seinem späten Hin-
gang zum Schauspielhause eine Queue vor den Türen zu
finden gehofft, der entweder bereits die Hände aus äußerlicher Kälte in die innere Wärme voraus klatschte oder auch
25 die Erfüllung dessen, was geschrieben steht, ahnen ließe:
siehe, die Füße derer, die dich hinauspochen werden, stehen schon vor der Türe. Keins von beiden – die Gleichgültigkeit ist immer das Schlimmste. Nun stand weiter zu
hoffen, eine Anzeige in Ihrem Blatte werde auf das Stück,
30 wenigstens auf das Interesse aufmerksam machen, welches
von dem Publikum für ein neues Stück zu erwarten sei. Solche Lauigkeit aber, wie sich für die zweite Aufführung, so-

sehr als für die erste, frischeste, zeigte, kann weder für
Schauspieler noch für Verfasser aufmunternd sein. Wenn die
Zuschauerschaft, die sich zufälliger Weise an einem Abende
einfindet, von der Art zu sein pflegt, nur à la fortune du
pot gekommen zu sein, bloß um die Langeweile etwas bes-        5
ser als zu Hause zu vertreiben, so weiß, auch nach bestan-
dener erster und zweiter Aufführung vor der trägen Masse,
weder Dichter noch Schauspieler noch selbst Intendanz
recht, wie sie mit dem Stück und dem Spiel bei dem Publikum daran sind.                                                10

Der Schnellpost-Artikel über »die Bekehrten« war
nicht von der Art, die Lauigkeit und Trägheit zur Teilnahme und Bezeigung einer Teilnahme zu bekehren. Er
läßt dem Spiele der sämtlichen Schauspieler zwar die ge-
bührende Gerechtigkeit widerfahren, daß dasselbe be|frie-    15
digend nicht nur, vortrefflich, ja ausgezeichnet gewesen.
Diese Harmonie des Genusses ist schon nichts Alltägliches;
welcher Unterschied entstand durch solche Art von Harmonie und Disharmonie für die Wirkung der letzten Auffüh-
rungen von Don Juan und Armide!                               20

An die Anerkennung, welche Sie den Leistungen der
Schauspieler angedeihen lassen, knüpfe ich aber die Frage
an, ob der Dichter nicht seinerseits die Aufgabe in der
Hauptsache müsse erfüllt haben, wenn er Situationen und
Charaktere gezeichnet hat, in denen Künstler, die wir als   25
vorzüglich kennen, in den Stand gesetzt wurden, ihr Vermögen zu entfalten und geltend zu machen. Es hilft nichts,
wenn ausgezeichnete Schauspieler an mittelmäßige Rollen
die viele Würze ihres Talents aufbieten; in mittelmäßigen
Rollen mögen mittelmäßige Talente leicht sich als gut aus-   30
nehmen, ausgezeichnete werden eher nur eine mittelmäßige
Erscheinung hervorbringen; so werde ich in dem »Prinzen
von Pisa« durch den Widerspruch dessen gequält, was Hr.
Beschort und selbst Mad. Stich in ihren Rollen leisten können und was sie für sich zu leisten vermögen.                35

Um aber Ihrer Kritik näherzukommen, so macht sie es
sich vornehmlich mit der Fabel des Stücks, mit der Hand-

lung oder vielmehr mit dem Mangel an Handlung zu tun.
Sie lassen sich in eine Charakterisierung der allgemeinen
Manier des Hrn. Verfassers verfallen. Als Hauptzug hebe ich
zunächst aus, daß derselbe sich zu sehr gefallen, mit Außer-
5 wesentlichem, mit Zufälligem zu spielen – daß seine
Lustspiele aus einer überschraubten Gewaltaufgabe eines
blinden Zufalls fließen. Ich kenne nur wenige der Raupachschen Stücke, will aber dessen ungeachtet sogleich
wieder die Frage hinzusetzen, und zwar nicht die allgemei-
10 nere: sollen wir mit dem Zufälligen, dem Außerwesentlichen mehr als spielen? sondern die nähere Frage: ob nicht
eben dies die Natur des Lustspiels ist, mit dem Zufälligen,
dem Außerwesentlichen zu spielen? Auf diesem Boden ohnehin ist es, daß sich die heiteren Lebensverwirrungen er-
15 geben, die Sie für das Lustspiel fordern. Von dieser heiteren
Art ist denn auch der eine Teil der Verwirrungen in den
»Bekehrten«, der andere freilich ist ernsterer Art; würde
aber ein Lustspiel ganz des Ernstes entbehren, so sänke es in
der Tat zum Possenspiele und noch tiefer herab. Wenn Sie
20 zwar dieses Stück – doch wohl nur nach einer Seite oder in
einem Augenblicke der Laune – für ein Possenspiel anzusehen geneigt scheinen, so halte ich dies selbst noch immer
für ein größeres Kompliment, als wenn, wie wir neulich gesehen, das Publikum das Lustspiel in ein Schauspiel umtauft
25 und der Verfasser selbst dazu Gevatter steht. Wäre es um
Autoritäten für | Nicht-bloß-Heiteres in den Lustspielen zu
tun, so würde ich vor allen den Aristophanes zitieren, in
dessen meisten, zugleich für uns wenigstens den farcenhaft
zugehenden Stücken der allerbitterste Ernst, nämlich sogar
30 der politische, und zwar in allem Ernste, das Hauptinteresse ausmacht. Ich könnte fortfahren und die Shakespeareschen Lustspiele anführen; allein ich finde, daß Sie
das Heitere nicht sowohl dem Ernste als dem Zufälligen und
Gewalttätigen der Zufälligkeit entgegensetzen, und will da-
35 her nur dies noch bemerken, daß mir in dem neuen Lustspiele gerade darin das richtige Verhältnis getroffen scheint,
daß die ernsthaften Verwickelungen, die Verwicklungen der

tiefern, edleren Leidenschaften, der würdigeren Charaktere, aus den komischen Verwickelungen der untergeordneten Personen herkommen. |

Es wird auf die nähere Art und Weise ankommen, wie das Zufällige hereingelassen ist. Herrn Raupachs Erden- 5 nacht, Isidor und Olga und was sonst von ihm früher auf die Bühne kam, kenne ich nicht; was ich von diesen Stük- ken gehört, macht mich vermuten, daß Hrn. R's dramati- sches Talent vielleicht seitdem eine heitere, wahrhaftere Ansicht gewonnen und eine glücklichere Laufbahn gewählt 10 hat; es ist nicht für billig zu achten, Vorurteile, die aus je- nen ersten Arbeiten geschöpft sein mögen, in die Betrach- tung anderer Produktionen einzumischen. So habe ich in dem neuen Stücke nichts von einer Disharmonie eines Ge- müts in »sich selbst« finden können, sowenig als in der Kri- 15 tik und Antikritik und in Alanghu. Warum sollte nicht ein Autor, der Bekehrte auf die Bühne bringt, sich selbst bekehrt haben können, insbesondere wenn das, was in Frü- herem unangenehm war, etwa mehr einer Verstandesansicht über einen Kreis äußerlicher Verhältnisse oder einer Theo- 20 rie der Kunst als dem Talente selbst angehörte. Nur Mangel des Talents ist unverbesserlich, aber auch ein solches, das Erfreuliches zu leisten im Stande wäre, wird von einer schiefen, verderblichen Richtung schwer abzubringen sein, wenn es in selbstgemachte Sublimitäten einer Kunsttheorie 25 festgerannt ist und sich jene durch diese rechtfertigt. – Alanghu, das zwei Tage nach den Bekehrten gegeben wurde, zu sehen, hatte mir das letztere | Stück Lust ge- macht. Wie ich in Ihrem Artikel las, daß Hr. R. sich gefalle, mit dem Außerwesentlichen, Zufälligen zu spielen, so fiel 30 mir dabei mehr noch Alanghu als die Bekehrten ein; und ich will mich zunächst über den einen Sinn erklären, indem ich wohl damit übereinstimme, daß Hr. R. es mit dem Zu- fälligen nicht genau genommen habe. In Alanghu wird die Verwicklung durch die Eifersucht eines der Chefs in der 35 Horde, deren Verbündung mit dem Fanatismus und Hoch- mut des Lama, die Entwickelung durch den Gott aus der

Feuerwerkermaschinerie, der den Priester totblitzt, bewirkt, wie jene in den Bekehrten durch die Gespenster-
erscheinung, die hier jedoch nur als Posse gebraucht wird,
eingeleitet ist. Dergleichen Motive gehören freilich zu den
5 ganz abgedroschenen Theatercoups, und es liegt nahe, an
den Dichter die Forderung zu machen, daß er uns mit etwas durch die Neuheit Pikantem von Zufälligkeit überrascht
hätte. In der Tat aber ist in die Erfindung der Begebenheiten kein besonders großes Verdienst zu setzen; sie sind
10 nur der äußerliche Rahmen für die Charaktere, für die Leidenschaften und deren Situationen, für den eigentlichen
Stoff der Kunst. Die Fabeln, die Sophokles in der Anti-
gone, Elektra usf. behandelt hat, waren doch auch wohl
sehr abgedroschene Geschichten, wie die Geschichten, die
15 Shakespeare bearbeitete, aus Chroniken, Novellen der bekannten Historie usf. genommen und wenigstens nicht seine
Erfindung sind. Es ist um das vornehmlich zu tun, was der
Dichter in solchen Rahmen eingeschlossen hat. In Alanghu
hat Hr. R. zu dem viel | leicht nachlässig und bequem aufge-
20 nommenen Beiwesen einen etwa auch nicht weit hergehol-
ten Mittelgrund einer tartarischen Horde hinzugefügt, der
es aber sogleich auch äußerlich noch natürlicher und mög-
licher machte, jene breite, weinerliche Empfindsamkeit,
jene weinerliche, matte und oft schlechte Moralität oder die
25 krampfhafte Leidenschaftlichkeit einer beschränkten oder
verkehrten armen Seele, an denen wir so lange gelitten und
unsere Tränen erschöpft haben, zu verbannen und dagegen
das uns längst verleidete Bild eines Naturkindes wieder in
sein theatralisches Recht einzusetzen. Wir können uns mit
30 der Unbedeutendheit, vielleicht selbst Trivialität des Rah-
mens aussöhnen, weil er als die äußerliche Bedingung erscheint, die Hauptfigur einzuführen – ein Bild von lebens-
und seelenvoller Natürlichkeit, das durch diese Zeichnung
die Schauspielerin in den Stand setzt, alle Seiten ihres
35 Talents, Gemüts und Geistes zu entfalten und uns das anzie-
hende Gemälde feuriger, unruhiger, tätiger Leidenschaftlichkeit mit naiver, liebenswürdiger Jugendlichkeit, der

lebhaftesten, entschlossensten Energie, mit empfindungsvol-
ler, geistreicher Sanftmut und Anmut verschmolzen vor die
Seele zu bringen. Eine solche Hauptfigur drückt die Umgebung, wenn sie auch mit mehr Bemühung erfunden wird,
sehr bald zu außerwesentlichen Zufälligkeiten herab.　　5
　　Doch bei Gelegenheit der B e k e h r t e n sprachen Sie nicht
sowohl von zufälligen Zufälligkeiten, als von gezwungener,
von überschraubter Gewaltaufgabe, die vermittels eines gemachten Zufalls gemacht wird. Wenn, wie es scheint, das
Verhältnis von zwei jungen Liebenden, deren Temperament　10
durch ihre natürliche, aber noch unbesonnene oder ungezo-
gene Lebhaftigkeit in Heftigkeit gegeneinander verfällt und
sie bis zur Feindschaft entzweit, nicht in jenen Ihren Tadel
eingeschlossen ist, so trifft derselbe dagegen ganz den alten
Grafen, der, um dem Neffen die Geliebte zu erhalten, sich　15
selbst mit ihr trauen, dann vom Papst scheiden gelassen, seinen Tod und Begräbnis gespielt hat und nun in der Exposition des Stücks als Eremit auftritt. Ob solche Großmut für
sich allzu abenteuerlich, ob sie für ein Lustspiel zu abenteuerlich sei, darüber ließe sich wohl hin und her reden; aber　20
ich würde nicht absehen, wie man es darüber zu einer entscheidenden Ansicht bringen könnte. Doch ist hierbei daran
zu erinnern, daß die V o r a u s s e t z u n g, welche jedes Drama
hat, auf Handlungen und Begebenheiten beruht, die der Eröffnung desselben im R ü c k e n liegen; mehr oder weniger　25
Wahrscheinlichkeit, die ohnehin ein sehr relatives Ding ist,
in dem, was bereits hinter uns ist, kann uns eben nicht viel
kümmern; was uns wesentlich angeht, ist die dadurch her-
beigeführte S i t u a t i o n für sich; sie ist das Gegenwärtige,
das interessant und im Lustspiele pikant sein soll. Wir sind　30
es ohnehin längst gewohnt, auch selbst für die Tragödie in
Ansehung der Voraussetzungen uns vieles gefallen zu lassen.
Ich führe das nächste Beispiel an, an das ich durch häufige
Erklärungen eines Bekannten dagegen erinnert werde; bei
L e a r ist die Voraussetzung die Abtretung seines Reichs,　35
und daß er das schlechte Herz (man kann es nicht einmal
schlechte Gesinnung nennen) seiner beiden ältern Töchter

und die baren Niederträchtigkeiten seiner beiden Herren
Ei | dame gar nicht in seiner Empfindung gehabt, gar nicht
gekannt habe, immer für sich eine starke Zumutung, solche
Voraussetzung zulässig zu finden, wenn man sie auch nur als
5 die äußerliche Bedingung für das Schauspiel des sich von
da aus entwickelnden, wahnsinnigen Kummers betrachten
will. |
      Wichtiger ist es, ob der Zwang und die Gewalttätigkeit
auch die Handlung des Stücks regiert, das ist, diejenige,
10 welche von jener ersten gegebenen Situation, an sich nun
als gegenwärtig dem Zuschauer entwickelt, und weil dieser
zufälliger Weise bekanntlich der verständige Mensch ist,
verständiger Weise von jenem Anfang aus und dann in sich
nach konsequentem Zusammenhange fortgehen und den
15 Schluß gewinnen soll. Ich meinerseits kann nicht sa | gen,
daß ich etwas wie einen Zwang oder eine Gewalttätigkeit,
z. B. durch die Erscheinung des Gespenstes, das Sie mit in
jene Kategorie zu nehmen scheinen, ausgestanden hätte; ich
habe darin vielmehr, als vom Rathe Burchiellos erdacht und
20 zitiert und nur auf das Kammermädchen berechnet, ein ko-
misches und nur komisch sein sollendes Motiv, und es daher ganz an seinem Platze gefunden. Ich wünschte, die neu-
lichen Macbethschen Hexen hätten im entgegengesetzten Sinne mehr Gewalt über mich ausgeübt; diese wollen
25 ernsthaft genommen sein und bringen dafür noch ganz an-
dere Prätentionen mit – den Ernst der | Tragödie selbst,
ein häßliches, widriges Gekreische – und vollends die neu-
erliche Korrektheit, vermöge der sie es Schweinen ange-
tan, Kästenbräters Weib aber geschnaut und geschnaut
30 und geschnaut hat usf. Das Motiv selbst, das in diesen
Hexen liegt, unterscheide ich von der Gestalt, in die es ein-
gekleidet ist; und so sieht mir das in der Komödie als Posse
gebrauchte Gespenst auf unserer Bühne überhaupt bei wei-
tem berechtigter aus, als jene Hexen dies sind, deren Ernst,
35 vollends in der Tragödie, für uns, wie wir nun einmal sind,
doch nicht viel mehr als eine Posse, und leicht sogar eine
widrige, langweilige Posse sein könnte. A fin, für gut erfun-

den halte ich es ferner, daß der Zweck, der durch das Gespenst in unserm Stücke erreicht werden soll, vermittels
dieses Mittels selbst nahe ins Scheitern gerät. Dieser Rück-
schlag der List gegen die pfiffigen Urheber derselben ist für
sich auf einen ganz konsequenten Zusammenhang gebaut 5
und scheint mir überhaupt die Seele einer echt komischen
Handlung auszumachen. Das weitere Detail dieser Verkettung, die Angst, die von derselben erzeugten Lügen usf.
können wir ebenso für ergötzlich als folgerecht, das Husten
aber für einen vollkommen gelungenen Einfall gelten las- 10
sen, der durch seine Zweckmäßigkeit und Heiterkeit seine
Wirkung auf der Bühne nie verfehlen wird. Vergleichen Sie
die vielen anderen Wege, die Verwirrung in der Komödie
hervorzubringen, z. B. das Horchen, vollends wenn es nicht
durch falsches Hören fehlgeleitet wird, sondern zu direktem 15
Verrat übergeht, oder das Mittel des baren, direkten Verrats
ausdrücklichen Vertrauens, etwa gar Geldes willen und dergleichen; das Mittel und die Pointe, wie in unserem Stücke
die Verwickelung bewirkt wird, verdient vor solchen zum
Teil ganz offnen Plattheiten wohl den Vorzug. 20
   Im Zusammenhange hiermit finde ich es ferner zu rühmen, daß die Intrige, der anfänglichen Situation gemäß,
zwar durch das Werkzeug, das er gebraucht, vom alten Grafen ausgeht; aber die interessante eigentliche Intrige zu
Stande kommt, so daß diese in die basse cour der Familie 25
fällt und deren höherer Kreis der Personen erst hierdurch
sowohl in die Mißverständnisse und Verlegenheit versetzt
wird, als aber selbst frei davon bleibt; wenn auch der junge
Graf sich vom alten Grafen einmal zu einem intriganten Benehmen verleiten läßt, so hat der Dichter ihn doch im üb- 30
rigen, und Clotilden im ganzen, davon rein gehalten.
   Es ist noch ein Wort über die Handlung zu sagen, insofern sie das Verhältnis dieser Hauptpersonen betrifft, in
deren Charaktere und Situationen ihr Kern fallen muß. Ihr
Artikel nimmt die beiden Hauptfiguren gleich zu Anfang 35
des Stücks für so mürbe, daß sie für sich weiter nichts zu
tun hätten, als beim ersten Anblick sich einander in die

Arme zu fallen. »Weil aber die neuern Lustspieldichter«,
wie Sie ihnen Schuld geben, »allen Personen gerade das Gegenteil von dem, was sie (ohne Zweifel die Personen)
eigentlich wollen, tun lassen«, noch mehr, »weil ein Dra-
5 ma nicht mit dem ersten Akte oder | gar der ersten Szene
schließen soll, so müsse das Kammerkätzchen und der Narr
das Stück aufhalten.« Dieser Angabe kann ich nicht beistimmen. Die Exposition setzt es vielmehr weitläufig genug (sie
nimmt zwei Szenen ein, die den ganzen ersten, darum viel-
10 leicht zu einfachen Akt ausmachen) und gehörig motiviert
auseinander, daß Clotilde und Torquato weit entfernt sind,
einander in die Arme fallen zu wollen. Sie sind als Personen
geschildert, die längst Verzicht aufeinander getan haben,
einen Verzicht, der nicht erst ein bloßer Entschluß ist, auch
15 nicht nur durch äußerliche Verhältnisse und in der Länge
verflossener Zeit begründet, sondern noch mehr durch die
Vorwürfe und Beschämung eines jeden in sich selbst befestigt und bis zur Ruhe und Stille des Gemüts gediehen ist.
Die Exposition ist freilich bei der ersten Aufführung nicht
20 deutlich genug an den Zuhörer gekommen; das stete Eintreten mancher der sparsamen Schaugäste machte in der ersten Szene Störung. Auch hat es etwas zur Undeutlichkeit
beigetragen, daß, natürlich bei einer ersten Aufführung,
längere Erzählungen (wie Mad. Stich mit einer solchen auf-
25 zutreten hatte) nicht mit der Fertigkeit und Präzision gesprochen werden können als bei einer zweiten und folgenden Vorstellungen. (So klang etwa das Ein in: »Ein wichtiges Geschäft führt' ihn nach Rom«, oder etwas dergleichen,
fast aus dem Tone des Souffleurs aufgenommen und densel-
30 ben echoierend, was bei der zweiten Aufführung anders
lautete.) Um aber auf die Sache zurückzukommen, so ist
jene erste Stimmung in den beiden Hauptpersonen als dieselbe gezeichnet, auch Charakter und Temperament haben
gleiche Grundlage. Ich rechne dies der ganzen sinnigen Art
35 des Stücks zu Gute. Dadurch, daß sie von Hause aus zusammen passen, wird die Bekehrung um so weniger gewaltsam
und um so gründlicher; denn außerdem, daß sie durch die

Erfahrung etwas verständiger werden, haben sie sich nur zu
dem zu bekehren, was sie bereits sind; es wird dann von
der vorteilhaftesten und angemessensten Wirkung für das
Lustspiel, daß jene Gleichheit im weiteren Verlauf zu einem
Parallelismus der Täuschung ausgebildet wird, und ebenso 5
bei der Enttäuschung zu einem Parallelismus zuerst der Entdeckung des eignen Unrechts und der Vorwürfe eines jeden
gegen sich selbst, die auch in Gleichheit der Ausdrücke:
»Ich bin nicht wert, daß mir die Sonne scheint« usf. ausbricht, alsdann der Entdeckung des Unrechts des andern 10
und des gleichen Vorwurfs gegen denselben. |

Es versteht sich aber von selbst, daß der Dichter diese
Gleichheit nach Weiblichkeit und Männlichkeit zu nuancie-
ren hatte, ebenso, daß die Frau dabei nur gewinnen konnte;
darum mag auch hier nur diese Modifikation näher erwähnt 15
werden, die der Dichter mit einer Zartheit behandelt hat,
welche, anvertraut der Künstlerin, die wir als Julia des Romeo kennen, ihr volle Wirkung tun mußte. In Torquato
darf es nicht schwerhalten, die alte Empfindung und die
Hoffnung wiederzuerwecken; in Clotilde geschieht dieser 20
Übergang durch eine schöne Stufenfolge, deren Reize um
so anziehender sind, je mehr sie zugleich innere Wahrheit
hat. Die Stimmung der ersten Situation exponiert sich in
dem noch unbelebteren, aber ruhigen und edlen Sinn einer
schmerzlosen, aber nicht empfindsamen, kläglichen Trauer 25
einer empfindungslos gewordenen, doch interessant gebliebenen Erinnerung. Diese Ruhe wird gestört in dem Wie-
dersehen Clotildens mit Torquato; der erste Moment darin
erinnerte uns an Julia, mit dem Unterschiede freilich, daß
Julia, indem bei ihr in der Unwissenheit der Liebe, Clotilde 30
aber, indem hier nur in deren Schlaf und äußerliche Erinnerung diese Empfindung, dort als nie vormals gefühlt, hier
wieder erwachend eintritt, von der gleichen reizenden Verlegenheit übergossen wird. Clotildens Verlegenheit − eine
Schüchternheit gegen sich selbst sosehr als gegen Torquato 35
− wird darum eine reichere Szene; Stellung und Arme bleiben, das Auge, das man sonst in so lebhafter Bewegung zu

sehen gewohnt ist, wagt es zuerst nicht aufzusehen, seine
Stummheit unterbricht hier und da ein Heben der Brust,
das nicht zum Seufzer wird; es wagt einige verstohlene
Blicke, die denen Torquatos zu begegnen fürchten, es
5 drängt sich aber auf ihn, wenn die seinigen sich anderwärts
hinwenden. Der Dichter ist für glücklich zu achten, dessen
Konzeption von einer Künstlerin[1] ausgeführt wird, die es
für die Erzählung des Inhalts, der durch die Sprache ausgedrückt ist, überflüssig macht, mehr als die Züge der
10 seelenvollen Beredtsamkeit ihrer Gebärde anzugeben. Der
Gartenszene, in welcher das Entfalten der aufblühenden
Empfindung und die welke Erinnerung derselben vermittels
der Erinnerung selbst zur belebten Gegenwart erfrischt
wird, weitläufiger zu erwähnen, bin ich enthoben, da Sie
15 deren Vortrefflichkeit anerkannt haben.
  Aber der Szenen der Entzweiung ist noch zu gedenken,
die auf die Unterbrechung der Gartenszene durch das noch
unverfängliche Mittel des Hustens und dann durch die dar-
auf gebauten Lügen erfolgt. Die Entzweiung | steigert sich
20 zu bitterem Zorne, selbst bis zur Heftigkeit des Hohnes. Je
vortrefflicher sich diese Szenen in der Darstellung machen,
desto mehr können sie die Empfindung von Gewaltsamkeit
erregen, sowohl in Rücksicht auf das frühere Lob der erworbenen Mildigkeit, das jedes sich selbst und dem anderen
25 darüber erteilt hat, als in Rücksicht auf die Befriedigung,
welche die zu erwartende Wiederversöhnung gewähren
soll. Für den Glauben jedoch an die Möglichkeit einer
gründlichen Aussöhnung sind wir an den ganzen Ton des
italienischen Kreises gewiesen, in dem die Handlung spielt,
30 der gleich entfernt von der in der Tat gewaltsamen und gewalttätigen Spitzfindigkeit spanischer Delikatesse und Ehre
als von der moralischen Empfindsamkeit gehalten ist, welche den vergänglichen Zorn nicht als eine akute Krankheit
kennt, in der sich vielmehr der Unwille in eine chronische
35 Krankheit, in unendliche Gekränktheit und Verachtung

---

[1] *Fußnote der Redaktion:* Madame Stich

eines unversöhnbaren Hochmuts verwandelt. Am profita-
belsten ließe sich der Tadel eines Widerspruchs zwischen
der Heftigkeit dieser Szenen und der sonstigen Empfindung
und Stimmung damit abweisen, daß dieser Widerspruch der
Triumph der Kunst, daß er die Ironie sei, denn bekannt- 5
lich wird diese für den Gipfel der Kunst erklärt. Sie soll
darin bestehen, daß alles, was sich als schön, edel, interessant anläßt, hintennach sich zerstöre und aufs Gegenteil aus-
gehe, der echte Genuß in der Entdeckung gefunden werde,
daß an den Zwecken, Interessen, Charakteren nichts sei. 10
Der gesunde Sinn hat solche Verkehrungen sonst nur für
ungehörige und unerfreuliche Täuschung, solche Interessen
und Charaktere, die nicht durchgeführt werden, für Halbheiten genommen und dergleichen Haltungslosigkeit dem
Unvermögen des Dichters zugeschrieben. Wenn nun zwar 15
die Verfeinerung der Gedanken dahin gekommen, jene
Halbheit für mehr, sogar als ein Ganzes zu erklären, so ist
das Publikum jedoch noch nicht dahin gebracht, an Geburten solcher Theorie Interesse und Gefallen zu finden. In unserem Stücke werden die Hauptpersonen zwar bekehrt, 20
doch sind sie, Gottlob! nicht ironisch; es gibt sich, wie in
den beiden früher genannten Raupachschen Stücken, ein
gesunder Sinn und gesunder Geist zu erkennen, der nicht
zur Krankheit jener Theorie versublimiert ist. An Ironie
fehlt es auch übrigens hier nicht, sie ist aber an ihrem rech- 25
ten Platz, in das Kammermädchen und den Narren, verlegt.
Die völlige Inkonsequenz, und daß sie nur in dem Wun-
sche, einen Mann zu bekommen, Haltung hat, nur durch
das Gespenst eine weitere bekommt, sowie, daß Burchiello
seinen Widerwillen gegen eine Heirat am Ende hinunter- 30
schlucken muß, ist, wenn es einmal Ironie sein soll, Ironi-
sches genug, wenigstens ist es Lustiges.

Lustig bleibt auch der Mißton jener Szenen; aber über-
dem bleibt er innerhalb der Möglichkeit, daß nicht | bloß
ein äußerliches Ende des Lustspiels, sondern daß bei dem 35
Naturell der Hauptpersonen eine gründliche Auflösung der
Verwickelung zu Stande komme. Der alte Graf nennt sie am

Ende der Katastrophe noch Kinder, wie sie früher waren,
und er selbst steht mit ihnen und den übrigen in dem Kreise
einer wohlwollenden und sinnigen Natürlichkeit, welche
durch Leidenschaftlichkeit wohl getrübt werden kann, eine
5 Trübung aber, die, noch frei von moralischer Reflexion,
nicht den innern Kern angreift und sich nicht zur Zerrissenheit steigert. Vielleicht hätte es in der Exposition geschehen
können, daß diese Grundlage von Heiterkeit auch an den
Hauptfiguren sich sichtbarer hervorhöbe. Shakespeare be-
10 wirkt dies öfters durch das Verhältnis und Konversationen
der Hauptpersonen mit dem Narren oder Kammerkätzchen;
freilich nicht immer auf eine Weise, die für fein oder selbst
nur für anständig gelten könnte. Die Empfindlichkeit Clotildens, die dem Kammermädchen einmal mit dem Fort-
15 schicken droht, ist vielleicht ein Zug, der für jenen Kreis
etwas Fremdartiges hat. Dem Narren Burchiello ist am meisten oder allein das Reflektieren und die allgemeinen und
ernsthaften Gedanken zugeteilt, und dies nach Standesge-
bühr, denn das Stück soll Lustspiel sein und ist Lustspiel.
20 Die Ausführung des »Unlogikalischen« in dem Vorgeben
des Grafen von seinem Tode, in einer der ersten Szenen, in
denen Burchiello auftritt, ist vielleicht etwas zu trocken geraten; sonst fehlt es nicht an witzigen Einfällen, und die
Rolle wie das ergötzliche Spiel ist in dem zierlichen Stile
25 eines Grazioso gehalten. Der Lebenskreis wie der Ton der
Charaktere erinnert überhaupt an die heitere, sinnige, edlere Sphäre, in denen sich die komische Muse Calderons
und zuweilen auch Shakespeares bewegt.
     Unter den vielen Formen von Drama, in denen unsere
30 dramatischen Autoren sich herumversuchen, ist diejenige,
die Herr Raupach in diesem Stücke gewählt hat, gewiß vorzüglich wert, angebaut zu werden. Es sind der Stücke von
sinniger Heiterkeit, die auf unserem Boden wachsen, eben
nicht sehr viele; unsere Bühnen pflegen sich dafür an die
35 Bühnen unserer erfindungsreichen Nachbarn zu wenden.
Herr Raupach verdient daher um so mehr auf dem erfreulichen Wege, den er hier eingeschlagen, alle mögliche Auf-

munterung vom Publikum. Diese letztere Rücksicht muß auch die Entschuldigung enthalten für die Weitläufigkeit, in welche diese Bemerkungen ausgelaufen sind;[1] die Entschuldigung aber gleichfalls weitläufig zu machen, würde überflüssig sein, indem, wenn ich sie zu lesen bekommen werde, 5 ich damit Ihre Verzeihung lese. Aber Druckfehler im Anfange dieses Artikels No. 8, rügen und unter andern z. B. bemerken zu wollen, daß es daselbst S. 31, Z. 14, 2. Sp. heißen solle: die viele Würze ihres Talents pasteten, S. 32, Z. 3. dem Farcenhaften – würde noch überflüssiger sein, 10 da Leser, vollends Schnellpostleser, wenn sie einmal über Stock und Stein hinweggekommen, sich billig nicht mehr darauf zurückführen lassen.

---

[1] *Fußnote der Redaktion:* Eine so vortreffliche, gehaltvolle Weitläufigkeit wird der Redaktion dieser Blätter stets viel erfreulicher sein, als eine kurze Beiläufigkeit.

# HUMBOLDT-REZENSION
## (1827)

Über die unter dem Namen BHAGAVAD-GITA bekannte Episode des Mahabharata; von WILHELM VON
5 HUMBOLDT. Berlin 1826.

### Erster Artikel.

Bei dem Gegenstand, über welchen der höchst verehrte Hr.
Verfasser das Publikum mit seinen Untersuchungen hat be-
schenken wollen, drängt sich zunächst die Bemerkung auf,
10 daß der Ruhm der indischen Weisheit zu den ältesten
Traditionen in der Geschichte gehört. Wo von den Quellen
der Philosophie die Rede ist, wird nicht nur auf den Ori-
ent überhaupt, sondern insbeson|dere auch namentlich auf
Indien hingewiesen; die hohe Meinung von diesem Boden
15 der Wissenschaft hat sich früh in bestimmtere Sagen, wie
von einem Besuche, den Pythagoras auch dort gemacht
habe usf., gefaßt; und zu allen Zeiten ist von indischer Religion und Philosophie gesprochen und erzählt worden. Nur
seit kurzem hat sich uns aber der Zugang zu den Quellen
20 eröffnet, und mit jedem Fortschritte, der in dieser Kenntnis
gemacht wird, zeigt sich alles Frühere teils unbedeutend,
teils schief und unbrauchbar. So eine alte Welt Indien nach
der allgemeinen Bekanntschaft der Europäer mit diesem
Lande ist, so ist es eine eben erst entdeckte neue Welt für
25 uns nach seiner Literatur, seinen Wissenschaften und Kün-
sten. Die erste Freude der Entdeckung dieser Schätze ließ
es nicht zu, sie mit Ruhe und Maß anzunehmen: William
Jones, dem wir es vornehmlich verdanken, sie uns aufgeschlossen zu haben, und andere ihm nach haben den Wert
30 der Entdeckungen besonders auch darein gesetzt, in ihnen
teils die direkten Quellen, teils neue Beglaubigungen für die
alten welthistorischen Traditionen, die sich auf Asien bezie-

hen, sowie für die weiter westlichen Sagen und Mythologien aufgefunden zu haben. Die Bekanntwerdung aber mit
Originalen selbst, auch die Aufdeckung ausdrücklichen
weitläufigen Betrugs, den Kapitän Wilford seinem Eifer,
mosaischen Erzählungen und europäischen Vorstellungen  5
und Kenntnissen und Aufschlüssen über die asiatische Geschichte usf. in der indischen Literatur nachzuspüren, durch
gefällige Brahmanen[1] spielen ließ, hat darauf geführt, sich
vor allem | nur an die Originale und an das Studium der
Eigentümlichkeit indischer Ansichten und Vorstel-  10
lungen zu halten.

Es ist von selbst klar, daß unsere Kenntnisse nur durch
solche Richtung wahrhaftig gefördert werden. In diesem

---

[1] Der Pandit, welchem Wilford auch ausdrücklich aufzugeben die
Unvorsichtigkeit hatte, über Geschichten, die er demselben aus mosaischen, griechischen und andern Grundlagen erzählte, Nachfor-
schungen anzustellen, fand gefällig alles, was der Kapitän wünschte,
in den Werken, welche ihm dieser mit großen Kosten lieferte. Als
derselbe die Falschheit der gemachten Auszüge zu entdecken anfing,
»verfälschte der Pandit die Manuskripte auf das Frechste, um sich her-
auszuziehen, setzte sich in die heftigsten Paroxysmen der Wut, rief
die Rache des Himmels mit den horribelsten, furchtbarsten Verwün-
schungen auf sich und seine Kinder herab, wenn die Auszüge nicht
treu seien. Er brachte zehn Brahmanen herbei, die ihn nicht etwa
nur zu verteidigen, sondern bei allem, was das Heiligste in ihrer Religion ist, auf die Richtigkeit der Auszüge zu schwören bereit waren.
Nachdem ich ihnen einen strengen Verweis über diese Prostitution
ihres priesterlichen Charakters gegeben, gestattete ich | es nicht, daß
sie dazu fortgingen.« Wilfords eigene Erzählung in Asiat. Researches
T. VIII. p. 253. – Von Werken, welche die Früchte der mühsamen,
ehrenvollsten Anstrengungen sind, wie z. B. de Polier Mythologie
des Indous, werden wir nun (es ist erst 1809 erschienen) Bedenken
tragen, Gebrauch zu machen, da es auf Diktaten und mündlichen Angaben von Brahmanen beruht, vollends da wir von Colebrooke wissen, welchen Verfälschungen und beliebigen Überarbeitungen und
Einschaltungen selbst Werke, wie astronomische, die überdem ihres
Altertums und der Autorität ihrer Verfasser wegen in hoher Verehrung stehen, ausgesetzt gewesen sind und immer sind.

Sinne hat Hr. von Humboldt die berühmte Episode des Mahabharata behandelt und unsere Einsicht in die indische
Vorstellungsweise von den höchsten Interessen des Geistes
wesentlich bereichert. Wirkliche Belehrungen können nur
5 hervorgehen aus der, in der vorliegenden Abhandlung ausgezeichneten, seltenen Vereinigung von gründlicher Kenntnis der Originalsprache, von vertrauter Bekanntschaft mit
der Philosophie und von besonnener Zurückhaltung, über
den strikten Sinn des Originals nicht hinauszugehen, nichts
10 anderes und nicht mehr zu sehen, als genau darin ausgedrückt ist. In dem Vorhererwähnten ist unsere vollkommene Beistimmung zu der Erinnerung des Hrn. Verf. enthalten, welche derselbe in einer Vorbemerkung macht, daß
es »schwerlich« (wir dürfen dies zurückhaltende »schwer-
15 lich« wohl dreist in »gar nicht« verwandeln) »ein anderes
Mittel gibt, die mannigfaltigen Dunkelheiten aufzuklären,
welche noch in der indischen Mythologie und Philosophie
übrigbleiben, als jedes der Werke, die man als Hauptquellen
derselben ansehen kann, einzeln zu exzerpieren und erst
20 vollständig für sich abzuhandeln, ehe man Vergleichungen
mit andern anstellt. – Nur eine solche Arbeit würde eine
Grundlage abgeben, alle indischen philosophischen und mythologischen Systeme ohne Gefahr der Verwirrung miteinander vergleichen zu können.« Man braucht nur den
25 Versuch gemacht zu haben, auch aus neuern Schriftstellern,
welche Quellen vor sich gehabt, über indische Religion,
Kosmogonie, Theogonie, Mythologie usf. sich zu unter-
richten, so wird man bald die | Erfahrung machen, daß,
wenn man aus einem solchen Schriftsteller eine bestimmte
30 Kenntnis der Grundzüge indischer Religion erworben zu
haben meint und nun an einen andern geht, man sich hier
unter ganz andern Namen, Vorstellungen, Geschichten usf.
befindet. Das hierdurch geschöpfte Mißtrauen muß sich in
die Einsicht auflösen, daß man überall nur partikuläre Dar-
35 stellungen vor sich gehabt und nichts weniger als eine
Kenntnis von allgemeiner indischer Lehre gewonnen hat.
In so vielen deutschen Schriften, in welchen indische Reli-

gion und Philosophie ausdrücklich oder gelegentlich dargestellt ist, wie auch in den vielen Geschichten der Philosophie, wo sie ebenfalls aufgeführt zu werden pflegt, findet
man eine aus irgendeinem Schriftsteller geschöpfte partikuläre Gestalt für indische Religion und Philosophie über- 5
haupt ausgegeben.

Aber das vorliegende Gedicht scheint insbesondere geeignet zu sein, uns eine bestimmte Vorstellung von dem Allgemeinsten und Höchsten der indischen Religion gewähren
zu können. Es hat als Episode ausdrücklich eine doktrinelle 10
Bestimmung und ist damit freier von der wilden, enormen
Phantasterei, die in der indischen Poesie herrscht, wenn sie
erzählend ist, und uns Begebenheiten und Taten von He-
roen und Göttern, von der Entstehung der Welt usf. schildert. Es ist zwar nötig, auch in diesem Gedichte vieles zu 15
ertragen und abzuziehen, um sich das Interessante herausheben zu können. – Der große General-Gouverneur von
Indien, Warren Hastings, dem wir vornehmlich die erste
Bekanntschaft mit dem Ganzen dieses Gedichts durch die
Aufmunterung verdanken, für welche der erste Übersetzer 20
desselben, Wilkins, sich demselben verpflichtet erkennt,
sagt in dem Vorworte, das jener Übersetzung vorangeht,
daß man, um das Verdienst einer solchen Produktion zu
schätzen, alle aus der europäischen alten oder modernen
Literatur geschöpften Regeln, alle Beziehungen auf solche 25
Empfindungen oder Sitten, welche in unserem Denken und
Handeln die eigentümlichen Grundsätze sind, und ebenso
alle Appellationen an unsere geoffenbarten Religionslehren
und moralischen Pflichten gänzlich ausschließen müsse.
Dann fügt er weiter hinzu, jeder Leser müsse zum voraus 30
die Eigenschaften von Dunkelheit, Absurdität, barba-
rischen Gebräuchen und einer verdorbenen Moralität zugegeben haben. Wo dann das Gegenteil zum Vorschein komme, habe er es nun als einen reinen Gewinn zu
betrachten und es ihm als ein | Verdienst zuzugestehen, das 35
im Verhältnis mit der entgegengesetzten Erwartung stehe.
Ohne eine solche Nachsicht in Anspruch zu nehmen, hätte

er es schwerlich wagen dürfen, dieses Gedicht zur Herausgabe zu empfehlen. Herr von Humboldt hat uns durch die mühsame und sinnige Zusammenstellung der Grundgedanken, die in den achtzehn Gesängen des Werks ohne Ordnung enthalten sind, die Mühe jenes Abziehens erleichtert oder erspart; solcher Auszug enthebt uns insbesondere auch der Ermüdung, welche die tädiösen Wiederholungen der indischen Poesie hervorbringen.

Dieses Gedicht, eine Unterredung des Krishna (Bhagavad ist, wie W. Hastings die ungelehrten Leser belehrt und wofür auch ich ihm Dank weiß, einer der Namen Krishnas) hat in Indien den Ruhm, das Allgemeinste der indischen Religion vorzutragen. Herr A. W. von Schlegel, in der Vorrede zu seiner Ausgabe (p. VIII.) desselben, bezeichnet es als carmen philosophicum, quo vix aliud ullum sapientiae et sanctitatis laude per totam Indiam celebratius exstat. Dasselbe bezeugt Wilkins in der Vorrede zu seiner Übersetzung; er sagt, die Brahmanen sehen es dafür an, daß es alle großen Mysterien ihrer Religion enthalte. – Es ist dieser Gesichtspunkt, auf welchen die folgenden Bemerkungen gerichtet sein sollen. Die vorliegende Abhandlung, welche die Veranlassung dazu ist, indem sie uns die Grundlehren so bestimmt zusammenstellt, führt von selbst auf solche Betrachtung und gewährt die Leichtigkeit, dabei nur ihrer Anleitung folgen zu dürfen.

Ich führe zunächst die Situation des Gedichtes an, weil sie sogleich charakteristisch genug ist. Der Held Arjuna, im Kriege mit seinen Verwandten, an der Spitze seines Heers, den Gott Krishna zu seinem Wagenlenker, vor sich die zur Schlacht aufmarschierte feindliche Armee, und indem schon die Schlachtmusik der Hörner, Muscheln, Trompeten, Pauken usf. vom Himmel zur Erde fürchterlich widerhallt, schon Geschosse fliegen, gerät in zaghaften Kleinmut, läßt Bogen und Pfeile fallen und fragt Krishna um Rat; das Gespräch, das hierdurch veranlaßt wird, gibt ein vollständiges philosophisches System in achtzehn Gesängen, welche die beiden Übersetzer Lectionen benennen und die das Bhagavad-Gita heißen. – Solche Situation widerspricht freilich allen Vorstellungen, die wir Europäer vom Kriegführen und dem Augenblicke haben, wo zwei große Armeen schlagfertig einander gegenüber ge|treten sind, sowie allen unsern Forderungen an eine poetische Komposition, auch unsern 5 Gewohnheiten, auf die Studierstube oder sonst wohin, gewiß wenigstens nicht in den Mund des Generals und seines Wagenlenkers in solcher Entscheidungsstunde die Meditation und Darstellung eines vollständigen philosophischen Systems zu versetzen. – Dieser äußere Eingang bereitet uns 10 darauf vor, daß wir auch über das Innere, die Religion und Moralität, ganz andere als uns gewöhnliche Vorstellungen zu erwarten haben.

Die großen Interessen unseres Geistes können im allgemeinen unter die zwei Gesichtspunkte des theoretischen 15 und praktischen gebracht werden, deren jenes das Erkennen, dieses das Handeln betrifft. Nach diesen beiden Bestimmungen ordnet der philosophische Sinn des Hrn. Verf. die Lehren des Werks zusammen. Nach der Veranlassung der Unterredung wird das praktische Interesse zuerst 20 betrachtet. Hier findet sich als Prinzip (S. 6) die Notwendigkeit des Verzichtens auf die Früchte der Handlungen, auf alle Rücksicht des Erfolgs ausgesprochen. Nie, sagt Krishna, sei die Würdigung des Werts des Handelns in die Früchte gesetzt; dieser Gleichmut bezeichnet, wie der 25 höchstverehrte Hr. Verf. mit Recht sagt, »unleugbar philosophisch eine an das Erhabene grenzende Seelenstimmung«. Wir können darin die moralische Forderung, das Gute nur um seiner selbst, die Pflicht nur um der Pflicht willen zu tun, erkennen. Aber daß die Forderung solcher Gleichgül- 30 tigkeit gegen den Erfolg zugleich eine große poetische Wirkung hervorbringe (ebendaselbst), dagegen etwa könnten sich Zweifel erheben, wenn man für poetische Charaktere mehr eine konkrete Individualität, die Richtung ihrer ganzen Intensität auf ihre Zwecke und deren Verwirklichung 35 zu fordern und nur in dieser Einigkeit ihrer Willenskraft mit den Interessen, welche sie behaupten, poetische Lebendig-

keit und damit große poetische Wirkung zu sehen geneigt
sein möchte.

Außer diesem großen moralischen Sinne entsteht für das
praktische Interesse aber sogleich das zweite Bedürfnis, wel-
5 che Zwecke sich das Handeln zu setzen, welche Pflichten es
zu vollbringen oder bei irgendeinem von der Willkür und
den Umständen bestimmten Interesse zu respektieren habe.
Auf diesen Gesichtspunkt erlaube ich mir episodischer
Weise zunächst die Aufmerksamkeit zu richten, weil jenes
10 indische Prinzip gleich dem neuerer Moral für sich noch
nicht weiter | führt und aus ihm selbst keine sittlichen Pflich-
ten hervorgehen können. Man kann solche Bestimmungen
zunächst in der Veranlassung des ganzen Gedichts zu finden
erwarten, und nur hierauf soll sich das Aufsuchen zunächst
15 beschränken; weiterhin ist das Verhältnis von Pflicht und
vom Handeln überhaupt zur Yoga-Lehre in Betracht zu ziehen. – Daß der Krieg des Arjuna, den er gegen seine Verwandten unternommen, gerecht ist, haben wir etwa vorauszusetzen; es tritt nicht in den Kreis des Bhagavad-Gita ein,
20 das Prinzip dieses Rechts näher zu erläutern. Der Zweifel
aber, der den Arjuna befällt, im Augenblicke, wo die
Schlacht beginnen soll, ist eben der Umstand, daß es seine
und seines Heeres Verwandte sind, die er bekämpfen soll
und die genau aufgezählt sind – Lehrer, Väter, Söhne, in-
25 gleichen Großväter, Oheime, Schwiegerväter, Neffen,
Schwäger und Agnaten. – Ob nun dieser Zweifel eine sittliche Bestimmung, wie es uns zunächst scheinen muß, enthalte, dies muß von der Art des Werts abhängen, welcher
in des Inders Arjuna Sinne auf das Familienband gelegt
30 wird. Für den moralischen Sinn der Europäer ist das Gefühl
dieses Bandes das Sittliche selbst, so daß die Familienliebe
als solche das Erschöpfende ist und das Sittliche allein darin
besteht, daß alle damit zusammenhängenden Empfindungen
der Ehrfurcht, des Gehorsams, der Freundschaft usf. sowie
35 die auf das Familienverhältnis sich beziehenden Handlungen
und Pflichten jene Liebe zu ihrer Grundlage und zum für
sich genügenden Ausgangspunkte haben. Allein es zeigt

sich, daß es nicht diese moralische Empfindung ist, welche
in dem Helden den Widerwillen, die Verwandten auf die
Schlachtbank zu bringen, veranlaßt. Wir würden in Verbrechen verfallen, sagt er, wenn wir jene Räuber (Wilkins: Ty-
rannen) töteten; nicht so, daß das Töten derselben als An- 5
verwandte (die Lehrer immer mit eingeschlossen) selbst das
Verbrechen wäre, sondern das Verbrechen wäre eine
Folge, diese nämlich, daß durch die Ausrottung der Ge-
schlechter die sacra gentilitia – die einer Familie zur Pflicht
gemachten und religiösen Handlungen – zu Grunde gingen. 10
Wenn dies erfolgt, so wächst die Gottlosigkeit durch den
ganzen Stamm (dies ist für uns etwas zu inkohärent, indem etliche Worte vorher die Ausrottung des Stammes angenommen war). Dadurch werden die edlen Frauen – von
dem Stamme können nur die Männer, da nur sie sich in der 15
Schlacht befinden, zu|nächst umkommen – verdorben, und
es entsteht daraus die Varna-sankra, die Vermischung der
Kasten (the spurious brood). Das Verschwinden aber des
Kastenunterschiedes bringt die, welche an dem Untergange
der Stämme schuld sind, und den Stamm selbst ins ewige 20
Verderben (Schlegel: infernis mancipat, Wilkins: provi-
deth Hell for those etc.), denn die Voreltern stürzen aus
den Himmeln herab, weil sie der Kuchen und des Wassers fürder entbehren – die Opfer nämlich nicht mehr erhalten, indem ihre Nachkommen die Reinheit des Stammes 25
nicht bewahrt haben; Nachkommen, wird zugegeben, können die Voreltern immer noch haben, von denselben könnten sie also auch Opfer bekommen, allein diese Opfer würden ihnen ungedeihlich sein, weil sie von einer Bastardbrut
gebracht wären, und so unterbleiben sie von selbst. – Wie 30
Wilkins angibt (in den Notes zu p. 32), werden die Kuchen nach Verordnung der Vedas den Manen bis in die
dritte Generation gebracht, am Tage jedes Neumonds, die
Wasserlibation aber täglich.[1] Erhalten die Verstorbenen

---

[1] Das Ausführlichere über diese Totenopfer ist bei Gans Erbrecht
in weltgeschichtlicher Entwicklung I. Bd. S. 80 ff. zu finden, wo

keine solchen Opfer, so sind sie zu dem Lose verurteilt, in
unreinen Bestien wiedergeboren zu werden.

   Was hieraus für das Interesse eines praktischen Prinzips
hervorgeht, ist, wie wir sehen, daß zwar das Gefühl des Fa-
5 milienbandes als Grundlage erscheint, aber daß dessen Wert
nicht als Familienliebe und hiermit nicht als moralische Bestimmung gehalten ist. Das Gefühl dieses Bandes haben auch
die Tiere; im Menschen wird es zugleich geistig, aber sittlich nur, insofern es in seiner Reinheit erhalten oder viel-
10 mehr in seine Reinheit als Liebe ausgebildet und, wie vorhin bemerkt, diese Liebe als Grundlage festgehalten wird.
Hier wird vielmehr der Wert auf der Verwandlung dieses
Bandes in einen abergläubischen Zusammenhang gesetzt, in
einen zugleich unmoralischen Glauben an die | Abhängig-
15 keit des Schicksals der Seele nach dem Tode von den Kuchen und Wassersprengungen der Verwandten, und zwar
solcher, welche dem Kastenunterschiede treu geblieben
sind.

   So haben wir uns auch nicht durch den ersten guten An-
20 schein täuschen zu lassen, wenn wir in der Auseinandersetzung, die Arjuna von seinen Zweifeln macht, sogleich auf
Sätze stoßen, in denen wir die Religion ganz hoch gestellt
finden. Der schon oben angeführte Satz, nach der Schlegelschen Übersetzung (S. 132) religione deleta per omnem stir-
25 pem gliscit impietas, klingt nach unserem europäischen
Sinne so im allgemeinen genommen sehr gut. Nach den gemachten Bemerkungen aber heißt religio Kuchenopfer und
Wassersprengungen, und die impietas heißt teils das Unterbleiben von solchen Zeremonien, teils das Heiraten in nied-
30 rigern Kasten – ein Gehalt, vor dem wir weder religiöse

überhaupt die Natur der indischen Ehe und des Familienbandes dargestellt wird; die Vaterschaft hat das Interesse, Kinder als Werkzeuge
für die Abtragung der Schuld des Totenopfers an die Vorfahren zu
erhalten, S. 247; die ausschweifenden Weisen, zu diesem Behuf Kinder zu bekommen, werden S. 78 f. angeführt. Auch ist S. 90 angeführt, daß die oben mit den Verwandten aufgeführten Lehrer beim
Mangel anderer Anverwandten als Erben eintreten.

noch moralische Achtung haben. – In der Ind. Bibl. Bd. II,
H. 2. bestimmt Hr. v. H. das, was hier impietas lautet, näher zur Bedeutung von vernichtetem Rechte. – Der Dichter hat sich hierin noch nicht über den gemeinen indischen
Aberglauben zu einer sittlichen, wahrhaft religiösen oder  5
philosophischen Bestimmung erhoben.

Sehen wir nun, was Krishna auf die Bedenklichkeiten des
Arjuna erwidert. Das nächste ist, daß er noch diese Unlust
zum Kampf Schwäche, eine unwürdige Feigheit nennt, aus
der er sich ermannen solle. In Wilkins Übersetzung liegt  10
eine ausdrücklichere Erinnerung an die Pflicht (wie derselbe erläutert: des Soldaten, gegen die allgemeinen moralischen Pflichten). Wenn die moralische Kollision auch
nicht bestimmter durch den Ausdruck hervorgehoben ist, so
ist sie vorhanden, und für die Auflösung ist jenes bloße  15
Schmälen Krishnas nicht befriedigend; auch genügt es dem
Arjuna nicht, der vielmehr nur das schon Gesagte wiederholt und bei seinem Entschlusse, sich nicht zu schlagen, beharrt.

Nun fängt Krishna an, die höhere, alles überfliegende  20
Metaphysik loszulegen, welche einerseits über das Handeln
ganz hinaus zum reinen Anschauen oder Erkennen und damit in das Innerste des indischen Geistes übergeht, andererseits die höhere Kollision zwischen dieser Abstraktion und
dem Praktischen und damit das In|teresse herbeiführt, sich  25
um die Art umzusehen, wie diese Kollision vermittelt und
aufgelöst sei.

Das nächste jedoch, was Krishna entgegnet, führt nicht
sogleich zu jener Höhe fort, der metaphysische Anfang
führt zunächst nur auf gewöhnliche populäre Vorstellungen.  30
Krishna sagt, daß Arjuna zwar weise Reden führe, aber die
Weisen betrauern weder die Toten noch die Lebendigen.
»Weder ich, Krishna, bin jemals nicht gewesen, noch
du, noch alle diese Könige der Sterblichen, noch ist es
jemals in Zukunft, daß wir nicht sein werden. – Diese  35
Leiber, welche von der unveränderlichen, unzerstörbaren
und unendlichen Seele belebt sind, werden hinfällig ge-

nannt; darum kämpfe, Arjuna! – Wie kann der Mensch, der
weiß, daß die Seele unsterblich ist, meinen, daß er sie töten
lassen oder töten könne? wie kannst du dazu kommen, sie
zu beklagen? Wenn du aber auch glaubst, daß die Seele ent-
5 standen sei und daß sie wieder sterben werde, so kannst du
auch so nicht um sie klagen; denn dem, was geboren, ist
der Tod gewiß, und dem, was gestorben, die Geburt; über
das Unvermeidliche mußt du daher dir keinen Kummer
machen!« – Eine moralische Bestimmung, die wir suchen,
10 ist hierin nicht wohl zu sehen. Es ist dasselbe, was wir sonst
lesen: »Freund, es sind sterbliche Menschen, sterbliche
Menschen! die du zu töten im Begriffe bist; die Seele aber
wirst du nicht töten, denn sie kann nicht getötet werden.«
Wir finden ohne Zweifel, daß, was zuviel beweist (aus dem
15 Töten überhaupt wird in solcher Vorstellung nicht viel gemacht), gar nichts beweist.
   Dann fährt Krishna fort: Eingedenk der Pflichten deiner
besondern Kaste geziemt dir, nicht zu zagen; für einen
Kshatriya gibt es nichts Höheres als Krieg. Bei Schlegel
20 heißt es dort: proprii officii memorem etc., und hier
legitimo bello melius quidquam militi evenire nequit, so
auch in der Folge. Europäer, die dies lesen, nehmen es ohne
Zweifel in dem Sinne der Pflicht des Soldaten als eines
solchen; so haben diese Aufrufungen einen moralischen
25 Sinn für sie, wenn sie sich nicht erinnern, daß in Indien
Stand und Pflicht eines Soldaten nicht eine Sache für sich,
sondern an die Kaste gebunden und beschränkt ist. Wilkins
gibt in seiner Übersetzung die bestimmtern Ausdrücke:
the duties of thy particular tribe, und: a soldier of the |
30 Kshatree tribe hath no duty superior to fighting. Die allgemeinen Ausdrücke, proprium officium und milites, wie
vorhin religio und impietas, versetzen uns zunächst nur in
europäische Vorstellung, sie benehmen dem Inhalt seine
Farbe, veranlassen es zu leicht, uns über die eigentümliche
35 Bedeutung zu täuschen und die Sätze für etwas Besseres zu
nehmen, als sie in der Tat sagen. – In dem eben Angeführten liegt ebensowenig das, was wir Pflicht nennen, sittliche

Bestimmung, sondern nur Naturbestimmung zu Grunde. –
Weiter hält Krishna dem Arjuna noch die Schande vor, in
die er sich bei Freund und Feind stürzen würde – ein
passendes, doch für sich formelles Motiv, indem es immer
darauf ankommt, worein die Ehre und Schande gesetzt 5
wird.

Aber Krishna setzt nun hinzu, daß dies, was er hier dem
Arjuna vorgehalten, nach der Sanc'hya-Weise gesprochen,
daß er nun aber nach der Yoga-Weise sprechen werde.
Hiermit eröffnet sich erst das ganz andere Feld indischer Be- 10
trachtungsweise. Die Zusammenstellung, die Erläuterungen
und Aufschlüsse, welche uns über diese hervorstechendste
Seite des Gedichts der höchstverehrte Hr. Verf. aus seinem
tiefen Sinne und dem Schatze seiner Gelehrsamkeit gibt,
sind von vorzüglichem Interesse. Der höhere Schwung oder 15
vielmehr die erhabenste Tiefe, welche sich hier auftut, führt
uns sogleich über den europäischen Gegensatz, mit welchem wir diese Darstellung eröffnet, von dem Praktischen und Theoretischen hinaus, das Handeln wird im
Erkennen oder vielmehr in der abstrakten Vertiefung 20
des Bewußtseins in sich absorbiert. Auch Religion und Philosophie fließen hier so ineinander, daß sie zunächst un-
unterscheidbar scheinen. So hat der Hr. Verf. gleich von
Anfang den Inhalt des Gedichts, wie oben angegeben, ein
vollständiges philosophisches System genannt. Es macht 25
überhaupt in der Geschichte der Philosophie eine bedeutende Schwierigkeit und Verlegenheit aus, insbesondere den
ältern Perioden der Bildung eines Volkes, eine Grenze
zwischen diesen Weisen des Bewußtseins, denen gemeinschaftlich das Höchste und darum das Geistigste, nur im 30
Gedanken seinen Wohnsitz habende, Gegenstand ist, zu
bestimmen und eine Eigentümlichkeit auszufinden, vermöge deren solcher Inhalt nur der einen oder der andern
Region angehörte. Für die indische Bildung ist uns nun
endlich eine solche Unterscheidung möglich geworden 35
durch | die auch von dem Hrn. Verf. öfters angeführten
Auszüge, welche Colebrooke aus eigentlich philosophischen

Werken der Inder in den Transactions of the R. Asiatic
Society Vol. I. dem europäischen Publikum gegeben hat
und die zu den schätzenswertesten Bereicherungen gehören,
welche unsere Kenntnis auf diesem Felde erhalten konnte.

5    Bei den philosophischen Systemen zeigt es sich gleichfalls, daß, wie hier im Gedicht, Sanc'hya-Lehre und Yoga-
Lehre eine Grundunterscheidung zwischen denselben ausmacht: Obgleich Sanc'hya zunächst als eine allgemeinere
Bestimmung (bei Colebrooke) erscheint, unter welche hier-
10   mit auch die Yoga-Lehre befaßt wird, so ist doch die Unterscheidung des Inhalts vornehmlich an jene Verschiedenheit
des Ausdrucks geknüpft. – Was zunächst Sanc'hya betrifft,
so führe ich aus Colebrooke an, daß ein System der Philosophie so genannt werde, in welchem die Präzision des
15   Zählens oder Rechnens in der Aufzählung seiner Prinzipien beobachtet werde; Sanc'hya heiße eine Zahl. In der
Tat zeigen sich die philosophischen Systeme, mit denen er
uns bekannt macht, vornehmlich als Aufzählungen von den
Anzahlen der Gegenstände, Elemente, Kategorien usf., wel-
20   che jedes System annimmt und welche, so nacheinander
vorgetragen, dann für sich näher erläutert und bestimmt
werden. Das Wort, von welchem Sanc'hya herkomme, be-
deute überhaupt Räsonieren oder Nachdenken (reasoning
or deliberation); wie denn auch Hr. v. H. in den Bemer-
25   kungen, welche derselbe über die Kritik des Hrn. Langlois
von der Schlegelschen Ausgabe und Übersetzung der Bhagavad-Gita in der Indischen Bibliothek gegeben, daselbst II.
Bd. 2. H. S. 236 die Sanc'hya-Lehre eben dahin bestimmt,
daß in ihr das räsonierende und philosophierende
30   Nachdenken rege sei.
    Was vorhin in Rücksicht auf moralische Bestimmungen
ausgehoben worden, zeigte sich als sehr unbedeutend, und
wir würden dergleichen als populäre, ganz gewöhnliche
Motive charakterisieren. Wenn nun das übrige das Interes-
35   santere ist, worin, wie Hr. v. H. S. 32 heraushebt, in seinem Vortrage Krishna sichtlich bei dem Yoga stehenbleibt,
so ist jedoch einerseits gleich zu bemerken, daß auf dem

höchsten indischen Standpunkte, wie dies auch im Bhagavad-Gita in der 5ten Lect. 5. slocus ausgesprochen ist, die-
ser Unterschied verschwindet; beide | Weisen haben Ein
Ziel und: Unam eandemque esse disciplinam rationalem
(Sanc'hya-Sastra) et devotionem (Yoga-Sastra) qui cernit, is 5
vere cernit (Schlegelsche Übers.). Andererseits kann erinnert werden, daß, sosehr in diesem letzten Ziel indische
Religion und Philosophie übereinkommen, doch die Ausbildung dieses Einen Zieles und wesentlich des Weges zu
diesem Ziele, wie sie durch und für den Gedanken zustande 10
gebracht worden, so zu dem Unterschiede von der religiösen Gestalt gediehen ist, daß sie sehr wohl den Namen der
Philosophie verdient. Vollends zeigt sich der Weg, den die
Philosophie vorzeichnet, eigentümlich und würdig, wenn
man ihn mit dem Wege vergleicht, welchen die indische 15
Religion teils vorschreibt, teils wenn sie selbst den höhern
Schwung zu dem Yoga-Sinne nimmt, noch gleichsam ver-
mengungsweise zuläßt. So würde man der indischen Philosophie, welche Sanc'hya-Lehre ist, höchst unrecht tun,
wenn man sich ein Urteil über sie und ihre Weise aus dem, 20
was nach oben in dem Bhagavad-Gita Sanc'hya-Lehre heißt
und was über die gemeinen, populär-religiösen Vorstellungen nicht hinausgeht, machen würde.

Für eine kurze Bestimmung der Yoga-Lehre können wir
am zweckmäßigsten gleichfalls anführen, was Hr. v. H. 25
(Ind. Bibl. a.a.O.) von ihr angibt, daß in ihr nämlich dasjenige Nachdenken (wenn es etwa noch so heißen kann)
rege sei, welches ohne Räsonement, durch eine Vertiefung
zur unmittelbaren Anschauung der Wahrheit, ja zur Vereinigung mit der Urwahrheit selbst gelangen will. Aus den 30
Darstellungen des Hrn. Verf. dasjenige zu entnehmen, was
sich in dieser Yoga-Richtung für die Bestimmung von Gott
sowie für das Verhältnis des Menschen zu Gott, ferner dann
auch wieder für den Gesichtspunkt des Handelns und der
Sittlichkeit ergibt, soll der Gegenstand eines zweiten Arti- 35
kels sein.

Hegel. |

Zweiter Artikel.

Nachdem in einem frühern Artikel (N. 7 dieser Jahrbücher)
diese gelehrte Arbeit des höchstverehrten Hrn. Verfassers
dazu benutzt worden, zu versuchen, das herauszuheben,
5 was aus diesem berühmten Gedichte sich für die sittlichen
Bestimmungen der Inder ergebe, so soll aus der Zusammenstellung und den Aufklärungen, welche uns diese höchst
schätzbare Darstellung über die religiöse Ansicht dieses
Volkes gewährt, der Vorteil gezogen werden, einige
10 Grundbestimmungen zu derselben in Betracht zu ziehen
und Rechenschaft über diese zu geben. Die Aufschlüsse,
welche wir in den vorliegenden Vorlesungen erhalten, sind
um so interessanter, als sie nicht irgendeine partikuläre Seite
der unendlich vielgestalteten indischen Mythologie behan-
15 deln, sondern sich vornehmlich mit der Yoga-Lehre, dem
Innersten der Religion dieses Volkes beschäftigen, worin
ebensosehr die Natur seiner Religiosität als seines höchsten
Begriffes von Gott enthalten ist. Diese Lehre ist die Grund-
vorstellung, welche durch das ganze Gedicht herrschend ist
20 und geltend gemacht wird.
Sogleich ist zu bemerken, daß der Ausdruck Yoga-
Lehre nicht das Mißverständnis veranlassen darf, als ob
Yoga eine Wissenschaft, ein entwickeltes System sei. Es ist
damit nur eine Lehre in dem Sinne gemeint, wie man etwa
25 von der mystischen Lehre spricht, um einen Standpunkt zu
bezeichnen, der als Lehre betrachtet, nur etliche wenige
Behauptungen und Versicherungen enthält und vornehmlich erbauend, zur geforderten Erhebung ermahnend und
aufregend ist. Es ist dies mit ein Grund, warum, wie Hr. v.
30 H. S. 33 anführt, diese Lehre eine Ge|heimlehre ist; sie
kann ihrer Natur nach nicht objektiv sein, denn sie hat keinen entwickelten, in den Boden des Beweisens eintretenden
Inhalt. Die höchste Lehre in Indien, die Vedas, sind aber
dort auch äußerlich ein Geheimnis; die Brahmanen sind ei-
35 gentlich im ausschließenden Besitz und Lesen dieser Bücher,
das für die andern Kasten nur etwas Toleriertes ist. Die

großen Gedichte Ramayana und Mahabharata scheinen dagegen die Bestimmung zu haben, auch diesem aus dem
Eigentume der Brahmanen ausgeschlossenen Teile der Nation die religiösen Kenntnisse zu gewähren, die derselbe
freilich nur bis zu einem gewissen Grade und in dem Sinne 5
zu benutzen fähig ist, um welchen sich die ganze Yoga-
Lehre dreht.

　　Hr. v. H. führt ebendas. an, daß Colebrooke in seinen
Auszügen aus den philosophischen Systemen der Inder
(Transact. of the R. Asiat. Society, Vol. I.) von dem 10
Werke Patandschalis (eines mythologisch erscheinenden
Wesens, bei Colebr. geschrieben: Patanjali), das die Yoga-
Lehre enthält, nur kurze Andeutungen gebe, so daß sich
nicht beurteilen lasse, inwiefern das, was Krishna in der
Bhagavad-Gita vorträgt, damit übereinstimme. Die special 15
topics, deren Colebrooke erwähnt, auf welche sich die
Meditation in der genannten Lehre ausdehne, mögen wohl
Eigentümliches enthalten; allein es läßt sich nicht zweifeln,
daß wenigstens die Natur dessen, was Yoga heißt, und das
letzte Ziel, welches sich darin vorgesetzt ist, der Hauptsache 20
nach auf dieselbe Weise in beiden Darstellungen vorgestellt
werde. Schon der Inhalt der vier Kapitel der Yoga-Sutras
des Patanjali, den jener sorgfältige Gelehrte angibt, sowie
einige weitere Anführungen, die er daraus macht, lassen
dies schließen, und wir werden auch die besondern Ge- 25
sichtspunkte, die der Gegenstand jener Kapitel sind, in dem
Inhalte der Gita finden. Ich will sie kurz angeben; das erste
der Kapitel (padu), sagt Colebrooke, handelt von der Beschauung (Kontemplation), das zweite von den Mitteln, sie
zu erlangen; das dritte von der Übung übernatürlicher 30
Macht (exercice of transcendent | power, vibhuti),
das vierte von der Abstraktion oder geistigen Isolierung.
Daß Colebrooke von den special topics der Patanjali-Lehre
nichts näheres anführt, während er von den andern Lehren
sehr ausführliche und bestimmte Auszüge gibt, hat wohl sei- 35
nen guten Grund; es ist nicht zu vermuten, vielmehr
scheint es der Natur der Sache nach eher unmöglich, daß

viele andere als uns fremdartige, wilde, abergläubische
Dinge, die mit Wissenschaftlichkeit nichts zu tun haben, zu
berichten gewesen wären. Auch die Sanc'hya selbst, welche
wesentlich von der Patanjali-Lehre verschieden ist, kommt
5 in ihrem letzten und einzigen Zwecke mit dieser überein
und ist darin Yoga-Lehre. Nur der Weg weicht voneinander ab, indem die Sanc'hya ausdrücklich durch die denkende Betrachtung der besondern Gegenstände und der
Kategorien der Natur und des Geistes zu jenem Ziel fortzu-
10 schreiten anweist, die eigentliche Yoga-Lehre des Patanjali
dagegen ohne solche Vermittlung gewaltsam und auf einmal
in diesen Mittelpunkt sich zu versetzen treibt. Ausdrücklich
macht Colebrooke den Anfang der Exposition der Sanc'hya
damit, zu sagen, daß der anerkannte Zweck aller Schulen,
15 der theistischen (worunter die Patanjali-Lehre gehört), der
atheistischen und mythologischen wie anderer philosophischen Systeme der Inder dieser ist, die Mittel zu lehren,
durch welche ewige Seligkeit erlangt werden könne, nach
dem Tode oder vor demselben.
20    Von den Vedas führt Colebrooke dabei nur eine Stelle
in dieser Beziehung an; von der Vedanta (der Theologie
der Vedas als ihr räsonierender Teil) sagt er, ihr ganzer
Zweck sei, eine Erkenntnis zu lehren, durch welche die Befreiung von der Metempsychose erreicht werde, und dies
25 als das große Ziel einzuschärfen, das durch die in jener
Theologie angegebenen Mittel zu erlangen sei. Bestimmter
gibt derselbe anderwärts (Asiat. Res. IX. p. 289) an, die
Anhänger der Vedas glauben, daß die menschliche Seele
nicht allein einer vollkommenen Einheit mit dem göttlichen
30 Wesen fähig ist, was durch die Erkenntnis Gottes, wie sie
von den Vedas gelehrt wird, erreicht werde, sondern sie
haben auch angedeutet, daß durch dieses Mittel die
besondere Seele Gott werde, selbst bis zur wirklichen Erlangung der obersten Macht. Sogar in den Aphorismen von
35 Nyaya, der Philosophie des Gotama, von welcher Colebrooke im zweiten Aufsatze über die indische Philosophie
(Transact. of the R. Asiatic Society Vol. I. P. 1)

einen ausführlichen Auszug gibt | – einer ziemlich trok-
kenen formellen Logik, die der Gegenstand von einer unendlichen Menge von Kommentaren in Indien geworden
sei –, werde dieselbe Belohnung einer vollkommenen
Kenntnis dieser philosophischen Wissenschaft verheißen. 5
Wir dürfen daher mit Recht das, was Yoga heißt, für den
allgemeinen Mittelpunkt indischer Religion und Philosophie betrachten.

Was nun Yoga ist, setzt der Hr. Verf. S. 33 sowohl ety-
mologisch als in dem weitern Sinne auseinander; auch in 10
der Indischen Bibliothek B. II. H. 2. S. 248 ff. finden sich
interessante Erörterungen sowohl von Hrn. v. H. als auch
von Hrn. v. Schlegel über die Schwierigkeit der Übersetzung eines solchen Worts. Yoga wird also (S. 33) beschrieben als die beharrliche Richtung des Gemüts auf die G o t t- 15
h e i t, die sich von allen andern Gegenständen, selbst von
d e m i n n e r n G e d a n k e n zurückzieht, jede Bewegung und
Körperverrichtung möglichst hemmt, sich allein und ausschließend in das Wesen der Gottheit versenkt und sich mit
demselben z u v e r b i n d e n s t r e b t. Hr. v. H. übersetzt das 20
Wort durch V e r t i e f u n g, indem die I n s i c h g e k e h r t h e i t
das auffallendste Merkmal des im Yoga begriffenen Men-
schen bleibe und darin auch die eigne mystische Gemüts-
stimmung eines solchen liege; obgleich jede Übertragung
eines aus ganz eigentümlicher Ansicht entspringenden Aus- 25
drucks einer Sprache durch ein einzelnes Wort einer andern
mangelhaft bleibe. Letztere Bemerkung enthält wohl die
Rechtfertigung des Hrn. v. Schlegel, der Yoga vornehmlich
mit devotio übersetzt, wie es auch Langlois und Wilkins mit
devotion (Ind. Bibl. a. a. O. S. 250) geben; sonst gebraucht 30
Hr. v. Schl. a p p l i c a t i o, d e s t i n a t i o, e x e r c i t a t i o, wo
der Sinn etwa nicht so spezifisch zu sein scheint. Der Hr.
v. H. macht daselbst jedoch den Übelstand bemerklich, daß
dem Leser bei allen diesen verschiedenen Ausdrücken der
ursprüngliche allgemeine Begriff dieses Worts fehle, durch 35
den man erst die einzelnen Anwendungen, jede in ihrer
Eigentümlichkeit, wahrhaft fassen könne, in welche Bemer-

kungen Hr. v. Schl. mit seiner vollen Kenntnis der Schwierigkeiten des Übersetzens und im tiefen Gefühle der Über-
setzer-Leiden einstimmt. Es widerstreitet gewiß geradezu
der Natur der Sache, die Forderung zu machen, daß ein
5 Ausdruck der Sprache eines Volkes, das gegen die unsere
eine eigentümliche Sinnesart und Bildung hat, wenn solcher
Ausdruck nicht unmittelbar sinnliche Gegenstände, wie
Sonne, Meer, Baum, Rose usf., son | dern einen geistigen
Gehalt betrifft, mit einem Ausdruck unserer Sprache wie-
10 dergegeben werde, welcher jenem in seiner vollen Bestimmtheit entspreche. Ein Wort unserer Sprache gibt uns
unsere bestimmte Vorstellung von solchem Gegenstande
und ebendamit nicht die des andern Volkes, das nicht nur
eine andere Sprache, sondern andere Vorstellungen hat. In-
15 dem der Geist das Gemeinsame aller Völker ist, und wenn
die Bildung desselben zugleich vorausgesetzt wird, so kann
sich die Verschiedenheit nur um das Verhältnis eines Inhalts
nach seiner Gattung und deren Bestimmung, die Arten,
drehen. In einer Sprache sind für viele, gewiß nicht für alle
20 Bestimmtheiten etwa besondere Ausdrücke vorhanden, aber
etwa nicht für das sie befassende allgemeine Subjekt, oder
aber wohl für dieses, und zwar, daß der Ausdruck entweder
nur auf das Allgemeine eingeschränkt oder auch für den
Sinn einer besondern Art geläufig ist; so enthält die Zeit
25 zwar sowohl die erfüllte als die leere und die rechte Zeit,
darum muß aber tempus doch oft durch: Umstände, die
rechte Zeit, übersetzt werden. Was wir in den Wörter-
büchern als verschiedene Bedeutungen eines Wortes angeführt finden, sind meistenteils Bestimmtheiten einer und
30 derselben Grundlage. Wenn auch, wie Hr. v. Schl. (Ind.
Bibl. 2. B. 2. H. S. 256) sagt, die europäischen Völker in
Absicht auf die Sprachen und auf Geschmack, gesellige und
wissenschaftliche Bildung Eine große Familie ausmachen, so
geht die Verschiedenheit ihrer Sprachen dennoch zu der an-
35 gegebenen Abweichung fort und macht an einem Übersetzer
die Eigenschaften notwendig, welche allein der Schwierigkeit auf eine Weise abhelfen können, wie Hr. v. Schl. es

in den mannigfaltigsten Proben geleistet, gebildeten Takt
und geistreiches Talent.

Hr. v. H. bemerkt (ebendas. S. 250) gegen die französische Übersetzung des Ausdrucks Yoga mit devotion und die
lateinische mit devotio, daß sie die Eigentümlichkeit des        5
Yoga nicht bezeichnen; in der Tat drücken sie nicht die allgemeine Bestimmung für sich und sie nur in einer Modifikation aus, die nicht im Yoga enthalten ist. Der deutsche
Ausdruck Vertiefung, dessen sich der höchstverehrte Hr.
Verf. bedient (S. 41), zeigt sich sogleich als bedeutend und        10
passend; er drückt die allgemeine Bestimmtheit aus, welche
Yoga überhaupt bedeutet und für die destinatio, applicatio
paßt. Yoga aber hat insbesondere die eigentümliche Bedeutung, welche für die Kenntnis des Ausgezeichneten der in-
dischen Religionen das Interes|sante ist. Wilkins S. 140 sei-        15
ner Übersetzung in den Anmerk. sagt nach der Erwähnung
der unmittelbaren und der allgemeinen Bedeutung von
junction und bodily or mental application, daß es in
der Bhagavad-Gita is GENERALLY used as a THEOLOGICAL
term, to express the application of the mind in        20
spiritual things, and the performance of religious
ceremonies. Diese spezifische Bedeutung zeigt sich hiermit, im Ausdrucke der allgemeinen Grundlage die überwiegende zu sein. Unsere Sprache kann nicht wohl ein Wort
besitzen, welches solcher Bestimmung entspräche, weil die        25
Sache nicht in unserer Bildung und Religion liegt. Der pas-
sende Ausdruck Vertiefung geht darum gleichfalls nicht so
weit; Yoga in jener Eigentümlichkeit ist weder Vertiefung
in einen Gegenstand überhaupt, wie man sich in die Anschauung eines Gemäldes oder einen wissenschaftlichen        30
Gegenstand vertieft, noch die Vertiefung in sich selbst, d. i.
in seinen konkreten Geist, in die Empfindungen oder Wünsche desselben usf. Yoga ist vielmehr eine Vertiefung ohne
allen Inhalt, ein Aufgeben jeder Aufmerksamkeit auf
äußere Gegenstände, der Geschäftigkeit der Sinne eben-        35
sosehr als das Schweigen jeder innern Empfindung der Regung eines Wunsches oder der Hoffnung oder Furcht, die

Stille aller Neigungen und Leidenschaften wie die Abwesenheit aller Bilder, Vorstellungen und aller bestimmten Gedanken. Insofern diese Erhebung nur als ein momentaner
Zustand betrachtet wird, würden wir ihn Andacht nennen
5 können; allein unsere Andacht kommt aus einem konkreten
Geiste und ist an einen inhaltsvollen Gott gerichtet; ist in-
haltsvolles Gebet, eine erfüllte Bewegung des religiösen
Gemüts. Die Yoga[1] könnte man darum nur abstrakte Andacht nennen, weil sie sich nur in die vollkommene In-
10 haltslosigkeit des Subjekts und des Gegenstandes und damit
gegen die Bewußtlosigkeit hinsteigert.

Um zum Bestimmten überzugehen, so ist sogleich zu bemerken, daß diese Abstraktion nicht als eine vorübergehen-
hende Spannung verstanden wird, sondern sie wird als habi-
15 tuelle Stimmung und Charakter des Geistes, wie die Andacht zur Frömmigkeit überhaupt werden soll, gefordert.
Der Weg zu diesem konstanten Versenktsein des | Geistes
hat verschiedene Stufen und damit verschiedene Werte. Aus
tausenden von Sterblichen strebt kaum einer nach Vollen-
20 dung, und von den Strebenden und Vollendeten ist es kaum
einer, der mich vollkommen kennt, sagt Krishna Bhag. VII.
3. Die untergeordneten Vollendungen (denn so muß man
nach dem eben angeführten Ausspruch reden) zu bezeichnen und ihren Wert unter den der höchsten Vollendung zu
25 setzen, macht einen Hauptinhalt der Bhagavad-Gita aus.
Der Vortrag fällt jedoch vornehmlich immer in die Wiederholung des allgemeinen Gebots, sich in Krishna zu versenken, zurück; die Mühe, die Hr. v. H. übernommen, das
Verwandte, im Gedicht sosehr Zerstreute zusammenzustel-
30 len, erleichtert es, diesen Unterschieden nachgehen zu können.

Daß die Richtung des Geistes auf Krishna den Charakter
durchdrungen habe, wird sogleich zu der Gleichgültigkeit

---

[1] Es mag erlaubt sein, die Yoga zu sagen im Sinne des deutschen
femininen Artikels, mit dem Qualitäten meist bezeichnet zu werden
pflegen.

gegen die Früchte der Handlungen gefordert, von welcher
im ersten Artikel gesprochen worden und die in den ersten
Lectionen des Gedichts vornehmlich eingeschärft wird; s.
Hr. v. H. S. 5 ff. Diese Verzichtleistung auf den Erfolg ist
nicht ein Enthalten vom Handeln selbst, setzt dasselbe viel- 5
mehr voraus. Jene Verzichtleistung wird aber XII. 11 als die
niedrigste Stufe der Vollendung ausgesprochen. Wenn du,
sagt Krishna daselbst, nicht einmal das Vorhergehende (was
dies sei, davon sogleich) zu erreichen vermagst, so tu, mich
vor Augen habend, in Bescheidenheit auf die Früchte der 10
Handlungen Verzicht.

Wenn dies Absehen von dem Erfolg der Handlungen
einerseits ein Element sittlicher Gesinnung ist, so ist es in
dieser Allgemeinheit zugleich unbestimmt und darum formeller und selbst zweideutiger Natur. Denn Handeln heißt 15
nichts anderes als irgendeinen Zweck zustande bringen; damit etwas heraus, damit es zu einem Erfolg komme, wird
gehandelt. Die Verwirklichung des Zwecks ist ein Gelingen; daß die Handlung Erfolg hat, ist eine Befriedigung,
eine von der vollführten Handlung untrennbare Frucht. 20
Zwischen das Handelnde und das Erreichen des Zwecks
kann sich Trennendes einschieben, und das Handeln aus
Pflicht wird in vielen Fällen zum voraus sogar wissen, daß
es keinen äußerlichen Erfolg haben kann, aber die Pflicht ist
etwas anderes als jene bloß negative Gleichgültigkeit gegen 25
den Er|folg. Je sinnloser und stumpfer ein opus operatum
vollbracht wird, eine desto größere Gleichgültigkeit gegen
einen Erfolg ist darin vorhanden.

Die nächsthöhere Stufe, wodurch Vollendung (consum-
matio) erreicht werde, wird XII. sl. 10 angegeben als eine 30
Vertiefung in die Werke des Krishna und ein Vollbringen von Werken um seinetwillen (mei gratia). Die
Stelle, welche die letztere Bestimmung enthält, erklärt Hr.
v. H. (Ind. Bibl. a. a. O. S. 251) unter den schwierigen sl.
9–12 für die, die ihn vorzüglich zweifelhaft lasse. Wilkins: 35
FOLLOW ME IN MY WORKS SUPREME; for by performing
works FOR ME, thou shalt attain perfection. Hr. v. H.

interpretiert im ersten Satze nicht Vertiefung in die Werke
des Krishna, sondern das um Krishnas willen in alleiniger
Richtung auf ihn zu übende Handeln. MEA OPERA qui per-
ficit gibt einen Sinn, der allerdings zunächst nicht ein-
5 leuchtet, und Hr. v. H. erinnert, daß diese Übersetzung den
Sterblichen etwas Unmögliches aufzuerlegen scheint. Außer
dem, daß überhaupt alle unsere Vorstellungen von Unmög-
lichkeiten an der indischen Vorstellungswelt scheitern, als in
welcher das faire l'impossible ganz zu Hause ist, so er-
10 halten wohl jene Werke des Krishna durch das folgende ihre
nähere Erläuterung. Die Frage ist, was es für Handlungen
sind, die der Andächtige zu vollbringen habe? In III. 26
wird, wie überhaupt alle die wenigen Gedanken dieses Gedichts auf die tädiöseste Weise wiederholt werden, dasselbe
15 gesagt, der Weise solle mit andächtigem Sinne alle Handlungen verrichten, und dann heißt es weiter sl. 27, daß die
Handlungen durch die Qualitäten der Natur bestimmt
sind; es sind dies die drei bekannten Kategorien der Inder,
nach welchen sie sich alles systematisieren. In XVIII. 40 ff.
20 ist es weiter ausgeführt, daß die eigentümlichen Geschäfte
der Kasten nach diesen Qualitäten verteilt sind. Auch in
dieser Stelle, wo von dem spezifischen Unterschiede der
Kasten ausdrücklich gesprochen ist, übersetzt Hr. v. Schlegel, wie im 1sten Art. bemerkt wurde, die erste zwar mit
25 Brachmani, aber die drei folgenden mit milites, opifices
und servi; die jedesmalige Wiederholung bei der Angabe
der eigentümlichen Eigenschaften jeder Kaste, dies seien die
ihnen durch die Natur bestimmten Geschäfte (Wilkins:
natural duty), lautet: munera, ex ipsorum INDOLE
30 nata. Indoles ist wohl Naturbestimmtheit als Naturanlage,
Naturell; aber daß es ganz nur | der physische Umstand der
Geburt ist, wodurch jedem Menschen sein Geschäft bestimmt ist, dies wird durch diesen Ausdruck eher verdunkelt, sosehr, daß man nach dem Sinne der europäischen
35 Freiheit leicht das Gegenteil verstehen könnte, nämlich, daß
von dem Naturell, der geistigen Naturanlage, Talent, Genie, abhängig gemacht werde, zu welchem Geschäfte, d. i.

zu welchem Stande jedes Individuum sich selbst bestimme.
Es ist eher für wichtig anzusehen, es bemerklich zu machen,
daß auch in diesem Gedichte, welches dies große Ansehen
indischer Weisheit und Moral genießt, die bekannten Kastenunterschiede ohne die Spur einer Erhebung zur mora- 5
lischen Freiheit zu Grunde liegen. Den ersten Anschein,
reine sittliche Prinzipien zu enthalten, geben demselben die
teils schon angeführten, teils gleich näher zu erörternden
Grundsätze der negativen Gesinnung zunächst gegen die
Früchte des Handelns. Grundsätze, die im allgemeinen sich 10
ganz gut ausnehmen, sind um ihrer Allgemeinheit selbst
willen zugleich schwankend und erhalten den inhaltsvollen
Sinn und Wert erst durch die konkreten Bestimmungen.
Der Sinn und Wert indischer Religiosität und der damit zusammenhängenden Pflichtenlehre bestimmt und versteht 15
sich aber nur aus dem Gesetz der Kaste – dieser Institution,
welche Sittlichkeit und wahre Bildung ewig unter den Indern unmöglich gemacht hat und macht.

Die Aufforderung an den Arjuna, die Schlacht zu liefern,
ist die Aufforderung, weil er zur Kshatriya-Kaste gehört, 20
das naturbestimmte Geschäft zu verrichten, opus tibi de-
mandatum, III. 19. Ebendas. sl. 29 ist eingeschärft, daß
der Wissende (universitatis gnarus, vergl. Ind. Bibl. II.
3. S. 350) die Unwissenden in diesem Tun ihrer Kasten-
pflichten nicht wankend machen solle – was einerseits einen 25
guten Sinn, andererseits eben die Verewigung der Naturbestimmtheit enthält. Es ist besser, heißt es XVIII. 47, seine
Kastenpflicht mit ermangelnden Kräften zu vollbringen;
wenn sie auch (hier heißt sie CONNATUM opus) mit Schuld
vergesellschaftet ist, soll sie keiner verlassen. Was daselbst 30
ferner gesagt ist – daß, wer zufrieden mit seinem Geschäfte
ist, die Vollendung erreicht, wenn er ohne Ehrsucht und
Begierden es vollbringt – enthält, daß, wie wir uns etwa
ausdrücken könnten, nicht die äußerlichen Werke als solche (das opus operatum) zur Seligkeit verhelfen. Aber 35
diese Aussprüche haben nicht den christ|lichen Sinn, daß in
jedem Stande, wer Gott fürchtet und Recht tut, ihm ange-

nehm ist; denn dort gibt es keinen affirmativen Zusammenhang zwischen einem geistigen Gott und den Pflichten und
somit kein innerliches Recht und Gewissen; denn der Inhalt der Pflichten ist nicht geistig, sondern natürlich be-
5 stimmt. Die Ausdrücke Handlungen, Charakter, die
wir oben gebrauchten, zeigen sich dadurch unpassend, hier
angewendet zu werden, denn sie schließen moralische Im-
putabilität und subjektive Eigentümlichkeit in sich. –
Krishna sagt von sich III. sl. 22: Ich habe zwar in der Welt
10 nichts zu verrichten noch zu erlangen, was ich noch nicht
erlangt hätte; doch verbleibe ich im Wirken (versor ta-
men in opere); wenn ich je nicht fortdauernd in Wirksamkeit wäre, so würden die Menschen ins Verderben stürzen (Wilkins: this world would fail in their DUTY),
15 ich würde der Urheber von was? – von der Vermischung
der Kasten sein und dies Geschlecht verschlechtert werden
(W. I should drive the people from the right way).
Die allgemeinen Ausdrücke Pflicht, rechter Weg – der Engländer verbessert OPUS in MORAL ACTIONS oder pessum
20 ire, exitium, wie das opus, das Krishna immer vollbringt
– hören nur dadurch auf, leere Deklamationen zu sein, daß
es zu einem bestimmten Inhalt und Bedeutung kommt.
Dieser ist in der Vermischung der Kasten angegeben:
Wilkins: I should be cause of SPURIOUS BIRTHS; Hr. v.
25 Schl. nur COLLUVIES – ein für sich nicht genug bestimmtes
Wort; genauer heißt es (in der im ersten Art. angeführten
Stelle) colluvies ORDINUM, das spezifische varna-sarka,
das wohl auch hier im Original steht. Statt des Werkes der
Weisheit, der Güte und Gerechtigkeit, welches in einer hö-
30 heren Religion als das Werk der göttlichen Weltregierung
gewußt wird, ist das Werk, welches Krishna immer vollbringt, die Erhaltung der Kastenunterschiede. Zu den Werken, die dem Menschen auferlegt sind, gehören wesentlich
die Opfer und die gottesdienstlichen Handlungen über-
35 haupt – ein Boden, der zunächst etwa eine Region zu sein
scheinen könnte, worin jene Natur-Unterschiede wie bei
uns der Unterschied der Stände, der Bildung, des Talents

usf. verschwänden und der Mensch als Mensch sich gleich
zu Gott verhielte. Dies ist aber nicht der Fall; die religiösen
Verrichtungen wie das, was sonst auch im täglichen Leben
bei den gleichgültigsten oder äußerlichsten Handlungen zu
beobachten ist, sind nach der Kaste bestimmt; | es versteht 5
sich von selbst, daß die Brahmanenkaste auch darin ausgezeichnet ist, an tausend und abertausend abgeschmackte Bestimmungen eines geistlosen Aberglaubens gebunden zu
sein. – Es hängt mit dem Gesagten zusammen, was Wilford
(As. Res. XI. p. 122) von der Beziehung der indischen Re- 10
ligion auf die Europäer und Nichtinder bemerkt. Die Inder
lassen keine Proselyten zu, in dem Sinne, daß wir alle zu
ihr gehören, aber in der niedrigsten Klasse; aus solcher können die Mitglieder dieser Kirche nicht in eine höhere übergehen, außer sie sterben vorher, und dann, wenn sie es ver- 15
dienen, mögen sie in Indien in einer der vier Kasten geboren werden. In dem Kreislaufe (orbis, W. wheel) von
Opfer und Gottesdienst überhaupt, Mensch, Gott oder
Brahm und Götter, der 41 sl. 14 ff. angegeben ist, ist das
wichtigste Moment, daß das, was wir als subjektive Gesin- 20
nung und Tun des Darbringenden ansehen würden, Brahm
selbst ist; doch hierauf werde ich bei dem Begriffe von
Brahm zurückkommen. Über den beiden Vollendungen der
Gleichgültigkeit gegen die Früchte und der Richtung des
Innern auf Krishna in Verknüpfung mit den Werken ist die 25
höhere Stufe angegeben, welche die Werke oder Handlungen, das Gottesdienstliche wie das Tun jeder Art, verläßt.
Sie lautet XII. sl. 9 nach Hrn. v. Schlegels Übersetzung als
ASSIDUITATIS devotio; ein Ausdruck, der, wie Hr. v. H.
Ind. Bibl. a. a. O. S. 251 bemerkt, allerdings dunkel ist. Der- 30
selbe führt (ebend. S. 252) an, daß der Ausdruck des Originals (wie es scheint, abhyasah) von dem Übersetzer an einer anderen Stelle VIII. 8 ganz ausgelassen sei, wo doch in
den vor- und nachfolgenden Sloken verschiedene Zustände
beschrieben seien. Vielleicht hat Hr. v. Schl. dort in ad de- 35
votionem EXERCENDAM die Assiduität andeuten wollen;
aber in der Tat, erst indem man sieht, daß auf diese Assidui-

tät ein Akzent zu legen sei, wird es deutlich, daß in L. VIII.
8–10 gleichfalls die Stufenfolge der Vollendungen, und zwar
dieselbe wie L. XII. 9–12, bezeichnet ist. Wilkins hat das
ebenfalls unbestimmtere Wort p r a c t i c e  und CONSTANT
5 p r a c t i c e.

Worin diese Assiduität besteht, läßt sich zunächst aus der
vorhergehenden Stufe schließen und aus der nachfolgenden.
Von jener kann die Richtung auf Krishna, die Andacht,
nicht wegfallen, sondern nur die Werke; die folgende,
10 höchste Stufe ist das vollbrachte, der Werke und des Stre-
bens entledigte Einssein und Wohnen | mit Gott. Die da-
zwischenliegende ist sonach konstante Devotion; wir können den Ausdruck d e v o t i o  a s s i d u i t a t i s umkehren und sie
die Assiduität der Devotion nennen. Ihre weitere Bestim-
15 mung geben teils Beschreibungen auch der Bhagavad-Gita
selbst, teils aber ist es die Stufe, welche für sich notwendig
das Auffallendste für alle gewesen ist, welche von Indischem
berichtet haben. Zunächst bemerke ich in Beziehung auf das
vorhergehende, daß sie, da in ihr das r e i n  n e g a t i v e Ver-
20 halten des Geistes hervorzutreten anfängt, welches die spezifische Bestimmtheit indischer Religiosität ausmacht, im
Widerspruche mit dem H a n d e l n steht, zu welchem Krishna früher den Arjuna aufgefordert hat. Es macht eine der
tädiösen Seiten des Gedichtes aus, diesen Widerspruch der
25 Aufforderung zum Handeln und der Aufforderung zu der
handlungslosen, ja ganz bewegungslosen, alleinigen Versen-
kung in Krishna immerfort hervorkommen zu sehen und
keine Auflösung dieses Widerspruchs zu finden. Unmöglich
aber ist diese Auflösung, weil das Höchste des indischen Be-
30 wußtseins, das abstrakte Wesen, Brahm, in ihm selbst ohne
Bestimmung ist, welche daher nur außer der Einheit und
nur äußerliche, natürliche Bestimmung sein kann. In diesem
Zerfallen des Allgemeinen und des Konkreten sind beide
geistlos, jenes die leere Einheit, dieses die unfreie Mannig-
35 faltigkeit; der Mensch, an diese verfallen, ist nur an ein Na-
turgesetz des Lebens gebunden; zu jenem Extrem sich erhe-
bend ist er auf der Flucht und in der Negation aller konkre-

ten, geistigen Lebendigkeit. Die Vereinigung dieser Extreme, wie sie in der vorhergehenden Stufe der indischen
Vollendung erscheint, kann darum auch nur die Gleichgültigkeit in den Werken der Naturgesetzlichkeit gegen diese
Werke selbst, keine erfüllte, versöhnende geistige Mitte     5
sein. Über die nähere Art und Weise der Übung der Assiduität kann kein Zweifel sein. Sie ist die bekannte indische
Ausübung gewaltsamer Zurückziehung und das Aushalten in
der Einförmigkeit eines tat- und gedankenlosen Zustandes.
Es ist die Strengigkeit, in leerer Sinnlosigkeit sich zu erhal-     10
ten, nicht die Strengigkeit der Büßungen des Fastens, Gei-
ßelns, Kreuztragens, stupiden Gehorchens in Handlungen
und äußerlichem Tun usf., als womit wenigstens noch immer eine Mannigfaltigkeit von körperlicher Bewegung wie
von Empfindungen, Vorstellungen und geistigen Erregun-     15
gen verbunden ist. Auch werden jene Übungen nicht zur
Buße auferlegt, son|dern direkt allein um die Vollendung
zu erreichen; der Ausdruck Büßungen, für jene Übungen
gebraucht, bringt eine Bestimmung herein, die nicht in ihnen liegt und daher an ihrem Sinne ändert. Die, welche sich     20
ihnen unterziehen, sind gewöhnlich unter den Yogi verstanden. Von ihnen ist auch zu den Griechen Kunde gekommen; es fällt das hierher, was sie von den Gymnosophi-
sten berichten.

Dem, was hier assiduitatis devotio heißt, entspricht     25
das, was Colebrooke aus Patanjalis Yoga sastra (3tes
Kap.) anführt, daß es die dem Höchsten, der Erreichung der
Seligkeit, vorhergehende Stufe sei. Er sagt, dieses Kapitel
enthalte fast ausschließend Anleitungen zu körperlichen und
innern Übungen, die aus einer intensiv-tiefern Meditation     30
bestehen, verbunden mit Zurückhaltung des Atems und
Untätigkeit der Sinne und dabei einer steten Haltung in
vorgeschriebenen Stellungen. Hr. v. H. nimmt S. 34 Bezug
auf diese Stelle und schließt aus dem Ausdrucke der meditation on special topics, worüber oben schon eine Be-     35
merkung gemacht worden, daß es scheine, das stiere Nachdenken des Yogi habe auch auf andere Gegenstände als die

Gottheit gerichtet sein können. Colebrookes Anführung ist
sehr unbestimmt; Nachdenken über bestimmte Gegenstände
und damit eine Erkenntnis von und in Gedanken ist vielmehr das der Sanc'hya-Lehre Eigentümliche. Wenn auch
5 der Meditation dessen, der der Patanjali-Lehre als einem
philosophischen System anhing, eine obwohl selbst nur geringe Ausdehnung zuzuschreiben wäre, so fällt eine solche
doch in der allgemeinen indischen Yoga ganz hinweg. Alle
Beschreibungen und Vorschriften schildern sie als eine
10 Übung oder Anstrengung zur äußern und innern Lebens-
losigkeit. Zu oft ist in der Bhagavad-Gita nichts zu denken als Erfordernis ausgesprochen, wie in der Stelle VI.
19–27, von der ich einen Teil in Hrn. v. H. Übersetzung
hersetze, um auch von dieser ein Beispiel zu geben; das bei-
15 behaltene Silbenmaß des Originals, das wohl Schwierigkeiten genug gemacht haben mag, zeigt sich hier besonders
passend, indem sein hemmender Gang den Leser nötigt,
sich in den von der Vertiefung handelnden Inhalt zu vertiefen; es heißt:

20      In der Vertiefung der Mensch muß so vertiefen,
            sinnentfremdet sich,
        tilgend jeder Begier Streben, von Eigenwillens
            Sucht erzeugt, |
        der Sinne Inbegriff bändigend mit dem Gemüte
25          ganz und gar.
        So strebend, nach und nach ruh' er, im Geist ge-
            winnend Stetigkeit,
        auf sich selbst das Gemüt heftend, und irgend
            etwas denkend nicht;

30              (Schl. nihilum quidem cogitet.)

        wohin, wohin herumirret das unstet leicht Beweg-
            liche,
        von da, von da zurückführ' er es in des innern
            Selbsts Gewalt.

Weitere Vorschriften und Züge, die im Gedichte von den
Übungen der Yogi angegeben sind, stellt Hr. v. H. S. 35
zusammen; ein solcher soll in einer menschenleeren, reinen
Gegend einen nicht zu hohen und nicht zu niedrigen, mit
Tierfellen und Cupagras (mit dem die Brahmanen immer zu 5
tun haben, poa cynosurides nach Hrn. v. H. aus Wilson)
bedeckten Sitz haben, Hals und Nacken unbewegt, den
Körper im Gleichgewicht halten, den Odem hoch in das
Haupt zurückziehen und gleichmäßig durch die Nasen-
löcher aus- und einhauchen, nirgends umherblickend, seine 10
Augen gegen die Mitte der Augenbrauen und die Spitze der
Nase richten und die berühmte Silbe Oм! aussprechen. Hr.
v. H. führt S. 36 den von Warren Hastings in dem konvul-
sivischen Beten eines Rosenkranzes (denn auch die Inder
bedienen sich seit alten Zeiten eines solchen) gesehenen 15
Yogi, ingleichen die Äußerung Hastings' an, daß man wohl
schließen könnte – da seit vielen Menschenaltern Männer
in der täglichen und ein ganzes Leben hindurch fortgesetzten Gewohnheit abstrakter Kontemplation leben und indem
jeder einen Beitrag von Erkenntnis zu dem Schatze, den 20
seine Vorgänger erworben, hinzufüge –, daß diese kollekti-
ven Studien sie zur Entdeckung neuer Richtungen und
Kombinationen des Bewußtseins (new tracks and com-
binations of sentiment) geführt haben, die von den
Lehren anderer Nationen ganz abweichen, und da sie aus 25
einer so von aller Beimischung des Zufälligen befreiten
Quelle herkommen, von gleicher Wahrheit als unsre abstrakten Lehren (the most simple of our own, gleich
nachher the most abstruse of ours) sein möchten. Hr.
v. H. gibt mit Recht nicht viel auf diese Vorstellung und 30
stellt solche Überspannungen auf gleiche Linie mit dem
schwärmerischen Mystizismus anderer Völker und Religionen. Man sieht in der Tat, daß der General-Gouverneur
zwar damit bekannt war, daß die Erkenntnis nur durch Abstraktion vom Sinnlichen und durch Nachdenken gewon- 35
nen wird, aber er unterschei|det hiervon nicht die stiere in-
dische Beschauung, in der der Gedanke so bewegungslos

und untätig bleibt, als die Sinne und Empfindungen zur Untätigkeit gezwungen werden sollen. Auch möchte ich, wenigstens nach dieser Seite, nicht die Yoga mit dem Mystizismus anderer Völker und Religionen vergleichen, denn die-
5 ser ist reich an geistigen Produktionen – und oft höchst reinen, erhabenen und schönen – gewesen, denn er ist in der äußerlich stillen Seele zugleich ein Ergehen derselben in sich und ein Entwickeln des reichen Gegenstandes, zu dem sie sich verhält, und ihrer Beziehungen auf denselben. Das in-
10 dische Vereinsamen der Seele in die Leerheit ist vielmehr eine Verstumpfung, die vielleicht selbst den Namen Mystizismus gar nicht verdient und die auf keine Entdeckung von Wahrheiten führen kann, weil sie ohne Inhalt ist.

Ausführlicheres über die Übungen der Yogis außer jenem
15 Stillsitzen oder Stehen, das viele Jahre, oft lebenslänglich fortgesetzt wird, ersehen wir aus andern Beschreibungen, wovon ich das Merkwürdigste anführen will. Capitain Turner, der die Reise nach Kleintibet zum dortigen Dalai-Lama gemacht hat, erzählt von einem Yogi, den er auf seiner
20 Reise traf, welcher sich auferlegt hatte, 12 Jahre lang auf den Beinen zu bleiben und sich während dieser Zeit nie auf den Boden niederzusetzen oder zu liegen, um zu schlafen. Um sich daran zu gewöhnen, hatte er sich anfangs an Bäume, Pfosten usf. festgebunden; bald war es ihm zur Ge-
25 wohnheit geworden, daß es nichts Peinliches mehr für ihn hatte, stehend zu schlafen. Als Turner ihn sprach, kam er von einer Reise zurück, deren vorgeschriebene zwölf Jahre sich ihrem Ende nahten und die er durch einen Teil des asiatischen Rußlands, die große Tartarei und China gemacht
30 hatte; und zwar befand er sich jetzt im zweiten Stadium seiner Übungen. Die Strengigkeit, die er während dieser zweiten zwölf Jahre übte, war, die Arme ausgestreckt mit gefalteten Händen über dem Kopfe zu halten, gleichfalls ohne an einem festen Aufenthaltsort zu bleiben. Er war zu
35 Pferd, zwei Begleiter pflegten seiner und halfen ihm auf und vom Pferde. Die Arme waren ganz weiß und hart, doch sagte der Yogi, daß sie Mittel haben, sie wieder geschmei-

dig und empfindlich zu machen. Es standen ihm noch die
weitern vorgeschriebenen Übungen bevor, um die Vollen-
dung zu erlangen. Sie sind, in der heißen | Jahreszeit mit
aufgehobenen Händen zwischen fünf Feuern 3³/₄ Stunden
lang zu sitzen, vieren in seiner Nähe angezündeten nach den     5
vier Himmelsgegenden, dem fünften der Sonne über dem
bloßen Haupte mit unverwandtem Blicke in dieselbe; ferner
ebenfalls 3³/₄ Stunden über einem Feuer hin- und herge-
schwungen zu werden und zuletzt 3 ³/₄ Stunden lebendig begraben zu sein, stehend mit etlichen Fuß Erde über dem     10
Kopfe. Wenn der Yogi alles dies ausgehalten, so ist er ein
Vollendeter. Voriges Jahr unterzog sich, wie man in englischen Berichten las, ein Inder, der die frühern Strengigkeiten durchgemacht hatte, nun der des Schwingens über dem
Feuer; er war an einem Beine angebunden, der Strick an ei-     15
nem hohen Balken befestigt; der Kopf hing unterwärts über
dem Feuer, so daß die Flamme die Haarspitzen erreichte;
nach einer halben Stunde sah man aus Mund und Nase des
hin- und hergeschwungenen Patienten das Blut in Strömen
brechen, worauf er abgenommen wurde und entseelt war.     20
   Im Ramayana I. Bd. Sect. 32 kommen in der Episode,
die sich auf die Geburt der Ganga bezieht (s. Ind. Bibl. l.
Bd. l. Abt.), auch Strengigkeiten vor, die ein Nachkomme
des Sugura, Königs von Uyodha, übt. Die eine Gemahlin
dieses Königs hatte einen Kürbis mit 60 000 Söhnen ge-     25
boren; sie wurden erschlagen, sollten aber in den Himmel
aufgenommen werden, wenn Ganga sie bespüle. Dies bewirkte der König durch die Strengigkeiten. Außer dem Sitzen zwischen den fünf Feuern in der heißen Jahreszeit lag
er in der kalten im Wasser, stand er in der regnigten ausge-     30
setzt den herabstürzenden Wolken, lebend von gefallenem
Laub, seine Gedanken in sich zurückgezogen. Vieles, was in
Europa von abergläubischen Bußübungen erfunden worden,
kommt in Indien auf dieselbe oder ähnliche Weise vor, wie
das vorhin erwähnte, nach einem Rosenkranze wiederholte     35
Aussprechen von Worten, das Pilgern, wobei nach einer
Anzahl vorwärtsgemachter Schritte eine Anzahl zurück ge-

macht wird, oder so, daß der ganze Körper sich auf die Erde
legt und sich auf dem Bauche nach einer entfernten Pagode
fortschiebt, auch mit Unterbrechung des Fortschreitens
durch rückwärtige Bewegung, wozu mehrere Jahre ange-
5 wendet werden müssen. |

Die negative Natur dessen, was das Höchste in der indischen Religiosität ist, begnügt sich auch mit ganz abstrak-
tem Entäußern ohne jenen Zustand der Innerlichkeit – dem
unmittelbaren Töten. So lassen sich viele von den Rädern
10 des Wagens des Götzen zu Jaghernaut, der fünfhundert
Menschen braucht, um in Bewegung gesetzt zu werden,
wenn er am großen Feste um die Pagode herumgeführt
wird, zermalmen;[1] viele, insbesondere Weiber, zehn, zwanzig miteinander, sich an den Händen haltend, stürzen sich
15 in den Ganges oder auch, nachdem sie den Himalaya er-
klommen, in den Schnee und die Felsenklüfte der Ganges-
quellen, verbrennen sich nach dem Tode des Mannes o d e r
e i n e s   K i n d e s[2] usf.

Was nun der Yogi durch die Devotion der Assiduität zu-
20 nächst erreicht, ist das Wunderbare einer überschwengli-
chen Macht (t r a n s c e n d e n t   p o w e r). Hr. | v. H. kommt
S. 41 auf diese Zaubermacht zu sprechen, aber bemerkt
(S. 42) von der Bhagavad-Gita, daß in dem auch in dieser
Rücksicht reinern Gedicht abergläubische Spielereien dieser
25 Art nicht vorkommen und der Ausdruck v i b h u t i, der jene

[1] Doch sollen in den letzten Jahren an dem Feste, bei dem sich früher Millionen eingefunden hatten, nicht so viele Fromme anwesend
gewesen sein, um den Wagen in Bewegung setzen zu können. – Der
kahle Meeresstrand, auf dem der Tempel liegt, ist auf viele Meilen
weit, mit Skeletten von Pilgern bedeckt, die der Reise und ihren
Übungen unterlegen sind.
[2] Zwei englische Offiziere, die voriges Jahr bei der Verbrennung
einer Frau, von geringem Stande, die ihr totes Kind auf den Armen
trug, anwesend waren, wandten sich, nachdem sie vergeblich ihre
Vorstellungen an die Frau gerichtet hatten, an den Mann, der ihnen
aber erwiderte, daß er diese Frau entbehren könne, da er deren noch
drei zu Hause habe, und daß ihm und seiner Familie (ohne Zweifel
auch seinen Voreltern) aus dieser Verbrennung große Ehre erwachse.

Macht bedeutet, nicht von Sterblichen gebraucht, sondern
dieser Macht nur gedacht werde, als von der Gottwer-
dung die Rede ist und insofern sie sich in Besiegung des
Zweifels und der Sinne auf das eigene Gemüt verbreite.
Vibhuti ist (Ind. Bibl. II. H. 2. S. 253) als in X. 7 vorkom-   5
mend bemerkt, wo Krishna es von sich selbst sagt; Hr. v.
Schlegel übersetzt es daselbst mit majestas, was Hr. v. H.
nicht billigt, da es zu wenig oder gar nicht an die Eigentümlichkeit der Bedeutung erinnert. (Vergl. des jungen Gelehrten Hrn. Dr. Rosen: Radices Sanscritae. Berol. 1827.   10
p. 122, welche Stelle mir für die Erläuterung der Vibhuti
mein Hr. Kollege Bopp nachweist.) – Über die andere Bemerkung des höchstverehrten Hrn. Verf. erlaube ich mir zu
erinnern, daß die Yoga das Spezifische dessen, was wir uns
unter Sterblichen vorstellen, aufhebt und, wenn jene Macht   15
von Gottgewordenen und von Krishna ausgesagt wird,
darin zugleich liegt, daß sie von Sterblichen, welche vollendete Yogi sind, erlangt werden könne. Dafür, daß aber
in dem Gedichte nicht die näheren Züge dieser Macht vorkommen, läßt sich der Grund angeben, daß – wenn bereits   20
die Verlegung dieser Unterredung, welche das Gedicht ist,
in dem Moment, wo Arjuna eine Schlacht beginnen soll,
auffallend genug ist – es zur förmlichen Ungeschicklichkeit
geworden wäre, wenn Krishna bei seinen Versicherungen,
daß der Yogi identisch mit ihm werden, und nachdem er   25
dem vertieften Arjuna Lect. XI sein ganzes Wesen anzu-
schauen gegeben hatte, demselben auch die näheren Züge
jener Macht auseinandergesetzt hätte. Es hätte zu nahe gelegen, daß Arjuna von Krishna die Verleihung jener Macht
erwartet hätte, mit der er ohne Kampf in einem Nu die   30
feindliche Armee ver | nichten konnte; Arjuna müßte nach
der erwähnten Gnade, der Anschauung Krishnas gewürdigt
worden zu sein, vollgültige Ansprüche auf diese Macht zu
haben scheinen, die Position hätte sich noch schiefer gestellt
als sie bereits ist.   35
    Yogi und Zauberer sind, sagt Hr. v. H. S. 41 ferner mit
Anführung Colebrookes, bei dem Volkshaufen in Indien

gleichbedeutende Begriffe. Man könnte diesen Ausdruck
etwa so mißverstehen, den Glauben an jene Macht nur dem
gemeinen Volke zuzuschreiben; Colebrooke führt jedoch
daselbst an, daß ebensosehr die Yoga-Lehre Patanjalis die
5 Behauptung, daß der Mensch in diesem Leben solche transzendente Macht zu erreichen fähig sei, als die Sanc'hya-
Lehre sie enthalte; letztere ist, wie schon bemerkt worden,
die ins Spezielle ausgebildete Logik und Metaphysik, und
beide Lehren oder Philosophien sind überhaupt ein höheres
10 Studium, das über das gemeine Volk hinausgeht oder darüber erhebt; Colebrooke auch fügt hinzu, daß die Lehre allgemein, wie sich in dem folgenden näher zeigen wird,
unter den Indern herrschend sei. Es ist merkwürdig, die
besonderen Züge der Macht zu sehen, die der jener Vertie-
15 fung Ergebene erwerben soll. Im 3ten, dem von vibhuti
handelnden Kapitel der Lehre Patanjalis heißt es, nach dem
Auszuge Colebrookes, daß der Adept die Kenntnis aller
Dinge – der vergangenen und der zukünftigen, der entfernten und verborgenen – erlange; er errät die Gedanken der
20 andern, gewinnt die Stärke des Elephanten, den Mut eines
Löwen und die Schnelligkeit des Windes; fliegt in der Luft,
schwimmt im Wasser, taucht in die Erde, sieht alle Welten
in Einem Blick (dies, was höher als das vorhergehende oder
ungetrennt davon ist, hat Arjuna erreicht) und vollbringt
25 andere außerordentliche Taten. Hinter dieser Beschreibung
bleibt die Sanc'hya-Lehre nicht zurück; Colebrooke gibt
folgenden Auszug: Diese Macht ist achtfach und besteht in
der Fähigkeit, sich in eine kleine Gestalt zusammenzuzie-
hen, welcher alles durchgängig ist, oder sich zu einer gigan-
30 tischen Gestalt auszudehnen, sich leicht zu machen (wie
längs eines Sonnenstrahls in die Sonne emporzusteigen), unbeschränkten Bereich der Sinne zu besitzen (wie mit der
Fingerspitze den Mond zu berühren), unwiderstehlicher
Wille (wie in die Erde so leicht als in das Wasser zu sinken),
35 Herrschaft über alle belebten oder unbelebten Dinge; das |
Vermögen, den Lauf der Natur zu ändern, das Vermögen,
alles, was man wünscht, zu erreichen.

Höher zeigt sich noch die Kraft der Vertiefung, wenn sie
in den Kosmo- und Theogonien wie in der, mit welcher
Menus Gesetzbuch sich eröffnet, als die Macht angegeben
wird, welche die Welt erschaffen hat. Nachdem das Ewige
zuerst durch sein Denken das Wasser geschaffen und in     5
dasselbe den Samen, der zum Ei wurde, gelegt hatte, war
Er selbst, Brahm, ebenso durch seinen Gedanken geboren; er teilte dann seine Substanz in Männliches und
Weibliches, und Menu sagt von sich, daß er die Person, der
Bildner aller dieser sichtbaren Welt ist, welche aus der    10
männlichen Kraft, virai, nachdem sie strenge Andachts-
übung (austere devotion) vollbracht, erzeugt worden. –
Auch Shiva im Ramayana I. Bd. Sect. [36] macht einen
Kursus heiliger Strengigkeiten auf der Nordseite des
schneeigen Himavat mit seiner Gemahlin Uma, welche,     15
nachdem sie von Indra und den andern Göttern um die
Empfängnis eines Sohns gebracht worden war, über alle
Götter den Fluch ausgesprochen und in tiefen Ingrimm und
Schmerz sich versenkte. In der vorhergehenden Erzählung
von der Hochzeit Shivas mit Uma und den hundert Jahren,   20
die er in der Umarmung derselben zubringt und während
deren er sein nach außen gehendes Geschäft der Zerstörung
unterlassen, werden gleichfalls die Ausdrücke engaged
with the goddess in mortification (nach der engl.
Übers.) gebraucht. Was die Frucht dieses hundertjährigen   25
Zurückziehens, welche Uma zu empfangen gehofft hatte,
war, ist im folgenden beschrieben (den Vorgang selbst in
modernen Sprachen vorzutragen, kann für einen Übersetzer
eine Verlegenheit sein; die englischen Übersetzer zu Seram-
pore hatten schon beim vorhergehenden angemerkt, daß   30
die gross indelicacy nicht erlaubt habe, die Worte des
Originals wörtlich wiederzugeben).

Am ausführlichsten und glänzendsten aber ist das, was
durch jenes Versinken in sich bewirkt wird, in der Episode
des Ramayana, dieses indischen Nationalgedichts, darge-   35
stellt, welche vom Vishvamitra handelt. Ich will die Hauptzüge davon kürzlich ausheben, teils zur Vervollständigung

der Vorstellung von dieser wesentlichsten Seite indischer
Eigentümlichkeit, teils in Beziehung auf eine weitere höchst
interessante Bestimmung, die sich daran anschließt.

Vasishtha, ein Brahman, lebt in einer Einsiedelei, die mit
5 Blumen, rankenden Pflanzen usf. bedeckt ist, be|obachtend
heilige Gebräuche, umringt von Weisen, die dem Opfer
und der Wiederholung des heiligen Namens gewidmet sind,
und zwar den Balukhilya-Weisen, 60000 aus den Haaren
Brahmas entsprungen so groß wie ein Daumen, den
10 Vikhanusas, andern Pygmäen-Weisen aus den Nägeln Brahmas usf. Vishvamitra (nun der Führer und Begleiter Ramas,
des Helden des Gedichts, und seines Bruders Lakshmanas)
kam als mächtiger Monarch, der manche 1000 Jahre seine
Untertanen beglückt hatte und nun mit einer großen Armee
15 die Erde durchzog, zu jenem Weisen, der die Kuh Shabala
(im allgemeinen Symbol der Produktivität der Erde) besaß,
welche der König zu erhalten wünschte, und nachdem er
vergebens 100000 Kühe, dann 14000 Elephanten mit allem
Rüstzeug von purem Gold, 100 goldene Wagen, jeden von
20 vier weißen Rossen gezogen, für sie geboten hatte, sie mit
Gewalt hinwegnahm. Shabala entflieht zu Vasishtha, der,
äußernd, daß er gegen den mächtigen König, den Herrn so
vieler Elephanten, Pferde, Mannschaft usf. nichts machen
könne, von ihr daran erinnert wird, daß die Macht des
25 Kshatriya nicht größer sei als die eines Brahmanen;
Brahma-Kraft sei göttlich, weit erhaben über die eines
Monarchen. Sie erschafft dann dem Vasishtha eine Armee
von 100 Pahlava- (Pelhvi-, Perser-) Königen, welche die
Armee des Vishvamitra zerstören; dieser erschießt sie mit
30 seinen Pfeilen. Die Kuh bringt von neuem Heere, Saken,
Yavanas (die man mit Javan, Joniern zusammenstellt) usf.
hervor; es geht ihnen durch die Pfeile des Königs wie den
andern. Vasishtha heißt die Kuh neue Heere herbeischaffen,
von denen dann die Armee des Vishvamitra vernichtet
35 wird, dessen 100 Söhne, die ergrimmt auf den Brahmanen
losgehen, von diesem mit einem lauten Blas des Nabels
verbrannt werden. – Solches ist die Macht des Brahmanen.

Nun überläßt der König seinem einzigen übrigen Sohne, sein Reich zu bewahren, und geht in die Wildnis des Himavat. Um die Gunst Maha-devas (Shivas) zu erlangen, übernimmt er die strengsten Übungen; steht auf den Spitzen seiner großen Zehen, mit aufgehobenen Händen, wie eine 5 Schlange von Luft gefüttert, hundert Jahre. Der Gott gewährt dem Könige die von ihm verlangte Kunst des Bogens in ihrem ganzen Umfange; er gebraucht sie, an Vasishtha Rache zu nehmen, verbrennt und verwüstet den Wald, den Schauplatz der Devotion desselben, daß die Weisen, Tiere 10 und Vö|gel zu Tausenden fliehen. Aber seine Waffe, vor der die Götter und alle drei Welten in Schrecken geraten, wird zu Schanden durch den einfachen Stab Vasishthas. Der König, tiefseufzend, sehend, was die Macht eines Brahmanen ist, tritt eine neue Laufbahn strenger Übung und der 15 Abstraktionen seines Gedankens an, um die Brahmanschaft zu erlangen, und bringt so 1000 Jahre zu.

Nach Verlauf derselben erklärt ihn Brahma, der Herr der Welt, für einen königlichen Weisen. Vishvamitra läßt sein Haupt mit Scham hängen, von Verdruß erfüllt: Nach- 20 dem ich solche Übungen vollbracht, nur ein königlicher Weiser! ich achte mich für Nichts! und beginnt von neuem seine Abstraktionen. Indessen fällt es dem Fürsten Trishanku, einem Manne der Wahrheit, von besiegten Leidenschaften, ein, ein Opfer anzustellen, daß er in seinem kör- 25 perlichen Zustande unter die Götter komme. Vasishtha, an den er sich wendet, sagt ihm, dies sei unmöglich, verflucht ihn und macht eine niedrige Kreatur, Tschandala, aus der Kaste gestoßen, aus ihm. Vishvamitra, den er nun auf die gewünschte Versetzung in den Himmel angeht, ist dazu be- 30 reit, dies sei in seinen Händen, er wolle es bewirken. Er bereitet ein Opfer, zu dem er dem Vasishtha mit seinen Asketen die Einladung macht; dieser schlägt sie aus: wie soll der Herr des Himmels von einem Opfer essen, wo ein Kshatriya Priester ist, von Dingen, die ein Tschandala darbie- 35 tet. Die Götter schlagen ebenso die Einladung aus. Der große Vishvamitra, voll Zorn, ergreift den geheiligten

Kochlöffel und sagt, kraft seiner geübten Strengigkeiten,
seiner selbsterworbenen Energie wolle er es bewirken. – Da
stieg der Fürst Trishanku unmittelbar in den Himmel. Indra, der König des Himmels, wirft ihn herunter; Trishanku
5 ruft im Fallen den Vishvamitra: Hilf! Hilf! Dieser voll Zorn
ruft: Halt! Halt! Trishanku bleibt so zwischen Himmel und
Erde. Vishvamitra erschafft im Zorn sieben andere große
Weisen (die Plejaden, sagt der Ausleger, am südlichen Himmel) und, wie er diese an ihrem Platze sah, noch andere
10 Familien von himmlischen Körpern und dann einen andern
Indra und einen andern Kreis von Göttern. Die Götter und
Weisen, versteinert vor Erstaunen, wenden sich hierauf an
Vishvamitra mit demütiger Bitte, nicht auf der Versetzung des von Brahmanen Verfluchten in den Himmel ohne
15 Reinigung (zur Wiederaufnahme in die Kaste) zu bestehen
und die Ordnung der Dinge nicht zu zerstören. Der | Kö-
nig beharrt darauf, was er versprochen, dürfe nicht unerfüllt
bleiben; sie verständigen sich dann über einen Platz für
Trishanku am Himmel außerhalb des Feuerkreises.
20 Nach tausend Jahren vollbrachter Abstraktion erklärt
Brahma den König für einen obersten Weisen (chief sage).
Nicht zufrieden damit, fängt er einen neuen Kursus an; hier
kommt ein schönes Mädchen (Menaka, die Mutter der Sha-
kuntala wird) zu ihm, verführt ihn, daß er 25 Jahre mit ihr
25 vertändelt. Erwachend aus dieser Vergessenheit fängt er ein
neues Jahrtausend von Strengigkeit an. Die Götter geraten
in Bangigkeit, er bereite durch seine stupenden Übungen ihnen allen Unglück. Brahma erklärt ihm hierauf, daß er ihm
den Vorrang unter den obersten Weisen gebe. Auf Vishva-
30 mitras Entgegnung, daß er hiermit noch nicht für einen
Brahma-Weisen (Brahma-sage) erklärt werde, erwidert
Brahma, du hast deine Leidenschaften, Zorn und Lust, noch
nicht unterjocht;[1] wie kannst du Brahmaschaft verlangen?

---

[1] Ein merkwürdiges Beispiel, wie gleichfalls durch die abstrakten
Übungen hohe Macht erlangt wird, obgleich die Besiegung der Leidenschaften noch fehlt, ist in der Episode des Mahabharata: Sundas

Vishvamitra beginnt seine Übungen abermals; vergebens
versucht ihn Indra wieder durch die schönste Apsara, vergebens reizt er ihn zum Ärger. Nachdem der Chef der Weisen nun tausend Jahre geschwiegen und seinen Atem zu-
rückgehalten, wird dem Gott des Himmels, Indra, himmel- 5
bang, ingleichen den andern Göttern; sie wenden sich an
Brahma: In diesem großen Weisen ist nicht der kleinste
Schatten einer Sünde mehr; wenn das Verlangen seines Geistes nicht erfüllt wird, wird er mit seiner Abstraktion das
Universum zerstören. Die Extreme der Welt sind in Ver- 10
wirrung, die Meere im Sturm, die Berge im Falle begriffen,
die Erde zittert usf. O Brahma, wir können nicht versichern, daß die Menschen nicht Atheisten werden, die Welt
ist | voll Staunens und Unordnung. – So wird nun Vishva-
mitra von Brahma endlich für einen B r a h m a - W e i s e n 15
(Brahma-sage) erklärt und versöhnt sich mit Vasishtha.

Diese Erzählung ist höchst charakteristisch schon für den
Mittelpunkt der indischen Weltanschauung. Das Grund-
verhältnis aller Religion und Philosophie ist das Verhältnis
zunächst des Geistes überhaupt zur Natur und dann des 20
absoluten Geistes zum endlichen Geiste. Die indische
Grundbestimmung ist, daß die abstrakte Geistigkeit, die
Konzentration der reinen bestimmungs- und schranken-
losen Abstraktion, die absolute Macht des Natürlichen ist;
es ist der Punkt der Negativität des Denkens, die reine 25
Subjektivität des Geistes, in der alles Besondere und alle
Naturmacht zu einem Unmächtigen, Unselbständigen und
Verschwindenden herabgesetzt ist. Aber diese abstrakte
Subjektivität erscheint hier zunächst als Konzentration, die

und Upasundas, vorhanden, mit der mein gelehrter Freund und Kollege, Hr. Prof. B o p p, das Publikum bekannt gemacht hat, in: A r d -
s c h u n a s  R e i s e  z u  I n d r a s  H i m m e l. 1824. Übers. S. 37. – In desselben Gelehrten Konjugations-System der Sanskrit-Sprache hat er
eine Übersetzung der Episode des Vishvamitra gegeben; bei meinem
Auszuge hatte ich die englische Übersetzung in der Seramporer Ausgabe des Ramayana vor mir.

der Mensch in sich hervorbringt; wie sie sich zu Gott oder
vielmehr Brahma verhält, will ich nachher erwähnen.

    Vornehmlich charakteristisch ist diese Episode für das
Verhältnis eines Kshatriya zum Brahmanen, bei dem ich zu-
5 erst verweilen will. – Diese vielfachen Kurse von Mortifi-
kationen in der Assiduität der Vertiefung sind zu durchlaufen, damit ein Kshatriya dasjenige erreiche, was der
Brahmane von Haus aus, d. i. durch die Geburt ist. Wenn
ein Mann aus einer andern Kaste erst durch die erzählten
10 langwierigen Härten und Zustände der äußern und innern
Abstraktion wiedergeboren werden kann, so ist der Brahmane sogleich als solcher ein Zweimalgeborner; eine
Benennung, die im Ramayana dem Brahmanen als ein zu
einem Titel gewordener Ausdruck gegeben wird. In den
15 Gesetzen des Menu (I. 93–100), wo in der Stufenreihe
der existierenden Dinge die Brahmanen-Kaste als die vor-
trefflichste angegeben wird, ist wohl auch wieder unter den
Brahmanen eine Stufenfolge angegeben und gesagt, daß unter ihnen diejenigen, welche ihre Schuldigkeit kennen,
20 eminieren, unter diesen die, welche sie tugendhaft ausüben,
unter ihnen die, welche Seligkeit suchen durch eine vollkommene Bekanntschaft mit der heiligen Lehre. Teils sind
diese Stufen nicht durch Übungen jener indischen Art, noch
durch die geistigere Erwerbung einer intellektuellen und
25 wirklich moralischen Bildung bedingt, teils ist für sich das
Lesen der Vedas, in deren Besitz die Brahmanen sind, nebst
den Lebensvorschriften, die sie zu beobachten haben, der
Zustand dieser durch die Natur | schon Zweimalgebornen
selbst, die Einheit mit Gott. Wenn der Engländer in der an-
30 geführten Stelle aus Menu die europäischen Ausdrücke von
Pflicht und Tugendübung anwendet, so haben sie nur den
formellen Sinn der genauen Beobachtung seiner Kastenge-
bote. Unter diese gehören nicht politische Bürgerpflichten,
auch nicht die, Abgaben zu entrichten; »der König, auch
35 wenn er aus Mangel stirbt, darf nicht irgendeine Taxe vom
Brahmanen, weil er in den Vedas gelehrt ist, nehmen«.
Dem Brahmanen ist es wohl verboten zu morden, zu steh-

len – doch darf er für solche Verbrechen nicht bestraft, nur,
jedoch mit Beibehaltung seines Vermögens, aus dem Lande
verbannt werden. Auch gelten für ihn, wie für den Inder
überhaupt, nicht die moralischen Pflichten der Menschenliebe; ein Brahmane darf oder muß den Tschandala töten,  5
der ihm zu nahe käme und ihn durch Berührung beflecken
könnte; viel weniger hat er die moralische Pflicht, einem
solchen, wenn er vor ihm verschmachtend läge und durch
eine kleine Hilfe, einen Trunk Wassers, vom Tode errettet
werden könnte, eine Hilfe zu leisten, ebensowenig als  10
gegen irgend andere Menschenliebe auszuüben. Die geforderte Moralität beschränkt sich auf das Negative, die Unter-
drückung der Leidenschaften; a man of subdued passions, diesen Ausdruck liest man allenthalben als ein Prädikat
des Weisen. So wichtig die Abwesenheit böser Neigungen  15
und Empfindungen ist, so ist dies noch nicht Tugend und
praktische Moralität. Die affirmativen Pflichten des Brahmanen bestehen in einer unendlichen Menge von Beobach-
tungen der leersten und abgeschmacktesten Vorschriften
und in dem Lesen und Meditieren der Vedas. Wenn wir die  20
noch in den allgemeinen Ausdrücken ausgesprochenen Lehren und Vorschriften lesen, werden wir zu leicht verführt,
sie in dem Sinne unserer Moralität zu nehmen; ihr Verständnis liegt allein in ihrem wirklichen Inhalt.[1] Die Gelehr-

---

[1] Teils um eine nähere Vorstellung, teils um den Beweis dieser un-
glaublichen Abgeschmacktheit zu geben, sei einiges von dem vielen
(in den ersten paar Stunden des Tags kann der Brahmane etliche und
40 Fehler begehen, ob er den rechten oder den linken Fuß zuerst aus
dem Bette setzt, in den rechten oder linken Pantoffel zuerst schlupft
usf.) aus den Gesetzen des Menu ausgehoben; der Brahmane darf IV.
43 seine Frau oder seine Frauen (denn er kann deren viele haben),
mit denen er auch nicht essen darf, nicht essen sehen, noch sie sehen
niesen oder gähnen usf., er darf nicht essen und dabei nur Ein | Kleid
anhaben; er darf nicht urinieren und seine Notdurft verrichten auf
der Landstraße, noch auf Asche, noch wo Kühe grasen, noch auf be-
ackertem Grund, noch ins Wasser oder auf Brennholz; noch (außer
in großer Not) auf einem Berg, noch auf die Ruinen eines Tempels,
noch zu irgendeiner Zeit auf ein Ameisennest, noch in Gräben, worin

samkeit ist | für sich als eine untergeordnete Stufe ange-
geben; den absoluten Wert hat das Lesen der Vedas; das
Innehaben und Meditieren derselben ist als solches schon
die absolute Wissenschaft. Welche Geistlosigkeit selbst dies
5 unendlich verdienstliche Lesen der Vedas zuläßt, sagt uns
Colebrooke (Asiat. Res. VIII. p. 390), wo er die verschiedenen abergläubischen Arten angibt, in denen dies Lesen
geschieht – nämlich entweder so, daß jedes Wort für sich
einzeln gesprochen oder die Worte abwechselnd wiederholt
10 werden, und zwar rückwärts und vorwärts, und wieder einmal oder öfter; zu welchem Behufe besonders eingerichtete
Abschriften gemacht werden, deren Namen Colebrooke daselbst angibt, so daß auch jede Mühe der eigenen Aufmerksamkeit für das Anordnen des sinnlosen Lesens erspart
15 wird.
    Die transzendente Macht, welche nach den obigen An-
führungen dem Vasishtha zugeschrieben wird, ist nicht eine
Lizenz der Dichtung, sich in dergleichen Erfindungen zu
ergehen. Unsere Vorstellungen von willkürlichen Erdich-
20 tungen in der Poesie passen ohnehin auf die indischen Produktionen nicht. Die Hoheit der Brahmanen ist wesentlicher Teil des Systems der Gesetzgebung, und selbst die Vorstellung von jener überschwänglichen Macht ist in die Gesetzgebung selber aufgenommen. Unter der weitläufigen
25 Ausführung der Pflichten und Rechte der Brahmanen in
dem Codex findet sich auch folgendes: »Ein Brahmane hat
es nicht nötig, bei dem König über Unrecht und Verletzung
zu klagen, weil er selbst durch seine eigene Macht die, die
ihn beleidigen, strafen kann. – Der König, obgleich in der

lebendige Wesen sind, noch im Gehen, noch im Stehen, noch an dem
Ufer eines Flusses, noch auf dem Gipfel eines Bergs, noch bei solcher
Verrichtung sehen auf etwas vom Winde Bewegtes oder auf ein Feuer
oder auf einen Priester oder auf die Sonne oder auf Wasser oder auf
Rindvieh – muß dabei bei Tage mit seinem Gesichte gegen Norden,
bei Nacht nach Süden gewendet sein, morgens und abends wie bei
Tag usf. Unzählig ist das, was er in Beziehung auf das Essen zu beob-
achten hat.

äußersten Not, hüte sich, Brahmanen zum Unmut zu rei-
zen; denn einmal | aufgebracht könnten sie unmittelbar ihn
mit seinen Truppen, Elephanten, Pferden und Wagen vernichten. Wer könnte, ohne zu Grunde zu gehen, diese heiligen Männer reizen, durch welche die allverzehrende 5
Flamme geschaffen ward, die See mit untrinkbaren Wassern
und der Mond mit seinem Ab- und Zunehmen? Welcher
Fürst könnte Reichtum gewinnen, wenn er diejenigen un-
terdrückte, welche, wenn sie zornig, andere Welten und
Regenten der Welten erschaffen und andern Göttern und 10
Sterblichen Dasein geben könnten? Welcher Mann, dem
sein Leben lieb ist, wird diejenigen beleidigen, durch deren
Hilfe die Welten und die Götter fortbestehen – diejenigen,
welche reich sind in der Kenntnis der Vedas? Ein
Brahman, gelehrt oder ungelehrt, ist eine mächtige 15
Gottheit, so wie Feuer eine mächtige Gottheit ist, ob es
geweiht ist oder nicht.« (Menus Gesetzb. v. M. Jones, C.
IX. 317) Der Brahman, indem er die Vedas liest und seine
pflichtmäßigen Werke, d. i. das für alle und jede tägliche,
trivialste Verrichtung Vorgeschriebene beobachtet, ist ein 20
Vollendeter und lebt in der Vollendung; der oben angeführte Unterschied betrifft, wie in der Bhagavad-Gita die
Stufen der Yoga, den verschiedenen Wert seiner Verrichtungen in Beziehung auf die unterschiedenen Stufen der
Vollendung, deren höchste das Lesen und die Meditation 25
der Vedas, die Stufe des Weisen und die Seligkeit ist. – Daß
es dagegen unter den andern Kasten nur wenige geben
werde, welche durch die angeführten beschwerlichen Mittel
diejenige Hoheit zu erlangen suchten, die der Brahmane
unbeschwerlich besitzt, ist von selbst zu vermuten. Die 30
oben erwähnten Beispiele sind einzelne Erscheinungen, die
ebenso sparsam vorkommen, als der gleichfalls erwähnte religiöse Selbstmord häufig ist. Dieser aber bewirkt nicht diese
Vereinung mit Gott und die transzendente Gewalt noch die
Befreiung von der Seelenwanderung, welche das Ziel des- 35
sen ist, der sich der ausführlichen Selbsttötung und dem Zustande der Bewußtlosigkeit im Bewußtsein widmet. Krishna

klagte (s. oben) über die Seltenheit derer, welche die Vollendung suchen, und Kapitän Wilford, der hier aus eigener
Erfahrung spricht, sagt darüber: So viel die Inder von der
Erlangung der Seligkeit auf dem Wege der Yoga sprechen,
5 so habe ich doch keinen einzigen Inder finden können,
welcher diesen Weg nehmen wollte; sie führten an, daß
eine Verzichtleistung auf die Welt und ihre Vergnügungen,
eine vollkommene Selbstverleug|nung gefordert werde und
sie sich keine Vorstellung von den Genüssen der verspro-
10 chenen Seligkeit machen können, da es dabei nicht Essen,
Trinken, Heiraten usf. gebe. In dem irdischen Paradiese dagegen (wie wir es etwa nennen könnten – Swergathumis,
unterschieden von Moksha jener Seligkeit) esse man, trinke,
heirate usf. Den Brahmanen sind die genannten Entbehrun-
15 gen, die an die andern Kasten zur Vollendung gefordert
werden, nicht auferlegt. Unter den Fakiren im nördlichern
Hindostan führt Capitain Rapter (Asiat. Res. XI) eine Art
an, die Jogi heißen, aber als eine besondere Sekte aufgeführt werden. Sosehr sie wie die anderen Fakire der indi-
20 schen Religion angehören und teils den Shiva, teils den
Vishnu verehren (Rapter führt auch eine Sekte unter diesen
Fakiren an, die den Nána, den Stifter der Sekte der Sikhs
verehrt), so haben sie sich doch vom Brahmanen-Überge-
wicht losgemacht und nehmen sich auf ihre mitunter sehr
25 leichtfertige Weise, ohne den Weg jener langwierigen Mor-
tifikationen durchzumachen, die Vorzüge, welchen den
Brahmanen die Geburt und die Lebensweise der Kaste gewährt.

Die übernatürliche Macht haben wir als der dritten Stufe
30 der Yoga angehörig gesehen. Der Genuß, der dieser Stufe
zukommt, ist, da sie nicht die höchste ist, gleichfalls noch
nicht der höchste. Ich habe hierüber das anzuführen, was
Hr. v. H. S. 41 über diese, wie es sich nennen läßt, relative
Seligkeit aus dem Gedichte zusammenstellt und dieses Los
35 von der absoluten Seligkeit unterscheidet. Dies Los heißt
nämlich Erhebung in die fleckenlosen Welten derer, die das
Höchste kennen (XIV. 14 f.). Hr. v. H. erkennt darin, ge-

wiß mit Recht, dasselbe mit dem Leben in den Welten derer, die reinen Wandels gewesen, welches unendliche Jahre
vor einer neuen Wiedergeburt in die zeitliche Welt dauern
soll, VI. 41, 42. Die Wiedergeburt steht zwar einem solchen
bevor, weil er nicht absolut die Devotion vollendet hat 5
(Wilk. durch den Tod unterbrochen, Hr. v. Schl. überhaupt: qui devotione excidit), jedoch eine Geburt in einer heiligen und achtungswerten Familie, ohne Zweifel
einer Brahmanenfamilie (Hr. v. Schl. hat nur CASTORUM
beatorumque familia) oder aus dem Geschlecht eines ge- 10
lehrten Yogi – eine solche Wiedergeburt sei höchst schwer
(wie wir gesehen) zu erlangen. IX. 20–22 ist dasselbe wiederholt. Hr. v. H. fügt hinzu, daß die Wiedergeburt in die
irdische Welt | nach Erschöpfung des erworbenen Verdien-
stes als das Schicksal derer geschildert werde, die sich auf 15
beschränkte Weise nur an die heiligen Bücher und die in
ihnen vorgeschriebenen Zeremonien gehalten; es heißt
nämlich nach Hrn. v. Schl. Übersetzung daselbst (sl. 21) sic
religionem librorum sacrorum sectantes, DESIDERIIS
CAPTI, felicitatem fluxam ac reciprocantem adipis- 20
cuntur; denn gegen die Lehre der Vedas und die wissenschaftliche Theologie eifere die Bhagavad-Gita auch sonst,
nicht sie ganz wegwerfend, aber sie darstellend als nicht den
letzten Grund erforschend, nicht das letzte Ziel erreichend
(II. 41–53). Vorhin ist des Lesens der Vedas als des heilig- 25
sten Geschäfts der Brahmanen erwähnt worden; um hierin
nicht einen Widerspruch mit dem zu finden, was Hr. v. H.
hier von dem Verhältnisse der Ansichten des Gedichts zu
den Vedas sagt, ist in Erinnerung zu bringen, daß an die
Brahmanen zur höchsten Vollendung gleichfalls die Unter- 30
drückung der Leidenschaften gefordert wird; ferner daß II.
41 ff. nicht von dem der Brahmanenkaste eigentümlichen
Lesen der Vedas als solchem gesprochen wird, sondern
von dem verkehrten oder ungenügenden Gebrauche, der
von diesen Büchern und deren Vorschriften gemacht und 35
der hier getadelt wird. Hr. v. Schl. nimmt die Stelle in
einem viel stärkern Sinne, nämlich als Tadel der Vedas selbst

(Ind. Bibl. 2. H. S. 237), indem der Dichter in ihr sie angreife und ihnen vorwerfe: auch sie begünstigten durch ver-
heißene Segnungen für äußerliche Religionsleistungen eine
weltliche Denkart, und meint, der Dichter habe sich in
5 eine, wie es scheine, absichtliche Dunkelheit gehüllt, wegen
der Kühnheit seines Unternehmens. Hr. v. Schl. gibt dabei
die interessante Hoffnung, dieses einst in der philosophischen Auslegung des Gedichtes zu beweisen. Einstweilen
können wir uns nur an die verschiedenen Übersetzungen
10 halten, und alle drücken denselben wesentlichen Sinn [aus],
wie ihn auch Langlès nach den zu anderweitigem Behufe
gemachten Zitationen (Ind. Bibl. 2. H. S. 235) gibt: l'au-
teur (des Gedichts) critique la conduite des faux
dévots qui DANS DES VUES INTÉRESSÉES, observent les
15 règles préscrites par les védas, il finit par dire: Ils
pratiquent aussi, ils agissent, mais SANS LA RETENUE
DIGNE DU SAGE. Ferner S. 238 zu sl. 45: Crichna dit à
Arjouna que l'explication des Védas peut prêter
des sens favorables aux gens amis de la liberté, ou
20 des passions ou des ténèbres (den drei obenerwähnten
Qualitäten, die | überall die drei Grundkategorien sind).
Die englische Übersetzung drückt den Sinn wie Langlès
aus, hier und da nur in entschiedeneren Zügen, als die
Schlegelsche ebendenselben darstellt. Diese lautet sl. 41–43:
25 Multipartitae ac infinitae sententiae INCONSTANTIUM
(s. darüber Hrn. v. H. zu Langlès a.a.O. S. 236). Quam
floridam istam orationem proferunt INSIPIENTES, LI-
BRORUM SACRORUM DICTIS GAUDENTES, nec ultra quic-
quam dari affirmantes, CUPIDITATIBUS obnoxii, se-
30 dem apud superos finem bonorum praedicantes;
(orationem, inquam,) insignes natales TANQUAM OPE-
RUM PRAEMIUM pollicentem, rituum varietate abun-
dantem, quibus aliquis opes ac dominationem nan-
ciscatur: qui HAC A RECTO PROPOSITO ABREPTI, circa
35 opes ac dominationem ambitiosi sunt, horum MENS
NON COMPONITUR CONTEMPLATIONE ad perseveran-
tiam.

Ich kann hierin nichts sehen, als daß vom Mißbrauche
der Vedas (libr. sacr. DICTIS gaudentes heißt bei Wilkins:
delighting in THE CONTROVERSIES of the Veds), und
zwar ausdrücklich durch Menschen, die in Irrtümern und
noch in Leidenschaften befangen sind, die Rede ist, wie bei 5
uns vom Mißbrauche der Bibel gesprochen wird, die für alle
möglichen Irrtümer zitiert worden, von denen man auch sagen kann, sie seien durch Aussprüche der Bibel veranlaßt
worden, ohne daß darum dem Ansehen und dem wahren
Inhalte der Bibel Eintrag geschehe, weil es nur der Irrtum 10
selbst ist, der sich solche Veranlassung nimmt. Gleich in sl.
46 heißt es, daß, zu so vielem Gebrauch ein voller Brunnen
dient, so vielfachen Gebrauch gewähren dem PRUDENTI
theologo die Vedas, wie auch unsere Theologen so klug
sind, ihre willkürlichen Meinungen auf die Bibel stützen zu 15
können. Ist unter prudens theologus etwas Wahreres als
nur ein kluger Theolog zu verstehen (Wilk. knowing di-
vine), so liegt darin immer, daß von einem vielfachen Gebrauche der Vedas die Rede ist. In L. IX. 20 wird solchen,
die kenntnisreich in den drei (hier sind nicht vier erwähnt) 20
Vedas den Asklepias-Saft trinken nach den Opfern und den
Reinigungen von ihren Sünden, die Seligkeit der Welt des
Indra zugesagt. Aber L. VIII. 11 ff. eröffnet Krishna dem
Arjuna das Innerste und Höchste – nämlich die Yoga – und
sagt ausdrücklich, daß dies der reine Pfad sei, den die Wei- 25
sen der Vedas lehren, und diese sind keine anderen als
Brahmanen und dürfen keine anderen sein. | Am bestimm-
testen heißt es L. XV. 15: Ich (Krishna) bin in allen Vedas zu erkennen, ich bin der Urheber der theologischen
Lehre (vedanta) und (nach Hrn. v. Schl.) bin der Ausleger 30
der Vedas; Wilk. I am who knowed the Veds. Der
die Kenntnis und Erkenntnis und die Auslegung der Vedas
hat, ist der Brahmane; Krishna spricht sich als identisch,
nicht bloß übereinstimmend, mit den Brahmanen aus, wie
er auch die Vedas selbst ist – wovon nachher. Krishna teilt 35
dem Arjuna das Wesentliche der Weisheit dieser Bücher
und der Brahmanen mit, weil Arjuna ein Kshatriya ist und

darum für sich sie nicht besitzt. So muß die Bhagavad-Gita
selbst nur als Mitteilung dieser Weisheit an die Nation angesehen werden, wodurch das, was ihr sonst auf andere
Weise nicht bekannt wird, vielmehr im ganzen unzugäng-
5 lich ist, zur allgemeinern Kenntnis gemacht wird − auf die
angemessene Weise, nämlich in einem poetischen Werke.
Die beiden Nationalgedichte Indiens leisten den Indern, was
die Homerischen Gedichte den Griechen, die Belehrung
über ihre Religion; sonst ist für diese Völker keine irgend-
10 woher zu schöpfen, der Kultus selbst ist nicht lehrend. Auch
die griechischen Dichter, welche nach der berühmten Stelle
Herodots den Griechen ihre Götter gemacht haben, hatten
Mythen, Traditionen, Kultus, Mysterien usf. schon vor
sich; aber die Vedas sind für die indischen Dichter eine viel
15 festere Grundlage. Die Gedichte beider Nationen, wie
überhaupt, sind nur Nationalgedichte, insofern sie ganz in
dem religiösen Geiste und in den Vorstellungen ihres Volkes stehen. Die Vedas liegen uns zwar noch nicht zur Einsicht vor − welcher Gelehrte oder vielmehr welche Regie-
20 rung wird uns einst dies Geschenk machen? −, aber man
braucht nur die einstweilen dem, der sich für die Religionen der Völker interessiert, unschätzbaren Auszüge anzusehen, die uns Colebrooke gegeben hat, um auch unabhängig
von der angegebenen allgemeinen Anerkennung und reli-
25 giösen Verehrung dieser Bücher sich zu überzeugen, daß,
was in der Bhagavad-Gita überhaupt und von dem Innersten
der indischen Vorstellung gemein gemacht ist, sich ganz nur
auf die Lehre der Vedas gründet. In diesen heiligen Büchern
selbst erscheint der Widerspruch, daß Opfer, Gebete,
30 Werke und anderes, was äußerliche Erscheinung wird, das
einemal als wesentlich vorgeschrieben, das anderemal
Brahma und die reine Richtung auf ihn als das Höchste, ja
allein Wahre gepriesen wird. Von den Vedas sagt teils
Krishna, daß er selbst alle drei Vedas ist (IX. 17), teils in
35 einem Zuge (das.), daß er das konzentrierte Monosillabum
Om in denselben ist (auch VII. 8), ingleichen X. 35, daß er
unter den heiligen Hymnen (ohne Zweifel den Mantras,

den Teilen der Vedas, welche aus Hymnen und Gebeten be-
stehen) der berühmte Gayatri ist (Hr. v. Schl. schwächt |
durch: magnus hymnus das spezifische Gayatri, das Wilkins angibt), dessen Übersetzung Colebrooke (Asiat. Res.
VIII. 400) gegeben hat. – Derselbe Gegensatz und Wider- 5
spruch erscheint allenthalben, wo äußerlicher Kultus und
Zeremonien zugleich mit dem Bewußtsein höherer Innerlichkeit verbunden sind. In einer andern Religion, die einen
Zeremonial-Kultus von Opfern usf. hat, heißt es auch:
Opfer und Brandopfer gefallen dir nicht; was dir wohlge- 10
fällt, ist nur ein reines Herz; es ist derselbe Gegensatz, der
unter ärgeren Äußerlichkeiten, zugleich mit einer größern
Tiefe des Inhalts verbunden, zwischen dem Glauben und
den Werken vorgekommen ist. Es ist als indisches Gedicht,
daß gleicher Weise Bhagavad-Gita den Unterschied von 15
Innerlichem und Äußerlichem nur als Gegensatz, nur als
höchsten Widerspruch ohne seine Versöhnung enthalten
kann. Dieser Umstand macht das Tädiöse der Darstellung
sogar notwendig; wenn die eine Seite, die Werke und das
Handeln überhaupt, geboren worden, so fällt die andere, 20
die Abstraktion von aller Handlung des Gottesdienstes und
der Wirklichkeit, wieder ein, aber diese Einseitigkeit macht
auch wieder die andere, die Aufforderung zum Handeln
insbesondere an den Kshatriya notwendig; so daß der Vortrag von selbst durch den Inhalt in diese lästigen Wieder- 25
holungen gerät.

Um nun aber von der Stufe der Vollendung, welche das
höchste Ziel ist, zu sprechen, so betrachten wir sie zunächst
in ihrer subjektiven Form. Diese Vollendung bestimmt sich
als dauernder Zustand der Abstraktion, um die es sich in 30
allem vorhergehenden gehandelt hat – perennierende
Einsamkeit des Selbstbewußtseins, die alle Sensationen, alle
Bedürfnisse und Vorstellungen von äußeren Dingen aufgegeben hat, somit nicht mehr Bewußtsein ist, auch nicht
ein erfülltes Selbstbewußtsein, welches den Geist zum 35
Inhalte hätte und insofern auch noch Bewußtsein wäre;
ein Anschauen, das nichts anschaut, von nichts weiß – die

reine Leerheit seiner in sich selbst. Nach modernen Ausdrücken ist die Bestimmtheit dieses Zustandes die absolute
Unmittelbarkeit des Wissens zu nennen. Denn wo Wissen von etwas, von einem Inhalt ist, darin ist sogleich und
5 bereits Vermittelung; das wissende Subjekt ist Inhaltswissen-
des nur vermittelst dieses Inhalts, der ihm Gegenstand ist,
und der Inhalt ist nur Gegenstand vermittelst dessen, daß er
gewußt wird. Einen Inhalt aber hat das Bewußtsein nur, insofern er ihm Gegenstand ist, es sei fühlend, anschauend
10 oder wie man wolle; denn das Fühlen, Anschauen, wenn es
nicht Fühlen des Tieres ist, ist Fühlen, Anschauen des Menschen, d. i. des Bewußtseienden – einfache, nur analytische
Bestimmungen, welche sogar nicht zu bemerken und zu
wissen, diejenigen, die heutigentags soviel vom unmittel-
15 baren Wissen sprechen, bewußtlos und unwissend genug
sind. |

Diese abstrakte Konzentration ist nun die Seligkeit, deren
nähere Bestimmungen Hr. v. H. S. 39 zusammenstellt, die
den Frommen und Gläubigen fast auf jeder Seite unseres
20 Gedichts mehremal verheißen wird – durchweg das Eingehen in die Gottheit oder wörtlich zunächst in Krishna, das
Verwehen in Brahma, die Verwandlung in Brahma
(V. 24), Schl. ad EXSTINCTIONEM in NUMINE (d. i.
Brahma) pervenit, Wilkins: obtain the incorporeal
25 Brahm, und dann weiter: Brahm is prepared, from
the beginning, for such as are free from lust and
anger etc.). Diese Einheit mit Brahma gibt auch die Befreiung von der Metempsychose.

Diese Einheit mit Brahm führt von selbst auf den letzten
30 Punkt, welcher in dem Zusammenhange der indischen Religion der höchste ist – den Begriff des Brahm, die Spitze
der betrachteten Vertiefung. So leicht faßlich und bekannt
es ist, was Brahm ist, so größere Schwierigkeiten bietet sein
Zusammenhang mit dieser Vertiefung selbst dar und so in-
35 teressanter ist es, diesen Zusammenhang zu betrachten, aus
dem, wie sich ergeben wird, der Begriff Brahm selbst resul-
tiert oder der vielmehr er selbst ist.

Gehen wir davon aus, näher zu betrachten, welche die affirmative Stelle oder Bestimmtheit des Geistes sei, der jene Vertiefung seiner in sich, jene Vereinsamung des Selbstbewußtseins mit sich angehöre, so ist es das Denken. Vertiefung und die andern Ausdrücke Devotion, Kontem- 5 plation bezeichnen das Zuständliche, nicht die Sache selbst. Jene Abstraktion von aller äußerlichen und inner- lichen Bestimmtheit, allem Inhalte der Empfindung und des Geistes in ihrem affir|mativen spezifischen Dasein, ist das zustandslose Denken. Es ist für erhaben zu achten, daß die 10 Inder sich zu dieser Absonderung des Unsinnlichen vom Sinnlichen, der empirischen Mannigfaltigkeit von der All- gemeinheit, des Empfindens, Begehrens, Vorstellens, Wol- lens usf. von dem Denken und zu dem Bewußtsein der Hoheit des Denkens erhoben haben. Aber das Eigentüm- 15 liche ist, daß sie von der ungeheuern Abstraktion dieses Ex- trems nicht zur Versöhnung mit dem Besondern, nicht zum Konkreten durchgedrungen sind; ihr Geist ist deswegen nur der haltungslose Taumel von dem einen zu dem andern und zuletzt die Unglückseligkeit, die Seligkeit nur als Vernich- 20 tung der Persönlichkeit, was dasselbe mit dem Niban der Buddhisten ist, zu wissen.

Wenn statt des Ausdrucks Devotion, Vertiefung usf. die Benennung der Sache, Denken, gebraucht worden wäre; so stünde dem entgegen, daß wir bei dem Denken, selbst 25 dem reinen, auch abstrakten Denken, immer noch die Vor- stellung haben, daß etwas gedacht werde, daß wir als den- kend Gedanken haben, d. i. sie als innern Gegenstand haben. In gleicher Bestimmungslosigkeit das Anschauen als so ganz reines Anschauen genommen, ist es dieselbe ab- 30 strakte Identität mit sich; das nur reine Anschauen schaut auch nicht etwas an, so daß man es selbst nicht Anschauen des Nichts nennen kann, denn es ist gegenstandslos. Doch Anschauen schließt wesentlich ein, konkret zu sein; wenn das Denken zwar auch nur wahr ist, insofern es konkret in 35 sich ist, so ist seine eigentümliche Bestimmtheit jene reine Allgemeinheit, die einfache Identität; der Yogi, der inner-

lich und äußerlich unbewegt dasitzt und auf die Spitze seiner Nase hinstarrt, ist jenes zur leeren Abstraktion gestei-
gerte, gewaltsam festgehaltene Denken. Solcher Zustand
aber ist uns ein durchaus Fremdartiges und Jenseitiges und
5 würde uns durch den Ausdruck des Denkens, als welches
uns in unserer | Vorstellung etwas ganz Geläufiges ist, viel
zu nahe gelegt.

Erinnern wir uns aber jedoch der Ausdrücke, daß jene
Vertiefung den Brahma s u c h e , der W e g , die R i c h t u n g
10 auf ihn und die V e r e i n i g u n g mit ihm sei, so liegt darin
wohl, daß sie einen Gegenstand habe, den sie zu gewinnen
strebe. In der Tat aber ist sie, wie gezeigt, in ihrer eigenen
Bestimmung objektlos, und Streben, Richtung u. dergl. gehört nur dem Bewußtsein an, in dem das Vertiefen selbst
15 nicht erreicht ist. Insofern nun dieses objektlose Denken zugleich wesentlich als Beziehung auf Brahma vorgestellt ist –
aber als eine u n m i t t e l b a r e , d. h. unterschiedslose Beziehung –, so notwendig i s t  d i e s e s  r e i n  a b s t r a k t e  D e n k e n
a l s  B r a h m a  s e l b s t bestimmt – ein Subjektives, das mit
20 dem als objektiv Gesagten identisch ist, so daß dieser Gegensatz verschwindet und zu einem im Inhalte selbst nicht
vorhandenen, äußerlichen Sagen wird.

Es versteht sich hierbei von selbst, daß, wenn hier die
Ausdrücke von Subjektivem und Objektivem und vollends
25 von deren Einheit gebraucht worden, diese Erfindungen
der denkenden Reflexion neuerer Zeit den Indern nicht zugeschrieben werden sollen, so wenig als, wenn eine denkende Mythologie zeigt, was der B e g r i f f von Zeus, Here,
Demeter usf. ist, derselbe hiermit als reflektierter Begriff
30 den Griechen zugeschrieben wird. Man hat dabei wohl
Recht zu sagen, sie haben diesen Begriff von Zeus nicht g e -
h a b t . Aber darum ist solcher Begriff, wenn er richtig bestimmt ist, nicht weniger Inhalt ihrer Phantasievorstellung
von Zeus gewesen. Die Unwissenheit über diesen Unter-
35 schied, ob ein Inhalt das sinnliche oder phantasierende nur
erfüllt, oder ob ebenderselbe Inhalt vom reflektierenden
Bewußtsein als Gedanke und Begriff gewußt wird, ist die

Quelle vielen Mißverständnisses und rohen Widerspruchs geworden. – Wenn nun Brahm als jene Einheit bestimmt worden, so ist es diese Einheit selbst, auf welche die wesentliche Ungunst gegen diese abstrakten Bestimmungen fällt. In der Tat ist sie als abstrakte Einheit ohne Bestimmung in ihr selbst das Mangelhafteste und Unwahre; eben diese Dürftigkeit ist es, welche die Natur des indischen Brahma konstituierte; er ist die Einheit nur als die abstrakte Allgemeinheit, als bestimmungslose Substanz. Und wenn vorhin aus der Bestimmung der subjektiven Seite gezeigt worden, daß, indem sie das ganz abstrakte Denken, das Nichts denkt, ist, | ebendamit kein Gegenstand für sie vorhanden ist, so erhellt dies gleichfalls aus der ebengenannten Bestimmung, die wir die objektive nennen können, nämlich der reinen Allgemeinheit oder reinen Substanz, als welche eben dies ist, daß von aller Besonderheit, somit auch von der Besonderheit eines Objekts gegen ein Subjekt, abstrahiert ist. Man gehe von der subjektiven oder von der objektiven Bestimmung aus, so zeigt sich Brahm als das Mangelhafte, das ohne den Unterschied des Subjektiven und Objektiven ist. Aber die Notwendigkeit und damit die Macht des Unterschiedes ist so groß, daß er auch auf dieser höchsten Spitze rekurrieren muß.

Er begegnet uns schon, sowie der Ausdruck Brahma zu gebrauchen ist. Hr. v. H. S. 21, wie auch Hr. v. Schl. ausführlicher (Ind. Bibl. II. B. 4. H. S. 420) (bei Gelegenheit eines gelehrttuenden, aber in der Tat zu nichts führenden oder zu nichts kommen wollenden Geredes), bringen den Unterschied von Brahma mit einem kurzen a hinten, dem neutrum, und mit einem langen, dem Masculinum, wieder in Erinnerung und geben dessen genaue Bestimmung an. Die Sitte (wie ebend. Hr. v. Schl. S. 422 angibt) der heutigen und besonders der Bengalischen Pandits – also ein usus der Gelehrten des Landes selbst, hiermit auch im Deutschen, wo sich der Unterschied eines langen und kurzen a nicht gut ausdrücken läßt – [ist es], den kurzen Schlußvokal des Neutrums zu unterdrücken und Brahm zu schreiben.

Das Masculinum Brahma, der Herr der Geschöpfe nach der
lakonischen Angabe des ältesten indischen Lexikographen
(ebendas. S. 423), ist Individuum, Person und spricht daher
unsere europäische Vorstellungsweise günstig an. Ich be-
5 merke hierüber, daß es für die Beurteilung dieser Persönlichkeit wesentlich auf den innern Gehalt derselben ankommt. Brahma bleibt seiner innern Bestimmung nach das
abstrakte Sein; das Allgemeine, die Substanz ohne Subjektivität in sich ist daher nicht das Konkrete, nicht der
10 Geist (ebensowenig Gott als das moderne Wesen der Wesen hiermit als konkret, als Geist bestimmt ist). Mit solchem
Gehalt, welcher vielmehr Gehaltlosigkeit ist, ist in der Tat
jenes Masculinum nicht ein individuelles Subjekt; die Persönlichkeit ist an ihm leere Form, sie ist bloße Personifi-
15 kation. – Es ist in der Betrachtung der Religionen von un-
bedingter Wichtigkeit, die bloße Personifikation des Gottes
oder eines Gottes, die man in allen Mythologien finden
kann, von der Persönlichkeit, die es dem Gehalte nach ist,
zu | unterscheiden. Bei der Oberflächlichkeit der Personifi-
20 kation fällt sogleich auch die gegenständliche Selbständigkeit
des Gottes gegen das Subjekt hinweg. So nehmen wir den
Eros oder die Pallas zu Anfang der Iliade, wenn sie das Her-
ausziehen des Schwerts in Achill hemmt, sogleich für die
subjektive Empfindung der Liebe, für die in Achill selbst
25 eintretende Besonnenheit.
      Ein erläuterndes Beispiel aber, wie Brahma personifiziert
– und selbst bis zu einer trivialen Äußerlichkeit – erscheint,
zugleich aber seine Unterscheidung gegen das Subjekt, dem
er gegenübersteht, aufgehoben und er nur als dessen subjek-
30 tives Sinnen, als Neutrum, kundgegeben ist, bietet sich
gleich in der Einleitung zum Ramayana dar. Valmiki (der
Verfasser des Ramayana – ein Zweimalgeborner), mit dem
Stoff und Vorhaben dieses Gedichts beschäftigt, spricht eine
Klage über einen eben vor seiner Hütte Erschlagenen und
35 dessen überlebende Geliebte aus; das Versmaß, in dem ihm
diese Klage ausbricht, frappiert ihn und seinen Schüler, der
dieses Versmaß gleichfalls gut findet. Valmiki setzt sich dar-

auf in der Hütte auf seinen Stuhl nieder und fällt in tiefe
Betrachtung. Da kam der glorreiche Brahma (ob im Original Brahm oder Brahma in dieser ganzen Erzählung steht,
weiß ich nicht zu sagen, es ist aber für sich selbst gleichgültig), der viergesichtete, der Herr der drei Welten, in der       5
Hütte an. Valmiki in seiner Vertiefung erblickt ihn, steht
auf, bückt sich mit gefalteten Händen, präsentiert ihm einen
Stuhl, setzt ihm Wasser, Milch, Reis vor; Wasser, um ihm
die Füße zu waschen (gewöhnliche Gaben und Bezeigungen
gegen einen geistigen Lehrer); Brahma läßt sich auf den dar-    10
gebotenen Stuhl nieder und heißt den Valmiki sich gleichfalls einen nehmen. Valmiki setzt sich, ist mit seinem Geiste
auf Brahma gerichtet, fällt in tiefes Nachdenken und singt
eine Strophe (nicht etwa des Lobes auf Brahma, der vor ihm
säße, sondern) der Klage über die Untat, den vorhiner-         15
wähnten Mord, im Versmaß der vorigen Klage. Brahma
sagt ihm nun umständlicher, in diesem Metrum soll er Ramas Taten besingen, und verschwindet. Valmiki und der
Schüler sind voll Erstaunens; die Schüler insgesamt rufen in
diesem Versmaße aus, daß aus den Worten, die der Lehrer    20
über die Mordtat gesprochen, dies Versmaß entstanden sei.
So entschließt sich nun Valmiki, in demselben den Rama-
yana zu komponieren. – Man sieht, daß selbst gegen jene |
Äußerlichkeit des Erscheinens Brahma als das tiefe Sinnen
charakterisiert bleibt.                                         25
   Es sind aber die Momente und deren Verhältnis, welches
im vorhergehenden aus der Natur der Sache sich ergeben
hat, nach ihrem bestimmtern Vorkommen in der indischen
Darstellung aufzuzeigen. Brahms metaphysische Bestimmung ist so bekannt als einfach und schon angeführt wor-      30
den – das reine Sein, reine Allgemeinheit, supreme
being, das höchste Wesen; das Wesentliche und Interessan-
teste dabei aber ist, daß diese Abstraktion festgehalten werde
gegen die Erfüllung – Brahm nur als das reine Sein, ohne
alle konkrete Bestimmung in sich. Wenn wir Europäer     35
sagen, Gott ist das höchste Wesen, so ist diese Bestimmung
ebenso abstrakt und dürftig, und die Verstandesmetaphysik,

welche das Erkennen Gottes, d. h. Bestimmungen von ihm
zu wissen, leugnet, fordert, daß die Vorstellung von Gott
sich auf dieselbe Abstraktion beschränke, von Gott nichts
weiter wissen soll, als was Brahm ist. Dieser kritischen
5 Weisheit unerachtet wird im allgemeinen die europäische
Vorstellung dies in sich behalten, daß sie bei dem Worte
höchstes Wesen oder noch mehr Gott ein Konkretes, ihn
als Geist vor sich hat, und daß das, was sie meint, reicher
und gehaltvoller ist als das, was sie sagt.
10    Dies veranlaßt mich zu einer Bemerkung über die Übersetzung von Brahm (im Neutrum) bei Hrn. v. Schl. durch
numen, wie Krishna zum Unterschiede durch almum numen bezeichnet wird; Hr. v. H. gebraucht den Ausdruck
Gott, wie derselbe ausdrücklich S. 21 bemerkt, daß aus vie-
15 len Stellen deutlich hervorgehe, daß das Brahma und Gott
dieselben Begriffe seien. Hr. Guigniaut in der Übersetzung
der Creuzerschen Symbolik (Tome I. P. II Notes p. 618) erklärt sich sehr bestimmt gegen Hrn. v. Schl. méthode, qui
consiste à traduire généralement, par des expressi-
20 ons latines correspondantes, les termes sacramen-
tels de la philosophie réligieuse des Brahmanes, et
beaucoup d'autres dénominations théologiques et
mythologiques, en faisant disparaître complète-
ment les noms originaux. – Cette manière efface
25 et détruit toute originalité, toute propriété, toute
couleur locale. – Hr. v. Schl. gibt zwar an (Ind. Bibl. II.
B. 4. H. S. 421 f.), daß das Wort Brahma (neutr.) ganz genau dem griechischen τὸ θεῖον, einigermaßen auch dem
lateinischen numen entspreche, wenn dieses schöne Wort
30 nach seiner wahren Würde | gebraucht werde. In allen die-
sen Ausdrücken, wie nicht weniger in Deus und Gott, ist
Gott zwar so unbestimmt gesagt als Brahm an sich unbestimmt, d. h. abstrakt ist, aber der große Unterschied ist,
daß jene Ausdrücke von einer konkreten Vorstellung be-
35 gleitet, nicht in der Unbestimmtheit gemeint sind, welche
das innere Wesen Brahmas ausmacht. Es ist oben bemerkt
worden, daß beim Übersetzen außer der äußerlichen Not-

wendigkeit auch der Sache nach für zulässig angesehen werden muß, für den Ausdruck einer Sprache, der etwas Besonderes bezeichnet, in der andern den Ausdruck des Allgemeinern zu nehmen oder auch umgekehrt; anders aber ist es,
wenn jeder der beiden Ausdrücke etwas eigentümlich Spe-          5
zifiziertes bedeutet und das Allgemeine nur das Gemeinschaftliche derselben ist. Hier bringt der Gebrauch des spezifischen Ausdrucks in unsere Vorstellung eine Bestimmung
des Inhalts, welche vielmehr entfernt bleiben, und läßt dagegen eine andere weg, welche ausdrücklich vor uns ge-          10
bracht werden soll. Diese Veränderung, die bei untergeordneten Zügen und Modifikationen unwichtiger werden
kann, wird verwirrend, wenn sie bei den allgemeinsten und
wichtigsten Grundbestimmungen eintritt. Deus, θεὸς, wie
Deva, auch anderes der Inder, mag wohl und muß sogar als          15
G o t t übersetzt werden, wenn es nur um die unbestimmtere
Vorstellung zu tun ist. Wenn aber die Verschiedenheit herausgetreten und sie ausdrücklich für die Vorstellung zum
Auffassen bezeichnet ist, da werden wir getäuscht, wenn uns
statt eines Spezifischen das davon spezifisch Unterschiedene          20
gegeben wird. So, wie im ersten Artikel bemerkt worden,
enthalten unsere Priester, Soldaten usf. eigentümliche Verhältnisse, die in den Brahmanen, Kshatriya usf. fehlen, wogegen in diesen wieder Bestimmungen sind, welche untrennbar zu ihrer wesentlichen Natur gehören. So wird man          25
auch gewiß nicht für Zeus, Jupiter, ob dies gleich der höchste Vater der Götter ist, Gott oder auch das höchste Wesen
übersetzen. Die objektive Bestimmung Brahms, diese Kategorie des r e i n e n  S e i n s, in welches die indische Vorstellung a l l e s Besondere sich a u f l ö s e n läßt, als das Nichts          30
alles Endlichen, macht das Erhabene der indischen Religion
aus, das jedoch darum noch nicht das Schöne, noch weniger
das wahrhaft Wahre ist. Vielmehr ist das reine Sein, um seiner Abstraktion willen, nur endliche Kategorie. Doch begehen hierbei die Inder, so wenig als die Eleaten, die Inkon-          35
sequenz nicht, das Nichtsein von dem Sein unterschieden
zu se|tzen oder es von ihm auszuschließen; Hr. v. Hum-

boldt bemerkt dies 14 nach Lect. IX. 19, wo Krishna sagt:
Unsterblichkeit und Tod bin ich, was ist, was nicht ist.
Dasselbe, daß Brahma die entity und non-entity ist,
kommt auch anderwärts genugsam vor. – Dieses reine Sein,
5 weil es nicht bis zur Bestimmung der unendlichen Subjektivität fortgeführt ist, gibt den indischen Pantheismus wie
zugleich insofern den Monotheismus, weil das reine Sein
das Eine ist. Colebrookes so häufig angeführtes Resultat aus
der Kenntnis der Vedas (Asiat. Res. Vol. VIII), daß die
10 alte indische Religion nur Einen Gott anerkennt, aber das
Geschöpf nicht hinlänglich von dem Schöpfer unterscheidet, hat zwar die nähere Bestimmung, daß ursprünglich die
Sonne als die große Seele (Mahanatma) gefaßt worden ist;
aber insofern es nur um solchen Monotheismus zu tun ist,
15 bleibt derselbe oder ist vielmehr reiner vorhanden im
Brahm. Dieser Monotheismus ist aber ebenso wesentlich
Pantheismus, denn wenn das Eine auch als Wesen oder als
die Abstraktion des Allgemeinen bestimmt wird, ist es
um dieser Abstraktion selbst willen die Unmittelbarkeit
20 und darum allerdings als das Sein der Dinge immanent
und identisch mit ihnen, das Geschöpf insofern nicht vom
Schöpfer unterschieden; allein dies immanente Sein ist
darum nicht die konkreten und empirischen Dinge und deren Endlichkeiten, sondern vielmehr nur das Sein ihres
25 Daseins, die unbestimmte Identität. Dies ist es, was die Un-
vollkommenheit der Kategorie der Substanz ausmacht, daß
es in die Betrachtung des äußerlichen denkenden Subjekts
gelegt ist, die Unterscheidung zu machen, in dem Anschauen und Bewußtsein der endlichen, einzelnen Dinge
30 von ihrer Endlichkeit und Einzelnheit zu abstrahieren und
die Substanz, das Eine Sein, festzuhalten. Ich habe es anderwärts (Enzyklop. der philos. Wissensch. 2te Ausg. S. 519 ff.
u. Vorr. S. XIII) ausführlicher gerügt, daß es heutigentags
besonders bei den Theologen, welche die Vernunft nicht
35 von dem Verstande, nicht einmal die Substanz von der Ak-
zidentalität zu unterscheiden wissen, vielmehr überhaupt das
Vernünftige zur Albernheit verkehren und dichten, Mode

ist, den Pantheismus gerade in sein Gegenteil zu verkehren,
indem sie versichern, durch ihn werde das Unendliche zu
endlichen Dingen, das Gute zum Bösen usf. und hiermit
ebenso das Endliche als affirmativ bestehen bleibend zum
Unendlichen, das Böse als solches seiend zum Guten ge- 5
macht. Sie fas|sen so den Pantheismus als eine Allesgötte-
rei auf, als ob [von] ihm die einzelnen Dinge und deren
empirische, endliche Existenz als solche für göttlich oder gar
für Gott gehalten würden. Es wäre nur dem Vieh, als welches Anschauungen wie auch Vorstellungen von Bildern 10
hat, aber als nicht denkend nicht zum Allgemeinen kommt,
solches Dafürhalten zuzuschreiben; und unter den Menschen gehört nur jenen Erfindern solcher Behauptung eine
solche Vorstellung an.

Der Unterschied der Erkenntnis in dieser Rücksicht ist 15
sehr gut in dem Bewußtsein der Inder, und in der von Hrn.
v. H. S. 13 angeführten XVIII. Lection sl. 20–22 angegeben. Die wahrhafte Erkenntnis, heißt es daselbst, ist, in allem, was existiert, nur das Eine unveränderliche Prinzip, das Ungeteilte in dem Teilbaren zu sehen. Die zweite 20
Erkenntnis ist, die verschiedenen (besonderen) Prinzipien in
den einzelnen Dingen zu erkennen – noch beschränkte Allgemeinheit, wie unsere allgemeinen Naturkräfte usf. Die
widrigste Erkenntnis, die der dritten Qualität, der Finsternis, ist aber die, nur vom Einzelnen zu wissen, als ob ein 25
solches ein Ganzes für sich wäre, ohne ein allgemeines Prinzip. Von solcher absoluten Selbständigkeit der einzelnen
Dinge und deren Bestimmtheiten kommt jene Vorstellung
des Pantheismus nicht hinweg, und da es die ausdrücklichste Bestimmung des Pantheismus ist, daß die einzelnen 30
Dinge und alle endlichen Qualitäten als nicht selbständig,
vielmehr als in dem reinen Sein nur aufgehobene, negierte
zu fassen seien, so ist es in der Tat nur die eigene Unfähigkeit der Subjekte, die sich jene falsche Vorstellung machen,
sich von dem Glauben an die Selbständigkeit, an die Abso- 35
lutheit des Endlichen nicht losmachen, um das Faktum nicht
richtig auffassen zu können.

Es sind lange Tiraden im Gedichte, in denen Krishna dieses allgemeine Sein von sich ausspricht. Lect. VII: Ich bin
der Geschmack in den Wassern, der Glanz in der Sonne und
Mond, das mystische Wort in den heiligen Büchern, der
5 Ton in der Luft, das Wissen der Wissenden usf. Weiter
Lect. X: Unter den Adityaden bin ich Vishnu, unter den
Sternen die Sonne usf., unter den Rudras bin ich Shiva,
usf. Diese Tiraden, die anfangs erhaben lauten, macht die
Monotonie bald gleichgültig; zunächst sprechen sie aus, daß
10 Krishna in allem Einzelnen das Wesentliche, das Prinzip sei,
welches jedoch wie Geschmack, Glanz usf. selbst noch | et-
was Beschränktes ist. – In diesen Tiraden führt dann auch
Hr. v. Schl., beiläufig gesagt, die oben bemerkte Weise des
Übersetzens nicht durch; diese Stellen strotzen von unüber-
15 setzten Eigennamen; auch Shiva heißt nicht etwa numen
destruens, fatum oder dergleichen, wie statt Krishna immer
numen almum steht. – Jene vielen besonderen Allgemeinheiten werden aber selbst absorbiert in das Eine, Brahm, das
Krishna ist.
20      Wenn hier Krishna sagt, er sei Shiva, so gibt Shiva, wenn
er seinerseits loslegt, dies dem Krishna heim und sagt, er sei
Krishna. In Oupnekhat IX, der dem Shiva gewidmet ist,
spricht dieser ebenso, zum Teil mit den kühnsten Wendungen der Abstraktion, die in die Einheit auf diese Weise eine
25 Bewegung bringt, von sich. Was gewesen ist, ist Rudra (d. i.
Shiva), und was ist, ist er, und was sein wird, ist er; Ich war
immer, bin immer und werde immer sein. Es gibt kein
Zweites, von dem ich sagen könnte: Ich bin es, und es ist
Ich. Was ist, bin Ich, und was nicht ist, bin Ich. Ich bin
30 Brahma und ich bin Brahm usf. Auch fernerhin in Einem
Zuge: Ich bin die Wahrheit, Ich bin der Ochs usf. Ich bin
das höchste Sein. Ferner wird deswegen, wo die Anschauung oder Vorstellung von andern einzelnen Gegenständen,
Elementen usf. anfängt, von ihnen gleichfalls als das letzte
35 gesagt, daß sie Brahm sind. In dem Veda wird dem Vach
(der Sprache) beigelegt, daß sie dies von sich sagt; ebenso:
Luft, du bist Brahm, die Sonne ist Brahm, Speise, Brot usf.

ist Brahm. – Ein Engländer (Mills History of British India Vol. I), der diese Zusammenstellung aus den Vedas macht, kommt dadurch und nachher zu Erwähnendes auf die Vorstellung, daß Brahm wie auch das Eine bei den Indern nur ein vages Prädikat des Preises, gleichsam eine 5 Nichts sagende Titulatur sei. Der Grund, den er angibt, ist, daß die Inder nicht zu der Vorstellung der Einheit Gottes gekommen sind; und was ihm hiergegen spricht, ist, wie er es nennt, ihre ungeheure Inkonsistenz, die Tätigkeit des Einen Gottes zu den Charakteren von Brahma, Vishnu und 10 Shiva fortgebildet zu haben. Diese Inkonsistenz ist allerdings die Folge davon, daß jene Einheit noch nicht in ihrer wahrhaften Bestimmung, nicht als in sich konkret, als Geist aufgefaßt, daß sie nur die Kategorie des Substantialitäts-Verhältnisses ist. Die hiermit notwendige Inkonsistenz erscheint 15 als der haltungslose Taumel, der oben nach der subjektiven Seite bemerklich gemacht worden und ebenso in | der Vorstellung des Objektiven notwendig ist – als das Herausfallen von dem Einen in die vielen Götter und das Zurückfallen von diesem Reichtum und Pracht der Phantasie in das leere, 20 trübe Eine; ein perennierendes Abwechseln, das wenigstens diese Wahrheit in sich hat, daß diese Götter und die endlichen Dinge überhaupt nicht selbständige Wirklichkeiten sind. Die metaphysische Bestimmung, die wir gesehen, ist als solche nur für das denkende Subjekt; ihr Inhalt ganz nur 25 die Abstraktion selbst; sie hat darum für sich selbst keine Wirklichkeit; denn in der Welt machen nur die endlichen, einzelnen Dinge ihre Existenz aus, in welchen sie also nicht als sie selbst, sondern als ein Anderes ihrer selbst existiert. Aber die Morgenländer sind nicht zu diesem Verstande ge- 30 kommen, sich auch an solcher Abstraktion, dem reinen Sein, dem bloßen Wesen zu begnügen, wenn sie auch dieselbe denkend gefunden haben. Das Eigentümliche nach dieser Seite ist die Art, in welcher Brahm als solcher, nicht als abstrakter Gedanke eines Andern, noch in einer Personi- 35 fikation für einen Andern, sondern für sich existierend gewußt wird. Nach dieser Bestimmung sehen wir Brahm als

das abstrakte Selbstbewußtsein ausgesprochen, zu welchem
der Yogi gewaltsam sich konzentriert und ausleert. An dieser Vertiefung des Bewußtseins in sich hat das reine Sein in
der Tat eine Existenz, die ebenso allgemein, d. i. abstrakt,
5 als es selbst ist.

Dieser Sinn der Vertiefung ebensosehr als des Brahm
zeigt sich schon an dem Beispiele der Vertiefung Valmikis,
das oben aus dem Ramayana angeführt worden; doch erscheint dieser Sinn dort mit Phantasie und Personifikation
10 vermischt. Er ist in seinen unvermischteren Formen zu betrachten. – Zunächst ist die Andacht eine solche Form als
ein momentaner Zustand, den der Yogi zum anhaltenden
zu machen strebt. Am deutlichsten macht den Sinn der indischen Andacht die Darstellung eines Engländers, der sich
15 gründlich um die Einsicht in die indische Religiosität bemüht hat und sich durch Fragen, die er macht, und Antworten, die er dem Inder in den Mund legt, erklärt. Fragt
man einen Inder: Verehrt ihr das höchste Wesen (d. i.
Brahm) mit einem Kultus? Betet ihr zu ihm? Bringt ihr ihm
20 Opfer? Er wird unmittelbar antworten: »Nein, niemals!« So
betet ihr ihn im Geist an – was der reinste, zugleich auch
der tunlichste Gottesdienst ist, da er wenige oder keine
Umstände nötig macht? »Nein.« Prei|set ihr ihn? »Nein.«
Denkt ihr über seine Eigenschaften und Vollkommenheiten
25 nach? »Nein« (Oben haben wir gesehen, daß die Devotion
ganz leer ist). Was heißt denn nun jene so gerühmte stille
Meditation? Seine Antwort wird sein, »wenn ich in irgendeinem Gottesdienste mit übergeschlagenen Beinen, mit er-
hobenen gefalteten Händen, die Augen geschlossen, in
30 Ruhe des Geistes, der Gedanken, der Zunge und Lippen
sitze, so sag' ich innerlich: Ich bin Brahm. Wir haben
nicht das Bewußtsein, Brahm zu sein, durch die Maya. Es
ist verboten, das höchste Wesen zu verehren, ihm Gebete
und Opfer darzubringen, denn dies wäre ein Gottesdienst,
35 an uns selbst gerichtet; Emanationen von ihm mögen wir
verehren und anbeten.« – Von Brahma ist zwar die Tradition vorhanden, daß er vormals Tempel gehabt, aber auch

sie sind umgestürzt worden (s. Creuzer Symb. I. 575 u.
Guigniaut I. 241), aber um so weniger hat Brahm Tempel.
– Auf ähnliche Weise ist in unsern Zeiten, wie man in
öffentlichen Nachrichten gelesen, dem Künstler Canova,
der sein Vermögen zur Erbauung einer Kirche in seiner Va- 5
terstadt Possagno bestimmt hat, von der geistlichen Behörde
nicht gestattet worden, sie Gott zu widmen.

Dies Verschwinden der Objektivität des Brahm liegt
schon unmittelbar in dem, zum Überflusse angeführten, auf
jeder Seite unseres Gedichts als Ziel der Vertiefung ausge- 10
sprochenen Einswerden mit Brahm, Werden zu Brahm,
Deifikation oder vielmehr Brahmifikation. Ich übergehe,
über dies Einswerden Stellen anzuführen, die sich ins Unendliche vermehren ließen. Nur hat es ein näheres Interesse, die Bestimmungen zu betrachten, welche der schon 15
angeführte älteste indische Lexikograph von Brahm gibt
und mit denen uns Hr. v. Schl. (Ind. Bibl. II. Bd. 4. H. S.
423) bekannt macht. Außer der Bestimmung von reinem
Sein gibt derselbe noch zwei Bedeutungen an, nämlich 1.
die Vedas (sogar steht diese vor dem reinen Sein) und 2. 20
Religionsübung. Daß dies nur scheinbar verschiedene Bedeutungen, wesentlich nur äußerlich unterschiedene Formen eines und desselben Inhalts sind, muß nirgend mehr
der Fall sein als bei dieser absoluten Einheit selbst, dem
Brahm. Der Sinn der Verbindung dieser Bestimmungen 25
geht bereits aus allem bisherigen hervor; Brahma ist die Vedas und die Opfer, nicht nur wie er das nur ansichseiende
Sein von allem ist, sondern die Vedas, als von den Brahma-
nen gelesen, die Opfer von ihnen dargebracht, | sind die
Vertiefung, die Andacht, welche Brahm ist. Es ist dasselbe, 30
was in Lect. IX. 16 Krishna, d. i. wie wir gesehen soviel als
Brahm, sagt: Ich bin das Opfer, Ich die Anbetung, Ich das
gesprengte Wasser und die Kräuter; Ich bin das Gedicht
(carmen, Wilk: the ceremonies to the manes of the
ancestors); Ich ingleichen das heilige Öl, Ich das Feuer, 35
Ich der angezündete Weihrauch (W. the victim). Indem
Brahm selbst das ganze Opfer und die verschiedenen Dinge

ist, welche dargebracht werden, wird er sich selbst durch
sich dargebracht und geopfert – er ist als Andacht das abstrakte, reine sich-selbst-Vernehmen und als Opfer eben
dies sinnlich-vermittelte-Verhalten zu sich selbst. So ist der
5 alles durchdringende Brahm, wie es III. 15 heißt, im Opfer
gegenwärtig, eine auch dort, in der unklaren Darstellung
nicht zu verkennende, näher bestimmte Weise der Gegenwart als in dem allgemeinen pantheistischen Sinne. In dieser
Stelle ist ein Kreislauf aufgestellt, der zunächst einen ober-
10 flächlichen Sinn gibt, nämlich, daß durch Opfer Regen und
durch diesen die Speise und damit die Erhaltung der Lebendigen erlangt wird; das Opfer aber wird durch das gottesdienstliche Werk vollbracht, dieses aber entspringt vom
Brahm, welcher, heißt es, aus dem Einfachen und Unteil-
15 baren entsprungen ist[1] (numen e simplici et individuo
ortum). Hier ist Brahm selbst (das Neutrum) von dem einfachen Einen (the great ONE) unterschieden. Vornehmlich aber ist die Wirksamkeit des Opfers bemerklich zu
machen; Fruchtbarkeit der Erde darf hier nicht als eine
20 Folge desselben, vermittelt durch die göttliche Rücksicht
auf die mit Opfern unterstützten Bitten der Sterblichen,
vorgestellt werden. Der Zusammenhang des Opfers und der
Hervorbringung oder Schöpfung ist, wie aus dem obigen
erhellt, direkter; aus Tod kommt Leben, ist der abstraktere
25 Satz. Am wunderbarsten ist die Darstellung dieses Zusammenhangs in einer der Stellen, die Colebrooke in den Auszügen aus den Vedas (Asiat. Res. VIII. 404 ff.) gibt; als
die Urheber dieser Gebete, die sich auf das Totenopfer beziehen, wird Prajapati und sein Sohn Yajnya angegeben,
30 jener die ursprüngliche Seele, Brahm, der andere Name
scheine, sagt Col., auf das allegorische Opfer des Brahmâ
anzuspielen – (Guigniaut l. c. S. 602: le sacrifice ou
la victime). Dieses Opfer aber hat folgende Stellung: Das
Schaffende | der ersten unterschiedenen Masse ist die Macht
35 der Kontemplation; zuerst ward Verlangen in diesem

---

[1] Wilkins hat nur: Brahm, whose nature is incorruptible.

seinen Denken gebildet, der ursprüngliche produktive
Samen, das die Weisen, durch den Verstand es in ihren
Herzen erkennend, als das Band des Seins in dem
Nichtsein bestimmen; dann folgt die weitere, schwer ver-
worrene Beschreibung, worin sich wenigstens so viel er- 5
kennt, daß das Erste, was geschieht, das allgemeine Opfer
ist, mit welchem das Erschaffen unmittelbar verknüpft wird
oder welches vielmehr selbst als Schöpfung der Welt erscheint.

Ich füge eine Stelle noch hinzu, die Colebrooke (eben- 10
das. S. 475 ff.) aus dem ersten Upanishad des 4ten Veda
gibt und die gleichfalls das Hervorgehen des Einen aus sich
und somit sein Zurückgehen in sich sowie damit zugleich
das Erschaffen der Welt auszudrücken scheint; es heißt:
Durch die Kontemplation keimt das weite Eine; von 15
ihm wird die Speise (Körperliches) hervorgebracht und von
da nacheinander Atem, Gedanken, wirkliche Welten und
Unsterblichkeit entspringend aus Werken. Der Allwissende
ist tiefe Kontemplation; in dem Wissen seiner besteht,
der alles weiß; und daraus geht das weite Eine, sowohl als 20
Namen, Formen und die Speisen hervor; und dies ist
Wahrheit.

Das Abstrahieren, wodurch das Vertiefen wird, ist für
sich das Moment der Negation, des Opferns; und der weitere, tiefsinnige Gedanke ist nicht zu verkennen, daß an 25
diese Negativität, die Unendlichkeit, unmittelbar die Tätigkeit des Produzierens geknüpft wird (wie bei Jac. Böhme an
die Pein, Qual, das Qualieren und Quellen). Der Wendungen aber nun in den vielen Theogonien oder Kosmogonien, die uns bereits bekannt sind, Formen, Namen und 30
Gestaltungen sind unzählige, in welchen aus jenem vertieften Beschauen, aus der nur in sich versenkten Einsamkeit
des Brahm, die produktive Tätigkeit, das Erzeugen und der
Erzeugende hervorgehend und unterschieden gefaßt wird.
Es scheint in diesen vielfachen Darstellungen nichts Gleich- 35
förmiges zu sein als die allgemeine Grundlage der angegebenen Gedanken. Eben so wirft sich das indische Mythologi-

sieren oder Philosophieren, um das Höchste zu fassen und
zu bestimmen, in vielen Formen vom großen Einen, der
allgemeinen Seele usf. umher, die schwerlich vom Brahm
wahrhaft werden unterschieden werden können.

5   Gleichfalls erscheint Brahma (masc.) nur als eine von
den vielen Auffassungen und Gestaltungen des zum | Sub-
jekt bestimmten Brahms. Hier, wo die äußerliche Erscheinung (die Maya) beginnt, wird die Mannigfaltigkeit der
Gestaltungen immer größer und willkürlicher. Brahma er-
10   scheint vornehmlich im Verhältnisse zu Vishnu oder Krishna und zu Shiva in bestimmterer Gestalt und als Eine Figur
der Trimurti, der indischen Dreieinigkeit; eine Bestimmung des Höchsten, welche im Indischen anzutreffen notwendig die Aufmerksamkeit der Europäer hat auf sich
15   ziehen müssen. Sosehr die Ausführung dieser Vorstellung
hier wild ist und den Begriff von Geist vielmehr zerstört,
der aus ihr hervorgehen sollte; sosehr enthält sie wenigstens
die abstrakte Form (wie die Pythagoräische und Platonische
Trias) zu der konkreten Bestimmung des Geistes; und es ist
20   die höhere wissenschaftliche Ausführung, die es erweist,
daß, wenn die Vorstellung des Geistes durch das Denken
zum Begriff erhoben wird, er schlechthin als dreieinig in
sich gefaßt werden müsse. Es würde aber zu weit abführen,
es auseinanderzusetzen, wie das Rudiment der Dreiheit,
25   welche erst im Christentume zur wahrhaften Idee Gottes
gediehen, in der indischen Vorstellung nur zu etwas Ver-
kehrtem ausgewachsen ist. – Für unsern Zweck aber, den
Begriff Brahms zu bestimmen, ist das Verhältnis höchst charakteristisch, das ihm zu Vishnu gegeben, und das Geschäft,
30   das ihm in seinen Erscheinungen auf der Welt zugeteilt
wird. Ich meine in der Darstellung, welche Creuzer Symbolik I. T. S. 627 (Guigniaut L. l. c. 4) nach Polier gibt.
Sie zeigt den Brahma, wie derselbe außer dem Anteile, den
er wie Vishnu und Shiva an der Welt erhalten, noch einen
35   Raum für sich behalten will, wegen dieses Raubs aber von
ihnen gezüchtigt wird; dessen ungeachtet, stolz darauf, daß
er die Vedas geoffenbart, mehr zu sein vermeinte als die

beiden andern. Zur Strafe dieses Hochmuts und dann wegen Lüsternheit wird er verurteilt, eine Reihe von Büßungen in vier Gestalten, in denen er auf die Welt zu kommen
hat, zu durchlaufen. Er kommt als Rabe, als Tschandala und
meuchelmörderischer Räuber usf. in die weltliche Existenz; 5
nach strengen Übungen, an denen gleichfalls die Jahre und
Jahrhunderte nicht gespart sind, gelangt er wieder dazu,
Brahma zu sein. Unter den Bußen, zu denen er verdammt
wird, gehört die, den Vishnu anzubeten und die Geschichte
der Inkarnationen desselben zu schreiben. In der zweiten 10
Existenz aus dem Tschandala und Räuber ein Weiser geworden, setzte er durch seine Kenntnis und Auslegung der
Vedas alle in Verwunderung; in Demut gesteht er, daß | er
der ins Fleisch gekommene Brahma sei, verdammt seinen
Stolz zu büßen; er wird dann ein begeisterter Sänger, be- 15
singt die Inkarnationen des Vishnu, dichtet den Mahabharata und den Ramayana – Rama, der Held dieses Gedichtes,
ist eine Inkarnation Vishnus, und Arjuna, der Held des ersten, mit dem Krishna die Unterredung (Bhagavad-Gita)
hält, ist Krishna selbst, Lect. X. 37. – Creuzer macht a.a.O. 20
S. 634 auf den Unterschied aufmerksam, daß dem Vishnu
Erscheinungen in der Welt als Inkarnationen, dem Brahma
aber die Rückkehr durch Buße, Regenerationen seiner
zu sich selbst zugeschrieben werden. Es ergibt sich noch ein
weiterer charakteristischer Unterschied. Jene Krishnaschen 25
Erscheinungen sind die eines unmittelbar Glücklichen, für
die Liebe Lebenden, große Taten Vollbringenden, Mächtigen; die Ehre, zu der es Brahma in seinen vier Gestaltungen, und zwar vermittelst der Büßungen, bringt, ist die
eines weisen Sängers, und seine Taten sind die großen 30
Nationalgedichte. Seine Grundbestimmung bleibt sonach
die Kontemplation, die Existenz des Einen als abstrakte
Rückkehr seiner in sich selbst zu sich; indem aber die Meditation zur konkreten selbstbewußten Tat wird, ist sie die
eines gebildeten Weisen, ein Gedicht. Und zwar gedeiht sie 35
dazu durch die Vermittelung der Übungen, durch die Erhebung aus dem niedrigsten Zustande und Charakter ver-

mittelst jener Büßungen zur Vollendung. Brahma als Valmiki, der Verfasser des Ramayana, wird der Kaste nach als
Tschandala angegeben; auch Kalidasa (a. a. O. S. 633), der
Wiederfinder und Sammler der Gedichte Valmikis; die
5 vierte und letzte Gestaltung Brahmas ist von armen Eltern
geboren, ohne Erziehung und Bildung, und wie er sich
am Hofe, wo er bekannt ist, als ein Brahmane zeigt, geschieht dies, um unbekannt zu sein, und ist dies nicht sein
Stand.
10      Von den Brahmanen aber ist oben gesagt, daß sie durch
die Geburt die Zweimalgebornen sind und durch sie unmittelbar die Hoheit besitzen, zu welcher der Yogi und der
Dichter sich hervorbringen; in ihnen ist Brahma nicht bemüht, die Vermittelung der Übungen zu durchlaufen. Man
15 kann diese Zusammenstellung auch in unserem Gedicht L.
VIII. 11 nicht verkennen, wo die Weise der Vertiefung, wie
gewöhnlich als das Zuschließen aller Sinne usf., das Aussprechen des einsilbigen Om beschrieben und als das angegeben wird, was sowohl die Lehrer der Vedas als diejenigen
20 üben, die sich der Yoga ergeben. Jenes sind die Brahmanen.
Wenn wir die Ausdrücke der Schlegelschen Übersetzung,
bei der wir vornehmlich dazu berechtigt sind, in ihrer genauen Bestimmtheit nehmen, so liegt auch darin die obige
Bestimmung von der Subjektivität des Brahms. Von den
25 Brahmanen aber heißt es, daß sie das Vertiefen s i m p l e x  a c
i n d i v i d u u m  n u n c u p a n t, womit das Einfache, Brahma,
das Vertiefen selbst als mit Inbegriff des subjektiven Mo-
ments bezeichnet ist. |
     Daß dem Brahmanen die Macht über die Natur beigelegt
30 wird, ist oben angeführt. Das gleichfalls schon zitierte älteste indische Wörterbuch (Ind. Bibl. II. Bd. 4. H. S. 423)
gibt als die erste Bedeutung des Brahma (masc.) an, ein ge-
borner Priester, als die zweite: der Herr der Geschöpfe;
man sieht, daß beides ein und dieselbe Bestimmung ist.
35 Brahma, so ist bei Guigniaut I. p. 241 das Verhältnis zusam-
mengefaßt, existiert in den Brahmanen, sie werden an seiner Stelle verehrt, denn er wohnt in ihnen – noch eigent-

licher: Er selbst wird verehrt, indem sie verehrt werden,
sie sind seine Existenz; er ist sie als selbstbewußte Existenz;
sie sind seine ununterbrochene Inkarnation. Wenn ein
Brahman geboren wird, heißt es in Menus Gesetzbuch,
wird er über den Welten geboren, der Herr aller Krea- 5
turen; dies ist wörtlich dasselbe, was das alt-indische
Wörterbuch sagt. – Die Brahmanen sind aus dem Munde
Brahms entsprungen; der Mund ist teils das Sprechen –
oben ist des Vachs, der Rede erwähnt worden, die Vedas
und das Lesen derselben –, teils ist der Mund das Essen; es 10
ist der Brahman, der die Opfer darbringt; beides sind die
einzigen Pflichten und Geschäfte desselben. Der oben angegebene Sinn des Opfers ist in Menus Gesetzbuch in der Beziehung auf die Brahmanen so ausgedrückt: Der Brahman
bringt die geschmolzene Butter den Göttern und die Reis- 15
kuchen den Erzeugern des Menschengeschlechts dar, zur
Erhaltung der Welten; näher ist dies daselbst so bestimmt, daß mit dem Mund des Brahmanen die Götter des
Firmaments fortwährend mit geschmolzener Butter gespeist
werden (feast on clarified butter) und die Manen der 20
Voreltern mit geweihten Kuchen. – Das Verzehren der Op-
fer durch die | Brahmanen ist Speisen und Ernähren der
Götter, damit die Produktion und Erhalten derselben und
der Welten.

In den Betrachtungen, die der Brahman an die aufge- 25
hende Sonne zu richten hat, Asiat. Res. V. p. 349 (es sind
ihm deren für alle Zeiten und Handlungen des Tages vorgeschrieben), sagt er bei sich: Das geheimnisvolle Licht (von
dem er auch sagt, daß es die Erde und die dreifaltige Welt
usf. ist), das in mir wohnt, innerlich in meinem Herzen 30
vorhanden ist, ist eins und dasselbe mit jener glänzenden
Kraft. Ich bin eine strahlende Offenbarung des höchsten
Brahm. – Der Inder hat an dem Brahmanen den gegenwärtigen Gott vor sich, wie der Tibetaner, Mongole usf. an
dem Dalailama, wie die Sekte der Ganapatyas (s. Colebr. 35
As. Res. VII. p. 279 ff.) zu Chinchwer in der Nähe von
Puna den Ganesa (den Gott mit dem Elephantenkopf) in

einem Individuum verehren, dessen Familie das Privilegium
der erblichen Inkarnation dieses Gottes besitzt. Der Inder,
wie ein Engländer sich ausdrückt, hat gegen den Brahman
die Empfindung, vor ihm niederzufallen und zu ihm zu
5 sagen: Brahman, du bist mein Gott. – Fitz-Clarence, der
Adjutant des General-Gouverneurs Marquis von Hastings,
sagt in seiner Reise, daß einem Brahman, der in untergeordneten Diensten und Geschäften bei der englisch-ostindi-
schen Regierung steht, dieselbe hohe Verehrung bleibt; er
10 führt das Beispiel an, daß ein Brahman als Bote mit Depe-
schen in beschmutztem Aufzug im Gouvernements-Hause
ankam; Inder, die sich auf dessen Wege befanden und den
Strick um seinen Nacken (die Auszeichnung der Brahmanen) unter dessen staubigen Kleidern wahrnahmen, fie-
15 len nieder und küßten die Fußtapfen seiner beschmutzten
Schuhe.
 Dies ist die Art und Weise, wie sich mir die Verknüpfung
der abgehandelten Prinzipien des indischen Geistes auf den
Grund der vom Hrn. Verf. gegebenen Forschungen und
20 durch die Vergleichung mit andern Materialien gezeigt hat.
Je mehr der gründliche | und kritische Fleiß der europäi-
schen Gelehrten uns den Zugang zu der indischen Sinnesart
in ihrem eigentümlichen Lichte aufgeschlossen hat, desto
mehr tritt das Detail der Theogonien und Kosmogonien
25 und der sonstigen Mythen zu geringerer Wichtigkeit zurück, denn es zeigt sich bereits, daß die Willkür der Phantasie, mit der die Versatilität einer feinen Reflexion verbunden ist, solchen Stoff in wilde und unsägliche Mannigfaltigkeit ausgedehnt hat. Man wird dadurch von selbst darauf
30 geführt, den Grundlinien des Gemeinsamen, den Prinzipien
des indischen Bewußtseins nachzuforschen und nachzugehen. Je mehr aber bereits jener Reichtum zugleich in der
Originalfarbe sich uns darbietet, desto mehr müssen die
oberflächlichen Vorstellungen von indischer Religiosität
35 und deren Inhalt, die aus der Anwendung teils der nächsten
besten Kategorien unserer Bildung, teils einer europäischen,
oft selbst verworrenen Philosophie entsprangen, aufgegeben

werden. Sie müssen der immer mehr sich dokumentieren-
den Eigentümlichkeit indischen Geistes weichen. Aber die
Aufgabe der Auffassung wird zugleich um so schwieriger;
nicht sowohl um durchgängiger Verschiedenheit indischer
Vorstellungsweise von der unsrigen wegen, als vielmehr,   5
weil sie in die höchsten Begriffe unseres Bewußtseins eingreift, aber in der wundervollen Tiefe selbst ungetrennt in
das Erniedrigendste verfällt. Der höchstverehrte Hr. Verf.,
der in so vielen der schwierigsten und an Vorarbeiten oft
wenig oder selbst gar keine Unterstützung findenden For-   10
schungen ein neues und selbst oft ein erstes Licht angezün-
det hat, hat sich auch die Mühe nicht verdrießen lassen, aus
der diffusen Darstellung des hier behandelten Gedichts die
Grundsteine zusammenzustellen. Wir verdanken ihm, daß
er es uns damit möglich gemacht hat, anderweitiges Mate-   15
rial in Verknüpfung zu bringen und in dessen näheres Verständnis einzudringen.

    Es wäre freilich noch von der zweiten Vorlesung (vergl.
S. 45 bis Ende) Rechenschaft zu geben gewesen, welche
sich, wie die erste mit dem Inhalte des Systems, nun mit   20
dem Vortrage, sowohl dessen Anordnung als dem Verhältnisse desselben zu poetischer und philosophischer Form beschäftigt. Doch ist dieser Artikel bereits weitläufig genug
gediehen, und man wird von selbst erwarten, daß die
Gelehrsamkeit und der Geschmack dem Hrn. Verf. interes-   25
sante Reflexionen und insbesondere tiefgehende Verglei-
chungspunkte mit der Verschmel|zung von Poesie und
Philosophie im griechischen Altertum dargeboten, so wie
der ausgebildete kritische Takt desselben uns eine Verschiedenheit zwischen den elf ersten und den sieben letzten   30
Gesängen des Gedichts bemerklich gemacht hat. Die üble
Entdeckung, daß in astronomischen und genealogischen
Werken die Interpolationen etwas Gewöhnliches sind, hat
den Gelehrten, welche daraus, wenn nicht geschichtliche,
doch endlich sichere chronologische und genealogische   35
Data schöpfen zu können gehofft, ein neues Feld von
Schwierigkeiten und Unsicherheit eröffnet. Die etwas cen-

toartige Beschaffenheit unseres Gedichts hat auf den Inhalt keinen wesentlichen Einfluß und vermehrt nur das sonst für sich genug Tädiöse der indischen Breite und Wiederholung.

5                                            H e g e l .

# SOLGER-REZENSION
## (1828)

Solgers nachgelassene Schriften und Briefwechsel.
Herausgegeben von Ludwig Tieck und Friedrich von
Raumer. Erster Band 780 S. mit Vorr. XVI S. Zweiter 5
Band 784 S. Leipzig 1826.

### Erster Artikel.

Bei Schriften von so reichem und mannigfaltigem, auch
viele uns nächst umgebende Verhältnisse berührendem Inhalte liegt die Anforderung näher, daß eine Anzeige früh- 10
zeitig nach deren Erscheinung erfolge. Es konnte auf das
Interessante als auf einen Stoff für die Neugierde aufmerksam gemacht werden, welches in den Anschauungen und
Urteilen eines bedeutenden Mannes über die wichtigen, soeben vorbeigegangenen oder noch in die Gegenwart unse- 15
rer Teilnahme hereingreifenden Zeitereignisse, Individualitäten und deren Werke und in der Besprechung derselben
unter einem Kreis von Freunden, meist noch mit uns lebenden Männern, liegt. Das Bedürfnis, die Neugierde zu beschäftigen, fällt nunmehr meist hinweg; aber außer den pi- 20
kanten Einzelheiten liegen noch gediegenere Gesichtspunkte in der Bestimmung dieser Sammlung, ein Denkmal
der würdigen Individualität des Mannes zu sein und dem
Publikum in den nachgelassenen letzten Arbeiten desselben
die Schluß-Punkte seiner philosophischen Ausbildung vor- 25
zulegen.
    Der erste Teil der Sammlung enthält zuerst Auszüge aus
einem Tagebuche Solgers aus seinen früheren Lebensjahren
und dann über den weiteren Verlauf derselben bis an seinen
Tod den reichen Schatz einer Briefsammlung, die in den 30
Kreis vertrauter Freundschaft eingeschlossen bleibt und
durch und durch den Charakter solcher Unterhaltung und

Mitteilung trägt. Die Herausgeber, von denen auch der größere Teil der mitgeteilten Briefe der Freunde Solgers her-
rührt, ergänzen durch Einschaltung kurzer historischer
Notizen den Zusammen|hang und haben durch Einleitung
5 und Schluß die Sammlung ziemlich zu einem biographischen Ganzen abgerundet. Das Gesamtbild von Solgers
Charakter konnte von niemand richtiger entworfen werden
als von diesen so innig und lang mit ihm vertrauten Männern; wir heben diese Schilderung aus, welche deren Ge-
10 schäft auf eine würdige Weise schließt: »In der Jugend war
er schlank und blühend, von mittlerer Größe. Sein Auge,
vom klarsten Blau, etwas hervorstehend, Gutmütigkeit und
Adel der vorzüglichste Ausdruck seines Angesichts. Ein er-
habener Zorn konnte zu Zeiten, wenn der Gegenstand
15 wichtig genug war, diese Gemütlichkeit, die selbst Kindern
Vertrauen abgewann, auslöschen. Im Ernst war der Ausdruck seiner Physiognomie überhaupt ein ganz anderer als
wenn er lächelte; seine Freundlichkeit war herzgewinnend.
Seit dem Nervenfieber, das ihn im J. 1807 tödlich anfiel,
20 veränderte sich sein Humor etwas und nach und nach auch
seine Gestalt. Er ward stärker und voller; der Ausdruck
männlicher Kraft und Ruhe trat an die Stelle des beweg-
lichen Jünglings.«
    »Nur wenigen Menschen war dieser Zauber der Sprache
25 verliehen. Auch dem Uneingeweihten sprach er klar und
faßlich über schwierige Gegenstände. Wie sein ganzes
Leben war seine Ehe, musterhaft und so glücklich, wie nur
selten. Als Gatte, Vater, Freund, Lehrer und Staatsbürger
wird man seinen Namen immer als Vorbild zur Nach-
30 ahmung nennen und preisen können.«
    Wir glauben, es werde dem Leser nicht unwillkommen
sein, die Hauptdata der Lebensgeschichte in Kürze zu übersehen:
    Carl Wilhelm Ferdinand Solger wurde am 28sten
35 November 1780 zu Schwedt geboren, wo sein Vater Di-
rektor der damals noch bestehenden Markgräflichen Kammer war – ein im Amte wie im Familienkreise und unter

seinen Freunden höchst würdiger und geehrter wahrer
deutscher Charakter. Aus der ersten Jugend des Sohnes sind
einige Anekdoten beigebracht, von denen wir eine bezeich-
nend scheinende nacherzählen wollen: S. nannte sich mit
seinem jüngeren Bruder lange Sie, was oft bei ihren kindi-      5
schen Streitigkeiten ihrem Verhältnis eine komische Feierlichkeit gab. Mit dem frühen Talente, Tiere und menschliche Figuren in Papier auszuschneiden, wußte er jenen oft
zu unterhalten; wenn aber dieser ihn deshalb zu ungelege-
ner Zeit quälte, pflegte er wohl eine sehr ernsthafte Miene   10
anzunehmen und mit großer Heftigkeit sein unstatthaftes
Begehren zurückzuweisen und zuzuru|fen: Denken Sie,
daß ich nichts anderes zu tun habe, als Ihnen Puppen auszuschneiden? Diese »komische Feierlichkeit«, diese Ernsthaf-
tigkeit, die sich in sich vernichtet, die Nichtigkeit, die sich   15
ernsthaft macht, kann als ein Bild der Grille angesehen werden, deren Kindisches von selbst durch die Reife und aus
der Gediegenheit des Charakters verschwunden, aber die als
Prinzip der Ironie das Bewußtsein S.s durch sein ganzes
Leben verfolgt hat.                                            20
   Solger besuchte zuerst die Schule in Schwedt, dann vom
vierzehnten Jahre in Berlin das Gymnasium des grauen Klosters, bezog im neunzehnten die Universität Halle, wo er
Rechtswissenschaft studierte, ihm aber zugleich das Studium
der alten Sprachen, durch Wolfs geistreichen Vortrag nur   25
noch mächtiger angeregt, Lieblingsbeschäftigung war; dabei
erwarb er sich im Englischen und Italienischen eine nicht
gewöhnliche Fertigkeit, fing Spanisch zu lernen an, und indem er dies alles zu beschicken wußte, nahm er den heiter-
sten Anteil an den Ergötzlichkeiten; hier knüpfte sich auch   30
der Kreis der Freunde, der uns in dem Briefwechsel näher-
gebracht wird. Michaelis 1801 ging er auf ein halb Jahr nach
Jena, vorzüglich um Schelling zu hören. Von dieser Wendung seines wissenschaftlichen Interesses und seinem dortigen Studium ist nichts näheres angeführt, als später S. 88   35
Theses von Carl Schelling, welche Solger in dem von
dessen Bruder veranstalteten, lebhaft betriebenen Disputato-

rium bekämpfte, wie Theses gleichfalls von der damaligen
Art metaphysischer Spekulation, die S. für solchen Zweck
aufsetzte. Im Jahr 1802 machte er eine Reise nach der
Schweiz und Frankreich, über welche interessante Auszüge
5 aus den Tagebüchern gegeben werden. Mit Anfang des
Jahrs 1803 wurde S. bei der damaligen Kriegs- und Domä-
nenkammer in Berlin angestellt, doch setzte er seine Studien, besonders die griechischen, mit dem größten Eifer
fort und ließ im Jahre 1804 die Übersetzung von Sophokles'
10 König Ödipus drucken; über die Arbeit der Übersetzung
des ganzen Sophokles, die sich noch immer als die vorzüglichste behauptet, findet sich nur S. 159 eine Erklärung über
die Ansicht, die ihn bei dieser Arbeit geleitet. Im zweiten
Band dieser Sammlung, S. 445 ff., ist die gehaltvolle V o r -
15 r e d e zu dieser Übersetzung wieder abgedruckt. Im Jahre
1804 hörte Solger F i c h t e s Collegium über die Wissen-
schaftslehre »mit unendlichem Vergnügen und Vorteil, wie
ich hoffe (schreibt er S. 131); wer zusammengenommen, ge-
schult und rast|los durchgearbeitet werden will, der gehe
20 zu ihm«; und S. 134: »ich bewundere seinen streng-philoso-
phischen Vortrag; kein anderer reißt so mit Gewalt den Zuhörer an sich, keiner bringt ihn so ohne alle Schonung in
die schärfste Schule des Nachdenkens. Es ist eine wahre
Wollust, die beiden großen Männer unserer Zeit in diesem
25 Fache, ihn und Schelling, kennengelernt zu haben und zu
vergleichen.« Im Jahre 1806 nahm er Abschied von der
Kammer, um sich der Gelehrsamkeit ganz widmen zu können; man ließ ihm noch lange die Stelle offen, damit er sogleich wieder eintreten könne, im Fall er diesen Entschluß
30 fassen sollte. Von hier, wo die Tagebücher aufhören, beginnen die Auszüge und Mitteilungen aus den Schriften.
Sammlungen zur Geschichte, besonders zu einem Werke
über griechische Mythologie, zur indischen Religionslehre
und Philosophie, über Pausanias, Plato und die griechischen
35 Tragiker fangen jetzt an – man erstaunt (wie die Herausgeber, die die Masse von seinen dahin bezüglichen Papieren
vor sich haben, mit Recht sagen) über den Fleiß des Man-

nes; man sieht, daß er es auf umfassende Gelehrsamkeit angelegt hat, die aber zugleich als Material und Füllung für
seine höheren philosophischen Interessen und Ansichten
dienen sollte, zu denen er aus jenen äußerlichen Arbeiten
immer wieder zurückkehrt oder vielmehr nicht aufhört, an 5
der Beschäftigung mit ihnen festzuhalten. Durch das Ganze
seiner geistig- und lebenstätigen Stellung zieht sich ein
Grundzug seines Gemüts, der sich S. 143 in einem Brief an
Krause, eines (Seite XVI der Vorrede) der besten Freunde
des Verstorbenen, welcher durch Rechtschaffenheit, Kennt- 10
nisse, Scharfsinn und gründliches Urteil ausgezeichnete
Mann in seinen besten Jahren, geschätzt von allen, die ihn
gekannt, dahingerafft wurde, so ausspricht: »So will ich
denn gestehen, daß für mich das dringendste, ja das einzige
recht ernste Bedürfnis Dein Umgang ist. Es gibt keinen 15
festen Grund und Boden in Wirklichkeit, als diesen innigen
Umgang mit Freunden; nur so kann ich feststehen, um
allenfalls auch andere zu heben und zu tragen.« Dieses Gefühl für die Mitteilung an seine Freunde und für deren Teilnahme an seinen Arbeiten herrscht durch den ganzen Brief- 20
wechsel und stärkt und tröstet ihn bis an sein Ende über die
Verstimmungen, die ihm sonst das Leben bot. Tief
schmerzte den patriotischen Solger das Unglück des Staats
im J. 1806; doch findet sich nichts näheres über S.s An-
schauungen und Verhältnisse in diesen Zeitläuften. | Im 25
Jahre 1808 ist er Doktor der Philosophie geworden (S. 158),
ohne daß angegeben wäre, wo und wie. Im Herbst 1809
geht er als solcher nach Frankfurt a. d. O., wo er bald
Professor extraordinarius wurde, daselbst teils philologische,
teils philosophische Kollegien las und, wie man sieht, eine 30
bedeutende Belebung in diese Studien brachte. Auch die
Bürgerschaft dieser Stadt gewann ein solches Zutrauen zu
ihm, daß im J. 1810 die Stadtverordneten den Professor
der Philosophie, der noch nicht besoldet war und sich
mit sonstigen Subsistenzmitteln nicht auf lange hin versehen 35
sah, zum Oberbürgermeister, mit 1500 Talern Gehalt,
erwählten. Oberflächlich angesehen könnte man hierbei an

die Mitbürger Demokrits erinnert werden. Allein, um den
Namen Abderiten durch ein Benehmen gegen einen Philosophen zu verdienen, dazu gehört mehr; denn nach Dioge-
nes Laertius beehrten die Abderiten den Philosophen ihrer
5 Stadt nach Anhören seines Werkes, Diakosmus, mit einem
Geschenk von fünfhundertmal 1500 Talern etwa – außer
weiteren Bezeigungen hoher Achtung. Übrigens sieht man,
daß es jenen Stadtverordneten mit ihrer Wahl und mit
ihrem durch eine Deputation feierlich an Solger gemachten
10 Antrag Ernst gewesen ist und daß sie nicht etwa nur eine
mauvaise plaisanterie gegen die Philosophie hätten machen wollen. Aber man soll überhaupt entfernte Zeiten von
so unterschiedenen Umständen und Charakteren nicht miteinander vergleichen. Solger fand eine gewissenhafte Tätig-
15 keit in dem Amte, das ihm angeboten wurde, unvereinbar
mit der Arbeit in demjenigen, was das Eigenste und Innerste seines Geistes ausmachte; er schlug wohlbedacht die
Stelle aus, erhielt bald einiges Gehalt von der Regierung,
und kurz nachher (im Sommer 1811) wurde er an die neu-
20 errichtete Universität zu Berlin gezogen, wo er nun vornehmlich der Philosophie sowohl sein glänzendes Lehrer-
talent als seine schriftstellerische Tätigkeit bis an seinen Tod
(25sten Okt. 1819; S. 778 finden sich Druckfehler über dieses Datum) widmete.

25    Der größere Teil des im ersten Bande mitgeteilten Briefwechsels und wohl sämtliche bisher ungedruckte Aufsätze
des zweiten Bandes fallen in diese letzte Lebensperiode
Solgers. Man sieht, daß ihm die briefliche Unterhaltung mit
seinen abwesenden Freunden ein angelegentliches ausführ-
30 liches Geschäfte gewesen. Seine Leichtigkeit, sich gebildet
auszudrücken, machte die Ausarbeitung der vielen und
weitläufigen Briefe ohne zu vielen Zeitaufwand möglich. In
dem Reichtum der Gegenstände, | die besprochen werden,
muß diese Anzeige sich ohnehin auf weniges beschränken;
35 sie soll nur das herausheben, was allgemeinere Richtungen
Solgers und der Zeit charakterisiert. Gleich von vornherein
macht es sich bemerklich, daß S. Fertigkeit des Ausdrucks,

Reife des Stils und Urteils sehr früh gewonnen; sie ist schon
in den ersten Aufsätzen des zwanzigjährigen Jünglings ausgezeichnet. Die mitgeteilten Auszüge aus dem Tagebuch
von diesen Jahren tragen das Gepräge der bereits vorhandenen gesetzten Haltung. Die Kritiken und die Reisebemer- 5
kungen durch die Schweiz und Frankreich sind nicht Produkte eines Jugend-Enthusiasmus, jugendlicher Oberflächlichkeit und Lebhaftigkeit, sondern Resultate einer besonnenen Reflexion. Die literarischen Urteile betreffen meist
belletristische Schriften – Kritiken, die sich in einer öffent- 10
lichen Zeitschrift wohlanständig ausgenommen, ja ausgezeichnet hätten. Gleich die ersten betreffen Schriften des
einen der Herausgeber, den Zerbino, den getreuen
Eckart, den Tannhäuser; man sieht darin schon den Zug
zu dieses spätern Freundes (die erste persönliche Bekannt- 15
schaft fällt in die letzte Zeit des Aufenthalts Solgers in
Frankfurt) Dichtungs- und Beurteilungsweise und den Jüngling in den ersten Äußerungen seines erwachten Interesses
sogleich eingetaucht in den neuen, eigentümlichen Ton
und Richtung jener Zeit. Verschieden von dem Gewöhn- 20
lichen jugendlichen Urteils ist Stoff und Gehalt weniger
mächtig, nicht von vorherrschender Wirkung auf die Kritik; diese ergötzt sich vornehmlich an dem Formellen und
an den subjektiven Eigenschaften, der außerordentlichen
Fülle der Phantasie, der Laune usf. Indem an der Schiller- 25
schen Umarbeitung Macbeths und der Hexen die alten ein-
geschrumpften Weiber vermißt werden, in welchen mehr
Phantastisches gelegen haben soll usf., fehlt nicht die
neu aufgekommene Zuneigung zu Holberg (S. 101, 102),
dem ein Zauber zugeschrieben wird, der auf der ganz 30
heiteren und äußerst gemütlichen Nordischen Laune beruhe, welche insbesondere da ausgezeichnet gefunden wird,
wo fast alle Personen des Stücks ausgemachte Narren
sind und daher eine ungeheure Menge von vortreff-
lichem Unsinn sagen; besonders wird »die gänzliche 35
Albernheit seiner Bedienten als unverbesserlich« gerühmt.

So sehen wir uns mitten in die Ansicht der einen der
merkwürdigen Epochen versetzt, welche als die Krisen in
der deutschen Literatur angesehen werden können und von
deren Vergleichungspunkten wir einige herausheben | wol-
5 len. Die eine fällt in G o e t h e s Jugend; wir finden sie von
ihm selbst, der einen so großen Anteil an deren Vollführung
hatte, in seinem Leben nach ihrem ganzen charakteristischen Umfange geschildert. Nachdem er »die Ratlosigkeit«
beschrieben, in welcher die Kritik ließ, die Verwirrung, in
10 welche »junge Geister durch deren ausgerenkte Maximen,
halb verstandene Gesetze und zersplitterte Lehren sich versetzt fühlten«, gibt er die Weise an, wie er für sich aus diesem chaotischen Zustande und dieser Not sich rettete; um
zu seinen Gedichten eine wahre Unterlage, Empfindung
15 oder Reflexion zu gewinnen, mußte er i n s e i n e n B u s e n
greifen und für die Anschauung eines Gegenstandes oder
Begebenheit, für poetische Darstellung zunächst sich innerhalb d e s K r e i s e s halten, der ihn zu b e r ü h r e n, ihm ein
Interesse einzuflößen vermochte. Ein Ingredienz in diesem
20 kräftigen Gebären ist die Bekanntschaft mit S h a k e s p e a r e,
deren große Wirkung insbesondere in Wilhelm Meisters
Lehrjahren weiter geschildert ist, wo der Dichter den Wilhelm ausrufen läßt, daß diese Shakespeareschen Dramen
»keine Gedichte seien; man glaube vielmehr, vor den auf-
25 geschlagenen, ungeheuern Büchern des Schicksals zu stehen, in denen der Sturmwind des bewegtesten Lebens sause
und sie mit Gewalt rasch hin- und herblättere; alle V o r g e-
f ü h l e, die er jemals über Menschheit und ihre Schicksale
gehabt, die ihn von Jugend auf, ihm selbst unbemerkt, be-
30 gleiteten, habe er darin erfüllt und entwickelt gefunden.«
So hat Shakespeare der erweiterten Lebenserfahrung des
Dichters nachgeholfen und das Seinige getan, um den Vor-
stellungskreis über die nur unmittelbaren Gegenstände und
Verhältnisse wie über die darauf beschränkten Reflexionen
35 hinauszutragen und tieferen Gehalt, aber immer aus dem
Schacht des eigenen Busens, zu gewinnen. Denn, und dies
ist ein großes Wort, das Goethe in dem zuerst erwähnten

Zusammenhange hinzusetzt: »der innere Gehalt des bear-
beiteten Gegenstandes ist der Anfang und das Ende der
Kunst.« Noch fügt er dann bei, daß er und die Freunde,
welche diesen Enthusiasmus teilten, die Möglichkeit nicht
leugneten, die Verdienste Shakespeares näher zu erkennen, 5
sie zu begreifen, mit Einsicht zu beurteilen; aber sie behiel-
ten sich dies für spätere Epochen vor; gegenwärtig wollten
sie nur freudig teilnehmen und lebendig nachbilden.

Die andere Krise hat unseren literarischen Gesichtskreis
über noch weitere Erscheinungen ausgedehnt und die 10
Kenntnis von Dante, Holberg, den Nibelungen,
Cal|deron nicht bloß zu verbreiten beigetragen, sondern,
außer einem erneuerten Enthusiasmus für Shakespeare, auch
zum Studium, Bewunderung und Nachahmung dieser fer-
nen und heterogenen Gestaltung angetrieben. Wie aber die 15
erste Krise im Überdruß des Formellen nach Gehalt grub
und diesen zu Tag herausarbeitete, so war umgekehrt mit
dieser Erweiterung des Geschmacks für Formen und fremde
Eigentümlichkeit verbunden, daß der Sinn für Gehalt und
Inhalt sich in die subjektive Abstraktion, in ein ge- 20
staltloses Weben des Geistes in sich zusammenzog, daß
er sogar dem Genusse und der Wertschätzung des Humors
und gemeinen Witzes weichen mußte. Es ist vorhin des
vortrefflichen Unsinns und der herrlichen Albernheit erwähnt worden, und wohl gibt es noch Verehrer Shake- 25
speares, die aus dem ästhetischen Enthusiasmus für Corporal
Nym und Lieutenant Pistol nicht herauskommen können.
So machte sich denn von selbst in den eigenen Produktionen Gehalt und Inhalt nüchtern, dünn, ohne Ernst; er
wurde absichtlich aufgeopfert, um ins Leere zu verschwe- 30
ben und mit Bewußtsein, ironischer Weise, die innere
Wahrheitslosigkeit des Stoffes für das Beste auszugeben.
Einerseits sahen wir die Theorie von der Poesie der Poesie,
andererseits den Kreis von Poeten sich bilden, die es darauf
anlegten, sich gegenseitig und das Publikum mit den mor- 35
genrötlichen Produkten der neuen poetischen Poesie mit
einer kometarischen Welt aus Duft und Klang ohne Kern

zu mystifizieren. Für diese ironische Sublimation zur Inhaltslosigkeit und Sehnsucht liegt die lyrische Form ganz
nahe und macht sich gleichsam von selbst, denn das Spiel
im wirklichkeitslosen Tönen des hohlen Geistes ist für Vers
5 und Reim nicht durch Inhalt geniert. Im dramatischen
Fache kann Wirklichkeit, Charakter und Handlung nicht
entbehrt werden; die innere Nichtigkeit, welche von der
Theorie der Ironie gefordert wird, führt hier auf dasjenige,
worauf die Mittelmäßigkeit von selbst gerät – Charakter-
10 losigkeit, Inkonsequenz und Zufälligkeit, aufgespreizte
Nüchternheit; die Theorie fügt nur dies hinzu, daß die
Mittelmäßigkeit auch mit der Maxime der Haltungslosigkeit
und Halbheit produziert. Die Kritik gab sich mit diesem
Standpunkt einen neuen, kecken, nicht selten auch frechen
15 Aufschwung und imponierte einer Menge, die auf der
ästhetischen Höhe sein wollte, denn ein Publikum bildet
sich, wie Solger öfters die Erfahrung ausspricht, um jede
kecke und glänzende Schiefheit. Aber die Nation – denn
wir dürfen doch wohl auch von einer Nation in Beziehung
20 auf Literatur sprechen und sie von einem bloßen | Publi-
kum unterscheiden –, die Nation also hat sich dieses, den
äußern Formen wie dem Gehalte nach Fremdartige nunmehr um so weniger aufdringen lassen, als sie ehemals nach
Vertreibung des französischen Geschmacks durch jene erste
25 Krisis an Form und Gemüt einheimische nationelle Poesie
gewonnen hatte.
      Eine Menge literarischer Erscheinungen und Urteile,
welche dem Geiste dieser Zeit angehören, gehen in diesem
Briefwechsel an unsern Augen vorbei; doch fällt die keckste
30 und blühendste Periode der Ironie, Lucinde, Athenäum usf.
schon jenseits desselben. Bald waren es ernsthaftere Interessen, der Krieg und die politischen Umstände, welche jenen
einem ernstlichen Inhalt feindseligen Standpunkt zu einem
immer mehr partikularen Kreise sowohl nach außen als im
35 Innern der Individuen zusammenengten. Solgers gründ-
licheres Urteil blieb immer weit hinter dem Standpunkte
des Athenäums, ohnehin einer Lucinde zurück, noch weni-

ger konnte er in reifern Jahren an der höchsten Fratzenhaf-
tigkeit teilnehmen, zu welcher der Humor in den Hoff-
mannischen Produktionen sich steigerte. – Um einige
Beispiele von jener Richtung zu geben, so findet Solger in
seiner Jugendzeit in dem angefangenen Roman von Nova- 5
lis, dem Heinrich von Ofterdingen, S. 95, einen neuen
und äußerst kühnen Versuch, die Poesie durch das Leben darzustellen, die Idee einer mystischen Geschichte,
einer Zerreißung des Schleiers, welchen das Endliche auf
dieser Erde um das Unendliche hält, einer Erscheinung 10
der Gottheit auf Erden, eines wahren Mythos, der sich
aber hier in dem Geiste eines einzelnen Mannes bilde. –
»Daß dieser Roman nicht weiter fortgeführt und gerade
beim Anfang des Wichtigsten stehengeblieben ist, das
schmerzt mich ungemein.« Den Jüngling bestach der glän- 15
zende Anlauf, aber er sah noch nicht ein, daß eine Konzeption dieser Art gerade darin mangelhaft ist, nicht weiter geführt und zu einem Ende gebracht werden zu können; die
hohlen Gestalten und Situationen schrecken vor der Wirklichkeit zusammen, der sie zugehen sollten, wenn sie weiter 20
fortrückten. – S. 124 wird das Lied der Nibelungen seiner
Anlage nach für größer als die Ilias erklärt. In einer Vorlesung A. W. Schlegels über Dante findet Solger nicht die
gehörige heilige Scheu vor dieser hohen Mystik, noch
Empfänglichkeit genug für die erhabene Einfalt. 25

Solgers enge Freundschaft mit Tieck führt die öftere Er-
wähnung der Tieckschen Produktionen herbei; dieser |
Teil des Briefwechsels ist besonders charakteristisch rück-
sichtlich der literarischen und damit zusammenhängenden
mystischen Tendenz jener Periode; wir wollen uns daher 30
länger dabei verweilen. Was die Tieckschen Produkte zunächst betrifft, so hat bei Solger die Freundschaft billig
ihren Anteil an der Wertschätzung derselben, geht aber zuweilen zu offener eindringender Kritik fort. Tieck hat es
wohl als ein Denkmal der Freundschaft abdrucken lassen, 35
wenn wir S. 350 lesen, daß S. dem Blaubart wenige deutsche Dramen an die Seite zu setzen wüßte, oder S. 428, was

S. im J. 1816 schreibt, »es ist meine innigste Überzeugung:
auf Ihnen (Tieck) beruht das Heil der deutschen Kunst; Sie
sind der einzige, der mitten in dem gefälschten Zeitalter in
reiner poetischer Klarheit dasteht; Ihr Treiben ist das Wahre
5 und Göttliche, es ist immer reiner und reiner aus dem ganzen Gewirre hervorgegangen.« S. 294 sieht zwar S. es noch
für ein Zeichen an, wie stark der reflektierende Sinn geworden, daß an den Tieckschen Märchen die Vermischung
einer Märchenwelt mit der wirklichen und alltäglichen ge-
10 tadelt worden sei. Wenn S., wie er sagt, diesen Einwurf sich
kaum hätte träumen lassen, so haben wir in neuern Zeiten
Tieck selbst jene Heterogeneität aufgeben, den Märchen-
boden verlassen und zu Novellen übergehen sehen, wo die
Einfassung und der äußerliche Stoff nicht aus dem oft
15 Kindischen und Läppischen, auf allen Fall aus unserem
Glauben Verschwundenen oder von demselben Verworfe-
nen der Märchen, sondern aus Verhältnissen unserer Welt
und Wahrheit genommen wird. In spätern Beurteilungen,
welche Tieck der Freundschaft Solgers abdringt, bestimmt
20 sich das kritische Gefühl des letztern näher zur Einsicht in
Mängel, welche er an dem Zerbino S. 388 f. und an der Genoveva S. 465 ff. dem Verfasser bemerklich zu machen
sucht. Was Solgern nicht mehr zusagt, ist der Mangel an
Haltung, merkwürdig genug, im Grunde selbst die Vermi-
25 schung, deren Vorwurf er früher nicht zugab – nur dieselbe
höher aufgefaßt, nämlich als Vermischung von wirklich
Poetischem mit nur Gemachtem, Willkürlichem, Absicht-
lichem. Die beiden Freunde sprechen durch mehrere Briefe
über die Genoveva herüber und hinüber, und die gründ-
30 lich gewordene Einsicht Solgers drückt sich darin im Unterschiede gegen seine frühere Art der Kritik und den Tieckschen Standpunkt bestimmt aus. Wenn Tieck seinerseits
(S. 453) von diesem Gedicht sagt, daß es ihm ganz aus dem
Gemüte gekommen, ihn selbst wie überrascht habe, gar |
35 nicht gemacht, sondern geworden sei, S. 465, daß es
eine Epoche in seiner Sinnesart gemacht, daß er dabei
durchaus unbefangen gewesen sei: so fühlt Solger, daß,

sosehr es in vielen Stellen und Szenen ganz von Innigkeit
und Liebe durchdrungen sei, dennoch diese Sinnesart nicht
der Zustand des Dichters, sondern vielmehr eine tiefe Sehnsucht nach derselben gewesen, sonst würde sie mehr unmittelbar gegenwärtig, ja als die einzig wahre und mög- 5
liche in uns eindringen; die Innigkeit erscheine in einem
Gegensatze gegen etwas anderes, wodurch das Bewußtsein
in sich uneins gemacht und zur Reflexion veranlaßt
werde; es fehle an der innern und gegenwärtigen Notwendigkeit. Weiterhin (S. 501) gibt T. die Kritik zu, daß auch 10
ihm das Gedicht wie unharmonisch erscheine; aber dies
läuft nur darauf hinaus, daß die Töne, die Anklänge, Rüh-
rungen, Ahnung, Wald, Luft usw. in Harmonie und Musik aufgehen; was eigentliche Zeichnung, Färbung, Stil
betreffe, da sei er unzufrieden und finde die Disharmonie. 15
Die Religion, die Wüste, die Erscheinungen seien ihm
der alles zusammenhaltende Ton des Gemäldes, und dieses
möchte er nicht gern maniriert heißen lassen. – Man
sieht, daß in Tiecks Bewußtsein der Ton, das Lyrische und
Subjektive, nicht der Gehalt und innere Gediegenheit zur 20
Betrachtung gebracht wird.

Noch bestimmter aber geht in Solger das Gefühl über
jenes Grundübel an den Kleistischen Produkten auf, welche in dem Briefwechsel oft zur Sprache kommen. Der
Charakter der Kleistischen Werke ist ebenso gründlich als 25
geistreich in diesen Jahrbüchern früher auseinandergesetzt
und nachgewiesen worden. Sosehr Solger Kleists Talent
achtete und S. 559, wo ausführlich von ihm gesprochen
wird, insbesondere auch die energische und plastische Kraft
der äußern Darstellung anerkannte, welche vorzüglich sich 30
in dessen Erzählungen dokumentiert, so frappiert ihn dennoch der große Wert, den dieser Dichter auf gesuchte
Situationen und Effekte legte – das absichtliche Streben,
über das Gegebene und Wirkliche hinwegzugehen und
die eigentliche Handlung in eine fremde geistige und 35
wunderbare Welt zu versetzen, kurz ein gewisser Hang zu
einem willkürlichen Mystizismus. Die Selbstfälschung, mit

der das dichterische Talent sich versetzte, ist hier treffend
angegeben. Kleist leidet an der gemeinsamen, unglücklichen Unfähigkeit, in Natur und Wahrheit das Hauptinter-
esse zu legen, und an dem Triebe, es in | Verzerrungen zu
5 suchen. Der willkürliche Mystizismus verdrängt die
Wahrheit des menschlichen Gemüts durch Wunder des Gemüts, durch die Märchen eines höher sein sollenden innern
Geisteslebens. – Solger hebt den Prinzen von Homburg
desselben Verfassers mit Recht über seine andern Stücke,
10 weil hier alles im Charakter liege und daraus sich entwik-
kele. Bei diesem verdienten Lobe wird nicht in Anschlag
gebracht, daß der Prinz zu einem somnambulen Kranken
gleich dem Käthchen von Heilbronn gemacht ist, und dieses Motiv wird nicht nur mit seinem Verliebtsein, sondern
15· auch mit seiner Stellung als General und in einer geschichtlichen Schlacht verschmolzen; dadurch wird das Prinzip des
Charakters wie der ganzen Situation und Verwickelung etwas Abgeschmacktes, wenn man will, gespenstig-Abge-
schmacktes.

20 Tieck gibt uns in seinen Briefen, die er in dieser Sammlung hat abdrucken lassen, sehr vieles zum besten, das in
diesen Kreis gehört; neugierig möchte man auf die Ausführung der Figur sein, die eine von ihm selbst abgeschilderte
Quintessenz jener Tendenzen hätte werden sollen (S. 597)
25 – die Figur »eines Verächters alles Gründlichen und Guten,
aus Zerbino, Sternbald, Kater und seinen andern Schriften
erwachsen, mit jener Hyperkritik, die gleich Null ist.« Daß
Shakespeare ein häufiger Gegenstand der Unterhaltung in
diesen Briefen ist, war zu erwarten; auch mehreres aus den
30 Eigentümlichkeiten und Gründlichkeiten der Tieckschen
Betrachtungsweise desselben spukt hier bereits. »Es gibt in
Deutschland kein Studium, kein echtes, des Dichters; und
in England ein egariertes«, sagt Tieck S. 565 nach seiner
Rückkehr aus England; »wir Deutsche sind seit Wieland in
35 recht saumseliger und bequemer Bewunderung.« Man sollte
meinen, an einem echten Studium und Verständnis Shakespeares und ausdrücklich als Dichters habe es in Deutschland

(s. oben) niemals gefehlt und ebensowenig an offenkundi-
gen und berühmten Früchten dieses Studiums, deren uns
z. B. Goethe und A. W. v. Schlegel gegeben; auch die Engländer, sollte man denken, verstehen ihren Shakespeare; sie
würden wenigstens den spießbürgerlichen Dünkel des Kon- 5
tinents sehr verlachen, wenn wir um der Abwege einiger
ihrer Kritiker und deren gelehrten Irrtümer willen über
wertloseste Einzelnheiten unser Studium über ihre Wertschätzung ihres Dichters erheben wollten; für dieses ist das
historisch-gelehrte Studium meist überflüssig. Daß es aber 10
auch diesseits des Kanals | leicht auf Abwege und Schrul-
len führt, weil aus solchen weitschichtigen und unerquick-
lichen Bemühungen denn doch endlich etwas Absonder-
liches erwachsen sein soll, davon geben die vorliegenden
Briefe selbst das Beispiel. Es spukt darin bereits Tiecks be- 15
kannte Schrulle über den Vorzug der äußern Einrichtung,
die das Theater zu Shakespeares Zeiten hatte, vor der jetzigen. Es soll ein Vorzug gewesen sein, daß die Bühne nur
breit, und nicht, wie heutzutage, tief war. Dem Übelstande
der häufigen Veränderungen der Szene, welche bei der Auf- 20
führung Sh'scher Dramen nötig werden, sowie der Ungewißheit, in welche Stadt oder Gegend man jetzt versetzt sei,
war, wie man weiß, allerdings abgeholfen, und zwar der
letztern dadurch, daß ein vor dem gemalten Tore, Stadt-
mauer, Häusern usf. auf einer Stange aufgesteckter großer 25
Zettel mit dem Namen der Stadt, Burg usf. die gewünschte
Auskunft gab; daß ferner die Schauspieler, um von einer
Stadt in eine andere zu reisen, nur durch einen Vorhang zu
gehen brauchten, der die Bühne so teilte, daß auf deren anderen Seite die andere, gleichfalls durch eine Aufschrift 30
kenntlich gemachte Stadt oder Gegend gemalt war; somit
keine Veränderung der Szene lästig fiel. Zwar findet sich
der fernere Umstand nicht für einen Nachteil heutiger
Kunst ausgegeben, daß nämlich in jetzigen Häusern nicht
nur die Zuschauer in den Logen, sondern auch die im Par- 35
terre durch ein Dach gegen Regen, Wind und Sonne geschützt sind; aber von jener ältern Einrichtung schreibt T.

S. 693, daß er »nicht ungeneigt sei zu glauben, daß selbst
der Mangel an Dichtern und Sinn großenteils vom un-
tergegangenen Brettergerüst entstanden, und daß er (!? sic)
uns in Deutschland an der Hervorbringung echter
5 Werke gehindert hat.« Doch in dieser Korrespondenz
kommt noch nichts von den weitern absonderlichen Grillen
vor, die Tieck seitdem über die Charaktere im Hamlet,
auch über Lady Macbeth, in das Publikum hat ausgehen lassen. Sonst aber wird manches erzählt, über das man sich
10 wundern könnte; wie S. 502, daß T. jahrelang den Perikles
von Shakespeare vielleicht übertrieben verehrt habe (woraus
Zerbino und Octavian entstanden sei!), S. 696, daß ihm ein
Stück von Calderon, das er vor zehn Jahren verehrt, nunmehr fast ganz schlecht erscheine. Dergleichen Verir-
15 rungen des Geschmacks lassen sich nur aus der abstrakten
Richtung der Kritik verstehen, die das Objektive der Kunst
nicht beachtet. – Solger ist durch seine klassische Bildung
und die Philosophie bewahrt worden, an die Extreme mit-
zu|gehen; ob aber gleich das vorhin Angeführte Elemente
20 gediegenerer Kritik enthält und ihm bei manchem romantischen Produkte (wie S. 606 z. B. dem Fortunat) eben nicht
ganz geheuer ist, so hat dies doch nicht durchgedrungen,
und ebendas. (noch v. J. 1818) findet sich das Urteil über
Shakespeares »der Liebe verlorne Mühen« – dies im ganzen
25 ebenso schwache als im einzelnen an Plattheit überreiche
Stück –, das Urteil, daß sich darin »unter den komischen
am bestimmtesten die Reife der Poesie in diesem Dichter ausdrücke, weil es am wenigsten durch irgendeine spezielle Richtung (die Richtung ist in der Tat nur ganz
30 kahl) gerichtet und auf die reinste Ironie gegründet ist« –
das letztere kann man in dem Sinne, der häufig damit verbunden ist, zugeben, daß es die reinste Ironie ist, in dem
Stücke irgendeinen Wert antreffen zu wollen –, welche
Täuschung irgendeiner Erwartung denn eben der Humor
35 der Sache sein soll.
    Dagegen erweist sich sein Urteil besonders trefflich, reif
und prompt über die vielfachen weitern außer dem Gebiete

des Romantischen liegenden Erscheinungen, die während
der Periode dieses Briefwechsels eine unverdiente Aufmerksamkeit erregten. Man sieht mit Befriedigung, wie Solger
mit denselben sogleich bei deren erstem Auftreten fertig ist,
während sie bei einem ausgebreiteten Publikum das größte 5
Aufsehen erwecken und dasselbe die wichtigsten Folgen
hoffen lassen, bis ihm diese Gegenstände und alle seine
Hoffnungen verkommen, gleichfalls ohne sich hierüber Rechenschaft zu geben, wie durch ein bloßes Vergessen. Man
sehe z. B. Solgers frühes und sogleich reifes Urteil über das 10
einst bewunderte, nun ganz vergessene Naturdichten Hillers
I. S. 128, noch mehr über Pestalozzi ebend. S. 135 ff., das
für manchen auch jetzt darüber belehrend sein kann, warum
die Sache dieses als Individuum so edlen Mannes keine Revolution im Erziehungswesen hervorgebracht, sondern 15
selbst keine Nuance eines Fortschrittes hat bewirken
können. – Ebensosehr erfreut man sich der gründlichen Ansichten über so manche literarischen Produktionen, die mit
großer Prätention und mit noch größerer Bewunderung
aufgetreten sind, z. B. über die Ahnfrau S. 636, die Sappho 20
653 usf. |

Über Niebuhrs Römische Geschichte noch kann,
was er S. 222, verhindert weitläufiger zu schreiben, nur
kurz bemerkt, herausgehoben werden, da nunmehr die
zweite Ausgabe mit frühern gründlichen Urteilen vergli- 25
chen werden kann. S. äußert, daß ihm das meiste über die
ersten Jahrhunderte Roms, besonders die Meinung von
alten Gedichten, aus denen Livius geschöpft haben soll,
durchaus chimärisch erscheine. Schlegels Rezension in
den Heidelb. Jahrbüchern wird S. 518 für eine solche er- 30
kannt, wie sie selten vorkommen und welche die höchste
Achtung für Schl. bei allen Unparteiischen wieder erneue.
»Von Niebuhrs Hypothesen bis auf Romulus bleibt beinahe
nichts stehen, und es wird alles mit sehr triftigen
Gründen widerlegt. Schl. gerate zwar von Romulus an 35
auch in Vermutungen, die er (Solger) nicht unterschreiben
könne, aber nicht in imaginäre saturnische Heldengedichte,

deren Erfindung für ihn (Solger) zu den unbegreiflichsten
Verirrungen gehöre.« – Den Philosophen ist in neuern Zeiten der Vorwurf, Geschichte a priori zu schreiben, gemacht
worden. Solgers philosophischer Sinn konnte solches Recht
5 den Historikern vom Fach und den Philologen ebensowenig
zugestehen als andern.

   Gleich interessant sind Ansichten über viele Begebenheiten der Zeit, über Zustände und den Geist derselben.
Solgers Äußerungen z. B. über die Sandsche Mordtat und
10 den damit zusammenhängenden Geist sind merkwürdig genug, um einiges davon auch jetzt auszuzeichnen; S. 722 ff.
schreibt er darüber: »Es macht einem Grausen, wenn man
einen Blick in ein solches Gemüt, wie dieses Sandsche tut.
Er ist gewiß von Hause aus ein gut gearteter junger Mensch,
15 den man bedauern muß. Aber nun | die stupide Dumm-
heit, durch den Mord des alten Waschlappens das Vaterland
retten zu wollen! Der kalte, freche Hochmut, als kleiner Weltrichter die sogenannten Schlechten abzuurtei-
len! Die leere Heuchelei vor sich selbst mit der Religion
20 oder vielmehr ihren Floskeln, die die größten Greuel heiligen sollen! Es ist zum Verzweifeln, wenn man daran denkt!
Indessen ist mir das alles nicht im geringsten neu.
Ich weiß auch genau, woher alles kommt. – Man
hat ihnen ja seit zehn Jahren genug vorgepredigt, sie
25 seien die Weisen und Vortrefflichen, von denen die Wiedergeburt des Staats und der Kirche ausgehen müsse. –
Dummheit, Leerheit, Hochmut, das sind die Geister, die sie
treiben, und das sind wahre Geister der Hölle. – S. 725: Die
Sandsche Geschichte – einen traurigen Blick gewährt sie uns
30 in den Zustand so vieler junger Gemüter. Es zeigt sich hier
eine Mischung von ursprünglicher Gutartigkeit mit einer
Beschränktheit, Dummheit möchte ich es nennen, einem
Hochmut, einer unbewußten religiösen Heuchelei vor sich
und andern, daß einen schaudert. Können Sie glauben, daß
35 es hier Professoren gibt, die den leeren, koketten Bombast,
den der junge Mensch an die Seinigen geschrieben hat, bewundern? – Nur allzusehr erinnert man sich aber auch an

das Gewäsch der Wartburgsredner und an so vieles ähnliche; doch, wie ich sagte, wir wollen niemand beschuldi-
gen als etwa den beliebten Zeitgeist. Schon lange nimmt
alles diese verderbliche Richtung auf das mutwillige Welt-
verbessern und den leeren Hochmut, und viele ganz ver-     5
schiedene Lehren habe sie immerfort befördert. – Die unselige intellektuelle Aufklärung, die so viele im Leibe haben,
die frevelhafte Lehre, daß die sogenannten Bessern alles sein
und tun müssen und daß jeder, der an nichts glaubt, als an
die leere Weltverbesserung, einer von diesen Bessern sei, ist   10
die rechte Schule des aufgeblasenen dummen Hochmuts.
Man muß diesem aus allen Kräften entgegenarbeiten und
wenigstens sein Gewissen salvieren.« |
   Die Wartburgsszenen, heißt es S. 720, daß »daselbst einige Professoren alberne, kindische Reden gehalten ha-   15
ben, um ihren hohlen Enthusiasmus auszubreiten. Man
hätte dies entweder zeitig genug verbieten und verhindern
oder nachher diese politisch-philosophischen Narren
so darstellen können, daß sie in ihrer ganzen Blöße erschienen wären.« – Man möchte es vielleicht für etwas Ersprieß-   20
liches haben halten können, wenn Solger diese Darstellung
übernommen und durch Öffentlichkeit seiner Ansichten jenem grellen Unwesen entgegengearbeitet hätte; es ist ihm
aber wohl zu gönnen gewesen, für sein übriges Leben, das
nur noch etwas über sechs Monate dauern sollte, sich die zu   25
erwartende böse Anfeindung, Verunglimpfung von serviler
Gesinnung usf. erspart und durch öffentliches Stillschweigen
sich Ruhe bewahrt zu haben.
   Doch wir müssen der Auszeichnung des Interessanten
Schranken setzen, dessen sich noch so vieles in den Briefen   30
Solgers und dann in denen seiner Freunde, besonders des
einen der Herausgeber, von Raumer, an frischer, ebenso
durchdringender als heiterer Kunst- und Lebensansicht vorfindet, um zu der Seite überzugehen, welche unser Interesse
vornehmlich in Anspruch nehmen muß. Die Korrespon-   35
denz enthält jedoch weniger Data und Aufklärungen über
Solgers Ausbildung und Fortschritte in der Philosophie als

man etwa zunächst meinen könnte. Der Kreis von Männern, die sich hier durch Briefe unterhalten, hatte sich nicht
eine und dieselbe gelehrte Bestimmung gewählt. Jeder verfolgt ein eigentümliches großes Interesse, nimmt zwar den
5 Anteil eines gebildeten Freundes an den Arbeiten des anderen, aber geht nicht in deren Gegenstände und Inhalt näher
ein. Man hat also nicht das Schauspiel einer Entwickelung
einer Philosophie, einer wechselseitigen Mitteilung und Erörterung philosophischer Sätze und Begriffe zu erwarten.
10 Die Gegenseitigkeit ist allgemeine Aufmunterung oder Teilnahme, und wenn Solger zu näheren Äußerungen und Kritik über seine herausgegebenen Schriften auffordert, so geht
es wie gewöhnlich, der eine der Freunde hatte noch nicht
Zeit gehabt, die Schrift zu lesen, der andere verspart ein tie-
15 feres Eingehen auf die zu wiederholende Lektüre und beschränkt sich vorläufig auf Kritik von Partikeln, Stil u. dgl.
Die Tieckschen Briefe drücken ein direkteres Verhalten zur
Philosophie aus; Solgers Explikationen darüber sind gegen
| diesen Freund am häufigsten und ausführlichsten; er
20 spricht die Befriedigung, die es für ihn hat, sich Tieck mitzuteilen, vielfach und innig aus; »wie oft (sagt er S. 375)
gibt es mir neuen Mut und neue Kraft, daß Sie meine Bemühungen anerkennen, wenn alles um mich her darüber
schweigt. – Sie kommen mir zu Hilfe; wenn Sie auch nicht
25 Philosoph sind, so kennen Sie doch die Philosophie und,
was weit mehr ist, Sie leben durch Ihren eigenen Beruf im
Gegenstande der Philosophie; Ihr Beifall und Urteil erhält
mich oft in meiner Ruhe, wenn der Verdruß sich bei mir
einschleicht.« Tieck legt in diesen herausgegebenen Briefen
30 die Art seines Verhältnisses zur Philosophie und den Gang
seines Gemüts und Geistes vor das Publikum. Solche Eröffnung eines bedeutenden Individuums über sich ist für sich
ein interessantes Seelengemälde, und noch mehr, indem es
eine Gattung repräsentiert. Tiecks Standpunkt zur Philoso-
35 phie ist zwar das mit der Zeitbildung des Verstandes gemeinschaftliche, negative Verhalten gegen sie, insofern
affirmativ, als es zugleich mit dem Anerkennen des Affirma-

tiven in der Philosophie überhaupt, als des mit dem Wesen
der Religion und Poesie Identischen, verknüpft ist und insofern von dem gewöhnlichen Verstande der Aufklärung
und der Theorie des Glaubens abweicht. Aber jenes negative Verhalten zur Philosophie bringt zugleich eine Einsei-          5
tigkeit in das Prinzip selbst, das sich für die Mystik der Religion und Poesie hält und gibt, weil dieses Prinzip ein Produkt der Reflexion, nicht unbefangene Religiosität und
Poesie geblieben ist. Diese Mystik macht nur eine weitere
Abspiegelung des vorhin besprochenen Standpunktes aus,          10
und indem sie zugleich der Reflex des einen Teils des philosophischen Standpunkts Solgers ist, soll die Beleuchtung
dieser Eröffnung in ihren Hauptzügen zugleich als Einleitung für diesen dienen.

»Aller Gedanken- und Ideengang soll mir nur tiefe          15
Vorurteile bestätigen, d. h. doch nur mit andern Worten,
den Glauben und die unendliche Liebe.« S. 341. Wir sehen
darin die alte Lehre, welche Sokrates und Plato angefangen
haben, daß, was dem Menschen als wahr und gut gelten
solle, in seinem Geiste ursprünglich liegen müsse; indem es          20
aber ferner auch auf eine dunkler oder deutlicher gefühlte
oder geahnte Weise in sein Bewußtsein getreten, wird es
erst Glaube und kann auch, indem es nicht auf Einsicht gegründet ist, Vorurteil genannt werden. Jene Lehre hebt, wie
der Mystizismus, alles bloß Positive äußer|licher Autorität          25
auf. In Beziehung auf den innersten, echten Gehalt tut die
Philosophie nichts als solchen bestätigen, aber was sie zugleich damit bewerkstelligt, ist die Reinigung desselben und
die Absonderung des Unechten, des Positiven anderer Art,
was in ihm als Vorurteil ist. In demselben Zusammenhange          30
sagt aber T., daß es ihm »nie um das Denken als solches zu tun gewesen«; »die bloße Lust, Übung und Spiel
der Ideen, auch der kühnsten, ist mir uninteressant.« Dem
Glauben auch die philosophische Form, denkende Erkenntnis des Gehalts zu erwerben, hängt natürlich ganz von dem          35
individuellen Bedürfnis ab; aber erst diese Erkenntnis führt
zur Einsicht der Natur des Denkens und zeigt, daß das Den-

ken etwas anderes als nur eine Übung und Spiel von Ideen
hervorbringt, und verhindert, ohne Erkenntnis über dasselbe nur so abzusprechen. In dem Briefe vom 24. März
1817, S. 535, gibt T. eine ausführliche Erzählung, die er ein
5 Selbstgeständnis nennt, über den Gang seiner geistigen
Richtung. Vor seiner Bekanntschaft mit Jacobi, mit dem er
zuerst einen Dialog habe halten können »(von zwei Ufern
einer Kluft, wo wir wohl mehr das Echo, als unsere Worte
hörten)«, hatte er keine dialogischen Philosophen gefunden,
10 und die verschiedenen Systeme befriedigten ihn nicht (die
Befriedigung hängt mit dem zusammen, was man sucht,
und Plato z. B. ist doch wohl auch ein dialogischer Philosoph gewesen); »besonders verletzten alle meinen In-
stinkt zur Religion«; so führte ihn »die Liebe zur Poe-
15 sie, zum Sonderbaren und Alten anfangs fast mit frevlem
Leichtsinn (worin das Frevelhafte bestanden hätte, sieht man
nicht) zu den Mystikern, vorzüglich zu J. Böhme, der
sich aller meiner Lebenskräfte so bemächtigt hatte, daß ich
von hier aus nur das Christentum verstehen wollte, das le-
20 bendigste Wort im Abbild der ringenden und sich verklä-
renden Naturkräfte, und nun wurde mir alle alte und
neuere Philosophie nur historische Erscheinung« (das
Umgekehrte geschieht der philosophischen Erkenntnis, als
welcher der Mystizismus und dessen Gestaltungen zu histo-
25 rischen Erscheinungen werden); »von meinem Wunder-
lande aus las ich Fichte und Schelling und fand sie
leicht, nicht tief genug, und gleichsam nur als Silhouet-
ten oder Scheiben aus jener unendlichen Kugel voll Wunder« (leicht, weil es dem mystischen Bedürfnis nur um den
30 allgemeinen Sinn, die abstrakte Idee, wie oben gesagt, nicht
um das Denken als solches zu tun war; nicht tief genug,
weil in der Form des Gedankens und dessen Entwickelung
der Schein der Tiefe | dem des Gedankens Unkundigen
verschwindet, denn tief pflegt man einen Gehalt nur im Zu-
35 stand seiner Konzentration und oft, wie er bei J. Böhme am
meisten vorkommt, einer phantastischen Verwirrung und
Härte zu finden, das Tiefe aber in seiner Entfaltung zu ver-

kennen); bei Böhme wurde T. von dem »Zauber des wun-
dersamsten Tiefsinns und der lebendigsten Phantasie« hingerissen; die ebenso ungeheuere Mangelhaftigkeit in diesem
Mystizismus aber wird allerdings nur dem Bedürfnisse des
Gedankens auffallend. Anderwärts, S. 392, und zwar außer-    5
halb und nach Verfluß jenes Zustandes, kommt zwar auch
die Vorstellung einer Verbindung von Vernunft und Verstand mit der Erhebung des Gemüts vor; es ist daselbst gesagt, »sich in die Erleuchtung eines begeisterten Gemüts zu
erheben und hier in den Sphären eines viel verschlungenen    10
Zusammenhangs und der harmonischen Vereinigung aller
Kräfte auch Vernunft und Verstand wieder (!?) anzutreffen, ist nur wenigen gegeben; den allerwenigsten – bis
jetzt, scheint es, keinem –, Kunde und Rechenschaft
darüber zu geben.« Wenn T. ebendas. durch Fr. Baader,    15
Hamann, St. Martin usf. nach dieser Seite nicht befriedigt
worden, was hinderte, z. B. bei Plato, um nicht andere zu
nennen, die verlangte Vereinigung des begeisterten Gemüts
und der davon Kunde und Rechenschaft gebenden Vernunft und Verstandes zu finden? Offenbar nur die Unkennt-    20
nis und Ungewohntheit, in der Art, wie die denkende Vernunft den echten Gehalt der Begeisterung darstellt, sich so
zurecht zu finden, um denselben in dieser wiederzuerkennen – oder die verkehrte Forderung, mit der philosophischen Erkenntnisweise auch das damit unverträgliche trübe    25
Gären und die Phantasmagorie des Mystizismus verbunden
zu sehen. Ist man aber mit der Natur und Weise des Denkens vertraut, so weiß man, daß der Philosophie nur ihr
Recht widerfährt, wenn man behauptet, daß wenigstens
von Plato an nicht etwa keine, noch die allerwenigsten,    30
sondern die allermeisten Philosophien vielmehr mit Vernunft und Verstand von jenem echten Gehalt, seiner Ver-
schlingung in sich und deren Zusammenhang, Kunde und
Rechenschaft gegeben und die, deren Geist sich in der Philosophie einheimisch gemacht, diese Kunde und Rechen-    35
schaft besessen haben. – Aus jener hypochondrischen Periode fügt T. S. 539 hinzu, er habe »sich törichterweise oft

bemüht, andern jene Gefühle des Mystizismus zu geben«;
was er hinzusetzt, »Keiner war so tief in Böhme, ja er arg-
wöhne, selbst nicht in den Philosophen«, | ist wohl nicht
der richtige Grund, daß es ihm nicht gelang; denn dem J.
5 Böhme gelang diese Mitteilung an Tieck selbst; sondern
dies, daß ihm, außer dem Organ der Philosophie, das er
verkannte und verschmähte, das inwohnende Vermögen der
Mitteilung, wodurch es ihm wohl vorher und nachher gelungen, Gefühle der Tiefe mitzuteilen, damals nicht zu Ge-
10 bote stand; denn er gibt von diesem Seelenzustande an, »daß
ihm die Lust an Poesie, an Bildern, als etwas Verwerfliches,
Verfehltes erschienen sei«. Er fügt diesem Gemälde hinzu,
daß, da er nun die Spekulation (!?) und das innere Leben gefunden zu haben glaubte, er dafür hielt, »daß es sich
15 mit weltlichen Beschäftigungen nicht vertrüge – so gab es
viele Stunden, in denen er sich nach der Abgeschiedenheit
eines Klosters wünschte, um ganz seinem Böhme und Tau-
ler und den Wundern seines Gemüts zu leben«. »Meine
Produktionskraft, mein poetisches Talent schien mir auf im-
20 mer zerbrochen.« Diese interessanten Züge führen von
selbst auf die Betrachtung, daß an und für sich mit solcher
Hypochondrie, mit diesem Zustande der Unlebendigkeit
und Form- und Gestaltlosigkeit des Geistes, ob sie schon inneres Leben, Wunder des Gemüts genannt sind, ebensowe-
25 nig Spekulation verbunden sein kann als poetische Produktion.
　　Aber Tieck kommt aus diesem Zustande wieder heraus;
es ist interessant zu lesen, was ihn geheilt hat; nur was »der
Leichtsinn« und »der willkürliche Akt« in dieser Schilderung
30 solle, ist nicht wohl zu verstehen: es war (S. 540) »mein
alter Homer und die Nibelungen und Sophokles (die Nibelungen zwischen sich zu finden, darüber könnten sich
Homer und Sophokles wohl wundern), mein teurer Shakespeare, eine Krankheit, Italien, eine Übersättigung an den
35 Mystikern, vorzüglich wohl mein sich regendes Talent, was mir im Verzweifeln neuen Leichtsinn gab; und
fast ebenso leichtsinnig, wie ich in dies Gebiet hineinge-

raten war, versetzte ich mich durch einen Akt der Willkür
wieder hinaus und stand nun wieder auf dem Gebiete
der Poesie und der Heiterkeit und konnte wieder
arbeiten.« Diese zurückgekehrte Fähigkeit zur Arbeit ist
wohl das echteste Zeugnis von wiedererlangter Gesundheit 5
des Geistes aus jener unfruchtbaren Abstraktion der Innerlichkeit; denn das Arbeiten heißt dieser Abstraktion entsagen und dem, was die Innerlichkeit Gehalt hätte, Wirklichkeit und Wahrheit geben. In seine Urteilsweise aber hat
Tieck den Sinn seiner Rückkehr zur | Arbeit nicht vollstän- 10
dig aufgenommen; in seinen Ansichten bleibt jene Entzweiung und damit die einseitige und abstrakte Subjektivität
noch ein wahrhafter, ja höherer Standpunkt. Um z. B. das
Wesen der Größe Shakespeares oder der Poesie überhaupt
in den Mystizismus desselben setzen zu können, wovon 15
so viel die Rede ist, ist erforderlich, vielmehr von dem zu
abstrahieren, was denselben zum Dichter macht, von der
konkreten Bestimmtheit und entwickelten Fertigkeit der
Charaktere und Handlungen; das Konkrete und Feste seines
Gestaltens zur Abstraktion des Mystischen, Innerlichen zu 20
verflüchtigen ist die Wirkung eines reflektierenden Verstandes, nicht der die Idee und die Lebendigkeit fordernden
und erkennenden Kritik. Mit dem inneren Leben, als Prinzip der Kritik, hat es in solcher Ansicht noch immer dieselbe Bewandtnis als früher im Zustande des Subjekts, daß 25
gegen die entwickelnde Tätigkeit des Gedankens, so gegen
die gestaltende der Poesie, die Abstraktion festgesetzt ist.
   Von diesem Standpunkt hängt nun auch ganz die Art ab,
wie Tiecks Einsicht und Auffassung von der dichterischen
Natur und Produktion Goethes beschaffen ist; wir haben 30
ihrer hier zu erwähnen, insofern sie auf jenen Standpunkt
selbst ihrerseits ein weiteres Licht wirft und indem Tieck
dies Verhältnis aus der vertraulichen, nur dem Freunde zunächst bestimmten Mitteilung herausgenommen und vor
dem Publikum ausgelegt hat; die Äußerungen zeigen sich 35
zugleich nicht als momentane Stimmung, sondern als kon-
stantes Urteil. Er kommt öfters auf Goethe, und zwar mit

Verstimmung, um dies Wort sogleich auch zu gebrauchen,
zu sprechen; denn von dieser, und auch auf diese, geht das
Urteil aus. Oben wurde die Kritik Solgers über die Genoveva angeführt, in der diesem die Absichtlichkeit und Re-
5 flexion, die nur sehnsüchtige, nicht im Dichter wirklich gegenwärtige Stimmung der Liebe und Innigkeit aufgefallen
war, so daß, wie Tieck es richtig ausspricht, Solgern das als
Verstimmung erschien, was Tieck für Begeisterung gehalten hatte. Außerdem, daß Tieck sonst Goethen manches
10 übelnimmt (unter anderem, S. 488, ärgert es ihn, daß Goethe den Erwin noch nicht einmal gelesen), meint er, S. 485,
ein Autor selbst möge, was er früher Begeisterung genannt,
später Verstimmung nennen; so scheine es ihm Goethe mit
seinem Werther gemacht zu haben, und fragt S. 487 unwil-
15 lig: »darf er, weil sein überströmendes junges Gemüt uns
zuerst zeigte, was diese Welt | der Erscheinungen um
uns sei, die bis auf ihn unverstanden war, darf er sich,
bloß weil er es verkündigte, mit einer Art vornehmen
Miene abwenden und unfromm und undankbar gegen sich
20 und gegen das Schönste sein?« Goethe setzt in seinem
Leben ebenso interessant als anmutig auseinander, wie er
krank an einer freilich noch nicht metaphysischen, sondern
sentimentalen Hypochondrie, einer noch nicht in die Abstraktion, sondern ins Leben verwickelten, noch lebenslusti-
25 gen und lebenskräftigen Sehnsucht, gerade durch die Produktion jenes Romans diese Verstimmung aus sich herausarbeitete und sich davon befreite. Wie bei einer Krankheit,
um von ihr genesen zu können, der Kern des Lebens noch
gesund sein muß, so waren Herz und Kopf noch gesund,
30 und ihre Kraft wurde die Poesie, welche das verstimmte
Gefühl zum Stoff und Gegenstand zu machen und es zu
einem äußerlichen Ausschlag hinauszuverarbeiten fähig war.
Indem die Verstimmung nur zum Inhalt des Werkes wurde,
hörte sie auf, Stimmung des Dichters zu sein; dieser machte
35 sich durch die Arbeit ebenso in sich fertig, als das Werk
selbst ein in sich fertiges, ein Kunstwerk, wurde. Allein damit war er noch nicht mit dem lieben Publikum fertig; er

beschreibt die Qual, die er sich von allen Seiten herbeige-
zogen, die ihn an allen Orten und fortwährend verfolgt hat;
sie war, daß man ihm immerfort jene Krankhaftigkeit des
Gemüts noch zutraute, ja sie in ihm gerne lieben und schätzen wollte. Und jetzt noch, nach dem, was nun ohnehin 5
aus allen seinen Werken, was sogleich aus dem nächsten,
dem Götz, hervorleuchtete, und nachdem er sogar jene Krisis durch die Produktion und seine Kur beschrieben, soll er
sich den Vorwurf machen sehen, daß jenes kranke Verständnis der Welt der Erscheinungen der rechte Verstand gewe- 10
sen und daß er unrecht sich von solchem Standpunkte abge-
wandt und damit »unfromm und undankbar gegen sich geworden sei«. Aus dem Vorwurfe dieser Unfrommheit und
Undankbarkeit folgt ganz natürlich die weitere Schrulle, der
Vorwurf, »daß dieses herrliche Gemüt eigentlich aus Ver- 15
stimmung, Überdruß, sich einseitig in das Altertum geworfen«, daß Goethe »sich damit vom Vaterland losreiße«. – Es
würde schwer zu sagen sein, ob ein Dichter tiefer in seinem
Vaterlande wurzle als Goethe; aber wenn andere Ausländi-
sches und Älteres, Shakespeare, Calderon usf. ebenso hoch 20
oder höher stellen als Vaterländisches, so ist ihm doch ebensowenig ein Vergehen daraus zu machen, wenn auch ihm
nicht | alle einheimische Kunst, unter anderem die Poesie
der Poesie, nicht zusagt und er in dem unverstimmten
Altertume eine höhere Befriedigung findet; ohnehin han- 25
delt es sich nicht um Gegeneinanderstellung subjektiver Gefühle, sondern um Kunsteinsicht, auf Sinn, Studium und
Nachdenken gegründet. Vollends unglücklich ist der Gegensatz auf der folgenden Seite 488: »Ich (Tieck) hatte auch
die Antike gesehen, St. Peter, und konnte den Straßburger 30
Münster nur um so mehr bewundern«; ist denn nicht Goethe einer der ersten gewesen, der den Sinn für den Straßburger Münster gehabt und für die Wertschätzung und Einsicht gleichsam denselben wieder erfunden hat?

Bei Erwähnung der Darstellungsweise der indischen Re- 35
ligion durch Friedrich von Schlegel (S. 709) sagt Solger
sehr gut: »eine Hauptsache ist, daß man gleich alle herge-

brachte Terminologie von Emanation, Pantheismus, Dualismus usw. fahren lasse; die einseitigen und leeren Begriffe,
welche diese Ausdrücke bezeichnen, hat niemals ein
Volk oder ein Mensch im Ernste gehegt, und sie stam-
5 men auch aus Zeiten her, wo man die lebendige Erkenntnis
grausam anatomierte«. So hätte es wohl auch für die philosophischen Unterhaltungen der beiden Freunde mehr Gedeihen gebracht, wenn die Ausdrücke von Mystizismus, innerem Leben, Poesie, insbesondere Ironie, ja auch von
10 Religion und Philosophie selbst aus dem Spiele geblieben
wären; denn alsdann hätte von der Sache und vom Inhalt
gesprochen werden müssen. Diese Art zu urteilen ist eine
entschieden negative Richtung gegen Objektivität – eine
der Richtungen, welche von der Fichteschen Philosophie
15 der Subjektivität ausgegangen. Solches Urteilen handelt
nicht vom Inhalte, sondern dreht sich um verblasene Vorstellungen, welche die Sache der Religionen und Philosophien mit Abstraktionen von innerem Leben, Mystik, mit
Reflexionsbestimmungen von Identität, Dualismus, Panthe-
20 ismus usf. abtun. Diese Manier erscheint zugleich als eine
vornehme Stellung, welche mit der Sache fertig ist und
über ihr steht; sie ist in der Tat mit der Sache in dem
Sinne fertig, daß sie dieselbe beiseite gebracht hat; eine Stellung über ihr, denn sie ist in der Tat außerhalb derselben.
25 Die selbstbewußte Vereitelung des Objektiven hat sich Ironie genannt. Da die ausgezeichnetste ironische Individualität sich auf unserem Wege befindet, sei derselben kurze Erwähnung getan. – In dem angeführten Zusammenhange
bemerkt Solger zunächst | sehr treffend von einem Teile der
30 Bearbeiter der indischen Religion: »sie haben den Faden, an
den ich alles anknüpfen kann, ganz einseitig theoretisch
und dogmatisch herausgezogen, daß er gar nicht mehr das
ist, was er als lebendiges Band war, und dies hat besonders Fr. Schlegel getan.« Dieselbe Beziehung, die hier be-
35 merkt ist, auf die Philosophie hat sich dieser Vater der Ironie seine ganze öffentliche Laufbahn hindurch gegeben. Er
hat sich nämlich immer urteilend gegen sie verhalten,

ohne je einen philosophischen Inhalt, philosophische Sätze,
noch weniger eine entwickelte Folge von solchen auszusprechen, noch weniger, daß er dergleichen bewiesen,
ebensowenig auch widerlegt hätte. Widerlegen fordert die
Angabe eines Grundes und hiermit ein Einlassen in die    5
Sache; dies hieße aber, von der vornehmen Stellung oder
(um eine seiner vormaligen Erfindungen von Kategorien zu
benutzen) von der göttlichen Frechheit (und auf der Höhe
der Ironie läßt sich wohl ebensogut sagen – von der satani-
schen oder diabolischen Frechheit) des Urteilens und Ab-   10
sprechens, der Stellung über der Sache, auf den Boden des
Philosophierens selbst und der Sache sich herablassen. Hr.
Fr. v. Schlegel hat auf diese Art immerfort darauf hingewiesen, daß er auf dem höchsten Gipfel der Philosophie stehe,
ohne jemals zu beweisen, daß er in diese Wissenschaft ein-   15
gedrungen sei und sie auf eine nur gewöhnliche Weise
innehabe. Sein Scharfsinn und Lektüre hat ihn wohl mit
Problemen, die der Philosophie mit der Religion gemeinsam sind und welche selbst bei der philologischen Kritik
und Literargeschichte in Weg kommen, bekanntgemacht.   20
Aber die Art der Lösung, die er allenthalben andeutet, auch
nur prunkend zu verstehen gibt, statt sie schlicht auszusprechen oder gar philosophierend zu rechtfertigen, ist teils eine
subjektive Lösung, die ihm als Individuum so oder anders
konvenieren mag, teils aber beweist das ganze Benehmen   25
seiner Äußerungen, daß ihm das Bedürfnis der denkenden
Vernunft und damit das Grundproblem derselben und
einer bewußten und gegen sich ehrlichen Wissenschaft der
Philosophie fremd geblieben ist.

   Tiecks Ironie hält sich in ihrem Verhältnis zur Philoso-   30
phie von der Scharlatanerie frei und beschränkt sich überhaupt darauf, mit Beiseitesetzen der objektiven Gestaltung
des Inhalts, durch Denken, d. i. des Eigentümlichen der
Philosophie, das abstrakte Allgemeine, das mystisch Ge-
nannte herauszulesen und, in Beziehung auf | Solgers Phi-   35
losophie, eine innige freundschaftliche Teilnahme zu haben,
zuweilen sich zu deren Inhalt zu bekennen, gewöhnlich auf

die expliziten Solgerschen Darstellungen und Erläuterungen
die Erwiderung mit einer dieselben einwickelnden allgemeinen Zustimmung zu machen, mit der oft wiederholten
gutmütigen Versicherung, Solgern zu verstehen, ihn ganz
5 zu verstehen, ihn endlich verstanden zu haben; im Jahre
1814 (S. 322) hatte er geschrieben, daß er (nach Lesung einiger Dialoge Erwins) erst jetzt glaube, Solgern ganz verstanden zu haben; wie auch S. 320 Solger seine Zufriedenheit
ausdrückt, daß Tieck bei mündlicher Unterredung ihm ge-
10 standen, daß ihm der Trieb der Begeisterung, wonach er in
der Kunst gehandelt, durch die Solgersche Enthüllung erst
zum klarsten Bewußtsein gebracht worden sei, was auch
sonst noch wiederholt wird. So schreibt Tieck noch ebenso
im Jahre 1819 (S. 711) (auf die Mitteilung von philosophi-
15 schen Briefen, die sich im 2ten Bd. dieses Nachlasses zum
erstenmale abgedruckt finden): »ich glaube Sie mit jedem
Worte mehr zu verstehen, und immer wird es mir deutlicher, daß es dies war, was ich gesucht habe.«

Hegel. |

20          Zweiter Artikel.

Was zuletzt im vorhergehenden Artikel als Beziehung auf
die Philosophie Solgers angeführt worden, mag zwar für
einen Reflex derselben in der Freundschaft Tiecks genommen werden; es erhellt jedoch schon von selbst, daß die Art
25 dieses Reflexes nur für eine Seite, etwa der Solgerschen
Ideen, Bedeutung haben könne; für den Inhalt müssen wir
uns nun an die Solgerschen Expositionen wenden, welche
uns in der vorliegenden Sammlung dargeboten sind. Diese
Expositionen sind von der Art, daß sie eine weit bestimm-
30 tere Vorstellung von Solgers Grundansichten gewähren als
die Schriften, die bei seinen Lebzeiten erschienen sind. Wir
sehen ihn in diesem Nachlasse vielfach bestrebt, seine Ideen
teils seinen Freunden, teils dem Publikum in einigen Aufsätzen, welche er für die Herausgabe in seinem letzten Lebens-

jahr ausgearbeitet hat, andringlich zu machen; jedoch sind
diese nicht systematische Ausführungen, sondern nur für die
Vorbereitung des Publikums und zur Ankündigung bestimmt, als »Manifest«, wie Solger den Hauptaufsatz nennt
(I. 688 ff. 726), »um darin auch für das größere Publikum 5
zu erklären, wie er es mit der Philosophie meine und
wie er gegen die jetzigen Bestrebungen stehe«. Sie gehen
aber bei diesem äußern Zweck so weit, um die Tiefe seiner
Idee und seines spekulativen Vermögens in der Philosophie
vorstellig zu machen und zu beurkunden. Es handelt sich 10
bei Solger nicht um das, was wohl sonst oft auch Philosophie genannt wird; wir finden bei ihm vielmehr das spekulative Bedürfnis der Vernunft lebendig, das Interesse und
Be|wußtsein der höchsten Gegensätze und der Widersprü-
che, die daraus entspringen, wie den Mut, dieselben nicht 15
mit Klage und Demut auf die Seite zu stellen, sondern
ihnen in ihrer ganzen Bestimmtheit und Härte ins Angesicht
zu sehen und in ihrer Auflösung die Befriedigung des Geistes allein zu suchen und zu gewinnen. Solger scheut auch
die auffallenden Formen nicht, in denen es sich darbietet, 20
die Versöhnung der Gegensätze auszusprechen; was dann
der Fall ist, wenn diese Gegensätze in einer konkreten
Weise, wie sie in der Vorstellung liegen, belassen und nicht
auf ihre einfache Gedankenbestimmung zurückgeführt sind.

Ich führe zuerst die geläufige Form an, in welcher er so- 25
wohl in den Briefen vielmals als in den andern Abhandlungen die Idee ausspricht (I. S. 603), »daß nämlich, wenn wir
unser absolutes und ewiges Verhältnis zu Gott gefaßt haben,
wir klar und ohne alles Wanken einsehen, daß alles, was in
unserem Treiben und Leben wahr und gut ist, nur Gott 30
selbst sein kann.« »Indem nun Gott in unserer Endlichkeit existiert oder sich offenbart, opfert er sich selbst
auf und vernichtet sich in uns; denn wir sind Nichts.«
Es sind hierzu die folgenden weitern Bestimmungen anzuführen. In dem Zusammenhange (I. S. 511), daß »nicht un- 35
ser eigenes wesentliches Sein unsere Wahrheit ausmache«,
heißt es, daß »wir deshalb nichtige Erscheinungen sind,

weil Gott in uns selbst Existenz angenommen und sich dadurch von sich selbst geschieden hat«. »Und ist dieses
nicht die höchste Liebe, daß er sich selbst in das Nichts be-
geben, damit wir sein möchten, und daß er sich sogar
5 selbst geopfert und sein Nichts vernichtet, seinen Tod
getötet hat, damit wir nicht ein bloßes Nichts bleiben,
sondern zu ihm zurückkehren und in ihm sein möchten?« Weiter alsdann: »Das Nichtige in uns ist selbst das
Göttliche, insofern wir es nämlich als das Nichtige und
10 uns selbst als dieses erkennen.« – Ich bemerke zunächst
überhaupt, daß sich in dieser Idee der logische Begriff, welcher die Grundlage für alles spekulative Erkennen ausmacht,
vorfindet – die »allein wahrhafte Affirmation nämlich« (es
ist das ewige göttliche Tun, welches vorgestellt wird) als
15 die Negation der Negation gefaßt. – Ferner sieht man
diese abstrakte Form in ihrer konkretesten Gestalt, in ihrer
höchsten Wirklichkeit genommen – nämlich als das Offenbaren Gottes, und zwar dieses nicht in dem formalen,
oberflächlichern Sinn, daß Gott sich in der Natur, Ge-
20 schichte, in dem Geschicke des einzelnen Menschen usf. offenbare, sondern in dem absoluten Sinne, daß dem Men-
schen die in Christo, also ursprüng|lich und göttlich seiende
Einheit der göttlichen und menschlichen Natur und
ebendamit das, was die Natur Gottes und was die mensch-
25 liche in Wahrheit ist, nebst den daraus sich weiter entwik-
kelnden Folgerungen zum Bewußtsein gebracht ist. Im Zusammenhange des zuerst Angeführten ist dies S. 603 f. (wie
anderwärts S. 511) bestimmt so ausgesprochen – »so (indem
Gott in unserer Endlichkeit existiert und sich selbst aufop-
30 fert) ist unser ganzes Verhältnis zu ihm fortwährend dasselbe, welches uns in Christus zum Typus aufgestellt ist;
nicht bloß erinnern sollen wir uns, nicht bloß Gründe
daher für unser Verhalten schöpfen, sondern wir sollen
diese Begebenheit der göttlichen Selbstopferung in uns er-
35 leben und wahrnehmen; was so in einem jeden von uns
geschieht, das ist in Christus für die ganze Menschheit geschehen – es ist nicht bloß ein Reflex unserer Ge-

danken, was wir vor uns haben, sondern die wirklichste
Wirklichkeit.« (Vergl. S. 632) Man sieht, diese Lehre des
Christentums mit Inbegriff der Dreieinigkeit, die ihrer
Grundbestimmung nach in dem Angeführten enthalten ist,
hat ihren Zufluchtsort in der spekulativen Philosophie ge-    5
funden, nachdem sie von der in der protestantischen Kirche
fast ausschließend herrschenden Theologie durch Exegese
und Räsonement beiseite gebracht, die Erscheinung Christi
zu einem bloßen Objekte der Erinnerung und moralischer
Gründe herabgesetzt und Gott in ein in sich bestimmungs-    10
loses leeres Jenseits, als unerkennbares, hiermit nicht ge-
offenbartes Wesen, außerhalb der Wirklichkeit verwiesen
worden ist.

Es erhellt aber, daß, wenn die Negation der Negation als
wahrhafte Affirmation, welches der ganz abstrakte Begriff    15
ist, die in den angeführten Ausdrücken enthaltene ganz
konkrete Gestalt erhält, welche er in der Lehre des Christentums hat, daß es einer ausführlichern wissenschaftlichen Explikation bedarf, um den Übergang von jener
Abstraktion zu dieser Fülle des Inhalts aufzuzeigen, um    20
ebensosehr der Vernunftidee eine konkrete Gestalt zu gewinnen, als die christliche Lehre wieder dem denkenden
Geiste zu vindizieren und sie gegen die Leere jener sogenannten Vernunft und der pietistischen Frömmigkeit, welche gemeinschaftliche Sache gemacht, wieder in ihre    25
Rechte einzusetzen.

In jenem Übergang, der philosophisch durchgeführt notwendig ein langer Weg wird, ergeben sich viele Schwierigkeiten und Widersprüche, welche aufgelöst werden müssen.
Schon in dem angeführten Vortrage zeigen | sich derglei-    30
chen; das einemal sind wir darin als das Nichts (was das
Böse ist) vorausgesetzt, dann ist auch wieder von Gott
der harte, abstrakte Ausdruck gebraucht, daß er sich vernichte, also er es sei, der sich als das Nichts setze, und ferner dies, damit wir seien, und darauf heißt das Nichtige    35
in uns selbst das Göttliche, insofern wir es nämlich als das
Nichtige erkennen. Diese Entgegensetzung der Bestimmun-

gen, daß wir Nichts ursprünglich sind und erst in der Beziehung auf Gott zum Sein gelangen, und wieder, daß wir erst durch diese Beziehung zu Nichts werden, hätte einer weitern Ausführung bedurft, um ausgeglichen zu werden. Das
5 Angegebene, das als der Prozeß der ewigen Liebe angesehen werden kann, enthält ferner sogleich schon die Voraussetzung von Gott einerseits und von Uns andererseits, und die Schwierigkeit ist dieselbe, ob wir als Seiendes oder als das Nichts vorausgesetzt werden. Es fehlt hierbei das
10 Moment der Schöpfung überhaupt und des Menschen insbesondere nach Gottes Ebenbild und von da aus des Überganges von dieser nur ursprünglichen, nur an sich seienden, nicht in die Existenz noch getretenen Einheit der menschlichen Natur mit der göttlichen zu dem, was als der
15 Schein und das Nichts ausgesprochen ist. Der Schein bestimmt sich zu dem Konkretern, was Bewußtsein und Freiheit ist, und die Schwierigkeit ist, daß dieser Schein nicht nur den Quell des Bösen, das von der Ebenbildlichkeit abfallende Essen von dem Baume der Erkenntnis des Gu-
20 ten und Bösen enthält, sondern auch das Prinzip der Rückkehr zum Ebenbilde; so daß Gott selbst sagend eingeführt wird: Siehe Adam ist worden wie Unser einer und weiß, was Gut und Böse ist (1 Mos. 3, 22) – die Stelle, welche die andere Seite zu der erstern Bedeutung des Erkennens aus-
25 macht und die gewöhnlich viel zu wenig in ihrer Tiefe betrachtet, ja auch nur beachtet zu werden pflegt.

Der hiermit angedeutete Mangel jenes Voraussetzens verschwindet in folgender Darstellung nicht, die I. Bd. S. 703 vorkommt: »das Wahre und Ewige existiert als das, was ist,
30 als Gott, als das Gute. Für uns in die Wirklichkeit geworfene Wesen ist beides (das Wahre und der Schein) untrennbar.[1] Denn das Gute würde für uns nicht | sein, wenn es

---

[1] Diese Exposition ist in einem Zusammenhange gemacht, in welchem Solger von jetziger Philosophie, und wie es nach dem Anfangsbuchstaben H. scheinen könnte, vielleicht von dem Ref. spricht. Es ist daselbst von einer Ansicht die Rede, in welcher das höhere speku-

nicht einen Schein hätte, den es tötet, um dessen willen es
sich verkörpert, Fleisch wird, weil es ihn seiner ewigen
guten Natur nach vernichten und so die Existenz mit sich
versöhnen muß. Die höhere Art dazusein ist, sich zu
offenbaren, und sich offenbaren heißt sein Nichts ver-      5
nichten, d. i. durch sich selbst da sein; beides ist
ganz Eins.« Es könnte scheinen, daß auch der Prozeß der
Schöpfung in dem Gesagten enthalten sei, jedoch ist derselbe wenigstens mehr mit dem Prozesse der Versöhnung,
in welchem die endliche Existenz vorausgesetzt erscheint,

lative Denken in seiner Gesetzmäßigkeit und | Allgemeinheit für das
einzig wirkliche, und alles übrige, auch die Erfahrungserkenntnis, insofern sie sich nicht auf diese Gesetze zurückführen lasse, für eine
täuschende und in jeder (?) Rücksicht nichtige Zersplitterung desselben erklärt wäre. Ohne auseinanderzusetzen, inwiefern diese Darstellung Schiefes enthält, will ich nur dies bemerken, was S. als seine
Meinung entgegensetzt. Dies ist, daß »das unwahre Erkennen und
sein Gegenstand gleichfalls sei, beides nur allzusehr da sei.« Es erhellt sogleich, daß diese Bestimmung schon dem obigen nicht entgegengesetzt wäre, wo nicht von einem Leugnen des Daseins der Er-
fahrungskenntnis, was schwerlich je irgendeinem Menschen eingefallen, sondern nur von der Möglichkeit, dieselbe auf den Begriff zurückzuführen und an demselben zu prüfen, die Rede ist. Wenn aber
im Verfolge nach dem oben Angeführten das, was hier unwahre Erkenntnis heißt, abstrakter als das Moment des Scheines, welches
dem Guten zu seiner Offenbarung selbst wesentlich ist, als welche das
Vernichten des Nichts sei, ausgedrückt ist, so ist von diesem Begriffe schon vorhin die Rede gewesen, und die oberflächliche Ansicht
jeder meiner Schriften, schon der Phänomenologie des Geistes, die
im J. 1807, noch mehr meiner Logik, die im J. 1811 ff. erschienen,
würde zeigen, daß darin alle Formen, sie mögen als Formen des Daseins oder des Denkens genommen werden, sich in denselben Begriff
auflösen, der nicht nur als Mittelpunkt von allem daselbst längst vorgetragen, sondern erwiesen ist. In dieser abstraktesten spekulativen
Spitze würde sich somit keine Differenz gegen die erwähnte Philosophie ergeben. Aber die Entwicklung dieses Begriffes und das Bedürfnis derselben ist noch ein weiteres, und daß S. sich über die Einsicht
in dieselbe nicht klar geworden, liegt in dem bereits von seinen Ideen
Angeführten und wird sich noch mehr im Verfolg zeigen.

nur vermischt. Es heißt ebensowohl, daß die Untrennbarkeit des Guten und des Scheinens oder der Negation nur
für uns sei, als auch, daß des Guten ewige Natur selbst
sich den Schein mache, um ihn zu vernichten, und daß
5 es nur so durch sich selbst sei, womit dieser Untrennbarkeit dies, nur relativ für uns zu sein, genommen wäre.
Allenthalben aber bleibt es wesentliche, unaufgelöste
Grundbestimmung, wie S. 578, daß, »da wir nicht anders
als unter Gegensätzen zu denken und | zu erkennen ver-
10 mögen, in uns widerspruchsvollen Wesen der Wirklichkeit
oder Offenbarung des Ewigen der völlig leere Schein, das
wahre positive Nichts, entgegenstehen müsse«. Es ist Solgers ausdrückliche Bestimmung der Philosophie, nicht in
einem Dualismus befangen zu sein (z. B. I. 510). Denn in
15 der Tat ist schon aller Trieb zur Wahrheit dies, dem Dualismus unseres Bewußtseins, unserer Erscheinung, oder dem
Manichäismus, denn aller Dualismus hat den Manichäismus
zur Grundlage, sich zu entreißen. Die Endigung in der
höhern Wirklichkeit und in der Versöhnung muß sich aber
20 auch dahin vollenden, nicht mit der Voraussetzung eines
Dualismus anzufangen.

Dies hängt dann wesentlich damit zusammen, daß in den
angeführten Expositionen auch die Vorstellung von Gott
als eine Voraussetzung vorhanden ist. Wenn, wie in den
25 obigen Ideen, als bekannt angenommen wird, was Gott ist,
wie daß er ist, so wäre überhaupt nicht abzusehen, wofür
noch zu philosophieren wäre, denn die Philosophie kann
keinen andern Endzweck haben, als Gott zu erkennen.
Wäre jene Bekanntschaft jedoch nicht befriedigend und
30 würde mehr als nur Bekanntschaft, nämlich Erkenntnis gefordert, so liegt hierin, daß die Berechtigung nicht für sich
vorhanden ist, von Gott zu sagen, er tut dies oder jenes,
verkörpert sich usf. Denn alle dergleichen Bestimmungen
könnten nur durch die Erkenntnis seiner Natur ihre Be-
35 gründung erlangen. Jene Art sich auszudrücken hat zunächst
den Vorteil, populär zu sein und die allgemeine Religiosität
in Anspruch zu nehmen, auch mit einer gewissen Zuver-

sicht auftreten zu können, um der imposanten Wirkung
willen, die das Wort: G o t t hat. Aber diese Weise hat in
philosophischer Rücksicht Nachteile, insbesondere den, daß
der Zusammenhang dessen, was Gott zugeschrieben wird,
mit seiner Natur, das ist, die Einsicht in die N o t w e n d i g -    5
k e i t jener Bestimmungen oder Handlungen, sich nicht
zeigt, ja nicht einmal die Forderung dieser Notwendigkeit,
um welche es, wenn über das Glauben zum Philosophieren
hinausgegangen wird, allein zu tun sein kann.

Ebenso nachteilig als für das Philosophieren selbst ist für    10
den Vortrag und das Verständnis die in den angeführten
Ideen vorhandene Vermischung solcher konkreten Vorstellungen wie Gott, sich opfern, wir Menschen, Erkennen, das
Böse usf., mit den Abstraktionen von Sein, Nichts, Schein
und dergl.; man wird unbequem von einem dieser hetero-    15
genen Böden auf den andern herüber und hinüber gewor-
fen; das Gefühl der Unangemessenheit der | abstrakten
Denkformen zu der Fülle, welche in den Vorstellungen ist,
ist für sich störend, wenn man auch die nähere Einsicht in
das Unzusammenhängende, das jene Vermischung in den    20
Gedankengang bringt, nicht besitzt.

In der ersten Abhandlung des II. Bds.: B r i e f e ,   d i e
M i ß v e r s t ä n d n i s s e   ü b e r   P h i l o s o p h i e   u n d   d e r e n   V e r -
h ä l t n i s   z u r   R e l i g i o n   betreffend, S. 1–53, und in der
zweiten: Ü b e r   d i e   w a h r e   B e d e u t u n g   u n d   B e s t i m -    25
m u n g   d e r   P h i l o s o p h i e ,   b e s o n d e r s   i n   u n s e r e r   Z e i t ,
S. 54–199, ist es das weitere Hauptinteresse, das Verhältnis
der angegebenen Grundidee zum philosophischen Erkennen
zu bestimmen und die Abweichungen des Erkennens und
die falschen Surrogate aufzudecken und zu verfolgen. Zu-    30
nächst ist hierüber die von Solger auch sonst überall ausgesprochene Bestimmung auszuheben, daß P h i l o s o p h i e   u n d
R e l i g i o n   denselben Inhalt hat, daß die Philosophie nichts
anders ist als das D e n k e n   über die G e g e n w a r t   d e s   W e -
s e n s   i n   u n s e r e r   E r k e n n t n i s   u n d   E x i s t e n z ,   oder mit    35
andern Worten über die g ö t t l i c h e   O f f e n b a r u n g   (II. S.
116), daß das Denken, welches das P h i l o s o p h i e r e n   ist, mit

der Erkenntnis durch Offenbarung ganz dasselbe ist,
nur von einer andern Seite betrachtet (S. 174). – Die Philosophie ist über ihr Verhältnis zur Religion früher in schlechten Ruf gebracht worden. Nachdem die Vernunft dem, was
5 einst Religion genannt wurde, in der Tat entgegengesetzt
gewesen war, ist endlich eine Vereinbarung beider auf die
Weise erreicht, daß die sogenannte Vernunft von der Theologie auf ihre Seite genommen und durch sie der religiöse
Inhalt immer dünner und leerer gemacht wurde. Diese in-
10 haltsleere Überzeugung, die sich fortwährend den Namen
Christentum beilegt, pocht auf die Einschrumpfung des objektiven Inhalts zum subjektiven, dem Gefühl, und erklärt
sich nunmehr aus dem ganz gegen vormals entgegengesetzten Grunde gegen die Philosophie, aus dem Grunde näm-
15 lich, daß die Grundlehren des Christentums, mit welchen die neue Theologie soeben fertig geworden zu sein
meint, in der Philosophie vielmehr ihre Verteidigung finden, und daß von daher diesem Gefühlschristentum die Erhaltung oder Wiedererweckung desjenigen droht, dessen
20 Tod es bereits in Ruhe genießen zu können meint. – Unter den Plänen, mit denen Solger umging, nennt er I. S.
349 auch die Entwickelung, wie das Christentum aus rein
spekulativen Gründen verstanden und zur Einsicht gebracht
werden könne.
25  Von dem philosophischen Erkennen ist im allgemeinen
diese wesentliche Bestimmung gegeben: »die Idee ist | der
positive Inhalt der höheren Erkenntnis, die wahrhafte
Einheit der durch den Verstand bloß aufeinander bezoge-
nen Stoffe (S. 92 f.); das Organ der Philosophie ist das
30 Denken; sie entsteht daraus, daß das Wesen und die innere Einheit unserer Erkenntnis Tätigkeit ist, Tätigkeit
einen Übergang von Einem zum Andern und folglich
einen Gegensatz in sich schließt; das Erkennen der Gegensätze aber in ihren Beziehungen aufeinander und ihre
35 Aufhebung in die ursprüngliche Einheit, worin sie
zugleich Gegensätze desselben (des Denkens) mit sich selbst
werden, das Denken ist.« Es wird daselbst das Fortschreiten

des Denkens erwähnt und seine Einseitigkeiten bemerklich gemacht; zu der höheren Aufgabe aber, dies Fortschreiten für sich selbst, d. i. die innere Notwendigkeit im Erkennen zu begreifen, zu der eigentlichen Natur der Dialektik, ist Solger nicht fortgegangen.

Dagegen spricht er sich über die von der Reflexion ausgehende Notwendigkeit des philosophischen Erkennens mit bestimmter Einsicht und nachdrücklich aus. »Unser ganzes Leben ist göttliche Offenbarung, jede Befriedigung durch das Wahre, jeder Genuß am Schönen, jede Beruhigung im Guten kommt uns von diesem Wesentlichen, insofern es in dem gegebenen Momente uns gegenwärtig ist; aber dasselbe ist für den bestimmten Moment immer nur das Wesentliche des gegebenen Zustandes, der relativen Verknüpfung, und fällt so selbst unter die Beziehungen der Existenz. Bei diesen relativen Gestalten kann sich das reine Bewußtsein nicht beruhigen; durch die Philosophie, welche der Glaube selbst ist, aber in seiner Gestalt als Einsicht gefaßt, wenn er in der andern als Erfahrung vorkam, wird die Idee erkannt, wie sie in ALLEN Momenten ihrer Offenbarung dieselbe ist, wie sie durch die Gegensätze, die sie als vollkommene Einheit in sich selbst enthält, sich an die Existenz anzuschließen und sie in sich aufzunehmen fähig ist.« So kommt die Idee erst in ihrer ganzen Bedeutung zum Bewußtsein, da sie sonst immer durch besondere Zustände und Beziehungen getrübt ist. Daß in diesen das Bewußtsein sich nicht befriedigt finden kann, darin liegt die Notwendigkeit, daß es zur Philosophie getrieben wird. Das Philosophieren ist daher keineswegs ein willkürliches Unternehmen, sondern ein notwendiges und unausweichliches. Wer sich nicht entschließen will zu philosophieren, muß dennoch sein Heil darin versuchen und wird nun getrieben, sich mit einem unglücklichen Ersatze zu begnügen und dadurch den Glauben selbst zu entwürdigen; II. 116 ff. – | »Der Mensch muß philosophieren, er mag wollen oder nicht (ist es II. S. 112 ausgedrückt), und wenn er sich nicht entschließt, es auf die

rechte wissenschaftliche Weise zu tun, so rächt sich
die Philosophie an ihm durch die grundlosesten und
verderblichsten Sophistereien.« − Mit den falschen
Surrogaten für die Philosophie, mit den Ausweichungen
5 und Ausflüchten, sich mit Ersparung des Denkens Befriedigung zu finden, ist Solger sehr bekannt; er entwickelt diese
Irrtümer und bekämpft sie unter allen den vielartigen Gestaltungen, die sie annehmen, mit Wärme und mit gründlicher Einsicht. »Die Frommen (heißt es II. S. 37), die nur
10 das Wesentliche und Einfache, über welches nicht gedacht
zu werden brauche, in der Religion festhalten wollen, haben sich wohl vorzusehen, was dieses Wesentliche sei; der
Glaube ohne Einsicht verliert sich in äußerliche Tatsachen,
Wunder und Aberglauben.« Solger macht die Einseitigkei-
15 ten des gemeinen Verstandes und der um nichts weniger
darin befangenen Orthodoxie und Pietisterei bemerklich
(II. S. 37 ff.); er zeigt die Öde, in welche dieser Verstand
als Aufklärerei verfallen ist, aus welcher wieder eine andere
Scheinphilosophie hervorgegangen ist, das Reich der
20 Ansichten, S. 58, das insbesondere gut charakterisiert ist
als ein Denken, das sich nach jeder Gestalt der Erfahrung
und nach jedem Treiben der Zeit modelt, Theorien, besonders in der Geschichte, indem es doch immer Erinnerung
an das Wesentliche bedarf, für den Augenblick und für
25 jeden besondern Zweck erfunden; niemand glaubt daran
und jeder heuchelt sie vor sich und vor andern. Wie über
diese Halbheit des Bewußtseins, mit der sie um die Wahrheit herumgehen, so finden sich S. 192 über ein phantasie-
rendes Herumspielen um die Tiefen des menschlichen
30 Gemüts und anderwärts über andere Scharlatanerien aus
gründlicher Erfahrung geschöpfte und mit sicherer Hand
gezeichnete ernste Gemälde. Diese Sophistereien erhalten
den schwärmerischen Beifall der Menge, weil sie leicht aufzufassen sind und die Mühe des Denkens unnütz, ja un-
35 möglich machen, S. 193.

    Die erwähnte Reihe von Briefen läßt sich näher auf
die Aufdeckung und Bestreitung der Mißverständnisse

über Philosophie und deren Verhältnis zur Religion
ein. So viel Wichtiges und Lehrreiches sie enthalten, so
pflegen dergleichen Zurechtweisungen doch nicht so viel
Wirkung zu tun, als von ihrem Gehalte zu erwarten stände;
man ist überhaupt der Erklärung der Philosophen müde ge-     5
worden, daß man sie mißverstanden habe. Die Ver|ständ-
lichkeit im Vortrage abstrakter Ideen einerseits und andererseits das Vermögen, philosophische Gedanken nachdenken
zu können, sind Bedingungen, über welche es wenigstens
von langer Hand sein würde, ins klare zu kommen. Doch     10
gibt es eine Art von Mißverständnissen, von welchen sich
direkt fordern läßt, daß sie nicht stattfinden sollten, nämlich
die Unrichtigkeiten in dem, was das Faktische ist.
Wenn es zu nichts oder gar nur zu größerer Verwirrung
führt, gegen andere Arten von Mißverständnissen zu pole-     15
misieren, so hat die Philosophie sich wenigstens über die
falsche Angabe der Tatsachen mit Recht zu beschweren, und wenn man näher zusieht, ist diese Art wider Vermuten die häufigste und geht zum Teil ins Unglaubliche.

Das Hauptinteresse der zweiten Abhandlung ist teils das-     20
jenige Verhältnis, welches in der relativen Art des Erkennens stattfindet, daß nämlich das Ewige nur eine Voraussetzung, hiermit aber nur ein abstrakt Allgemeines sei, so daß
die ursprüngliche Identität eine bloße Form der Einheit
und Verknüpfung, nicht die göttliche Tatsache selbst     25
werden könne; teils aber das wahrhafte Verhältnis dieser
göttlichen Tatsache zum Erkennen darzutun. Diese Tatsache
wird nach dem schon Angeführten so bestimmt, daß Gott
in unserer Existenz wirklich und gegenwärtig sei, sich in
uns zur Existenz schaffe und wir diese Existenz desselben in     30
uns erleben und wahrnehmen müssen. Das wahrhafte
Verhältnis dieser Tatsache zum Erkennen soll dieses sein: indem das Denken sich in seinem Fortgang abschließe, trete
in den Vereinigungspunkten, zu denen es seine Gegensätze
und relativen Bestimmungen bringe und aufhebe, die Idee     35
selbst als der ewige Akt der Einheit frei hervor und
stelle sich als gegenwärtiges Wesen wieder her; so müsse die

Gegenwart Gottes in uns selbst unmittelbar erfahren werden. (S. 101)

Indem es aber dem Verf. in der oben angegebenen Absicht »eines Manifestes« nicht darum zu tun ist, die Grund-
5 ideen zu beweisen, sondern dieselben nur zu exponieren
mit der polemischen Rücksicht auf unvollkommene Erkenntnisweisen, so erwächst für den Aufsatz der Nachteil,
mehr eine Reihe von wiederholenden Behauptungen und
Versicherungen als eine Entwickelung von Gründen zu ge-
10 ben, welche eine Überzeugung hervorbringen könnte. Es
wird weder an dem Denken selbst die Notwendigkeit aufgezeigt, daß es sein Reflektieren aufgebe, zum Aufgeben
seiner Gegensätze und zur Vereinigung derselben fortgehe,
noch weniger die Notwendigkeit des | Übergangs von
15 einer gedachten Einheit zur sogenannten göttlichen Tatsache und der wirklichen Erfahrung derselben. Dem Verfasser war es noch zu sehr Angelegenheit, nach außen seinen
Standpunkt eindringlich zu machen und gegen Ausweichungen zu verwahren, als daß es seiner philosophischen
20 Bildung schon hätte Angelegenheit werden können, die
Richtung nach innen zu nehmen und unbekümmert um
jene äußeren Rücksichten die logische Entwickelung dieser
Gedanken zu erreichen und sich und seine Leser damit ins
klare zu bringen. Es fehlt daher nicht, daß jene Exposition
25 so tiefer Gedanken noch unaufgeklärte Schwierigkeiten und
Widersprüche von Bestimmungen darbietet, welche das
Verständnis vielmehr erschweren, als die nicht methodische
Art des Vortrags es erleichtern sollte.

Die zwei Bestimmungen, auf deren Beziehung alles ge-
30 setzt ist, sind, wie angeführt, die Entwickelung des Denkens
und das Ewige selbst. Die Natur des Wissens ist (S. 141) in
die wichtige Bestimmung gefaßt, daß es »der Abschluß und
die Vollendung des Denkens ist, und zwar so, daß diese
Vollendung niemals durch das Denken allein möglich
35 sei, sondern sie erfordere zugleich, daß die Stoffe des Denkens in ihren Gegensätzen AN SICH Eins seien; so sei mit
einem jeden solchen Abschlusse (eigentlich indem das

Denken jene Gegensätze zu ihrer erst an sich seienden
Einheit zurückbringt) zugleich eine Wahrnehmung
oder Erfahrung dieser wesentlichen Einheit des Stoffes verbunden, und es entstehe erst aus beiden Seiten der
Erkenntnis das volle Wissen.« Man sieht zunächst, daß 5
das Denken unterschieden wird von seiner Vollendung. Bei
der Rücksicht auf die, welche es für Selbsttäuschung, Anmaßung, Schwärmerei und dergl. ausgeben, die göttlichen
Dinge wissen zu wollen oder die auch sagen (S. 143), daß
der Mensch wohl noch einmal so weit komme, aber noch 10
seien wir nicht dahin gelangt, wird das Verhältnis vom Sein
des Ewigen und vom Wissen so behauptet, daß »im vollen
Bewußtsein das ewige Wesen sich selbst zum Stoffe macht,
sich zu Grunde liegt und vor seiner Äußerung und
Offenbarung voraus besteht; die Art, wie wir dieses sein 15
Vorausbestehen erkennen, ist, was der Glaube genannt
wird, die absolut gewisse unmittelbare Erkenntnis
selbst, auf dem für uns schlechthin alles beruht; was nun
durch den Glauben für uns da ist, die Offenbarung und ihre
Verzweigungen in den Gegensätzen der Existenz, können 20
und sollen wir in Wahrheit wissen.« |
   Diese Gegenwart, Wirklichkeit des Wahren, die Unmöglichkeit, irgend etwas zu wissen und zu tun ohne diese
Grundlage und Voraussetzung, ist der eine Fundamentalpunkt. Es kann als unbedeutende Abweichung 25
angesehen werden, daß in dem letztern Vortrag die Unmittelbarkeit des Ewigen im Bewußtsein unterschieden wird
von dem Wissen, in dem erstern aber nur von dem Denken, welches damit als das eine nur der beiden Momente
des Wissens, wie dieses daselbst bestimmt war, wird. Der 30
andere Fundamentalpunkt aber außer dem Verhältnis der
Grundlage und Voraussetzung ist das Auseinanderhalten
dessen, was die Erfahrung des Ewigen genannt wird, von
diesem Wissen oder dem sich abschließenden Denken. Der
Vortrag bleibt in dieser Behauptung bei den Kategorien von 35
Wirklichkeit, Tatsache, Glauben, Erfahrung einerseits und
von Denken andererseits und bei der Assertion ihres we-

sentlichen Getrenntbleibens stehen, ohne diese Kategorien
weiter zu analysieren; der Eifer, die Behauptung andringlich
zu machen, verhindert, auf sie selbst zurückzusehen. Die
meisten aber, ja alle Streitigkeiten und Widersprüche müs-
5 sen sich durch das leicht scheinende Mittel ausgleichen lassen, nur dasjenige, was sich im Behaupten ausspricht, vor
sich zu nehmen und es einfach zu betrachten und mit dem
weitern zu vergleichen, was man gleichfalls behauptet. Wissen, was man sagt, ist viel seltener als man meint, und es ist
10 mit dem allergrößten Unrecht, daß die Anschuldigung,
nicht zu wissen was man sagt, für die härteste gilt. – Sehen
wir hiermit nun die Behauptung Solgers genau an.

Zunächst wird vom philosophischen Erkennen immer die
richtige und große Bestimmung gegeben, daß es das Den-
15 ken des Ewigen ist, insofern das Ewige in den Ge | gensätzen
seiner Offenbarung als eins und dasselbe enthalten ist (S.
124). Es wird wiederholt als die wahrhafte Weise des Erkennens anerkannt, daß das philosophische Denken die innere
Einheit der Erkenntnis als seinen Stoff zerlege, aber daß
20 dies nur »eine solche Zerlegung sei, durch welche er
sich in jedem wahren Verknüpfungspunkte als wahrer,
wesentlicher und gegenwärtiger Stoff ist«. (S. 149 und
allenthalben) Wird nun nicht, frage ich, unverkennbar eben
in dieser Bestimmung die Gegenwart und Wirklichkeit des
25 Ewigen, Göttlichen, der ursprünglichen Einheit selbst angenommen und anerkannt? Ist die Tatsache des Ewigen
und die Lebendigkeit und das Erfahren der Tatsache nicht
darin als vorhanden gesetzt, daß die Zerlegung der innern Einheit durch das Denken eine solche ist, daß darin
30 diese Einheit zugleich als Unzerlegtes, als Stoff, als ein
und dasselbe im Denken gegenwärtig bleibt? Was
dem Ewigen als Tatsache, Gegenwart oder welche populäre Vorstellungen sonst gebraucht werden, noch insbesondere für eine Unterschiedenheit zukommen solle, ist
35 nicht abzusehen; um so weniger, als Solger ebenso häufig
genug der Stellung widerspricht, wodurch die ursprüngliche
Einheit als zu einer bloßen Allgemeinheit, zu einem in sich

Unbestimmten und Abstrakten würde; es ist die beständige
Behauptung, daß die ursprüngliche Einheit sich offenbare,
Tätigkeit, sie selbst hiermit ein Übergehen von Einem
zum Andern, in ihr selbst das Zerlegen ist, folglich einen
Gegensatz in sich schließt (s. oben), daß das Ewige hier-        5
durch allein sich an die Existenz anschließt, in ihr gegenwärtig ist usf. Was jenem Glauben, Erfahren des Ewigen,
wozu das philosophische Erkennen sich doch außerhalb
seiner selbst zum Aufheben seiner fortführen solle, vor
der Einheit zukommen solle, in und zu welcher es sich        10
wesentlich innerhalb seiner nach dem Obigen bewegt
und fortführt, kann der Sache nach nichts Eigentümliches
und Verschiedenes mehr sein. Es bleibt dafür nichts als die
leere Form der Unmittelbarkeit, die dem, was Tatsache, Er-
fahren, Glauben heißt, in | der populären Vorstellung aus-        15
schließend gegen das Erkennen zukommen soll, als welches nur in Vermittlungen befangen sei. In dieser letztern
schlechten Vorstellung aber ist Solger nicht befangen; ihm
ist das philosophische Erkennen selbst ausdrücklich das Aufheben der Gegensätze, damit dessen, was nur vermittelst        20
eines Andern ist, und ebensosehr des nur relativen Erkennens, welches über den Standpunkt des Vermittelns
nicht hinauskommt. Die Unmittelbarkeit ist selbst nur Bestimmung eines Gegensatzes, die eine Seite desselben;
das wahrhafte Denken, als Aufheben der Gegensätze        25
überhaupt, läßt jene Bestimmung nicht mehr außerhalb seiner für sich bestehen; indem es, als wie angeführt, die Gegensätze in ihrer ursprünglichen Einheit faßt, so hat es
ebenso in dieser Einheit die Beziehung auf sich, was die
Unmittelbarkeit ist, in der Tat immanent in ihm selbst. –        30
Diese Exposition soll es klargemacht haben, daß es, wie gesagt, nur der einfachen Reflexion auf das, was Solger als die
wesentliche Natur des philosophischen Denkens aussagt, bedarf, um darin selbst das, was er davon unterscheiden will,
ausgesprochen zu finden.        35
    Wenn es nun ferner im Sinne der angenommenen Ver-
schiedenheit der angegebenen Bestimmungen S. 125 heißt,

»daß es eine Erfahrung der Offenbarung, d. i. eines göttlichen Daseins, welches die Existenz sowohl schafft als aufhebt, und eine Philosophie nebeneinander gibt, das rührt
bloß daher, daß wir nicht das Ewige selbst sind; in ihm
5 ist beides auf eine uns unbegreifliche Weise dasselbe«, so
ist dem Inhalte nach nichts dawider zu haben, daß von der
Philosophie eine Mangelhaftigkeit ausgesagt wird, in der das
Anerkenntnis liegt, daß »wir nicht das Ewige sind«. Doch
wenn dergleichen gesagt wird, so liegt das Schiefe darin, als
10 ob sich dies nicht überall von selbst verstände; sonst wäre es
überflüssig, dergleichen zu sagen. Wenn auch in dem Erkennen der Offenbarung das Erfahren der Offenbarung
selbst enthalten ist, so hätte es darum weit bis dahin, daß
»wir das Ewige wären«, sogleich selbst nach Solgers eigener
15 Bestimmung, daß das Offenbaren des Ewigen und das Erfahren der Offenbarung eine bestimmte Existenz ist.
    Was aber die Unbegreiflichkeit betrifft, so ist dies
gleichfalls eines der vielen ohne allen Begriff ins Wilde hinein gebrauchten Worte. Allerdings ist sie in dem vorhan-
20 den, daß das Erfahren eines göttlichen Daseins immer
außerhalb des Erkennens verlegt wird; wie gezeigt enthält
dieses an ihm selbst das, was ein von ihm Verschie | denes
sein soll. Die Begreiflichkeit und das wirkliche Begreifen
aber ist nichts anderes als eben die angegebene Reflexion,
25 daß in dem Denken des Ewigen als Eines und desselben in den Gegensätzen selbst, die Einheit des Er-
fahrens und Erkennens enthalten, ja ausgesprochen ist.
– Man könnte meinen, daß die Behauptung der Unbegreif-
lichkeit zurückgenommen sei durch die Art, wie (S. 173 un-
30 ten und 174) das Denken gefaßt ist; daselbst ist bestimmt,
daß es das Wesentliche und das Nichtige zugleich vorstellen müsse, was nur möglich sei, wenn es sich gegen beide
gleichgültig verhalte oder sie in ihrem Verhältnisse des
Überganges denke; diese Gleichgültigkeit sei nicht die der
35 bloßen Form, als welche sich an unendliche verschiedene
Stoffe anschließen kann, sondern liege in der vollkommenen Einheit der Stoffe miteinander, und durch ein sol-

ches Denken werde unmittelbar der ganze Stoff bestimmt, so daß dieses Denken, welches das Philosophieren ist, mit der Erkenntnis durch Offenbaren dasselbe sei. – Man sieht, daß hier dem Denken das Auffassen ebensolcher Einheit zugeschrieben ist, welche vorhin das Unbegreifliche genannt 5 wurde. – Auf dasselbe führen die im unmittelbar Vorangehenden gegebenen Bestimmungen von unserem Bewußtsein, wenn sie näher analysiert werden; das Bewußtsein bestehe eben darin, daß ein sich selbst Entgegengesetztes sich durch sein Erkennen mit sich selbst verbinde. 10 Indem das Bewußtsein freilich nicht für ein vollständiges Übergehen der Natur und des Geistes ineinander, wovon dort die Rede ist, anzunehmen ist, es aber ausdrücklich durch sein Erkennen sich mit sich selbst verbindet, so kommt es in ihm zu der Einheit, welche mit dem Erfahren 15 zusammenfällt.

Die Inkonsistenz in der Betrachtung dieser höchsten Gesichtspunkte kommt wie vorhin offenbar daher, daß, was Begreifen, Denken, Erkennen ist, nur auf unbestimmte Weise vorausgesetzt, diese Vorstellungen nicht selbst analy- 20 siert und erkannt worden sind. – Dasselbe ist von einem andern Ausdrucke, vom: An und für sich sein zu bemerken; in dem Zusammenhange S. 171 und S. 172, wo sich die tiefsten Expositionen befinden, ist von dem Ewigen an und für sich, von der Existenz an und für sich gespro- 25 chen, und es zeigt sich sogleich, daß dies An und für sich nichts heißt als das Abstrakte, Unwahre; das Ewige sei unserer Erkenntnis an und für sich unerreichbar; indem dasselbe wesentlich als sich offenbarend, als Tätigkeit gefaßt ist, so bleibt für jenes Ewige ohne Erreichbarkeit für die Er- 30 kenntnis, d. i. ohne Offenbaren | und Tätigkeit, keine konkrete, sondern nur die Bestimmung eines Abstraktums übrig. Ebenso indem die Existenz an und für sich als nur dasjenige bestimmt ist, was das Wesen nicht ist, das Nichts des Wesens, so ist hiermit selbst gesagt, daß nur das 35 Abstrakte, Erscheinende, Nichtige mit jenem An und für sich bezeichnet ist – die Existenz nur allein ohne den Zu-

sammenhang, worin erst ihr An und für sich besteht, genommen. – Darin will ich nicht näher eingehen, daß bald
das Ewige als die zu Grunde liegende Tatsache, welche geoffenbart wird, bald die Offenbarung selbst als diese Tat-
5 sache erscheint; nur die Analyse dessen, was Tatsache ist,
wäre fähig, ihr Verhältnis zum Offenbaren wie zum Wesen
und zur Begreiflichkeit wahrhaft zu bestimmen. – Wenn es
überdem in Rücksicht auf Erkennbarkeit darum zu tun sein
soll, nicht nur die Unbescheidenheit, sondern auch den
10 Schein derselben zu vermeiden, so wäre es wohl in dieser
wie in philosophischer Rücksicht vorteilhaft gewesen, die
Ausdrücke von Gottes Existenz in uns, dem Dasein
Gottes als unsere ganze Gegenwart durchdringend
usf. wegzulassen; Gott in unmittelbare Verbindung mit
15 Endlichem zu bringen, führt eine zu große Unangemessen-
heit mit sich, um nicht auffallend zu sein. Ob Gott aber sich
in uns überhaupt oder auch in unserem Erkennen »zur Existenz bringe«, kann in Rücksicht auf Bescheidenheit eben
keinen Unterschied machen. Daß in jenen unmittelbaren
20 Verbindungen mit Endlichem Gott nicht in seiner Fülle,
sondern in einem abstraktern Verstande genommen ist, gibt
sich durch einen andern Übelstand kund, daß statt Gottes
auch die Ausdrücke: das Ewige, das Wahre, das Wesen oder
wesentliche Einheit abwechselnd gebraucht werden. Unter
25 Gott aber verstehen wir noch mehr als bloß das Ewige, das
Wahre, Wesen usf.

Ref. hat geglaubt, die Bemerkungen über den Gebrauch
unentwickelter Kategorien darum vervielfältigen zu müssen,
weil dieser Gebrauch von selbst bei populären Darstellungen
30 vorhanden ist, wo er seine Nachteile hat oder auch nicht
hat, je nachdem ein gesunder Sinn und Geist den Gehalt liefert, darin herrschend ist und über die Kategorien der Reflexion die Oberhand behält. Aber ein anderes ist es, wenn
die Darstellung philosophisch sein, hiermit auf Denkbestim-
35 mung beruhen soll. Selbst die Expositionen eines so gründlichen Denkers wie Solger sind der Verführung, Voraussetzungen von Vorstellungen zu machen und die letzten Kate-

gorien, auf welche es ankommt, nicht zu analysieren, nicht
entgangen und damit | auch nicht den Übelständen, die
daraus erfolgen. Vollends ist bei andern philosophierenden
Schriftstellern insbesondere dies Grundübel, die Kategorien,
auf deren Gültigkeit alles ankommt, wie Unmittelbarkeit,  5
Denken, Erkennen, Vernunft, Begreiflichkeit usf. als bekannt vorauszusetzen, durch und durch herrschend; gegen
diese Manier gibt es kein Mittel, zu einer Verständigung zu
gelangen, denn sie ist das Gegenteil davon, ihre Grundbestimmungen verstehen zu wollen; eben deswegen ist es  10
selbst nicht möglich, sich mit ihr einzulassen, denn sie läßt
nichts zu als Assertionen, und natürlich nur ihre eigenen,
und ist unwissend darüber, daß das, was sie für Gründe gibt,
selbst Assertionen sind.

Aber bei dieser Darstellung von Solgers höchsten Bestim-  15
mungen der Idee und von der höchsten Stufe seiner philosophischen Entwicklung vermißt man etwa, die im vorigen
Artikel vorläufig berührte Ironie erwähnt zu finden, der
man gerade hier, weil sie sonst als das Höchste genannt vorkommt, begegnen, ihren Sinn und Bestimmung exponiert  20
und gegen Mißverständnisse geläutert finden zu müssen
glauben kann. Wie sie gewöhnlich vorkommt, ist sie mehr
nur als ein berühmter, vornehm sein sollender Spuk anzusehen; in Beziehung auf Solger aber kann sie als ein Prinzip
behandelt werden, und in diesem Sinne wollen wir sie hier  25
noch näher vornehmen. Für diesen Behuf unterscheiden
wir das spekulative Moment, welches in einer Seite der Ironie liegt und sich allerdings in den betrachteten spekulativen
Bestimmungen findet. So ist es nämlich jene Negativität
überhaupt, die in der Steigerung bis zu ihrer abstrakten  30
Spitze die Grundbestimmung der Fichteschen Philosophie
ausmacht; im Ich = Ich ist alle Endlichkeit nicht nur, sondern überhaupt aller Gehalt verschwunden. Der höchste
Anfangspunkt für das Problem der Philosophie ist mit dieser
Steigerung allerdings in seiner höchsten Reinheit zum Be-  35
wußtsein gebracht worden, von dem Voraussetzungslosen,
Allgemeinen aus das Besondere zu entwickeln – einem

Prinzip, das die Möglichkeit dazu enthält, weil es selbst
schlechthin der Drang der Entwickelung ist. Aber dies Prinzip ist zunächst selbst eine Voraussetzung und nur in seiner
abstrakten und darum selbst nicht in seiner wahrhaften,
5 nicht einseitigen Reinheit; ein Prinzip muß auch bewiesen, nicht gefordert werden, daß es aus Anschauung, unmittelbarer Gewißheit, innerer Offenbarung oder wie man
es nennen mag, mit Einem Wort auf Treu und Glauben angenommen werde; die Forderung des Beweisens ist aber für
10 die so | vielen und zugleich so einfarbigen sogenannten
Philosophien der Zeit etwas Obsoletes geworden. Die
Schwierigkeit dabei ist, das Vermitteln des Beweisens mit
jener Voraussetzungslosigkeit des Allgemeinen in der Idee
zu vereinigen. Durch das, was als Beweisen erscheint, wird
15 aber zugleich die Abstraktion des Allgemeinen zu einem
Konkreten bestimmt, worin allein die Möglichkeit der
Entwickelung liegt. In der angeführten Form ist jene Negativität nur in der einseitigen, endlichen Affirmation geblieben, welche sie als Ich hat. In dieser nur subjektiven
20 Affirmation ist sie aus der Fichteschen Philosophie mit Unverständnis des Spekulativen und Beiseitsetzung desselben
von Friedr. v. Schlegel aufgenommen und aus dem Gebiete des Denkens so herausgerissen worden, daß sie direkt
auf Wirklichkeit gewendet zur Ironie gediehen ist, zum
25 Verneinen der Lebendigkeit der Vernunft und Wahrheit
und zur Herabsetzung derselben zum Schein im Subjekt und
zum Scheinen für Andere. Fichte selbst hat die Einseitigkeit seines Prinzips durch Inkonsequenz am Ende verbessert
und damit Sittlichkeit und Wahrheit in ihren Rechten er-
30 halten. Für jene Verkehrung aber hat die unschuldige So-
kratische Ironie ihren Namen müssen verkehren lassen;
sie verdiente es um so weniger, hierher gezogen zu werden,
da, wenn wir die Seite ganz weglassen, nach welcher sie nur
die anmutige Sophisterei heiterer, wohlwollender Unterre-
35 dung, der Attischen Urbanität war, in welcher Plato und
Aristophanes diese großen Meister sind, wenn wir sie nach
dem Sinne nehmen, in welchem sie dem Sokrates in Bezie-

hung auf seine wissenschaftliche Lehrmanier zugeschrieben
wird, sie dem Sokrates unrichtigerweise, es sei angeschuldigt oder zum Lobe, zugeschrieben worden zu sein scheinen
kann. Wenn sie vornehmlich darein gesetzt wird, daß Sokrates sein Einlassen in Überredung mit der Versicherung 5
nichts zu wissen begonnen und die andern, Sophisten,
Gebildete und wer es sonst war, veranlaßt habe, vielmehr
ihre Weisheit und Wissenschaft darzulegen, welche dann
von ihm durch seine Dialektik in Verwirrung und zur Beschämung gebracht worden sei, so ist dieser Erfolg aller- 10
dings bekannt, aber ist zugleich gewöhnlich von der Art,
daß er etwas Negatives und ohne ein wissenschaftliches
Resultat bleibt; so daß die Eigentümlichkeit und die große
Wirkung des Sokrates in der Erregung des Nachdenkens
und in der Zurückführung der Menschen in ihr Inneres, auf 15
ihre moralische und intellektuelle Freiheit zu setzen ist. Die
Wahrheiten, welche Sokrates nicht eigentlich lehrte und
seine | Schüler von ihm gewannen, daß, was dem Men-
schen als wahr und richtig gälte, er aus seinem eigenen Innern durch Nachdenken schöpfen und bewähren müsse, be- 20
ziehen sich ganz allein auf jenes freie Selbstbewußtsein des
Geistes im allgemeinen. Sonach muß uns jene als unwahr
angesehene Einleitung des Sokrates, daß er versicherte,
nichts zu wissen, keine Wissenschaft zu besitzen, vielmehr
für ganz ernst von ihm gesagt, für ganz richtig und keines- 25
wegs für ironisch gelten; wir finden sie durch sein wirkliches Lehren und Treiben nicht widerlegt.

Wenn nun Solgern die Ironie, nach seinen eigenen Erklärungen, »keineswegs das schnöde Hinwegsetzen über alles,
was den Menschen wesentlich und ernstlich interessiert, 30
über den ganzen Zwiespalt seiner Natur« (II. Bd. S. 514 in
der Rec. über A. W. Schlegels dram. Vorl.) ist, sondern er
diesen Sinn derselben sowohl ausdrücklich verwirft, als er
sonst allen seinen Grundsätzen zuwider ist, so bleibt zugleich seine Bestimmung nicht ohne die Beimischung von 35
etwas Schiefem, wie ich anderwärts (Grundl. d. Philos. d.
Rechts S. 150) schon bemerkt habe und was sich im Zusam-

menhang mit den spekulativen, oben explizierten Ideen
noch in bestimmterem Lichte ergibt. Was von der rein abstrakten Haltung der besprochenen spekulativen Kategorie
der Negativität zu unterscheiden ist, ist der Reflex dersel-
5 ben auf das Besondere, auf das Feld, wo Pflichten, Wahrheit, Grundsätze beginnen. In diesem Übergange ist es, wo
die Ironie erscheint. »Die Mystik«, heißt es I. B. S. 689,
»ist, wenn sie nach der Wirklichkeit hinschaut, die Mutter der Ironie – wenn nach der ewigen Welt, das Kind
10 der Begeisterung oder Inspiration«. Wir haben das vorhin
gesehen, was ebendaselbst S. 115 so ausgedrückt ist, daß es
»eine unmittelbare Gegenwart des Göttlichen ist, die sich
eben in dem Verschwinden unserer Wirklichkeit offenbart«;
»die Stimmung, welcher dieses unmittelbar in den mensch-
15 lichen Begebenheiten einleuchte, sei die tragische Ironie.«
Das Komische zeige uns ebenso »das Beste, ja das Göttliche
in der menschlichen Natur, wie es ganz aufgegangen ist in
dieses Leben der Zerstückelung, der Widersprüche, der
Nichtigkeit, und eben deswegen erholen wir uns daran,
20 weil es uns dadurch vertraut geworden und ganz in unsere Sphäre verpflanzt ist; darum könne und müsse auch
das Höchste und Heiligste, wie es sich beim Menschen
gestalte, Gegenstand der Komödie sein, und das Komische führe eben in der Ironie seinerseits wieder seinen
25 Ernst, ja sein Herbes herbei.« Unmittelbar vorher hatte es
geheißen, daß »das | Höchste für unser Handeln nur in
begrenzter endlicher Gestaltung da sei, daß es deswegen
so nichtig an uns, wie das Geringste, und notwendig mit
uns und unserem nichtigen Sinn untergehe, denn in
30 Wahrheit sei es nur da in Gott, in welchem Untergange es sich denn als Göttliches verkläre«. Nehmen wir
zuerst diese Erhebung und deren Empfindung, welche hier
tragische Ironie genannt wird, so ist schon über das Verhältnis der beiden Bestimmungen, die hier in das Verhältnis
35 kommen, wovon die philosophische Erkenntnis vorhin die
eine, der Ausgangspunkt war, das Nötige bemerkt worden.
Diese Erhebung selbst, für sich, was auch ihr Ausgangspunkt

sei, ist nichts anderes als die Andacht, und wenn es nur um
populäre Darstellung zu tun ist, so bedarf es keiner großen
Umschweife, um sie anerkennen zu machen. Auch in der
Beziehung auf die antike Tragödie dürfen wir den Namen
Andacht gebrauchen, indem jene Kunstdarstellung ein Teil 5
und Art des Kultus war; und wie rein und gesteigert die
Andacht sei, so ist sie überhaupt eine Erhebung zu Gott aus
der Beschäftigung des Geistes mit den zeitlichen Interessen
und Sorgen und aus dem Unreinen des Gemüts. Aber sie ist
nur der Sonntag des Lebens, es folgen die Werktage; aus 10
dem Kabinette des Innern tritt der Mensch zur besondern
Gegenwart und Arbeit heraus, und es ist die Frage, wie
sieht der Reflex des Göttlichen, das in der Andacht gegenwärtig ist, nun in dieser Welt aus? Daß der Werktag und
die Tätigkeit in dieser Welt nur ein Gott-loses Leben sei 15
und sein könne, von dieser Ansicht ist Solger weit entfernt, seine Theologie ist auch Moral (s. vor. Artikel), seine
Philosophie darum zugleich Weltweisheit. Aber in dem
angegebenen Zusammenhange erscheint der Reflex des
Göttlichen in der Welt, »das Aufgehen desselben in dieses 20
Leben der Zerstückelung, der Nichtigkeit usf., wodurch das
Göttliche uns vertraut und ganz in unsere Sphäre verpflanzt werde, nur als die komische Ironie, das Höchste
und Heiligste als Gegenstand der – Komödie.« Ohne in
die Zergliederung dieser Art der Gestalt »des Höchsten und 25
Heiligsten« näher eingehen zu wollen, erhellt soviel, daß
zwischen der weltlichen Gegenwart dieser Art und zwischen jener Erhebung über das Endliche die Mitte fehlt, in
welcher das »Höchste und Heiligste« als Sittlichkeit, Recht,
Liebe und in jeder Tugend weltliche Gegenwart hat; wie 30
Solger selbst überall den Staat, das gesamte sittliche Leben
als Offenbarung Gottes betrachtet. Hier muß die Affirmation eine ganz andere Bestimmung erhalten als nur die einer
| subjektiven, gegen das Konkrete negativ beharrenden
Affirmation. Wenn die Andacht aus ihrem geistigen Aufent- 35
halt zu der weltlichen Wirklichkeit zurückkehrt, bringt sie
die Anerkenntnis von Pflichten, Stärkung und den tüchti-

gen Ernst zu denselben und zu dem Lebensberufe mit, und
hieran, an diesen Früchten, muß sich wesentlich erkennen,
ob sie selbst wahrhafter, durchdringender Art ist. Andern
mag es eingefallen sein, auch für dieses Gebiet den Stand-
5 punkt der Ironie mitzubringen. Wohl müssen auch die sittlichen Gesetze, Handlungen, Gesinnungen usf. in dem Gesichtspunkte des Endlichen betrachtet werden; »auch das
Höchste ist für unser Handeln nur in begrenzter, endlicher
Gestaltung da«, und die Andacht, obgleich Erhebung in eine
10 höhere Region, ist, wenn sie, wie gesagt, rechter Art ist,
weit entfernt, jene Gestaltungen mit der abstrakten Kategorie von »Endlichem« nur geringfügig oder verächtlich zu
machen und sich ironisch oder komisch dagegen zu verhalten.
15 Es ist eher komisch, eine bewußtlose Ironie, daß es S o l -
g e r n in der angeführten Rezension von A. W. S c h l e g e l s
dramatischen Vorlesungen (II. S. 514) »sehr auffallend ist,
der I r o n i e , in welcher er den wahren Mittelpunkt der dramatischen Kunst erkenne, so daß sie auch beim philosophi-
20 schen Dialog (wovon nachher) nicht zu entbehren sei, im
ganzen Werke S c h l e g e l s nur e i n m a l erwähnt zu finden;
die Ironie sei aber auch das Gegenteil jener Ansicht des
Lebens, in welcher Ernst und Scherz, wie S c h l e g e l sie annehme, wurzeln.« Dasselbe ist Solgern begegnet: in den
25 spekulativen Expositionen der höchsten Idee, die er in der
oben angeführten Abhandlung mit dem innersten Geistes-
ernste gibt, der Ironie g a r n i c h t z u e r w ä h n e n − sie,
welche mit der Begeisterung aufs innigste vereint, und in
welchem Tiefsten Kunst, Religion und Philosophie iden-
30 tisch seien. Gerade dort, hätte man geglaubt, müsse der Ort
sein, wo man ins klare gesetzt finden werde, was es denn
mit dem vornehmen Geheimnisse, dem großen Unbekannten − der Ironie − für eine philosophische Bewandtnis habe.
Wenn Solger von der Ansicht des Lebens, welche S c h l e g e l
35 annehme, sagt, daß sie das Gegenteil der Ironie sei, so ist es
ganz begreiflich, daß diese Schlegeln daselbst, wenn er auch
früher »annähernde Äußerungen getan«, nicht eingefallen

ist, sosehr als Solgern bei seinen spekulativen und ernsten
Expositionen, auch nicht in den weiter in diesem II. Bde.
enthaltenen Abhandlungen über die Idee des Staats und der
Sittlichkeit, die Kategorie der Ironie nicht eingefallen ist
und wie diese | seine gründlichen Ansichten des Lebens das 5
Gegenteil derselben sind; wo es sich vom Konkreten, Ernsten und Wahren ernst und wahr handelt, bleibt dieses Prinzip von selbst fern. Bei Tieck, dessen Anhänglichkeit an
die Ironie im vor. Artikel bemerkt worden, sehen wir das
ähnliche geschehen. Er gibt ein paarmal (z. B. in der No- 10
velle: Das Dichterleben) eine mit wahrer Begeisterung ge-
schriebene Schilderung von der Vortrefflichkeit des Dramas
Shakespeares: Romeo und Julie; hier, wo philosophische
Erörterungen ohnehin nicht zu erwarten waren, konnte
man hoffen, an einem Beispiel den Punkt bezeichnet zu fin- 15
den, der die Ironie in dieser Liebe und ihrem herben
Schicksale ausmache; aber man findet daselbst der Ironie
nicht erwähnt, sowenig als sie sonst jemand dabei leicht einfallen wird.

Wenn wir nun sehen, daß bei Solger die Art von Subjek- 20
tivität, welche Ironie ist, die höchsten spekulativen Prinzipien sowohl als die Grundsätze der konkretern Wahrheit
ungefährdet läßt, so muß es doch, um der Mangelhaftigkeit
der Form in den höchsten Bestimmungen willen, geschehen, daß auf eine andere Weise eine subjektive Seite sich 25
hervortue, was schon aus der Übersicht des Ganzen der
oben angegebenen Momente sich zeigen muß. Die erste
Bestimmung ist, daß (II. B. S. 114, 175 und sonst) die Gottheit sich unmittelbar zu einer gegenwärtigen Tatsache er-
schaffe, welcher Moment für uns nur unter den Bestim- 30
mungen und Beziehungen der Existenz sei, in der wir befangen sind. Dieses Relative aber soll sich in uns in die Erfahrung und Wirklichkeit Gottes aufheben. Damit ist die
Allgegenwart desselben in allem Endlichen ausgedrückt;
aber mit diesem Erfahren-sollen sind wir zunächst nicht 35
weiter, als was Spinoza ausdrückte, daß alles sub specie
aeterni betrachtet werden müsse; oder ist es ferner dasselbe,

was das fromme Gemüt tut, in allen natürlichen Dingen und
Veränderungen wie in den Begebenheiten des Kreises der
menschlichen Dinge andächtig zu sein, darin das Höhere,
Gottes Finger und Gegenwart anzuerkennen und zu emp-
5 finden. Das Unbestimmte dieses Verhaltens wird erst durch
das Erkennen zu bestimmtem Gehalt. Daß dieser wahr sei,
dazu genügt Solgern nicht die nur relative Erkenntnisweise,
das sogenannte Erklären aus natürlichen Ursachen, welche
an Endlichem fortgeht und im Kreise des Bedingten
10 stehenbleibt, wie auch die Erkenntnisweise nicht, welche
das Ewige nur zur Voraussetzung und damit zu einem ab-
strakten Allgemeinen macht. Solger unter|scheidet diese
Erkenntnisweise ferner sehr gut von der philosophischen
Erkenntnis, als welche innerhalb ihrer, indem sie den
15 Fortgang der sich bedingenden Bestimmtheiten erkennt,
zugleich denkend sie über ihre Endlichkeit hinausgehen
und ihre ursprüngliche Einheit daraus, und zwar notwendig, hervorgehen sieht. Indem Solger aber doch von
diesem objektiven Sein in der Wahrheit, von dem Erken-
20 nen der Gegensätze in der Einheit und der Einheit in den
Gegensätzen das trennt, was er das Erfahren der göttlichen
Tatsache nennt, bleibt für dieses doch wieder nur, die
»subjektive Empfindung und Andacht« als eine Forderung zu machen und das Erheben zum Bewußtsein gött-
25 licher Gegenwart auf eine Weise zu bewirken, wie dasselbe
auf dem Wege der religiösen Erregung des Gemüts hervorgebracht wird – es sei, daß es wesentlich nur in Beziehung
auf sich selbst oder auch in der Beziehung auf das Philosophieren hervorgebracht werden solle. Auf solche äußerliche
30 Weise allein kann daher nun Solger dies Erfahren des
Göttlichen zu bewirken suchen, da er nicht erkannt hat, daß
es dem philosophischen Erkennen ebensosehr als affirmatives Resultat wie als Grundlage und in der Tätigkeit des
Fortgehens immanent ist.
35 In dem letzten Kapitel der betrachteten Abhandlung
kommt Solger auf die Form des Vortrags zu sprechen, in
welcher die Philosophie »ihrer aufgestellten Bedeutung und

Bestimmung am besten solle genügen können«, welches die
dialogische Form sein soll – ein Mißgriff, der ihn seine
ganze Laufbahn hindurch verfolgte, den wir ihn, trotz der
Erfahrung, dadurch der Wirkung seiner vorgetragenen
Ideen vielmehr im Wege zu sein, hartnäckig behalten und 5
nur Verstimmung daraus ernten sehen. Jene Form hängt
ganz mit jener Bedeutung der Philosophie zusammen, nur
außerhalb ihrer selbst die Belebung der Idee in den Subjekten hervorbringen zu können. Wenn der aufgezeigte Hiatus
zwischen dem wissenschaftlichen Denken und zwischen der 10
Existenz der Wahrheit im Subjekt eine Stockung in der Erkenntnis wird, so geht in der an die empirische Menge genommenen Richtung eine Stockung im angelegentlichsten
Interesse der Wirksamkeit hervor und daraus eine falsche
Beurteilung des Publikums und eine Verstimmung in dem 15
Verhältnisse des Verf. zu demselben. Dieser trübere Zug
geht durch die ganze Briefsammlung und fügt sich hervor-
dringend zur Charakterisierung der philosophischen und
individuellen Stellung Solgers hinzu. Es gibt Zeiten, in wel-
chen die Religion | als ein öffentlicher, von allen und täg- 20
lich anerkannter und bezeugter Zustand ist; hier kann es der
Philosophie nicht einfallen, diesen festen Boden erst für das
Leben und die Wissenschaft erschaffen zu wollen, sondern
sie wird gleich darangehen, den religiösen Inhalt nur der
denkenden Vernunft anzueignen und deren eigentümlichem 25
Bedürfnis gleichfalls Befriedigung zu verschaffen. Andere
Zustände aber können so aussehen, als ob Interesse und
Glaube an höhere als sinnliche und zeitliche Wahrheit des
täglichen Lebens als vertrieben oder verfälscht von der
Eitelkeit des Verstandes und der Dumpfheit des Dünkels an- 30
genommen werden und die Philosophie zunächst das Geschäft haben müßte, nur erst wieder eine Nachfrage und ein
reines, nicht lügenhaftes Interesse für übersinnliche Gegenstände und dann auch für die Philosophie hervorzubringen.
Solche trübe Vorstellung von seiner Zeit sehen wir bei Sol- 35
ger in dem Briefwechsel nur zu häufig wiederkehren, und
die wenige Aufmerksamkeit, mit welcher ihm seine Be-

mühungen für die Belebung des Sinnes für göttliche Dinge
aufgenommen zu werden scheinen, vermehrt die Verstimmung seines Urteils über das Publikum, das er nur unter
dem Bilde sieht, welches er sich aus der nähern oder ent-
5 ferntern Umgebung macht, die sein Umgang berührt. Im J.
1815 schreibt er (S. 345) an die Frau v. Gröben: »Diese Art,
alles, was nur recht rein und wahrhaft schön ist, herabzuset-
zen, ist mir sehr wohl bekannt, und es geht mir so übel,
daß ich sie oft bei Leuten finde, bei denen man sonst den
10 erhabenen Eifer für das Herrlichste bewundert. – Um in
den Augen der jetzigen Welt und selbst der sogenannten
Bessern etwas Rechtes zu gelten, muß man wenigstens nach
einer Seite recht tüchtig borniert sein, irgendeiner
schwachen Neigung schmeicheln, das Wahre und Gute
15 immer nur in einer verfälschten Gestalt sehen.« – S. 359
an seinen Bruder: »Du glaubst nicht, wie es in unsern Gesellschaften, selbst unter Gelehrten, zugeht: man lang-
weilt sich lieber und spricht über die albernsten Dinge, als
daß einer dem andern seine Gegenmeinung sagt«; vorher
20 hieß es: »sie nehmen sich in acht, selbst sich über irgend etwas gründlich zu äußern, weil dabei notwendig der
Schein der Allwissenheit Gefahr läuft.« Zu vielfach
anderwärts (S. 410, 421, 462) kommen solche Klagen vor,
um nicht zu fühlen, daß dieser Unmut mehr als vorüberge-
25 hende Stimmung ist. Noch aus dem J. 1818 (S. 607) lesen
wir folgendes Resultat seiner Erfahrungen über seine Be-
kanntschaften: »Ich lebe in dieser großen Stadt fast | wie
auf einer wüsten Insel. Selbst derer, die ein beschränktes
Privatinteresse bewegt, sind doch nur wenige, alles übrige
30 ist, wo es nicht auf das tägliche Brot und die täglichen Austern geht, ein weiter stehender Sumpf. So
sieht es in dieser ›großen‹ Zeit aus. – Was dieses Geschlecht etwa noch mag, das sind Müllnerische Rabenstein-
Tragödien – frömmelnde, gedankenlose Beispielsammlun-
35 gen darüber, daß es einen Gott gibt usf. Und wenn sie nur
durch so etwas hingerissen und erregt würden, so wäre
doch noch ein Keim da! Aber nein! Diese Dinge wirken

in Wahrheit so wenig wie unsere guten Sachen; man hat
sich willkürlich vorgenommen, daß sie wirken sollen; es
steht ja darüber geschrieben, daß darin vortreffliche tugend-
hafte Modegesinnungen enthalten seien, diese muß man
doch auch haben wollen, und das ist der einzige Grund, 5
warum man sich selbst vorschwatzt, davon begeistert zu
sein! So sieht es in dieser ›hoffnungsreichen Zeit‹ aus.«
Bei Gelegenheit, daß S. 686 Solger auf den Ref. zu sprechen kommt, äußert er sich: »Ich war begierig, was H. hier
für einen Eindruck machen würde. Es spricht niemand von 10
ihm. Es durfte nur der dümmste Nachbeter hergekommen
sein, dergleichen sie gar zu gern einen hätten, so würde
großer Lärm geschlagen und die Studenten zu Heil und
Rettung ihrer Seelen in seine Kollegien gewiesen
werden. – Ich mache mir zuweilen den Spaß, recht dumm- 15
dreist hineinzuplumpen, und das geht um so eher, als sie gar
nichts Edles oder Tugendhaftes mehr von mir erwarten;
was mich für mein Gelingen immer am meisten besorgt
macht, das ist, daß ich keine neue Narrheit vorzu-
schlagen habe.« 20
　　Man kann nicht ohne schmerzliche Empfindung solche
Schilderung der bis zum äußersten gehenden Verstimmung
und des Überdrusses an dem Geiste sehen, dessen Bild er
sich aus seiner Erfahrung gemacht hat. Will man sich freilich an das halten, was in dem öffentlichen Verkehr, in Lite- 25
raturzeitungen oder auch auf dem Theater usf. häufig am
beliebtesten und am gerühmtesten zu sein pflegt, so wird
man solche Schilderungen etwa nicht zu grell und solche
Empfindungen nicht ungerecht finden. Was es auch mit
dem eigentümlichen Geiste der Stadt, in dessen Anschauung 30
Solger lebte, der für dieselbe immer für auszeichnend gehalten worden ist, für eine Bewandtnis habe, so möchte man
Solgern gewünscht haben, daß die Erscheinungen des Um-
ganges und des gesellschaftlichen Treibens und Redens ihn
weniger frappiert, und daß er sie von seiner Phantasie und 35
Empfindung mehr ab|gehalten hätte, wenn es freilich nicht
angeht, alle Verhältnisse und Begegnungen zu vermeiden,

in welchen die Plattheit oder Roheit solcher Erscheinungen
sich zuträgt oder plump aufdringt. Zur Verminderung der
Reizbarkeit dagegen aber mußte die Betrachtung beitragen,
daß die Weise der äußerlichen Geselligkeit und des literari-
5 schen Treibens, das sich am lautesten macht, für sich nicht
nur, sondern oft auch in Beziehung auf die Individuen
selbst, die sich darin bewegen, eine Oberfläche ist, innerhalb deren sie wohl noch einen nicht erscheinenden Ernst
und das Bedürfnis, denselben, aber ohne ihn auszustellen
10 oder auszusetzen, unbeschrieen abzumachen und gründlich
zu befriedigen, haben können. Wo aber solches Bedürfnis
nicht vorhanden und der ganze Zustand des wissenschaftlichen und überhaupt des geistigen Interesses durch und
durch zu einer gleißenden Oberfläche geworden, wie Sol-
15 ger solche Anschauung vor sich hat, so ist solche gründliche
Verflachung ihrem Schicksal, dem Glücke ihrer Eitelkeit, zu
überlassen. Indem Solger dieses Bild seiner Erfahrung zu
mächtig in sich sein läßt, mußte er das tiefere Bedürfnis, das
in seiner und jeder Zeit vorhanden ist, verkennen und sich
20 abhalten lassen, seine Tätigkeit und Arbeit nur nach der
Stätte, die derselben würdig ist, zu richten, daselbst seine
Wirkung zu suchen und zu erwarten. Er kehrt zwar öfters
auch zu heiterem Mute zurück, wie S. 413, wo er darauf,
daß vom E r w i n »eben fast niemand Notiz nehme«, sagt:
25 »Wir müssen also uns und den Musen schreiben und, nicht
zu vergessen, unsern Freunden.« So fängt es auch S. 509 mit
einem Ausdruck besserer Überzeugung an, nämlich daß die
wahre Philosophie n u r  i m  s t i l l e n – wirken könne, aber
es ist hinzugesetzt, im stillen und g l e i c h s a m  u n b e w u ß t,
30 weil es »immer sehr wenige Menschen gebe, die n u r  d a -
hin zu bringen seien, daß sie das Einfache und Reine als
das Höchste erkennen. Sie wollen Schwung und Pomp und
außerordentliche, unerhörte Herrlichkeiten, die sie sich
doch nur aus den Lumpen der gemeinen Gegenwart zusam-
35 mensetzen.« »Darum«, ist dann fortgefahren, »bleibe ich immer dabei, daß sich die Philosophie am besten in ihrer ganzen Wirklichkeit darstellt durch das G e s p r ä c h, und daß

dies ihr bestes Mittel bleibe, auf Menschen lebendig zu wirken.« Die zuerst genannte Stille, in welcher die Philosophie gedeihe, hätte eher auf das entgegengesetzte Resultat führen können, bei der Absicht des Wirkens vielmehr jene wenn auch wenigen im Auge zu haben.

Bei jener Stimmung kann es nicht wundern, Solgern sich die Popularität zum wesentlichen Ziele machen zu sehen; »besonders will ich aber«, heißt es I. B. S. 385, »der Welt das Herz rühren über Religion; der Himmel helfe mir nur zu einer recht eindringenden Darstellung, damit ich nicht ganz in den Wind rede«, oder noch im J. 1818 (I. B. S. 593): »Einen Gedanken hege ich mit großer Liebe – es ist der, einen populären Unterricht über Religion, Staat, Kunst und die allgemeinsten sittlichen Verhältnisse von meiner Philosophie auszuschrei|ben, so daß sich Ungelehrte, Weiber und die erwachsene Jugend daraus belehren können.« Was er für das Mittel ansieht, ist in folgendem (I. B. S. 316) angegeben: »Ich glaube durch Erfahrung gewiß zu sein, daß in der heutigen Welt den Menschen ein Blick aufs Höhere noch am ersten durch die Kunst abgelockt wird und daß sie diese in das Innere der Dinge zuerst hineinzieht.« Wenn es seine Richtigkeit hätte mit solchem Urteile der Verzweiflung, daß es mit einer Zeit so weit gekommen, um es nur darauf anlegen zu müssen, den Menschen einen Blick aufs Höhere abzulocken, so müßte man noch mehr an den Mitteln dazu, an der Kunst oder Philosophie oder was es sei, verzweifeln. Der Zusammenhang von Denken, Leben, Kunst ist so gedacht (II. S. 620): »Ich möchte gern das Denken wieder ganz ins Leben aufgehen lassen; daher kam es, daß ich mir die künstlerische dialogische Form gleich als mein Ziel hinstellte – fast glaube ich nun, daß ich etwas unternommen habe, was die Zeit nicht will und mag. Man will nicht leben, sondern vom Leben schwatzen; hat doch keiner, der in unserer Zeit etwas recht Lebendiges leisten wollte, wie Novalis, Kleist usw. durchkommen können!« – Es ist oben gezeigt, daß Solger die eigentümliche

Lebendigkeit, welche die Natur der denkenden Idee in ihr
selbst enthält, mißkannt hat, welche schon Aristoteles so
tief und innig als die höchste Lebendigkeit faßte. Dieser
Alte sagt (Metaph. XI. 7): Die Tätigkeit des Denkens ist
5 Leben; Gott aber ist die Tätigkeit; die für sich selbst seiende
Tätigkeit aber ist dessen vollkommenes und ewiges Leben.
– Wenn aber von dem künstlerischen Bewußtsein des
»recht Lebendigen« die Rede sein soll und ein Moderner
und Deutscher als Exempel angeführt werden sollte, und
10 nicht Goethe etwa, der wohl das »recht Lebendige« geleistet und auch hat »durchkommen« können, angeführt ist,
sondern Novalis! sondern Kleist! – so würde man hieraus inne, daß nur ein durch reflektierendes Denken vielmehr in sich entzweit bleibendes, sich selbst störendes
15 Leben gemeint ist. Denn was sich als die Individualität von
Novalis zeigt, ist, daß das Bedürfnis des Denkens diese
schöne Seele nur bis zur Sehnsucht getrieben und den abstrakten Verstand weder zu überwinden, noch ihm auch zu
entsagen vermocht hat. Dieser ist dem edlen Jüngling viel-
20 mehr so ins Herz geschlagen, mit solcher Treue kann man
sagen, daß die transzendente Sehnsucht, diese Schwindsucht
des Geistes, sich durch die Leiblichkeit durchgeführt und
dieser konsequent ihr Geschick bestimmt hat. – Die in der
Entzweiung bleibende Reflexion der Kleistischen Produk-
25 tionen ist oben berührt worden; bei aller Lebendigkeit der
Gestaltungen, der Charaktere und Situationen mangelt es in
dem substantiellen Gehalt, der in letzter Instanz entscheidet,
und die Lebendigkeit wird eine Energie der Zerrissenheit,
und zwar einer absichtlich sich hervorbringenden, der das
30 Leben zerstörenden und zerstören wollenden Ironie. |
Schon aus dem J. 1800 ist aus Solgers Tagebuche eine
Stelle (S. 15) gegeben, worin er den Vorsatz ausspricht, ein
Buch in Dialogen zu schreiben, und noch unter seinem
Nachlasse (im 2ten Bd. dieser Sammlung) findet sich ein
35 spekulativer Aufsatz in derselben [Form] verfaßt. Man kann
nicht in Abrede sein wollen, daß sich der Platonischen Meisterschaft im Dialog nicht in jetzigen Zeiten noch würdig

nacheifern und damit große Wirkung und Anerkenntnis
hervorbringen lassen möge. Doch protestiert Solger ausdrücklich dagegen, daß er Plato habe nachahmen wollen;
aber die Nachahmung einer Methode kann doch nichts
anderes heißen, als was an ihr zweckmäßig und richtig ist  5
ausüben. Allein Solger hat die plastische Form, welche der
Dialog allein durch die Eigenschaft, die Dialektik zur Seele
zu haben, gewinnen kann, nicht aufgenommen, sondern
ihn in das Gegenteil, in die Konversation verändert, wodurch aller Vorteil dieser Form für abstrakte Materien, die  10
strenge Notwendigkeit des Fortgangs mit einer äußerlichen
Belebung begleitet, verlorengegangen und nur der Nachteil, ermattende Breite des Vortrags, ein lästiger Überfluß,
die Gestalt der Zufälligkeit des Vorgetragenen, die Störung
oder Unmöglichkeit, den Faden des Räsonements festzuhal-  15
ten und zu übersehen, hereingebracht worden ist. Der eine
der Freunde hält (I. Bd. S. 353) die Gespräche des Erwin
für schwer. »Sie müssen schlechterdings, durch welche
Mittel es sei, die künftigen verständlicher machen.« Ein
anderer sagt ihm noch spät (S. 741) in auch sonst nicht hei-  20
terem Zusammenhange: »Bis jetzt verstehe ich noch das
Straßburger Münster besser als deinen Erwin.« Das beste
Mittel, den Inhalt Erwins verständlicher zu machen, wäre
die schlichte Exposition in zusammenhängendem | Vortrag
gewesen; die Gedanken des ersten Teils, der sich mit  25
Widerlegung früherer Definitionen und Standpunkte, das
Schöne zu betrachten, beschäftigt, ließen sich wohl auf
wenigen Blättern deutlich und bestimmt vortragen: so
würde leicht zu fassen sein, was mit der schweren Mühe des
Durchlesens der Gespräche kaum erreicht wird. Der erstere  30
der Freunde äußert in demselben Zusammenhang, um Solgern die Bemühung um Verständlichkeit näher ans Herz zu
legen: »Nicht Platons Parmenides, Euthydem (?), Timäus
haben seinen Ruf hauptsächlich gegründet, nicht durch
diese schweren Dialoge hat er weit verbreitet gewirkt,  35
nicht darum den Beinamen des Göttlichen erhalten, nicht
mit dem mühsam zu Ergründenden die Seele erneuet und

wiedergeboren; weit mehr durch den Phädon, das Gastmahl
und die bei der großen Tiefe sosehr verständliche Republik.« Für eine hiervon abweichende Ansicht möchte ich
mich auch auf die Geschichte berufen, daß nämlich Platos
5 Lehre, wie sie im Parmenides und Timäus vornehmlich
vorgetragen ist, zu Ecksteinen der Alexandrinischen Philosophie geworden, welche der Ausbildung des höheren
christlichen Lehrbegriffs, insofern er die Erkenntnis von der
Natur Gottes enthält, wesentlichen Vorschub getan hat. Das
10 Schwere jener Dialoge, durch welche Plato diesen großen
Einfluß gehabt, liegt in der Natur des tiefen Gehalts; aber
dieser allein ist es, der in die Erleuchtung des Christentums
eingedrungen und darin sich so mächtig bewiesen hat; die
Art, wie er in jenen Dialogen vorgetragen ist, ist ihm ange-
15 messen; sie ist die abstrakteste, strengste, von aller Konver-
sations-Manier am entferntesten. – Wir haben in modernen
Sprachen Meisterwerke des dialogischen Vortrags (man
braucht nur auf Galianis Dialoge, Diderot, Cousin und Ra-
meau zu verweisen); aber hier ist die Form gleichfalls der
20 Sache untergeordnet, nichts Müßiges; die Sache ist aber
kein spekulativer Inhalt, sondern eine solche, welche ganz
wohl ihrer Natur nach Gegenstand der Konversation sein
kann. In jener | plastischen Form Platos behält einer der
Unterredenden den Faden des Fortgangs in der Hand, so
25 daß aller Inhalt in die Fragen, und in das Antworten nur das
formelle Zustimmen fällt; der Belehrende bleibt leitender
Meister und gibt nicht Auskunft auf Fragen, die man ihm
machte, oder Antworten auf vorgebrachte Einwendungen.
Die Stellung ist die umgekehrte der Vorstellung, die man
30 sich von der Sokratischen Methode, wie man auch die Einrichtung des Katechismus nennt, etwa macht; nicht der Un-
wissende fragt und die Personen des Dialogs außer jenem
einen und zwar Fragenden benehmen sich nicht mit der
Selbständigkeit, die das Recht einer der herüber und hin-
35 über gehenden Konversation gäbe, seine besonderen Ansichten, Überzeugungen mit Gründen zu behaupten, die
entgegengesetzten Ansichten zu widerlegen oder aus deren

Gründen für sich Vorteile zu suchen. Solches Verfahren des
Räsonements, welches wohl in der Konversation vorherr-
schend sein darf, ist von den Alten Sophistik genannt worden. An der von Platon ihr entgegengesetzten Dialektik ist
jene Form des Dialogs ein Äußerliches, welches nur die     5
Lebendigkeit herbeibringt, die Aufmerksamkeit nicht bloß
auf das Resultat oder die Totalvorstellung zu richten, sondern zur Zustimmung für jede Einzelheit des Fortgangs aufgeregt zu werden. Die episodische Anmut, welche mit
dieser Form gleichfalls herbeigeführt wird, ist nur zu oft zu     10
verführerisch, als daß nicht viele bei den Einleitungen stehenbleiben, bei der aber sosehr damit kontrastierenden
Trockenheit der logischen Abstraktionen und der Entwik-
kelung derselben ermattend, nicht in diese hineingehen und
doch meinen, den Plato gelesen und seine Philosophie     15
innezuhaben. Jenes Verhältnis aber, damit das Zustimmen
nicht etwas Kahles und ein lahmer Formalismus sei, führt
die Nötigung mit sich, daß jede einzelne Bestimmung und
Satz einfach und im strengsten Zusammenhange exponiert
sei. Solche plastische Form des Fortgangs ist aber nur mög-     20
lich durch die bis zum Einfachsten durchgedrungene Analyse der Begriffe. Nach dieser wesentlichen Bestimmung
spekulativen Vortrags ist Aristoteles in seinen Entwicke-
lungen ebenso plastisch, so daß, wenn man den gediegenern
Dialogen Platos die Form des Fragens benehmen und die     25
Sätze in direkter Elokution aneinander reihte, man ebensosehr Aristotelische Schriften zu lesen glauben würde, als
man Aristotelische Schriften oder Kapitel durch Verwand-
lung der Reihenfolge von Sätzen in die Form von | Fragen
zu Abschnitten Platonischer Dialoge würde machen kön-     30
nen.

Ich begnüge mich mit diesen allgemeinen Bemerkungen
über den Dialog; es würde tädiös sein, sie mit Beispielen aus
dem in diesem Nachlasse enthaltenen philosophischen Gespräche zu belegen, oder dafür zu Erwin und den im J.     35
1817 von Solgern herausgegebenen philosophischen Gesprächen zurückzugehen. Von jenem Dialoge: Über

Sein, Nichtsein und Erkennen (II. Bd. S. 199–262)
mag nur angeführt werden, daß sich darin, wie schon aus
dem Titel erhellt, Solgers philosophische Laufbahn zur Erhebung in die Betrachtung reiner spekulativer Gegenstände
5 vollendet. Bei diesem Versuch tritt außer dem Störenden
der Konversations-Form gleichfalls der früher bemerkte
Übelstand ein, daß die Abstraktionen von Sein und Nichtsein mit den konkreteren Bestimmungen, wie Erkennen ist,
vermischt sind; die Hauptsätze sind solche unangemessenen
10 Verbindungen, wie die, daß das Nichtsein das Erkennen
sei, das Erkennen ein Nichtsein des ins Unendliche besondern Seins, damit aber auch das Allgemeine usf. Sonst aber
ist der allgemeine Begriff der Evolution der Idee, daß sie in
jedem Punkte ein Synthesieren, Rückkehr zu sich ist, wie
15 überhaupt der spekulative Charakter des Begriffs darin herrschend. Solger scheut nicht, die Einheit von Sein und
Nichtsein auszusprechen; es kommt vor, daß das Erkennen
mit dem Sein vollkommen Eins, nur daß das Eine das ist,
was das Andere nicht ist; S. 224, daß das Allgemeine und
20 das Besondere notwendig vollkommen Eins ist, da eben
das Allgemeine nichts anderes ist als das Nichtsein des gesamten Besondern (S. 245). Man sieht es, an der spekulativen Kühnheit, den Widerspruch zu denken, der nach der
traditionellen Logik nicht denkbar und wohl noch weniger
25 existierend sein soll, fehlte es nicht, sowie nicht an der spekulativen Einsicht, daß die Idee wesentlich den Widerspruch enthält. Nur ist dieser in den angeführten Ausdrük-
kungen in seiner ganzen Schroffheit festgehalten, so daß er
wie ein Bleibendes erscheint und nicht sein ebenso unmit-
30 telbar wesentliches Verschwinden damit verknüpft ist, was
seine Auflösung ist und ihn zugleich der Vorstellung wie
dem Denken erträglich macht. Aber auch jene schroffen
Ausdrücke des Widerspruchs sind für sich wichtig, damit,
wenn man vom Auflösen des Widerspruchs und dem Ver-
35 söhnen des Denkens aus und in demselben mit sich sprechen
hört, man von der Vorstellung entfernt werde, als | ob sol-
ches Auflösen und Versöhnen und irgendein Affirmatives,

Vernunft und Wahrheit überhaupt, ohne die Immanenz des Widerspruchs statthaben könne.

Zu dem Umfange der philosophischen Meditationen Solgers muß noch die Philosophie des Rechts und Staats angeführt werden, über welche im zweiten Bande drei frü- 5 her ungedruckte Aufsätze gegeben sind; obgleich sie aphoristisch und zum Teil nicht vollendet, wohl zunächst zum Leitfaden seiner Vorlesungen über diese Materie dienen sollten, so läßt sich daraus die Tiefe der Gedanken sattsam erkennen, und die gründliche Ansicht ist bestimmt genug 10 gezeichnet, um sie sowohl nach der allgemeinen Idee als nach den besondern Kategorien, die über Recht, Staat, Verfassung in Betracht kommen, vor dem ganz auszuzeichnen, was über diese Materien die laufenden Prinzipien sind. Ref. hat sich gefreut, bei Durchlesung dieser Aufsätze sich sogut 15 als in allem übereinstimmend mit ihrem Inhalte zu finden.

Es folgen noch einige ungedruckte Aufsätze und an des Königs Geburtstag gehaltene Reden, darunter eine lateinische. Solgers Fertigkeit in gerundeter, klarer und zugleich gedankenvoller Diktion gibt diesen Aufsätzen einen beson- 20 dern Wert. Man muß es den Herausgebern Dank wissen, daß sie die gehaltvolle Vorrede Solgers zu seiner Übersetzung des Sophokles und die in den Wiener Jahrb. erschienene, ebenso gewichtige, mehr noch in dem, was hin und wieder darin ausgeführt ist, als in den Widerlegungen inter- 25 essante Beurteilung der A. W. Schlegelschen Vorlesungen über dramatische Kunst und Literatur hier haben abdrucken lassen. Den Beschluß machen Aufsätze aus dem Gebiete des geistvollen klassischen Studiums, welchem sowohl für sich als in Beziehung auf Philosophie Solger seine 30 Neigung und Arbeitsamkeit früh zugewandt und seine ganze Laufbahn hindurch erhalten hat. Die mythologischen Ansichten sind ein Aufsatz, der von Hrn. Prof. Müller in Göttingen aus Solgers Heften und handschriftlichen Sammlungen redigiert ist, und so reichhaltig er ist, 35 doch nur wenig von dem enthalten konnte, worauf Solger es angelegt und vielfache Vorbereitungen gemacht hatte.

Eine von Solgern selbst ausgearbeitete Abhandlung: Über
die älteste Ansicht der Griechen von der Gestalt
der Welt geht Vossens bekannten Aufsatz über diesen
Gegenstand durch, wo es sich zeigt, wie dieser leidenschaft-
5 liche Polterer bei seinem Pochen auf Historie und Genauig-
keit der Daten es sich zugestand, seine an und für sich
kahlen Vorstellungen mit selbstgemachten | Erdichtungen
auszustatten. Die vielen von Solger für die Geschichte der
Religionen aus der Lektüre und der Meditation gesammel-
10 ten Materialien waren für eine umfassende Arbeit über diesen Gegenstand bestimmt; sein Interesse greift tief in die
verschiedenen streitigen Ansichten und Behandlungsweisen
der Mythologie in neueren Zeiten ein; Briefe aus den letzten Monaten seines Lebens (s. I. Bd.), in denen er mit
15 seinem Freunde v. Hagen etwas scharf zusammentrifft, betreffen noch diesen Gegenstand; doch unter dem Reich-
tume und der Mannigfaltigkeit der Materien hat dieses, wie
noch viel anderes, seinem allgemeinen Inhalte oder auch
der Persönlichkeit nach Interessantes, wie die reiner und
20 zarter Empfindungen vollen Briefe an seine Gattin, in dieser Anzeige müssen übergangen werden, welche von dem,
was hier aus dem familiären Kreise der persönlichen Bekanntschaft durch den Druck vor das Publikum gebracht
und so der Beurteilung ausgestellt worden, nur dasjenige hat
25 aufnehmen sollen, was nicht sowohl die persönliche, mit
welcher auch Ref. noch in Berührung zu kommen die Befriedigung gehabt hat, als die wissenschaftliche Individualität
näher zu bezeichnen dienen konnte.

Hegel.

# HAMANN-REZENSION
## (1828)

HAMANNS SCHRIFTEN. Herausgegeben von Friedrich
ROTH. VII. T. Berlin bei Reimer. 1821–1825.

Erster Artikel                          5

Das Publikum ist dem verehrten Hrn. Herausgeber den
größten Dank schuldig, daß es durch dessen Veranstaltung
und Ausdauer sich Hamanns Werke in die Hände | geför-
dert sieht, nachdem sie früher schwer, und vollständig nur
wenigen, zugänglich waren und nachdem sich so manche    10
Aussichten zu einem gesamten Wiederabdrucke derselben
zerschlagen hatten; Hamann leistete (S. X. Vorr.) der viel-
fältigen Aufforderung, eine Sammlung seiner Schriften zu
veranstalten, nicht selbst Genüge. Wenige nur besaßen eine
vollständige Sammlung derselben; Goethe (l. aus meinem    15
Leben XIItes B.) hatte den Gedanken gehabt, eine Herausgabe der Hamannschen Werke zu besorgen, aber ihn noch
nicht ausgeführt. Jacobi, der ernstliche Anstalten dazu
machte, hatte es das Schicksal nicht mehr vergönnt, ingleichen ein jüngerer Freund Hamanns, wirkl. Geh. Oberregie-    20
rungsrat Hr. L. Nicolovius in Berlin, diese Besorgung ab-
gelehnt und den jetzigen Hrn. Herausgeber vielmehr dazu
aufgefordert, welcher als der in der letzten Lebensperiode
Jacobis mit ihm aufs innigste vertraute Freund von diesem
zum Gehilfen der Herausgabe gewählt worden war; so voll-    25
führte denn dieser das Vermächtnis des ehrwürdigen, teuren
Freundes und befriedigte die Wünsche des Publikums, aus-
nehmend begünstigt zugleich von dem weitern Glücke (S.
XII), von Freunden Hamanns oder deren Erben eine große
Anzahl von Briefen, und zum Teil in einer mehrjährigen    30
Reihenfolge, zum Abdruck überlassen zu erhalten und so
diese Ausgabe so ausstatten zu können, daß nur wenige

Umstände oder Verwicklungen des Lebens Hamanns sein
werden, über die man nicht Auskunft erhielte. Zu dem in
dieser Sammlung Vereinigten ist noch die dritte Abt. des
IV. Bandes von Jacobis Werken hinzuzunehmen, worin
5 sich der vorzüglich interessante Briefwechsel Hamanns mit
diesem innigen Freunde befindet, deren Verleger nicht ein-
gewilligt hat, daß ein neuer Abdruck für die gegenwärtige
Sammlung gemacht würde. Dem versprochenen achten
Bande dieser Ausgabe, welcher Erläuterungen, zum Teil
10 von Hamann selbst, vielleicht Nachträge von Briefen und
ein Register enthalten soll, haben wir ein Paar Jahre vergebens entgegengesehen; da die Erscheinung desselben sich
dem Vernehmen nach leicht noch geraume Zeit verzögern
kann, wollen wir diese längst vorgehabte Anzeige nicht län-
15 ger aufschieben, so wünschenswert es gewesen wäre, die
versprochenen Erläuterungen schon zur Hand zu haben.
Man fühlt deren dringendes Bedürfnis beim Lesen Hamann-
scher Schriften; aber die Hoffnung, durch das Versprochene
große Erleichterung zu erhalten, vermindert sich ohnehin
20 schon sehr, indem man Vorr. S. X zum ersten T. liest, daß
| die von Hamann selbst anerkannte Unmöglichkeit, alles
Dunkle in seinen Schriften aufzuhellen, es war, was ihn zu-
rückgehalten hatte, die Ausgabe derselben zu veranstalten.
Auch Jacobi wurde durch die Scheu dieser Forderung früher
25 daran verhindert, und der jetzige Hr. Herausgeber sagt
S. XIII ebendas., daß die Erläuterungen, die im achten
Bande folgen sollen, nur eine sehr mäßige Erwartung vielleicht befriedigen werden und daß die Zeitfolge der Schriften, hauptsächlich die vielen auf Hamanns Autorschaft
30 bezüglichen Briefe, die vornehmlichste Erleichterung des
Verständnisses gewähren müssen. Außerdem findet man
bald aus, daß das Rätselhafte selbst zum Charakteristischen
der Schriftstellerei und der Individualität Hamanns gehört
und einen wesentlichen Zug derselben ausmacht. Das
35 Hauptdunkel aber, das über Hamann überhaupt lag, ist damit schon verschwunden, daß dessen Schriften nun vor uns
liegen. Die Allgemeine Deutsche Bibliothek hatte sich frei-

lich viel mit ihm zu tun gemacht, aber nicht auf eine Weise,
die ihm Anerkennung und Eingang beim Publikum verschaffen sollte. Herder dagegen und Jacobi insbesondere
(abgesehen von Goethes einzelner Äußerung, die Vorr. S.
X angeführt ist, aber durch dessen ausführlichere, gründli- 5
che Würdigung Hamanns am vorhin angeführten Orte ihre
Einschränkung erhält) erwähnten desselben so, daß sie sich
auf ihn wie auf einen zu berufen schienen, der da habe
kommen sollen, der im vollen Besitze der Mysterien sei, in
deren Abglanz ihre eigenen Offenbarungen nur spielten, 10
wie in den Freimaurerlogen die Mitglieder vornehmlich auf
höhere Obere hingewiesen werden sollen, welche sich in
dem Mittelpunkte aller Tiefen der Geheimnisse Gottes und
der Natur befänden. Ein Nimbus hatte sich so um den
Magus aus Norden, dies war eine Art von Titel Ha- 15
manns geworden, verbreitet. Dem entsprach, daß er selbst
in seinen Schriften überall nur fragmentarisch und sibylli-
nisch gesprochen hatte und die einzelnen Schriften, deren
man habhaft werden konnte, auf die übrigen neugierig
machten, in denen man sich Aufschluß versprechen mochte. 20
Durch diese Ausgabe seiner Werke, die nun vor uns liegen,
sind wir in Stand gesetzt zu sehen, wer Hamann, was seine
Weisheit und Wissenschaft war.

Fassen wir zuerst die allgemeine Stellung auf, in welcher
sich Hamann zeigt, so gehört er der Zeit an, in welcher der 25
denkende Geist in Deutschland, dem seine Unabhängigkeit zunächst in der Schulphilosophie aufgegangen war, sich
nunmehr in der Wirklichkeit zu ergehen | anfing und, was
in dieser als fest und wahr galt, in Anspruch zu nehmen und
ihr ganzes Gebiet sich zu vindizieren begann. Es ist dem 30
deutschen Vorwärtsgehen des Geistes zu seiner Freiheit
eigentümlich, daß das Denken sich in der Wolffischen
Philosophie eine methodische, nüchterne Form ver-
schaffte; nachdem der Verstand nun, mit Befassung auch der
anderen Wissenschaften, der Mathematik ohnehin, unter 35
diese Form, den allgemeinen Unterricht und die wissenschaftliche Kultur durchdrungen hatte, fing er jetzt an, aus

der Schule und seiner schulgerechten Form herauszutreten
und mit seinen Grundsätzen alle Interessen des Geistes, die
positiven Prinzipien der Kirche, des Staats, des Rechts auf
eine populäre Weise zu besprechen. Sowenig diese Anwen-
5 dung des Verstandes etwas Geistreiches an sich hatte, sowenig hatte der Inhalt einheimische Originalität. Man muß es
nicht verhehlen wollen, daß dies Aufklären allein darin bestand, die Grundsätze des Deismus, der religiösen Toleranz
und der Moralität, welche Rousseau und Voltaire zur
10 allgemeinen Denkweise der höheren Klassen in Frankreich
und außer Frankreich erhoben hatten, auch in Deutschland
einzuführen. Während Voltaire in Berlin am Hofe Friedrichs II. selbst sich eine Zeitlang aufgehalten hatte, viele andere regierende deutsche Fürsten (vielleicht die Mehrzahl)
15 es sich zur Ehre rechneten, mit Voltaire oder seinen Freunden in Bekanntschaft, Verbindung und Korrespondenz zu
sein, ging von Berlin der Vertrieb derselben Grundsätze aus
in die Sphäre der Mittelklassen, mit Einschluß des geistlichen Standes, unter dem, während in Frankreich der
20 Kampf vornehmlich gegen denselben gerichtet war, vielmehr in Deutschland die Aufklärung ihre tätigsten und
wirksamsten Mitarbeiter zählte. Dann aber fand ferner zwischen beiden Ländern der Unterschied statt, daß in Frankreich diesem Emporkommen oder Empören des Denkens
25 alles sich anschloß, was Genie, Geist, Talent, Edelmut besaß, und diese neue Weise der Wahrheit mit dem Glanze
aller Talente und mit der Frische eines naiven, geistreichen,
energischen, gesunden Menschenverstandes erschien. In
Deutschland dagegen spaltete sich jener große Impuls in
30 zwei verschiedene Charaktere. Auf der einen Seite wurde
das Geschäft der Aufklärung mit trockenem Verstande, mit
Prinzipien kahler Nützlichkeit, mit Seichtigkeit des Geistes
und Wissens, kleinlichen oder gemeinen Leidenschaften,
und wo es am respektabelsten war, mit einiger, doch nüch-
35 ternen Wärme des Gefühls betrieben und trat gegen | alles,
was sich von Genie, Talent, Gediegenheit des Geistes und
Gemüts auftat, in feindselige, tracassierende, verhöhnende

Opposition. Berlin war der Mittelpunkt jenes Aufklärens, wo Nicolai, Mendelssohn, Teller, Spalding, Töllner usf. in ihren Schriften, und die Gesamtperson, die Allgemeine Deutsche Bibliothek, in gleichförmigem Sinne, wenn auch mit verschiedenem Gefühle, tätig waren; Eberhard, Stein- 5 bart, Jerusalem usf. sind als Nachbarn in diesen Mittelpunkt einzurechnen. Außerhalb desselben befand sich in Periphe- rie um ihn her, was in Genie, Geist und Vernunft-Tiefe er- blühte und von jener Mitte aus aufs Gehässigste angegriffen und herabgesetzt wurde. Gegen Nordost sehen wir in 10 Königsberg Kant, Hippel, Hamann, gegen Süden in Weimar und Jena Herder, Wieland, Goethe, später Schiller, Fichte, Schelling u. a.; weiter hinüber gegen Westen Jacobi mit seinen Freunden; Lessing, längst gleichgültig gegen das Berliner Treiben, lebte in Tiefen der 15 Gelehrsamkeit wie in ganz anderen Tiefen des Geistes, als seine Freunde, die vertraut mit ihm zu sein meinten, ahn- ten. Hippel etwa war unter den genannten großen Männern der Literatur Deutschlands der einzige, der den Schmähun- gen jenes Mittelpunktes nicht ausgesetzt war. Obgleich 20 beide Seiten im Interesse der Freiheit des Geistes übereinka- men, so verfolgte jenes Aufklären, als trockener Verstand des Endlichen, mit Haß das Gefühl oder Bewußtsein des Unendlichen, was sich auf dieser Seite befand, dessen Tiefe in der Poesie wie in der denkenden Vernunft. Von jener 25 Wirksamkeit ist das Werk geblieben, von dieser aber auch die Werke.

Wenn nun diejenigen, welche dem Geschäfte der Auf- klärung verfallen waren, weil formelle Abstraktionen und etwa allgemeine Gefühle von Religion, Menschlichkeit und 30 Rechtlichkeit ihre geistige Höhe ausmachten, nur unbedeu- tende Eigentümlichkeit gegeneinander haben konnten, so war jene Peripherie ein Kranz origineller Individualitä- ten. Unter ihnen ist wohl Hamann nicht nur auch origi- nell, sondern mehr noch ein Original, indem er in einer 35 Konzentration seiner tiefen Partikularität beharrte, welche aller Form von Allgemeinheit, sowohl der Expansion denkender Vernunft als des Geschmacks, sich unfähig gezeigt hat. |

Hamann steht der Berliner Aufklärung zunächst durch den Tiefsinn seiner christlichen Orthodoxie gegenüber,
5 aber so, daß seine Denkweise nicht das Festhalten der verholzten orthodoxen Theologie seiner Zeit ist; sein Geist behält die höchste Freiheit, in der nichts ein Positives bleibt, sondern sich zur geistigen Gegenwart und eigenem Besitz versubjektiviert. Mit seinen beiden Freunden in Königs-
10 berg, Kant und Hippel, die er ehrt und mit denen er auch Umgang hat, steht er in dem Verhältnisse eines allgemeinen Zutrauens, aber keiner Gemeinschaftlichkeit ihrer Interessen. Von jener Aufklärung ist er ferner nicht nur durch den Inhalt geschieden, sondern auch aus dem Grunde, aus dem
15 er von Kant getrennt ist, weil ihm das Bedürfnis der denkenden Vernunft fremde und unverstanden geblieben ist. Hippeln steht er insofern näher, indem er seinen inneren Sinn wie nicht zur Expansion der Erkenntnis, ebensowenig der Poesie herausführen kann und nur der humoristischen,
20 blitzenden, desultorischen Äußerung fähig ist; aber dieser Humor ist ohne Reichtum und Mannigfaltigkeit der Empfindung und ohne allen Trieb oder Versuch von Gestalten; er bleibt ganz beschränkt subjektiv. Am meisten Übereinstimmendes hat er mit dem seiner Freunde, mit dem sich
25 das Verhältnis auch in dem Briefwechsel am innigsten und rückhaltslosesten zeigt, mit Jacobi, welcher nur Briefe und, gleichfalls wie Hamann, kein Buch zu schreiben fähig war; doch sind Jacobis Briefe in sich klar, sie gehen auf Gedanken, und diese kommen zu einer Entwickelung, Ausfüh-
30 rung und einem Fortgang, so daß die Briefe zu einer zusammenhängenden Reihe werden und eine Art von Buch ausmachen. Die Franzosen sagen: le stile c'est l'homme même; Hamanns Schriften haben nicht sowohl einen eigentümlichen Stil, als daß sie | durch und durch Stil sind. In allem,
35 was aus Hamanns Feder gekommen, ist die Persönlichkeit sosehr zudringlich und das Überwiegende, daß der Leser durchaus allenthalben mehr noch auf sie als das, was als In-

halt aufzufassen wäre, hingewiesen wird. An den Erzeugnis-
sen, welche sich für Schriften geben und einen Gegenstand
abhandeln sollen, fällt sogleich die unbegreifliche Wunder-
lichkeit ihres Verfs. auf; sie sind eigentlich ein, und zwar
ermüdendes, Rätsel, und man sieht, daß das Wort der Auf-    5
lösung die Individualität ihres Verfs. ist; diese erklärt sich
aber nicht in ihnen selbst. Dies Verständnis vornehmlich
wird uns nun aber in dieser Sammlung durch die Bekannt-
machung zweier bisher ungedruckter Aufsätze Hamanns
aufgeschlossen; der eine ist die von ihm im J. 1758 und 1759    10
verfaßte Lebensbeschreibung, welche freilich nur bis zu diesem Zeitpunkt geht, somit nur den Anfang seines Lebens,
aber den wichtigsten Wendungspunkt seiner Entwickelung
enthält; der andere, am Ende seines Lebens verfaßt, sollte
die ganze Absicht seiner Autorschaft enthüllen (B. VII Vorr.    15
S. VII) und gibt eine Übersicht über dieselbe. Die reichhal-
tige, bisher ungedruckte Briefsammlung vervollständigt die
Materialien zur Anschaulichkeit seiner Persönlichkeit. Es ist
jene Lebensbeschreibung, von der wir auszugehen haben,
die auch als das vornehmlichste Neue dieser Ausgabe eine    20
ausführlichere Anzeige verdient.

Sie ist im I. B. S. 149–242 enthalten und führt den Titel:
Gedanken über meinen Lebenslauf, Ps. 94,19 (der Anfang),
datiert von London, 21. Apr. 1758. Die Stimmung, in der
sich Hamann daselbst befand, ist in dem ruhig und sehr gut    25
stilisierten und insofern besser als meist alle seine späteren
Schriften geschriebenen Anfange eines anderen Aufsatzes:
Biblische Betrachtungen eines Christen, auch von
London d. 19. März am Palmsonntage 1758 datiert, ausgedrückt: »Ich habe heut mit Gott den Anfang gemacht, zum    30
zweiten Mal die heilige Schrift zu lesen. Da mich meine
Umstände zu der größten Einöde | nötigen, worin ich wie
ein Sperling auf der Spitze des Daches sitze und wache, so
finde ich gegen die Bitterkeit mancher traurigen Betrachtungen über meine vergangenen Torheiten, über den Miß-    35
brauch der Wohltaten und Umstände, womit mich die Vorsehung so gnädig unterscheiden wollen, ein Gegengift in

der Gesellschaft meiner Bücher, in der Beschäftigung und
Übung, die sie meinen Gedanken geben. Die Wissenschaften und jene Freunde meiner Vernunft scheinen gleich
Hiobs mehr meine Geduld auf die Probe zu stellen anstatt
5 mich zu trösten, und mehr die Wunden meiner Erfahrung
bluten zu machen als ihren Schmerz zu lindern. Die Natur
hat in alle Körper ein Salz gelegt, das die Scheidekünstler
auszuziehen wissen, und die Vorsehung (es scheint) in alle
Widerwärtigkeiten einen moralischen Urstoff, den wir auf-
10 zulösen und abzusondern haben und den wir mit Nutzen als
ein Hilfsmittel gegen die Krankheiten unserer Natur und
gegen unsere Gemütsübel anwenden können. Wenn wir
Gott bei Sonnenschein in der Wolkensäule übersehen, so
erscheint uns seine Gegenwart des Nachts in der Feuersäule
15 sichtbarer und nachdrücklicher. Ich bin zu dem größten
Vertrauen auf seine Gnade durch eine Rücksicht auf mein
ganzes Leben berechtigt. Es hat weder an meinem bösen
Willen gelegen noch an Gelegenheit gefehlt, in ein weit tie-
feres Elend, in weit schwerere Schulden zu fallen, als worin
20 ich mich befinde. Gott! wir sind solche armselige Geschöpfe, daß selbst ein geringerer Grad unserer Bosheit ein
Grund unserer Dankbarkeit gegen Dich werden muß.« Die
Veranlassung zu dieser bußfertigen Stimmung sowie zu dem
Niederschreiben seines bisherigen Lebenslaufs waren die
25 Verwickelungen, in welche er in dieser Epoche geraten war
und die hier mit den früheren Hauptmomenten seines Lebens kurz herauszuheben sind.

Hamann ist den 27sten August 1730 in Königsberg in
Preußen geboren; sein Vater war ein Bader und, wie es
30 scheint, von bemittelten Umständen. Das Andenken seiner
Eltern (S. 152) »gehört unter die teuersten Begriffe seiner
Seele und ist mit zärtlicher Bewegung der Liebe und Er-
kenntlichkeit verknüpft«; ohne weiteres Detail über ihren
Charakter ist gesagt, daß die Kinder (Hamann hatte nur
35 noch einen etwas jüngeren Bruder) »zu Hause eine Schule
an der Aufsicht, ja an der strengen Aufsicht und an dem
Beispiele der Eltern fanden«. Das elterliche Haus war jeder-

zeit eine Zuflucht junger Studierender, welche die Arbeit
sittsam machte; in diesem Umgange | trieb Hamann Spra-
chen, Griechisch, Französisch, Italienisch, Musik, Tanzen,
Malen; »so schlecht und recht wir in Kleidern und in anderen Torheiten kurz gehalten wurden, so viel Ausschweifung 5
wurde uns hier verstattet und nachgesehen«. In seiner
Schulerziehung hatte er sieben Jahre Unterricht bei einem
Manne, der ihm das Latein ohne Grammatik beizubringen
gesucht hatte; alsdann bei einem mehr methodischen Lehrer, bei dem er dafür nun mit dem Donat anfangen mußte. 10
Die Fortschritte, die er hierin machte, waren so, daß derselbe sich und Hamann schmeichelte, an diesem einen großen Lateiner und Griechen erzogen zu haben; Hamann
nennt ihn einen Pedanten, und über die erlangte Fertigkeit
im Übersetzen griechischer und lateinischer Autoren, in der 15
Rechenkunst, in der Musik läßt er sich in den damals sich
verbreitenden Ansichten gehen, daß die Erziehung auf Bildung des Verstandes und Urteils gerichtet sein müsse. Der
junge Adel und viele Bürgerskinder sollten eher die Lehrbü-
cher des Ackerbaues als das Leben Alexanders usf. zu Lehr- 20
büchern der römischen Sprache haben und dergleichen;
Ansichten, von welchen die Basedowschen, Campeschen
u. a. Deklamationen und Aufschneidereien, wie ihre pomphaften Unternehmungen ausgegangen und welche auf die
Organisation und den Geist des öffentlichen Unterrichts so 25
nachteilige, noch jetzt, sosehr man davon zurückgekommen, in ihren Folgen nicht ganz beseitigte Einwirkungen
gehabt haben. Hamann klagt, daß er in Historie, Geographie ganz zurückgelassen worden und nicht den geringsten
Begriff von der Dichtkunst erlangt habe, den Mangel der 30
beiden ersten niemals gehörig habe ersetzen können, auch
sich in vieler Mühe finde, seine Gedanken mündlich und
schriftlich in Ordnung zu sammeln und mit Leichtigkeit
auszudrücken. Wenn ein Teil dieses Mangels auf den Schulunterricht kommt, so liegt jedoch davon, wie wir weiterhin 35
sehen werden, wohl am meisten in der sonst charakteristischen Temperatur und Stimmung seines Geistes.

Es ist ebenso charakteristisch für ihn, obgleich wohl nicht
für den Schulunterricht, was er ferner angibt, daß alle Ordnung, aller Begriff und Faden und Lust an derselben in ihm
verdunkelt worden sei. Mit einer Menge Wörter und
5 Sachen überschüttet, deren Verstand, Grund, Zusammenhang, Gebrauch er nicht gekannt, sei er in die Sucht verfallen, immer mehr und mehr ohne Wahl, ohne Untersuchung und Überlegung aufeinander zu schütten; und diese
Seuche habe sich auf alle seine Handlungen | ausgebreitet;
10 auch in seinem übrigen Leben ist er hierüber nicht reifer
geworden. Als einen weiteren Abweg, in den er verfallen,
gibt er eine Neugierde und kindischen Vorwitz an, in allen
Ketzereien bewandert zu werden; »so sucht der Feind unserer Seelen und alles Guten den göttlichen Weizen durch
15 sein Unkraut zu ersticken«. Nach ferneren Schulstudien,
worin er die ersten Begriffe von Philosophie und Mathematik, von Theologie und Hebräischem bekam, ein neues Feld
von Ausschweifungen: »das Gehirn wurde zu einer Jahr-
marktsbude von ganz neuen Waren«; mit diesem Wirbel
20 kam er im Jahre 1746 auf die hohe Schule. Er sollte Theologie studieren, fand aber ein Hindernis »in seiner Zunge,
schwachem Gedächtnisse, viele Heuchelhindernisse in seiner Denkungsart« usw. Was ihn vom Geschmacke an derselben und an allen ernsthaften Wissenschaften entfernte, sei
25 eine neue Neigung gewesen, die in ihm aufgegangen, nämlich zu Altertümern, Kritik, hierauf zu den sogenannten
schönen und zierlichen Wissenschaften, Poesie, Romanen,
Philologie, den französischen Schriftstellern und ihrer Gabe
zu dichten, zu malen, schildern, der Einbildungskraft zu ge-
30 fallen usw.; er bittet Gott inbrünstig um Verzeihung dieses
Mißbrauchs seiner natürlichen Kräfte usf. Er bekannte sich
also »zum Schein zur Rechtsgelehrsamkeit, ohne Ernst,
ohne Treue, ein Jurist zu werden«; seine Torheit, sagt er,
ließ ihn eine Art von Großmut und Erhabenheit sehen,
35 nicht für Brot zu studieren, sondern nach Neigung, zum
Zeitvertreibe und aus Liebe zu den Wissenschaften selbst,
daß es besser wäre, ein Märtyrer denn ein Taglöhner und

Mietling der Musen zu sein; »was für Unsinn läßt sich«, fügt
er mit Recht gegen solchen Hochmut hinzu, »in runden
und wohllautenden Worten ausdrücken«.

Er gedachte nun eine Hofmeisterstelle anzunehmen, um
Gelegenheit zu finden, in der Welt seine Freiheit zu versu-    5
chen; auch weil er im Geld etwas sparsam gehalten wurde;
er schiebt die Schuld, mit seinem Gelde nicht besser ausge-
kommen zu sein, auf den Mangel des göttlichen Segens, die
»Unordnung, den allgemeinen Grundfehler meiner Gemütsart, eine falsche Großmut, eine zu blinde Liebe und    10
Wohlgefallen für andere Urteile und Sorglosigkeit aus Un-
erfahrenheit«; von dem Fehler des Wohlgefallens für anderer Urteile ist er bald nur zu sehr geheilt worden.

Aus dem Detail der Mißverhältnisse, in die er in seinen
Hofmeisterstellen sich verwickelte, mag hier nur ausgeho-    15
ben werden, was er davon auf seinen Charakter schiebt;
»seine ungesellige oder wunderliche Lebensart«, sagt er S.
177, »die teils Schein, teils falsche Klugheit, teils eine Folge
einer inneren Unruhe war, an der er sehr lange in seinem
Leben sich gewesen – eine Unzufriedenheit und Unver-    20
mögenheit, sich selbst zu ertragen, eine Eitelkeit, sich selbige zum Rätsel zu machen –, verdarben viel und machten
ihn anstößig«. In seiner ersten Stelle schrieb er zwei Briefe
an die Mutter, eine | Baronin in Livland, die ihr das Ge-
wissen aufwecken sollten; das Antwortschreiben gab ihm    25
seine Entlassung; es ist S. 255 buchstäblich abgedruckt, der
Anfang mag hier stehen: »Herr Hamann, da die Selben sich
gahr nicht bei Kinder von Condition zur information schik-
ken, noch mir die schlechte Briefe gefallen, worin Sie meinen Sohn so auf eine gemeine und niederträchtige Ahrt ab-    30
malen usf.« – Für die Demütigungen seines Stolzes fand er
durch die Zärtlichkeit des Kindes und die Schmeichelei, un-
schuldig zugleich oder mit Bösem für Gutes vergolten zu
sein, einige Genugtuung; »ich wickelte mich«, sagte er, »in
den Mantel der Religion und Tugend ein, um meine Blöße    35
zu decken, schnaubte aber vor Wut, mich zu rächen und
mich zu rechtfertigen; doch verrauchte diese Torheit bald«.

In ähnliche Mißverhältnisse geriet er in einem zweiten
Hause und späterhin in noch weitere Mißstimmungen dadurch, daß er, nachdem er dasselbe verlassen, sich nicht enthalten konnte, sowohl seinem Nachfolger, einem Freunde,
5 als auch den Zöglingen fernerhin seine brieflichen Belehrungen und Zurechtweisungen aufzudringen; »sein Freund
schien diese Aufmerksamkeit für den jungen Baron als Eingriffe oder Vorwürfe anzusehen und der letztere bezahlte
ihn (Hamann) mit Haß und Verachtung«.

10 In Königsberg hatte Hamann die Freundschaft eines der
Brüder B e r e n s aus Riga gewonnen; »der die Herzen kennt
und prüft und zu brauchen weiß, hat seine weisen Absichten gehabt, uns beide durch einander in Versuchung zu führen«. In der Tat sind die Verwickelungen mit diesem
15 Freunde und dessen Familie das Durchgreifendste in Hamanns Schicksal. Er lebte eine Zeitlang in diesem Hause,
wo er, wie er sagt, als ein Bruder, ja beinahe als ein älterer
Bruder angesehen wurde; aber er gibt zugleich an, daß er
ungeachtet alles Anlasses, zufrieden zu sein, sich der Freude
20 in der Gesellschaft der edelsten, muntersten, gutherzigsten
Menschen beides Geschlechts doch nicht überlassen konnte;
nichts als Mißtrauen gegen sich selbst und andere, nichts als
Qual, wie er sich ihnen nähern oder entdecken sollte; er
sieht dies als eine Wirkung der Hand Gottes an, die schwer
25 über ihm geworden, daß er sich selbst u n t e r  a l l e m  d e m
G u t e n, was ihm von Menschen geschah – als deren Be-
wunderer, Verehrer und Freund er sich zugleich angibt –,
n i c h t  e r k e n n e n sollte. – Hamann beschreibt diesen Zustand seiner inneren Unruhe als ein Gedrücktsein, das gegen
30 die wohlwollendste Freundschaft, die er auch empfand und
anerkannte, nicht zu einem inneren Wohlwollen gegen sie
und damit nicht zur Offenheit und Freimütigkeit des Verhältnisses mit ihnen gelangen konnte. Die Franzosen haben
einen kurzen Ausdruck für einen Menschen von dieser Wi-
35 derwärtigkeit des Gemüts, welche wohl Bösartigkeit zu
nennen ist; sie nennen einen solchen un homme mal élevé,
indem sie Wohlwollen und Offenheit mit Recht für die

nächsten Folgen einer guten Erziehung ansehen. Auch ein
anderer Keim zu einer späteren, höheren Selbst|erziehung
von innen heraus, dessen Zeit ist, in der Jugend zu erwa-
chen, tut in Hamanns Jugend sich nicht hervor – nicht
irgendeine Poesie dieser Lebenszeit oder, wenn man will,  5
Phantasterei und Leidenschaft, die ein zwar noch unreifes,
ideales, aber festes Interesse für einen Gegenstand geistiger
Tätigkeit enthält und für das ganze Leben entscheidend
wird. Die Energie seines intelligenten Naturells wird nur zu
einem wilden Hunger geistiger Zerstreuung, die keinen  10
Zweck enthält, in den sie sich resumierte. Aber das Übel
seiner Gemütsart sollte bald in einer Prüfung auf eine
schlimmere Weise zum Ausschlag kommen.

     Er war auf kurze Zeit in die zweite Hofmeisterstelle zu-
rückgekehrt, die er in Kurland bekleidet hatte; jedoch zu-  15
rückgerufen nach Haus, um seine sterbende Mutter noch
einmal zu sehen, und auf das Anerbieten engerer Verbindungen mit dem Berensschen Hause in Riga verließ er jene
Stelle wieder: »Gott«, sagt er S. 189, »gab außerordentlichen
Segen, daß ich von dem Hause aus Kurland mit Scheingrün-  20
den und ohne Aufrichtigkeit losgelassen wurde, unter dem
Versprechen, wiederzukommen, das eine offenbare Lüge
und wider alle meine Absichten und Neigungen war«. Die
Verbindung mit den Brüdern Berens war die Aufnahme Hamanns in ihre Dienste, Geschäfte und Familie; er sollte auf  25
ihre Kosten eine Reise tun, »um ihn aufzumuntern und mit
mehr Ansehen und Geschick in ihr Haus zurückzukehren«.
Nachdem er seine Mutter sterben gesehen, wo er bei der
unsäglichen Wehmut und Betrübnis, die er empfunden, zugleich gesteht, daß »an ihrem Totenbette sein Herz weit un-  30
ter der Zärtlichkeit geblieben, die er ihr schuldig gewesen,
und sich im Stande fühlte, ungeachtet der nahen Aussicht,
sie zu verlieren, sich auf der Welt andern Zerstreuungen zu
überlassen«, trat er am 1. Okt. 1756 mit Geld und Vollmacht
versehen die Reise nach L o n d o n an, über B e r l i n, wo er  35
unter anderm die erste Bekanntschaft mit Moses Mendelssohn machte, über Lübeck, wo er bei Blutsverwandten die

Wintermonate zubrachte, und Amsterdam. In dieser Stadt,
sagt er, daß er alles Glück, Bekannte und Freunde nach seinem Stande und Gemütsart zu finden, worauf er sonst so
stolz gewesen sei, verloren; so daß er glaubte, daß sich je-
5 dermann vor ihm scheute, und er selbst scheute jeden; von
jener einfachen Erfahrung in einer ganz fremden, holländi-
schen Stadt weiß er sich keinen andern Grund anzugeben,
als daß Gottes Hand schwer über ihm gewesen, weil er ihn
aus den Augen gesetzt, ihn mit lauem Herzen nur bekannte
10 usf. Auf der Weiterreise nach London wurde er von einem
Engländer um Geld betrogen, den er morgens auf den
Knieen betend gefunden und daher Zutrauen zu ihm gefaßt
hatte. In London, wo Hamann den 18. Apr. 1757 ankam,
war sein erster Gang, einen Marktschreier aufzusuchen, von
15 dem er gehört hatte, daß er alle Fehler der Sprache heilen
könnte (schon oben war eines solchen Fehlers erwähnt, der
wohl im Stottern bestand). Weil aber die Kur kostbar und
langwierig schien, unterzog sich Hamann derselben nicht
und | mußte also, wie er sagt, seine Geschäfte mit der alten
20 Zunge und mit dem alten Herzen anfangen; er entdeckte
selbige (wie es scheint Schuldforderungen) denjenigen, an
die er gewiesen war. »Man erstaunte über deren Wichtigkeit, noch mehr über die Art der Ausführung und vielleicht
am meisten über die Wahl der Person, der man selbige an-
25 vertraut hatte«; man lächelte und benahm ihm die Hoffnung, etwas auszurichten. Hamann aber spiegelte sich nun
als das Klügste vor, »so wenig als möglich zu tun, um nicht
die Unkosten zu häufen, sich nicht durch übereilte Schritte
Blößen zu geben und Schande zu machen«. Er ging also un-
30 terdrückt und taumelnd hin und her, hatte keinen Menschen, dem er sich entdecken und der ihm raten oder helfen konnte, war der Verzweiflung nahe und suchte in lauter
Zerstreuungen selbige aufzuhalten und zu unterdrücken.
»Mein Vorsatz war nichts, als eine Gelegenheit zu finden,
35 und dafür hätte ich alles angesehen, um meine Schulden zu
bezahlen und in einer neuen Tollheit anfangen zu können;
die leeren Versuche, in die ich durch Briefe, durch die Vor-

stellungen der Freundschaft und Erkenntlichkeit aufwachte,
waren lauter Schein; nichts als die Einbildung eines irrenden
Ritters und die Schellen meiner Narrenkappe waren meine
gute Laune und mein Heldenmut«. So beschreibt er die
Rat- und Haltungslosigkeit, in der sich sein Charakter be-  5
fand. Endlich zog er auf ein Kaffeehaus, weil er keine Seele
zum Umgang mehr hatte, »einige Aufmunterung in öffentlichen Gesellschaften zu haben, um durch diesen Weg vielleicht eine Brücke zum Glück zu bauen«. So ganz herunter-
gekommen durch den Eigensinn einer herumlungernden,  10
alle Haltung und Rechtlichkeit wie den Zusammenhang mit
seinen Freunden in Riga und mit seinem Vater verschmä-
henden Torheit sehen wir ihn nach einem ohne alles Geschäft und Zweck verbrachten Jahre in einem Hause bei
einem ehrlichen, dürftigen Ehepaar vom 8. Feb. 1758 ein-  15
quartiert, wo er in drei Monaten höchstens viermal ordent-
liche Speise gehabt und seine ganze Nahrung Wassergrütze
und des Tags einmal Kaffee war; Gott, sagt er, hat ihm selbige außerordentlich gedeihen lassen, denn er befand sich
bei dieser Kost in guter Gesundheit; die Not, fügt er hinzu,  20
war der stärkste Beweggrund zu dieser Diät, diese aber vielleicht das einzige Mittel, seinen Leib von den Folgen der
Völlerei wiederherzustellen.

Die innerlich und äußerlich ratlose Lage trieb ihn, eine
Bibel aufzusuchen; hier beschreibt er die »Zerknirschung,  25
die das Lesen derselben in ihm hervorbrachte, die Erkenntnis der Tiefe des göttlichen Willens in der Erlösung Christi,
seiner eigenen Verbrechen und seines Lebenslaufs in der
Geschichte des jüdischen Volkes; sein Herz ergoß sich in
Tränen, er konnte es nicht länger, konnte es nicht länger  30
seinem Gotte verhehlen, daß er der Brudermörder, der
Brudermörder seines eingebornen Sohnes war«. Wir finden
aus der damaligen Zeit häufig Schilderungen von der Angst
und Qual, in welche Menschen von einfachem, ruhigem
Leben gerieten, wenn sie | die Forderung zur Buße und die  35
Bedingung der Gnade, in ihrem Herzen eine abscheuliche
Sündhaftigkeit zu finden, bei aller Erforschung ihres Innern

nicht erfüllen konnten; aber sie belehrten sich endlich, daß
eben dies, die Sündhaftigkeit nicht in sich zu entdecken, die
ärgste Sünde selbst sei, und waren hiermit auf den Weg,
Buße tun zu können, gediehen. Hamann hatte nach dem,
5 wie er seinen Aufenthalt in London schildert, diese Wendung nicht nötig. Durch seine Buße und Reue fühlte er nun
sein Herz beruhigter als jemals in seinem Leben; der Trost,
den er empfangen, verschlang alle Furcht, alle Traurigkeit,
alles Mißtrauen, daß er keine Spur davon mehr in seinem
10 Herzen finden konnte. Die nächste Anwendung, die er von
diesem empfangenen Troste machte, war die Stärkung gegen die Last seiner Schulden; 150 Pfund St. hatte er in London durchgebracht, ebensoviel war er in Kurland und
Livland schuldig geblieben; »seine Sünden sind Schulden
15 von unendlich mehr Wichtigkeit und Folgen als seine zeitlichen; wenn der Christ mit Gott wegen der Hauptsache
richtig geworden, wie sollte es diesem auf eine Kleinigkeit
ankommen, sie obenein zum Kauf zu geben; die 300 Pf. S.
sind seine Schulden; er überläßt nun Gott alle Folgen sei-
20 ner Sünden, da derselbe deren Last auf sich genommen«.
    In dieser beruhigten Stimmung schrieb er diese höchst
charakteristische Schilderung seines Lebenslaufs und seines
Innern, bis Ende April 1758, und setzt sie auch von da noch
weiter fort.
25 Auf Briefe von Hause und von Riga, die ein Mann für
ihn hatte, der ihn zufällig endlich auf der Straße traf, kam
er zum Entschluß, nach Riga zurückzukehren, wo er im Juli
1758 wieder eintraf und in dem Hause des Herrn Berens,
wie er sagt, mit aller möglichen Freundschaft und Zärtlich-
30 keit bewillkommt worden. Er bleibt in demselben; seine
Geschäfte bestehen bloß in einem Briefwechsel mit dessen
Bruder, in dem Unterricht der ältesten Tochter des Haup-
tes der Familie und einer kleinen Handreichung eines jüngern Bruders, der auf dem Comptoir war. Er dankt Gott,
35 daß derselbe bisher diese Arbeit mit sichtbarer Hand gesegnet, und nach einer schlaflosen, in Überlegung zugebrach-
ten Nacht stand er am 15. Dez. mit dem Gedanken auf zu

heiraten, nachdem er sich und seine Freundin, eine Schwester seiner Freunde, der Hrn. Berens, der Barmherzigkeit
Gottes empfohlen. Nach erhaltener Zustimmung seines Vaters eröffnet er seinen Entschluß den Brüdern Berens und
deren Schwester selbst, die einverstanden scheint; aber der 5
letzte Tag des 1758. Jahrs, schreibt Hamann (S. 230), war
voller außerordentlicher Auftritte zwischen ihm und einem
der Brüder, den er wie Saul unter den Propheten mit
ihm (Hamann) reden hört; das war ein Tag der Not und
Scheltens und Lästerns; erbaulich genug spricht er aber auch 10
dabei von der ungemeinen Rührung über die Sinnesände-
rung (?) und die Eindrücke der Gnade, die er in jenem
wahrzunehmen schien, und geht mit Freudigkeit, die Nacht
zu sterben, ins Bett, wenn Gott so gnädig sein sollte, die
Seele die | ses Bruders zu retten. In einem Briefe an sei- 15
nen Vater gibt er den Tag jener Auftritte der Saulschen Pro-
phetensprache, der Not, des Scheltens usf. für einen Jahres-
schluß von vielem außerordentlichen Segen aus, den
ihm Gott widerfahren lassen. Mit einem bußfertigen und
salbungsvollen Gebete für alle seine Freunde vom ersten 20
Tage des Jahrs 1759 schließt das Tagebuch. Noch in jenem
Briefe an seinen Vater vom 9. Jan. schreibt er von den
Hoffnungen, die Einwilligung des einen Bruders Berens,
der sich zu Petersburg befand und der Chef der Familie gewesen zu sein scheint, zu der Heirat mit seiner Schwester 25
zu erhalten. Aber die Sammlung ist hier lückenhaft; der
nächste Brief derselben vom 9. März ist aus Königsberg; aus
demselben geht hervor, daß er Riga verlassen hat und zunächst alle Verhältnisse zwischen ihm und dem Berensschen
Hause abgebrochen sind. Im Verfolg des Briefwechsels zwi- 30
schen Hamann und dem Rektor J. G. Lindner in Riga,
dem gemeinschaftlichen Freunde Hamanns und der Gebrü-
der Berens, finden sich jene dunkel gebliebenen Vorfallen-
heiten nicht weiter aufgehellt, aber man liest genug, um die
gänzliche Mißstimmung der beiden Teile zu sehen, bei den 35
Hrrn. Berens die tiefe Empfindung des Kontrasts zwischen
Hamanns üblem Betragen in England und der Fortsetzung

eines untätigen Lebens und zwischen dem breiten Auslegen
seiner Frömmigkeit und der von Gott empfangenen Gnade,
insbesondere der Prätention seiner Frömmigkeit, durch
diese soviel vor seinen Freunden vorauszuhaben und von
5 ihnen als ihr Meister und Apostel anerkannt werden zu wollen. Hamann hatte seinen Lebenslauf, der durch das Angeführte charakterisiert genug ist, dem Hrrn. Berens, wie es
scheint, nach dem Heiratsprojekt und den zur selben Zeit
erfolgten Explosionen in die Hände kommen lassen; es er-
10 hellt von selbst, in welcher Absicht und ebenso mit welcher
Wirkung; von Berens kommt die Äußerung vor, daß er diesen Lebenslauf mit Ekel gelesen, S. 362; um nicht Hunger
zu sterben, habe Hamann die Bibel nötig gehabt, um sich
zu überwinden, nach Riga zurückzukommen; S. 355 sogar
15 liest man von der Drohung, Hamann zu seiner Besserung in ein Loch stecken zu lassen, wo nicht Sonne noch
Mond scheine. Der vorhin genannte Lindner und dann
auch Kant bei der Anwesenheit eines der Hrrn. Berens in
Königsberg, den Geschäfte dahin geführt hatten, bemühten
20 sich als gemeinschaftliche Freunde beider Teile, das Mißverhältnis auszugleichen. Die Briefe Hamanns in dieser Angelegenheit, besonders auch einige an Kant, sind von dem
Lebendigsten, auch Offensten und Verständlichsten, was aus
seiner Feder geflossen. Nachdem Hamanns Frömmigkeit die
25 Hauptstimmung der Bußfertigkeit, der innern Freudigkeit
und einer Ergebenheit nicht nur gegen Gott, sondern auch
einer äußern Beruhigung gegen ein Verhältnis und den Zustand mit Menschen gehabt hatte, so wird jetzt in dem Gedränge des Mißverhältnisses mit seinen Freunden seine
30 ganze Leidenschaftlichkeit und geniale Energie erregt und
diese Leidenschaftlichkeit und Unabhängigkeit seines Natu-
rells | in diese Frömmigkeit gelegt. Indem in diesem ein
halbes Jahr fortgesetzten Kampfe und Zanke die ganze Individualität Hamanns wie seine Darstellungsweise und Stil
35 ihre Entwicklung erlangt, auch seine eigentliche schriftstellerische Laufbahn hier ihre Veranlassung hat, so verweilen
wir bei der Heraushebung der Züge dieses Zanks, die für

das Verständnis dieses Charakters die bedeutendsten werden; sie sind auf einem allgemeinern, wesentlichen und
darum überall durchdringenden Gegensatze gegründet.

Beide Teile dringen und arbeiten auf eine Sinnesände-
rung des andern Teils; an Hamann wird die Anerkennung,  5
der Entschluß und das wirkliche Eingehen in ein rechtli-
ches, brauchbares und arbeitsames Leben gefordert und die
Prätention seiner Frömmigkeit, insofern diese ihn nicht
auch hierzu treibt, nicht geachtet. Hamann dagegen setzt
sich in die Stellung seiner innern Zuversicht auch praktisch  10
fest; seine Buße und der an die göttliche Gnade erlangte
Glaube sind die Burg, in der er sich isoliert und nicht nur
gegen die Anforderungen seiner Freunde, mit ihnen über
die Verhältnisse der Wirklichkeit zu etwas Gemeinsamem
und Festem zu kommen und objektive Grundsätze anzuer-  15
kennen, sondern auch auf ihre Vorwürfe die Haltung um-
kehrt, ihnen die Erkenntnis ihrer selbst zu erwerben aufgibt
und Buße und Bekehrung an sie verlangt. Der gemeinschaftliche Punkt, der sie zusammenhält, ist das, und auch
nach allen Differenzen scheinbar wenigstens bei Hamann  20
unerschütterlich gebliebene Band der Freundschaft; aber indem er daraus Rechte und Pflichten gegen sie nimmt, weist
er zugleich alles ab, was sie daraus gegen ihn geltend machen wollen, und läßt sie nicht an ihn kommen. Das Prinzip, aus dem er seine Dialektik führt, ist das religiöse, wel-  25
ches seine Superiorität gegen die sogenannten weltlichen
Pflichten und gegen die Tätigkeit in und für bestehende
Verhältnisse abstrakt behauptet und in diese Superiorität
seine zufällige Persönlichkeit einschließt – eine Dialektik,
die auf diese Weise Sophisterei wird. Als Hauptzüge mögen  30
folgende mit einiger Anführung der eigentümlichen Weise,
in der sich Hamanns Humor dabei ausspricht, ausgehoben
werden. – Zunächst kommen die Freunde Lindner und
Kant über ihr Vermittlergeschäft selbst sehr übel weg. Als
ihm jener als unparteiisch seinwollender Mittelsmann die  35
Äußerungen des Freundes Berens mitteilt, fragt Hamann,
»ob das neutral sein heiße, wenn man geharnischte Männer

unter dem Dache seiner Briefe einnehme und sein Kuvert
zum hölzernen Pferde mache«; er setzt diese Gefälligkeit
mit der einer Herodias gegen ihre Mutter, das Haupt des
Johannes sich auszubitten, parallel; er heißt dies als ein
5 Heuchler in Schafskleidern zu ihm kommen usf. An Kant
schreibt er über dessen Bemühungen: »ich muß über die
Wahl eines Philosophen zu dem Endzweck, eine Sinnesän-
derung in mir hervorzubringen, lachen; ich sehe die beste
Demonstration wie ein vernünftig Mädchen einen Liebes-
10 brief, und eine Baumgartensche Erklärung wie eine witzige
Fleurette an«. Am meisten charakteristisch drückte Hamann
seine Stellung in diesem Kampfe so aus, daß | Kant, indem
er mit hereingezogen worden, der Gefahr ausgesetzt worden sei, »einem Menschen zu nahe zu kommen, dem die
15 Krankheit seiner Leidenschaft eine Stärke zu denken
und zu empfinden gebe, die ein Gesunder nicht besitze«. Dies ist ein Zug, der für die ganze Eigentümlichkeit
Hamanns treffend ist. – Die Briefe an Kant sind mit besonderer, großartiger Leidenschaftlichkeit geschrieben. Wie es
20 scheint, hatte Kant nicht mehr auf Hamanns Briefe oder
dessen ersten Brief geantwortet und Hamann vernommen,
daß Kant dessen Stolz unerträglich gefunden habe; über diesen seinen Stolz und Kants Stillschweigen entgegnet und
fordert ihn Hamann mit weitläufiger Heftigkeit heraus; er
25 fragt ihn: »ob Kant sich zu Hamanns Stolz erheben wolle
oder Hamann sich zu Kants Eitelkeit herablassen solle«. –
Den Vorwürfen, die ihm wegen seines frühern Benehmens
und seiner jetzigen Bestimmungslosigkeit gemacht werden,
entgegnet er auf die einfache Weise durch die Parrhesie des
30 Bekenntnisses und Zugeständnisses, daß »er der vornehmste
unter den Sündern sei; eben in dieser Empfindung seiner
Schwäche liege der Trost, den er in der Erlösung genossen«;
die Demütigung, die aus jenen Vorwürfen gegen ihn er-
wüchse, erwidere er mit »dem Stolze auf die alten Lumpen,
35 welche ihn aus der Grube gerettet, und er prange damit,
wie Joseph mit dem bunten Rocke«. – Die nähere Besorgt-
heit seiner Freunde um seine Lage und Zukunft, seine Un-

brauchbarkeit und Arbeitslosigkeit beantwortet er damit,
daß seine Bestimmung weder zu einem Staats-, Kauf- noch
Weltmann sei; er danke Gott für die Ruhe, die derselbe
ihm gebe. – Hamann lebte, nachdem er Riga verlassen, bei
seinem alten Vater; dieser gebe ihm alles reichlich, was ihm 5
zur Leibesnahrung und Notdurft gehöre, und wer frei sei
und frei sein könne, solle nicht ein Knecht werden; er gehe
seinem alten Vater zur Seite und frage nicht darnach, wieviel Vorteil oder Abbruch er diesem schaffe; Bibellesen
und Beten sei die Arbeit eines Christen; seine Seele 10
sei in Gottes Hand mit allen ihren moralischen Mängeln
und Grundkrümmen. Wenn man ja wissen wolle, was er
tue: er lutherisiere; es müsse doch etwas getan sein. »Dieser abenteuerliche Mönch sagte zu Augsburg (!): hier bin
ich – ich kann nicht anders. Gott helfe mir, Amen!« – Seine 15
Geldschuld gegen das Berenssche Haus tut er zunächst (in
dem einen Briefe an Kant S. 444) so ab, daß, wenn davon
vielleicht die Rede würde, so soll Kant dem Hrn. Berens
sagen, daß er, Hamann, jetzt nichts habe und selbst von seines Vaters Gnade leben müsse; wenn er sterben sollte, wolle 20
er seinen Leichnam dem Hrn. Berens vermachen, an dem
er sich, wie die Ägypter, pfänden könne. Ein Jahr später
(III. T. S. 17 f.) schreibt er an jenes Haus, um den Anspruch
seiner Schulden auf einen ordentlichen Fuß zu bringen; er
erhält die Erledigung in der Antwort, daß »der Abschied, 25
den er aus jenem Hause genommen, die Quittung aller Verbindlichkeiten sein möge, die je zwischen ihnen gewesen«.
– Die hauptsächlichste Wendung seines Benehmens aber gegen seine Freunde ist die Umkehrung des Angriffs auf sie,
die | Anforderung an sie, zunächst an einen der Brüder Be- 30
rens, daß er bei allen den gründlichen Entdeckungen, die
er über Hamanns Herz gemacht, in seinen eigenen Bu-
sen fühlen und sich so gut für einen Mischmasch von
großem Geiste und elendem Tropf erkennen soll, als
er ihn, Hamann, mit viel Schmeichelei (die Schmeicheleien, 35
die Berens ihm mache, tun ihm weher als seine beißenden
Einfälle) und Treuherzigkeit erkläre. Daß er in seiner Pri-

vatsache dem Freund Lindner wider Gewissen und
Pflicht so überlästig geworden, sei gewesen, weil er gewünscht und gehofft, daß er (Lindner) mehr Anwendung
davon auf sich selbst machen würde. Wie oft sei er (Ha-
5 mann) aber an das Leiden unsers Erlösers erinnert worden,
da seine Nächsten, seine Tischfreunde der keines vernah-
men und nicht wußten, was er redete und was er ihnen
zu verstehen geben wollte! Man beschuldigte ihn hart,
daß er die Mittel verachte; aber so wäre er ein Verächter
10 der göttlichen Ordnung; aber was für ein besser Mittel hätte
sich sein Freund von Gott selbst erbitten können als ihn,
den man für einen alten, wahren Freund ansehe, wenn er
in seinem eigenen Namen komme? Weil man aber den
nicht kenne, der ihn gesandt habe, so sei er (Ha-
15 mann) auch verworfen, sobald er in dessen Namen
komme; sie verwerfen den, den Gott versiegelt habe
zum Dienste ihrer Seelen. Seinen Freunden ekle vor
der losen Speise, die sie in seinen Briefen finden; was lese
er aber in den ihren? Nichts als die Schlüsse seines eigenen
20 Fleisches und Blutes, das verderbter sei als ihres; nichts als
das Murren seines eigenen alten Adams, den er mit seinen
eigenen Satiren geißle und die Striemen davon eher als sie
selbst fühle, länger als sie selbst behalte und mehr darunter
brumme und girre als sie, weil er mehr Leben, mehr
25 Affekt, mehr Leidenschaft besitze, nach ihrem eigenen Geständnis.
   Den ihm von Gott zugeteilten Beruf, seinen Freunden
zur Selbsterkenntnis zu verhelfen, bestätigt er noch weiter
damit, daß, wie man den Baum an den Früchten erkenne,
30 so wisse er, daß er ein Prophet sei – aus dem Schicksal,
das er mit allen Zeugen teile, gelästert, verfolgt und
verachtet zu werden; die größte Stufe des Gottesdienstes,
den Heuchler Gott bringen, sagt er seinen Freunden
ein andermal, bestehe in der Verfolgung wahrer Be-
35 kenner. Dieser angemaßten Stellung gemäß fordert er
Kant ([I. T.] S. 505) heraus, ihn »mit eben dem Nachdruck
zurückzustoßen und sich seinen Vorurteilen zu widersetzen,

als er (Hamann) ihn und seine Vorurteile angreife; sonst
werde in seinen Augen Kants Liebe zur Wahrheit und Tugend so verächtlich als Buhlerkünste aussehen.« Mitunter
gibt er auch den ganzen Hader für eine gemeinschaftliche
Prüfung ihrer Herzen, seines mit eingeschlossen, an. So an 5
Lindner S. 375, er soll richten, was er, Hamann, sage,
und das Gericht seines Nächsten als eine Züchtigung des
Herrn ansehen, auf daß wir nicht samt der Welt verdammt
werden; er, Lindner, soll die Wunden, die Hamann ihm
schlagen müsse, den Schmerz, den er ihm machen müsse, 10
als ein Christ vergeben. So erkennt, wie er S. 353 schreibt,
Hamann die Heftigkeit nicht, die in des | Freundes Berens
Zuschriften sich finde; er sehe alles als eine Wirkung der
Freundschaft desselben und diese sowohl als ein Geschenk
wie als eine Prüfung Gottes an. Daß er, Hamann, S. 393 in 15
so einem harten und seltenen Ton geschrieben, sei nur
darum geschehen, »daß eure Neigung, euer Herz gegen uns
offenbar würde vor Gott; Gott wollte versuchen, was in
meinem Herzen die Liebe Christi gegen euch für Bewegungen hevorbringen würde und was die Liebe Christi in euch 20
gegen uns hervorbringen würde«. – Bei einer Herausforde-
rung an Kant und bei dem Scheine, sich mit seinen Freunden in die Gemeinsamkeit der Prüfung zu stellen, ist, wie
angeführt, die Zuversicht der eigenen Vollendung in der
Buße und seiner Überlegenheit über die Freunde zu stark 25
ausgesprochen, als daß diese darin nicht Hamanns »Stolz«
vornehmlich hätten empfinden müssen. Bei jenen Voraussetzungen von seiner Seite, sieht man wohl, konnte es zu
keinem Verständnisse kommen. Kant scheint, wie erwähnt,
schon früher sich mit Hamann über diese Sache nicht wei- 30
ter eingelassen zu haben; der letzte Brief Hamanns an Kant
(S. 504) macht ihm den Vorwurf über sein Stillschweigen
und versucht ihn zu Erklärungen zu zwingen; auch fühlt
Hamann ebenso, daß er vergebene Mühe aufwendet, den
andern Freunden Lindner und Berens (S. 469 »Alle meine 35
Sirenenkünste sind umsonst usf.«) zu imponieren, und
macht (S. 495) den Vorschlag, da der Briefwechsel zwischen

ihnen immer mehr ausarten möchte, von der Materie abzu-
brechen und denselben eine Weile ruhen zu lassen. In der
Tat ist die Erfahrung, welche Hamann hierbei gemacht hat,
für ihn nicht verlorengegangen; wir sehen ihn von nun an
5 gegen Lindner, mit dem der Briefwechsel nach längerer
Zeit sich wieder aufnahm, sowie auch gegen spätere
Freunde in einem veränderten, verständigen Benehmen, das
sich auf die Gleichheit des Rechts moralischer und religiöser Eigentümlichkeit gründet und die Freiheit der Freunde
10 unbeeinträchtigt und unbedrängt läßt.

Allein dieser Verzicht, die Herzen seiner Freunde zu be-
arbeiten oder sie wenigstens zu Diskussionen über den Zustand ihrer Seelen zu drängen, ist mehr ein äußerlicher
Schein und erstreckt sich nur auf das direkte Benehmen
15 gegen sie. Sein Drang wirft sich jetzt, weil er es in der Korrespondenz aufgeben muß, sich als Meister und Prophet anerkannt zu sehen, in das andere Mittel, das Wort zu haben
– in das Mittel von Druckschriften. Wir sehen schon in den
letzten Briefen an Lindner und vornehmlich an Kant die
20 Keime und dann die nähere Ankündigung der Sokratischen Denkwürdigkeiten, des Anfangs seiner Autorschaft, wie Hamann selbst diese Schrift nennt. Er stellt den
jungen Berens mit Kant gegen sich in das Verhältnis von
Alkibiades zu Sokrates und bittet um die Erlaubnis, als der
25 Genius zu reden. In dem ganz charakteristischen, höchst
geistreichen Briefe (S. 437) an Kant geht er zu der Wendung über, daß es ihm (Hamann) »um die Wahrheit so
wenig zu tun sei als Kants Freunden«; »ich glaube, wie Sokrates, alles, was der andere glaubt – und gehe nur darauf
30 aus, andere in ihrem Glauben zu | stören.« Im andern
öfters angeführten Briefe an Kant (S. 506) wirft er diesem
vor, es sei ihm nicht daran gelegen, ihn (Hamann) zu verstehen oder nicht zu verstehen; seine (Hamanns) Anerbie-
tung sei gewesen, die Stelle des Kindes zu vertreten; Kant
35 hätte ihn daher ausfragen sollen; dies Einlassen ist es, was er
auf alle Weise hervorzurufen bestrebt ist, und zwar in dem
Zwecke, die Freunde zur Selbsterkenntnis zu bringen. Die

Sokratischen Denkwürdigkeiten sind die Ausführung
und ausdrückliche Exposition der Stellung, die er sich nehmen will – als Sokrates sich zu verhalten, der unwissend gewesen und seine Unwissenheit ausgestellt habe, um seine
Mitbürger anzulocken und sie zur Selbsterkenntnis und 5
einer Weisheit zu führen, die im Verborgenen liege. Man
sieht im Verfolge, daß Hamann mit dem eigentümlichen
Zwecke dieser Schrift nicht glücklicher gewesen als mit seinen Briefen; auf Kant hat sie offenbar weiter keine Wirkung gemacht und ihn nicht zum Einlassen vermocht; von 10
der anderen Seite her, wie es scheint, hat sie ihm Verachtung und selbst Hohn zugezogen. Aber sie drückt sowohl
den allgemeinen Grundtrieb der sämtlichen Schriftstellerei
Hamanns aus, als auch aus ihr die Sätze geschöpft worden
sind, welche späterhin eine allgemeine Wirkung hervorge- 15
bracht haben. Wir verweilen daher bei ihr noch etwas, indem wir nur noch bemerken, daß Hamann zum Behuf dieser Schrift sich nicht einmal die Mühe gab, den Plato und
Xenophon selbst nachzulesen, wie er irgendwo zugesteht.

In der Zueignung – sie ist gedoppelt, an Niemand, den 20
Kundbaren (das Publikum) und an Zween – charakterisiert
er diese (Berens und Kant, II. Bd. S. 7): »der erste arbeite
am Stein der Weisen, wie ein Menschenfreund, der ihn für
ein Mittel ansieht, den Fleiß, die bürgerlichen Tugenden und das Wohl des gemeinen Wesens zu fördern; 25
der andere möchte einen so allgemeinen Weltweisen
und guten Münzwardein abgeben, als Newton war«.
(Hamann =) Sokrates selbst sei der Reihe von Lehrmeistern
und Lehrmeisterinnen, die man ihm gegeben, unerachtet
unwissend geblieben; aber »er übertraf die anderen an 30
Weisheit, weil er in der Selbsterkenntnis weiter gekommen
war als sie und wußte, daß er nichts wußte. Mit diesem
seinem: Nichts weiß ich! wies er die gelehrten und neugierigen Athenienser ab und erleichterte seinen schönen
Jünglingen die Verleugnung ihrer Eitelkeit und suchte ihr 35
Vertrauen durch seine Gleichheit mit ihnen zu gewinnen.«
»Alle Einfälle des Sokrates, die nichts als Auswürfe und

Absonderungen seiner Unwissenheit waren, schienen den Sophisten, den Gelehrten seiner Zeit, so fürchterlich als die Haare an dem Haupte Medusens, dem Nabel der Ägide«. Von dieser Unwissenheit geht er dazu über, daß
5 unser eigen Dasein und die Existenz aller Dinge außer uns geglaubt und auf keine andere Weise ausgemacht werden müsse. »Der Glaube«, sagt er, »ist kein Werk der Vernunft und kann daher auch keinem Angriff derselben unterliegen, weil Glauben sowenig durch Gründe ge-
10 schieht als Schmecken | und Sehen.« Für das Sokratische Zeugnis von seiner Unwissenheit gibt es kein ehrwürdigeres Siegel als 1. Kor. VIII,2f., »so Jemand sich dünken läßt, er wisse etwas, der weiß noch nichts, wie er wissen soll. So aber jemand Gott liebt, der wird von ihm erkannt.« – »Wie
15 aus der Unwissenheit, diesem Tode, diesem Nichts, das Leben und Wesen einer höheren Erkenntnis neu geschaffen hervorkeime, so weit reicht die Nase eines Sophisten nicht.«

»Aus dieser Unwissenheit des Sokrates fließen als leichte
20 Folgen die Sonderbarkeiten seiner Lehr- und Denkart. Was ist natürlicher, als daß er sich genötigt sah, immer zu fragen, um klüger zu werden; daß er leichtgläubig tat, jede Meinung für wahr annahm und lieber die Probe der Spötterei und guten Laune als eine ernsthafte Untersuchung
25 anstellte; Einfälle sagte, weil er keine Dialektik verstand; daß er, wie alle Idioten, oft so zuversichtlich und entscheidend sprach, als wenn er unter allen Nachteulen seines Vaterlandes die einzige wäre, welche der Minerva auf ihrem Helm säße.« Man sieht, wie auch nach der Seite des
30 Stils Hamann den Sokrates und sich selbst zusammenmengt; die letzteren Züge dieser Zeichnung passen ganz auf ihn selbst, und mehr als auf Sokrates; so auch folgendes, worin schon oben Angeführtes nicht zu verkennen ist: »Sokrates antwortete auf die gegen ihn gemachte Anklage mit einem
35 Ernst und Mut, mit einem ›Stolz‹ und Kaltsinn, daß man ihn eher für einen Befehlshaber seiner Richter als für einen Beklagten hätte ansehen wollen. Plato macht die freiwil-

lige Armut des Sokrates zu einem Zeichen seiner göttlichen Sendung; ein größeres ist seine Gemeinschaft an dem letzten Schicksale der Propheten und Gerechten (Matth. 23,29; s. oben: gelästert, verspottet zu werden).«

So ganz persönlich, wie der Sinn, Inhalt und Zweck dieser Schrift ist, während ihr zugleich gegen das Publikum der Schein eines objektiven Inhalts gegeben wird, ist zwar der Sinn anderer Schriften nicht, aber in allen ist mehr oder weniger das Interesse und der Sinn der Persönlichkeit eingemischt. Auch die Sätze über den Glauben sind auf ähnliche Weise zunächst vom christlichen Glauben hergenommen, aber zu dem allgemeinen Sinn erweitert, daß die sinnliche Gewißheit von äußerlichen, zeitlichen Dingen, »von unserem eigenen Dasein und von der Existenz aller Dinge«, auch ein Glaube genannt wird. In dieser Erweiterung ist das Prinzip des Glaubens von Jacobi bekanntlich zu dem Prinzipe einer Philosophie gemacht worden, und man erkennt in den Jacobischen Sätzen nahezu wörtlich die Hamannschen wieder. Der hohe Anspruch, den der religiöse Glaube, und zwar nur in Recht und Kraft seines absoluten Inhaltes hat, ist auf diese Weise auf das subjektive Glauben mit der Partikularität und Zufälligkeit seines relativen und endlichen Inhaltes ausgedehnt worden. Der Zusammenhang auch dieser Verkehrung mit Hamanns Charakter überhaupt wird sich weiterhin näher ergeben.

Hegel. |

### Zweiter Artikel.

Ehe wir die schriftstellerische Laufbahn Hamanns weiter verfolgen, ist in Kürze den weitern Umständen seiner äußerlichen Lebensgeschichte nachzugehen. Die reiche Sammlung von hier dem Publikum mitgeteilten Briefen, insbesondere an J. G. Lindner und, wo diese abbrechen, an Herder sowie an einige andere Männer, mit denen H. in Verhältnis kam, zeichnen manche Seiten dieses im ganzen

sehr einfachen Lebens in der ganzen Eigentümlichkeit, mit
der sich H. darin befindet; doch müssen wir uns mehr auf
die trockene Reihe der Fakten beschränken. – H. lebte, wie
schon gesagt, seit er im Jan. 1759 das Berenssche Haus in
5 Riga verlassen, ohne Berufsgeschäft oder Bestimmung in
dem Hause und auf Kosten seines Vaters; auch der einzige
Bruder H's., der in Riga als Gymnasiallehrer angestellt war,
mußte in das väterliche Haus zurückgebracht werden, weil
er in einen Trübsinn verfallen war, der ihn für sein Amt
10 unfähig machte und der zuletzt in völligen Blödsinn überging; H. hatte sich noch bei achtzehn Jahren mit dessen
Pflege und Vormundschaft zu schleppen. Unter den Vorfal-
lenheiten aus dieser Zeit ist durch H. und seine Individualität eine Verbindung, in die er trat, denkwürdig gemacht
15 worden, welche sonst für sich eben kein besonderes Interesse hätte. Er ging im Jahre 1763 mit einem, wie es scheint,
sich durch nichts auszeichnenden Bauernmädchen eine zuweilen von ihm sogenannte Gewissensehe ein, die fruchtbar
an Kindern war und in der er sein ganzes Leben blieb. Der
20 Hr. Herausgeber sagt (Vorr. zu Bd. III), daß Rücksichten
ihm untersagt haben, H's. denkwürdige Mitteilungen über
das Entstehen dieser Verbindung in die gegenwärtige |
Sammlung aufzunehmen; es werde aber dafür gesorgt werden, daß sie nicht untergehen. Doch findet sich schon in
25 gegenwärtiger Sammlung genug, um etwa wohl die Neugierde darüber zu befriedigen. Ganz nach der Analogie dessen, was in H's. Gemüt bei dem früher erzählten Entschlusse, sich um die Hand einer Schwester der Herren
Berens zu bewerben, vorging, läßt sich nicht auf die Emp-
30 findungen schließen, die ihn zu diesem zweiten Entschlusse
brachten. Wo er in seinem Tagebuche (B. I. S. 237) von
den Bewegungen, die in ihm bei jener früheren Absicht
vorgingen, spricht, dankt er Gott, »von Anfechtungen des
Fleisches überhoben zu sein«, und bat ihn auch darum aufs
35 Künftige. »Soviel«, sagt er in einer Diktion, die dem Inko-
härenten dieses halbträumenden Zustandes entspricht, »ist er
sich bewußt, daß er nicht schlafen konnte«; er hörte eine

Stimme in sich, die ihn über den Entschluß, ein Weib zu
nehmen, frug, »aus Gehorsam gegen ihn, ich redete nicht
ein Wort, es kam mir aber vor, als wenn ich mit einem Geschrei aufspränge und schrie: Wenn ich soll, so gib mir
keine andere.« – Er fügt hinzu: »Ja, weil Gott mit einer be-  5
sondern Vorsicht über mich gewacht hatte, daß ich zu keiner fleischlichen Vermischung hatte sündigen können, gesetzt auch, mein Leib sollte erstorben sein – Abraham
glaubte und wankte nicht; gibt er nicht Einsamen Kinder
und kann aus Steinen welche erwecken?« Über Modifika-  10
tionen seiner Empfindung bei der zweiten Verbindung, die,
wie gesagt, mit einem reichen Kindersegen begleitet war,
und über die Veranlassung derselben macht er an Herder
und nachher an Franz v. Buchholtz, dessen noch weiter erwähnt werden wird, ganz offene Äußerungen. In einem  15
Briefe an den letzteren (vom 7. Sept. 1784 Bd. VII S. 162)
erzählt er ganz einfach die entstandene Zuneigung zu diesem Landmädchen, die in seines Vaters Haus als Dienstmäd-
chen kam. »Ihre blühende Jugend, eichenstarke Gesundheit,
mannfeste Unschuld, Einfalt und Treue brachte in mir eine  20
solche hypochondrische Wut hervor, welche weder Religion, Vernunft, Wohlstand, noch Arznei, Fasten, neue
Reisen und Zerstreuungen überwältigen konnten.« – In
Ansehung des Ungewöhnlichern, in dem außerehelichen
Verhältnisse mit ihr für immer zu bleiben, erklärt er sich  25
über diesen damals ins siebenzehnte Jahr laufenden Roman
seines Lebens an Herder in folgendem (V. S. 193): »Ungeachtet meiner großen Zufriedenheit (in der er lebe und die
sein ganzes Glück ausmache) fühle ich die Seite des bürger-
lichen Übelstandes (seiner Ge|wissensehe oder wie man  30
seinen Fuß zu leben nennen wolle) lebhaft. Eben das
Bauernmädchen, dessen vollblütige, blühende Gesundheit
und ebenso vierschrötige, eigensinnige, dumme Ehrlichkeit
und Standhaftigkeit soviel Eindruck auf mich gemacht, daß
Abwesenheit und die Versuche der höchsten Verzweiflung  35
und kältesten Überlegung ihn nicht haben auslöschen können – diese Magd, die Kindesstelle an meinem alten, unver-

mögenden, gelähmten Vater vertreten und die er als leibliche Tochter geliebt, würde vielleicht als meine Ehefrau ich weiß nicht was sein. – Nicht aus Stolz, dazu bin ich zu dankbar, sondern weil ich die innere Überzeu-
5 gung habe, daß diese Lage ihre eigene Glückseligkeit mindern und vielleicht dem Glücke ihrer eigenen Kinder nachteilig werden könnte.«
Vielleicht trug auch dies Verhältnis H's. im Hause seines Vaters dazu bei, daß dieser zu Anfang des Jahrs 1763 sich
10 entschloß, die Abteilung des mütterlichen Vermögens mit seinen beiden Söhnen vorzunehmen (III. S. 183). H. hatte sich in dieser Zeit mit Abfassung mehrerer kleiner Aufsätze – im Verfolg der Sokratischen Denkwürdigkeiten – und mit Kritiken für die Königsberger Zeitung (welche der Hr.
15 Herausgeber sorgfältig aufgesucht und der Sammlung beigefügt hat; sie sind eben nichts Bedeutendes) und mit der buntesten Lektüre beschäftigt. H. ist nun veranlaßt, selbst für sich zu sorgen und sich nach weiterer Arbeit umzusehen als Beten und Bibellesen, was er früher als die Arbeit eines
20 Christen angegeben hatte; Gott gab ihm, wie er sich ausdrückt (S. 184), Anlaß, an seine eigene Hütte zu denken; »der da war, da ich mir in der Hölle bettete, und mir die Schande der Muße überwinden half, wird mir jetzt in der Gefahr der Geschäfte ebenso gegenwärtig sein«. In III.
25 S. 207 ist seine Supplik an die königl. Preuß. Kriegs- und Domänen-Kammer zu Königsberg abgedruckt, vom 29. Juli 1763, worin er angibt, daß eine schwere Zunge und Unvermögenheit der Aussprache, nebst einer ebenso empfindlichen Gemütsart als Leibesbeschaffenheit ihn zu den mei-
30 sten öffentlichen Bedienungen untüchtig machen und er sich weder auf irgend einige Verdienste berufen noch auf andere Bedingungen einlassen könne, als daß er zur Not leserlich schreiben und ein wenig rechnen könne; er bittet, ihn eine Probe seiner freiwilligen Dienste machen zu
35 lassen, daß es ihm durch diesen Weg gelingen möchte, als ein Invalide des Apollo mit einer Zöllnerstelle zu seiner Zeit begnadigt zu werden. Doch nach einem halben Jahre

| bittet er wieder »in der gänzlichen Verzweiflung an der
Möglichkeit, einer Kopistenhand und des dazu nötigen Au-
genmaßes jemals mächtig zu werden«, wieder um seine Entlassung (III. S. 210) und übernimmt die Herausgabe einer
gelehrten Zeitung. H. war durch eine Äußerung, die er (in 5
den Kreuzzügen des Philologen II. S. 149) über Hrn. v.
Mosers damals Aufsehen erregende Broschüre: Der Herr
und der Diener, gemacht hatte, mit diesem in Beziehung
gekommen. H. hoffte nun durch dessen Verwendung eine
Anstellung (das. [III.] S. 205 »mit einem recht ansehnlichen 10
Gehalt als Lehrer der langen Weile«) zu erhalten, reiste deshalb im Juni, wie es scheint, ohne bei Hrn. v. Moser vorher darüber anzufragen oder ihn von seiner Absicht in
Kenntnis zu setzen, nach Frankfurt a. M., von wo dieser jedoch vier Tage vor H's. Ankunft auf eine weite Reise ab- 15
gegangen war. H., der dessen Rückkunft nicht abwarten
konnte, kam ungeschickter und unverrichteter Dinge Ende
Sept. nach Königsberg zurück. Im Juni 1767 wurde er als
Secrétaire-Interprète bei der Königsberger Provinzial-,
Akzise- und Zolldirektion zuerst mit 16 Tlrn. monatl. Ge- 20
halt angestellt, das später bis auf 30 Tlr. stieg, aber dann
wieder auf 25 Tlr. herabfiel. Er setzte in diesem Amte, vornehmlich auch durch den Ankauf vieler Bücher, den größten Teil des durch seines Vaters Tod ihm zugefallenen Vermögens zu; seinen ökonomischen Zustand (von einem Mi- 25
nus von 600 fl.) legt er dem Hrn. v. Moser V. S. 57 f.,
wahrscheinlich von ihm aufgefordert, vor; nach ebendas. S.
116 f. ist zu schließen, daß H. Hilfe bei ihm gefunden hat.
Später hilft ihm Herder großmütig aus einer Geldverlegen-
heit, die ihn sonst genötigt haben würde, seine Bibliothek 30
zu verkaufen. Am Ende des Jahrs 1774 muß er wieder als
»expedierender Kopist« arbeiten (V. S. 95), vergl. IV. S.
242, wo er in einer Schrift an das Publikum auch des
Umstandes erwähnt, seinen Monatsgehalt von 750 Düttchen
in Scheidemünze ausgezahlt zu erhalten, die von der Post 35
nicht angenommen werde; das Briefporto machte ihm bedeutende Auslagen. Anfangs des Jahrs 1777 wurde er endlich

zum Packhofverwalter ernannt (V. S. 216 f.); sein Gehalt
war dasselbe, 300 Rtlr., aber überdem hatte er freie Woh-
nung und Garten und einen Anteil an den sogenannten
Fooigeldern, der über 100 Rtlr. betrug; womit er nun »zu-
5 frieden und glücklich zu sein gedachte, wenn der Neid des
Satans nicht die köstliche Salbe der Zufriedenheit verderben
werde«; die weitläufigen Verdrießlichkeiten über den Gar-
ten sind in den Briefen an | seinen Freund, den Kapellmei-
ster Reichardt in Berlin, zu lesen, dessen Verwendung er in
10 seinen Amtsverhältnissen, aber freilich fruchtlos, in Anspruch nahm; auch hatte er den Kummer, jenen Zuschuß
aus den Fooigeldern zu verlieren; so daß er, nachdem seine
Lage zwar durch den Tod seines unglücklichen Bruders, der
am Ende des Jahrs 1778 endlich erfolgte, und das ihm da-
15 durch zufallende Vermögen desselben etwas erleichtert
wurde, sich bei einer zahlreichen Familie, seinem Hang
zum Bücherkaufen und beträchtlichen Verlusten beim Ver-
kauf von Häusern, in die er sein Vermögen gesteckt hatte,
immer in bedrängten Umständen befand (V. S. 287 »das
20 Gemüt voller niedriger, kriechender, irdischer Nahrungs-
sorgen«), die er jedoch durch die Wirtschaftlichkeit, seinen
christlichen Mut und eigentümlichen Humor mit der Ruhe
und Heiterkeit seiner Art standhaft trug, wobei ihm auch
von Freunden manche Unterstützung zuteil wurde. Er
25 bezeugt übrigens öfters, daß die Packhofverwaltersstelle
der einzige Dienst im Lande gewesen, den er sich gewünscht; nach eines ehemaligen kön. Pr. Licent-Packhof-
meisters Bonmot hätten alle anderen Beamten Eselsarbeit
und Zeisigsfutter; bei ihm aber sei die einzige Ausnahme,
30 Eselsfutter und Zeisigsarbeit zu haben (V. S. 210). Er hatte
wenig oder, nach seinen Ausdrücken, gar nichts zu arbeiten, »im Grunde weder Geschäfte noch Verantwortung«
(VI. S. 195); »mich verderbt eher zuviel Bequemlichkeit,
zuviel Ruhe und Muße«. Die Zeit, die er (VI. S. 218) von
35 7 Uhr morgens bis 12 Uhr, und von 2 bis 6 Uhr abends auf
seiner Station zuzubringen hatte, verbrachte er vornehmlich
mit Lesen. Diese Lektüre ist durchaus bunt; ohne die Rich-

tung auf einen Zweck, alles nach Zufall durcheinander, daher sie mehr eine üble Wirkung als einen bildenden Einfluß
auf seine Schriftstellerei hatte. Eine ungefähre Liste der
Bücher, die er vom Sommer 1781 in seinen Briefen als seine
Lektüre anführt, mag als Beispiel dienen: Am 8ten Apr. die 5
54 Bde. des Voltaire zu Ende gebracht; nun die 30 ersten
Bogen von Kants Kritik der reinen Vernunft; Le procès des
trois Rois. Londres, 1780; wieder 18 Bogen von Kant; Des
Erreurs et de la Verité, Locke, Über den menschlichen Verstand; Histoire privée de Louis XV; Herders theologische 10
Briefe usf.; darauf Buffons Histoire des Oiseaux; die Biblio-
theca Fratrum Polonorum; Zeltners Histor. Arcani Crypto-
socinianismi Altdorfini usf. Diese Lesesucht konnte um so
weniger fruchtbar sein nach dem, was er an Lavater schreibt
(im J. 1781, V, S. 280): »Seit lan|ger Zeit genieße ich einen 15
Schriftsteller bloß, so lange ich das Buch in der Hand habe;
sobald ich es zumache, fließt alles in meiner Seele zusammen, als wenn mein Gedächtnis Löschpapier wäre.« – Unterricht im Griechischen, auch Englischen, Italienischen
usf., den er seinen Kindern und zum Teil andern Bekann- 20
ten erteilte, Umgang mit Freunden in Königsberg, dem dahin versetzten J. G. Lindner, Hippel, Kant, mit welchen
beiden er auf einem bald mehr oder weniger entfernten und
obzwar nicht vertraulichen (die Autorschaft der Lebensläufe
hatte Hippel Hamann nicht nur nicht anvertraut, sondern 25
abgeleugnet), doch auf gutem Fuße stand, und mit einigen
andern, Kreuzfeld, Kraus usf., dann der Briefwechsel mit
auswärtigen Freunden und zuletzt Schriftstellerei und
sonstiges im Leben Gewöhnliches machten seine übrigen
Beschäftigungen aus. – Die früher ausführlich erzählte Er- 30
fahrung hatte ihn endlich davon abgebracht, sich zum Straf-
und Bußprediger seiner Freunde aufzuwerfen, und ihn
gelehrt, sich auch mit solchen zu vertragen, denen sein Inneres fremd bleiben mußte; wie die Not ihn dahin gebracht
hatte, sich mit einer Stelle und Arbeit zu vertragen, welche 35
gegen seinen Geist und seine Kenntnis ganz und gar hetero-
gen, aber vielleicht eben dadurch angemessener war als

jenes Verhältnis, in welchem er bei seinen Freunden in Riga
hätte verbleiben können, indem ein ganz äußerliches und
stumpfes Geschäft die Hartnäckigkeit seines abstrakten Charakters unangefochten ließ, wo hingegen ein Verhältnis von
5 sinnigerer Arbeit und konkreterer Stellung mit Menschen
ihm zugemutet hätte, seine Isolierung zu verlassen und sich
in verständigere Gemeinsamkeit zu setzen. Wir sehen ihn
nun sowohl mit alten Jugendfreunden als mit solchen, welche ihm seine Schriften erwarben, in einem gemütlichen
10 und ruhigen Verhältnis bei der größten Verschiedenheit seiner und ihrer Eigentümlichkeiten; er ist fähig, auch solche,
wie z. B. Kraus und vollends den Kriegsrat Scheffner,
der seine weit gegangene Flachheit in seiner hinterlassenen
Biographie noch nach seinem Tode dem Publikum hat
15 wollen vorlegen lassen, im Umgange mit ihm gewähren zu
lassen. Es ist dieselbe Erscheinung wie die vorhin bemerkte,
daß ihn die fremdartigste Lektüre, deren Inhalt kein Interesse für ihn haben konnte, gegen die Untätigkeit und
Langeweile seines amtlichen Vegetierens beschäftigte und
20 unterhielt. |

Die Freundschaft war im Verhältnisse der Gelehrten
und Literatoren der damaligen Zeit eine wichtige Angelegenheit, wie wir aus den vielen Briefwechseln, die seitdem
in Druck gekommen sind, ersehen. Die Vergleichung der
25 verschiedenen Arten und Schicksale dieser Freundschaften
würde wohl eine interessante Reihe von Charakteristiken
liefern können, besonders wenn man diese Briefwechsel mit
den gleichfalls zahlreichen Bänden von gedruckten Briefen
der französischen Literatoren der damaligen Zeit paralle-
30 lisieren wollte. Hamanns religiöse Wendung hatte die Gestalt einer abstrakten Innerlichkeit genommen, deren hart-
näckige Einfachheit objektive Bestimmungen, Pflichten,
theoretische wie praktische Grundsätze nicht als schlechthin
wesentlich anerkennt, noch ein letztes Interesse für diesel-
35 ben hat. Eine Verschiedenheit hierüber, die hiermit allerdings sehr weit gehen kann, kann deswegen die Freundschaft nicht stören, welche aus demselben Grunde meist

durch Zufall und subjektive Neigung entstanden ist; ein
Hauptzug H's. ist daher auch seine Beständigkeit in derselben. Es ist interessant, ihn über seine Vorstellung von der
Freundschaft sich erklären zu hören, was er besonders bei
dem geschilderten früheren Hauptzwist mit seinen dama- 5
ligen Freunden vielfach tut. Nach seinem Sinne gelten die
heftigsten Vorwürfe, die leidenschaftlichsten Äußerungen
bloß als Prüfungen (B. I. S. 391); die Freundschaft ist ihm
ein göttliches Geschenk, insofern alles dasjenige, was auf
ihre Vernichtung zu zielen scheint, nichts als ihre Läuterung 10
und Bewährung hervorbringt. Sie hat ihm (B. I. S. 474)
mit Lehren, Unterrichten, Umkehren und Bekehren nichts
zu schaffen. »Was ist denn das Augenmerk der Freundschaft?« fragt er. »Lieben, Empfinden, Leiden. Was wird
Liebe, Empfindung, Leidenschaft aber eingeben und | 15
einen Freund lehren? Gesichter, Mienen, Verzuckungen,
Figuren, redende Handlungen, Strategeme, Schwärmerei,
Eifersucht, Wut.« – Ferner: »Ich würde der niederträchtig-
ste und undankbarste Mensch sein, wenn ich mich durch
die Kaltsinnigkeit (des Freundes), durch sein Mißverständ- 20
nis, ja selbst durch seine offenbare Feindschaft so bald
sollte abschrecken lassen, sein Freund zu bleiben; unter diesen Umständen ist es desto mehr meine Pflicht, Stand zu
halten und darauf zu warten, bis es ihm gefallen wird, mir
sein Zutrauen wieder zu schenken.« So behält H. dieselben 25
warmen Gesinnungen gegen die Brüder Berens, mit denen
er so hart zusammengekommen, sein ganzes Leben bei. So
wachen auch in ihm nach Mendelssohns Tod frühere
Empfindungen gegen denselben auf, dem »der Antritt von
seiner (H's.) literarischen Laufbahn nicht verächtlich ge- 30
schienen habe«; er überredet sich nach allen Heftigkeiten,
in die er gegen denselben explodiert war, dessen Freund geblieben zu sein, und daß er ihn hiervon noch hätte überzeugen können. – Mit Herdern steht er fortdauernd, wenigstens in dem (oft sehr geschraubt oder auch persiflierend 35
werdenden) Tone vertraulicher Freundschaft. Bei aller dieser Freundschaft erklärt H. einmal Herdern (V. S. 61), was

sonst offen genug daliegt, daß beider Gesichtspunkt und
Horizont zu entfernt und verschieden sei, um sich über gewisse Dinge vergleichen zu können; er »verdammt« eine
der Preisschriften Herders (ebend. S. 77), die diesem sonst
5 viel Ruhm erworben hatte; ja von dessen Schrift über die
Apokalypse schreibt ihm H. (VI. S. 103) vom 29sten Okt.
1779, daß dies Buch das erste sei, welches er (Hamann) aus
der Fülle des Herzens und Mundes lieben und loben könne;
was um so weniger ist, je ein geringeres Verhältnis jene
10 Schrift überhaupt zur Fülle des Herzens und Geistes hat. Es
ist ein allgemeiner, aber eben kein Zug des Wohlwollens,
daß H. gerade durch die Schriften seiner besten Freunde so
aufgeregt wird, daß er in Aufsätzen über sie herfällt, die,
zum Drucke bestimmt, nach seiner | sonstigen Weise mit
15 leidenschaftlicher Heftigkeit und Mutwillen angefüllt, selbst
nicht ohne ein Ingredienz sind, das als bitterer Hohn empfunden werden und kränkend sein kann. Über Herders
Preisschrift vom Ursprung der Sprachen hatte Hamann eine
kurze Anzeige in der Königsberger Zeitung gemacht, wel-
20 che sich nur versteckter Weise gegen deren Hauptgedanken
erklärt; aber er verfaßte auch einen sehr heftigen Aufsatz
unter dem Titel: Philologische Einfälle und Zweifel
usf. (Bd. IV. S. 37 ff.), worin er seine Zweifel in nichts weniger als dahin ausdrückt: »ob es dem Verfasser je ein Ernst
25 gewesen, sein Thema zu beweisen oder auch nur zu berühren«; die Merkmale zu diesem Zweifel fänden sich
darin, daß der ganze Beweis (von dem menschlichen Ursprung der Sprache) aus einem runden Zirkel, ewigen Krei-
sel und weder verstecktem noch feinem Unsinn zu-
30 sammengesetzt, auf verborgenen Kräften willkürlicher Namen und gesellschaftlicher Losungswörter oder Lieblings-
ideen beruhe usf. Diesen Aufsatz enthielt sich H. jedoch
drucken zu lassen, nachdem Herder, der davon gehört, ihm
den Wunsch, denselben nicht vor das Publikum zu bringen,
35 geäußert hatte. Ebenso ließ er eine für die Königsberger
Zeitung verfertigte Rezension über Kants Kritik der reinen
Vernunft und den Aufsatz Metakritik, auf den wir späterhin

zurückkommen werden, wenigstens ungedruckt. Daß Jacobis Schriften in Betreff seiner Dissidien mit Mendelssohn,
die Briefe über Spinoza usf., auf die sich Jacobi sehr viel zugute tat, vor H. keine Gnade fanden, wird noch späterhin
berührt werden.                                              5

An diese besondere Art von Freundschaft schließt sich das
Eigentümliche seiner Frömmigkeit an, der Grundzug in seiner Schriftstellerei wie in seinem Leben überhaupt, welcher
nun näher anzugeben ist. Wir sahen ihn früher in dem religiösen Gefühle seines äußern und innern Elends, aber auch   10
bald daraus zur Freudigkeit eines versöhnten Herzens übergegangen, so daß die Qual und Unseligkeit eines Gemüts,
das die Entzweiung in die religiösen Forderungen und in
das denselben widersprechende Bewußtsein der Sündhaftigkeit perennierend in sich trägt, überwunden war. Aber in   15
dem, was über jene Periode aus seiner Lebensbeschreibung
ausgehoben worden ist, und in dem Aufsatze selbst in der
breitesten Fülle, liegt jene frömmelnde Sprache und der
widrige Ton schon ganz fertig vor, welcher noch mehr die
Sprache der Heuchelei als der Frömmigkeit zu sein pflegte.   20
Daß er der erstern verfallen sei, dafür vermehrt sich der An-
schein, wenn | H., nachdem er sich innerlich von seinen
Sünden absolviert hat, nun gegen seine Freunde auf die
Anerkenntnis, der größte Sünder zu sein, nicht nur pocht,
sondern auch über seine lungernde, bestimmungs- und       25
arbeitsscheue Lebensart ihnen mit dem Pantheismus der unechten Religiosität, daß alles Gottes Wille sei, entgegnet.
»Der Christ«, schreibt er an seine Freunde, »tut alles in
Gott: Essen und trinken, aus einer Stadt in die andere reisen, sich darin ein Jahr aufhalten und handeln und wandeln   30
oder darin stillsitzen und harren (geht auf seinen Aufenthalt
in England) sind alles göttliche Geschäfte und Werke«. Es
würde ihm nicht gefehlt haben, einen vergnüglichen Kreis
von neuen Freunden aufzufinden, mit denen er sich gemeinsam in dem Dunste selbstgefälliger Sündhaftigkeit hätte   35
laben und preisen können. Goethe in seinem Leben erzählt, wie zu jener Zeit »die Stillen im Lande« zu Frankfurt

dem Hamann ihre Aufmerksamkeit zuwendeten und mit
ihm sich in Verhältnis setzten; wie diese frommen Menschen sich H. nach ihrer Weise fromm gedacht und ihn als
»den Magus aus Norden« mit Ehrfurcht behandelten; aber
5 bald Ärgernis schon an seinen W o l k e n und noch mehr an
dem Titelblatt zu den K r e u z z ü g e n  e i n e s  P h i l o l o g e n
nahmen, auf welchem das Ziegenprofil eines gehörnten
Pans und dann noch ein weiterer satirischer Holzschnitt (die
auch in dieser Ausg. B. II. S. 103 u. 134 zu finden sind): ein
10 großer Hahn, taktgebend jungen Hühnchen, die mit Noten
in den Krallen vor ihm standen, sich höchst lächerlich
zeigte, worauf sie ihm ihr Mißbehagen zu erkennen gaben,
er aber sich von ihnen zurückzog. Hamann würde wohl in
seiner Gegend gleichfalls dergleichen neue Freunde haben
15 finden können, und wenn etwa das Naturell seines Bruders,
der in Blödsinn endete, eine weitere Wahrscheinlichkeit,
daß er die Richtung der Heuchelei verfolgen würde, an die
Hand gäbe, so bewahrte ihn hiervor die in seinem Gemüte
noch starke und frische Wurzel der Freundschaft, die ge-
20 niale Lebendigkeit seines Geistes und das edlere Naturell.
Jene Wurzel der Freundschaft erlaubte ihm nicht, in ihm
selbst unredlich gegen sich und gegen sie zu werden und das
Prinzip weltlicher Rechtlichkeit zu verschmähen. Es hatte
eines streng positiven Elements, eines harten Keils bedurft,
25 der durch sein Herz getrieben werden mußte, um dessen
Hartnäckigkeit zu überwinden; aber es wurde damit nicht
getötet, sondern vielmehr dessen energische Lebendigkeit
ganz in die Frömmigkeit aufgenommen. H. hat darüber ein
bestimmtes Bewußt|sein, so daß er auch Gott dafür dankt
30 (I. S. 373), daß er »wunderlich gemacht ist«.
    In dem oft angeführten Kampfe mit seinen Freunden
spricht er vielfach diese Verknüpfung seiner Frömmigkeit
und seiner eigentümlichen Lebendigkeit aus; so sagt er
(I. S. 393): »Wie Paulus an die Korinther in einem so har-
35 ten und seltsamen Tone geschrieben (was er mit seinem
eigenen Benehmen in Parallele setzt), was für ein G e m i s c h
v o n  L e i d e n s c h a f t e n  habe dieses sowohl in dem Gemüte

Pauli als der Korinther zuwege gebracht? Verantwortung,
Zorn, Furcht, Verlangen, Eifer, Rache; wenn der natürliche Mensch fünf Sinne habe, so sei der Christ ein Instru-
ment von zehn Saiten, und ohne Leidenschaften einem
klingenden Erz ähnlicher als einem neuen Menschen«. 5
Diese Frömmigkeit, die so das weltliche Element einer emi-
nenten Genialität zugleich in sich trägt, unterschied sich
wesentlich ebensosehr von den Arten einer bornierten pietistischen, süßlichen oder fanatischen Frömmigkeit, als auch
von der ruhigern, unbefangenern Frömmigkeit eines recht- 10
schaffenen Christen und gestattete ferner auch andern, die
nicht zu den »Stillen im Lande« gehörten, mit ihm in Gemeinsamkeit und Anerkennung zu sein.

Der Hr. Herausgeber gibt (Vorr. zu B. III. S. VI ff.) die
in Bezug auf Hamann interessante Notiz von einer Schrift, 15
die der vieljährige Freund desselben, G. J. Lindner, noch im
Jahre 1817 herausgegeben, worin dieser eine Schilderung
von H. macht und in Beziehung auf seine Religiosität sagt,
daß seine bewundernswürdigen, nicht bloß Eigenheiten,
sondern talentvollen Geisteskräfte die Ursache gewesen, daß 20
derselbe in seiner moralischen und religiösen Denkart
schwärmte; er war, ist hinzugefügt, »der strenge Ver-
teidiger der krassesten Orthodoxie.« Mit diesem
Namen wurde damals dasjenige bezeichnet, was in der protestantischen Kirche die wesentliche Lehre des Christen- 25
tums war. Der Name der Orthodoxie ist nachher zugleich
mit dem Namen von Heterodoxie, welcher letztere den
Meinungen der Aufklärung gegeben worden war, verschwunden, seitdem diese beinahe aufgehört haben, etwas
Abweichendes zu sein, und eher fast die allgemeine Lehre 30
nicht nur der sogenannten rationalistischen, sondern meist
selbst der sogenannten exegetischen und namentlich der
Gefühlstheologie geworden sind. H. war in der für sein Gemüt erlangten Versöhnung sich des objektiven Zusam-
menhangs dieser Ver|söhnung wohl bewußt, welcher Zu- 35
sammenhang die christliche Lehre von der Dreieinigkeit
Gottes ist. Mit H's. wie mit dem lutherischen und christ-

lichen Glauben überhaupt kontrastiert es auf das Stärkste,
wenn heutigentages Theologen vom Fache noch der christlichen Versöhnungslehre zugetan sein wollen und zugleich
leugnen, daß die Lehre von der Dreieinigkeit die Grundlage
5 derselben sei; ohne diese objektive Grundlage kann die Versöhnungslehre nur einen subjektiven Sinn haben. Bei H.
steht sie fest; in einem Briefe an Herder (V. S. 242) sagt
er: »ohne das sogenannte Geheimnis der h. Dreieinigkeit
scheint mir gar kein Unterricht des Christentums möglich
10 zu sein; Anfang und Ende fällt weg«. Er sagt in diesem Zusammenhange von einer Schrift, mit der er damals umging,
daß das, was man für die pudenda der Religion hält
(eben das von andern krasse Orthodoxie Genannte), und
dann der Aberglaube, selbige zu beschneiden, und die
15 Raserei, sie gar auszuschneiden, der Inhalt dieses Em-
bryos sein werde. Mit der Orthodoxie aber pflegt die fernere Vorstellung verbunden zu sein, daß sie ein Glaube sei,
den der Mensch nur als eine tote, dem Geiste oder Herzen
äußerliche Formel in sich trage. Hiervon war niemand ent-
20 fernter als H., so daß sein Glaube vielmehr den Kontrast in
sich hatte, bis zur ganz konzentrierten, formlos werdenden
Lebendigkeit fortzugehen. Am nachdrücklichsten ist es in
dem ausgedrückt, was Jacobi (Auserlesener Briefwechsel
2ter B. 1827 S. 143) von H. in einem »Briefe an F. L. Gr.
25 von Stolberg« angibt; »H. sagte mir einmal ins Ohr: Alles
Hangen an Worten und buchstäblichen Lehren der Religion
wäre Lama-Dienst.« Ins Ohr pflegte sonst H. bei seiner
Parrhesie eben nicht zu sprechen; allenthalben beweist die
geistige Weise seiner Frömmigkeit jene Freiheit von dem
30 Tode der Formeln. Unter vielem andern mag folgende di-
rektere Stelle aus einem Briefe H's. an Lavater v. J. 1778
(B. V. S. 276) ausgehoben werden; im Gegensatze gegen
Lavaters innere Unruhe, Unsicherheit und Durst und
äußere Geschäftigkeit, dessen Anstöße in derselben und
35 Plage damit wie mit seinem Innern selbst, faßt H. das Gebot seiner eigenen christlichen Gesinnung so zusammen: »Iß
dein Brot mit Freuden, trink deinen Wein mit gutem Mut,

denn dein Werk gefällt Gott; brauche des Lebens mit
deinem Weibe, das du lieb hast, so lange du das eitle Leben
hast, das dir Gott unter der Sonne gegeben hat. Ihre (Lavaters) Zweifelknoten sind ebenso vergängliche Phäno-
mene wie unser System von | Himmel und Erde, alle leidi- 5
gen Kopier- und Rechnungsmaschinen mit eingeschlossen.«
– Er fügt hinzu: »Ihnen von Grund meiner Seele zu sagen,
ist mein ganzes Christentum ein Geschmack an Zeichen
und an den Elementen des Wassers, des Brotes, des Weins.
Hier ist Fülle für Hunger und Durst: eine Fülle, die nicht 10
bloß, wie das Gesetz, einen Schatten der zukünftigen
Güter hat, sondern αὐτὴν τὴν εἰκόνα τῶν πραγμάτων, insofern
selbige, durch einen Spiegel im Rätsel dargestellt, gegenwärtig und anschaulich gemacht werden können; das
τέλειον liegt jenseits.« Was H. seinen Geschmack an Zeichen 15
nennt, ist, daß ihm alles gegenständlich Vorhandene, seiner eigenen innern und äußern Zustände wie der Geschichte und der Lehrsätze, nur gilt, insofern es vom Geiste
gefaßt, zu Geistigem geschaffen wird, so daß dieser göttliche
Sinn weder nur Gedanke noch Gebilde einer schwärmen- 20
den Phantasie, sondern allein das Wahre ist, das so gegenwärtige Wirklichkeit hat. Es hängt damit zusammen, was
der Hr. Herausgeber am angeführten Orte noch aus der angeführten Schrift G. I. Lindners aushebt; dieser erzählt
dort auch, daß er einst über H's. Auslegungen ganz gleich- 25
gültiger Stellen der Bibel gegen denselben geäußert habe,
wenn er (L.) mit H's. originellem Talente, seinem Proteus-
witze, Erde in Gold und Strohhütten in Feenpaläste verwandeln könnte, so wollte er aus dem Schmutze Crebillon-
scher Romane usf. alles das sublimieren, was H. aus jeder 30
Zeile der Bücher der Chroniken, Ruth, Esther usf. glossiere
und interpretiere; H. habe erwidert: darauf sind wir angewiesen. – Indem H's. Glaube eine positive Grundlage
zur Voraussetzung behielt, so war dieselbe für ihn zwar ein
Festes, aber ein Göttliches, weder als ein äußerlich vorhan- 35
denes Ding (die Hostie der Katholiken), noch eine als buch-
stäbliches Wort behaltene Lehrformel (wie bei dem Wort-

glauben der Orthodoxie vorkommt), noch gar ein äußerlich
Historisches der Erinnerung; sondern das Positive ist ihm
nur Anfang und für die Gestaltung, für Ausdruck und Ver-
bildlichung wesentlich zur belebenden Verwendung. H.
5 weiß, daß dies belebende Prinzip wesentlich eigener indivi-
dueller Geist ist und daß die Aufklärerei, welche sich mit
der Autorität des Buchstabens, welchen sie nur erkläre, zu
brüsten nicht entblödete, ein falsches Spiel spielte, indem
der Sinn, den die Exegese gibt, zugleich verstandener, sub-
10 jektiver Sinn ist; welches Subjektive im Sinne aber damals
die Verstandes-Abstraktionen der Wolffischen Schule, |
welche Vernunft genannt wurden, wie nachher anderer
Schulen waren.

So ist H's. Christentum eine Energie lebendiger indivi-
15 dueller Gegenwart; in der Bestimmtheit des positiven Elements bleibt er der freieste, unabhängigste Geist, daher für
das am entferntesten und heterogensten Scheinende wenigstens formell offen, wie oben die Beispiele seiner Lektüre
gezeigt haben. So erzählt Jacobi in dem angeführten Briefe
20 an Gr. Stolberg auch, daß H. gesagt, wer den Sokrates unter den Propheten nicht leiden kann, den muß man fragen:
»wer der Propheten Vater sei? und ob sich unser Gott
nicht einen Gott der Heiden genannt habe?« – Er wird
von Bahrdts ausführlichem Lehrgebäude der Religion,
25 wenigstens für ein paar Tage aufs Höchste begeistert, sosehr
er ihn als einen »Irrlehrer« kennt, weil »der Mann mit Licht
und Leben von der Liebe redet«. H's. eigene geistige Tiefe
hält sich dabei in vollkommen konzentrierter Intensität und
gelangt zu keiner Art von Expansion, es sei der Phantasie
30 oder des Gedankens; Gedanke oder schöne Phantasie, welche einen wahrhaften Gehalt bearbeitet und ihm Entfaltung
gibt, erteilt demselben eine Gemeinsamkeit und benimmt
der Darstellungsweise den Schein derjenigen Absonderlich-
keit, welche man sehr häufig allein für Originalität zu neh-
35 men pflegt. Weder Kunstwerke oder etwas der Art, noch
wissenschaftliche Werke kann die Singularität hervorbringen.

Der schriftstellerische Charakter H's., zu dem wir nun
übergehen, bedarf keiner besondern Darstellung und Beurteilung, indem er ganz nur der Ausdruck der bisher geschilderten persönlichen Eigentümlichkeit ist, über welche derselbe kaum zu einem objektiven Inhalte hinausgeht. Der          5
Hr. Herausgeber sagt in seiner treffenden Charakterisierung
der Schriften H's. 1. T. Vorr. S. VIII, daß sie zur Zeit ihres
Erscheinens nur von einer kleinen Zahl mit Achtung und
Bewunderung, von den meisten als ungenießbar mit
Gleichgültigkeit oder auch als Werke eines Schwärmers mit          10
Verachtung aufgenommen worden seien. Es mag sich wohl
bei uns, als bereits einer Nachwelt, jenes beides – das Bewußtsein der Achtung und der Ungenießbarkeit – miteinander verbinden, die Ungenießbarkeit aber noch in einem
stärkern Grade bei uns vorhanden sein als bei den Zeitge-          15
nossen, für welche die Menge von Partikularitäten, mit
denen die H'schen Schriften ausgefüllt sind, noch eher ein
Interesse und auch mehr Verständlichkeit haben konnte als
für | uns. – Die Unfähigkeit H's., ein Buch zu schreiben,
ergibt sich aus dem Bisherigen von selbst. Der Hr. Heraus-          20
geber gibt am angeführten Orte (1 T. Vorr. S. VIII) von
den zahlreichen Schriften H's. an, daß keine über fünf, die
meisten nicht über zwei Bogen stark waren. »Ferner: Alle
waren durch besondere Veranlassungen hervorgerufen, keineswegs aus eigener Bewegung, noch weniger um Erwerbs          25
willen (einige Übersetzungen aus dem Französischen,
Anzeigen für die Königsberger Zeitung und anderes dergleichen hatte jedoch wohl diesen Zweck) unternommen;
wahre Gelegenheitsschriften, voll Persönlichkeit und Ört-
lichkeit, voll Beziehung auf gleichzeitige Erscheinungen          30
und Erfahrungen, zugleich aber Anspielungen auf die
Bücherwelt, in der er lebte.« Die Veranlassung und Tendenz ist sämtlich polemisch; Rezensionen gaben seiner
Empfindlichkeit die häufigste Anregung dazu. Was ihn zu
seiner ersten Schrift, den Sokratischen Denkwürdig-          35
keiten, antrieb, ist, wie auch das Doppelgesicht derselben,
ein persönlicher und auf etliche Personen gerichteter

Zweck, und die andere, hiermit halbe und schiefe Richtung
gegen das Publikum ist oben bemerkt worden. Sie hatte
auch eine gedoppelte Kritik zur Folge, die eine von der
Öffentlichkeit her in den Hamburgischen Nachrichten aus
5 dem Reiche der Gelehrsamkeit vom Jahre 1760, die andere
war, wie es dem Titel und der Kränkung nach, die H. darüber empfand, scheint, eine bittere Erwiderung aus dem
Kreise der Bekannten, denen H. mit seinen Denkwürdigkeiten imponieren wollte; diese Angriffe veranlaßten H. zu
10 weiteren Broschüren. – Die Kreuzzüge des Philologen
vom Jahre 1762, eine Sammlung von einer Menge kleiner,
unzusammenhängender Aufsätze, deren die meisten sehr
unbedeutend, darin doch einige Perlen sind, brachten ihn
in Beziehung zu den Literaturbriefen, zu Nicolai und
15 Mendelssohn, welche, besonders der letztere, sein Talent
hochachtend, ihn für ihre literarische Wirksamkeit zu gewinnen suchten. Vergeblich! H. hätte in solcher Verbindung ebensowohl der Eigentümlichkeit seiner Grundsätze
als seiner zufälligen und barocken Art schriftstellerischer
20 Komposition entsagen müssen. Diese Beziehung wurde
vielmehr die nähere Veranlassung zu vielfachen Angriff-
und Verteidigungs-Broschüren, voll partikulären Witzes
und rächender Bitterkeiten. Andere Aufregungen erhielt er
durch andere Zufälligkeiten, z. B. Klopstocks Orthogra-
25 phie, des berüchtigten (als Katholik und protestantischer
Hofprediger in Darmstadt verstorbenen) Starks, mit dem
er früher in | Verkehr gewesen war (s. den Briefwechsel
mit Herder und andern), Apologie des Freimaurerordens
usf., Eberhards Apologie des Sokrates usf. Auch sein Ak-
30 zise-Amt verleitete ihn, einige französische Bogen, unter
andern an Q. Icilius, Guischard, in Druck ausgehen zu
lassen; sie drücken seinen Unmut sowohl über sein kärgliches Gehalt und über seine Not wie über das ganze Akzi-
sesystem und den Urheber desselben, Friedrich II., doch
35 dies mehr nur verbissen, aus. Keine Wirkung keiner Art,
weder bei den Einfluß-habenden Individuen noch beim Publikum, konnten dergleichen Aufsätze hervorbringen; die

Partikularität des Interesses, der geschraubte, frostige Humor ist hier vollends zu sehr überwiegend und weiter sonst kein Gehalt zu ersehen. H. hat sich nicht an die gewöhnliche Bewunderung, die seine Landsleute und seine Mitwelt gegen seinen König, den er spottweise häufig als »Salomon  5 du Nord« bezeichnet, hegten, angeschlossen, noch weniger aber sich dazu erhoben, ihn zu verstehen und zu würdigen; vielmehr ist er gegen ihn nicht über die Empfindung eines deutschen Subalternen im Zollamt, welcher Franzosen zu seinen Vorgesetzten und ein allerdings kärgliches, selbst ei-  10 nigemal noch einer Reduktion ausgesetztes Gehalt hat, und über die Ansicht eines abstrakten Hasses gegen die Aufklärung überhaupt hinausgekommen. Es ist auch bereits bemerkt, daß außer den Schriften von solchen, die seine Gegner waren oder wurden, besonders beinahe auch die jedes-  15 maligen Schriften seiner Freunde eine Veranlassung für ihn zu leidenschaftlichen, harten und bittern Aufsätzen wurden; er ließ sie zwar meist nicht drucken – in der vorliegenden Ausgabe erscheinen mehrere zum ersten Male –, auch enthielt er sich, sie die Freunde, gegen deren Schriften er so  20 losgebrochen war, lesen zu lassen, doch teilte er sie unter der Hand andern Freunden handschriftlich mit. – Die stärkste Aufregung gab H. die berühmte Mendelssohnsche Schrift: »Jerusalem oder über religiöse Macht und Judentum«; H's dagegen gerichtete Broschüre: Golgatha und  25 Scheblimini ist ohne Zweifel das Bedeutendste, was er geschrieben.

Was nun die nähere Angabe des Inhalts der Schriften H's. und der Form betrifft, in der er denselben ausgedrückt hat, so wird das folgende darüber Auszuhebende mehr Belege  30 des bereits Geschilderten geben als neue Züge. Von dem Gehalte sahen wir schon, daß er das Tiefste der religiösen Wahrheit war, aber so konzentriert gehalten, daß dasselbe dem Umfange nach sehr einge|schränkt bleibt. Das Geistreiche der Form gibt dem gedrungenen Gehalte zugleich  35 seinen Glanz, und zugleich bringt sie statt einer Ausführung nur eine Ausdehnung hervor, die aus subjektiven Partikula-

ritäten, selbstgefälligen Einfällen und dunklen Schraubereien
nebst vielem polternden Schimpfen und fratzenhaften und
selbst farcenhaften Ingredienzien zusammengesetzt ist, mit
denen er sich selbst wohl Spaß machen, die aber weder die
5 Freunde, noch viel weniger das Publikum vergnügen oder
interessieren konnten.

Wie er sich seinen Beruf vorstellte, drückt er in folgendem schönen Bilde aus (I. Bd. S. 397): »Eine Lilie im Tal,
und den Geruch des Erkenntnisses verborgen auszudulten,
10 wird immer der Stolz sein, der im Grunde des Herzens und
in dem inneren Menschen am meisten glühen soll.« Unmittelbar vorher hatte er sich mit der prophetisierenden Eselin
Bileams verglichen. In einem Briefe an Hrn. v. Moser (V.
S. 48) führt er das früher angeführte Parallelisieren seines
15 Berufs mit dem des Sokrates weiter so aus: »Der Beruf des
Sokrates, die Moral aus dem Olymp auf die Erde zu ver-
pflanzen und ein Delphisches Orakelsprüchlein (der Selbsterkenntnis) in praktischen Augenschein zu setzen, kommt
mit dem meinigen darin überein, daß ich ein höheres
20 Heiligtum auf eine analogische Art zu entweihen und gemein zu machen gesucht, zum gerechten Ärgernis unserer
Lügen-, Schau- und Mautpropheten (wohl Maulpro-
pheten); alle meine Opuscula machen zusammengenommen
ein Alkibiadisches Gehäus aus (Anspielung auf die Verglei-
25 chung von Sokrates mit den Silenenbildern). Jeder hat sich
über die Façon des Satzes oder Plans aufgehalten und niemand an die alten Reliquien des kleinen lutherischen
Katechismus gedacht, dessen Schmack und Kraft allein
dem Papst- und Türkenmord jedes Äons gewachsen ist
30 und bleiben wird.« Dasselbe besagt der Titel seiner Schrift:
»Golgatha und Scheblimini« (VII. S. 125 ff.), wie er ihn
erklärt, jenes der Hügel, auf dem das Holz des Kreuzes, das
Panier des Christentums, gepflanzt worden; was Scheblimini heiße, erfährt man dort auch gelegentlich; es sei ein
35 kabbalistischer Name, den »Luther, der deutsche Elias und
Erneuerer des durch das Messen- und Maüsimgewand der
Babylonischen Baal entstellten Christentums dem Schutz-

geiste seiner Reformation gegeben«; »reine Schattenbilder
des Christentums und Luthertums, welche, wie der
Cherubim, zu beiden Enden des Gnadenstuhls das verbor-
gene Zeugnis meiner Autorschaft und ihrer Bundes|lade
bedeckten vor den Augen der Samariter, der Philister 5
und des tollen Pöbels zu Sichem.« Dieses Christentum
mit ebenso tiefer Innigkeit als glänzender, geistreicher
Energie auszusprechen und dasselbe gegen die Aufklärer zu
behaupten, macht den gediegenen Inhalt der Hamannschen
Schriften aus. In dem Angeführten springen auch die Män- 10
gel der »Façon« hervor, welche seinen Zweck mehr oder
weniger »verbargen«, d. h. nicht zur ausgeführtern und
fruchtbringendern Manifestation kommen lassen. Über die
Eigentümlichkeit seines Christentums faßt folgende Stelle
(aus Golg. und Schebl. VII. S. 58) aufs Bestimmteste alles 15
zusammen: Unglaube im eigentlichsten historischen
Wortverstande ist die einzige Sünde gegen den Geist der
wahren Religion, deren Herz im Himmel und ihr
Himmel im Herzen ist. Nicht in Diensten, Opfern und
Gelübden, die Gott von den Menschen fordert, be- 20
steht das Geheimnis der christlichen Gottseligkeit, sondern
vielmehr in Verheißungen, Erfüllungen und Aufopferun-
gen, die Gott zum Besten der Menschen getan und geleistet. Nicht im vornehmsten und größten Gebot, das
er aufgelegt, sondern im höchsten Gute, das er ge- 25
schenkt hat; nicht in Gesetzgebung und Sittenlehre,
die bloß menschliche Gesinnungen und menschliche Handlungen betreffen; sondern in Ausführung göttlicher Taten, Werke und Anstalten zum Heil der ganzen Welt.
Dogmatik und Kirchenrecht gehören lediglich zu den 30
öffentlichen Erziehungs- und Verwaltungsanstalten, sind als
solche obrigkeitlicher Willkür unterworfen; diese
sichtbaren, öffentlichen, gemeinen Anstalten sind weder
Religion noch Weisheit, die von oben herabkommt,
sondern irdisch, menschlich und teuflisch nach dem 35
Einfluß welscher Kardinäle oder welscher Ciceroni, poetischer Beichtväter oder prosaischer Bauchpfaffen und nach

dem abwechselnden System des statistischen Gleich- und
Übergewichts oder bewaffneter Toleranz und Neutralität«.
Man sieht, daß für H. das Christentum nur eine solche einfache Präsenz hat, daß ihm weder Moral, das Gebot der
5 Liebe als Gebot, noch Dogmatik, die Lehre und der Glaube
an Lehre, noch Kirche wesentliche Bestimmungen sind;
alles dahin Bezügliche sieht er für menschlich, irdisch
an, sosehr, daß es nach Befund der Umstände sogar teuflisch
sein könne. H. hat es ganz und gar verkannt, daß die leben-
10 dige Wirklichkeit des göttlichen Geistes sich nicht in dieser
Kontraktion hält, sondern die Ausführung seiner zu einer
Welt, und eine Schöpfung, und dies nur ist durch | Hervor-
bringen von Unterscheidungen, deren Beschränkung freilich, aber ebensosehr auch ihr Recht und ihre Notwendig-
15 keit im Leben des darin endlichen Geistes anerkannt werden
muß. In den Schriften Hamanns können es daher nur einzelne Stellen sein, welche einen, und zwar jenen angegebenen Gehalt haben; eine Auswahl derselben würde wohl eine
schöne Sammlung geben; und vielleicht als das Zweck-
20 mäßigste erscheinen, was dafür geschehen könnte, um dem
wirklich Wertvollen Eingang bei einem größeren Publikum
zu verschaffen. Immer aber würde es Schwierigkeiten
haben, Stellen so auszuheben, daß sie von den üblen Ingredienzien, mit denen die Schreibart H's. allenthalben behaf-
25 tet ist, gereinigt wären.
      Was unter den Gegenständen, auf welche H. zu sprechen
kommt, herauszuheben weiteres Interesse hat, ist sein Verhältnis zur Philosophie und seine Ansicht derselben. Er muß
sich schon deswegen darauf einlassen, weil das theologische
30 Treiben seiner Zeit ohnehin unmittelbar mit der Philosophie und zunächst mit der Wolffischen zusammenhängt.
Jedoch war seine Zeit noch so weit entfernt, in den religiösen Dogmen selbst einen spekulativen Inhalt über die historische Gestaltung hinaus im Innern derselben zu ahnen,
35 worauf am frühsten Kirchenväter schon und dann die Doktoren des Mittelalters neben dem abstrakten historischen
Gesichtspunkte sich gewendet hatten, daß H. keine Auf-

regung zu solcher Betrachtung, weder von außen noch
weniger in sich selbst, fand. Die beiden Schriften vornehmlich, die H. veranlaßten, über philosophische Gegenstände
zu sprechen, sind Mendelssohns Jerusalem und Kants
Kritik der reinen Vernunft. Es ist hier wundervoll zu 5
sehen, wie in H. die konkrete Idee gärt und sich gegen die
Trennungen der Reflexion kehrt, wie er diesen jene wahrhafte Bestimmung entgegenhält. Mendelssohn schickt die
Wolffischen Grundsätze des Naturrechts seiner Abhandlung,
um das Verhältnis der Religion und des Staats zu begrün- 10
den, voraus. Er trägt die sonst gewöhnlichen Unterscheidungen von vollkommenen und unvollkommenen Pflichten
oder Zwangs-, Wohlwollens- und Gewissenspflichten, von
Handlungen und Gesinnungen vor; zu beiden werde der
Mensch durch Gründe geleitet, zu jenen durch Bewe- 15
gungsgründe, zu diesen durch Wahrheitsgründe; der
Staat begnüge sich allenfalls mit toten Handlungen, mit
Werken ohne Geist; aber auch der Staat könne der Gesinnungen nicht entbehren; daß Grundsätze in Gesinnungen
und Sitten verwandelt werden, dazu | soll die Religion dem 20
Staate zu Hilfe kommen und die Kirche eine Stütze der bürgerlichen Gesellschaft werden; die Kirche dürfe jedoch
keine Regierungsform haben usf. Das tiefer blickende Genie Hamanns ist darin anzuerkennen, daß er jene Wolffischen Bestimmungen mit Recht nur als einen Aufwand be- 25
trachtet (VII. S. 26), »um ein kümmerliches Recht der
Natur aufzuführen, das kaum der Rede wert sei und weder
dem Stande der Gesellschaft noch der Sache des Judentums
anpasse!« Ferner urgiert er gegen die angeführten Unterscheidungen sehr richtig (S. 39), daß Handlungen ohne 30
Gesinnungen und Gesinnungen ohne Handlungen eine Hal-
bierung ganzer und lebendiger Pflichten in zwei tote Hälften sind; alsdann daß, wenn Bewegungsgründe keine
Wahrheitsgründe mehr sein dürfen und Wahrheitsgründe zu Bewegungsgründen weiter nicht taugen, alle 35
göttliche und menschliche Einheit aufhört in Gesinnungen
und Handlungen usf. So fruchtbar an sich die wahrhaften

Prinzipien sind, an denen H. gegen die Trennungen des
Verstandes festhält, so kann es bei ihm nicht zur Entwicklung derselben kommen, noch weniger zu dem Schwere-
ren, was aber das wahre Interesse der Untersuchung wäre,
5 mit der Bewährung der höhern Prinzipien die Sphäre zugleich zu bestimmen und zu rechtfertigen, in welcher die
formalen Unterscheidungen von sogenannten Zwangs- und
Gewissenspflichten usf. eintreten müssen und ihr Gelten
haben. Was H. festhält, macht wohl das Wesen des Rechts
10 und der Sittlichkeit, die Substanz der Gesellschaft und des
Staats aus, und die Bestimmungen von Zwangspflichten und
von unvollkommenen Pflichten, von Handeln ohne Gesinnung, von Gesinnung ohne Handlungen zu den Prinzipien
des Rechts, der Sittlichkeit, des Staats zu machen, bringt
15 nur jenen bekannten Formalismus von vormaligem Naturrecht und die Oberflächlichkeiten eines abstrakten Staates
hervor; aber ebenso wesentlich müssen auch die untergeordneten Kategorien für ihre Stelle anerkannt werden, und
so unüberwindlich ist und bleibt die Überzeugung von
20 ihrer Notwendigkeit und ihrem Werte; es hat daher keine
wahrhafte Wirkung, nur jene Wahrheit zu behaupten und
diese Kategorien überhaupt nur zu verwerfen; solches Verfahren muß als eine leere Deklamation erscheinen. Daß H.
die Trennung der Wahrheitsgründe von den Bewe-
25 gungsgründen verwirft, verdient darum besonders ausgezeichnet zu werden, weil dies auch die neueren Vorstellungen trifft, nach welchen Sittlichkeit und Religion nicht auf
Wahrheit, sondern nur auf Gefühle und subjektive Notwen-
digkeiten gegründet werden.
30    Der andere Fall, dessen wir noch erwähnen wollen, | wo
H. sich auf Gedanken einläßt, ist in dem Aufsatze gegen
Kant, die Metakritik über den Purismum der reinen Vernunft, geschehen (im VII. Bd.), nur sieben Blätter, aber sehr merkwürdig. Man hat (Rink in Mancherlei
35 zur Geschichte der metakritischen Invasion 1800)
diesen Aufsatz bereits ans Licht gezogen, um darin die
Quelle nachzuweisen, aus welcher Herder seine, mit gro-

ßem Dünkel aufgetretene und mit gerechter Herabwürdi-
gung aufgenommene, nun längst vergessene Metakritik geschöpft habe, die, wie die Vergleichung ergibt, mit dem
geistreichen Aufsatze H's. nur den Titel gemein hat. Hamann stellt sich in die Mitte des Problems der Vernunft und 5
trägt die Auflösung desselben vor; er faßt diese aber in der
Gestalt der Sprache. Wir geben mit dem Gedanken H's.
auch ein weiteres Beispiel seines Vortrags. Es beginnt damit,
historische Standpunkte der Reinigung der Philosophie
anzugeben, wovon der erste der teils mißverstandene, teils 10
mißlungene Versuch gewesen sei, die Vernunft von aller
Überlieferung, Tradition und Glauben daran unabhängig zu
machen; die zweite, noch transzendentere Reinigung sei auf
nichts weniger hinausgelaufen als eine Unabhängigkeit von
der Erfahrung und ihrer alltäglichen Induktion. Der dritte, 15
höchste und gleichsam empirische Purismus betreffe also(?!)
noch die Sprache, das einzige, erste und letzte Organon
und Kriterion der Vernunft, S. 6, und nun sagt er: »Re-
ceptivität der Sprache und Spontaneität der Begriffe! Aus dieser doppelten Quelle der Zweideutigkeit 20
schöpft die reine Vernunft alle Elemente ihrer Rechthabe-
rei, Zweifelsucht und Kunstrichterschaft, erzeugt
durch eine eben so willkürliche Analysis als Synthesis des
dreimal alten Sauerteigs neue Phänomene und Meteore
des wandelbaren Horizonts, schafft Zeichen und Wunder 25
mit dem Allhervorbringer und Zerstörer, dem merkuria-
lischen Zauberstabe ihres Mundes oder dem gespaltenen
Gänsekiel zwischen den drei syllogistischen Schreibe-
fingern ihrer Herkulischen Faust – – –.« H. zieht auf die
Metaphysik mit seinen ferneren Versicherungen los (S. 8), 30
daß »sie alle Wortzeichen und Redefiguren unserer empirischen Erkenntnis zu lauter Hieroglyphen und Typen mißbrauche«, sie verarbeitet durch diesen gelehrten Unfug »die
Biederkeit der Sprache in ein so sinnloses, läufiges,
unstetes, unbestimmbares = X, daß nichts als windiges 35
Sausen, ein magisches Schattenspiel, höchstens, wie
der weise (!) Helvetius sagt, der Talisman und Rosen-

kranz eines transzendentalen Aberglaubens an entia
rationis, ihre leeren Schläuche und Losung übrigbleibt«.
Unter solchen Expektorationen behauptet H. nun weiter,
»das ganze Vermögen zu denken beruhe auf Sprache,
5 wenn sie auch der Mittelpunkt des Mißverstands der Vernunft mit sich selbst sei«. »Laute und Buchstaben sind
also (!?) reine Formen a priori, in denen nichts, was
[zur] Empfindung oder zum Begriff eines Gegenstandes
gehört, angetroffen wird, und die wahren ästhetischen
10 Elemente aller menschlichen Erkenntnis und Vernunft«.
Nun erklärt er sich gegen die | Kantische Trennung der
Sinnlichkeit und des Verstandes, als welche Stämme der
Erkenntnis aus Einer Wurzel entspringen, als gegen eine
gewalttätige, unbefugte, eigensinnige Scheidung dessen, was
15 die Natur zusammengefügt. »Vielleicht«, fügt H. hinzu,
»gebe es annoch einen chymischen Baum der Diana
nicht nur zur Erkenntnis der Sinnlichkeit und des Verstandes, sondern auch zur Erläuterung und Erweiterung
beiderseitiger Gebiete und ihrer Grenzen«; in der Tat
20 kann es in dem Sinne der Wissenschaft allein um die eine
entwickelte Erkenntnis, was H. den Dianenbaum nennt,
zu tun sein, und zwar so, daß dieser zugleich selbst der Prüfstein der Grundsätze sein muß, welche als Wurzel der denkenden Vernunft behauptet werden sollen; weder dem Be-
25 lieben und der Willkür noch der Inspiration kann die Angabe und die Bestimmung dieser Wurzel anheimgestellt
werden; nur ihre Explikation macht ihren Gehalt wie ihren
Beweis aus. »Einstweilen«, fährt H. fort, »ohne auf den Besuch eines neuen Lucifers zu warten, noch sich selbst an
30 dem Feigenbaum der großen Göttin Diana zu vergrei-
fen, gebe uns die schlechte Busenschlange der gemeinen
Volkssprache das schönste Gleichnis für die HYPOSTATI-
SCHE VEREINIGUNG der sinnlichen und verständlichen
Naturen, den gemeinschaftlichen Idiomenwechsel ihrer
35 Kräfte, die synthetischen Geheimnisse beider korre-
spondierenden und sich widerstreitenden Gestalten a
priori und a posteriori, samt« (ist der Übergang zu der

anderen Seite, daß die Sprache auch der Mittelpunkt des
Mißverstands der Vernunft mit ihr selbst sei) »der Trans-
substantiation subjektiver Bedingungen und Subsumtio-
nen in objektive Prädikate und Attribute«; und dies
»durch die Copulam eines Macht- oder Flickworts«, und   5
zwar »zur Verkürzung der langen Weile und Ausfüllung des
leeren Raums in periodischen Galimathias per Thesin
und Antithesin (Anspielung auf die Kantischen Antinomien)«. Nun ruft er aus: »O um die Handlung eines De-
mosthenes (H. selbst war, wie erwähnt, von schwerer   10
Zunge) und seine dreieinige (?) Energie der Beredtsamkeit
oder die noch kommen sollende Mimik, so würde ich dem
Leser die Augen öffnen, daß er vielleicht sähe Heere von
Anschauungen in die Veste des reinen Verstandes hin-
auf, und Heere von Begriffen in den tiefen Abgrund der   15
fühlbarsten Sinnlichkeit herabsteigen, auf einer Lei-
ter, die kein Schlafender sich träumen läßt, und den Rei-
hentanz dieser Mahanaim oder zweier Vernunfttheere, die
geheime und ärgerliche Chronik ihrer Buhlschaft und Not-
zucht und die ganze Theogonie aller Riesen- und Helden-   20
formen der Sulamith und Muse, in der Mythologie des
Lichts und der Finsternis, bis auf das Formenspiel einer
alten Baubo mit ihr selbst inaudita specie solaminis, wie
der heilige Arnobius sagt, und einer neuen unbefleckten
Jungfrau, die aber keine Mutter Gottes sein mag, wofür   25
sie der heilige Anselmus hielt.« |

Nach diesen ebenso großartigen als höchst barocken Expektorationen seines gründlichen Unwillens gegen die Abstraktion wie gegen die Vermischung der beiden Seiten
des Gegensatzes und gegen deren Produkte geht H. zur   30
näheren Bestimmung dessen über, was für ihn das konkrete
Prinzip ist. Mit einem Also und Folglich, die zum vorhergehenden eben kein solches Verhältnis haben, gibt er als
die Natur der Wörter an, daß sie als Sichtliches und Laut-
bares zur Sinnlichkeit und Anschauung, aber nach dem   35
Geiste ihrer Einsetzung und Bedeutung zum Verstande
und Begriffen gehören, sowohl reine und empirische An-

schauungen als auch reine und empirische Begriffe seien.
Was er jedoch hieran weiter knüpft, scheint nur etwas gemein Psychologisches zu sein. Nun ist sein Urteil über den
kritischen Idealismus zuletzt dies, daß die von demselben
5 behauptete Möglichkeit, »die Form einer empirischen Anschauung ohne Gegenstand noch Zeichen aus der reinen
und leeren Eigenschaft unsers äußeren und inneren Gemüts herauszuschöpfen, das Δός μοι ποῦ στῶ und πρῶτον
ψεῦδος, der ganze Eckstein des kritischen Idealismus und
10 seines Turm- und Logenbaues der reinen Vernunft sei«. Er
überlasse dem Leser, wie er im Gleichnis der Sprache
die Transzendental-Philosophie vorgestellt, die »geballte
Faust in eine flache Hand zu entfalten«. Zu dem Angeführten nehmen wir noch eine Stelle aus einem Briefe an
15 Herder (VI. S. 183); nachdem er gesagt, daß ihm das tran-
szendentale Geschwätz der Kantischen Kritik am Ende alles
auf Schulfuchserei und Wortkram hinauszulaufen scheine und daß ihm nichts leichter vorkomme als der Sprung
von einem Extrem ins andere, wünscht er Jord. Brunos
20 Schrift de Uno aufzutreiben, worin dessen principium coincidentiae erklärt sei, das ihm (H.) jahrelang im Sinne liege,
ohne daß er es weder vergessen noch verstehen
könne; diese Koinzidenz | scheine immer der einzige zu-
reichende Grund aller Widersprüche und der wahre
25 Proceß ihrer Auflösung und Schlichtung, um aller Fehde
der gesunden Vernunft und reinen Unvernunft ein Ende zu
machen. Man sieht, daß die Idee, das Koinzidieren, welche den Gehalt der Philosophie ausmacht und oben in Beziehung auf seine Theologie, auch auf seinen Charakter
30 schon besprochen worden und von ihm an der Sprache
gleichnisweise vorstellig gemacht werden sollte, dem Geiste
H's. auf eine ganz feste Weise vorsteht; daß er aber nur die
»geballte Faust« gemacht und das weitere, für die Wissenschaft allein Verdienstliche, »sie in eine flache Hand zu ent-
35 falten«, dem Leser überlassen habe. H. hat sich seinerseits
die Mühe nicht gegeben, welche, wenn man so sagen
könnte, sich Gott, freilich in höherem Sinne, gegeben hat,

den geballten Kern der Wahrheit, der er ist (alte Philosophen sagten von Gott, daß er eine runde Kugel sei), in der
Wirklichkeit zu einem Systeme der Natur, zu einem Systeme des Staats, der Rechtlichkeit und Sittlichkeit, zum Systeme der Weltgeschichte zu entfalten, zu einer offenen    5
Hand, deren Finger ausgestreckt sind, um des Menschen
Geist damit zu erfassen und zu sich zu ziehen, welcher
ebenso nicht nur eine abstruse Intelligenz, ein dumpfes,
konzentriertes Weben in sich selbst, nicht nur ein Fühlen
und Praktizieren ist, sondern ein entfaltetes System einer in-   10
telligenten Organisation, dessen formelle Spitze das Denken
ist, das ist, seiner Natur nach die Fähigkeit, über die Oberfläche der göttlichen Entfaltung zuerst hinaus oder vielmehr
in sie, durch Nachdenken über sie, hineinzugehen und
dann daselbst die göttliche Entfaltung nachzudenken: eine    15
Mühe, welche die Bestimmung des denkenden Geistes an
und für sich und die ausdrückliche Pflicht desselben ist, seitdem Er sich selbst seiner geballten Kugelgestalt abgetan und
sich zum offenbaren Gott gemacht, was er ist, dies und
nichts anderes und damit auch und nur damit die Beziehung    20
der Natur und des Geistes geoffenbart hat. |
    Aus den obigen Urteilen H's. über die Kantische Kritik
und den mannigfaltigsten Äußerungen seiner Schriften und
Begriffe wie aus seiner ganzen Eigentümlichkeit geht vielmehr hervor, daß seinem Geiste das Bedürfnis der Wissen-    25
schaftlichkeit überhaupt, das Bedürfnis, des Gehaltes sich im
Denken bewußt zu werden und ihn in demselben sich entwickeln zu sehen und ihn ebensosehr hiermit in dieser
Form zu bewähren als das Denken für sich zu befriedigen,
ganz ferne lag. Die Aufklärung, welche H. bekämpft, dieses    30
Aufstreben, das Denken und dessen Freiheit in allen Interessen des Geistes geltend zu machen, wird, so wie die von
Kant durchgeführte, wenn zunächst nur formelle Freiheit
des Gedankens, ganz nur von ihm übersehen, und ob ihm
gleich mit Recht die Gestaltungen, zu welchen es dieses    35
Denken nur brachte, nicht genügen konnten, so poltert er
ganz nur so, um das Wort zu sagen, ins Gelag und ins Blaue

hinein gegen das Denken und die Vernunft überhaupt, welche allein das wahrhafte Mittel jener gewußten Entfaltung der Wahrheit und des Erwachsens derselben zum Dianenbaum sein können. Er muß so auch noch mehr dies überse-
5 hen, daß seine, obgleich orthodoxe, Konzentration, die bei der intensiven subjektiven Einheit festblieb, in dem negativen Resultate mit dem, was er bekämpfte, übereinkam, alle weitere Entfaltung von Lehren der Wahrheit und deren Glauben als Lehren, ja von sittlichen Geboten und recht-
10 lichen Pflichten, für gleichgültig anzusehen.

Es sind nun aber noch die sonstigen Ingredienzien näher zu erwähnen, mit denen der große Grundgehalt von H. ausstaffiert und vielmehr verunziert und verdunkelt als geschmückt und verdeutlicht wird. Die Unverständlichkeit
15 der Hamannschen Schriften, insofern sie sich nicht auf den aufgezeigten Gehalt, der freilich überdem für viele unverständlich bleibt, bezieht, sondern die Formierung desselben betrifft, ist für sich unerfreulich, aber sie wird es noch mehr dadurch, daß sie sich beim Leser mit dem widrigen Ein-
20 drucke der Absichtlichkeit unausweichlich verbindet. Man fühlt seine ursprüngliche Widerborstigkeit hier als eine feindselige Empfindung H's. gegen das Publikum, für das er schreibt; indem er in dem Leser ein tiefes Interesse angesprochen und so sich mit ihm in Gemeinschaft gesetzt hat,
25 stößt er ihn unmittelbar durch eine Fratze, Farce oder ein Schimpfen, das durch den Gebrauch von biblischen Ausdrücken eben nichts Besseres wird, oder irgendeinen Hohn und Mysti|fikation wieder von sich und vernichtet auf eine gehässige Weise die Teilnahme, die er erweckt, oder er-
30 schwert sie wenigstens und häufig auf unüberwindliche Weise, indem er barocke, ganz entfernt liegende Ausdrücke hinwirft oder vielmehr zusammenschraubt und den Leser vollends damit zu mystifizieren meint, daß darunter nur ganz platte Partikularitäten verborgen sind, wo er den
35 Schein oder die Erwartung einer tiefsinnigen Bedeutung erweckt hatte. Viele von solchen Anspielungen gesteht H., auf die Anfragen von Freunden, die ihn um Erläuterung an-

suchen, nicht mehr zu verstehen. Die damalige Rezensier-
literatur aus den fünfziger und folgenden Jahren des vorigen Jahrhunderts, Hamburger Nachrichten von gelehrten
Sachen, Allg. d. Bibliothek, Literaturbriefe, eine Menge
anderer längst vergessener obskurer Blätter und Schriften 5
müßten durchstudiert werden, um den Sinn vieler Ausdrücke H's. wieder aufzufinden; eine um so mehr undank-
bare und unfruchtbare Arbeit, als sie in den meisten Fällen
auch äußerlich erfolglos sein würde. Der Hr. Herausgeber
selbst, indem er in einem achten Bande Erläuterungen ver- 10
spricht (I. Bd. Vorr. S. XIII), muß hinzufügen, daß sie nur
eine sehr mäßige Erwartung befriedigen werden. Es bedürf-
ten die meisten oder sämtlichen Schriften H's. eines Kom-
mentars, der dickleibiger werden könnte als sie selbst. Man
muß hierüber dem beistimmen, was schon Mendelssohn (in 15
den Liter. Briefen XV. T. von Hamann (II. Bd. S. 479) auf
seine farcenhafte Weise kommentiert) darüber sagt: »noch
überwindet sich mancher, die düstern Irrwege einer unter-
irdischen Höhle durchzureisen, wenn er am Ende erhabene
und wichtige Geheimnisse erfahren kann; wenn man aber 20
von der Mühe, einen dunklen Schriftsteller zu enträtseln,
nichts als Einfälle zur Ausbeute hoffen darf, so bleibt der
Schriftsteller wohl ungelesen«. Der Briefwechsel gibt Erläuterungen über mehrere ganz partikuläre Anspielungen, wovon die Ausbeute oft nur allzu frostige Einfälle sind; wenn 25
man Lust hat, sehe man über Velo Veli Dei (IV. S. 187) die
Aufklärung (V. S. 114) nach; oder über den Mamamuschi
von drei Federn (IV. T. S. 199). Der Name sei aus dem
Gentilhomme bourgeois des Molière genommen und nicht
ein Bassa von drei Roßschweifen, sondern ein Zeitungs- 30
schreiber seines Verlegers und Papiermüllers in Trutenau
verstanden; ein anderer Mamamuschi kommt (Bd. IV. S.
132) vor, in dem Zusammenhange, daß H. auf seine Art
seine Angelegenheiten in ein Schriftchen: die Apologie des
Buchstabens H. hineinbringt und | hier von sich erzählt, 35
»daß er (s. oben in seinem Lebenslauf) auf zwei Kanzleien
einen Monat und sechs Monate umsonst gedient und vor

überlegener Konkurrenz invalider Schuhputzer und Brot-
diebe (H's. eigene Befähigung zu einem Amte und seine
Amtsführung hat sich aus dem früher Erzählten ergeben)
nicht ein ehrlicher Torschreiber habe werden können und
5 jetzt ein der Jugend wahres Bestes suchender Schulmeister,
und dies venerabler sei, als ein wohlbestallter Landplacker,
Stutenmäckler und Jordan Mamamuschi von drei
Schlafmützen ohne Kopf, außer zur Geldfuchserei, zu
sein«; diese drei Schlafmützen bedeuten – wen? die drei
10 »königl. Kammern zu Königsberg, Gumbinnen und Ma-
rienwerder!« H. hatte freilich um so mehr Ursache, seine
Satire auf königl. Behörden zu verstecken, als er sich gerade
damals bei einer solchen um eine Anstellung bewarb. Noch
eine dergleichen Mystifikation führen wir aus Golgatha und
15 Scheblimini an, einer Schrift, deren Gehalt wohl verdient
hätte, reiner von Farcenhaftigkeit gehalten zu werden. Indem H. (VII. S. 31 ff.) die Vorstellung des gesellschaftlichen Vertrags betrachtet, die in dem damaligen wie
noch jetzt in den meisten Theorien des Naturrechts und
20 Staats herrschend ist, und sehr richtig die schlechte Voraussetzung, die daraus für das Staatsleben genommen worden,
erkennt, nämlich die der Absolutheit des zufälligen, partikulären Willens, setzt er diesem Prinzip den an und für
sich allgemeinen göttlichen Willen entgegen und macht
25 vielmehr das Verpflichtetsein des partikulären Willens und
die Unterwürfigkeit desselben unter jene Gesetze der Gerechtigkeit und Weisheit zum wahrhaften Verhältnis. Vom
Ich des partikulären Willens führt ihn die Konsequenz auf
den Gedanken des monarchischen Prinzips, aber seine ge-
30 drückte Akzise-Existenz macht ihm dasselbe sogleich zur
Farce; »für keinen Salomo, Nebukadnezar, nur für einen
Nimrod, im Stande der Natur, würde es sich ziemen, mit
dem Nachdruck einer gehornten Stirn auszurufen: Mir und
mir allein kommt das Entscheidungsrecht zu, ob? wieviel
35 und wem? wann? ich zum Wohltun (er hätte selbst hinzusetzen können: zum Recht) verbunden bin. Ist aber das
Ich, selbst im Stande der Natur, so ungerecht und unbe-

scheiden und hat jeder Mensch ein gleiches Recht zum
Mir! und Mir allein! so lasset uns fröhlich sein über dem
Wir von Gottes Gnaden und dankbar für die Brosamen,
die ihre Jagd- und Schoßhunde, Windspiele und Bären-
beißer unmündigen Waisen übriglassen.« »Siehe, er schluckt 5
in sich | den Strom und acht's nicht groß, lässet sich dün-
ken, er wolle den Jordan mit seinem Munde ausschöpfen.
Hiob 40,18. Wer thar (sic!) ihn zwingen, armen Erntern ein
Trinkgeld hinzuwerfen! Wer thar ihm wehren, die Pfui!
Pfui! armer Sünder einzuverleiben!« Wer wird aus- 10
finden, daß nach H's. Erläuterung, die er in einem Briefe
an Herder machte, unter den Pfui! Pfui! armer Sünder die
früher angeführten Foygelder der Akzisebeamten zu verstehen seien, welche von Friedrich II. zur Akzise-Kasse eingezogen wurden und deren für H. sehr empfindlicher Ver- 15
lust in seinen Briefen sehr häufig erwähnt wird. Goethe
(aus m. Leben 3r T. S. 110) spricht von der schriftstellerischen Manier H's.; unter seiner Sammlung, erzählt er, befinden sich einige der gedruckten Bogen H's., wo dieser an
dem Rande eigenhändig die Stellen zitiert hat, auf die sich 20
seine Andeutungen beziehen; schlägt man sie auf, fügt Goethe hinzu, so gibt es abermals ein zweideutiges Doppellicht,
das uns höchst angenehm erscheine, nur muß man durchaus auf das Verzicht tun, was man Verstehen nennt; Goethe
führt dort an, daß er selbst sich zu solchem Sibyllinischen 25
Stil durch Hamann habe verleiten lassen; wir wissen, wie
sehr er davon zurückgenommen und wie er namentlich den
noch anzuführenden Gegensatz von Genie und Geschmack, in dem er ebenso mit der ganzen energischen
Parrhesie seines Geistes zuerst aufgetreten, überwunden 30
hat.

In der Weise des letztern Gegensatzes, der damals an der
Tagesordnung war, faßte Mendelssohn in den Literaturbriefen sein Urteil über Hamann, dessen ganzer schriftstellerischer Charakter zu auffallend ist, um nicht von den Be- 35
sonnenern seiner Zeitgenossen richtig genommen worden
zu sein. Man anerkennt das Genie in H's. Schriften, aber

vermißt Geschmack in denselben; eine Kategorie, die
sonst gültig und erlaubt war, aber heutigentages aus der
deutschen Kritik mehr oder weniger verbannt ist; Geschmack von einer Schrift zu verlangen, würde als eine we-
5 nigstens befremdende Forderung erscheinen. Hamann selbst
erklärt bereits diese Kategorie für »ein Kalb, welches das
Gemächte eines Originals (wohl Voltaires) und ehebrecheri-
schen Volks sei«. Mendelssohn findet in H. einen Schriftsteller, der eine feine Beurteilungskraft besitze, viel gelesen
10 und verdaut habe, Funken von Genie zeige und den Kern
und Nachdruck der deutschen Sprache in seiner Gewalt
habe; der so einer unserer besten Schriftsteller hätte werden
können, | der aber, durch die Begierde, ein Original zu
sein, verführt, einer der tadelhaftesten geworden sei. In
15 partikuläre Subjektivität abgeschlossen, in welcher das Genie H's. nicht zur denkenden oder künstlerischen Form ge-
dieh, konnte es nur zum Humor werden und noch unglücklicher zu einem mit zuviel Widrigem versetzten
Humor. Der Humor für sich ist seiner subjektiven Natur
20 nach zu sehr auf dem Sprunge, in Selbstgefälligkeit, subjektive Partikularitäten und trivialen Inhalt überzugehen, wenn
er nicht von einer gut gearteten und gut gezogenen großen
Seele beherrscht wird. In Hamanns Mitbürger, Geistesver-
wandten und vieljährigem Bekannten oder auch Freunde,
25 Hippel, der wohl ohne Widerspruch der vorzüglichste
deutsche Humorist genannt werden darf, erblüht der Humor zur geistreichen Form, zum Talent eines Auszeichnens
von höchst individuellen Gestalten, von den feinsten und
tiefsten Empfindungen und philosophisch gedachten Gedan-
30 ken und originellen Charakteren, Situationen und Schicksa-
len. Von diesem objektiven Humor ist der Hamannsche
eher das Gegenteil, und die Ausdehnung, die er durch denselben seiner konzentriert bleibenden Wahrheit gibt und
sich einen Spaß macht, kann nicht dem Geschmack, son-
35 dern nur dem zufälligen Gustus zusagen. Man kann über
dergleichen Produktionen die verschiedensten Äußerungen
vernehmen. H's. Freund Jacobi z. B. sagte über dessen

»Neue Apologie des Buchstabens H« (B. IV. Vorr. VI), er
wisse nicht, »ob wir in unserer Sprache Etwas aufzuweisen
haben, das an Tiefsinn, Witz und Laune, überhaupt an
Reichtum von eigentlichem Genie, sowohl was Inhalt als
Form angeht, diese Schrift überträfe«. Es wird der Fall sein,     5
daß andere außer dem Ref. auf keine Weise von dieser
Schrift so angeregt werden. Goethe hat H. in ihrer gemeinschaftlichen Zeit empfunden und an sich selbst eine
mächtige Aufregung auch durch denselben gehabt, wie in
einem reichen Gemüte viele solche mächtige Erregungen     10
sich versammelt haben. Was Goethe hin und wieder, wovon einiges bereits angeführt worden, über H. gesagt, kann
alles weitern Einlassens in die Schilderung des schriftstellerischen Charakters desselben überheben. Hamann ist für viele
nicht nur ein Interessantes und Eingreifendes, sondern ein     15
Halt und Stützpunkt in einer Zeit gewesen, in der sie eines
solchen, gegen die Verzweiflung an ihr, nötig hatten. Wir
Spätere müssen ihn als ein Original seiner Zeit bewundern,
aber können bedauern, daß er in ihr nicht eine bereits aus-
gearbeitete | geistige Form vorgefunden hat, mit welcher     20
sein Genie sich hätte verschmelzen und wahrhafte Gestalten
zur Freude und Befriedigung seiner Mit- wie der Nachwelt
hätte produzieren können, oder daß ihm zu solcher objektiven Gestaltung sich selbst herauszuarbeiten das Schicksal
den heitern und wohlwollenden Sinn nicht gewährt habe.     25

Wir verlassen nun aber das Bild seines Daseins und Wirkens und heben aus den Materialien, welche uns die vorliegende Sammlung liefert, noch das Schließen seines Lebens
aus. Was seine literarische Laufbahn betrifft, so hatte er sie
mit einem »fliegenden Brief« beschließen wollen, den wir     30
hier zum erstenmal gedruckt erhalten; drei Bogen davon
hatte er bereits unter dem Ausarbeiten drucken lassen, aber
gefühlt, daß er, wie er an Herder schreibt (VII Bd. S. 312),
»auf einmal in ein so leidenschaftliches, blindes und
taubes Geschwätz geraten, daß er den ersten Eindruck     35
seines Ideals ganz darüber verloren und keine Spur davon
wiederherstellen könne«. Die abgedruckte Umarbeitung hat

meistenteils die Manier, die er hier angegeben, behalten;
die Stellen des ersten Entwurfs, die dem zweiten, der 3 1/2
Bogen ausmacht, fehlen, will der Hr. Herausgeber im 8ten
Bande nachliefern. Die nächste Veranlassung zu diesem
5 Absagebriefe war wieder eine Rezension im 63. B. der
Allg. d. Bibl. über sein Golgatha und Scheblimini; »an
dem politischen Philister F. (Chiffre des Rezens.) muß ich
mich rächen mit einem Eselskinnbacken«, schreibt er (VII.
S. 299). In diesem Briefe gibt er vollständige literarische
10 Notizen über seine Schriften, bedauert es, seinen alten
Freund Mendelssohn vor dessen Tode nicht von der Redlichkeit seiner Gesinnungen überzeugt zu haben, wiederholt
vornehmlich die Gedanken seines Golg. und Schebl. und
spricht insbesondere aufs heftigste seinen Unmut über die
15 »allgemeine deutsche Jesabel«, »die alemannische Schädel-
stätte, deren blinden, schlafenden Homer und seine Gesel-
len und Burschen« aus, über »die geschminkte Weltweisheit
einer verpesteten Menschenfreundin«, »den theologico-
politico-hypokritischen Sauerteig eines in den Eingeweiden
20 grundverderbter Natur und Gesellschaft gärenden Machia-
vellismus und Jesuitismus, der sein Spiel mit den Susannen-
brüdern und Belialskindern unseres erleuchteten Jahrhunderts trieb« usf. Er kommt öfters darauf zu reden, daß ihm
die Art seiner Schriften zuwider sei und daß er in Zukunft
25 anders, ruhiger und deutlicher zu schreiben sich bemühen
| werde, aber er endigt in diesem Aufsatze in derselben ge-
schraubten, eifernden, widerlichen Weise; einige Stellen
ausgenommen, in denen er die gehaltvolle Tendenz seines
Lebens und seines schriftstellerischen Auftretens mit rühren-
30 der Empfindung und schöner Phantasie ausspricht. Es ist angeführt worden, wie im Anfang seiner Laufbahn, im Jahre
1759, er sich darüber in dem schönen Bilde einer Lilie im
Tale ausdrückte. Im Jahre 1786, am Schlusse seiner Laufbahn, spricht er die Bestimmung derselben so aus (VII B. S.
35 121 f.): »Diesem Könige (dessen Stadt Jerusalem ist), dessen
Name wie sein Ruhm groß und unbekannt ist, ergoß sich
der kleine Bach meiner Autorschaft, verachtet wie das Was-

ser zu Siloah, das stille geht. Kunstrichterlicher Ernst verfolgte den dürren Halm und jedes fliegende Blatt meiner
Muse; weil der dürre Halm mit den Kindlein, die am
Markte sitzen, spielend pfiff und das fliegende Blatt tau-
melte und schwindelte vom Ideal eines Königs, der mit der  5
größten Sanftmut und Demut des Herzens von sich rühmen
konnte: Hier ist mehr denn Salomo. Wie ein lieber Buhle
mit dem Namen seines lieben Buhlen das willige Echo er-
müdet und keinen jungen Baum des Gartens noch Waldes
mit den Schriftzügen und Malzeichen des markinnigen Na-  10
mens verschont, so war das Gedächtnis des Schönsten unter
den Menschenkindern mitten unter den Feinden des Königs
eine ausgeschüttete Magdalenen-Salbe und floß wie der
köstliche Balsam vom Haupt Aarons hinab in seinen ganzen
Bart, hinab in sein Kleid. Das Haus Simonis des Aussätzigen  15
in Bethanien ward voll vom Geruche der evangelischen Sal-
bung; einige barmherzige Brüder und Kunstrichter aber waren unwillig über den Unrat und hatten ihre Nase nur vom
Leichengeruche voll.« H. kann sich nicht enthalten, den
hohen Ernst, mit dem diese Schilderung anfängt, und die  20
gefällige, wenn auch selbstgefällige Tändelei, mit der er sie
fortsetzt, mit einem (wie die meisten übrigen Ausdrücke aus
der Bibel entlehnten) Schlußbilde des Unrats zu verun-
zieren.

Unter dieser Beschäftigung mit den Schlüssen des einen  25
Interesses, der feindseligen und kämpfenden Aufregung seines Lebens, sehnte er sich dagegen, seinen lebensmatten
Geist im Schoße des andern seiner Lebenspulse, der Freundschaft, zu erfrischen oder ihn wenigstens endlich darin aus-
zuruhen. Das Schicksal dieser Freundschaft ist noch in sei-  30
nem Verfolg zu entnehmen. Wenn die freundschaftlichen
Gesinnungen Hamanns und Her | ders, eines der ältesten
seiner Freunde, im ganzen dieselben geblieben und ihr
Briefwechsel, an dem schon früh ein geschraubter Ton fühl-
bar wird, sich zwar fortsetzt, so hatten die Mitteilungen im-  35
mer mehr an Lebhaftigkeit der Empfindung verloren, und
der Ton war eher in die Langeweile der Klagseligkeit her-

abverfallen; H. schreibt an Herder von Pempelfort aus am
1. Sept. 1787, »seit einigen Jahren muß Ihnen mein matter,
stumpfer Briefwechsel ein treuer Spiegel meiner traurigen
Lage gewesen sein«. Herder, der sich schon gegen H. von
5 je trübselig zu tun gewöhnt hatte (wie er gegen andere
sich mehr mit widriger, auch hochfahrender, vornehmer
Trübseligkeit benahm, s. Goethes m. Leben), antwortet
(28. Okt. 1787): »ich erröte über mein langes Stillschweigen, aber ich kann mir nicht helfen; auch jetzt bin so müde
10 und matt von Predigt usf. Alles ist eitel (ein häufiger
Ausruf in seinen Briefen), Schreiben und Mühen usf.; auch
Sie haben des Lebens Überdruß geschmeckt usf.« – Über
Hamanns Verhältnis zu Hippel und Scheffner, mit denen
er in einem ganz kordaten, häufigen und vieljährigen Um-
15 gange war, schreibt er an Jacobi (8. Apr. 1787. Jacobis
Werke 4 B. 3 Abt. S. 330): Der Gang dieser Leute ist
ebenso sonderbar als ihr Ton; was ich für eine Figur zwischen ihnen vorstelle, weiß ich selbst nicht. Es scheint,
daß wir uns einander lieben und schätzen, ohne
20 uns selbst recht zu trauen. Sie scheinen gefunden zu
haben, was ich noch suche. Mit allem Kopfbrechen geht
es mir wie dem Sancho Pansa, daß ich mich endlich mit
dem Epiphonem beruhigen muß: Gott versteht mich.« Insbesondere ist ihm an Hippel alles ein Wunder und ein Ge-
25 heimnis, wie derselbe »bei seinen Geschäften an solche
Nebendinge (die Fortsetzung seiner Lebensläufe) denken
kann und wo er Augenblicke und Kräfte hernimmt, alles zu
bestreiten; er ist Bürgermeister, Polizeidirektor, Oberkrimi-
nalrichter, nimmt an allen Gesellschaften teil, pflanzt Gär-
30 ten, hat einen Baugeist, sammelt Kupfer, Gemälde, weiß
Luxus und Ökonomie wie Weisheit und Torheit zu vereinigen«. – Eine interessante Schilderung eines so genialen
lebens- und geistesfrischen Mannes. – Von sich sagt H.
ebendas. S. 336, er habe in Königsberg niemand, mit dem
35 er über sein Thema sprechen könne, nichts als Gleichgültige. Desto inniger war die Freundschaft mit Jacobi, desto
lebhafter ihr Briefwechsel geworden (die Anrede von Sie

an H. ließ J. bald mit dem Du und Vater abwechseln, in
das sie bald ganz überging; doch H., im | Begriffe zu rei-
sen, schreibt an J.: dutzen kann ich mich nur unter vier
Augen! H. Briefw. mit J. S. 376). Dazu hatte sich die
Freundschaft eines Hrn. Franz Buchholtz, Baron von    5
Wellbergen bei Münster, angeknüpft, der, ein junger, sehr
begüterter Mann, die tiefste Verehrung zu H. gefaßt und
diesen gebeten, ihn zum Sohn anzunehmen, ihm bedeutende Geldsummen übermacht und dadurch die Sorge um
seine und seiner Familie Subsistenz und Erziehung gemin-  10
dert hatte und nun auch die Reise nach Westfalen zu diesen
beiden Freunden möglich machte. H. fühlte das Drückende
so weitreichender Verbindlichkeiten; er schreibt an Hart-
knoch, der ihm gleichfalls Geldanerbietungen gemacht
hatte, daß »er unter dem Drucke der Wohltaten jenes      15
Freundes genug leide und davon so gebeugt werde, daß er
seinen Schultern keine andere Bürde aufladen könne, wenn
er der Last nicht unterliegen solle; er führt dann seine Empfindungen auf ein Mißtrauen gegen sich selbst zurück,
das ihn um so mehr an die Vorsehung anschließe und     20
zu einem gebundenen Knecht des einzigen Herrn und Vaters der Menschen mache«. Der Sinn der Freundschaft dieser beiden Männer und Hamanns benahm allerdings dieser
Wohltätigkeit die unter andern Verhältnissen natürliche bei-
derseitige Verlegenheit oder Schamhaftigkeit. Nicht bloß in  25
der Bizarrerie eines Jean Jacques (auch J. G. Hamann unter-
schreibt sich zuweilen Hanns Görgel), der seine Kinder
in das Findelhaus schickte (H. ließ seine Töchter in einer
nicht wohlfeilen Pension, welche eine Baronesse hielt, er-
ziehen) und vom Notenschreiben subsistieren wollte, son-  30
dern wohl auch allgemeiner ist über den Punkt der Geld-
verhältnisse (auch des Dutzens usf.) die Delikatesse der
damaligen französischen Genies und Literatoren (man sehe
z. B. Marmontels Leben) anders gewesen als die der deutschen. H. erhielt auf seine Gesuche bei seiner Behörde um  35
Urlaub in dem ersten Jahre eine abschlägige Antwort, in
dem zweiten Erlaubnis zu einer Reise auf einen Monat; im

dritten unter dem Nachfolger Friedrichs II. endlich, auf
seine Eingabe, worin er, wie es nach der Resolution
(a. a. O. S. 363) scheint, die Überflüssigkeit seines Dienst-
tuns wohl zu stark[1] geschildert, doch nicht gedacht hatte,
5 daß die Wirkung | bis zu dieser Länge gehen würde, er-
folgte seine Pensionierung (indem seine Stelle mit einer andern kombiniert wurde) mit der Hälfte seines Gehaltes (150
Rtlr., die jedoch bald auf 200 vermehrt wurden). Nieder-
geschlagen über jene Resolution, die Jacobi ein »Tyrannen-
10 urteil« nennt, in der Aussicht der »Unmöglichkeit, sich und
seine Kinder lange zu unterhalten, ohne seines Buchholtz
Wohltat (ein von diesem zu der Erziehung der Kinder H's.
bestimmtes Kapital) unverantwortlich zu verschleudern«,
machte er eine weitere Vorstellung beim Ministerium und
15 reiste mit sehr angegriffener Gesundheit nach Westfalen ab
und kam den 16. Jul. 1787 in Münster bei Fr. Buchholtz an,
wo und abwechselnd bei Jacobi zu Pempelfort er im Schoße
inniger Freundschaft lebte und von der Hoffnung erfüllt
war, daß die Wiederherstellung seiner Gesundheit und ein
20 freies, neues Herz zum Genuß der Freude und des Lebens
bald die Ausbeute seiner Wallfahrt, wie er an Reinhardt
schreibt (VII B. S. 362), sein werden. Er befand sich in der
Tat in einem höchst ausgezeichneten Kreise sehr edler, ge-
bildeter und geistreicher Menschen, von denen er ebenso
25 geliebt als hochgeachtet und verehrt war und ebenso sorgfältig gepflegt wurde – der Gesellschaft seines Jonathans
Jacobi und dessen edlen Schwestern, seines Sohnes Alkibiades Buchholtz, der Diotima, Fürstin von Gallitzin,
und des Perikles von Fürstenberg, des eigenen ältesten
30 Sohnes H's. und eines alten Freundes, des Arztes Lindner.

[1] Berlin, 26. Apr. 1787. »Daß bei der jetzigen Stelle des Packhof-
verwalters H. zu Königsberg wenige und teils unnütze Geschäfte zu
versehen sind, solches ist hier schon bekannt und wird in dessen unter dem 16ten anhero eingereichten Vorstellung von ihm selbst be-
kräftigt. Da nun | die überflüssigen Posten bei der jetzigen Akzise-
Einnahme auf ausdrücklichen Allerh. Befehl eingezogen, die wenig
Beschäftigten aber mit andern verbunden werden sollten, so usw.«

Sosehr die gegenseitige Achtung und Liebe und die Gleichheit im Grunde der Gesinnung diesen schönen Zirkel um-
schloß, so lag es doch in der Art und der Einbildung von
der Freundschaft selbst, daß dieser Kreis zugleich in, wenn
nicht Verstimmung, wenigstens in gegenseitige Unverständ-      5
lichkeit verfiel und sich darin herummühte; und die Unverständlichkeit ist hierin vielleicht schlimmer als die Verstimmung, indem jene mit dem Mißverständnis seiner selbst
verknüpft und gequält, diese doch nur gegen andere gerichtet sein mag. Es war nicht der Fall bei diesen Freunden H's.   10
wie mit den vorhin angeführten Königsbergern, daß es ihm
vorkommen konnte, als ob sie einander liebten und achte-
ten, ohne sich recht zu trauen; aber wenn H. dort meinte,
jene haben schon gefunden, was er noch suche, so galt | er
hier vielmehr für den, der das gefunden, was die andern      15
suchten und das sie in ihm verehren und genießen, für sich
selbst gewinnen oder stärken sollten. Sehen wir uns nach
dem Grunde um, daß die Freude, in der so treffliche Individuen sich beisammen fanden, in den unerwarteten Erfolg,
sich doch in Nichtbefriedigung zu enden, überging, so liegt   20
er wohl in dem Widerspruche, in welchem sie sich gegenseitig und sich selbst meinten und nahmen. Wenn Gesinnungen, Gedanken, Vorstellungen, Interessen, Grundsätze,
Glauben und Empfindungen unter den Menschen mitteilbar
sind, so lag außer und hinter diesem Konkreten der Indi-      25
vidualität in der Ansicht dieses Kreises noch die nackte konzentrierte Intensität des Gemüts, des Glaubens; dieses hin-
terste Einfache sollte allein absoluten Wert haben und nur
durch die lebendige Gegenwart einer zutrauensvollen Innigkeit, die nichts zurückbehalte, sich ganz gebe, finden, er-    30
kennen, genießen lassen. Die sich solche Trennung fest in
ihrer Vorstellung gemacht und daran ihren Begriff von
Schönheit, ja Herrlichkeit der Seele geknüpft haben, können sich gegenseitig nicht mit Gedanken und Werken, mit
dem Objektiven der Gesinnung, des Glaubens, der Emp-         35
findung begnügen; aber das Innere läßt sich nur in jener
Weise der Empfindungen, Vorstellungen, Gedanken, Wer-

ke usf. offenbaren, zeigen, mitteilen; indem nun in diesem
Mitteilen sowohl die Verschiedenheiten und Partikularitäten
der Ansichten, und zwar zugleich in Unklarheit, hervortre-
ten – denn die ganze Stellung ist die Unklarheit selbst –, als
5 auch das Erscheinen als solches jener gesuchten, zu sehen
verlangten und unsagbar sein sollenden Innerlichkeit nicht
entspricht, die Psyche selbst sich als solche nicht zu greifen
gibt: so ist das Resultat indéfinissable, eine Unverständlichkeit und unbefriedigte Sehnsucht – eine Stimmung, in der
10 die Menschen, ohne eigentlich sagen zu können warum,
sich getrennt und einander fremd finden, statt sich, wie sie
meinten, daß es nicht anders möglich sei, gefunden zu
haben – Situationen und Erfolge, wovon Jacobi selbst die
bekannten Schilderungen gegeben hat. – Wir stellen die
15 Daten zusammen, wie sich in diesem, wenn man will, Romane der Freundschaft die handelnden Personen schildern.
Von der Diotima, Fürstin Gallitzin, schreibt H. immer mit der größten Verehrung; er schildert sie einmal (VII.
S. 367), höchst charakteristisch für sie wie etwa für einen
20 Teil der umgebenden Vortrefflichkeiten, in einem | Briefe
an eine Freundin in Königsberg: »Wie sehr würden Sie«,
sagt er, »von dieser einzigen Frau ihres Geschlechts eingenommen sein, die an der Leidenschaft für Größe und
Güte des Herzens siech ist.« Die Fürstin wird ohne Zwei-
25 fel oder vielmehr durfte den Mann, der schon so viel gefunden, wohl nicht weit hin zu haben scheinen konnte, um
den letzten Schritt zu tun, nicht mit ihrer bekannten Pros-
elytenmacherei unangefochten gelassen haben, was freilich
bei H. nicht verfangen konnte. Als eine Spur solchen Ver-
30 suchs mag wohl nicht anzusehen sein, daß er nun, wie er
sagt, die Vulgata mit Vorliebe zitiert; eher dies, daß er sich
jetzt (nach einem Besuch bei der »frommen Fürstin«) alle
Morgen aus Sailers Gebetbuche erbaute, in das er ärger
als Johannes (d. i. Lavater) verliebt sei, nachdem er es ken-
35 nengelernt (H's. Briefwechsel mit Jacobi S. 406). Er sagt
über jenes Buch richtig, wenn Luther nicht den Mut gehabt, ein Ketzer zu werden, Sailer nicht im Stande gewesen

wäre, ein so schönes Gebetbuch zu schreiben (VII. S. 420).
Dies Gebetbuch war zu jener Zeit des Streits über Krypto-
Katholizismus sehr berüchtigt gemacht, als ein Buch, das,
wenn nicht dazu bestimmt, aber dazu gebraucht worden sei,
die Protestanten über die Natur des Katholizismus zu täu- 5
schen. Es findet sich (VII. S. 404) ein interessanter Brief H's
an die Fürstin vom 11. Dez. 1787, dessen Anfang oder Veranlassung nicht ganz klar ist, worin es aber im Verfolg heißt:
»Ohne sich auf die Grundsätze zu verlassen, die mehren-
teils auf Vorurteilen unsers Zeitalters beruhen, noch selbige 10
zu verschmähen, weil sie zu den Elementen der gegenwärtigen Welt und unseres Zusammenhanges mit
derselben gehören (ein sehr wichtiges, geistreiches Wort),
ist wohl der sicherste Grund aller Ruhe, sich an der lau-
tern Milch des Evangelii zu begnügen, sich nach der 15
von Gott, nicht von den Menschen gegebenen Leuchte
zu richten usf.« Es sind hier Bestimmungen angegeben, welche mehrere Ingredienzien der Religiosität der Fürstin ab-
schneiden.

Mit Fritz Jonathan, Jacobi, hatte sich H. in der letzten 20
Zeit seines Briefwechsels in vielfache Äußerungen und Ge-
genreden über dessen philosophische und Streitschriften gegen Mendelssohn und die Berliner eingelassen; Jacobi hatte
darein das ganze Interesse seines Denkens, Geistes und Gemüts mit seiner im hohen Grade gereizten Persönlichkeit 25
gelegt; beinahe alles dieses dabei von Jacobi geltend Gemachte machte H. auf seine, d. i. nichts fördernde, nichts
entwirrende oder aufklärende Weise zum | Teil schnöde
herunter. Was Jacobi ganz beinahe mit H's Worten vom
Glauben aufgestellt und damit das große Aufsehen und Wir- 30
kung, wenn hier und da auch nur auf schwache, schon mit
dem bloßen Worte Glauben sich begnügende Menschen
gemacht hatte, machte H. heftig herunter; so auch die Gegensätze von Idealismus und Realismus, die Jacobi auch in
seinem, um dieselbe Zeit herausgegebenen Hume und 35
überhaupt beschäftigten, schreibt ihm H. von nur entia
rationis, wächserne Nasen, ideal; nur seine Unterscheidun-

gen von Christentum und Luthertum seien real, res facti,
lebendige Organe und Werkzeuge der Gottheit und
Menschheit; so seien ihm (H.) Dogmatismus und Skeptizis-
mus die »vollkommenste Identität«, wie Natur und Ver-
5 nunft. Wenn freilich Christentum und Luthertum ganz anders konkrete Realitäten und Wirklichkeiten sind als abstrakter Idealismus und Realismus und H's. in der Wahrheit
stehender Geist über dem Gegensatze von Natur und Vernunft usf. steht, so ist schon früher ausführlicher bemerkt
10 worden, daß H. gänzlich unfähig wie unempfänglich für
alles Interesse des Denkens und der Gedanken und damit für
die Notwendigkeit von jenen Unterscheidungen war. Am
schlimmsten kommt Jacobis Wertschätzung des Spinoza,
welche doch zugleich nur ganz den negativen Sinn hatte,
15 daß derselbe die einzig konsequente Verstandesphilosophie
aufgestellt habe, bei H. weg, der wie gewöhnlich zu weiter
nichts als schimpfendem Poltern kommt. Daß Jacobi den
Spinoza, »den armen Schelm von cartesianisch-kabbalisti-
schem Somnambulisten, wie einen Stein im Magen herum-
20 trage,« das seien alles »Hirngespinste, Worte und Zeichen,
de mauvais(es) plaisanteries mathematischer Erdichtung zu
willkürlichen Konstruktionen philosophischer Fibeln und
Bibeln« (H. Briefwechsel mit Jacobi S. 349–357 u. f.).
»Verba sind die Götzen Deiner Begriffe«, ruft er ihm zu
25 (ebend. S. 348), »wie Spinoza den Buchstaben zum Werk-
meister sich einbildete« u. dergl. Hemsterhuis, den Jacobi
so sehr verehrte, ist H. ebensosehr verdächtig (»eine Platonische Mausfalle«); ahnt in diesem wie in Spinoza nur
taube Nüsse, Lügensysteme usf. Er (ebend. S. 341) gesteht
30 Jacobi »aufrichtig, daß ihm seine eigene Autorschaft näher
liege als Jacobis und ihm, selbst der Absicht und dem Inhalte
nach, wichtiger und nützlicher zu sein scheine«. In derselben Zeit kam Jacobi sehr ins Gedränge mit seiner Verteidigung des von ihm selbst verachteten Stark, die er gegen die
35 Berliner unternommen hatte: Er erfährt von H. keine bes|-
sere Aufnahme mit einer solchen politischen Freundschaft, wie H. jene Verteidigung bezeichnet. Jacobi erwi-

derte diese Mißbilligungen aller seiner literarischen Benehmungen nur mit der Berufung auf seinen Charakter, daß
wissenschaftliche Verstellung nicht in ihm sei, und es sei
ihm nie in den Sinn gekommen, weder dem Publikum noch
irgend jemand etwas weiß zu machen. Aber gewiß hatte 5
ihm unter diesen vielfachen Verwicklungen, die alle Interessen seines Geistes in Anspruch nahmen, nichts Empfind-
licheres geschehen können als die alles mißbilligenden Explosionen H's., die ohnehin so ins Blaue und in die Kreuz
und Quere liefen, daß sie das Verständnis einzuleiten oder 10
zu fördern wenig geeignet waren. Doch schwächte alles dies
das innige Vertrauen nicht; in der Gegenwart sollte Jacobi
die Seele H's., jenen letzten Grund ihrer Freundschaft, finden und darin die Auflösung aller Mißverständnisse, die Erklärung der Rätsel des Geistes erkennen und verstehen 15
lernen. Aber Jacobi schreibt nach dem Aufenthalte H's. bei
ihm an Lavater, 14. Nov. 1787 (Fr. H. Jacobis auserl.
Briefw. I. S. 435): »Es hat mich gekostet, ihn zu lassen (von
diesem Lassen nachher); von einer andern Seite mag es gut
sein, daß er mir entzogen wurde, damit ich mich wieder 20
sammeln konnte. Seiner Kunst zu leben und glücklich zu sein, bin ich nicht auf den Grund gekommen, wie sehr ich es mir auch habe angelegen sein lassen.«[1]

---

[1] Lavater (ebend. S. 438) sagt in seiner Antwort über diese Schilderung H's.: »Dieses seltsame Gemisch von Himmel und Erde könnte
übrigens für unser eins als eine Fundgrube großer Gedanken benutzt werden.« Späterhin, als Rehberg in Hannover gegen Jacobi
den Ausdruck gebrauchte, daß dieser sich »zu so verwirrten Köpfen
wie Lavater u. and. gesellt habe«, entgegnet Jacobi (ebend. S. 471) auf
ähnliche Weise in Ansehung Lavaters, daß derselbe »ein lichtvoller
(?) Geist sei, in dessen Schriften sich vieles finde, was den Mann von
Genie charakterisiere und auch von dem abstraktesten und tiefsinnig-
sten Philosophen, und vielleicht von ihm am mehrsten, trefflich benutzt werden könne.« Von Hamann hat Jacobi nur die zunächst
Hume entnommenen Sätze vom Glauben benutzt, nicht sein principium coincidentiae, das Konkrete seiner Idee. Aber man kann sich
wundern, daß solche innige Freundschaft sich auf das kalte Ende der
»Benutzung« reduzieren soll.

An denselben vom 21. Jan. 1788 (ebend. S. 446): »Du
sprichst von Buchholtzens Sonderbarkeiten; der ist, von
dieser Seite betrachtet, nichts, platterdings nichts gegen
Hamann; ich kann Dir nicht sagen, wie der [Umgang mit]
5 H. mich gestimmt hat, schwere Dinge zu glauben; ein
wahres πᾶν ist dieser Mann an Gereimtheit und Ungereimtheit, an Licht und Finsternis, an Spiritualismus und Materia-
lismus.« Das Resultat, daß Jacobi »der Kunst H's., glücklich
zu sein, nicht auf den Grund gekommen«, ist nicht ein Miß-
10 verständnis, etwa ein Unverständnis zu nennen; er ist durch
dessen Gegenwart an ihm nicht irre geworden, aber irre ge-
blieben. |
    Was endlich den andern Sohn, den Alkibiades Buch-
holtz betrifft, dessen großmütige Geschenke und ver-
15 trauensvolles Verhältnis die Grundlage zu H's. Reise aus-
machten, so schreibt Jacobi über denselben außer dem Angeführten am 23. Juli 1788 an Lavater nach H's. Tode
(a. a. O. S. 482): »Buchholtz mit Frau usf. ist abgereist;
Gott, was mich dieser Mann gedrückt hat. Ich habe diesen
20 sonderbaren Menschen erst vorigen April, da ich Hamann
zu besuchen in Münster war, näher kennengelernt. Hamann
hat ihm das Geschenk, das er von ihm erhielt, wahrscheinlich mit dem Leben bezahlt. Und doch hat
eben dieser Buchholtz Eigenschaften, die Ehrfurcht, Be-
25 wunderung und Liebe einflößen. Ich glaube nicht, daß eine
menschliche Seele reiner sein kann als die seinige. Aber
sein Umgang tötet.«
    Hamann selbst war zunächst von seinem körperlichen
Zustande gedrückt; er hatte sich, wie er (B. VII. S. 411)
30 schreibt, »mit geschwollenen Füßen und einer zwanzigjährigen Ladung böser Säfte, die er durch eine sitzende grillen-
fängerische Lebensart, leidenschaftliche Unmäßigkeit in
Nahrungsmitteln des Bauchs und Kopfs gesammelt hatte«,
auf die Reise gemacht. Von derselben Unmäßigkeit im Es-
35 sen und Lesen spricht er während seines Aufenthalts in
Westfalen, und die im Lesen gibt sich aus seinen Briefen
sattsam zu erkennen. Die Brunnenkuren, ärztliche Behand-

lung und sorgsamste, liebevollste Pflege, die er in seinem
Aufenthalte zu Münster, Pempelfort und Wellbergen genoß, vermochten seinen geschwächten Körper nicht mehr
zu erneuen. Er von seiner Seite drückt allenthalben die vollkommenste Befriedigung aus, die er in dem neuen Kreise 5
des Umgangs genoß; »der Lobredner oder Kunstrichter
seiner wohltätigen Freunde zu sein, könne ihm aber nicht
einfallen« (VII. B. S. 366). | »Ich lebe hier«, schreibt er
noch am 21. März 1788 von Münster aus, »im Schoße der
Freunde von gleichem Schlage, die wie die Hälften zu mei- 10
nen Idealen der Seele passen. Ich habe gefunden und
bin meines Fundes so froh wie jener Hirte und das Weib im
Evangelio; und wenn es einen Vorschmack des Himmels auf
Erden gibt, so ist mir dieser Schatz zuteil geworden, nicht
aus Verdienst und Würdigkeit« (B. VII. S. 409). Öfters sagt 15
er, »die Liebe und Ehre, die ihm widerfahre, ist unbeschreiblich, und er habe Arbeit gehabt, sie zu erdulden und
zu erklären«; er war zunächst von »allem übertäubt und
verblüfft«. Immer drückt er sich in diesem Sinne und der
Empfindung der Liebe aus, wie auch sonst die Briefe an 20
seine Kinder aus dieser Periode sehr milde, anziehend und
rührend sind. Aber H., der das Bewußtsein hatte, daß Jacobi
»manche schwere Probe der Geduld mit seinen bösen Lau-
nen ausgehalten und deren noch mehr zu erwarten hatte«
(B. VII. S. 376), H., der bei seiner innern vollkommenen 25
Gleichgültigkeit gegen alles um so mehr selbst auszuhalten
fähig war, konnte es doch nicht fortgesetzt unter diesen
»Idealen der Menschheit«, wie er seine Umgebung öfters
bezeichnet, aushalten. Daß so vieles in seinem Innern vorging, was er nicht beschreibt und was in der Empfindung 30
»des unbeschreiblich vielen Guten und Wohltätigen, das er
genoß«, nicht ausblieb, wäre schon aus der gezeichneten
Umgebung zu schließen; aber es drängen sich bestimmtere
Blicke in dasselbe auf. Jacobi erzählt einige Monate nach
dessen Tode (Jacobis auserl. Briefw. [B. I.] S. 486), H. habe 35
sich mit jenem Besessenen verglichen, den ein böser Geist
wechselsweise bald ins Feuer, bald ins Wasser warf; dieser

Vergleich passe gewissermaßen auch auf ihn (Jacobi). »O
daß mir die Hand erschiene«, ruft er aus, »die mich lehren
könnte gehen auf dem Wege menschlichen Daseins.
›Die Hand, die Hand!‹ rief ich mehrmals meinem Hamann
5 zu; ›vielleicht‹ war eins der letzten Worte, unter einem
Strom von Tränen, die ich aus seinem Munde | hörte.«
Man sieht hier zwei Männer so gebrochen in sich, der Belehrung, auf dem Wege menschlichen Daseins zu
gehen, noch so bedürftig, einander gegenüberstehen, die
10 schon ein so tief bewegtes Leben des Gemüts durchlaufen
hatten. – Nach dem Aufenthalte von etlichen Monaten bei
Jacobi zu Pempelfort (vom 12. Aug. an, und zu Düsseldorf
vom 1. Okt. – 5. Nov. 1787) verläßt H. das Haus seines
Freundes plötzlich, wirft sich, ohne ein Wort von seinem
15 Vorhaben zu sagen, bei kläglicher Witterung, einer seiner
Meinung nach auflebenden Gesundheit in den Postwagen
und fährt wieder nach Münster zu Buchholtz. Der nähere
Aufschluß über diese Flucht, die er »mit Gewalt und List
habe ausführen müssen« (einige hierher bezüglich schei-
20 nende Billette sind nicht abgedruckt; s. H's. Briefw. mit
Jacobi S. 382), liegt gewiß nicht in mißliebigen Vorfallen-
heiten oder verletzenden Benehmungen, sondern vielmehr
im Gegenteil, das seine Verlegenheit zur Angst gesteigert,
aus der er sich nur durch Flucht Luft zu machen wußte. Er
25 expliziert sich (H's. Briefw. mit Jacobi S. 386) nur so darüber: »Du, armer Jonathan, hast sehr übel an Deinen beiden
Schwestern und an mir Lazaro getan, das harte Joch und die
schwere Last einer so männlichen Freundschaft, einer so
heiligen Leidenschaft, als unter uns obwaltet, ihrem Ge-
30 schlecht, das die Natur weicher und zahmer gemacht hat,
aufzubürden. Hast Du nicht bemerkt, lieber Jonathan, daß
die beiden Amazonen es darauf angelegt hatten, mich
alten Mann um die Ehre meiner ganzen Philosophie, um
alle Deine günstigen Vorurteile für selbige zu bringen und
35 uns beiderseits in solche Verlegenheit zu setzen, daß wir uns
beide wie ein Paar philosophische Gespenster lächerlich vorkommen würden?« H's. Philosophieren, oder wie

man das irrlichternde Gespenstische seines Fühlens und Be-
wußtseins nennen will, konnte sich leicht gegen geistreiche
Frauenzimmer, mit denen nicht durch Poltern und Kruditä-
ten etwa, womit er sich heraushalf, abzukommen war, in
Bedrängnis und Angst gesetzt fühlen, wenn es aus seiner      5
Nebulosität zur Klarheit des Gedankens oder der Empfindung herauszutreten sollizitiert wurde. – Im folgenden
Briefe von H. heißt es: »Die Liebe, die ich in Deinem
Hause genossen, hat kein Verhältnis zu meinem Verdienst;
ich bin wie ein Engel vom Himmel darin aufgenom-          10
men worden; wenn ich ein leibhafter Sohn des Zeus
oder Hermes gewesen wäre, hätte ich nicht größere Opfer
der Gastfreiheit und großmütigen Verleugnung finden können, worin sich Helene (eine der Schwestern Jacobis) un-
sterblich her|vorgetan. Sollte ich nun diese Übertreibung   15
des Mitleids bloß meinen Bedürfnissen und nicht vielmehr der Freundschaft für mich zuschreiben und mir etwas
anmaßen, was Dir mehr als mir selbst gehörte?« Die über-
große Verehrung und Sorgsamkeit, die er genoß und die er
der Freundschaft für Jacobi und nicht für seine Persönlich-  20
keit zuschrieb, vermehrte noch jene Verlegenheit und Not
seines Zustandes.

In demselben Briefe (vom 17. Nov. 1787, s. Briefw. mit
Jacobi S. 383) appelliert H. über seine Flucht an Jacobis
Freundschaft, als des Jonathans seiner Seele, der er sein und  25
bleiben werde, so lange er (H.) sich seines Daseins und
Lebens bewußt sein werde, nach so vielen und großen Verbindlichkeiten für all das Gute usf. Auf Jacobis Äußerung,
ob es ihm (H.) in seinem Aufenthalte bei Buchholtz in
Münster etwa übel gehe, entgegnete H.: »Hier an dem    30
eigentlichen Orte meiner Bestimmung und meines Ausgangs aus meinem Vaterlande? War es nicht mein Franz
(Buchholtz), der mich rief und ausrüstete zu dieser ganzen
Laufbahn, die ich mit Frieden und Freude zu vollenden der
besten Hoffnung lebe und des besten Willens bin? Hier    35
sollte es mir übel gehen, wo ich wie ein Fisch und wie ein
Vogel in meinem rechten Elemente bin?« Dieser Empfin-

dung und Meinung unerachtet, hielt es H. nicht lange daselbst aus. Jacobi schreibt vom 21. Jan. 1788 (Auserl. Briefw.
B. I. S. 446) an Lavater: »H. ist kaum vierzehn Tage in
Münster gewesen, so hat er den Einfall bekommen, ganz
5 allein nach Wellbergen, Buchholtzens Rittersitze, zu reisen.
Alle Vorstellungen, Bitten und Zürnen halfen nichts; er
ging. Und was jedermann vorausgesehen hatte, geschah, er
wurde krank.« Nach einem vierteljährigen Aufenthalte
während des Winters an diesem, wie es Jacobi nennt, mora-
10 stigen und feuchten Orte, während dessen der Briefwechsel
zwischen beiden stockte, kehrte H. gegen Ende März nach
Münster zurück, von wo er nach der Mitte Junis noch einmal Jacobi zu besuchen im Begriff war, um von ihm Abschied zu nehmen und nach Preußen zurückzukehren; aber
15 an dem zur Abreise bestimmten Tage erkrankte er heftig
und beschloß den Tag darauf, am 21. Juni 1788, ruhig und
schmerzlos sein so bedrängtes Leben.

                                             H e g e l .

# GÖSCHEL-REZENSION
## (1829)

Aphorismen über Nichtwissen und absolutes Wissen im Verhältnisse zur christlichen Glaubenserkenntnis. – Ein Beitrag zum Verständnisse 5
der Philosophie unserer Zeit. Von CARL FRIEDRICH
G.....L. – Darum rühme sich niemand eines Menschen. Es
ist alles euer. Es sei Paulus oder Apollo, es sei Kephas oder
die Welt, es sei das Leben oder der Tod, es sei das Gegenwärtige oder das Zukünftige, alles ist euer. Ihr aber seid 10
Christi; Christus aber ist Gottes. 1. Kor. 3, 21–23. – Berlin,
bei E. Franklin. 1829.

(Rückseite des Titelbl. Motto: 1. Kor. 1, 20–23.)

Aphorismen mochte der Herr Verf. seine Betrachtungen
über die auf dem Titel genannten Gegenstände etwa nur 15
darum nennen, als er sie nicht in die förmlichere Methode
der systematischen Wissenschaft und in abstraktere Ausführ-
lichkeit gefaßt hat. Sonst steht der Vortrag innerhalb der besondern Materien und Gesichtspunkte, welche betrachtet
werden, in gründlichem Zusammenhang und erfordert 20
einen aufmerksamen, denkenden Leser, der auch da, wo die
Exposition sprungweise zu gehen scheint, was doch nur
mehr in dem ersten Abschnitte als in dem folgenden der Fall
ist, den Faden der Gedanken zusammenzuhalten gewohnt
ist. Diese Schrift hat das Ausgezeichnete und Seltene – sie 25
ist, wenn man will, ein bedeutendes sogenanntes Zeichen
der Zeit –, daß der Hr. Verf. in frommem Sinne, durchdrungen ebenso von der Wahrheit der alten, d. i. eigentlichen christlichen Glaubenslehren als von dem Bedürfnisse
der denkenden Vernunft, und zwar in durchgeübter Bil- 30
dung derselben, sich beweist. Hiermit befindet sich hier das
Interesse dem Inhalt und der Form nach unmittelbar in dem
Mittelpunkte der spekulativen Philosophie. Der Unter-

schied, der zwischen Christentum und philosophischem
Denken als eine unendliche Entfernung und unausfüllbare
Kluft vorgespiegelt zu werden pflegt, ist mit einemmale zu-
rückgelegt; dieser angebliche Zwischenraum ist in dieser
5 Tiefe gar nicht vorhanden. Die vorliegende Schrift ist daher
nicht ein Einleiten und Vorreden vom Wissen und Religion und Glauben, welches Einleiten und Vorreden, das
sich außerhalb der Sache hält, dennoch von der Theorie
des Nichtwissens für die ganze Wissenschaft selbst, ja selbst
10 für die Religion ausgegeben worden ist; hier wird vielmehr
von der Sache gehandelt. Wenn oft das Aufstellen des soge-
nannten Rätsels der Welt für die höchstmögliche An|stren-
gung und Erhebung des Geistes ausgegeben wird, so daß
aber von dessen Auflösung wesentlich zu abstrahieren sei,
15 so ist dagegen dem Hrn. Verf. die Befriedigung in der durch
die Offenbarung längst gegebenen Auflösung früh geworden, und in Beziehung hierauf beschäftigt sich diese Schrift
weiter mit der Auflösung des subjektiven Rätsels, wie jene
ursprüngliche Einheit des Christentums und der spekulati-
20 ven Vernunft und die selbstbewußte Einigung derselben sich
für die Vorstellung als unfaßlich zeigen möge. Es ist einerseits der auf das alte Christentum gegründete Glaube und
andererseits die rationalistische Theologie, welche der Hr.
Verf. zu verständigen sucht, jenen, insofern derselbe von
25 dem Mißtrauen, ja von der Feindschaft gegen die Philosophie befangen ist, diese, von welcher die christliche ebensowohl als die philosophische Erkenntnis Gottes verworfen
und die Vernunft überhaupt, deren Namen sie im Munde
führt, völlig verkannt wird. – Die Wichtigkeit der abgehan-
30 delten Materien wie der Art und Weise ihrer Behandlung,
damit auch, wie wir nicht unerwähnt lassen dürfen, das
vielfache Verhältnis derselben zu den philosophischen Bemühungen des Referenten, veranlassen diesen, durch einen
ausführlichern Bericht die Leser auf diese Schrift, die ander-
35 wärts etwa nur verunglimpft oder am liebsten ignoriert
werden möchte, aufmerksam und vorläufig mit derselben
bekannt zu machen.

Es ist »die Philosophie unserer Zeit«, über welche der Hr.
Verf. den unbefangenen Christen gegen den nur Endliches
denkenden und alle Wahrheit verendlichenden Verstand der
rationalistischen Theologie ins Klare zu setzen bemüht ist.
Er sagt S. 2, daß »die Aufgabe: sich in die Zeit und damit     5
uns in die unsrige zu schicken, in Beziehung auf die Philosophie derselben und deren gegenwärtigen Höhepunkt, von
denjenigen Christen, welche ihre Berufsverhältnisse zur
Wissenschaft gerufen haben, ohne Sünde nicht leicht ganz
abgewiesen werden könne«. »Sie nötige«, fügt er hinzu,    10
»auch demjenigen Christen, der für sich an seinem einfachen, lebendigen Glauben genug hat und in dem vorstellen-
den Elemente der absoluten Wahrheit gewiß, besondere
Aufmerksamkeit ab.« Das eine, was die Philosophie, und
zwar als Wissenschaft, zu leisten hat, ist, die Form des Den-    15
kens aufzusuchen und in dieser den Gehalt der Wahrheit zu
erkennen; aber die Wahrheit ist auch für sich in dem frommen Glauben des Christentums längst in seiner eigenen Gestalt vorhanden, und dieser macht in seiner göttlichen Zu-
versicht die Forderung an die | Ergebnisse des Denkens,    20
daß »sie sich mit ihm übereinstimmend zeigen«. Den frühern Ausweg, dieser Forderung durch die Vorspieglung aus
dem Wege zu gehen, daß Religion und vernünftiges Denken zwei ganz verschiedene Gebiete seien und ganz auseinander gehalten werden müssen, verschmäht die Philosophie    25
neuerer Zeit nicht nur, sondern sie selbst ist es, welche diese
Vergleichung hervorruft und das Recht des Glaubens, daß
seiner Forderung Genüge geleistet werde, anerkennt. »Die
Philosophie unserer Zeit«, sagt der Hr. Verf., »nennt sich
wohl eine christliche, sie will nicht als eine Förderung oder    30
Vervollkommnung des Christentums, sondern als dessen
Frucht und Werk gelten, sie nennt sich als das Gemeingut
des Menschengeschlechts das höchste Erzeugnis des Christentums; sie spricht unbedingt ihre Achtung vor dem geoffenbarten Worte Gottes als der gegebenen absoluten Wahr-    35
heit aus und eifert unverdrossen gegen alle Verdrehung und
Ausleerung des realen Gehalts der heil. Schrift und gegen

dessen lose Verflüchtigung in puren selbstgemachten Geist
und baren Menschenverstand.« – Ungeachtet es hiernach
sehr gewagt, ja nicht zu verantworten sein würde, wenn
diese wissenschaftlichen Bestrebungen, ohne nähere Kennt-
5 nis davon zu nehmen, mit dem Argwohne angesehen würden, als wenn am Ende doch die Wahrheit der geoffenbarten Religion darin mittelst des Begriffs eine andere
werde, als die in der Vorstellung unmittelbar gegebene
(»hiermit ist bestimmt und gründlich der Punkt der Kontro-
10 vers« ausgesprochen), so geschieht es dennoch, und zwar auf
die merkwürdige Weise, daß die bibelgläubigen Christen
mit ihren Gegnern, die sich als die Verständigen die Ra-
tionalisten nennen, in »nichts übereinzustimmen
scheinen als in den Anklagen gegen die spekulative Philoso-
15 phie«. »Der Rationalismus bleibt sich treu und konsequent,
wenn er als die subjektive, abstraktsinnliche Verstan-
desweisheit (1. Kor. 1, 21, weil die Welt durch ihre
Weisheit Gott in seiner Weisheit nicht erkannte) der spekulativen Philosophie als dem objektiven Gedanken sich
20 widersetzt, indem sein Standpunkt die spekulativen Ergeb-
nisse sofort verzerrt und ihrer Geltung entkleidet. Der sogenannte Supernaturalismus ist als System der christlichen Theologie wesentlich in allen Beziehungen, folglich
auch in seinem Verhältnisse zur spekulativen Philosophie,
25 verschieden von dem Rationalismus. Es ist daher nur der
Verirrung einzelner christlicher Theologen zuzuschreiben,
wenn sie mit dem Rationalismus gegen die Philoso|phie ge-
meine Sache machen, sie werden selbst rationalistisch, wenn
spekulative Lehren von ihnen dem abstraktsinnlichen Ver-
30 stande unterworfen und hiermit in ihrem innersten Wesen
verletzt und verkehrt worden sind. Die Inkonsequenz solcher Theologen ist, daß sie in diesem Verfahren in eine
Sphäre zurückfallen, die sie als unwirklich und lügenhaft
und sowenig als die Philosophen anerkennen und wonach
35 sowenig die Theologie als Philosophie gerichtet werden«.
Die gründliche Ansicht des Hrn. Verfs. beweist sich in dieser genauen und einfachen Bestimmung des Unverstandes,

in welchem die christliche Theologie gegen sich befangen
ist, wenn sie selbst den rationalistischen Verstand, der ihrem
eigenen Inhalte tödlich ist, darauf- und annimmt, wenn sie
sich gegen die Philosophie kehrt. Untersucht man das beiden Gemeinschaftliche näher, so findet sich die Quelle ihrer     5
Verkehrungen in dem Mangel an Bewußtsein und Erkenntnis über die Natur der Kategorien, deren sie sich bei der
Behandlung, es sei Behauptung oder Bestreitung, philosophischer Sätze bedienen. Hart oder überhaupt ungehörig
scheint die Beschuldigung, daß sie nicht wissen, was sie     10
sagen. Aber wenn eine geläufige Reflexionsbildung einen
Inhalt in seinen Zusammenhängen und Gründen räsonierend oder salbungsvoll zu explizieren weiß, so ist von solcher Fertigkeit noch sehr das logische Bewußtsein über die
Formen selbst und deren Wert zu unterscheiden, in denen     15
alle Verbindungen der vorgetragenen Vorstellungen gemacht werden. Auf diese Formen aber kommt es in spekulativer Betrachtung nicht nur wesentlich, sondern sogar allein an, denn in dieser höhern Sphäre des Denkens erkennt
sich das, was den innersten Punkt ausmacht, die Unwahr-     20
heit des Unterschiedes von Form und Inhalt, und daß es die
reine Form selbst ist, welche zum Inhalt wird. Daß die Beschuldigung, nicht zu wissen, was man sagt, nicht zu viel
ist, ergibt sich auf eine in der Tat unglaubliche Weise an
den nächsten besten, wie an den ausgezeichnetsten der viel-     25
fältigen Verhandlungen, welche gegen die spekulative Philosophie gerichtet sind. Die Entwirrung der mancherlei Angriffe, Einwendungen, Zweifel, welche der Hr. Verf. in der
vorliegenden Schrift vornimmt, wird eben dadurch so klar
und erfolgreich, daß derselbe, im Besitze jenes scharfen Be-     30
wußtseins über die Gedankenformen, mit Bestimmtheit diejenigen aufzeigt, welche in jenen Angriffen unbefangen gebraucht werden; dieses Aufzeigen erleichtert nicht nur, son-
dern führt sogleich | beinahe von selbst und für sich die
Einsicht in ihre Unstatthaftigkeit herbei. Formen der Ent-     35
zweiung und des Unwahren, die Kategorien des Endlichen,
sind an sich selbst unbrauchbar, um das in sich Einige, das

Wahre, zu fassen und zu bezeichnen; in den Einwendungen
gegen das Spekulative wird aber nicht nur immer von solchen Gedankenformen Gebrauch gemacht, sondern es geschieht sogar ferner dies, daß diese Formen des Unwahren
5 an die Stelle der spekulativen Gedanken, die beurteilt werden sollen, gesetzt [werden] und diesen so ein falsches Faktum unterschoben wird.

    Der Hr. Verf. betrachtet zuerst die Theorie des Nicht-
wissens, und zwar läßt er sich die Mühe nicht verdrießen,
10 dem Schicksal desselben, wie es sich in den Darstellungen
des »Heerführers auf dieser Geistesstufe in dieser Zeit,« H.
Fr. Jacobi, allerdings am bestimmtesten und sprechendsten ausweist, nachzugehen. Peinlich ist diese Mühe, weil
sie mit dem Glauben, bei einem geachteten, berühmten
15 Schriftsteller sei wenigstens Zusammenhang und Übereinstimmung in den Vorstellungen herrschend, herangeht und
sich dann in die Schwierigkeit, die Übereinstimmung einzusehen, verwickelt, bis es sich durch standhaftes Verfolgen
und Vergleichen herauswirft, daß man in völlig widerspre-
20 chenden Bestimmungen herumgetrieben wird, ja, woran
man zunächst gar nicht denken kann, in dem Widerspruche
der Behauptung desselben Standpunkts, gegen welchen von
dieser Theorie des Nichtwissens soeben die schärfste Widerlegung und Verurteilung gewendet worden war.

25     Doch es ist vorher anzuführen, wie in Beziehung auf das
Nichtwissen die Unterscheidung der Standpunkte, welche
den nähern Gegenstand dieser Schrift ausmachen, eingeleitet ist. Das Verhältnis derselben ist S. 9 bestimmt so angegeben: »Die Verzichtleistung auf das Philosophieren, die es
30 nur bis zum Nichtwissen bringt, ohne daß der von der
verabschiedeten Wissenschaft zerstörte Glaube wiederhergestellt wird, ist genauer angesehen nur halbe Verzichtleistung.« – »Denn das unglückliche Element der
Wissenschaft, welches den Glauben zerstört und eben des-
35 wegen ihr selbst die Verabschiedung zugezogen hat, ist
wirklich nicht verabschiedet worden. Zu konsequenter
Verzichtleistung gehört es vielmehr, daß auch jenes un-

glückliche Element nicht anerkannt wird, womit demselben von selbst sein Einfluß auf den objektiven Glauben
benommen ist.« Hiernach ergibt sich ein zweiter Stand-
punkt in folgender Bestimmung (S. 10): »Indem durch | die
Konsequenz jener Verzichtleistung dem Gedanken oder    5
vielmehr dessen vereinzelten Elementen sein einseitiger,
negativer Einfluß auf den über ihm stehenden objektiven
Glauben und hiermit die höchste Autorität, die der Gedanke usurpieren wollte, entzogen, der Glaube selbst aber
als die Treue des unbedingten Vertrauens auf die geoffen-  10
barte Wahrheit gesichert ist, kann es nicht fehlen, daß dem-
ungeachtet die Vernunft im Dienste des Glaubens und unter
der Zucht des Wortes, als der Wahrheit, gebraucht wird,
um die gegebene Vorstellung mehr und mehr zum Leben
und zum Verständnisse zu bringen; so erzeugt sich die Stufe  15
des Glaubens und Wissens, welche beides sondert, dieses jenem unterordnet, so daß der Gedanke dem Glauben
nur nützen, nicht schaden kann – eine Stufe der Glaubenserkenntnis, die auf der Stufe des absoluten Wissens
(dem dritten Standpunkte), welches die Wahrheit in der  20
Form der Wahrheit hat, als das in der Vorstellung gegebene und mit Gedanken durchflochtene, aber nicht
von dem Gedanken durchdrungene Wahre bezeichnet
werde, weil diese Stufe mit dem Gedanken nicht soweit als
mit dem Glauben ist und diesen von ihrem Verstande unab-  25
hängig weiß. Dieses Glauben und Wissen steht demnach
zwischen dem Nichtwissen und dem absoluten Wissen in
der Mitte.« – Der Hr. Vf. geht zuerst an die Betrachtung
der beiden Extreme in dem Interesse, die Philosophie unserer Zeit nach ihren letzten Resultaten, d. h. in ihren Ver-  30
hältnissen zum Christentum, näher und gründlicher kennenzulernen.

Die Schrift zerfällt daher in die drei Teile: I. Das Nichtwissen. II. Das absolute Wissen, und III. Glauben
und Wissen. Wir wollen es versuchen, der Darstellung in  35
den Hauptmomenten zu folgen; aber indem sie ausgezeichnet, geist- und gedankenreich, gedrängt in ihren Folgerun-

gen und zugleich von frischer, warmer Lebendigkeit ist,
wird, wenn über die allgemeinen Ausdrücke des Urteilens
zu einer abgekürzten Anführung des Inhalts hinausgegangen
wird, auch dieser an dem Gewichte und Verdienste freilich
5 verlieren müssen, das ihm die Darstellung gibt.
    In der ersten Abteilung gibt der Hr. Verf. vornehmlich
nach Anleitung der Jacobischen Schrift von den göttlichen Dingen die Antworten an, welche das Nichtwissen auf »die letzte aller Fragen«, die Frage: was ist Gott?
10 erteilt. – An dieser Frage zeigt sich das Nichtwissen in seiner ganzen Unbefangenheit. Gott ist; das ist das Erste.
Gott ist Gott; das ist das Zweite und Letzte; Er ist
allein | Sich selbst gleich und außer Ihm ist Ihm Nichts
gleich (nach dem Prinzip der abstrakten Identität des Ver-
15 standes). Hiermit ist die Wahrheit unmittelbar gewiß;
und es folgt daraus das übrige; Gott ist – alles, was wir
nicht wissen können, er ist von dem geschieden und
verschieden toto coelo, was Er nicht Selbst ist, außerwelt-
lich, transzendent – und doch auch in und mit uns; ist
20 wirklich, kein Individuum, kein Einzelner – und doch
Person, ja die Persönlichkeit selbst; Person und doch
schlechthin unendlich, grenzenlos, überall und nirgends. –
Daß sich dieses Satz für Satz aufhebt und widerspricht, ent-
geht dem Nichtwissen nicht; es folgert aber daraus nur, daß
25 Gott unbegreiflich, unaussprechlich, unsichtbar ist, was
schon in dem obersten Satz liegt, daß Gott nur sich selbst
gleich ist. »Statt daß nun dieses Nichtwissen«, fährt der Hr.
Verf. fort, »gerade auf die Notwendigkeit und Wirklichkeit
der Offenbarung des (nach jenem Resultate) in sich
30 verborgenen Gottes führen sollte, beschränkt es sich mit
der im Gewissen gegebenen natürlichen Offenbarung, sosehr sie auch der Natürlichkeit des Gedankens widerspricht«; jene sogenannte natürliche Offenbarung im Gewissen ist das unmittelbare Wissen und also Wissen nur jener
35 abstrakten Sichselbstgleichheit Gottes, das sich dem Gedanken und dessen Reiche, dem Wissen, entzieht, welcher
vielmehr für sich auf Fülle des göttlichen Wesens und somit

auf konkrete Erkenntnis getrieben ist. Dieses unglückliche
Herüber- und Hinübergeworfenwerden der Seele, dieses
ihr rastloses Abmühen, ihren eigenen Ansichten zu entfliehen, die sie doch nicht lassen kann, wird nun weiter ver-
folgt.                                                                              5

In dem ausgesprochenen Worte, der Schöpfung, ist Gott
die Ursache, er erfand das Maß und Gestalt, Gesetz und
endliches Wesen, Raum und Zeit, die Tage und Jahre und
Orte, die Sprache und die Sprachen, den Begriff und den
Menschen; er selbst ist nicht nach Maß, ist über Zeit und      10
Raum u.s.f., er selbst spricht nicht; so löst sich unter allen
diesen Redensarten Gottes Realität und Selbständigkeit nur
in das unendliche Wesen auf, das aller Wirklichkeit zu
Grunde liegt, ohne selbst für sich, ohne wirklich zu sein.
»Immer wird wiederholt, daß es in dem Interesse der be-        15
kämpft werdenden Wissenschaft liege, die Realität aufzulösen und zu vernichten, indem das Objekt aufgehoben
werden müsse, um gewußt zu werden. (Der Hr. Verf.
zitiert hierzu auch die Schrift: Die wahre Weihe des Zweif-
lers, zweite Beilage.) Und doch sehen wir diejenigen, wel-    20
che auf diese Weise ihr Nicht|wissen deduzieren, in glei-
chen Nihilismus verfallen.« – Der Hr. Verf. behält sehr fest
dieses Unwesen der behaupteten Sichselbstgleichheit, der
abstrakten Identität im Auge, in welcher diejenigen immer
beharren, welche, indem sie die spekulative Philosophie be-   25
kämpfen, sie Identitätssystem zu nennen sich nicht ent-
blöden. Er hält es fest, daß das Jacobische Prinzip nichts ist
als diese Identität, welche zunächst Nihilismus des nur unendlichen Wesens und dann, in seiner affirmativen Form,
der Pantheismus ist, den Jacobi aufs Bestimmteste ander-     30
wärts so ausgesprochen hat, daß Gott das Sein in allem
Dasein ist, d. h. jenes immanente und zugleich ganz unbestimmte Abstraktum. – Insbesondere zeigt er ferner, wie
Jacobi in derselben Weise sich gegen das Christentum verhält; »das Christentum«, sagt er S. 21, »ist hier, wie überall,   35
die Probe, an der die geheimsten Gedanken der Seele offenbar werden und – zerschellen; die hochmütige Idee nimmt

trotz aller Demut und Bescheidenheit ein Ärgernis an der
Knechtsgestalt des Sohnes Gottes; dies Ärgernis wird von
dem menschlichen Hochmut dadurch beseitigt, daß wir das,
was uns an der fremden Person ärgert, auf uns übertragen,
5 denn an uns selbst können wir solche Vorzüge schon eher
ertragen. Indem wir die fremde Erscheinung als unwesent-
liche Einkleidung ansehen und das Wesen in die Idee, die
Idee in uns selbst setzen – als die Kunde des innersten Gewissens –, sind wir des Ärgernisses überhoben«; »wir sind
10 jenes Ideal, der Irrtum des Christentums liegt nur darin, daß
dies Ideal auf ein einzelnes Menschenwesen übertragen
wird«.

Ferner wird genau nachgewiesen, wie in dieser Theorie
der Verstand, »welcher sich bescheiden mußte, von gött-
15 lichen Dingen nichts zu wissen, mithin auch aus dem
Widerspruche und der Ungedenkbarkeit nicht auf das
Nichtsein schließen und dem, was sich widerspricht, noch
nicht die Realität absprechen konnte – wie auf einmal derselbe Verstand gegen die Gestalt in der Religion mit in-
20 fallibler Dreistigkeit nach demselben Gesetze des Widerspruchs entscheidet, welches er (s. oben) erst auch anti-
quiert hatte.« – »Fast scheint es, als wenn unser natürlicher
Mensch vor Gott in Seiner Majestät weniger Scheu emp-
fände, als vor Gott in Seiner Erniedrigung« (der Gott nur
25 in seiner Majestät ist der unnahbare Gott, den der Mensch
als das Jenseits sich fern vom Leibe und vom Geiste hält);
»der Gott des Verstandes ist aus purer Unendlichkeit zu vor-
nehm, sich in unser Fleisch und Blut zu | kleiden; es ge-
hört, sagt der Verf., eben die ganze Liebe Gottes dazu, sich
30 tatsächlich, persönlich in sein gefallenes Geschöpf zu versetzen und es selbst zu sein. – Diese Philosophie des Nichtwissens hat gelehrt, Gott kennen heiße Gott verendlichen,
erniedrigen; nun konnten WIR freilich Gott nicht erniedrigen, folglich auch nicht erkennen. Jetzt erniedrigt Er
35 aber Sich Selbst zu Seiner Offenbarung, und nun nehmen
wir wieder in unserm Stolze an Seiner Niedrigkeit Anstoß.«
Diejenigen, welche dem Glauben an die Offenbarung ge-

treu bleiben, aber in der Behauptung, daß Gott nicht zu erkennen sei, mit dem Nichtwissen übereinstimmen, behaupten so in Einem Flusse der Rede, Gott habe sich in Christus
den Menschen geoffenbart, und zwar habe er dies von sich
geoffenbart, daß er sich nicht geoffenbart, daß er sich nicht   5
zu erkennen gegeben habe. Sie nehmen an, Gott habe sich
zum Menschen verendlicht, die Endlichkeit in sich und sich
in die Endlichkeit gesetzt, er sei aber nur das abstrakte Unendliche, das von der Endlichkeit ganz entfernt gefaßt werden müsse.                                                      10

     Dem Antworten in den Jacobischen Darstellungen auf die
andere Frage: was ist der Mensch? folgt der Hr. Verf.
von S. 30–47 ebenso genau in den Anläufen, Schwankungen und Widersprüchen nach, in die es ausläuft. »Die Frage:
was ist der Mensch? steht mit der Frage: was ist Gott?   15
in solcher Wechselwirkung, daß mit einer auch die andere
beantwortet sein würde – denn eigentlich fragen wir doch
mit beiden nichts anderes als: was ist Gott im Verhältnisse zum Menschen? was ist der Mensch im Verhältnisse zu Gott?« – Ein sehr wichtiger Satz, den dieje-   20
nigen nicht einsehen, die nur das Verhältnis des Menschen
zu Gott angeben und erkennen wollen und dabei behaupten, daß man von Gott nichts wisse. Indem vom Hrn. Verf.
den Jacobischen Darstellungen tiefe Blicke in das Herz des
Menschen zugestanden werden, wird ebenso bemerklich   25
gemacht, daß oft, wo Erwartungen von Aufschlüssen über
die höchsten Fragen gegeben werden, diese auf allgemeine
Aussprüche, mit denen nicht viel gewonnen, auch auf die
»lehrreiche Unterbrechung durch die Ankündigung, daß
das Nachtessen aufgetragen sei«, hinauslaufen. Insbe-   30
sondere wird die schöne Seele, die in jenen Darstellungen sich so heraushebt, näher untersucht, dann aber der
Grundirrtum aufgedeckt, der überall über die Hauptsache,
über die Natur des Bösen, obwaltet. Dieser zeigt sich
darin, daß aus dem Sein die Güte des Seins abgeleitet wird   35
(auch nach dem Verstan|dessatze der Identität) und daß, wie
sich der Hr. Verf. ferner ausdrückt, geschlossen wird, daß

das Herz auch e d e l g e b o r e n sei, weil es, was das Nichtwissen gern zugibt, e d e l g e s c h a f f e n ist. Dieses Nichtwissen,
welches doch nichts weiß, setze dabei das w i r k l i c h e Sein
des Menschen u n m i t t e l b a r voraus. Um diese Bestimmun-
5 gen des Hrn. Verfs. auch nur zu verstehen, müßte das
Nichtwissen freilich die wesentlichen Unterscheidungen,
von dem, was nur ursprüngliche, abstrakte Natur – Anlage,
noch nicht Wirklichkeit – ist, und zwischen dem, was
Wirklichkeit ist, kennen. Zur Erläuterung mag hier nur dies
10 angeführt werden, daß das Tier ebensowohl gut von Natur
als der Mensch, und des Tieres Wirklichkeit auf dieses von
Natur Gutsein beschränkt ist. Aber die Wirklichkeit des
Menschen ist eine erst geistig zu bewirkende, und wesentliches Moment ist darin, daß das von Natur Gutsein nicht das
15 ist, wodurch er seine Wirklichkeit schon hätte, daß dieses
Gutsein von Natur für dieses sein geistiges Sein, worein
allein seine Wirklichkeit ist, vielmehr das Nichtgute ist.
Näher zeigt der Hr. Verf., daß jener Grundirrtum sich dahin entwickelt, die Natur d e s B ö s e n sosehr zu verkennen,
20 daß, wenn doch einmal die Rede von demselben sein soll,
dasselbe bloß in d i e E n d l i c h k e i t gesetzt wird, so daß das
Endliche sich in der Erkenntnis als Nichtwissen zeigt, im
Willen als S i n n l i c h k e i t. Das Gute, das wir wirklich in unserem Herzen finden, leiten wir aus unserem H e r z e n ab,
25 hingegen das Böse, wenigstens den Hang dazu, schreiben
wir n i c h t u n s e r e r F r e i h e i t, soviel wir auch sonst von
ihr halten, sondern unserer Endlichkeit, unserer Sinnlichkeit zu; diese aber ist an sich nichts als notwendige Schranke
für dieses Leben. – So lassen wir Böses, Endliches, Unvoll-
30 kommenes, Sinnliches bunt durch- und ineinander fließen,
und um ja nicht aus dem behaglichen Dunkel über uns selbst
herauszukommen, tun wir das Letzte hinzu, die Schuld des
Bösen – als des Sinnlichen, Endlichen, der notwendigen
Schranke für dieses Leben – a u f G o t t zu wälzen, welches
35 wir wieder damit gut machen, daß wir das Böse etwas besser machen. »Und doch, fügt der Hr. Verf. hinzu, bedürfte
es für diejenigen, die aus sich selbst nichts zu wissen einge-

sehen haben – wenn das Nichtwissen die Herzenseinfalt
und Geistesarmut wären, welche in der Bergpredigt selig
gepriesen wird –, weiter nichts, als daß sie sich vom Worte
Gottes belehren ließen; ein einziger, ernster, heller Blick in
das dritte Kapitel der Genesis würde genügen, um über sich   5
und die Welt zum | Verständnisse zu kommen.« (Im Nach-
wort S. 190 kommt der Hr. Verf. auf dieses Kapitel zurück
und gibt auf Veranlassung einer Äußerung des Ref. in diesen Jahrbüchern interessante, klare Erläuterungen darüber.)
Wie das Nichtwissen mit den tiefern Bedürfnissen und Ge-   10
danken unbekannt ist, so bemerkt der Hr. Verf. auch von
den vorhin erwähnten »schönen Seelen« der Jacobischen
Zeit, daß sie von Bibel und Katechismus nicht allein nichts
glauben und annehmen, sondern auch wirklich nichts wissen. – Ein Beispiel gibt die bei einer andern Gelegenheit   15
angeführte fromme Fürstin Gallitzin, die erst durch Hamann veranlaßt wurde, sich mit der Bibel, die sie niemals
noch gelesen hatte, bekannt zu machen.

Im zweiten Abschnitt (S. 48–116): das absolute Wissen, setzt der Hr. Verf. den allgemeinen Standpunkt so-   20
gleich so fest, daß alle Geistestätigkeit (nicht ein besonderes Vermögen oder Teil desselben) sich eben dadurch als
Geist erweise, daß sie das ihr entgegengesetzte, ruhige Sein
in sich aufzunehmen und hiermit den Dualismus, welcher
sie von dem Sein trennt, aufzuheben das Streben und die   25
Aufgabe hat, um nicht an, sondern in dem Gegenstande
zu sein. – Dies als die Natur der Tätigkeit des Geistes überhaupt in das Auge gefaßt, würde der Psychologie zu
einem weniger oberflächlichen Zustande verhelfen, als der
ist, in welchem wir sie gewöhnlich sehen; und umgekehrt,   30
wenn die gewöhnlichsten Tätigkeiten des Geistes in dem,
was sie bezwecken und vollbringen, unbefangener, und
zwar nur empirisch betrachtet würden, so würde dadurch
gleichsam als durch eine Induktion die Apprehension ent-
weichen, welche die spekulative Idee bei den Ungeübten   35
erweckt, indem diese nichts anderes ausspricht, als was am
offenbarsten in allem Tun der Seele sich zu erkennen gibt.

Gewöhnt an die Form der Idee in dieser ihrer Erscheinung
der Anwendung, würde es erleichtert sein, die Idee für sich
selbst in ihrer Unbeschränktheit zu fassen, wo es nicht mehr
um endlichen Gehalt, sondern um den unendlichen der
5 Wahrheit selbst zu tun ist. Die Aufgabe und das Stre|ben,
von dem nun der Verf. spricht, geht auf diese Wahrheit; es
gehört der gesamten Geistestätigkeit an, in welche sich der
Geist aus jenen besondern Geschäftigkeiten und deren be-
schränktem Gehalte zurücknehmen muß. Es ist (S. 48) nicht
10 dem menschlichen Geiste an und für sich, d. i. dem Geiste,
der sich dem Menschen offenbart, sondern eben dem Menschen selbst in seiner abstrakten Natürlichkeit, der Zerstük-
kelung des Geistes in einzelne Richtungen und der eigen-
mächtigen Operation mit vereinzelten selbstischen Kräften
15 zur Last zu legen, wenn das Streben auf keine Weise befriedigt, die Aufgabe auf keine Weise gelöst wird, wodurch es
endlich dahin kommt, daß Sein und Wissen sich gänzlich
trennt und ersteres als das Unverwüstliche eben darein gesetzt wird, daß es nicht weiß und nicht gewußt
20 wird.

»Das Sein ist unwahr und unwirklich, weil es bewußtlos
ist; wahr und wirklich ist nur der Geist, womit von
selbst Endliches und Unendliches aus der Wirklichkeit scheiden.« (S. 49) Diejenigen aber können nicht
25 zu diesem Scheiden und damit auch nicht zum Bewußtsein
der Wirklichkeit gelangen, welche an dem Gegensatze des
Endlichen und Unendlichen und eben deswegen am Endlichen kleben bleiben. Scharfsinnig vergleicht nun der Hr.
Verf. Nichtwissen und absolutes Wissen in Ansehung ihres
30 Verhaltens zum Sein; beide kommen darin überein, daß sie
dem Sein eine Unerkennbarkeit zuschreiben; sie unterscheiden sich aber dadurch, daß das Nichtwissen diesem Sein
die Wirklichkeit zuschreibt, das absolute Wissen aber
dem bloßen Sein nicht nur die Erkennbarkeit, sondern da-
35 mit auch die Wirklichkeit abspricht; dem Nichtwissen ist
Sein und Nichtwissen, dem absoluten Wissen Nichtsein und
Nichtwissen identisch. – Das Nichtwissen weiß viel von

einer Erhebung über die Natur zu reden; aber es liegt in
seiner Natur, nicht zu wissen, was es heißt, sich über die
Natur zu erheben; die Erhebung über die Natur würde das
Nichtwissen in Wissen verwandelt haben. |

Nach dieser Andeutung des Überganges von dem Nicht-       5
wissen zum Wissen, die ihre weitere Bestimmung in dem
Satze hat, daß, solange Gott dem Subjekt nur als Gegenstand entgegentritt, er nicht erkannt werden kann, betrachtet der Hr. Verf. wieder zuerst die Frage: was ist
Gott? »Solange wir Gott nicht wissen, wissen wir über-       10
haupt nichts, denn was ist außer Gott und ohne
Gott?« – Der Hr. Verf. geht einerseits frei von den Trivialitäten und Eitelkeiten der endlichen Reflexion, andererseits
begründet und fest in dem christlichen Glauben – in dem
lebendigen, erfahrenen Pfingstglauben, welcher aus dem       15
Gehorsam des Kirchenglaubens sich entwickelt – in das Innerste der Nacht dieses Gegenstandes, welche für den in
jenen beiden Bedingungen stehenden Geist zum Tage der
Erkenntnis sich erleuchtet. Es wird dabei von Darstellungen
des Referenten ausgegangen, »womöglich die verfänglich-       20
sten und gefährlichsten oder die verschrieensten Äußerungen« vor dem Leser vorübergeführt; die Sätze werden mit
der Lehre der Schrift verglichen und Schwierigkeiten und
Mißverständnisse, die ein im endlichen Denken befangenes
Meinen erweckt, oder vielmehr Absprünge und Abgleitun-       25
gen von dem Sinne und wirklichen Inhalte derselben, vorgenommen und aufgeklärt. Der Herr Verf. behandelt den
spekulativen Gegenstand mit ebensoviel lebendiger Originalität als mit der schärfsten Bestimmtheit des Denkens; die
Begriffe gewinnen in der frischen und scharfsinnigen Be-       30
handlung eines selbständigen Denkens weitere Bewährung
und neue Klarheit. Es sind Hauptsätze | und einige Züge,
die wir davon kurz herausheben wollen. Nachdem die Immanenz des Begriffs aus dem Satze, daß die absolute Substanz ebensosehr Subjekt und das absolute Subjekt ebenso-       35
sehr Substanz sei, bestimmt worden, wird (S. 62) angeführt,
daß die Schrift, indem sie lehrt, daß der Mensch aus sich

selber, aus seiner von Gott getrennten Subjektivität zu Gott
und zur Erkenntnis Gottes nicht gelangen kann, sich selbst
als das Wissen erweist, welches nichts anderes aussagt, als
daß der Mensch nur durch Gott als das allgemeine Wissen
5 (das besondere Wissen ist das von Gott getrennte, eigene,
zufällige Wissen des Menschen) zu Gott als der allgemeinen
Wahrheit gelangen kann. Näher werden folgende Sätze entwickelt; das Erste ist: Gott selbst ist nicht bloß das ewige
Sein (Substanz), sondern auch das Wissen Seiner Selbst
10 (Subjekt) – wie mögen die, welche die spekulative Philosophie beurteilen wollen, diesen ausdrücklichsten Satz derselben ignorieren, um sie des Pantheismus zu beschul-
digen! –; Gott ist nur insofern wirklich, als Er Sich selbst
weiß; mit Seinem Bewußtsein wird und verschwindet sein
15 Dasein; hiermit, dieser Beziehung des Seins und Wissens auf
Gott als das absolute Objekt, welches sich selbst absolutes Subjekt ist, stimmt die Schrift überein. Das Zweite ist
(S. 63, 65): Gott, als das Sein in Sich Selbst, ist das Wissen
Seiner in Sich Selbst – Selbstbewußtsein Gottes –, und
20 als das Sein im Andern ist er das Sichwissen außerhalb Seiner, das Bewußtsein Gottes in der Welt, in den einzelnen
Wesen als Kreaturen Gottes, womit denn dies Außersichsein wieder aufgehoben, ebensowohl aufgelöst ist, indem
die einzelnen Wesen nach ihrem Sein und Wissen in Gott
25 sind, als aufbewahrt, indem sie nicht Gott selbst sind, vielmehr Gott nur Er selbst in Sich Selbst ist. Wenn Gott wirklich in und mit seinen Kreaturen ist, welches die Schrift
lehrt, so ist auch das Wissen Gottes in ihnen – weil er nur
ist, indem er sich weiß –, und dieses Wissen Gottes im
30 Menschen ist eben die allgemeine Vernunft, die nicht meine
| Vernunft, auch nicht ein gemeinschaftliches oder allge-
meines Vermögen, sondern das Sein selbst ist, die Identität
des Seins und Wissens. – Das Sein und Wissen Gottes in mir
enthält daher nicht bloß die Erkenntnis, welche Gott von
35 mir hat, sondern auch die Erkenntnis, die ich von Ihm habe
und die mehr oder weniger durch das Ich getrübt werden
kann, je mehr oder weniger sie aus der Identität mit der Er-

kenntnis Gottes von mir heraustritt. Für dieses zweite, die
Beziehung des Seins und Wissens auf den Menschen – die
Substanz ist ebenso Subjekt –, spricht wiederum die Verhei-
ßung. Diese Vergleichung jener Sätze mit der Schrift bringen folgende Ausdrücke näher (S. 63): Gott weiß die Welt, 5
die Menschheit nur insofern, als er in ihr ist oder, wenn sie
nicht in Ihm geblieben ist, Sich seinerseits in sie versetzt.
Der Mensch weiß Gott nur insofern, als er in Ihm ist oder,
wenn er abgefallen ist, wieder in Ihn versetzt wird. Der
Mensch kann aber nur durch Gott in Gott sein, und wenn 10
er solches einmal aufgehört hat, nur durch Gott in Gott versetzt werden, und zwar nur insofern, als sich Gott zuvor in
ihn versetzt und selbst Mensch wird und sich ihm offenbart.
Nur in dieser Offenbarung, nur in Jesu Christo erkennt
der Mensch Gott und hat keinen Namen, in dem er Gott 15
anbeten soll, als den Namen des Menschensohnes. – Aber
in wie vielen Lehrbüchern der Theologie trifft man noch
die Lehre von der Menschwerdung Gottes, in wie vielen
noch Philosophie an?

Der Hr. Verf. kommt nun auf die immer wiederholte 20
Anklage der Selbstvergötterung des Wissens, welche aus
den Sätzen des spekulativen Wissen gefolgert zu werden
pflegt: Gottwissen ist Gottsein. Ist Gott, indem er den
Menschen weiß, selbst Mensch, so ist auch der Mensch, indem er Gott weiß, Gott selbst; das ist, heißt es, die unaus- 25
weisliche Folge des absoluten Wissens, die er sich selbst
nicht verhehlen darf. Der Hr. Verf. zeigt zuerst, daß in der
Darstellung, deren Hauptzüge soeben angeführt worden,
diese Konsequenz bereits beseitigt ist. Er zeigt, daß darin,
daß der Mensch Gott erkenne, nicht nur dies liegt, daß Gott 30
im Menschen ist, sondern auch dies, daß der Mensch in
Gott ist, aber nur dies, daß der Mensch in Gott ist,
nicht daß der Mensch Gott ist; die vorhin gegebene nähere
Bestimmung enthält dies so, daß das Außersichsein Gottes,
sein Sein in seinen Kreaturen, auch aufgelöst ist und die ein- 35
zelnen Wesen in Gott sind, nach ihrem Sein und Wissen als
aufbewahrt, indem sie nicht Gott selbst sind, vielmehr nur

Gott Er | Selbst in Sich Selbst ist. Aber nicht aus dieser Im-
manenz, sondern aus der Identität, welches Wort in der
philosophischen Exposition vorgefunden wird, ist es, daß
jene Konsequenz der Selbstvergötterung gemacht wird. –
5 Bei den soeben angeführten Formen, daß Gott in dem
Menschen, der Mensch in Gott ist, könnte man an Jacobis
Gewohnheit, in Präpositionen zu philosophieren, statt die
Kategorien, die in jenen nur enthalten sind, wirklich auszudrücken, erinnert werden, eine Manier, die, indem sie
10 recht bestimmt zu sein, die Bestimmtheit auf das Letzte, das
Einfachste der Präpositionen, hinauszutreiben das Ansehen
hat, den Blick vielmehr im Unbestimmten und Trüben läßt
und es abhält, über die Kategorien, in denen der Verstand
steckt, wach werden und sich darüber wach erhalten zu
15 können. Wenn auch jene Formen, die der Hr. Vf. oft gebraucht, hier und da Schwierigkeiten machen sollten, so ist
dagegen schon aus dem Angeführten zugleich hervorgegangen, daß denselben jener Vorwurf nicht trifft, sondern die
Präpositionen, die als notwendige Abbreviaturen von ihrem
20 großen Dienste auch in der philosophischen Sprache sind,
von ihm nur momentan angewendet werden und daß sie
sich in ihre bestimmten Kategorien herausgehoben und
diese zum Dialektischen ihres Begriffes fortgeführt zeigen.
   Dieses Wachsein über die Kategorien, welche der die
25 Philosophie anklagende Verstand gebraucht, ist es, was diesem fehlt; und es ist anziehend zu sehen, mit welcher
Schärfe der Hr. Verf. über dieses in seinem blinden Schließen pochende Denken ein offenes Auge hat und es in den
Wendungen seines falschen Spieles ergreift und festhält. Es
30 hilft nichts, einen philosophischen Begriff in seiner spekulativen Entwickelung dargestellt zu haben, noch auch außerdem aufzuzeigen, daß eine Behauptung, deren die Philosophie angeklagt wird, innerhalb jener Exposition nicht
vorhanden sei. Sie machen ihre Konsequenz und bleiben
35 mit derselben außer jener Exposition stehen; denn es ist die
Konsequenz, die sie geschlossen haben; darüber, daß sie
richtig schließen können, kommt kein Zweifel bei ihnen

auf. Sie zeigen jedoch damit nur, daß sie der spekulativen
Exposition nicht gefolgt sind, sonst würden sie soviel haben
merken können, daß die Formen des Schließens, dessen sie
sich unbefangen bedienen, hier selbst in Anspruch genommen werden, daß eine ganz andere Gedankenbildung vor- 5
ausgesetzt wird als die, in der sie sich unbefangen und zu-
trauensvoll bewegen. – Um auf den Gang des Hrn. Verfs.
zurückzukom|men, so bemerkt er in Ansehung der so ge-
wöhnlich urgierten Identität zunächst, daß dieselbe, wie sie
im spekulativen Erkennen vorkommt, den Unterschied 10
nicht ausschließe; vielmehr hat sie denselben wesentlich in
ihrer Bestimmung. Es ist die eigne Machtvollkommenheit
und Willkür, aus welcher jene Ankläger die Identität, die
sie als ein geschriebenes Wort vor sich sehen, allein heraus-
lesen und sie so abstrakt gemacht der Philosophie zumuten; 15
hätten sie die Augen auf die Expositionen selbst geworfen,
so hätten sie gesehen, daß das Gegenteil der abstrakten
Identität gesagt worden. Der Hr. Verf. rückt aber näher
dem »im Denken so schwerfälligen, d. i. trägen, als leichtfertigen« Verstande auf seine Verfälschungen. (S. 69) Von 20
dem Urteile: Wissen Gottes = Sein Gottes, geht dieser Verstand kurzweg zu dem Schlusse: ALSO Gott wissen
= Gott sein; und von da zu dem Endresultate: Wenn ich
Gott zu wissen behaupte, muß ich Gott selbst zu
sein behaupten. Bei dem ersten Schlusse ist das Vorder- 25
glied, Wissen Gottes, in Gottwissen verändert worden, das
zweite aber unverändert geblieben; hierdurch wird der
grobe Mißverstand veranlaßt, welcher gleichwohl nicht
dem eignen Fehler, sondern dem Gegner beigemessen wird.
Wenn jene Veränderung des einen Teils des Satzes vorge- 30
nommen wird, so muß auch der andere gleichen Schritt
mithalten, auch in ihm Gott in Akkusativ kommen und damit Sein in Haben sich verwandeln, Gottwissen = Gott-
haben. Haben ist ein Sein, das das nicht selbst ist, was es
hat. Weiter ist auch selbst der Übergang von jenem: Gott- 35
wissen = Gottsein zum Resultate: wenn Ich Gott weiß,
so muß Ich Gott sein, erschlichen. Im Gottwissen war

noch unbestimmt, wer Ihn wissen könne, ob es nicht Gott
Selbst sei. Nun aber kommt Ich, dieser Ich dazu, und zwar
so, daß Ich dem Prädikate »Gottwissen« vorausgesetzt
werde, Ich schon fertig da ist, eh es an Gott
5 kommt; da ich doch erst Gott wissen muß, eh ich mich
wissen kann und erst mich wissen muß, eh ich sein
kann, ja zu allererst Gott mich wissen muß, eh ich Gott und
in Gott mich wissen kann. Der Hr. Verf. führt zu dieser
gründlichen Erörterung noch die logische Bestimmung an,
10 daß ich als dieser Ich, welchen der sinnliche Verstand
meint, Gott nicht wissen kann, mithin nur als aufge-
hobener dieser, d. h. negativ durch Selbstentäußerung,
positiv durch Gott Gott weiß, also mit andern Worten
Gott nur weiß, insofern ich in Gott, also nicht dieser Ich
15 für mich bin. – Die Absicht des Hrn. Verf. ist in dieser
Exposition recht sehr gelungen | zu nennen, nämlich in
einem lehrreichen Beispiel zu zeigen, wie der sinnlich abstrakte Verstand sich mit den spekulativen Wahrheiten zu
gebärden pflegt, wie er denselben unvermerkt einen andern
20 Sinn erteilt. Der spekulative Begriff stellt alles auf den Prozeß der Selbstentäußerung des natürlichen Seins und Wissens des Menschen und macht diesen Prozeß der geistigen
Wiedergeburt zum richtigen Inhalt der Exposition des
wahrhaften Wissens wie zur einzigen Wirklichkeit des Gei-
25 stes. Aber im Schlafe des Gedankens macht der sinnliche,
abstrakte Verstand die unvermerkte Verfälschung, wie seine
Identität an die Stelle der Begriffsidentität, so an die Stelle
des Begriffs der Subjektivität und des Wissens und ihres
Prozesses, das unmittelbare Subjekt, Ich diesen Wissenden,
30 die natürliche Geburt und das unmittelbare, natürliche Meinen und Wissen zu setzen. Auf philosophische Beantwortung der Frage: was ist der Mensch? (S. 76–116) können
wir uns, da wir bereits so weitläufig geworden, nicht so ausführlich, wie sie es verdiente, einlassen. Die Beantwortung
35 jener Frage wird in dem Interesse der bestimmtern Frage:
wie der Mensch zu Gott gelange? betrachtet. Hierüber wird sogleich bemerkt, daß diese Stellung derselben

nur dem Verstande des Nichtwissens zukommt, das, dem
eben gerügten Fehler gemäß, von dem Subjekte als dem Ersten ausgeht und dadurch sogleich die Antwort abschneidet
und verkümmert; daß dagegen im absoluten Wissen, das
von dem Absoluten, von der Substanz als dem objektiven 5
Worte Gottes ausgeht, es sich fragt: wie Gott zu dem
Menschen gelange? – Es kommt hier vornehmlich auf
die schwierigen Begriffe von Freiheit, dem Bösen und
der Sünde und dann der Versöhnung an; der Hr. Verf.
faßt dieselben in ihrer tiefsten Wahrheit auf. – Die Frei- 10
heit also (S. 84) ist nach ihrem wahren Begriffe und Wesen
der absolute Wille; als absoluter Wille ist sie in sich selbst
bestimmt. Willkür ist das Gegenteil der Freiheit, die
Knechtschaft der Sünde. Gott ist frei, weil er die Macht ist,
Er Selbst zu sein. Die Natur des Bösen ist in der ganzen Be- 15
stimmtheit ihrer Schwierigkeit angegeben. Das Böse ist
nicht bloß das abwesende Gute, sondern dies Negative behauptet im Gefühle eine positive Wirklichkeit; und doch ist
es nur das an sich Nichtige; die Sünde beruht auf Abfall,
Verwirrung, auf Nichts – sie ist eitel Täuschung; das Böse 20
ist daher, als beides, eine positive Wirklichkeit, hiermit das
Gute, und die Nichtigkeit in sich enthaltend, das verkehrte,
entgegengesetzte, entstellte Gute; es kommt | ihm eine,
aber auf den Kopf gestellte Wirklichkeit zu. Da es das Fürsichsein ist, so ist dieselbe die subjektive, mithin halbe 25
Wirklichkeit; die wirkliche Wirklichkeit ist An- und Fürsichsein; das Ansich des Bösen, das Gute, geht ihn selbst als
den sich auf das Fürsichsein Setzenden nicht an, es ist auf
sein subjektives Sein und Wesen beschränkt. – Bei dem Begriffe des Bösen wird somit nicht weniger gefordert, als den 30
Widerspruch zu denken, was nach der gewöhnlichen
Logik, dem Systeme der Verstandes-Identität, unmöglich
sein soll, und zwar ist dies Böse sogar als die Existenz des
Widerspruchs zu fassen. – Es hängt mit dem Bösen unmittelbar der Begriff der Erlösung zusammen, welche gleich- 35
falls (S. 90) nicht nur als Aufhebung des Bösen oder der
Trennung von Gott, sondern auch nach dem in der Nega-

tion schon enthaltenen positiven Momente als Versöhnung des bösen Wesens mit Gott als mit dem Guten zu fassen ist. Hier hat der Verf. die Kühnheit, sich des Ausdrucks
nicht zu enthalten, daß die Erlösung als Versöhnung die
5 Aufhebung des Unterschieds zwischen Gut und
Böse ist. Dies entwickelt der Hr. Verf. so: Die Versöhnung ist nicht ohne Vergebung; Böses verzeihen enthält
aber das Gedoppelte, nämlich daß darin das Böse als
Böse anerkannt wird (nicht, wie oben, daß der Mensch
10 gut geboren und das Böse nicht böse, nur Schranke, Endlichkeit, Sinnlichkeit sei), indem es der Verzeihung bedürfen soll (die Schranke, Endlichkeit, Sinnlichkeit, bedarf
keiner Verzeihung; für sie ist die Versöhnung und Erlösung
überflüssig, sogar sinnlos); aber sie enthält auch ebenso-
15 wohl, daß das Böse als an sich gut anerkannt und mit dem
Guten ausgeglichen wird, indem es wirklich Verzeihung erlangt.
　　Der Hr. Verf. entwickelt diese Begriffe in dem Laufe
ihrer Rechtfertigung gegen die Einwürfe des abstrakten
20 Verstandes und gegen dessen Auffassungsweise des Spekulativen, welche sich auch hier, wie immer, darauf reduziert,
von dem konkreten Ganzen nur das Halbe aufzufassen und
das Faktum der Totalität des Begriffes zu einer Halbheit zu
verfälschen. Es ist ebenso interessant als lehrreich zu sehen,
25 wie sorgfältig der Hr. Verf. diese Halbheiten der Abstraktion festhält und erörtert; der Irrtum, die Unwahrheit ist
immer das, was in der Halbheit stehenbleibt; die Abstraktion, die dieselbe erzeugt, ist (S. 80) die absolute Diskre-
tion des harten Herzens, welches für sich ist, sich in seiner
30 starren Vereinzelung zum Wesen macht und als das Böse
und Nichtige sich | erweist; so ist (S. 84) die sinnliche Ver-
standesweise, welche einen abstrakten, unlebendigen, sinnlichen, maschinenmäßigen Begriff an die Stelle des spekulativen Begriffs unterschiebt, die Sünde, welche alle Begriffe
35 verkehrt und sie verunreinigt.
　　Der Verstand, der nach dem Gesetze der Identität verfährt, hebt alle Schwierigkeit, die im Begriffe des Bösen

liegt, mit der Entfernung des Widerspruchs auf, aber ebendamit die Sache selbst, den Begriff des Bösen, welches der
Widerspruch selbst ist, und klagt dessen ungeachtet die Philosophie des Vergehens an, etwa nicht sosehr dessen, den
Begriff des Bösen als vielmehr den Begriff des Guten zu ver-  5
derben durch Identifizierung desselben mit dem Bösen. Der
Hr. Verf. bleibt auch hier nicht zurück, die Täuschungen
zu verfolgen, wenn sie noch sosehr gleißen. Vom Verstande
auf das Äußerste getrieben (S. 91), faßt die Einsicht dies
auch auf, daß das Gute, auf welches der Verstand pocht,  10
weil es ein Abstraktum ist, selbst böse ist, indem es als solches nur Ansich Gutes EXISTIERT, in dem Fürsichsein
selbst, was der Mangel seiner Bestimmung ist, noch als abstraktes festgehalten wird. Gut und Böse, als die Pole des
Gegensatzes, als diskrete Pole, von welchen jeder den an-  15
dern ausschließt und für sich bleibt, sind gleich böse; das
Gute existiert so in den Gestaltungen der subjektiven Gesinnung der schönen Seele und des abstrakten Gesetzes der allgemeinen Pflicht. Die bloße Vorstellung vom Guten ist freilich ebenso etwas Unschädliches, als sie ein Unwirkliches  20
ist. Wie der Verstand bei seinem Guten nur die Hälfte, das
Ansichsein, vor sich hat, ebenso verfährt er in Ansehung
der spekulativen Idee in Betreff des Unterschiedes von
Gut und Böse; wenn dieser Unterschied als an sich
nichtig in ihr ausgesprochen wird, so greift er dies Mo-  25
ment auf, schreit es als die ganze Idee, als die ganze Bestimmung über den Unterschied von Gut und Böse aus
und überläßt sich moralischen und frommen Deklamationen
dagegen. Er läßt erstlich die andere Bestimmung, die des
Fürsichseins, willkürlich hinweg, welche allen existieren-  30
den Willen, Handlung, und was sonst mit diesem Standpunkt, Moralität, Imputation, Strafe usf. in sich begreift, die
Bestimmung, in welcher der Unterschied des Guten und
Bösen ausdrücklich gesetzt und als wesentlich behauptet
ist, im Begriff für unzertrennlich von dem Ansichsein er-  35
klärt und logisch als unzertrennlich aufgezeigt wird; so daß
sogleich hierdurch aus|drücklich die Sache als nicht in

jenem Ansich erschöpft ausgesprochen erklärt ist. Außer
dieser Verstümmelung läßt der Verstand die dritte Haupt-
bestimmung hinweg, nämlich die Versöhnung, in welcher
erst und allein jene erste, die er isoliert, ihre Bedeutung und
5 Wahrheit erhält, was in Ansehung der zweiten derselbe Fall
ist; ohnehin, wie anderwärts zur Genüge erinnert worden,
ist der Ausdruck, daß an sich das Gute und Böse dasselbe
sei, wie er so unmittelbar lautet, für sich schief und übel gewählt, so daß er gleichsam zu Mißverständnissen einlädt und
10 auffordert; es ist mehr der Verstand, der ihn zum Behufe
seiner Polemik viel im Munde führt, als die Philosophie. –
Die konkrete Bedeutung des Satzes aber, und die er allein
in der Versöhnung erst bekommt, vor und außer derselben
er nur unwahr und selbst sinnlos ist, ist vorhin aus der treff-
15 lichen Darstellung des Hrn. Verf. ausgehoben worden.
    Doch Ref. muß sich enthalten, die weitern höchst inter-
essanten Erörterungen des Hrn. Verfs., die in diesem Abschnitte über die höchsten Lehren, von dem dreieinigen
Gott, der Persönlichkeit der Drei in ihm zu Unterschei-
20 denden, der Menschwerdung Christi usf. gegeben werden,
auszuzeichnen. Aber eine beachtende Äußerung hat Ref.
auf das zu machen, was am Schlusse dieses Abschn.
(S. 113 ff.) der Hr. Verf., der auf einem so hohen Standpunkte des Christentums und der Erkenntnis steht, der Phi-
25 losophie, die derselbe dort vor Augen hat, oder, wie er sagt,
ihrem Anfange zu bedenken gibt: ob sie nämlich in ihrem
Fortgange nicht an Licht und Bestimmtheit gewinnen
würde, wenn sie sich entschiedener an das Wort Gottes
anschlösse, aus welchem sie sich entwickelt hat, und be-
30 stimmter, nämlich namhafter (d. h. mit Nennung des
Namens) von der Sünde ausginge, welche sich ihr als Abstraktion manifestiert hat, ohne deren Voraussetzung kein
Verständnis der Welt, ohne deren Anerkennung keine
Selbsterkenntnis, ohne deren Aufhebung keine Gotteser-
35 kenntnis möglich ist; ferner nach dieser Philosophie selbst
sei der Gedanke nicht das Höchste, sondern die Vorstellung, die Gestalt, nur daß sie als immanent, als mit dem

Wesen identische Erscheinung des Wesens zu erkennen ist;
das Wissen, als ebensowohl in der Wahrheit der absoluten
Realität, als diese in ihm, ist das Sein des Geistes, welches
den Begriff wie die Vorstellung und den Glauben als sich
selbst einschließt und pflegt; daran scheine der Formalismus     5
dieser Lehre | selbst nicht immer zu denken; »denn, daß
wir nichts verschweigen, mehr als einmal ist es uns in dem
Bereiche dieses reinen Wissens so unkörperlich und gespen-
stig und so unheimlich zu Mute geworden, daß wir uns
recht ernstlich nach Personen und Gestalt gesehnt und dann     10
nirgend anders als bei dem Worte Gottes Zuflucht gesucht
und gefunden haben, ja oft durch einen einzigen Bibel-
spruch, als durch die Kraft Gottes, an Mark und Bein er-
quickt worden sind; so sinnlich fühlen wir uns, daß wir um
des Begreifens willen das Greifen mit den Händen nicht     15
missen wollen.« Ref. für sich kann, wie aus dem von dem
Hrn. Verf. für seine Forderungen Angeführten selbst hervorgeht, dieselben nicht abweisen. Der Hr. Verf. hat damit
einen interessanten Gesichtspunkt berührt – das Herüberge-
hen überhaupt von der Vorstellung zum Begriffe und     20
von dem Begriffe zur Vorstellung –, ein Herüber-
und Hinübergehen, das in der wissenschaftlichen Meditation vorhanden ist, und daß es auch in der wissenschaftlichen Darstellung allenthalben ausgesprochen werde, hier
gefordert wird. Wie Homer von einigen Gestirnen angibt,     25
welchen Namen sie bei den unsterblichen Göttern, welchen
andern bei den sterblichen Menschen führen, so ist die
Sprache der Vorstellung eine andere als die des Begriffs, und
der Mensch erkennt die Sache nicht bloß zunächst an dem
Namen der Vorstellung, sondern in diesem Namen ist er als     30
lebendig erst bei ihr zu Hause, und die Wissenschaft hat
nicht bloß in jene abstrakten Räume, und zwar abstraktere
als die sind, worin jene unsterblichen Götter – nicht der
Wahrheit, sondern der Phantasie – wohnen, ihre Figuratio-
nen einzuschreiben, sondern deren Menschwerdung, und     35
zwar einer jeden unmittelbar für sich selbst, die Existenz,
die sie im wirklichen Geiste erhalten, und diese ist die Vor-

stellung, nachzuweisen und zu verzeichnen. Ref. dürfte,
wenigstens zum Behufe einer Entschuldigung von Unvoll-
kommenheit seiner Arbeiten nach dieser Seite, daran erinnern, daß eben der Anfang, den auch der Hr. Verf. nennt,
5 vornehmlich es auflegt, sich fester an den der Vorstellung
in oft hartem Kampfe abgerungenen Begriff und dessen
Entwicklungsgang, wie sein Ausdruck in dem reinen Gedanken lautet, anzuschließen und in seinem Gleise sich
strenger zu halten, um desselben sicher zu werden und die
10 Zerstreuungen, welche die Vielseitigkeit der Vorstellung
und die Form der Zufälligkeit in der Verbindung ihrer Bestimmungen mit sich führt, gewaltsam abzuhalten; diese
Vielseitigkeit | bringt die Gefahr der Bequemlichkeit zu
nahe, in der Strenge der Methode des Gedankens nachzuge-
15 ben. Die erlangte größere Festigkeit in der Bewegung des
Begriffs wird es erlauben, gegen die Verführung der Vorstellung unbesorgter zu sein und sie unter der Herrschaft des
Begriffes freier gewähren zu lassen; wie die Sicherheit, die
im göttlichen Glauben schon vorhanden ist, von Haus aus
20 gestattet, ruhig gegen den Begriff zu sein und sich in denselben sowohl furchtlos über seine Konsequenzen als auch
unbekümmerter über seine Konsequenz, welche bei voraus-
gesetztem Glauben sich nicht selbst als frei zu erweisen hat,
einzulassen. Auch wird, äußerlich betrachtet, solche Vor-
25 stellungsform dem göttlichen Glauben gegenüber eher gestattet sein als dem Unglauben gegenüber, der wenigstens
das gute Recht hat, des Beispiels der scholastischen Philosophie sich zu erinnern, welche mit der Voraussetzung des festen Kirchenglaubens philosophierte und darum nicht zur
30 Freiheit des denkenden Begriffes gedeihen konnte; abgesehen davon, daß der Unglaube, der im Gedanken und in der
Vernunft sogar zu versieren vorgibt und mit Recht deren
Befriedigung fordert, durch die Namhaftmachung der
Glaubensformen abgeschreckt wird, auf die begreifende
35 Vernunft zu hören, wenn er zu ahnen meint, daß ihr Gang
doch nur auf die Erkenntnis Gottes und gar auf die Dreieinigkeit, die Menschwerdung Christi usf. hinauslaufe,

indem solche Resultate des Philosophierens vielmehr bereits
von vornherein, und zwar mit Hintansetzung der Vernunft,
festgestellte Voraussetzungen seien und nur dies sein können; ja, seine Apprehension gestaltet sich zur Ungeduld und
der Empörung darüber, daß Ernst damit gemacht werden     5
solle, in jenen Lehren die Vernunft nachzuweisen. Kants
Religion innerhalb der Grenzen der bloßen Vernunft hat
freilich selbst diese negative Aufmerksamkeit nicht erregt,
weil darin jener Ernst der Spekulation nicht zu erkennen
war und der Versuch, den er nach dieser Seite machte, nach   10
seinem sonstigen Systeme sogleich für ein müßiges, über-
flüssiges Spiel genommen werden konnte. Wenn in Rücksicht der angeführten Gebundenheit an die Gedankenform
diese in einer logischen Ausarbeitung überwiegend sein
wird, so muß es um so willkommner sein, in einer Schrift,   15
wie die vorliegende ist, die spekulativen Begriffe zur Anerkennung ihrer Übereinstimmung mit der religiösen Vorstellung herausgearbeitet und die Worte und Zeichen der einen
in die Sprache der andern übersetzt zu | finden. Nicht nur
ist dadurch dem Zutrauen Vorschub geschehen, welches der   20
Glaube wieder wie in der scholastischen Theologie zur denkenden, aber nunmehr in ihrem Denken freien Vernunft
gewinnen könne, sondern jene Vergleichungsweise hat es
auch mit sich gebracht, die sogenannten Einwürfe, welche
von seiten des nichtwissenden Denkens wie von seiten des   25
Glaubens her gemeinschaftlich mit demselben einseitigen
Verstande gemacht werden, auf deren eigenem Felde er-
örtern zu können. Der Hr. Verf. macht für solche Erörterung S. 67, indem er auf tiefsinnige Weise die Art, wie sich
das Widerlegen zu verhalten habe, ausdrückt, die Forde-   30
rung, »daß das System sich dadurch als System zu bekunden
habe, daß es aus sich heraustrete, diese seine letzte Abstraktion überwinde und sich als Liebe bekunde, indem es gerade
demjenigen Momente, welches sich ihm entgegensetzt, seinerseits sich nicht widersetze, sondern sich in dasselbe   35
versetze.« Die wahrhafte Widerlegung einer Behauptung
hat in der Tat an dieser selbst, nicht durch Entgegenhaltung

anderer außerhalb ihr liegender Prinzipien zu geschehen; so
unendlich mächtig ist die Natur des Begriffs, daß in einem
unwahren Satze selbst das Gegenteil der Bestimmung enthalten, ja oft auch schon ausgesprochen ist, welche in ihm
5 behauptet wird. Es ist daher nur dieser Satz selbst zu nehmen, durch Analyse jenes Gegenteil, somit sein innerer,
und zwar unaufgelöster, Widerspruch aufzuzeigen. Es kann
dabei die Bemerkung hinzugefügt werden, daß die Einwürfe, welche gegen ein spekulatives System gemacht wer-
10 den – wenn sie anders den Namen von Einwürfen verdienen; nicht jedem ganz äußerlichen schlechten Einfalle mag
auch nur jener selbst dürftige Name zukommen –, direkt
innerhalb des Systems enthalten und behandelt sind. Die
Einwürfe, wenn sie wirklich mit der Sache, gegen die sie
15 gerichtet sind, zusammenhängen, sind einseitige Bestimmungen, die teils, wie früher angegeben worden, durch
Verfälschung des spekulativen Faktums hervorgebracht und
zur Anklage gegen dasselbe gemacht, teils als Behauptungen
gegen dasselbe aufgestellt werden. Diese einseitigen Bestim-
20 mungen, als mit der Sache zusammenhängend, sind M o -
m e n t e   i h r e s   B e g r i f f s , die also bei seiner Exposition in
ihrer momentanen Stellung vorgekommen und deren Ne-
gation in der immanenten Dialektik des Begriffs aufgezeigt
sein muß; diese Negation ist das, was, indem sie als Ein-
25 würfe gestellt worden, in die Form ihrer Widerlegung zu
stehen kommt. Insofern reflektierende und ihrer Reflexion
etwas zutrauende | Menschen die Geduld nicht haben, in
die dargestellte Dialektik des Begriffs einzudringen, worin
sie den Gehalt ihres Einwurfs erkannt und gewürdigt finden
30 würden, vielmehr solche Bestimmung als aus ihrem subjektiven Verstande kommend vorzubringen gern vorziehen, ist
das Geschäft des Hrn. Verfs. populär und sehr dankenswert,
solche Bestimmungen als Einwürfe aufzunehmen und zu behandeln. Die Wissenschaft könnte die Forderung machen,
35 daß solches Geschäfte überflüssig wäre, denn es wird nur
durch den Mangel an Bildung des Denkens und durch die
Ungeduld der Eitelkeit dieses Mangels veranlaßt. Allein es

ist nicht abzuwenden, daß nicht solche das Wort nehmen,
die nur das lieben, was ihnen einfällt, und darum, weil es
ihnen einfällt, und welche diese Zufälligkeit ihres Verstandes dem objektiven Gange der Wissenschaft und der Notwendigkeit desselben vorziehen – indem sie das Bewußtsein 5
entbehren, daß die Bestimmungen, die aus ihrem besondern
subjektiven Denken zu pullulieren scheinen, durch die Natur des Begriffes hervorgetrieben werden und in der Erörterung desselben daher selbst schon, freilich nicht in einer
zufälligen, losen Stellung, sondern mit Bewußtsein und 10
nach ihrer Notwendigkeit müssen dagewesen sein. Indem
es viele sind, die mit dem, was man noch guten Willen
nennt, aber mit der Ausrüstung ihrer subjektiven Gedanken
und der Gewohnheit, sich etwas einfallen zu lassen, im Gefühl ihrer Freiheit es sich verweigern, sich gleichsam an 15
Händen und Füßen [gebunden] dem Gange der Wissenschaft hinzugeben, und die Wissenschaft wesentlich lehrend
ist, wird sie auch diese äußerliche Seite der Belehrung anwenden mögen und auf die Vermutung jenes guten Willens
hin dazu beizutragen suchen, jene Hindernisse aus dem 20
Wege zu räumen. Dies hier Gesagte, veranlaßt durch das
gute Beispiel des Hrn. Verfs. und durch seine Äußerungen,
soll zugleich zum entschuldigenden Vorwort, sowie in Ansehung der Beschaffenheit dessen, was Einwürfe gegen einen wissenschaftlichen Gang und was deren Widerlegung 25
ist, zur Einleitung über die Beurteilung einiger Schriften
dienen, welche kürzlich gegen das Philosophieren des Ref.
erschienen sind und zu deren Anzeige derselbe anheischig
gemacht ist.

Doch es ist nötig, des dritten Abschnitts, überschrieben: 30
die Glaubenserkenntnis oder GLAUBEN und Wissen
(S. 116–189) wenigstens noch zu erwähnen. Es wird darin
der moderne Gegensatz von Wissen und Glauben nach allen
Seiten und Wendungen vorgenom|men und die Nichtig-
keit der vermeintlichen Unverträglichkeit beider und ihrer 35
Trennbarkeit selbst aufgezeigt. Das trotzige Vorurteil dieses
Gegensatzes, das sich für eine feste, unüberwindliche Wahr-

heit gibt, wird in alle die Weisen des Verstandes, die es vorbringt, in 29 kleinern Abschnitten begleitet; der Hr. Verf.
läßt sich wie mit gründlicher Meisterschaft des Denkens, so
mit gründlichem christlichen Glauben und warmem Ge-
5 fühle mit diesen Reflexionsformen ins Gespräch ein. An
diesen Abschnitt können diejenigen verwiesen werden,
welche jenem Vorurteile der Zeit noch ergeben sind, oder
vielmehr: Wenn es ihnen nicht um das Pochen, sondern um
die Sache Ernst ist, werden sie sich selbst daran weisen.
10 Wenn, sagt der Hr. Verf. S. 112 von seinen Bemerkungen,
»sie nicht alle Zweifel und Mißverständnisse lösen können,
so weisen sie doch an der Lösung einiger Zweifel die
Quelle nach, woraus alle Mißverständnisse fließen; diese
Bemerkungen könnten dazu dienen, daß sie uns reizen zum
15 gewissenhaften Gehorsam im Lernen, welches so
leicht bei der Außenseite und an einseitigen Resultaten stehenbleibt und diesen einen andern Sinn unterschiebt – zur
Liebe im Verstehen, denn ohne Liebe, ohne Versetzung
in das Andere ist sowenig als ohne Verstand ein Verständnis
20 möglich – und vor allem zur christlichen Vorsicht im
Urteile vor dem Verständnisse.«
  Der Hr. Verf. gibt zunächst den Unterschied an, der zwischen Glauben und Wissen teils stattfindet, teils fälschlich
angenommen wird, und zeigt, daß dieser Unterschied nicht
25 eine Trennbarkeit derselben oder einen wahrhaften Gegensatz begründet. – »Das Wissen findet den Glauben in sich,
der Glaube findet auch das Wissen in sich, denn Glaube ist
Glaubenserkenntnis; dein Glaube wächst mit deinem
Wissen, wie dein Wissen mit deinem Glauben, wie die
30 Wurzel mit dem Baume, der Baum mit der Wurzel.« –
Wenn der Philosophie als Weltweisheit (wie man sie früher unbefangnerweise übersetzte, neuerlich aber damit zuweilen (wie etwa Fr. v. Schlegel) als mit einem Spitznamen
belegte) das Wissen der Welt zugeschrieben worden, so
35 zeigt der Hr. Verf., daß solche ausschließliche Erkenntnis
der Welt für sich und ohne Gott nichts anderes wäre, als das
Unwahre ohne das Licht der Wahrheit erkennen; die Welt

erkennen kann nichts anderes heißen, als die Wahrheit der
Welt, die Wahrheit in dem für sich Unwahren erkennen,
und diese Wahrheit ist Gott. Ebenso nur wer die Welt er-
kennt, | erkennt auch Gott; wer in dem übersinnlichen
Wesen Gottes nicht auch die Natur und Person Gottes er-   5
kennt, der erkennt auch nicht die Übernatürlichkeit Gottes.
Wenn es ein Wissen gibt, wenn wir das Wissen um des
Nichtwissens (des nichtigen Wissens, des Wissens des Nichtigen) willen nicht aufgeben wollen, so muß es gleich dem
Glauben göttlich und übernatürlich sein, als übernatürlich   10
müssen Philosophie und Glaube das Wort Gottes zur einzigen Grundlage, und die Vernichtung der gefallenen Natur,
die Erlösung von der Natur, zum Zwecke haben. Beide sind
übernatürlich, insofern sie den Menschen über die gefallene
Natur erheben, welches durch die Natur selbst nicht be-   15
wirkt werden kann; beide sind aber auch insofern natürlich,
als sie die Wiederherstellung der wirklichen Natur zur Folge
haben sollen. An der inhaltlosen Übersinnlichkeit ist es, daß
der Rationalismus sich zerarbeitet.

Der Hr. Verf. geht hierauf zu den Wegen, die andere ge-   20
gangen sind, wie sie sich ausgedrückt, gedrückt und gewendet haben, um eine Verschiedenheit von Glauben und Wissen zu fixieren. Von diesen Kategorien mögen nur einige
mehr beispielsweise angeführt werden. Daß der Unterschied
im Denken bestehe, welches selbst und dessen Werk das   25
Wissen sei — niemand wird behaupten wollen, entgegnet
der Hr. Verf., daß der Glaube gedankenlos sei; die Philosophie hat als wirkliches Denken auch das wirkliche Sein,
Leben und Tun, welches sie mit dem Glauben identifiziert.
— Der Glaube fange doch nicht mit dem Denken an, er   30
überliefere mit Einemmale und wesentlich die Wahrheit, er
komme ohne unser Zutun, das Wissen beruhe auf
Selbsttätigkeit. Der Hr. Verf. erwidert S. 135: »Ein solches Vertrauen haben wir durch Christum zu Gott, nicht
daß wir durch uns auf uns bauen und aus uns selber tüchtig   35
sind, etwas zu denken als aus uns selber, sondern etwas zu
denken und zu begreifen (λογισασθαι), das ist von Gott und

aus Gott und durch Christum, welcher ist der Logos, der
uns Logik lehrt und sich selbst erniedrigt hat, daß wir ihn
erkennen und begreifen lernen.« Es wird aufgezeigt, wie
alle dergleichen Unterschiede, wie auch die heutigentags so
5 beliebte Kategorie der Unmittelbarkeit, sich verflüchtigen, indem die unbestimmten Ausdrücke, in welchen sie
sich bewegen, berichtigt und bestimmt werden. Insbesondere lautet auch ein Unterschied so, der Glaube gehe vom
Herzen aus, das Wissen vom Verstande; der eigentümliche
10 Irrtum unserer Zeit liege in dem Losreißen der intellektuellen Kraft aus ihrer natürlichen Verbindung mit unserem
empfindenden und handelnden Wesen. Dieser Vorwurf, erwidert der Hr. Verf., fällt erstens selbst in den Vorwurf, den
er macht, wenn er ein Gebiet der Erkenntnis neben dem
15 Gebiete alles Seins und Lebens statuiert, und zweitens fällt
er in den Irrtum, die postulierte Verbindung natürlich zu
nennen; obgleich ursprünglich, ist sie darum nicht natürlich; natürlich ist vielmehr die Entzweiung der Geisteskräfte im Menschen. – Eine Philosophie ohne Herz und ein
20 Glauben ohne Ver|stand sind selbst Abstraktionen von dem
wahren Leben und Sein des Wissens und Glaubens. Wen die
Philosophie kalt läßt oder wen der wirkliche Glaube nicht
erleuchtet, der sehe wohl zu, wo die Schuld liege; sie liegt
in ihm, nicht im Wissen und Glauben. Jener befindet sich
25 noch außerhalb der Philosophie, dieser außerhalb des Glaubens. – Schon früher S. 96 f. war gesagt worden: »Sei du
doch an deinem Teile nicht so stolz und so vornehm abgeschlossen gegen die Spekulation, welche du des Stolzes und
der Kälte zeihst; versetze du dich lieber auf lebendige Weise
30 in die Begriffe der Philosophie; leide sie nur erst und nimm
sie nur erst in die Gesinnung auf, und du wirst ihr Leben
und ihre Wahrheit, d. h. ihre Übereinstimmung mit dem
Worte Gottes, dessen Übersetzung sie sind, erfahren.« In
Beziehung hiermit steht die weitere Frage S. 146 ff., ob die
35 menschliche Vernunft die Wahrheit, die sie erst der
Bibel gestohlen (und was in jener wahr ist, das sei allerdings aus dieser entwendet), nicht aus sich selbst zu haben

einbilde? Der Hr. Verf. entgegnet, daß der Rationalismus
der natürlichen Vernunft, die sich für ein absolutes, selbständiges Eigentum hält und sich so gebraucht, mit der
spekulativen Philosophie nichts zu schaffen hat; der ganze
Unterschied komme auf den zwischen heiliger Schrift und 5
allgemeiner objektiver Vernunft hinaus; unter dieser verstehen wir nichts anderes als den Geist Gottes, welcher, nach
der Schrift, im Glauben und zum Glauben uns mitgeteilt
wird. Insoweit sich aber dennoch ein Unterschied erhält
und geltend macht, ist davon der Glaube nicht weniger als 10
das Wissen berührt. Denn niemand versteht die heil.
Schrift, ohne durch den heil. Geist; Er ist es, der das Verständnis der Bibel, die er selbst diktiert hat, jedem Einzelnen eröffnet; nicht also die Bibel, sondern der Geist ihres
Verfassers, indem er der allgemeine, gemeinsame Geist 15
wird, ist der Anfang und das lebendige Prinzip alles Glaubens. (Mit dem Pochen auf seine natürliche Vernunft verbindet der Rationalismus das Pochen auf die Exegese der
Bibel; seine Theologie soll wesentlich nur exegetisch, nur
biblisch sein; er begeht die Täuschung oder den Betrug, es 20
nicht zum Bewußtsein kommen zu lassen, daß es der eigne
Geist ist, der exegesiert, und erspart sich die Mühe, das Gefühl, den Verstand, die Logik, die exegesiert, näher nachzuweisen und als den Geist der Wahrheit zu beweisen; er gebraucht geradezu den abstrakten Verstand, die sogenannte 25
natürliche Vernunft.) – Wenn gesagt wird, die Philosophie
gehe nicht von der Bibel aus, so geht auch der Glaube, indem er wird, nicht von der Bibel aus, sondern auf die Bibel
zu, in welcher er die Wahrheit und hiermit sich selbst erfaßt. Es ist ein Vorurteil (dem das Faktum der Philosophie 30
direkt entgegen ist), das Prinzip und hiermit den Begriff der
Philosophie in ihrem Ausgangspunkte, in ihrem Anfange zu
suchen, da beides vielmehr als Eins erst in ihrer Vollendung
zu suchen ist. |

Ebenso tiefsinnig begegnet der Hr. Verf. den Kategorien 35
von dem Aufheben der Persönlichkeit Gottes, das
durch die Philosophie geschehen solle – von der Unbe-

greiflichkeit Gottes. »Es ist der Glaube«, sagt der Hr.
Verf. S. 157, »welcher von Oben gegeben, der das Unbegreifliche begreiflich macht und das Unerforschliche erforscht, ohne von einer endlichen Grenze gehalten zu sein;
5 das kein Auge gesehen, kein Ohr gehört hat und in keines
Menschen Herz gekommen ist, das Gott bereitet hat denen,
die ihn lieben, uns aber hat es Gott offenbart durch Seinen
Geist. Denn der Geist erforscht alle Dinge, auch die
Tiefen der Gottheit.« – Wenn die Philosophie sich im
10 Begriffe bewegt, der Glaube sich aber auf innere Erfahrung
und das Gewissen beruft, so ist dieses nicht ein partikuläres,
sondern das allen Menschen gemeinschaftliche, und der
Geist, der das Gewissen erweckt, die Vernunft erleuchtet
und in die allgemeine versetzt, ist nicht der Herren eigener
15 Geist. Wie keiner dem andern den Glauben geben kann,
sondern er muß von Gott gelehrt werden, so hat auch die
Philosophie ihren Punkt, der nicht erlernt, nicht äußerlich
aufgenötigt, von einem Menschen nicht in den andern
übergetragen werden kann; und ist dies nicht gerade der
20 Lebenspunkt? Auch der Philosoph feiert seine Pfingsten;
ohne Wiedergeburt kommt niemand aus der Sphäre des natürlichen Verstandes in die spekulativen Höhen des lebendigen Begriffs. Aber die Wahrheit besteht nach ihrem eigenen
Wesen in ihrer Notwendigkeit, sie hat ihre Nötigung in
25 sich selbst; sie müßte sich also, meinten wir, auch erzwin-
gen und aufnötigen lassen, so daß wir | nicht widerstehen,
sie müßte sich doch so gründlich nachweisen lassen, daß wir
ihr nicht ausweichen könnten. Der Mensch kann aber überhaupt der Wahrheit, der allmächtigen Wahrheit allerdings
30 widerstehen. Und was verstehen wir unter jenem gründlichen und allgemeingültigen Nachweise, den wir am Glauben vermissen? Suchten wir ihn nicht in unserem eigenen
Innern, statt im Innern der Sache – im Subjekte statt in
der Wahrheit? Ist es nicht das Selbstgemachte, in unsern
35 eigenen Gedanken Zusammengesuchte, was wir gründlich
nennen und was gleichwohl, wenn es gemacht ist, nichts
wirkt und nichts beweist, weil es nichts ist? Eben weil die

Wahrheit ihre Nötigung in sich selbst hat, eben darum
kann sie nicht in dem Beweise, als einem von der Wahrheit selbst verschiedenen Beweise liegen – weil sie
Geist ist, ist sie dem isolierten Verstande und dessen Beweisen unzugänglich, kann sie nicht dem isolierten, verfal- 5
lenen Verstande des Menschen zukommen; von diesem
Verstande provoziert daher der Glaube auf den unzerstück-
ten Geist, auf das Gewissen, von dem Beweise auf die innere Erfahrung. So ist auch alles spekulative Wissen durch
Verstandesbeweis positiv nicht zu erzwingen; auch die Phi- 10
losophie muß erfahren, daß ihre Gegner Ohren haben zu
hören und nicht hören, und Augen haben zu sehen und
nicht sehen.

Über den Unterschied, daß der Glaube vermittelst des
Gefühls uns auf die Abhängigkeit der Kreatur von Gott 15
weise, aber die Wissenschaft vermittelst des Gedankens uns
frei mache, weist der Hr. Verf. darauf, daß, indem wir uns
im Glauben abhängig fühlen, wir uns von Gott abhängig
fühlen; die Abhängigkeit von Gott ist aber nach dessen Wesen Freiheit in Gott, so wie Sein außer Gott Sein außer der 20
Freiheit ist; so ihr glaubt, werdet ihr die Wahrheit erkennen, und die Wahrheit wird euch frei machen. Auf andere
Weise kann auch keine Philosophie frei machen; nur in
Gott ist Freiheit.

Soviel, sagt der Hr. Verf. am Ende, zum Frieden | zwi- 25
schen Wissen und Glauben; der Unterschied zwischen beiden kann nicht abgeleugnet werden, aber die Identität
schließt den Unterschied nicht aus, so daß zwar in jeder
Weise die andere sich findet und unterscheidet, aber auch
zugleich als unzertrennlich verbunden weiß. Denken und 30
Glauben sind als Teile Eines lebendigen Ganzen anzusehen,
die für sich unselbständig sind, so daß sie als getrennte in
der Wirklichkeit sich nicht behaupten können und, dennoch getrennt, in Zerrbilder des Heiligsten sich verkehren.
Wohl uns, wenn wir dem Apostel Paulus mit gutem Gewis- 35
sen nachsagen können: »Ich weiß, an wen ich glaube!«
Denn es ist ein köstlich Ding, daß das Herz fest werde; und

es wird nur fest und gewiß, wenn es weiß, an wen es
glaubt.

Ref. aber begrüßt in dieser Schrift die Morgenröte dieses
Friedens, welchen sie aus ebenso frommem als kräftigem
5 Denken und Herzen und deren erlangter Versöhnung auch
nach außen wirksam einzuleiten bestimmt ist. Sie ist ein
gutes Zeugnis, von dem Christentum über die Philosophie
abgelegt; es möge als ein bloßes Autoritätszeugnis für die
sein, welche das Zeugnis des Geistes nur im Autoritätszeug-
10 nisse eines frommen Herzens (und doch wohl nicht nur
ihres persönlichen, individuellen Herzens) anerkennen
mögen; aber es ist zugleich ein Zeugnis des tiefdenkenden
Geistes, der die Verstandes-Kategorien in das Gericht des
Denkens bringt, welche der evangelische Christ die dop-
15 pelte Inkonsequenz begeht, gemeinschaftlich mit dem Rationalismus, dem gemeinschaftlichen Antipoden der spekulativen Philosophie und des Glaubens, gegen die Philosophie zugleich zu gebrauchen und zugleich ihr die Kategorien zur Last zu legen, in welchen (S. 82) »jene seichte
20 Lehre der Verstandesaufklärung versiert, die gegenwärtig im
Verscheiden liegt, aber freilich desto mächtiger und krampf-
hafter gegen ihren Tod ankämpft.« – Wenn das Gebot:
Meidet allen bösen Schein! oft Gutes, wenigstens Gehöriges
verhindert, ja sogar Böses gestiftet, so hat die Gefahr des
25 bösen Scheines der Parteilichkeit für die eigene Sache den
Ref. nicht abhalten können, von dieser Schrift mit freudi-
ger Anerkennung des Gehalts und des Vorschubs zu sprechen, welchen sie der Wahrheit getan und tun wird, noch
davon, zum Schlusse dem Hrn. Verf., der persönlich dem
30 Ref. unbekannt ist, für die Seite ihrer nähern Beziehung auf
dessen Arbeiten für die spekulative Philosophie, die Hand
dankbar zu drücken.

Hegel. |

# REPLIKEN
## (1829)

1. Über die Hegelsche Lehre, oder: absolutes Wissen und moderner Pantheismus. Leipzig 1829. bei Chr. E. Kollmann. S. 236.                                    5

2. Über Philosophie überhaupt und Hegels Enzyklopädie der philosophischen Wissenschaften insbesondere. Ein Beitrag zur Beurteilung der letztern. Von Dr. K. E. Schubarth und Dr. L. A. Carganico. Berlin 1829. in der Enslinschen Buch-  10 handlung. S. 222.

3. Über den gegenwärtigen Standpunkt der philosophischen Wissenschaft, in besonderer Beziehung auf das System Hegels. Von E. H. Weiße, Prof. an der Universität zu Leipzig. Leipzig 1829.  15 Verlag von Joh. Ambr. Barth. S. 228. [nicht geschrieben]

4. Briefe gegen die Hegelsche Enzyklopädie der philosophischen Wissenschaften. Erstes Heft, vom Standpunkte der Enzyklopädie und der | Philoso-  20 phie. Berlin 1829. bei Joh. Chr. Fr. Enslin. S. 94. [nicht geschrieben]

5. Über Sein, Nichts und Werden. Einige Zweifel an der Lehre des Hrn. Prof. Hegel. Berlin, Posen und Bromberg, bei E. S. Mittler 1829. S. 24.  25 [nicht geschrieben]

### Erster Artikel.

Refer. hat, indem er die Anzeige der hier verzeichneten Schriften übernommen, die Verlegenheit zum voraus gefühlt, in welche ihn diese Arbeit versetzen würde, aber die  30 Ausführung hat dies Gefühl noch um vieles erhöht. In einem frühern Artikel ist bei Veranlassung der Schrift:

Aphorismen über Nichtwissen und absolutes Wissen die Beschaffenheit, von der die Einwürfe gegen spekulative Philosophie zu sein pflegen, ingleichen das Verfahren,
wie dieselben zu behandeln seien, auseinandergesetzt wor-
5 den; aber die Anwendung wird für sich um so schwieriger,
je leichter und bequemer es sich die Verfasser der oben genannten Schriften, jeder in seiner Art, mit ihren Einwürfen
gemacht haben.

Eine eigentümliche Schwierigkeit aber ergibt sich, wenn
10 derjenige selbst, gegen dessen Philosophie die Schriften gerichtet sind, sich über die darin enthaltenen Angriffe erklären soll; dieser Umstand bringt die Forderung mit sich, daß
solche Erklärung eine Beantwortung, vor allem eine ge-
rechte, nichts übergehende Auseinandersetzung des gegen
15 ihn Vorgebrachten sein soll. Ein bloßes Urteil könnte nur
einem Dritten gestattet sein; vom Angegriffenen selbst ausgegangen müßte es als absprechend und parteiisch erscheinen. Eine Auseinandersetzung aber, die, um dem Vorwurf
zu entgehen, daß nicht alles widerlegt worden, alles beach-
20 ten sollte, müßte außerdem, daß der Verfasser derselben
noch viel eher ermatten würde, für die Leser tädiös werden
müssen; vollends wenn es sich nicht um Erörterungen über
die großen Gegenstände des geistigen Interesses handelte,
wie denn die Verf. der genannten Schriften hierzu wenig
25 Veranlassung gegeben, indem sie sich nicht in solche Tiefen
einlassen, sondern mehr nur mit formellen oder äußerlichen
Seiten abgeben. Sollte aber auch die Rechtfertigung denen,
die sich für die Sache interessieren, genügend erscheinen,
so zeigt sich leicht ein anderer Nachteil, daß nämlich die,
30 welche | den gegen eine Philosophie vorgebrachten Tadel
gründlich oder wenigstens bedeutend fanden, dann, wenn
ihnen das Seichte desselben aufgedeckt worden, die ersten
zu sein pflegen, welche jene Schriften für der Beachtung
unwert erklären und auf diese Weise den Tadel, den sie aus
35 denselben gegen den, den er betraf, schöpften, nun nur in
den andern Tadel umkehren, daß derselbe sich mit der Erörterung solcher Angriffe eingelassen habe.

Doch gegen diese und andere Mißstände ist einmal das
übernommene Geschäft in Ausführung zu bringen. Zunächst ist wenigstens diese Erleichterung zu rühmen, daß
die Verfasser der zu betrachtenden Schriften nicht zu der
Fahne des unmittelbaren Wissens, des Gefühls und Glaubens 5
gehören, sondern mehr oder weniger Denken, ja selbst Begreifen und spekulatives Denken zugeben, wie sie sich denn
in diesen Schriften selbst hin und wieder verleiten lassen,
auf den Grund des von ihnen Bekämpften Versuche im Philosophieren aufzustellen. Diejenigen, welche am unmittel- 10
baren Wissen kleben zu bleiben sich entschlossen und deshalb auch meinen, sie bleiben wirklich im unmittelbaren
Wissen, können sich konsequenterweise nicht zu einem
Räsonement ausbreiten, sondern müssen sich begnügen, in
Vorreden und bei andern Gelegenheiten aus der Autorität 15
ihres Gefühls und Glaubens absprechende, nicht mit Räsonement, noch weniger von Begriffen unterstützte Versicherungen zu machen; an dergleichen es übrigens in den vorliegenden Schriften gleichfalls nicht fehlt.

Am schwierigsten macht die zuerst genannte Schrift: 20
Über die H.sche Lehre oder: absolutes Wissen und
moderner Pantheismus, von einem Anonymen, das Geschäft des Besprechens, durch die eigentümliche Verworrenheit und Inkohärenz der Gedanken und des Ganges in
dem Vortrage. Es ist unmöglich, ihr in die Einzelnheiten 25
nachzugehen; beinahe jede Zeile enthielte eine Aufforderung zu einer Korrektur; es ist nichts anders tunlich als zu
versuchen, ihre Manier in eine Charakterisierung zusammenzufassen und dann Details als Beleg hinzuzufügen, nicht
um die Ver|teidigung alles dessen, was angegriffen wird, zu 30
erschöpfen oder nur um alles dagegen Vorgebrachte angeben zu wollen. Auf die Aufforderung, die bei begonnenem
Durchlesen sich, wie gesagt, fast in jeder Zeile findet, einen
Widerspruch oder eine Bemerkung einzulegen, sowie auf
Aufregung eines Unwillens, der über die ganze Beneh- 35
mungsweise des Verf. empfunden werden könnte, verzichtet man grade dadurch, daß solche Aufforderungen oder

Empfindungen bei der fortgesetzten Lektüre sich immer zu
steigern im Begriffe sind. Es dringt sich zunächst das Gefühl auf, daß man es hier etwa mit dem Ausbruche eines
hypochondrischen Humors zu tun habe, welcher in dem
5 Verf., was auch dessen Beschäftigung oder Studium sein
möchte, die Vermögen richtigen Auffassens, ja richtigen Lesens, die Fähigkeit sich dessen, was er gesagt, nach wenigen
Zeilen zu erinnern, ohnehin alle ruhige Vergleichung ge-
lähmt hätte. Die ganze Konstruktion der Schrift deutete auf
10 etwas der Art; der Vortrag geht ohne Unterbrechung, Einteilung und Ordnung in Einem Eifer fort, die hitzige Polemik, die ebensosehr dasselbe wiederholt als auf die zufäl-
ligste Weise sich in anderes hinüberspricht, wechselt
kunterbunt mit eigenen, ebenso verworrenen Versuchen
15 von Deduktionen ab, dann mit pomphaften Deklamationen
voll vortrefflicher Gesinnungen und hoher Anforderungen;
von den Anstrengungen wird behaglich in gemütlichen,
salbungsvollern Ergießungen ausgeruht. Die Philosophie,
beginnt der Verf. S. 11, strebt nach Wahrheit; nur
20 zu oft werden die Schicksale der Philosophie mit der unsterblichen Philosophie selbst verwechselt; die Werke einzelner Menschen werden ihr angeschuldigt. – Man beobachte die Neugierigen, die Gleichgültigen, die Selbstgefälligen usf. (solcher Mans folgt noch beinahe eine Seite 14). –
25 Der Geist der Wissenschaft kennt keine Partei. In ihr
wirkt die Wahrheit, sie ist unsterblich und ewig usf.
S. 15. – Die Gegenwart ist ein Resultat der Vorwelt, allein
nicht bloß ein Resultat der Vorwelt. Man ehre die Alten,
allein man suche das Lebendige nicht im Toten usf. |
30 Nur die Bewegung führt zur Ruhe – wo die Ruhe,
die wahre Ruhe waltet, da waltet (ein Lieblingswort des
Verf.) die freie, wahrhaft lebendige Bewegung. S. 16, 17
geht es so fort: Man sei nicht ungerecht gegen unsere Zeit
usf. Man beobachte nicht allein die Gärung in Philosophie
35 und Religion, man vergleiche beide mit der Gestaltung des
Lebens überhaupt usf. Anderwärts S. 94 heißt es: Wo nach
wahrer Erkenntnis gestrebt wird, muß der Irrtum

verworfen werden (Gewiß) usf. Sehr freigebig insbesondere sind überall die Forderungen eines normalen Fortschreitens, normalen Entwickelns des Auffassens des Einzelnen aus der Totalität, es sich aus der Totalität entwickeln zu lassen usf. ausgestreut. Es wäre leicht, von dem,   5
was in den Deklamationen des Verf. noch von Gedanken
vorhanden ist, zu zeigen, daß dasselbe nur aus der Philosophie geschöpft ist, die er bestreitet und verunglimpft.
Dergleichen Kategorien, wie die Entwickelung aus der
Totalität, die Objektivierung der Vernunft, Ver-   10
wirklichung der Substanz in der Notwendigkeit
usf. sind bei dem Verf. nur in flacher Allgemeinheit geblieben, indem er sie zu nichts als zum Großtun gebraucht, sie
sind daher unfähig, Früchte zu tragen, und bleiben, der oft
gebrauchten Worte von Idee, lebendigem Auffassen, tie-   15
fem Auffassen usf. [ungeachtet,] tot und flach. So hätte
gleich von dem vorhin angeführten Satze, daß in der wahren Ruhe die wahre Bewegung waltet, wenn der Verf. das
geringste Bewußtsein über die Vereinigung von Entgegen-
gesetztem, von Positivem und Negativem, welche darin   20
vorhanden ist, gehabt und es zu entwickeln gewußt hätte,
wie von der Entwickelung aus der Tota|lität der Idee usf.,
die Frucht die sein müssen, daß er ungefähr seine ganze
Schrift weggestrichen hätte.

　　Wenn schon die polemische Hitze in der Abwechslung   25
mit der Parrhesie paränetischer Trivialität, die Inkohärenz
der Darstellung auf ein hypochondrisches Übel hinweist, so
könnte man auch nur aus einem solchen die Art erklärlich
finden, wie der Verf. mit dem Faktischen in Ansehung
der Philosophie umgeht, die er bekämpft. »Der Zweck   30
der gegenwärtigen Schrift ist, sagt er S. 31, das vernünftige, wahrhaft spekulative Denken zu befördern. − Hinsichtlich ihres (jener Philosophie) geschichtlichen Gegenstandes muß also diese Schrift es sich zur
Pflicht machen, dahin zu führen, daß derselbe in jeder   35
Beziehung richtig verstanden, erkannt und begriffen werde«. Wenn man dem Verf. auch das Verstehen, Er-

kennen und Begreifen des Gegenstandes erlassen wollte, so
beschränkte sich die Pflicht dieses Führers zunächst auf das
richtige und damit redliche Angaben des geschichtlichen Gegenstandes. Wir wollen zuerst an Beispielen se-
5 hen, wie der Verf. diese Pflicht beobachtet hat.

Das erste Beispiel von der Art, wie der Verf. auffaßt,
nehmen wir aus S. 100, 101. Nachdem daselbst eine verwor-
rene Unzufriedenheit über die logische Bestimmung der
Realität bezeigt ist, heißt es: »Einen Beweis für seine Auf-
10 stellung hat H. noch nicht gegeben. Indessen die Beispiele sagen auch nichts«. Es werden nun die Beispiele aus
Logik 1. B. 1. B. S. 54 kritisiert, die für den Gebrauch des
Wortes Realität in verschiedenen Bestimmungen angeführt
werden. Wir müssen zunächst die Worte dieser Stelle der
15 Logik selbst anführen. »Realität«, heißt es daselbst, »kann
ein vieldeutiges Wort zu sein scheinen, weil es von verschiedenen, ja entgegengesetzten Bestimmungen gebraucht
wird. Wenn von Gedanken, Begriffen, Theorien gesagt
wird, sie haben keine Realität, so | heißt dies hier, daß
20 ihnen kein äußerliches Dasein, keine Wirklichkeit zukomme; an sich oder im Begriff könne die Idee einer platonischen Republik wohl wahr sein. Umgekehrt, wenn
z. B. nur der Schein des Reichtums im Aufwand vorhanden
ist, wird gleichfalls gesagt, es fehle die Realität, es wird
25 verstanden, daß jener Aufwand nur ein äußerliches Dasein
sei, das keinen innern Grund hat«. Es ist hinzugefügt, daß
auch von Beschäftigungen gesagt werde, sie seien nicht r e -
ell, wenn sie keinen Wert an sich haben, oder von Gründen, insofern sie nicht aus dem Wesen der Sache geschöpft
30 sind. – Wie zeigt nun der Verf., daß diese Beispiele nichts
sagen? »Es wird gesagt«, führt er richtig an, »man sage von
einer Theorie, z. B. der platonischen Republik, sie kann an
sich wohl wahr sein«; »dies«, urteilt der Verf. »beweist
zwar, (was?) daß die platonische Republik eine bestimmte
35 Seite der Realität nicht hat, daß sie nämlich nicht in
einem wirklichen Staate dargestellt werden könnte, welches
Plato auch nie gewollt hat (dies hätte der Verf. etwa zu be-

weisen), indessen die platonische Republik hat allerdings
Realität, als ideale Darstellung, sie hat auch ein Sein für
andere, denn sie ist für uns ein unschätzbares Werk«.
Jawohl! Ist aber in dem, was der Verf. vor sich hatte, im
geringsten von dem Werte dieses Werks die Rede gewesen 5
und nicht bloß von dem Sinne, welchen in jenem (gerechten oder ungerechten) Sagen der Ausdruck Realität habe?
Ist es überhaupt um solche kahle Behauptung zu tun, wie
die, »daß Platons Republik ein unschätzbares Werk sei«. Das
zweite Beispiel, daß Aufwand ohne Reichtum keine Reali- 10
tät habe, sagt der Verf., »paßt wieder nicht«; er fügt die
Berichtigung hinzu, »daß er zwar unbesonnen und wertlos
sei, er sei aber an sich (was heißt: der Aufwand ohne
Reichtum ist an sich?) und auch für andere, welche Vorteil daraus ziehen, wie leider die tägliche Erfahrung zeige«. 15
Was soll solche ohnehin triviale moralische Diskussion hier,
wenn bloß von dem Sinne, den Realität in jenem populären
Ausdrucke hat, die Rede ist! – Aber es verbindet sich hiermit ein noch unmittelbareres Beispiel von der Art, wie der
Verf. »den geschichtlichen Gegenstand aufzufassen« fähig. 20
S. 101 ist das Faktum angegeben, daß in der Vorr. zum Heg.
Naturrecht S. XIX. behauptet werde, daß Platon (Dativ) die
Heg. Sätze: was vernünftig ist, das ist | wirklich, was wirk-
lich ist, das ist vernünftig, im Heg. Sinne »die Angel
seien, um welche sich das Unterscheidende der plato- 25
nischen Idee (in dem Werke über die Republik) drehe«.
Als Ref. jene Vorr. S. XIX. nachschlug, fand er, daß daselbst
gesagt ist, Plato habe aus dem Bewußtsein des in die griechische Sittlichkeit einbrechenden tiefern Prinzips, das an ihr
zunächst nur als unbefriedigte Sehnsucht und damit als Ver- 30
derben erscheinen konnte, die Hilfe suchen müssen, die
aber aus der Höhe kommen mußte; er habe sie zunächst nur in einer äußern, besondern Form der Sittlichkeit
suchen können, durch welche er gerade den tiefern Trieb
dieser Sehnsucht, die unendliche Persönlichkeit, am tiefsten 35
verletzt; er habe sich aber dadurch »als der große Geist bewiesen, daß eben das Prinzip, um welches sich das Un-

terscheidende seiner Idee dreht, der Angel ist, um welche
die bevorstehende Umwälzung der Welt sich gedreht hat«.
Hier ist so ausdrücklich, daß ein Mißverstand unmöglich
scheint, das Prinzip des Christentums und das abstraktere
5 Prinzip der unendlichen Persönlichkeit als das genannt, das
in der Sehnsucht Platos angedeutet sei und um das sich der
Angel der Weltgeschichte gedreht habe. Mit dieser Betrachtung über die Hindeutung der platonischen Tendenz auf das
Christentum schließt der Absatz. Ganz getrennt hiervon
10 folgen die beiden berüchtigt gemachten Sätze, die der Verf.
anführt; sie sind in einem Zusammenhang mit weiter folgendem gesetzt und ausgesprochen; sie sind und stehen vor
Augen außer Verbindung mit dem Angel der Weltgeschichte. Aber der Verf. konnte dem Prinzip des Christen-
15 tums, um den sich die bevorstehende Umwälzung der Welt
gedreht habe, jene Sätze in seinem Lesen substituieren.
    Noch einige Beispiele dieser Art! S. 159 heißt es bei dem
Verf.: »So ist denn z. B. das Eins zugleich das Leere«,
wozu Log. 1. B. 1. B. S. 91–129 zitiert ist. Daselbst S. 102,
20 wo das Eins und das Leere abgehandelt wird, ist aufgezeigt,
daß das Leere nicht unmittelbar für sich ist, dem Eins
gleichgültig gegenüber, sondern daß es in der Bestimmung
des Eins enthalten ist, ferner sich zum Eins verhält, und
daß das Fürsichsein sich zum Eins und dem Leeren be-
25 stimmt. – Ebendas. heißt es bei dem Verf., H. habe ge-
fürchtet, aus seinen Sätzen könnte die schiefe Folgerung
gezogen werden, daß, weil $-a \cdot +a = -a^2$ wäre, um | gekehrt
$+a \cdot -a = +a^2$ gebe. Logik 1 B. II. B. S. 63 ist gezeigt, wie
der bloße Begriff entgegengesetzter Größen überhaupt,
30 der jedermanns Begriff ist, auf solche Folgerung führen
könnte. Folg. S. wird von der Behauptung erzählt, »daß die
Negation der Negation deshalb das Positive wäre, weil
$-a \cdot -a = a^2$ wäre«; dazu ist wie vorhin Log. 1 B. B. 2.
S. 63 zitiert. Weder daselbst noch irgendwo ist das Faktum
35 solcher Behauptung zu finden.
    Ein merkwürdiges Beispiel von geschichtlichem Auf-
fassen ist folgendes. »Das Ziel des Philosophen«, ruft

der Verf. S. 190 in einem seiner Anfälle deklamierender
Vortrefflichkeit aus, »steht höher als das gewöhnliche Treiben in der Welt; degradiert er sich zu diesem, so ist das
Herrlichste der Wissenschaft für ihn verloren. Bei H.
heißt es aber, wenn das Geistliche die Existenz sei- 5
nes Himmels zum irdischen Diesseits und zur gemeinen
Weltlichkeit in der Wirklichkeit und in der Vorstellung degradiert – das Weltliche dagegen sein abstraktes Fürsichsein zum Gedanken und dem Prinzipe vernünftigen Seins
und Wissens hinaufbilde, dann wäre die wahre Versöh- 10
nung objektiv geworden«. Zitiert ist H. Naturr. S. 354.
Die Art des Verf. in Betreff der Richtigkeit der Angabe
des Faktischen hier deutlich zu machen, erfordert allerdings einige Umständlichkeit, aber der Satz, den er für faktisch ausgibt, ist grell genug, um Beleuchtung zu verdienen. 15
Die so abrupt angeführten Worte finden sich in dem Abschnitte jenes Naturrechts, welcher die Hauptmomente der
Weltgeschichte kurz angibt, und zwar in den §§ über das
Prinzip der germanischen Völker, in welche die christliche
Religion gelegt worden sei. In § 359 wird angegeben, daß 20
die Innerlichkeit des Prinzips, als die noch abstrakte,
in Empfindung als Glaube, Liebe und Hoffnung existierende Versöhnung und Lösung alles Gegensatzes, sich
einerseits zum weltlichen Reiche, einem Reiche der für
sich seienden rohen Willkür und der Barbarei der Sitten 25
entwickelt habe, gegenüber andererseits einer jenseitigen
Welt, einem intellektuellen Reiche, dessen Inhalt wohl
die Wahrheit des Geistes sei, aber noch ungedacht in die
Barbarei der Vorstellung gehüllt und als geistige Macht über
das Gemüt sich als eine unfreie, fürchterliche Gewalt gegen 30
dasselbe verhalte. Auf die Angabe dieses Gegensatzes, wie
ihn das Mittelalter geschichtlich | darstellt, folgt § 360 die
Angabe des Ganges der Auflösung desselben so: indem in
dem harten Kampfe dieses Gegensatzes jener Reiche das
Geistliche die Existenz seines Himmels zum irdischen 35
Diesseits und zur gemeinen Weltlichkeit in der Wirklichkeit
und in der Vorstellung degradiert, – das Weltliche usf.

– Hier hat zunächst der Verf. die Worte, welche den Übergang der Kirche in ihr Verderben ausdrücken, richtig abgeschrieben, so auch die nächsten, welche die Heraufbildung
des weltlichen Reichs betreffen, nur daß er die Heraufbil-
5 dung desselben auch zur Vernünftigkeit des Rechts
und Gesetzes übergangen. Was nun aber eigentlich zu rügen ist, ist die Weglassung der folgenden Worte: »so« (indem die Kirche zur Weltlichkeit herabgesunken, das weltliche Reich sich seinerseits zu Wissenschaft, zu Recht und
10 Gesetz erhoben) »ist an sich der Gegensatz zur marklosen
Gestalt geschwunden«; (daß an sich der Gegensatz
zum Schein geschwunden, ist noch nicht die existierende
Versöhnung, wodurch dieselbe zur Existenz gebracht
worden; dies ist im darauf folgenden so ausgedrückt:) »Die
15 Gegenwart hat ihre Barbarei und unrechtliche Willkür, und die Wahrheit ihr Jenseits und ihre zufällige
Gewalt abgestreift, so daß die wahrhafte Versöhnung
objektiv geworden.« Diese aus dem An sich nun zur
Objektivität erhobene Versöhnung ist hierauf in Anse-
20 hung des Staats, der Religion und der Wissenschaft näher
bestimmt, und zwar so, daß im Staate »das Selbstbewußtsein
die Wirklichkeit seines substantiellen Wissens und Wollens
in organischer Entwickelung, in der Religion das Gefühl
und die Vorstellung dieser seiner Wahrheit als
25 idealer Wesenheit finde und in der Wissenschaft die
freie, begriffene Erkenntnis dieser Wahrheit«. – Man sieht
aus diesem wörtlichen Auszuge, daß die Religion, wie sie
in der vollführten Versöhnung sei, ausdrücklich unterschieden und unterschieden geschildert wird – von jener
30 Degradation des Geistlichen, von welcher der Verf.
geschichtlich angibt, daß in ihr die Versöhnung als objektiv geworden angegeben sei. Von nun an bis ans Ende
seiner Schrift wiederholt er das Wort Degradation, an dem
er einen solchen Fund getan, beinahe auf jeder Seite und
35 verwendet es zu salbungsreichen Tiraden: »Wer es wagen
will, den Himmel zu degradieren, degradiert sich
selbst.« | ebendas. und folg. S.; jetzt will man den Him-

mel degradieren und ist vornehm genug zu übersehen,
daß man sich selbst degradiert usf. (Wohl! In dem zit. §
und in der Geschichte mit den ungeheuren Zügen findet es
sich angegeben, wer den Himmel zum irdischen Diesseits
und zu gemeiner Weltlichkeit degradiert hat!) – Lähmung 5
am Vermögen, überhaupt geschichtlich aufzufassen, und
Unwirksamkeit des Verstandes, das Bestimmte festzuhalten
und aus dem Unterschiede, der dabei gemacht ist, zu merken, daß es auf solches Bestimmte ankommt, sind ohne
Zweifel Folgen der Hypochondrie. Ist es aber etwa die 10
Schilderung des Verderbens der Kirche, welche hier die hypochondrische Gereiztheit so hoch gesteigert hat, um zunächst aus der Angabe, die er vorfand, die Erhebung des
Staats zur Vernünftigkeit des Rechts und Gesetzes
wegzulassen und dann sich auch kein Bedenken daraus zu 15
machen, der Schilderung der Religion, wie sie in der objektiv gewordenen Versöhnung beschaffen sei, nämlich daß
das Selbstbewußtsein in ihr das Gefühl und die Vorstellung der Wahrheit, des substantiellen Wissens und
Wollens als idealer Wesenheit (wie im Staate die ver- 20
nünftige Wirklichkeit desselben) finde, zu substituieren
die Degradation des Himmels, der im geistlichen Reiche hatte existieren sollen, zur gemeinen Weltlichkeit?
Zu versichern, nicht das geistliche Regiment habe,
sondern man habe den Himmel degradiert? Aber Schilde- 25
rung jenes Regiments und Degradation des Himmels ist
freilich bei manchen gleichbedeutend. – Mit geringer
Überlegung des Verstandes und mit Willen hätte sich der
Verf. auch den Unwillen und ein Räsonement erspart, in
das er um zwei Seiten vorher gerät. – Aus dems. Naturr. 30
führt er S. 52 an: »Ich, heißt es da, habe diese Glieder, das
Leben nur, insofern ich will, das Tier kann sich nicht selbst
umbringen oder verstümmeln, wie der Mensch.« Dies ist in
der Anm. zu einem § gesagt, in welchem von Ich ausdrück-
lich als Person die Rede | ist; ebendas. und im vorherge- 35
henden Perioden der Anm. ist die Seite, daß Ich lebendig
bin und einen organischen Körper habe, von der freien Per-

sönlichkeit unterschieden, und nur von diesen beiden Bestimmungen ist die Rede. Der Verf. sagt nun zu jenen angeführten Worten: »Dieser Satz hätte schon an sich
nicht in ein, in einem christlichen Staate geschrie-
5 benes Naturrecht gehört. Die Theorie (!) der Selbst-
verstümmlung und Selbsttötung verträgt sich nicht mit dem
Christentum« (doch etwa gar die Praxis?). »Dagegen (wogegen?) ist jener Satz offenbar unwahr.« Nun kommt ein
Meisterstück von Widerlegung: »Der Mensch ist nicht
10 Herr darüber, daß er geboren werden soll.« (Gewiß
nicht! Aber wenn der Verf. für nötig findet, diese Gegen-
rede zu machen, so bringt er den Schein bei, als ob gesagt
worden wäre, daß der Mensch Herr darüber sei, daß er geboren werden solle. Daß es dem Verf. um diesen Schein
15 ganz wesentlich zu tun sei, dafür zeugt vollends das, was der
Verf. am Schluß seiner Deduktion versichert, daß dieser
Satz (von der Möglichkeit, daß der Mensch sich ver-
stümmle, ja töte) »nur aufgestellt ist, um die absolute
Kausalität des einzelnen Subjekts zu behaupten.«
20 Ref. hat wohl in einer alten Jesuiter-Komödie: die Erschaffung der Welt betitelt, die Vorstellung gesehen, daß
Adam vor seiner Erschaffung auftritt und in einer Arie den
Wunsch ausspricht, ach wenn er doch schon geschaffen
wäre! Aber auch dort ist nicht so weit gegangen, daß Adam
25 als Herr darüber aufgeführt wäre, »ob er geboren werden
solle«.) – »Die Dauer seines irdischen Lebens hängt nicht
von ihm ab.« Man höre nun weiter das Räsonement des
Vf. hierüber: »Will er (der Mensch) sich umbringen oder
verstümmeln, so muß er Naturkräfte anwenden; ob ihm
30 sein Vorhaben gelingt, hängt nicht allein von ihm ab
(bereits eine Beschränkung des vorhergehenden Satzes, daß
die Dauer seines Lebens nicht von ihm abhänge), sondern
von einer außer seinem Willen gesetzten Wirksamkeit.« |
»Dergleichen Anschläge mißlingen oft« (gelingen also
35 auch zuweilen); »gelingen sie, so kann der Mensch doch
nicht bestimmen, welcher Augenblick grade den Tod
bringe« (hier ist die Abhängigkeit auf sehr wenig reduziert);

»mißlingen sie« (so ist es mit den Anschlägen der Willenskraft doch noch nicht aus, denn der Verf. ist sinnreich
genug, einen weitern Anschlag auszufinden) »und ist er
(fährt der Verf. fort) nun einmal so jämmerlich verkehrt,
daß er, wenn er Willenskraft behält, sich tothungern wollte«    5
(man sieht, der Verfasser hatte die Anwendung von Gefäng-
nis und Banden gegen jene Willenskraft ausgesonnen), »so
ist er nicht im Stande zu bestimmen, wann der Hungertod
eintreten solle«. Wenn dies Räsonement auch scharfsinniger
wäre als es ist, um die Abhängigkeit nicht auf ein so Ge-    10
ringes zu reduzieren, so wäre es selbst hierfür nicht er-
schöpfend; dem Verf. ist der Fall noch entgangen, daß der
Selbstmörder nicht gewollt hätte, den Augenblick seines
Hungertodes vorauszubestimmen; so hätte er doch seinen
Willen durchgesetzt.    15
    Solche Lähmung im Auffassungsvermögen ist etwas
Schlimmes, aber auch als ein böser Genius läßt sich der
Humor der Hypochondrie vermuten, wenn das halbe und
noch dürftigere Auffassen allzu gewalttätig geschieht, wenn
das Weggelassene so nahe vor Augen lag, daß das Weglassen    20
durch ein nur oberflächliches Hinsehen allein nicht erklärlich ist, wenn dasselbe dazu dient, einen Sinn hervorzubringen, der in eine in einem christlichen Staate geschrie-
bene Philosophie nicht gehörte. Schon die angeführten
Beispiele deuten sattsam auf das bösere Ingredienz in der    25
Fassungsweise des Verf. Insbesondere zeigt sich dergleichen,
wenn Halbes oder ausdrücklich Verkehrtes im | Vorbei-
gehen angeführt wird – gleichsam auch mit halbem Gewissen oder mit ganzem Vorbeigehen des Gewissens. Solches
Hinwerfen erscheint ohnehin am dienlichsten, um Unrich-    30
tigkeiten zu verstecken; was im Vorbeigehen hingeworfen
wird, pflegt nicht näher untersucht zu werden und tut,
wenn der Inhalt arg genug ist, doch seine Wirkung. –
S. 109 nennt der Verf. die Darstellung komisch, »daß das
Unendliche aus dem Endlichen kommt, oder wie ander-    35
wärts gesagt ist, daß Gott da wäre, wenn endliche Subjekte, die Menschen, ihn dächten«. Die Halbheit und

Schiefheit, deren sich die erste dieser Anführungen schuldig macht, übergehen wir und beleuchten nur die zweite, daß Gott da wäre, wenn die Menschen ihn dächten; wozu Phänomenologie S. 637 zitiert ist. In dieser Stelle ist der
5 Begriff der natürlichen (Natur-) Religion und näher die Bestimmtheit angegeben, nach welcher der Unterschied der Religionen voneinander abstrakt zu machen sei. Zu diesem Behufe ist zuvörderst angegeben, in welcher Gestalt die Idee in der Religion überhaupt ist; es heißt: »die Gestalt
10 der Religion enthält nicht die Gestalt des Geistes, wie er als vom Gedanken freie Natur, noch wie er vom Dasein freier Gedanke ist; sondern sie ist das im Denken erhaltene Dasein sowie ein Gedachtes, das sich da ist«. Also der Gegenstand in der Religion ist weder das Dasein
15 abstrahiert vom Denken (die Natur als die Idee in der einseitigen Form des Daseins), noch der Gedanke abstrahiert vom Dasein (der Geist als die Idee in der einseitigen Form des Denkens, also der endliche Geist oder das Denken abstrakt überhaupt, was gleichfalls endliches Denken ist), son-
20 dern Dasein, welches Denken, und Denken, welches Dasein ist. Wo ist Gott nicht so definiert worden (insofern es zunächst um eine abstrakte Bestimmung zu tun ist), als daß Gott, der höchste Gedanke, zugleich ungetrennt Dasein habe – ein Dasein sei, das ungetrennt | Denken sei? und
25 im Gegensatze das Endliche so, daß, insofern auch in ihm Denken und Dasein verknüpft sei, dasselbe auch trennbar sei? – Wie ist nun hierin etwas von dem zu lesen, was der Verf. als ein Zitiertes, Faktisches angibt – daß »Gott da wäre, wenn endliche Subjekte, die Menschen, ihn däch-
30 ten«? und sonst von Dasein und Denken findet sich auf der zitierten Seite nichts, ohnehin nichts von Menschen und endlichen Subjekten.

    Aus dem Reichtum dieser Schrift an dergleichen kurzen, im Vorbeigehen gemachten Anführungen nur noch einige
35 kleinere Beispiele. S. 183 heißt es, »in den Lehren Spinozas und Schellings lag eine Andacht (welche bei H. nur ein Prozeß ist)«. Was bei H. Prozeß heißt, ist nicht beige-

bracht – er ist eine Tätigkeit, in den bestimmten Momenten, die sie durchläuft, aufgefaßt. Weggelassen ist ferner die
Bestimmtheit, durch welche die geistige Tätigkeit Andacht
ist. Man hätte dem Verf. beinahe zu danken, daß er nicht
auch angeführt hat, bei H. sei die Religion, Gott, nur ein 5
Prozeß usf. Die Stelle, die der Verf. mag vor Augen gehabt
haben, ist wohl S. 500 der Enzykl. 2te Ausg., wo es heißt:
»der Glaube ist in der Andacht in den Prozeß übergegangen, den Gegensatz (der noch im Glauben, der Gewißheit
von der objektiven Wahrheit, ist) zur geistigen Befreiung 10
aufzuheben, durch diese Vermittlung jene erste Gewißheit
zu bewähren und die konkrete Bestimmung desselben,
nämlich die Versöhnung, die Wirklichkeit des Geistes zu
gewinnen«. Ist hier die Andacht nur ein Prozeß, wie der
Verf. sagt? – Ein paar Zeilen weiter heißt es ebenso über- 15
haupt die »von H. bespöttelte Frömmigkeit«; zitiert ist
dazu Enzykl. 2te Ausg. S. 519, wo eine inhaltslose Frömmigkeit genannt ist. Inwiefern nach des Verf. Versicherung,
die er ebendaselbst macht, viele derjenigen, welche solcher
Frömmigkeit das Wort reden, dem Spinoza und Schelling, 20
als in deren Lehren eine Andacht gelegen habe, vieles zu
verdanken haben, möchte er selbst bei jenen vielen rechtfertigen.

Wie der Verf. die Bedingung, die er einer Polemik vorschreibt, geschichtlich richtig und hiermit redlich das 25
aufzufassen und anzuführen, was bekämpft werden soll, erfüllt, mag aus den gegebenen Beispielen klar genug hervorgegangen sein. Ohnehin, wenn nun die Polemik selbst oder
vielmehr nur Proben davon dargestellt werden sollen, flech-
ten sich allenthalben die | Beispiele von falschen Angaben 30
ein. Aber die Darstellung der Polemik wird noch beschwer-
licher und tädiöser, indem es nun auf die Fähigkeit, einen
Gedankengang zu verfolgen, ankäme, aber sich zu der Lähmung des Vermögens, Gegebenes aufzufassen, noch die
Lähmung, dem Gedankengang eines andern zu folgen sowie 35
seine eigenen Gedanken zusammenzuhängen und im Zusammenhang zu erhalten, sich hinzugesellt. Bei der Unmög-

lichkeit, diese Paralysis im Verlaufe von Räsonement, diplo-
matisch genau, wo jede Zeile zu kritisieren käme, darzustellen, sind die Angaben hierüber und die Beurteilung, deren
es eben nicht viel bedarf, allgemeiner zu halten und nur
5 Hauptmomente anzugeben, die der Verf. in seiner Widerlegung zu erhärten bestrebt ist.

Um dies an das vorige anzuknüpfen (die Anknüpfungs-
weisen des Verf. in seinem Fortgange sind nicht besser),
fangen wir von der Lehre an, in der, wie der Verf. S. 183
10 sagt, ein tiefer Sinn, eine Andacht lag, dem Spinozismus,
um zu sehen, wie er das Verhältnis der Philosophie, die er
bekämpft, zu demselben angibt. Es ist dies einer der Punkte,
die er ausführlich behandelt; das Resultat ist S. 184, daß
»das, was an den Lehren Spinozas und Schellings hauptsäch-
15 lich vermißt wurde, in der Heg. Lehre nicht etwa ergänzt,
sondern das Mangelhafte auf eine schroffe Weise näher (!)
auf die Spitze getrieben ist«.

S. 163 kommt der Verf. hierauf, nachdem er S. 162 prä-
ludiert hatte: »man hatte«, gibt er über die Phänomenologie
20 an, »eine bestimmte Ansicht zur Voraussetzung, eine bestimmte Ansicht, welche erreicht werden sollte« (eine Absicht erreichen, ist ein bekannter Ausdruck; aber eine Ansicht erreichen ist nicht so klar). Alsdann bemerkt er S. 163,
die Begriffe Sein und Wesen, wenn sie nicht von einem
25 bestimmten Gesichtspunkt, den man gerade (!) festhalten
wollte, äußerlich (!) betrachtet worden wären, hätten die
ihnen in der Heg. Lehre zuteil gewordenen Schicksale nicht haben können. Nun sei aber das höchste Resultat dieser Begriffe die Substanz (es wird weiter die Un-
30 möglichkeit bemerklich gemacht werden, die es für den
Verf. hat, eine freie Entwicklung der Begriffe und das Hervorgehen eines Resultates aus derselben zu fassen; er bedarf es schlechthin, eine Voraussetzung dazu zu finden oder
auf psychologische Weise zu erfinden), und [es] wird, fährt
35 der Verf. fort, aus | drücklich auf die spinozistische Substanz
Bezug genommen Log. B. 1. B. 2. S. 225 (daselbst wird
aber mehr als nur Bezug darauf genommen: es wird das

Mangelhafte des Spinozismus bestimmt nachgewiesen).
»Schon hieraus« (aus der bloßen Bezugnahme) »geht hervor, daß die Heg. Lehre die Lehre von der spinoz. Substanz zur Voraussetzung haben möchte; daß es wirklich
so ist, kann gar nicht bezweifelt werden. Denn die 5
Heg. Lehre soll zwar den Spinozismus widerlegen; der
Standpunkt desselben soll zuerst als wesentlich und notwendig anerkannt, aber aus sich selbst auf den höhern herausgehoben werden; er soll dadurch ergänzt werden, daß
das Prinzip der Persönlichkeit, die Freiheit, geret- 10
tet und aus der Substanz selbst abgeleitet werde.«
Diese Angabe des Verhaltens der in Rede stehenden Philosophie zum Spinozismus kann insoweit äußerlich richtig genannt werden, wie auch die folgende Zeile: »die Heg.
Lehre bewegt sich demnach zur Substanz hin und aus ihr 15
heraus.« Nun fährt der Verf. fort: »die Lehre von der Substanz zeigt sich also als das eigentliche Zentrum der
eigentümlichen Grundansicht der Lehre«. Dasselbe wiederholt er S. 165. »Es dürfte als gewiß anzunehmen sein, daß
man schlechterdings den Begriff der Substanz habe zum 20
Centro der Lehre machen wollen, es dürfte sich auch ergeben, daß man sich auf eine bestimmte Weise aus ihm
habe herausbewegen wollen.« Der Verf. hat die Augen
so weit aufgetan, um zu sehen, daß in der Lehre, die er bestreitet, ein Herausbewegen aus der Substanz vorhan- 25
den sei. – Er nennt diese am liebsten die spinozistische; der
Begriff der Substanz aber befindet sich in jeder Philosophie
(wenn wir von der skeptischen und damit verwandten abstrahieren) sowie in aller Theologie; so daß aber die anderen Philosophien, als die spinozistische, ingleichen die 30
Theologie sich gleichfalls aus diesem Begriffe herausbewegen. Nun hätte aber der Verf. auch nur seine physischen
Augen weiter bemühen sollen, um zu finden, daß das Herausbewegen, von dem er erzählt, ein anderes Ziel als nur
die Substanz, nämlich den Geist zum Zentrum gewinnt 35
und daß es allenthalben ausgedrückt ist, daß dies fernere
Ziel, zu dem der Begriff sich fortbestimmt, die Wahrheit

der Substanz sei, die Substanz als Zentrum aber die Un-
wahrheit. |

Daß der Verfasser dies nicht weiß, ist nur aus der schon
angedeuteten Quelle erklärlich, welche sich nun ferner
5 nicht entblödet, ihn zu der Versicherung: daß die Lehre von
der Substanz sich also als das eigentliche Zentrum der
eigentümlichen Grundansicht der Lehre zeige, hinzufügen
zu lassen: »dies könnte durch unzählige Stellen (dergleichen wäre nicht bloß durch Stellen, sondern durch
10 den ganzen Inhalt einer Philosophie zu beweisen) bewiesen werden« (wozu? da bereits ein: also vorherging). »Hier
verweisen wir nur darauf, daß auch am Schlusse usf. der absolute Geist die eine und allgemeine Substanz als geistige
genannt wird. (Enzykl. 2te Ausg. S. 499).« So unbefangen
15 ist der Verf., eine Stelle anzuführen, die ausdrücklich das
Gegenteil von dem sagt, was er damit zeigen will; der üble
Genius der Hypochondrie, wenn es auch nichts weiter ist,
hat ihn hier aufs Schlimmste zum Besten gehabt. Die schiefe
Stellung vom Nennen auch zugegeben (in der zit. Stelle
20 heißt es: der abs. G. ist die e. u. allg. Subst. als geistige),
so zeigt die Stelle, daß nicht die spinozische Substanz, als
welcher die Bestimmung von Persönlichkeit, von Geistigkeit mangelt, das Zentrum der Lehre ist; sie spricht aus, was
alle christliche Theologie ausspricht, daß Gott das absolut
25 selbständige Wesen, die absolute Substanz ist, aber das absolut selbständige Wesen, das Geist ist – der Geist, der absolut selbständig ist. – Geist ist als solcher schlechthin das
Subjekt, und es ist durchgängige Behauptung der Lehre,
eben in den unzähligen Stellen wie in der angeführten, daß
30 die absolute Bestimmung Gottes nicht die der Substanz,
sondern des Subjekts, des Geistes ist. – Allerdings bleibt
dem Geiste auch die Bestimmung der Substantialität; hat der
Verf. Gott als Geist im Sinne so, daß er nicht substantiell
wäre, oder weiß er von einer Theologie, in welcher Gott
35 wäre, ohne an und für sich zu bestehen, absolut selbständig
zu sein? – Aus Enzykl. § 364 führt der Verf. S. 186 den Anfang einer Anmerkung an: »Das Absolute ist der Geist; dies

ist die höchste Definition des Absoluten.« Diese Stelle findet
sich in dem Abschnitt, der überschrieben ist Begriff des
Geistes, zu Anfang der Philos. des Geistes, in welcher zuerst
der endliche Geist in zwei Abt. u. in der dritten der absol.
Geist abgehandelt ist. Hiermit selbst ist der bloße Begriff   5
von seiner Realisation und von seiner Idee unter-
schieden. – Was | sagt nun der Verf. zu jener Anm.? Er
verbindet jene Stelle vom Begriffe des Geistes unmittelbar
mit der Lehre vom absoluten Geiste (er unterscheidet hiermit das unbestimmte Absolute und den absoluten Geist   10
gleichfalls nicht voneinander) und sagt dann: »Jene Definition ist aber gewaltig ungenügend, dem menschlichen
Geiste passieren mancherlei nicht absolute Dinge.« – Gewiß! wie z. B. hier dem Verf.

Man wird es aber müde, solche Verkehrungen bei dem-   15
selben zu rügen und solche ungemeine Instanzen der Anstrengung seiner Denkkraft bemerklich zu machen; wir
übergehen auch die weitere Art, wie er die Entwicklung
der Substantialität, der Notwendigkeit, den Übergang aus
derselben in die Freiheit auffaßt. Dieser Übergang wird   20
(Enzykl. S. 152) der härteste genannt; der Verf. entgegnet S. 165: »Es streitet gegen die Philosophie, daß in ihr
selbst solche Härten notwendig wären, und es drängt sich
daher die Vermutung auf, daß jemand (der sonstige
man) jene Härte habe hineinbringen wollen.« Man kann   25
den Verf. versichern, daß, wenn man nur mit dem Wollen
oder vielmehr Mögen und nicht mit der Natur der Sache
zu tun gehabt, man sich die Härten gern erspart hätte; der
Verf. ist insoweit glücklicher daran. Über die Stellung, welche der Verf. in seinem Räsonement über die Notwendig-   30
keit und Wechselwirkung diesen Bestimmungen gibt, versichert er (S. 178), daß die Stellung derselben in der heg.
Lehre nicht gerechtfertigt sei und schwerlich je gerechtfertigt werden könne; dies macht er zu dem guten Grund
für ihn selbst, daß auch »wir den ausführlichern Beweis un-   35
serer Stellung deswegen wiederum vorenthalten können«.

Jener Stelle und der unzähligen Stellen unerachtet bleibt
dem Verf. aber dies als Resultat der Lehre, die Spitze, auf
welche durch sie die Lehren Spinozas und Schellings getrieben seien; er trägt dies S. 181 so vor: »die absolute Substanz
5 wird nicht selbst frei, sondern ihre Manifestationen; sie
selbst bleibt starr (? ungeachtet sie der Geist ist), und die
spinozistische Substanz wird nicht belebt, sondern sie bleibt
die | eine und blinde Substanz, dennoch (!) enthüllt sie
sich, im Einzelnen wie im Allgemeinen, welche das Beson-
10 dere zu ihrer Mitte haben. Die Einzelnen sind die aktive
Kausalität, das Allgemeine ist die passive Kausalität der
absoluten Substanz.« (vergl. S. 195) Dies erzählt der Verf.
auch S. 184 mit einer Konsequenz, die er daraus zieht, »die
Einzelnen als mit der Substanz identisch sind die aktive
15 Kausalität Gottes, folglich wird dadurch gesagt, es gäbe
keinen persönlichen Gott im obigen Sinne« (nämlich als die
allervollkommenste Intelligenz, als das höchste Leben
ein an sich persönlich (wenn man diesen Ausdruck gebrauchen darf) absolut wirkendes agens), »sondern die
20 Persönlichkeit Gottes wären die einzelnen Individuen«.
Diese Quintessenz von Behauptungen ist näher zu beleuchten. Zunächst, was die passive Kausalität sei, davon erhält man wohl durch die Schrift des Verf. ziemlich eine
Vorstellung, die Kausalität des Verstandes zeigt sich darin
25 sehr passiv; aber für einen philosophischen Vortrag hätte er
dieselbe, und wie er der Lehre, die er bekämpft, zuschreibe,
daß das Allgemeine eine solche Kausalität sei, näher erläutern sollen. Was die Bestimmung der Persönlichkeit Gottes
betrifft, so ist es undeutlich, ob die angeführte Parenthese
30 eine Schüchternheit ausdrückt, die ihn befallen hätte, den
Ausdruck persönlich zu gebrauchen. – Wenn nun aber
ferner das höchste Leben als persönlich bestimmt werden
soll, so kann dies nur geschehen, indem es als Intelligenz,
wie auch der Verf. tut, bestimmt wird; übrigens ist das Prä-
35 dikat der allervollkommensten aus der Wolffischen Philosophie um seiner Leerheit willen mit Recht obsolet und
durch andere ersetzt worden. Daß der Vf. aber in der Intel-

ligenz eine andere Bestimmung, überhaupt und in Beziehung auf Persönlichkeit, gesagt zu haben meint, als die in dem Geist überhaupt und näher in dem sich als Geist wissenden Geist liegt, welche Definition er aus der Enzykl. wiederholt anführt, wäre nicht abzusehen, wenn es nicht 5 sonst klar genug geworden wäre, wie sehr ihn ein übler Genius blindet. |

Die aktive Kausalität Gottes aber, welche die Einzelnen sein sollen, steigert sich ihm sogar zur absoluten Kausalität (hier schreibt er einmal Kausalität) des einzelnen 10 Subjekts; und von da aus hat er dann weiter keine Scheu, von Selbstvergötterung, in der Lehre, die er bestreitet, zu sprechen – davon, S. 202, »daß die einzelnen Subjekte sich als Gott wissen sollen«. S. 216 »daß die einzelnen Geschöpfe die absolute Lebenskraft selbst seien« (S. 223 macht er der 15 Lehre dagegen den Vorwurf, daß die Selbsttätigkeit für etwas Eitles erklärt werde) »und sich nur auf Heg. Weise als absoluter Geist zu behaupten brauchten, um sich als Gott selbst zu wissen«. – Dergleichen Versicherungen eine Unverschämtheit zu nennen, muß man durch die Bekannt- 20 schaft, die man mit dem eben erwähnten bösen Genius so vielfach in dieser Schrift gemacht, abgehalten werden. Wo der Verf. die absolute Kausalität der einzelnen Subjekte findet, ist die schon angeführte Erfahrung, daß es dem Menschen möglich sei, sich zu verstümmeln und zu töten. »Die- 25 ser Satz, sagt der Verf. S. 189, ist nur aufgestellt, um die absolute Kausalität des Subjekts zu behaupten«. Es ist ein Satz, den bekanntlich die, und zwar »in den christlichen Staaten erscheinenden« Sterbelisten in allen Intelligenzblättern aufstellen. – Das Verhältnis aber des endlichen Geistes 30 zu Gott ist eine so tiefe, oder es ist die tiefste Idee, daß das Denken derselben der sorgfältigsten Wachsamkeit über die Kategorien, die es dabei gebraucht, bedarf. In den oben angeführten »Aphorismen über Nichtwissen usf.« sind diese Tiefen: Wissen Gottes, Wissen Gottes in sich, Wissen 35 Gottes in mir, Wissen meiner in Gott, denkend behandelt; das ist nutrimentum spiritus in etwa nachbarli | chem

Latein, Nahrung für den Geist, jedoch nicht Kost für den
Verf. Daraus wäre das scharfe Wachsein über die Kategorien
zu erlernen, wie die Art des »schwerfälligen, d. i. so trägen als leichtfertigen Denkens« zu ersehen. – In solchen
5 Materien bedarf es nicht nur, indem das Denken zugleich
im Konkretesten ist, der reinsten Denkbestimmungen, sondern, indem man wissen muß, daß diese selbst nur Bestimmungen der Endlichkeit sind, bedarf es auch dessen, daß sogleich dieser Mangel korrigiert wird. Aber aus einer solchen
10 Darstellung der Ideen die Hälfte einer Bestimmung, das
heißt, mit dem Weglassen der sie aufhebenden, berichtigen-
den Bestimmung herauszuheben, heißt beim Geistigsten nur
roh mit unwahren Kategorien dareinfahren. Der Verfasser
hat nicht einmal ein Bewußtsein darüber, daß, selbst wenn
15 er den Satz formiert (in der Idee der göttlichen Actuosität
gibt es keine Sätze mehr): die Einzelnen seien die aktive
Kausalität Gottes, diese Kausalität noch eine Kausalität
Gottes wäre. Aber wenn die Kategorie: Kausalität Gottes
wohl in vormaliger Metaphysik gebraucht worden, auch es
20 ein wenigstens zulässiger Ausdruck im populären, unbefangenen Vortrage ist, Gott sei Ursache der Welt (wie gar
auch Jacobi noch ein großes Gewicht auf diesen Ausdruck
gelegt hat), so ist es etwas anders, wenn auf die bestimmte
Bedeutung der Begriffe gesehen wird. Sagt man doch auch
25 im populären Vortrage schwerlich: Gott sei Ursache der
Menschen, und die Menschen gehören doch wohl zur
Welt, sondern man sagt Schöpfer der Menschen, wie auch
Schöpfer der Welt; noch weniger wird man sagen, die
Menschen, die Welt seien eine Wirkung Gottes, was doch
30 der Ursache entspricht. Sagt man doch nicht einmal von
den Produktionen des endlichen Geistes, er sei Ursache derselben; man sagt nicht, Homer sei Ursache der Iliade oder
diese eine Wirkung Homers. Wenn daher die Kausalität
ausgesprochen wird, wird in eine | außergöttliche, endliche
35 Sphäre herabgetreten, die jedoch nicht gottverlassen, nicht
gott-los ist; so daß die Kausalität Gottes nicht Er selbst, insofern er an und für sich ist, sein kann.

Aber das Verfahren des Verf. hat noch einen gröbern Zug in sich, der zu beleuchten ist. Zuerst spricht er von dem Satze, daß die Einzelnen »die aktive Kausalität der absoluten Substanz« seien; dies steigert sich ihm zur akt. Kaus. Gottes, ja, wie wir gesehen, zur absoluten Kaus. des ein- 5 zelnen Subjekts. Jene Steigerung hängt mit einer ausgedehntern Verfälschung zusammen, der er ihre Grundlage darin gegeben hat, daß er dem Systeme in der »Hinausbewegung« der Substanz zum Geiste nicht folgt. Der Verf. läßt sich auf seine Weise mit dem Begriffe des Substantialitäts-Verhältnis- 10 ses ein, wie dasselbe in der Logik, und in deren zweitem Teil, dem Wesen, abgehandelt ist; im dritten Teile der Logik, welche von dem Begriffe und der Idee handelt, sind wahrere Formen an die Stelle der Kategorien von Substanz, Kausalität, Wechselwirkung, die daselbst kein Gelten mehr 15 haben, getreten. Von der logischen Idee wird fernerhin die konkrete Idee als Geist und die absolut-konkrete, der absolute Geist, unterschieden und in einem andern Teile der Philosophie abgehandelt. Der Verf. aber substituiert Gott an die Stelle der Substanz, in jener logischen Sphäre der 20 Substanz; S. 184: »das Absolute ist als absolute Substanz in der Wechselwirkung nur sich selbst unterscheidende Notwendigkeit« – dies hat er richtig abgeschrieben, aber nun fährt er fort: »die Selbstunterscheidung ist ihre Wahrheit« (etwa die nächste, aber höchstens auch nur die nächste 25 halbe) oder Gott erschafft nicht einzelne Wesen, sondern unterscheidet sich als blinde Notwendigkeit usf. (worauf auch das vorhin Angeführte von den Einzelnen, welche die aktive Kausalität Gottes seien, folgt). Umgekehrt, wo der Verf. S. 201 nun auf die Lehre von dem absoluten Geiste zu 30 reden kommt, der allein als die wahrhafte Bestimmung für Gott aufgestellt wird (um den Lieblingsausdruck des Verf. zu gebrauchen; es geschieht aber in der Philosophie und auch daselbst mehr, als nur daß aufgestellt wird, es wird bewiesen), weiß er sein Auffassungsvermögen nicht über die 35 Kategorien der logischen Substantialitäts-Sphäre hinauszubringen; das, was er »die Heg. Dreieinigkeitslehre« nennt

(die freilich auch nicht in Sätzen gefaßt ist, sondern wo |
aufzufassen gewesen wäre (s. Enzykl. § 571) das Leben, das
sich in dem Kreislaufe konkreter Gestalten der Vorstellung expliziert – der Eine Schluß der absoluten Vermitt-
5 lung mit sich, den drei Schlüsse ausmachen), diese Lehre
von dem sich explizierenden Geiste erschafft er zu »weiter
nichts« als zu »einer mit einigen Erläuterungen ausge-
schmückten Anwendung der oben ausgeführten Lehre
von der Selbstunterscheidung der absol. Substanz oder des
10 Absoluten in der Wechselwirkung«. Einen Teil dieser
Exposition fertigt er S. 202 kurz damit ab, daß sie ein »Geschwätz« sei und »in der jämmerlichen Lehre von der
Selbstunterscheidung der absoluten Substanz wurzle«. Dann
aber wird die Verkehrung des Aufzufassenden, der Eifer
15 (ein Eifer, der darum noch nicht heilig zu nennen ist, daß
der Verf. den Ausdruck heilig von christlichen Lehren gebraucht, um sie dadurch dem Denken, vor dem sie sich
nicht zu scheuen brauchen, zu entziehen), der Eifer gegen
die (von ihm erzeugte) Degradationsmaxime, die Verun-
20 glimpfung immer transzendenter, so daß das Mißreden sich
S. 209 bis zu dieser Erbaulichkeit steigert, daß man daselbst
liest, »wenn H. desfalls nicht zu Gott beten wolle, daß
er ihm diese Sünde gegen den heiligen Geist vergebe, so
werden andere für seine Seele beten«. Für die Sünde, auf
25 welche dies Beten allein gehen könnte, die Maxime, die
spekulativen Ideen der Natur Gottes und seiner Dreieinigkeit zu den Kategorien des abstrakten Verstandes, die Behauptung des Geistes zur Form der Substanz zu degradieren
und die in ihrer konkreten Lebendigkeit dargestellten Per-
30 sonen des göttlichen Wesens zu den abstrakten Formen des
Begriffes, der bloßen Allgemeinheit, Besonderheit und Einzelnheit zu verblasen, mögen die »andern« beten, welche sie
begangen haben; diese Sünden sind in des Vfs. Schrift in
hinreichender Menge zu finden. Weil der Vf. nicht gesagt
35 hat, daß Er das Gebet, von dem er spricht, bereits getan
(und warum, könnte man fragen, hatte er es nicht bereits
getan, wenn es ihm mit seinem Reden von Beten Ernst

ist?), noch die Zusicherung macht, daß er es tun werde, so
ist auch dem, zu dessen Seele Bestem es geschehen sollte, es
erspart, was freilich auch sonst überflüssig wäre, Gott zu bitten, [daß er] jenes Beten, das aus solchem Geiste (oder etwa
nur aus einer Seele, als womit auch die Tiere begabt sind, 5
da es nur für eine Seele getan sein soll) käme, wenn | das-
selbe auch in eine Messe eingeschlossen werden sollte, nicht
erhören möge. Wäre dem Gebet des Vfs. eine Kraft zuzu-
trauen, wäre er stärker und geübter darin, als er sich in der
Richtigkeit des Auffassens und im Sprechen des Richtigen 10
zeigt, so hat er Gelegenheit, seine Geübtheit im Beten zum
Besten der K r a f t zu gebrauchen, deren er unmittelbar
gleich nachher erwähnt. Nach der angeführten unwürdigen,
leichtsinnigen, ja höhnischen Art, das Beten hereinzuzie-
hen, fügt er hinzu, daß s i e (jene »andern«) »deshalb« (wes- 15
halb?) »nicht im mindesten davon ablassen werden, sich
allen Bemühungen, das Heiligste zu d e g r a d i e r e n (daß aus
einem mindesten von Geübtheit, das Richtige zu sprechen,
die man Wahrheitsliebe zu nennen pflegt, dieser Ausdruck
von D e g r a d i e r e n entsprungen ist, ist oben aufgezeigt 20
worden – hier errötet das Produkt solcher Wahrheitsliebe
nicht, sich in Zusammenhang mit dem Beten gebracht zu
sehen), mit a l l e r K r a f t, welche Gott verliehen, entgegenzustellen«; der Vf. mit jenen »andern« zusammen dürften, ohne unbescheiden in ihrem Verlangen zu sein, um 25
Vermehrung dieser »aller ihrer Kraft« für die Ausführung
ihrer Drohung ihr Beten verwenden können. – O r a  e t  l a-
b o r a ist das ganze Gebot; allein die Arbeit des Studiums
und Nachdenkens ist allerdings schwerer als die Arbeit, Gebete zu plappern; aber freilich muß aus dem Gebet, das, um 30
wahrhaft zu sein, aus dem Geiste der Wahrheit aufsteigen
muß, vor allem der ihm verheißne Segen, die erste Bedingung des Studiums, der Segen der Redlichkeit im Auffassen
der Gedanken, die man kennenlernen und beurteilen will,
und der Redlichkeit im Erzählen von denselben gewonnen 35
worden sein.

Hegel. |

Zweiter Artikel.

Aber indem Refer. sich sehnt und bestrebt, aus | diesem
unergründlichen Pfuhle einen Ausgang zu gewinnen, erinnert er sich daran, daß noch erst vom Anfange zu reden
5 wäre. Denn der Verf. beginnt von der Untersuchung des
abstrakten logischen Anfangs und kommt hierauf oft zurück; er läßt sich auch auf weitere logische Materien, nach
Willkür und Zufall, und die Methode insbesondere übergehen. Nachdem seine Verfahrungsweise an konkretern Ge-
10 genständen geschildert worden ist, an welchen die Anwendung der Verdrehung, faktischen Unrichtigkeit und Verunglimpfung bei den Unkundigen das schreiendste Aussehen
hervorbringt, so kann das Ergehen des Verfs. über abstrakte
Materien kürzer behandelt werden. Ohnehin ist es unmög-
15 lich, demselben durch die Art oder vielmehr Unart des Ge-
wirres von Räsonement zu folgen; der Vortrag zerfährt
allenthalben in eine kunterbunte Vermischung abstrakter
Formeln, trivialer psychologischer Popularitäten, unterbrochen durch salbungsreiche Tiraden vortrefflicher Gesinnun-
20 gen, mit derselben Paralysis des Auffassens und zusammenhängenden Denkens, die aufgezeigt worden. Um zuerst von
dem etwas zu erwähnen, was der Verf. über die Methode
der Philosophie, die er bestreitet, vorbringt − und hiermit
macht er sich viel zu tun −, so verkehrt die richtige Vorstel-
25 lung, die er angibt, daß diese Philosophie ganz auf ihrer
Methode beruhe, sich ihm in die, daß die Methode in ihr
ein nur Vorausgesetztes sei und derselben zulieb die Resultate wie die Ausgangspunkte angenommen werden. Auf
die Versicherungen, die Methode setze voraus, »daß die
30 Wahrheit einen negativen Charakter habe« (S. 39), sie beruhe »auf dem verneinenden Prinzip«, auf der Abstraktion,
die ihrerseits voraussetze (S. 53 und öfters), daß »man durch
Weglassen desjenigen, was bloß Bestimmung der Sache sei, die Wahrheit erkenne«, werden wir zurückkom-
35 men. Es ist dabei nicht gegen das Voraussetzen selbst, daß
sich der Verf. erklärt; er dringt nicht darauf, daß in der Phi-

losophie eine Voraussetzung bloß für eine Autorität gilt und nicht ihr, sondern nur der Kirche es erlaubt ist, die Wahrheit auf Autorität zu gründen. Woher der Verf. aber seinerseits die Voraussetzungen genommen, die er selbst macht, wird sich im Verfolge zeigen. 5

Um es zu unterstützen, daß die Methode vorausgesetzt sei, sagt er (S. 121), »von der Methode ist in der Logik, in der Vorrede und Einleitung, end|lich am Schlusse derselben, in der Lehre von der absoluten Idee, die Rede, und in der letztgedachten Lehre wird sie als das Allge- 10 meine der Form des Inhalts betrachtet. Durch diese Stelle beurkundet sich denn ganz klar, daß sie das Mittel gewesen ist, die ganze Lehre herauszubringen; ferner beurkundet sich dadurch, daß sie früher fertig war als die Wissenschaft, endlich aber möchte hieraus erhellen, daß 15 man nicht sosehr den Inhalt zu durchdringen, sondern ver- mittelst der Methode einen einmal vorhandenen Inhalt an- einander zu reihen suchte«. Wenn jene Angaben ganz klar beurkundet sind, so möchte es nur ein aufwachendes Ge- wissen sein, welches den Ton der Versicherung wieder in 20 ein: möchte herabdrückt. In der Logik, die der Verf. zi- tiert, wie in der Enzyklopädie, ist es wiederholt gesagt, daß in Vorreden und Einleitungen, d. i. vor der Wissen- schaft, nicht wissenschaftlich, sondern geschichtlich und etwa nur räsonierend gesprochen werde; es ist wohl noch 25 niemand eingefallen, in die Vorrede und Einleitung die wis- senschaftlichen Grundlagen einer Philosophie zu verlegen, ebensowenig als sie darin zu suchen. Der Schluß aber ent- hält das Resultat; die Prämissen, welche die Grundlage dazu sind, sind im vorhergehenden, und im vorliegenden Fall im 30 ganzen Verlauf der Wissenschaft enthalten. Wenn es aber in dem angef. Schlusse heißt, die Methode sei das Allgemeine der Form des Inhalts, und wenn sich etwas dadurch be- urkunden ließe, so müßte es nicht sein, daß die Methode das Mittel zum Inhalte, sondern vielmehr der Inhalt (um in 35 des Verfs. Ausdrücken zu sprechen) das Mittel zur Me- thode gewesen sei. Jener angeschuldigten Methode stellt der

Verf. seinerseits einen Begriff derselben entgegen; »das Erkennen selbst, sagt er (S. 138), muß die Wahrheit gewinnen; die Methode sucht d i e W a h r h e i t i n i h r e m i n i h r
s e l b s t enthaltenen, d u r c h s i c h s e l b s t gegebenen Zusam-
5 menhange, in ihrer solchergestalt d u r c h s i e s e l b s t g e -
s e t z t e n l e b e n d i g e n Entwicklung darzustellen. So ist
denn ihre höchste Stufe die D i a l e k t i k , eine B e w e g u n g
im E r k e n n e n wie das W e r d e n ; ist die dialektische
T ä t i g k e i t d e s E r k e n n e n s vollendet, so | ist die Wissen-
10 schaft da«. Ref. kann solchen Voraussetzungen nicht anders
als Beifall geben, denn es sind dessen eigenste Ausdrücke,
wie sie sich zur Genüge in dessen Logik und Enzyklopädie
finden; sogar das W e r d e n a l s B e w e g u n g taucht hier wieder auf; wie sehr der Verf. sich früher (S. 29) damit gemar-
15 tert, werden wir nachher anführen; auch die Dialektik, dies
n e g a t i v e Prinzip, hat hier bei ihm einen Ehrenplatz erhalten. Der Verf. hat sich diese angeführten Gedanken sosehr
zu eigen gemacht, daß er damit unbefangen als mit dem Seinigen, und zwar mit der Miene groß tut, als ob damit g e -
20 g e n die Philosophie, die er bestreitet, etwas gesagt worden
sei. Wenn diese die Methode darein setzt, daß der Inhalt
durch sich selbst sich entwickle, und der Verf. dies wörtlich
nachspricht, so hätte er v o r a b und i n e t w a (wie derselbe
zu sprechen pflegt) bei dieser Philosophie die Methode als
25 F o r m bei den Sätzen, über die er sich ausläßt, zunächst vergessen und sich in den Inhalt vertiefen müssen; so wäre er
in dessen Fortbestimmung eingegangen und hätte dann das
Bewußtsein über diesen Gang des Inhalts, über die Methode, erlangen können. Dieses sich Fortbestimmen des In-
30 halts aber, und ob es so ist, daß derselbe sich so bestimmt,
dies kümmert den Verf. nicht. Durchweg faßt er vielmehr
das, was ihm vorzunehmen beliebt, als ein A u f g e s t e l l t e s ;
erzählungsweise führt er Sätze und Reihen von Sätzen an,
die a u f g e s t e l l t seien, ohne sich darauf einzulassen, ob der
35 Inhalt an ihm selbst die Sätze herbeigeführt habe. Aber ein
ehern Band (wäre es auch nur als einen Schnitt der Haare)
hat ihm der Gott (der Hypochondrie? – oder die Gewalt,

welche ihm die Schilderung der Degradation dieser Gewalt zu einer Degradation des Himmels (s. vorherg. Artikel) graduierte?) »um die Stirn geschmiedet«, um das nicht zu sehen, was vorhanden ist.

Die eigene Methode des Verfs. aber in den unzählbaren faktischen Unrichtigkeiten seiner Expositionen des Logischen, in den weitern Verkehrungen durch Schließen und Räsonieren darüber zu schildern, wird hier vollends untunlich. Einiges, um die Charakterisierung zu vervollständigen, ist auszuheben. |

Eine einfache Weise, die oft wiederkommt, ist die Versicherung, daß von Sätzen, die er vornimmt, gar kein Beweis gegeben sei. Der Verf. gebraucht diese seine beliebige Angabe als Grund, daß er für seine Behauptungen keinen Beweis zu geben nötig habe. Die Versicherung, daß kein Beweis gegeben sei, macht er selbst, indem er diejenige Exposition, welche den Beweis ausmacht, hererzählt; wie solche Auszüge beschaffen sind, ist ihnen freilich nicht anzusehen, daß sie ein Beweis sind. – So heißt es S. 114, »Von dem Wesen wird nicht die mindeste Erklärung gegeben«. Die Erklärung, was das Wesen ist, macht, wie dem Verf. bekannt ist, einen eigenen Band der Logik aus, die er kritisiert. Gleich einfach ist es, wie z. B. S. 169, nachdem die Exposition der Momente des Begriffs, Einzelnheit, Besonderheit und Allgemeinheit, allerdings fahrlässig genug, erzählt worden, zu versichern: »es liegt aber klar vor Augen, daß diese Momente nicht ihrem wesentlichen Begriffe nach aufgefaßt worden sind«. Es wäre für ein Glück zu achten, wenn dies klar vor Augen läge, denn der Verf. zeigt sich nicht im Stande, es dartun zu können. Eine verbrauchte rhetorische Wendung fehlt auch nicht, nachdem irgend etwas gegen einen Gegenstand vorgebracht worden, bald auszubrechen in ein: da sich nun ergeben hat (S. 210), es wird sich so ziemlich klar ergeben haben, daß jene Lehre gar keinen vernünftigen Sinn hat. Zu einem solchen gar keinen gehört eigentlich mehr als nur ein: so ziemlich. Am meisten Befriedigung gibt dem Verf.

die Entdeckung, mit der er gleich anfängt, daß die Philosophie, die er kritisiert, sich abstrahierend verhalte, ver-
neinend zu Werke gehe und in ihr die Wahrheit einen |
negativen Charakter habe. Viel beschäftigen ihn die Sätze,
5 die in der Logik vom Sein und Nichts aufgestellt seien;
besonders läßt er sich das Nichts sehr angelegen sein und
spricht dazu sehr ernsthaft von »der Pflicht, aufs innerste zu
prüfen«, »dem Zwecke seiner Schrift, das vernünftige, spekulative Denken zu befördern«. Über die Verwirrung, in
10 der der Verf. sich hier über jene allereinfachsten Kategorien
herumtreibt, wollen wir daher etwas Näheres angeben. S.
26 heißt es: Werden sei vorgestellt als die Bewegung eines
unmittelbaren Verschwindens des einen in dem andern (des
Seins und Nichts); der Verf. macht hierüber die Kritik, »es
15 werde schon bei der Erörterung des ersten Begriffs des
Seins, ehe vom Werden die Rede sei, behauptet, das Sein
sei in der Tat Nichts« – in allen Teilen der Logik konnte
er dasselbe finden, daß zuerst von derjenigen Bestimmung,
aus der eine andere hervorgeht, die Rede ist, und nachher
20 von der, die daraus hervorgeht. Ebenso bemerkt er (S. 27,
29), daß das Sein schon an sich Nichts sei, ehe das Nichts
an sich erörtert worden – und ehe die im Werden behauptete Bewegung gesetzt sei; etwas Besonnenheit auf sein
Denken hätte ihm sagen können, daß selbst das, was er an-
25 führt, die Gedankenreihe, Sein (welches schlechthin in der
Vorstellung vom Nichts verschieden sein soll) ist schon an
sich Nichts, eben diese Bewegung selbst ist, die also nicht
vor ihr selbst schon gesetzt sein kann, sie »diese dialektische
Tätigkeit des Erkennens«, die vom Verfasser selbst erwähnt
30 worden – und wenn S. 29 »der Unbefangene sagen soll: das
Sein sei also schon zunichte geworden ehe man zum
Nichts gekommen«, so möchte der Verf. doch den unbefangenen Wundermenschen herbeibringen, dem etwas zunichte hätte werden können, ehe und also noch ohne daß
35 er bei dem Nichts desselben wäre. S. 204 spricht der Verf.
im Unterschiede gegen eine elementarische und konkrete
Natur | von einer ätherischen Natur und macht der Phi-

losophie, die er bestreitet, den Vorwurf, daß »in derselben
von der ›ätherischen Natur‹ nicht die Rede sei« (»was
leicht erklärlich sei« – vielleicht wohl aber aus dem entgegengesetzten Grund als der Verf. etwa in petto hat); was
diese »ätherische Natur« sei, hat er übrigens nicht näher an- 5
gegeben. Aber die dünnen Regionen des abstrakten Denkens sind wohl noch ätherischer als des Verfs. ätherische
Natur; die leiseste Nuance macht sich schon als Unterschied
bemerkbar, und ein noch sehr inhaltsloser Satz ist schon
eine Handlung, über welche und deren tempi in diesem 10
Felde ein Bewußtsein zu haben nötig ist. Jedoch haben wir
soeben gesehen, daß auch der Verf. so dünne Unterschiede
zu machen weiß, daß nichts an ihnen bleibt; so macht er
ferner S. 30 den feinen Unterschied, daß »das Verschwinden des Nichts und des Seins an sich selbst etwas ande- 15
res sei als das Verschwinden des einen in dem andern«;
– es hätte ohne Zweifel interessant werden können, wenn
er aufgezeigt hätte, wie z. B. das Verschwinden, d. h. das zu
Nichts Werden des Seins an sich, zu denken sei, ohne an
sein Anderes, das Nichts, dabei zu denken – wie das Sein 20
an sich verschwinde und dies sein Anderes dabei weg-
bleibe.

Was er nun ebendaselbst vorbringt, daß das Verschwinden des einen in dem andern eben der Beweis sei, daß weder das Sein noch das Nichts wäre, so sieht er nicht, daß er 25
hiermit eine der Bestimmungen, daß weder Sein noch
Nichts sei (τὸ ὂν οὐδὲν μᾶλλον τοῦ μὴ ὄντος) selbst aussagt,
welche in der Logik aufgestellt sind; wenn er hinzufügt,
daß umgekehrt beide, Sein und Nichts, der Beweis seien,
daß das Verschwinden nicht wäre, so setzt er umgekehrt die 30
Festigkeit des Seins und des Nichts voraus, wie er vorhin
das Verschwinden voraussetzt und zu demselben sogar weder ein Sein noch ein Nichts bedarf. Wenn er fortfährt, daß
das Werden selbst ein Verschwinden sei, sich verneine, so
ist dies wieder eine der Bestimmungen jener Logik selbst, 35
aber immer auch nur die eine – und damit für einseitig
erklärte. Vornehmlich aber hat er viel mit dem Nichts zu

tun, das er sich vorhin als selbständig vorstellte und es so als
Beweis gebrauchte, daß kein Verschwinden sei. – Das
Nichts ist Nichts, Nichts ist gar nicht (und dann ex nihilo
nihil fit), ist der Satz der Eleaten und | jedes metaphysi-
5 schen Pantheismus. »Das Nichts, sagt der Verf. S. 59, hat
noch niemand gesehen« (wahrscheinlich nicht – auch
nicht das Nichts, woraus Gott die Welt erschaffen; schwerlich auch jemand das Stück ägyptischer Finsternis, welches
in einer Flasche als Reliquie soll aufbewahrt werden); »kein
10 Mensch hat es je gedacht.« ebend. Wie kommt der Verf.
dazu, daß ihm dies auf die bloße Autorität seines Versi-
cherns oder, wenn er lieber will, dieses seines Aufstellens
geglaubt werden soll? Wenn es aufs Versichern nur ankäme,
so wäre das Philosophieren freilich eine leichte Arbeit. Wie
15 kommt er dazu, von keinem Menschen je zu sprechen?
weiß er von allen menschlichen Individuen, die je gelebt
haben? Möge er angeben, wo die Geschichte von diesen
allen und dann von allem, was jedem je durch den Kopf
gegangen, aufgezeichnet ist? – Wenn es gleichfalls erlaubt
20 wäre, so ins Gelag hinein von allen Menschen, die je gelebt haben, zu versichern, so wäre die Geschichte eine
leichte Arbeit. Nur wenn es um leere Tiraden zu tun ist,
läßt man sich es zu, von keinem Menschen je Versicherungen machen. Eher ließe sich es, wenigstens auf räsonie-
25 rende, nicht aber geschichtliche Art, plausibel machen, daß
alle Menschen, z. B. auch der Verf., das Nichts gedacht haben; sehen läßt es sich nicht; wenn wir dies aus der Erfahrung zugeben, so könnte man schließen, daß es ein Gedanke sei. Der Verf. führt Nichts oft genug im Munde.
30 Wenn er, wie früher angeführt, einmal sagt, »die Beispiele
(in der Logik) beweisen auch nichts«, war dies nur gedankenlos so gesagt? Ohne Zweifel hat der Verf. auch gelernt,
glaubt, hat vielleicht auch gelehrt, daß Gott die Welt aus
Nichts geschaffen? ist dies auch nur gedankenlos gespro-
35 chen? Bei solchem Satze, daß Gott die Welt aus Nichts geschaffen, kommt man mit dem Nichts nicht so leicht weg,
um nur zu sagen zu brauchen: Niemand hat das Nichts ge-

sehen, kein Mensch hat es je gedacht. Der Verf. kommt
(S. 59) in seinem Eifer so weit, daß beide, auch das Sein
wie das Nichts, weder Begriffe (daß sie keine Begriffe, sondern nur Gedanken sind, ist ein Satz der Logik) noch Vorstellungen, sondern, wie sie dahingestellt sind, bloße     5
Worte seien. Doch schreibt er diesen Mangel nicht etwa
dem Hinstellen der Logik zu, sondern sagt aus sich (ebend.
oben), daß »das Nichts stets nur eine Bezeichnung bleiben
muß und nie eine | absolute Bedeutung haben kann«.
Das Wort: absolut ist wohl hier nur des Wohlklangs oder    10
auch Tiefklangs wegen da; eine relative Bedeutung, die
dem Nichts bleiben könnte, wäre schon genug, um das Gegenteil dessen zu sein, was der Verf. sagen will. Bleibt es
aber, worauf der Verf. das Muß seiner Autorität legt, eine
Bezeichnung, ein Wort, so wird man doch sich dabei etwas    15
vorstellen und mit gutem Glücke auch etwas denken, wenn
dies Etwas auch bloß das Nichts wäre; auch der Verf. wird
das Nichts von anderem sinnlosen Laute oder bedeutenden
Worte zu unterscheiden wissen, und ohne Zweifel nur
durch die Bedeutung. Der Verf. macht S. 96, wo er ganz     20
richtig angibt, daß die Vernunft das Nichts nicht anerkenne,
sich den Einwurf, daß doch das Werden als aus dem Sein
und Nichts kommend, zugleich das Sein und Nichts enthielte. Er gibt darauf als »die eine Antwort« (die andere soll
nachher angeführt werden) das, was oben schon erwähnt     25
ist, »das Heg. Sein und Nichts sei schon verschwunden, ehe
an ein Werden gedacht wurde«. Der Verf. hätte vergessen
können, was in jener Logik davon vorkommt, um nur mit
gewöhnlicher Analyse an das zu denken, was in seiner
Vorstellung des Werdens enthalten sei. Darüber findet sich   30
S. 141 doch so viel, daß es heißt: »So kann man freilich
sagen, Werden sei ein Anderes als das bloße Sein, indem
man beim Werden mehr denkt als bei Sein.« So haben wir
hier wenigstens zunächst das Sein, dem er früher auch das
Sein absprach; dann ein Anderes; darin ist doch wohl eine   35
Negation; und somit mehr im Werden als im Sein. Was
wäre dieses: Mehr anders als das Nichts? – Es versteht sich

von sich selbst, daß in des Verfs., wie erinnert, sosehr als in jedes anderen Vorstellungen die Kategorien von Sein und Nichts unterlaufen; es würde lächerlich sein, aus seinem Vortrage hiervon weitere Beispiele beibringen zu wollen.
5 Der Verf. wie jeder andere, der an dem Nichts als allgemeinem Elemente einen Anstoß nimmt, wolle die Anforderung an sich machen, irgend etwas aufzufinden, in welchem nicht die Bestimmung des Nichts, die eines Negativen, einer Beschränkung, sich fände. Von dem Endlichen
10 gibt man solches etwa leicht zu, aber hat mehr Schwierigkeit in Ansehung des Unendlichen in seinem affirmativen Sinne. An die Selbstentäußerung Gottes, vermöge deren er Knechtsgestalt angenommen, mögen die erinnert werden, wel|chen die höhern Wahrheiten noch etwas gelten; daß
15 aber überhaupt in Geist, Tätigkeit usf. die Bestimmung des Negativen – der intensivsten Affirmation unerachtet – liege, darüber ist auf die Logik zu verweisen, wo auch jenes Abstraktum Gottes, an das sich die theistische Vorstellungsweise hält, das höchste Wesen in seiner – in ihm unauf-
20 gelösten – Negation beleuchtet ist. – Das, worauf es angekommen wäre, würde sein, gezeigt zu haben, das bekannte Sein und Nichts müssen, und zwar noch vor aller dialektischen Betrachtung, nur so wie sie für sich ausgesprochen werden, logisch anders bestimmt werden, als sie in der
25 bestrittenen Logik aufgestellt werden. Darauf hätte man neugierig sein können, was etwa der Verf. für eine Definition nur des Seins, da er vom Nichts nichts wissen will, gegeben hätte; dessen aber hat er sich wohl enthalten. Diejenigen, welche Schwierigkeit in dem Anfange der Wissen-
30 schaft, wie ihn jene Logik machte, finden, mögen sich versuchsweise diese Aufgabe machen, das Sein zu definieren, nur das Sein in seiner vollkommenen Abstraktion; die Schwierigkeit, die sie in der Erfüllung dieser wissenschaftlichen Forderung finden werden, möchte sie vielleicht mit
35 jener Schwierigkeit aussöhnen.
Die andere originelle Antwort darauf, daß das Sein und Nichts im Werden enthalten sei, ist (ebendas. S. 95), daß

absolut aufgefaßt (was soll hier das absolute Auffassen heißen?) im Werden kein Nichts, sondern ein Wechsel enthalten sei. Wie aber ein Wechsel von dem Übergehen des einen in ein Anderes verschieden, wie ein Wechsel, unter anderem die Wechsel, welche Entstehen und Vergehen 5 genannt werden, ohne Negatives in sich zu enthalten, sei, hat der Verf. zu sagen sich gleichfalls erspart; nur dies ist seine Leistung, an die Stelle des Werdens das Wort Wechsel und damit einen ganz leeren Wortwechsel gesetzt zu haben. Er fügt pathetisch hinzu: »mag dieser Wechsel 10 oft von uns nicht wahrgenommen (!) werden können, mag es uns entgehen, wie sich alles stets neu und immer neu wieder bildet – ein Nichts treffen wir nirgends, es ist nirgends.« Der Verf. spricht hier den Heraklitischen Satz aus: Alles ist ein Werden (S. Log. 1 Bd. 1 B. S. 24). – 15 Es fehlt niemals, daß nicht das, was der Verf. mit Salbung als seine Weisheit vorbringt und mit Prätention doziert, in der Philosophie vorhanden | ist, die er aufs heftigste anfeindet und wogegen er es vorbringt. Die Verweisung auf die Logik, die soeben gemacht worden, ist daher nicht an den 20 Verf. gerichtet, denn er mußte wissen, daß das, was er vorbringt, darin steht. Doch muß auch hier die Billigkeit eintreten zu erwähnen, daß der Verf. so billig, auf seine Art, gewesen, hier und da zu sagen, daß einiges dieser Art bei H. selbst zu finden sei. So sagt er S. 89: »Auch H. hat zu- 25 gestanden, daß Abstrahieren nicht alles vermöge, daß sie (statt es) an sich unvollkommen ist.« Nur ist über solche Anführung zu bemerken, daß es sich dabei weder um ein bloßes Zugestehen H.s noch um ein: Auch handelt, noch auch um ein Alles oder Nicht-Alles-Vermögen 30 der Abstraktion, noch bloß um eine Unvollkommenheit derselben, noch daß sie nur an sich unvollkommen sei. Auch da, wo der Verf. tut, als ob er etwas zugeständе, macht sich dies so flach und unrichtig, daß man es so, wie er es zugesteht, nicht annehmen kann, sondern vielfach 35 korrigieren müßte. An demselben Orte S. 94 f. sagt er gleichfalls: »Auch kann sich die Natur (!) hier nie ganz (!)

verleugnen, wie die Heg. Lehre selbst zeigt; der absolute
Anfang und mehrere« (vielmehr alle) »Anfänge spezieller
Lehren werden durch die nächstfolgenden Momente verneint, weil sie nichts sind.« – Das Nichts, weiß der Verf.,
5 kommt nur im allerersten Anfange vor; dort ist es ein für
allemal abgetan und kommt nie wieder zum Vorschein. Es
ist die Natur des Verfs., die sich nicht verleugnet, an den
Fortgängen und den Resultaten die Hauptsache, die Affirmation, zu übersehen und bloß natürlich und geistlos nur
10 das Verneinen aufzufassen. Weitläufig läßt er sich eben über
dies Abstrakte und das Abstrahieren aus: »Wenn ich, sagt er
(S. 48, 53, 65 und sogar noch öfters wiederholt er diese
Weisheit), Bestimmungen weglasse, d i e D i n g e a b e r
d i e s e B e s t i m m u n g e n h a b e n, so e r k e n n e ich offenbar
15 d i e s e D i n g e n i c h t, denn ich nehme ihnen Bestimmungen, welche sie w i r k l i c h h a b e n.« Wer hat hieran je gezweifelt? Der Verf. hätte sich dieser Wahrheit am meisten
selbst bei seinen historischen Relationen über die Philosophie erinnern sollen, mit der er seine Leser bekannt
20 ma|chen will. Wie er das V e r n e i n e n im dialektischen
Fortgange darstellt, in diese Verworrenheiten sich einzulassen ist nicht möglich. Die Bewußtlosigkeit über die Negation in einem Fortgange geht ins Weite; S. 53 versichert er
z. B. mit seiner gewöhnlichen Emphase: »der Übergang
25 vom gewöhnlichen Denken zum spekulativen ist kein v e r -
n e i n e n d e r, sondern ein Erheben zu höherer Einsicht.«
Getroffen! Geschieht denn nun aber ein E r h e b e n ohne
W e g g e h e n, ist ein H ö h e r e s ohne ein N i c h t? Ist also
nicht ein Weglassen, Verneinen, Abstrahieren darin enthal-
30 ten? Aber mehr als Bewußtlosigkeit ist es, wenn er seinem
unausgesetzten Ereifern immer die Stellung eines Eifers gegen die Philosophie gibt, deren Sätze und Worte sein Eifer
aus ihr nimmt und der er auch S. 95 (nach der großartigen
Rede: das v e r n ü n f t i g e D e n k e n l e b t a b e r i m R e i c h e
35 w i r k l i c h e r l e b e n d i g e r G e d a n k e n) das Zeugnis gibt,
daß »sie nicht a n d e r a b s t r a k t e n Seite, sondern an derjenigen Seite, welche die k o n k r e t e T o t a l i t ä t (dieses

Wort hat er sich daraus zum Lieblingswort − aber auch nur
als Wort genommen) enthält, fortgeht« (das konnte also
doch der Verf. nicht übergehen zu erwähnen, daß die von
ihm bekämpfte Logik durchweg die Nichtigkeit der Abstraktionen dartut und dies eine der wichtigsten Seiten der-       5
selben ausmacht; dem Verf. wird aber dies daraus, daß die
Form der Abstraktion, das Allgemeine überhaupt ein Nich-
tiges sei); »daraus zeige sie, daß sie ihre eigenen Erzeugnisse
verwirft« (dazu nur wird dem Verf. das Fortgehen), »vor
ihnen« (vielmehr immer nach und aus ihnen) »ins Reich    10
wirklicher Gedanken zu entfliehen sucht«. Solches Entfliehen wäre schon darum überflüssig, als Erzeugnisse »des
Fortgangs an der konkreten Totalität«, welchen er
jener Logik zuschreibt, doch wohl bereits wirkliche Gedanken sind − aber so stark ist die Inkohärenz der Gedanken   15
des Verfs. − Ein Meisterstück von Exposition ist sein Versuch (S. 51 ff.), das abstrahierende Prinzip näher zu erklären
und dies so faßlich zu geben, »daß beim Leser keine Bekanntschaft mit den Aussprüchen bestimmter Philosophien
vorausgesetzt wird«. |                                              20
    »Die Philosophie ist kein Geheimnis, sie ist eine
rege Tätigkeit der menschlichen Vernunft. Sie
strebt dahin, Licht in unsre Erkenntnisse zu bringen usf.« Was diese Emphase für Wahrheiten erzeugt, mag
man daselbst nachsehen; nur eins mag daraus entnommen    25
werden. S. 54 stellt der Verf. einen Unterschied des Abstrahierens, als eines subjektiven Tuns, vom wirklichen
Verneinen auf; diesen läßt er darin bestehen, daß jenes
»etwas Willkürliches, Unwahres ist, das wirkliche Verneinen aber nicht unwahr ist«. Das hinzugefügte Beispiel wird  30
wohl »Licht in diese Erkenntnis bringen«: »Sage ich« (die
Bangigkeit, die man etwa vor dem wirklichen Verneinen hätte fassen können, mildert sich dadurch; es ist doch
nur ein Sagen) »z. B., die Erde ist nicht viereckig, so ist
dieses nicht unwahr; lasse ich aus der Vorstellung der  35
Erde die Vorstellung des Runden weg, so bleibt sie
rund, meine Vorstellung der Erde ist also eigentlich un-

wahr, und ich weiß durch mein Weglassen weniger
als vorher.« – Von einem Unterschiede eines wirklichen
Verneinens und eines Abstrahierens weiß man auf des
Verfs. Erklärung wohl so wenig als vorher, höchstens dies:
5 Wenn ich das Unrichtige verneine, so bin ich richtig daran,
wenn ich aber das Richtige verneine, so bin ich unrichtig
daran; es muß aber dem Verf. zugestanden werden, daß er
sein Wort gehalten, so faßlich zu sein, daß keine Bekanntschaft mit den Aussprüchen bestimmter Philosophien beim
10 Leser vorausgesetzt werde, um solche Wahrheiten zu fassen;
man muß zugeben, daß »dergleichen Philosophie kein Geheimnis« ist; nur daran kann gezweifelt werden, ob derglei-
chen Weisheit ein Produkt | »der Tätigkeit der mensch-
lichen Vernunft« ist! – Der aufgestellte Kanon: »daß das
15 wirkliche Verneinen nicht unwahr ist«, ist aber auch gefährlich; denn wenn jemand von des Verfs. Schrift wirklich ver-
neinte, d. i. sagte, daß in des Verfs. Schrift irgendein intel-
lektueller und moralischer Wert sei, so würde dies nach
dem kanonischen Rechte des Verfs. nicht unwahr sein. Je-
20 doch wenn es in des Verf. Beispiel heißt: »wenn ich sage«,
hätte er etwa damit das wirkliche Verneinen nur sich selbst
vorbehalten wollen?
   Sonst hält man dafür, daß das Denken, das Erzeugen des
Allgemeinen nicht ohne Abstraktion vor sich gehe, daß
25 alle Allgemeine, Gattungen, Mensch, Tier usf., auch die
konkrete Totalität, die der Verf. aufgenommen usf., das Ingredienz der Abstraktion an ihr enthalten. Aber der Verf.
sieht durch das Abstrahieren alles nur zu Nichts werden;
er sagt demselben überall das Übelste nach; daß S. 83 man
30 schon oft bemerkt habe, »daß die tiefsten Ideen sich
nicht abstrakt auffassen lassen, daß bei dem Bestreben, sie
rein aufzufassen, sich in der Seele begleitende Vorstellungen« (die Allotria, die dem Verf. überall einfallen,
sind Belege dazu) »zeigen«. S. 90: »daß die Abstraktion,
35 wenn sie das Allgemeine erzeugen soll, nur Undinge erzeugt«. Seines Unwillens gegen das Abstrahieren unerachtet
oder vielmehr um desselben willen läßt er sich in eine Er-

klärung des Abstrahierens ein: »Da aber« (sagt er S. 54) »nun einmal abstrahiert worden, da sogar (?) auf absolute Weise abstrahiert worden, so muß die Abstraktion, da sie sich als menschliche Tätigkeit dargestellt hat, auch aus der menschlichen Tätigkeit erklärt werden.« 5 Man sieht, der Verf. ist so billig, das Abstrahieren doch auch gelten zu lassen und sich mit dessen Erklärung zu befassen, und zwar darum, weil nun einmal abstrahiert worden ist; die Erklärung selbst ist allzu faßlich, um einer Beleuchtung zu bedürfen. Aber ein weite|res, worauf der Verf. kommt 10 und worauf er sich viel zugute tut, ist noch näher zu erwähnen, nämlich seine Exposition der Momente des Begriffs, der Einzelnheit, Besonderheit und Allgemeinheit. S. 106 ff. macht er die Darstellung, die davon »in der Heg. Logik gegeben sei«, wie schon angeführt worden, herunter, »daß 15 klar vor Augen liege, daß sie nicht ihrem wesentlichen Begriffe nach aufgefaßt worden seien, nämlich die behauptete Identität jener Momente sage weiter nichts aus, als daß diese Momente zusammengehören, und bleibe eine bloße Behauptung, welche nie darüber wegkommen 20 würde, daß Einzelnes einzelnes, Besonderes besonderes, Allgemeines allgemein bleibe.« Selbst die ganz entstellende Erzählung, die der Verf. von jener Exposition gibt, zeigt, daß die Identität mehr ausdrückt als bloß das Flache eines Zusammengehörens; die Identität (und zwar wie immer 25 nicht die abstrakte, sondern die konkrete, die den Unterschied der Momente an ihr hat) ist als Untrennbarkeit dieser Momente, und zwar an jedem selbst seine Untrennbarkeit von den andern, was die Dialektik derselben ausmacht, aufgezeigt, so daß das Einzelne nicht einzelnes, 30 das Besondere nicht besonderes, das Allgemeine nicht allgemeines bleibt. Der Verf., der hier versichert, die Behauptung werde nie darüber, daß Einzelnes einzelnes usf. sei, hinauskommen, hat seinerseits über diese Bestimmungen S. 66 ff. ein Kunststück seiner Art geliefert. In demsel- 35 ben legt er das »notwendige Ineinandersein des Einzelnen, Besondern und Allgemeinen zu Grunde« und macht in

seiner Weise klar: »das Einzelne an und für sich könnte
weder sein noch gedacht werden, wenn es keine
Besonderheit hätte usf.«, so daß er nach seinem Klar-
machen, S. 67, dazu kommt zu sagen: »das Besondere
5 kommt daher aus dem Einzelnen, das Besondere wird allgemein, indem es das Prinzip der Einzelnheit sich im Besondern als solchem setzt.« Wo bleibt hier das Bleiben
des Einzelnen als einzelnen usf., über welches Bleiben man
nicht hinauskommen könne? Wie mochte der Verf. mit
10 diesem notwendigen Ineinandersein der besagten Momente
doch jener Untrennbarkeit widersprechen? Er macht sich
hier, wie immer, mit dem Gelernten als dem Seinigen breit,
und ebendasselbe, insofern er davon spricht, daß es sich in
der Logik eines andern befinde, verunglimpft er. Der Verf.
15 geht von da aus weiter, er | läßt sich verführen, acht For-
men der Beziehung des Einzelnen, Besondern und Allgemeinen zu deduzieren – auf seine Weise, d. h. soviel sich
einesteils herausfinden läßt, daß er Verhältnisse, die er dialektisch erwiesen vorgefunden, geradezu voraussetzt, an-
20 derntteils daß der Verf. den Verstand dieser Formen sich
selbst vorbehalten hat, in den wenigstens Refer. nicht näher
einzudringen vermochte. |

   Nur dies war einzusehen, daß der Verf. alte logische Formen dadurch hat beleben wollen; die eine seiner Formen,
25 sagt er, entspreche dem dictum de exemplo, eine andere
dem dictum de diverso usf. Er führt weiterhin das »Verschen« an: S vult simpliciter verti, P verte per acci-
dens usf. Dies ist die einzige Spur in der ganzen Schrift,
daß der Verf. sich früher je mit irgend etwas Wissenschaft-
30 lichem beschäftigt hat; schwerlich ist seit 50 Jahren in diesen verlebten Ausdrücken alter Schullogik auf einer protestantischen Schule oder Universität Unterricht erteilt
worden. Und dennoch hat der Verf. sich verführen lassen,
gegen jene alte Logik vornehm zu tun; S. 96 sagt er bei
35 einer seiner Ergehungen gegen Sein und Nichts: »Auf das
Heg. Sein konnte logisch oder, um nicht in den Verdacht zu geraten, daß hier der Ausdruck logisch nur auf die

gewöhnliche Schullogik hindeuten solle, spekulativ-dialektisch gar nichts folgen, usf.« Also nicht weniger
als spekulativ-dialektisch spricht der Verf.! In einer der
noch unzahmen Xenien ist irgendeinem gesagt, daß ihm
gern die moralische Delikatesse erlassen würde, wenn er nur 5
so notdürftig die zehn Gebote erfüllte; auch beim Verf.
könnte man wünschen, daß er sich mehr in den Verdacht
gesetzt hätte, die gewöhnliche Schullogik zu befolgen. Wie
treu aber der Verf. auch den Unterricht in der Schullogik
behalten, geht aus dem weitern hervor, daß er S. 75 aufsagt, 10
»die gewöhnlichen modi der zweiten Figur werden parti-
kulär, die der dritten verneinend ausgedrückt« (durch
diese Verwechslung der zweiten und dritten Figur zeigt der
Verf. entweder Unwissenheit in der Schullogik oder, was
gar noch schlimmer wäre, daß er die Stellung der Figuren 15
in der Heg. Lo|gik aufgenommen hat; in dieser allein ist als
zweite Figur gestellt, was in der sogenannten Schullogik
(auch in der aristotelischen) die dritte Figur ist und umgekehrt. Ebenso gibt das folgende von der Reduktion auf die
vierte Figur ein Zeugnis von den Schulstudien des Verfs.), 20
und dies stimme, wenn man der Sache tiefer auf den
Grund gehe, ganz mit seiner Darstellung; in den modis
an sich seien solche Resultate der syllogistischen Tätigkeit
ausgedrückt, welche sich nach dem obigen »Verschen« auf
die vierte Figur reduzieren lassen. − Woher ist dem Verf. 25
der Gedanke einer Belebung der abgelegten syllogistischen
Formen gekommen? In der Logik, die er kritisiert, hat er
eine Belebung und Vernünftigung derselben vorgefunden.
Er kommt ferner sogar davon zu reden, S. 75, daß alle
Schlüsse sich als ein Trieb zeigen, daß die Syllogistik der 30
Trieb des Begriffes sei, sich in sich vollständig zu rea-
lisieren: ferner S. 79 der absolute Begriff setzt sich als
Prinzip, und dieses ist der spekulative Begriff des Urteils; S. 80: sobald der Begriff überhaupt da ist, ist das Urteil seine nächste Tätigkeit; beim Einzelnen spricht er 35
ohnehin immer davon, daß es sich durch die Besonderhei-
ten manifestiere. So S. 81 f. spricht er vom Verhältnis der

Form und des Inhalts so, daß jene der Begriff und der Inhalt dieser Form wieder dasjenige sei, was durch den Begriff
als daseiend gesetzt, und das Wesen der Sache sei, daß ihr
so durch die Form gesetzter Inhalt vollkommen der Form
5 entspreche. Zu dem letztern entblödet er sich nicht hinzuzufügen, daß F. und Inh. daher nicht, wie H. meine, eine
Reflexionsbestimmung des Grundes sein möchten. Auch
hier, wie sonst, trägt er solche Bestimmungen, die ganz nur
aus jener Philosophie entnommen sind, so vor, als ob er da-
10 mit etwas sagte, was er ihr entgegenstellte. La vérité en
la repoussant, on l'embrasse – wenn der Vf. noch ein
halb Dutzend polemische Schriften gegen | dieselbe Philo-
sophie schreiben möchte, so möchte er Gefahr laufen,
noch sechsmal mehr von derselben sich angeeignet zu
15 haben, vielleicht auch bis so weit angesteckt zu werden, um
zur Aufrichtigkeit des Bekenntnisses dieses Umstands getrieben zu sein. Wenn wir nicht die obige Hypothese übler
Hypochondrie gelten lassen, die bekanntlich alles Äußerliche falsch und ihr zuwider sieht und, was sie davon emp-
20 fangen hat, sich selbst zuzuschreiben und dieses gegen jenes,
wovon sie es empfangen, widerwärtig hinauszukehren
pflegt, so würde es noch widerwärtiger sein, sich eine andere Hypothese zur Erklärung der Bewußtlosigkeit, als sich
über das Verhältnis der thetischen Sätze und Vorstellungen
25 dieser Schrift zu der Philosophie, gegen welche sie polemisiert, zeigt, zu machen. Manches ist beim Verf. so geläufig
(freilich leidet er überhaupt an dem Fehler schlechter
Schriftsteller, in ihrer Verworrenheit das Dürftige, was sie
inne bekommen haben, unzähligemal zu wiederholen), daß
30 man auf die Vermutung verfällt, es sei ihm noch durch andere Art der Belehrung als das Lesen so geläufig geworden;
dann gilt um so mehr ein Dictum der Xenien auch hier:
Hat man Schmarotzer doch nie dankbar dem
Wirte gesehen!
35 Wie weit es mit der Ansteckung des Verfs. bereits gekommen, möge noch folgende Stelle S. 129 zeigen: »Durch
die Methode überhaupt entwickelt sich das vernünf-

tige Erkennen zur Wissenschaft. Nur die Gewißheit,
daß das wahrhaft Vernünftige auch das Prinzip der
Dinge überhaupt sei (und sonst S. 130, 136 wiederholt),
kann die menschliche Vernunft berechtigen, die
Dinge an sich betrachten zu wollen, und das ver- 5
nünftige Erkennen erfaßt das Vernünftige in allen Dingen.«
Macte virtute puer! möchte man hierbei dem Verfasser
zurufen und sich nur wundern, wieviel anderes in solchem
Kopfe noch daneben Platz hat. Ref., nicht der Verf., zitiert
zu jenen Sätzen Phänomen. S. 174, wo es heißt: »die Ver- 10
nunft geht darauf, die Wahrheit zu wissen; sie hat ein allgemeines Interesse an der Welt, weil sie die Gewißheit ist,
Gegenwart in ihr zu haben, oder daß die Gegenwart vernünftig ist«. Doch um bloße Stellen über die Ansicht jener
Philosophie von der Vernunft kann es nicht zu tun sein. 15

Wir verlassen aber endlich auch die philosophische Pole-
mik und philosophischen Exertionen des Verfs.; die | Cha-
rakterisierung zu vervollständigen, wären die vielen Allotria, die er einmischt, und zuletzt die schon erwähnten par-
änetischen Vortrefflichkeiten näher anzugeben. Der Vortrag 20
der Schrift gleicht dem eines Predigers, der bei gänzlichem
Mangel geistiger Bildung die Absicht hat, gründlich, tief
und herrlich sein zu wollen. Der Mangel an Bildung läßt
keine Übersicht und Ordnung aufkommen; sind die Schleu-
sen einmal aufgetan, so geht es in hitziger Verworrenheit 25
fort, die rechts und links nach allem greift, was ihr einfällt,
dasselbe in der Verlegenheit wiederholt, in der Mitte nicht
über den Anfang hinausgekommen, im Fortgang vergessen
hat, was früher gesagt war, und sich von der sauren Anstrengung und dem Umhergeworfenwerden von der erhitz- 30
ten Unruhe in dem süßen Flusse honigvoller, edler Tiraden
erholt.

Von den Allotriis könnte die vom Verf. aufgestellte Beziehung der Heg. Philosophie auf diese Jahrbücher für wissensch. Kritik angeführt werden. Der Verf. hat sich die 35
Mühe nicht verdrießen lassen, bei anderthalbtausend Seiten
dieser Jahrbücher zu durchlaufen, bis er eine Stelle findet,

die ihm Aufschluß gibt; S. 1480 findet er eine solche, die
gegen gewisse Theologen (der Verf. sagt 199, »einen Stand,
dem das Heiligste anvertraut ist« – in der protestantischen
Kirche ist dasselbe gleicherweise den Laien anvertraut; »der
5 so viele würdige Mitglieder zählt« (in derselben Kirche
würdig nicht durch den Stand, sondern nur durch Wissenschaft und Wandel)) gerichtet ist; auf diese Stelle deckt er
die Hand und zieht in seiner Weise Schlüsse daraus –
Schlüsse, über welche sich die Jahrbücher selbst ausweisen
10 (»dem Institute selbst, heißt es S. 10, wünschen w i r (der
Verf.) ein wahrhaftes Gedeihen, die Publizität und Teilnahme a u s g e z e i c h n e t e r Gelehrten z e i c h n e n es aus«;
Salopperie der Schreibart braucht an einer solchen Schrift
nicht besonders gerügt zu werden). – Andere A l l o t r i a
15 (z. B. die geschichtliche Notiz, daß Friedrich von Schlegel
ein Lehrer Heg's. gewesen, wodurch wenigstens der Ursprung der Heg. Philosophie etwa sogar einer gewissen Kirche sollte vindiziert werden) übergehen wir; die Unrichtigkeit des Vfs. im Geschichtlichen ist genug dokumentiert
20 worden. Nur ein A l l o t r i u m mag noch angeführt werden,
in welchem der Humor des Verfs. sich zur Possierlichkeit
steigert; er kommt S. 197 auf – die von ihm als V e r t e i d i -
gung des Pantheismus qualifizierten | Anführungen aus
morgenländischen Schriftstellern, welche sich »am Schlusse
25 der 2. Ausg. der Enzyklop. befinden«; »sehr charakteristisch« (!?), sagt er S. 198, »ist es, daß H. dort auf krasse
mohammedanische Dichtungen B e z u g g e n o m m e n hat –
zu einer Zeit, wo d i e C h r i s t e n m i t d e n U n g l ä u b i g e n
k ä m p f e n«. Der Verf. hätte die Chronologie zu Rate zie-
30 hen müssen, so hätte er gefunden, daß jene 2. Ausg. noch
vor dem Ausbruch wenigstens des Krieges der Russen gegen
die Türken erschienen ist; daß die teils vortrefflichen, teils
verdienstlichen Sammlungen von Blüten morgenländischer
Poesie, aus deren einer jene Stellen entlehnt sind, zur Zeit
35 des bereits begonnenen Freiheitskampfes der Christen Grie-
chenlands mit den Ungläubigen bekannt worden sind; daß
solche Mitteilungen nicht aufhören, bekannt gemacht zu

werden – oder ist der Verf. mit dem Stande der Literatur ganz unbekannt? Vor allem hätte er bedenken müssen, wie sehr vielmehr eine Schrift voll Verworrenheit, Unphilosophie und böses Eifers dem Türkentum die Hand bietet und Vorschub tut.                                                                              5

Wir schließen endlich mit dem verdienten Lobe der edelsten Gesinnungen, mit deren Ausbrüchen nicht nur die ganze Schrift durchwebt ist, sondern natürlich auch mit dem glänzendsten Epiphonem schließt. Von der geschilderten gewaltigen Exasperation und von dem Strome faktischer 10 Unrichtigkeit, allgemeiner Schiefheit und Verdrehung geht sie quasi re bene gesta in einen salbungsvollen Fluß der trefflichsten Lehren und Aufmunterungen aus; nur einige Tropfen aus diesem mehrere Seiten fort sich ergießenden Endstrome; S. 230 heißt es: »der Beruf unserer Zeit ist, das 15 Verhältnis der spekulativen Vernunft zur reinen Idee in der Logik, Physik und Ethik (gleich von Anfang tadelt er die Enzyklopädie, daß daselbst statt Ethik der dritte Teil die Philosophie des Geistes sei) zu Leben, Natur und Kunst und zur Religion zu begreifen. – Möchten alle diejeni 20 gen, die sich mit kräftigem Sinne, treuer (jawohl!) Liebe zum Wahren, Guten und Schönen und andächtiger Verehrung für das Höchste und Ewige der Wissenschaft widmen, sich brüderlich die Hand reichen (s. des Verfs. Schrift), Belehrung empfangen (dies hat der Verf. geleistet), Beleh 25 rung erteilen; sanft walte die Eintracht, allein – sie sei lebendig und kräftig.« – S. 232: »Die Philosophie versöhnt nicht Parteien, sie versöhnt nicht den Irr|tum und die Einseitigkeit, sie versöhnt nicht Irdisches und Himmlisches (warum nicht?), sie bedarf keiner Versöhnung. (?!) 30 Das Tiefste erfaßt sie in seiner Tiefe – sie erfaßt den tiefen Gedanken, seine unendliche Offenbarung« usf. S. 233: Der Geist der Philosophie ist der Geist des Friedens: der Frieden ist das wahre Leben der Persönlichkeit. Wo wahre Persönlichkeit ist, da erzeugt sie die Ordnung (s. des Verfs. 35 Schrift). Durch Ordnung schafft sie Einigkeit, und so gebiert sie die Freiheit. Wahre Freiheit ist tätig durch die

Liebe, die Liebe ist usf. S. 235: »Es wache der prüfende
Geist, er schaue ernst in die Tiefen, er blicke forschend umher usf. Liebend umfasse der Mensch die herrlichsten
Früchte des Lebens, er fördere die Erkenntnis der Wahrheit
5 auf Erden, mit Demut verehre er andächtig das Heiligste
usf.« Wen solche Lehren nicht erfreun, verdienet nicht ein
Mensch zu sein! Aber was verdienet der, der »in etwa« von
solchen Lehren, die er gibt, so wenig, sogut als nichts befolgt hat? – Diese Schrift ist hin und wieder für sehr bedeu-
10 tend unter der Hand ausgegeben worden; es ist dem Refer.
sauer angekommen, es zu dokumentieren, wie sie beschaffen ist; wenn es erlaubt wäre parva componere magnis,
so hätte er sich mit dem Schicksal eines großen Königs ge-
tröstet, der einen Haufen von Halbbarbaren (schlimmere als
15 die ganzen) einem Begleiter mit den Worten zeigte: »Sieht
er, mit solchem Gesindel muß ich mich herumschlagen.«

Hegel. |

### Dritter Artikel.

Das Vorwort der zweiten Schrift spricht in den ersten Sät-
20 zen einen ihrer Hauptgesichtspunkte aus; es beginnt so:
»Über ein philosophisches System läßt sich nicht wohl
sprechen, ohne über die Philosophie überhaupt mitzureden«; dies ist freilich eine Trivialität, die man sonst nicht
leicht sich entfahren ließe; beim Verf. jedoch ist es eine
25 Ausnahme, daß beim Besondern auch das Allgemeine zur
Mitleidenheit gezogen werde. Das darauf folgende aber ist
etwas Neues: »Ebensowenig«, wird fortgefahren, »läßt
sich irgendein einzelnes philosophisches System angreifen
oder verwerfen, ohne daß man die Philosophie über-
30 haupt angreift oder verwirft.« |
Man könnte, indem dies in Beziehung auf die Philosophie, die in dieser Schrift bekämpft wird, gesagt ist, etwa
meinen, diese Philosophie sei hiermit so hoch gestellt, daß

an ihr Schicksal das Schicksal der Philosophie überhaupt geknüpft werde; es heißt nicht weniger in dem Vorworte (die Seitenzahl kann nicht angegeben werden, da dasselbe ohne Seitenzahl ist; auch sind wie bei einer respekts-
vollen Dedikation die Seiten nur halb bedruckt), »ein sehr     5
glückliches« (ja wohl!) Zusammentreffen habe die beiden
Verfasser in der Hegelschen Philosophie das derzeitig in-
teressanteste Geistesphänomen erblicken lassen.«

Man sieht aber bald aus der Schrift selbst, daß beide Verfasser zusammen es zu einer nur höchst oberflächlichen oder    10
zu gar keiner Bekanntschaft mit andern philosophischen
Systemen gebracht (obgleich selbst Plato und Aristoteles zitiert werden) und daß sie ihr philosophisches Studium wohl
erst, aus welchem Grunde es sei, etwa aus dem der Derzei-
tigkeit eines literarischen Geistesphänomens, mit diesem      15
begonnen haben; ebenso erhellt, daß sie über das Überhaupt der Philosophie zu wenig hinausgekommen, ja kaum
bei demselben angekommen sind. Es wird daher natürlich,
daß für sie in dieser einen Philosophie alle Philosophie verworfen ist; aber sie haben Unrecht, für andere, die sonst     20
mit Philosophie Bekanntschaft ha|ben, dergleichen auszu-
sprechen. – Übrigens kann um jenes »sehr glücklichen
Übereintreffens beider Freunde« willen die Weitläufigkeit,
mit zweien zu tun zu haben, abbreviiert und sie füglich für
einen genommen werden.                                         25

Die angeführten Sätze hängen sogleich mit der eigentümlichen Verschrobenheit zusammen, welche in dieser Schrift
über das Allgemeine herrschend ist. Das Vorwort scheint
das ganze Räsonement des Verfassers konzentriert darzustellen; bei der Vergleichung mit den Grund-Vorstellungen der     30
Schrift sieht man aber, daß das Vorwort eine Modifikation
enthält; jene Vorstellungen müssen dem Verfasser einer Verbesserung bedürftig geschienen haben, nachdem die Schrift
fertig war. Aber auch jenes Vorwort bedürfte noch einiger
solcher Vorworte, um dieselben auf das Niveau der ge-         35
wöhnlichen, in allen Wissenschaften geltenden logischen
Bestimmungen über das Allgemeine, den Begriff und die

Wissenschaftlichkeit überhaupt zu bringen. – Ref. will zuerst von dem Inhalte der Schrift selbst eine Vorstellung zu
geben suchen und nachher auch die Modifikationen des
Vorworts angeben.

5    Sie zerfällt in drei Abschnitte, wovon der erste »vom
Standpunkte der gegenwärtigen Kritik – auch wieder –
überhaupt« handelt; es wird darin jedoch mehr, es werden
ins Große gehende allgemeine Ansichten (auch den Namen
Aperçus entlehnt der Verfasser von Goethe, wie er denn fast
10  jede Seite seiner Schrift mit Stellen desselben verziert) in
prätentiösen Reflexionen gegeben. Die Schrift wird dann
als die beurteilende Anzeige der Hegelschen Enzyklopädie
bezeichnet; es scheint, eine beabsichtigte Rezension ist dem
Verfasser zu einem Buche angelaufen. Warum es nun vor
15  allem erforderlich sei, den eigenen Standpunkt des Verfassers gegen jene Enzyklopädie anzugeben, dafür wird der
gute Grund hinzugefügt, weil »die Beschaffenheit des-
selben auf die der vorzunehmenden | Beurteilung
von wesentlichem Einfluß sein muß«. Gewiß!
20  Ebenso methodisch wird die nähere Angabe dieses Standpunkts behandelt; es seien drei Fälle möglich: daß der Verfasser mit jener Philosophie übereinstimme oder ihr eine
andere entgegenstelle oder keins von beiden; dies wird so
ausgeführt: »ein Dreifaches, heißt es, ist in Hinsicht des
25  Standpunkts nur gedenkbar: entweder daß derselbe als in
dem des anzuzeigenden Werkes bereits enthalten, mit
demselben zusammenfällt«. Wie nun oder warum dies
nicht der Fall sei, expliziert der Verfasser (S. 4) dahin, daß
»solcher Standpunkt die unbedingte Zustimmung in das Sy-
30  stem Hegels sichern und in der Hauptsache nichts als eine
Wiederholung des bereits Gegebenen darbieten würde,
keine Erweiterung, kein Fortschritt in der Sache selbst davon zu erwarten wäre.« Wenn solche Motivierung nur
schleppend oder, je nachdem man es nimmt, possierlich aus-
35  fällt, so ist der Grund, warum zweitens der Standpunkt des
Verfassers »nicht einer andern Gestaltung der Philosophie
angehöre und so ein gegnerischer sein würde«, noch ab-

sonderlicher: »das etwa so Gewonnene dürfte wegen der
Gleichartigkeit des Hauptinteresses immer noch einen
unsicheren, unentschiedenen Charakter an sich behalten
und wir nicht recht gewiß werden, ob wir nicht in dem
Widerspruche, in der Widerlegung einer Befangenheit nur 5
eine andere dafür eingetauscht hätten.« Das gleichartige Interesse wäre die Philosophie; daß es nicht auf diesem Boden
ist, wo der Verfasser mitzureden gedenkt, ist wenigstens
redlich gegen sich und gegen das Publikum gehandelt, bei
der Überzeugung, die er von sich ausspricht, es auf diesem 10
Boden nur zu Unsicherem und Unentschiedenem, nicht zur
rechten Gewißheit, ob er nicht von einer Befangenheit nur
in eine andere verfiele, bringen zu können. – »Zu einer
völligen Unbefangenheit und Freiheit der Ansicht zu gelangen, scheine nun nur möglich, das ganze Gebiet zu räu- 15
men und drittens den Standpunkt so zu nehmen, daß er
gänzlich außerhalb der Sphäre der Philosophie
fällt«. Der Verfasser »gesteht nun gern, daß er am liebsten eine solche Stellung einnehmen würde«. Was hält nun
den Verfasser noch ab, ohne weiteres dieser seiner Lieb- 20
lingsneigung nachzugeben? Es ist dieß: »es frage sich nämlich nur zuvörderst, sagt er, ob ein Stand dieser Art zu
fassen möglich sei, und sodann, ob, wenn er einzu|neh-
men wäre, er auch hinlänglich würdig sein möchte,
um in Ansehung dessen, was er leistet, die Vergleichung mit 25
demjenigen nicht scheuen zu dürfen, was die Philosophie zu
leisten in Anspruch nimmt«. – Methodisch betrachtet der
Verfasser zuerst das erstere, die Möglichkeit solchen
Standpunkts. Darüber finde nun wohl kein Zweifel statt,
und dies aus dem guten Grunde, »da derjenige Teil der 30
Menschheit, und wahrlich weder der kleinste noch der
schlechtere, der keine Gelegenheit gehabt hat, noch hat,
sich philosophische Kultur anzueignen, sich auf denselben
gestellt findet«. »Und zwar habe dieser Teil der Menschheit das Größte in Religion, Sitte, Kunst, Wissenschaft, 35
Staat geleistet ohne alle Dazwischenkunft der Philosophie, dergestalt, daß diese nicht etwa nur dabei nicht zu

Rate gezogen wurde, sondern sehr häufig noch erst gar
sich zu regen anfangen sollte, wenn von den großen Grund-
vermögen der Menschheit, Genie, Vernunft und Gewissen alles bereits vollbracht war«; daher »dürfen wir denn
5 nun auch an dem zweiten Punkte, nemlich der Würdigkeit des Geleisteten, ebensowenig zweifeln, und zwar
um so weniger, als die Philosophie selbst in diesem Gehalte
oft (?) ihren einzigen Inhalt finde und ohne denselben sich
in großer Verlegenheit um ihr Dasein befinden
10 würde.« – Gewiß! ohne den Gehalt, den Genie, Vernunft
und Gewissen hervorbringen! – Warum hat sich aber der
Verfasser nicht an die ungeheure Autorität und an die Arbeit dieser »außerphilosophischen Menschheit« angeschlossen, ohne Verunglimpfung der Philosophie, ja »ganz
15 unbekümmert um sie«, in Kunst oder Religion oder
Wissenschaft oder im Staat etwas, wenn auch nicht das
Größte, doch etwas hervorzubringen? Die Menschheit gibt
ihm das Beispiel, in einem Standpunkte nur insofern etwas
zu leisten, als sie sich in demselben befindet; der Ver-
20 fasser unternimmt dagegen, über die Philosophie etwas zu
leisten und sich doch außer sie zu stellen. Es ist auf
diese Weise eine feine Zweideutigkeit, wenn gleich auf der
ersten und folgenden Seite des Vorworts gesagt ist, daß »die
Verfasser bald gefühlt haben, daß sie in ihren Gesichtskreis
25 das Gebiet der ganzen Philosophie aufnehmen, ja!
denselben über das Gebiet der Philosophie hinaus erweitern
müssen«. Das ganze Gebiet der Philosophie in ihren Ge-
sichtspunkt aufnehmen heißt, nach der so | eben angeführten
Bestimmung ihrer außerphilosophischen Stellung, gar nichts
30 von der Philosophie in denselben aufnehmen, und ihn über
sie hinaus erweitern, heißt ihn nicht einmal bis an dieselbe
hinan erstrecken.

In denselben Formalismus von methodischer, schleppen-
der Gründlichkeit, der sich im bisherigen bemerklich ge-
35 macht, geht der Verfasser weiter an die Angabe dessen, was
die Menschheit als eigentümlich in jener Stellung be-
zeichne. – Hier biete sich zunächst die einfache Wahrneh-

mung dar – welche?, daß »die Menschheit, in mannigfachen Richtungen Geist und Vermögen (ein eigentümlicher Unterschied) übend und betätigend vorgefunden werde«. Das nähere ist dann, daß »erstens diese
Bemühungen nicht ziel- und maßlos, daher nicht ohne Ge-  5
genstand seien.« Solche große Aperçus ergeben sich dem
Verfasser, wenn er die Menschheit betrachtet. Daß er auch
noch daran denkt, für dergleichen Thesen einen Beweis zu
geben, ist selbst ein Beweis für die Gründlichkeit seines
Verfahrens. Es brauchen hierfür, heißt es, »nur die vier  10
höchsten Gegenstände jener mannigfaltigen Tätigkeit genannt zu werden, Religion, Kunst, Staat, Wissenschaft«. Das fünfte früher Genannte, die Sitte, bleibt hier
ohne weitern Grund und Beweis hinweg.

Das zweite Aperçu wird als dasjenige angekündigt, »was  15
am allgemeinsten, rein theoretischer Art, auf diesem
Standpunkte (des Ganzen, des Vollkommenen, des Abge-
schlossenen usf.) angetroffen werde, insofern es noch besonders neben allem jenen Wirksamen und Tätigen ausgesprochen zu werden verdiene.« (Bei wie vielem anderen,  20
was er sagt, hätte dem Verfasser noch das Bedenken auf-
stoßen können, ob es auch ausgesprochen zu werden verdiene?) Jenes am allgemeinsten Angetroffene sei darin
befaßt: »die Menschheit ist für ihren jedesmaligen
Schauplatz und gegenwärtige Lage mit allem an Wis-  25
senschaften und Vermögen Erforderlichen immer zur
Genüge versehen.« Glückliche Menschheit! weiser Autor!
der seine Reden so gut bedingt, daß sie in richtige Tauto-
logien auslaufen; stellen wir uns den abstrakten Satz des
Verfassers in konkreterer Gestalt vor, so wird es für sich  30
einleuchtend sein, daß zu einer jedesmaligen, gegenwärtigen, mittelmäßigen oder weniger als mittelmäßigen Schrift
alles Erforder|liche, Unwissenheit insbesondere in dem Ge-
genstande, über welchen geschrieben wird, und überdem in
Wissenschaftlichem überhaupt Kahlheit und Dürre der Vor-  35
stellung, Steifheit der Rede usf. und usf. immer zur Genüge
vorhanden ist, auch noch ein Reichtum Eigendünkels, um

»jene Genüge« selbst als Reichtum zu betrachten. Der Verfasser mehrt sogleich die Genüge der Menschheit; er fährt
fort: »soweit sie es bedarf und fähig ist (wieder ein
weises Bedingen), weiß sie sich über die höchsten Ge-
5 genstände vollkommene Rechenschaft zu geben, nicht
bloß dies, sondern sie besitzt auch diese Gegenstände, zum
Beispiel das Göttliche, Natürliche (so reich ist die
Menschheit, daß das Göttliche und Natürliche nur beispielsweise angeführt sind), ganz (dies ist viel! aber zur vordern
10 Bedingung kommt hinten noch eine hinzu), soweit diese
höchsten Gegenstände und Wesen irgend nur in die der
menschlichen Natur eigentümliche Begrenztheit einzugehen vermögen«. Jene hohe Beglückung der Menschheit, das Göttliche und Natürliche z. B. ganz zu besitzen,
15 ist durch die Bedingung, soweit sie solches Besitzes fähig,
soweit die hohen Gegenstände und Wesenheiten in die Begrenztheit der Menschheit einzugehen vermögen, entsetz-
lich herabgestimmt. Aber da auf diese Weise nichts gesagt
gewesen wäre, richtet es der Verfasser wieder auf, indem er
20 fortfährt: »Es ist aber die tiefe Natur jener hohen Gegenstände, in jede Art von Begrenztheit, die als von ihnen
selbst erschaffen sich darstellt, wie zum Beispiel die
Menschheit (der Verfasser ist in seinen Beispielen immer
großartig) nach ihrer Natur ist, einzugehen, ohne doch
25 von der Natur ihrer Wesenheit etwas zu verlieren.«
Hierüber hätte man neugierig sein können, etwas Verständiges zu vernehmen, daß die hohen Gegenstände und Wesen in das Begrenzteste eingehen (ein bequemes Wort)
und von ihrer Wesenheit (oder wie der Verfasser nach-
30 drücklicher sagt:) von der Natur ihrer Wesenheit dabei
nichts verlieren. Was er hinzusetzt, klärt die Schwierigkeit nicht auf – im Gegenteil! Der Sinn jener Begrenztheit
soll für den Menschen nicht sein, ein bloß Hemmendes,
Niederziehendes, Lastendes für ihn zu sein, sondern das,
35 was seiner Existenz, schrankenlos genommen, ein
Gleichgültiges, Unbestimmtes wäre, erst Art, Maß und Ziel
verliehe, nach einem auch sonst | wohl schon bekann-

ten Satze, daß sich »in der Beschränkung recht eigentlich erst der Meister zeige«. Es ist gar ein gründlicher Gedanke, daß, wenn die Existenz des Menschen schrankenlos genommen werde (wie kommt der Verf. zu solchem
Nehmen!), so wäre sie ein Gleichgültiges und Unbestimm- 5
tes; so aber seien die Schranken das, was der Existenz Art,
Maß und Ziel erteile. Nach andern Ansichten sind es umgekehrt die hohen Gegenstände und Wesen, ist es Religion,
ferner Staat, Recht, Sittlichkeit, Wissenschaft, woher dem
Menschen Art, Maß und Ziel kommt; wäre es bereits die 10
Begrenztheit seiner Natur selbst, seine Endlichkeit, welche ihm Art, Ziel und Maß erteilte, was bedurfte es des Ein-
gehens jener hohen Gegenstände und Wesen? – Am
schlimmsten kommt dabei die angeführte schöne Zeile Goethes weg, die der Verf. mit solchem Unverstande für seine 15
unverdauten Gedanken gebraucht, in denen ihm die Begrenzung der Meisterschaft und dann die Art, Maß und
Ziel, d. i. die Vernunft, das Göttliche der Gesetze der Natur und des Geistes zusammenläuft mit den Schranken als
dem Endlichen, von ihm selbst den hohen Gegenständen 20
und Wesen Entgegengestellten – dem Endlichen, welches
das Vergängliche, Eitle, ja das Prinzip des Schlechten und
Bösen ist. – Solches Beispiel gibt ein Recht, dem Ausspruch
des Meisters den anderen entgegenzustellen, daß in solcher
Beschränkung recht der Schüler sich zeige. 25
   In dem Angeführten beginnt sich der Mittelpunkt der
Verworrenheit des Verfassers aufzutun; er hebt sich dann
vollständig heraus, indem er daran geht, die vier oben genannten Gegenstände zu »durchmustern«, um zu zeigen,
wie es die Menschheit – die, wie oben angegeben, »auf dem 30
Gebiete ihrer nicht philosophischen Bildung in mannigfachen Richtungen tätig und übend angetroffen werde« –
bei Hervorbringung derselben gehalten habe. In dieser
»Durchmusterung« findet der Verfasser das Resultat, daß
»die menschliche Vernünftigkeit tätig gewesen sei, es in 35
allem möglichst zu einem Abschlusse, zu einem Ganzen
zu bringen«. Ehe wir den Sinn, den der Verfasser diesem

leeren Resultate gegen die Philosophie gibt, weiter betrach-
ten, führen wir ein anderes, obgleich abstraktes, | aber ge-
haltvolleres Resultat desselben an, dies nämlich, daß »in
dem Entwickelungsgange sich für den Anfangspunkt nur
5 der Begriff der Einzelnheit ergebe, die aber in ihrer
Ausbildung zu einem Zielpunkte gelange, der eine Totalität, erfüllter Anfang sei, als eine volle Wirklichkeit
das erreicht habe, was der Begriff der Einzelnheit nur der
Idee, der Möglichkeit, der Anlage nach als vorhanden
10 darbiete«. Man sieht, der Verfasser geniert sich nicht, hier
einen Satz der Enzyklopädie, die er in jeder Rücksicht verdammt, meist mit deren eigenen Worten nachzureden und
dabei auf solches sein sogenanntes Resultat sich viel zugute
zu tun.
15    Des Verfassers Durchmusterung der genannten vier
Gebiete ist auf wenigen Seiten abgetan; sie ist jedoch nicht
oberflächlicher, als es für den großen Satz nötig ist, daß die
Menschheit in allem ihren Tun es immer zu einem Ganzen
zu bringen tätig gewesen sei. Wir heben nur dies aus, was
20 der Verfasser in den Leistungen der Menschheit über die
Wissenschaft findet; es wird aus dieser Anführung auch
hervorgehen, was der Verf. unter einem Abschlusse,
einem Ganzen meint.
      In der Wissenschaft sei die Natur der Gegenstand, aber
25 derselbe sei im Wissen nicht mit der Anlage zum Wissen
gleichzeitig vollständig gegeben (schon das Wissen
selbst ist mit der Anlage zum Wissen nicht gleichzeitig und
gewiß auch nicht vollständig gegeben; auch ist ebenso gewiß im Wissen der Gegenstand, die Natur nicht gleichzeitig
30 vollständig gegeben; was aber die Anlage zum Wissen betrifft, so pflegt man dafür zu halten, daß die Natur nicht nur
gleichzeitig mit Adam oder mit jedem Kinde, sondern selbst
noch vor demselben »vollständig gegeben« sei. – Aber dergleichen Schiefheit und geschraubte Leerheit ist wohl mit
35 jedem Satze des Verf. gleichzeitig und vollständig gegeben).
– »Da der Gegenstand, die Natur, sich erst später und nur
nach und nach enthülle, so sei die Wissenschaft daher größ-

tenteils nur noch erst im Wissen begriffen, habe noch
nicht die Reife der Totalität« (und wenn und wo sie nach
dem Verfasser diese erlangt hätte, sollte sie da in etwas an-
derem als im Wissen begriffen sein?). |

In den eigentlichen Naturwissenschaften fehle noch der 5
Abschluß; außer in einzelnen kleineren Kreisen
habe das Wissen schon wenigstens im Umrisse den Charakter einer Ganzheit zu gewinnen begonnen, wie z. B.
in der Botanik durch die Lehre von der Metamorphose und in der Farbenlehre. Ohne zu rügen, daß die 10
letztere ihren Gegenstand auf ganz andere Weise wissenschaftlich aufgefaßt, als die Botanik durch die Lehre von der
Metamorphose schon »den Charakter einer Ganzheit«
gewinnen sollte, so müßte der Verf., um seine Versicherung
über das Mangelhafte der Naturwissenschaften zu begrün- 15
den, zeigen, daß er weitere Kenntnisse von denselben besitze als nur dasjenige, was er aus Goethes Arbeiten darüber kennt. Wie mag er mit seinem Abschlusse, seiner
Ganzheit vereinigen, was er weiterhin Seite 195 aus Goethe triumphierend anführt: »Die Natur hat kein System 20
(d. i. nach der Erläuterung des Vf.: sie ist kein ordinä-
rer (!) in sich abschließender Kreis, den man im Begriffe
fertig vorzuzeigen vermöchte); sie hat, sie ist Leben und
Folge aus einem unbekannten Zentrum zu einer nicht er-
kennbaren Grenze. Naturbetrachtung ist daher endlos 25
usf.« – Ferner ist es auch eine Stelle Goethes über die
Wichtigkeit der Wirkung, welche die Entdeckung, daß die
Erde rund ist, und die Lehre des Kopernikus auf die
menschliche Vorstellung hervorgebracht hat, die den
Vf. bewegt, in den mathematischen Wissenschaften der 30
Geographie (unter diese Wissenschaften rechnet sie der
Vf.) und der Astronomie den Abschluß erreicht zu
finden. Man sieht die Genügsamkeit der Forderungen in
dem, was zur Vollendung einer Wissenschaft gehöre; in den
Kenntnissen, die in den Trivial|schulen gelehrt werden, 35
daß die Erde rund ist und daß sie sich um die Sonne
bewegt, sind für ihn »Geographie und Astronomie« fertige

vollendete Wissenschaften. Es hätte den Vf. doch wundern
müssen, daß die Geographen und Astronomen, seitdem ihre
Wissenschaften in jenen Entdeckungen bereits die Reife der
Totalität erreicht haben, doch noch immer im Wissen
5 begriffen waren und noch darin begriffen sind. – Der fernere Fund einer erbaulichen leeren Parallelisierung dieser
zwei vollendeten Wissenschaften mit religiösen Lehren gibt
dem Vf. so viele Befriedigung, daß er sie zum Überdrusse
wiederholt.
10 Indem nun der Verf., wie nach seiner Angabe die ganze
Menschheit, seinen Standpunkt außerhalb der Philosophie
nimmt, glücklicherweise jedoch nicht die ganze Menschheit
über die Philosophie mitzureden sich mit dem Erforderlichen zur Genüge versehen glaubt, so erspart er uns die
15 Mühe das zu sagen, was er selbst hiermit von seiner Arbeit
sagt, daß er, um den gewöhnlichen Ausdruck hierfür zu gebrauchen, von der Philosophie wie ein Blinder von der
Farbe spricht; es kann daher nur eine Sache äußerlicher Ku-
riosität sein, noch weiter zu sehen, wie der Verfasser sich
20 dabei benimmt. – Die Caprice, die er sich über die Philosophie erschaffen hat und in der Schrift ausführt, ist kurz
diese, daß die menschliche Tätigkeit in den Sphären der
Religion, Kunst, Wissenschaft, Staat es zu einer Totalität
bringen, die Philosophie aber sich das All der Dinge, die
25 Allheit, auch Alles, sagt er, zur Aufgabe mache. Woher
der Vf. dies hat, gibt er nicht an; er bleibt bei dieser trocknen Versicherung; er läßt sich nicht auf eine Erörterung des
Unterschiedes von Totalität und Allheit, noch überhaupt
auf die unterschiedenen Formen der Allgemeinheit ein,
30 welche in dem logischen Teile der Enzyklopädie auseinandergesetzt sind; das übel gebildete Denken des Verf. greift
zu der schlechtesten dieser Kategorien, zu der Allheit, und
mutet aus seiner Autorität sie der Philosophie überhaupt
und insbesondere auch derjenigen zu, welche sich am aus-
35 drücklichsten gegen diese Kategorie erklärt hat und der sowenig als andern Philosophien vollends sie zum Prinzip zu
machen je eingefallen ist. Die Totalität will der Vf. sich zum

Lieblingswort vorbehalten. Wie der Eigensinn der faktischen Unrichtigkeit, dem Allgemeinen, der Idee, dem Begriffe das All, Alles, die Allheit zu substituieren, mit seinem
Grund-Aperçu zusammenhängt, wird sich nachher ergeben.
| Ob nun gleich die Allheit sich zum Gegenstande und Auf-     5
gabe zu machen der Philosophie eigentümlich sei, so sei
doch der Anblick und der Begriff des Alls dem Menschen, selbst dem nicht philosophischen, keineswegs
gänzlich entzogen. Jedoch, S.49, versichert er, der philosophische Standpunkt gehe erweislich von einer Aufgabe     10
aus, welche weit über die Kräfte und Angemessenheit des
Menschen reiche; denn es zeige sich kein von Hause aus
existierendes Organ der Menschheit für die Allheit;
womit hat denn nun der nichtphilosophische Mensch den
ihm keineswegs ganz entzogenen Anblick sogar und den     15
Begriff des Alls aufgenommen? S. 11 hieß es schon, die
Forderung eines Alls lasse sich schon innerhalb der menschlichen Sphäre als unangemessen und unerfüllbar abweisen; man kann sich daher nur wundern, warum nicht auch
der Vf. aus der Reflexion seines Standpunkts, den er als den     20
außerphilosophischen angibt, da die Menschheit ohnehin
von Hause aus kein Organ dafür hat, das All abgewiesen
hat; aus dem philosophischen, können wir ihm die Nachricht geben, ist diese Kategorie nicht nur längst abgewiesen,
sondern wie gesagt niemals darin gewesen. Zu dergleichen     25
Gerede, das er Untersuchung nennt, unterläßt der Vf. nicht
in der Weise seiner schwerfälligen Bevorwortung mit der
Zusicherung einzuleiten (S. 48), daß er mit der gehörigen
Gründlichkeit und Tiefe zu Werke gehe.

Es ist schon erwähnt worden, daß der Verf. im Vorwort     30
auf sein Hauptaperçu von der Philosophie zurückkommt. Es
ist auch von dieser Darstellung und dem daran geknüpften
Räsonement soviel als möglich abgekürzte Rechenschaft zu
geben, jedoch ist beim Verf. aller Inhalt mit der bleiernen
Schwerfälligkeit des Vortrags sosehr verwebt, daß diese sich     35
kaum trennen läßt. – Der Vf. stellt hier seine Versicherung,
daß die Philosophie sich die Allheit zur Aufgabe mache, bei-

seite und nimmt deren Angabe, das Allgemeine vorzugsweise zu behandeln, auf. Dieser Vorzug der Philosophie
ist es, den er hier behandelt. Da es nämlich, argumentiert
er, doch nur dieselbe menschliche Natur sei, die in andern
5 Beziehungen ein Besonderes zu wirken scheine; was sie
aber Echtes, Wahres, Gründliches zustande bringe, nur aus
ihrer gesamten Kraft, deren Gesetz die Totalität sei, bewirke, so verschwinde hieran bereits der Unterschied gänzlich. Dieselbe menschliche Kraft wirke überall das Unter-
10 schiedene auf dieselbe Weise; das Wahre werde daher
in Absicht auf das Kraftmaß überall von derselben Totalität menschlicher Natur zustande gebracht. – Was für ein
Kraftmaß die menschliche Natur bei ihren Hervorbringungen aufwende, darüber wird nicht leicht jemand das Inter-
15 esse haben, Betrachtungen anzustellen, aus dem einfachen
Grunde, daß dieselben über die Unbestimmtheit des quantitativen Unterschiedes nicht hinauskommen könnten. Aber
darin mag der Verf. mehr Genossen finden, die bei der
Oberflächlichkeit der Abstraktion stehenbleiben, daß eben
20 alles Wahre von derselben To|talität der menschlichen
Natur bewirkt werde. Hier geht jedoch die Dumpfheit so
weit, auch noch zu sagen, daß alles Unterschiedene auf
dieselbe Weise von ihr bewirkt werde. – Insofern nun aber
doch ein besonderer Unterschied in Ansehung des Inhalts
25 zwischen Philosophie, Religion, Kunst, Wissenschaft, Staat
anzuerkennen sei, so gleiche dieser sich an sich selbst aus,
»denn jedes Besondere sei, da ihm ursprünglich in Absicht
auf seine Kraftanlage gleicher Wert zukomme, nicht ungleich in Rang und Wert, in Beziehung auf anderes Be-
30 sonderes, sondern in Beziehung auf sich selbst, inwiefern
es das ursprüngliche Kraftmaß in sich noch nicht erschöpft hat und vollkommen darstellt.« Wenn nun
Religion, Kunst, Wissenschaft, Staat in Beziehung auf sich
selbst an Rang und Wert ungleich sollen sein können, d. h.
35 indem wir den Inhalt von den steifen Ausdrücken, in die er
gehüllt ist, entkleiden, wenn es schlechte Religionen,
schlechte Kunstwerke und Kunstepochen, schlechte

Staaten und Wissenschaften geben kann, wie steht es damit,
daß die Menschheit zu allen Zeiten mit allem Erforderlichen
hinlänglich versehen ist, ihre hohen Gegenstände und Wesenheit immer ganz besitzt, sich im Wissen vollkommen
Rechenschaft darüber gibt usf. – Ein Unterschied von fal- 5
schen, schlechten und von wahrhaften Religionen, guten
oder schlechten Kunstwerken usf. würde auf Voraussetzung
von Grundsätzen, Normen des Schönen, Wahren usf. führen; das Allgemeine aber ist es, wogegen der Vf. sich auf
alle Weise sträubt; so drückt er sich mit den geschraubten 10
Formeln von Ungleichheit gegen sich selbst, nicht völliger
Erschöpfung des Kraftmaßes u. dgl. herum. – Nun folgt das
ganz eigentümliche Räsonement gegen die Philosophie, das
dem Vf., nachdem seine Schrift geendigt war, noch eingefallen ist und im Vorworte nachgebracht wird. – »Wolle die 15
Philosophie einen gewissen Vorzug behaupten, so bliebe
hierfür nichts übrig als eine gewisse Gemeinschaftlichkeit des Inhalts von Religion, Kunst usf. Hierin wurzele
die von ihr als besonderer Vorzug in Anspruch genommene
Allgemeinheit ihrem eigentlichsten Sinn nach.« – Hier 20
verfällt also der Vf., statt der in der Schrift selbst der Philosophie zugemuteten Allheit, auf die gleich schlechte Kategorie der Gemeinschaftlichkeit und versichert, dies sei
nicht nur der eigentliche, sondern der eigentlichste Sinn der
philosophischen Allgemeinheit. – Zuvörderst entgegnet der 25
Verf. gegen den der Philosophie fälschlich aufgebürdeten
Vorzug der Gemeinschaftlichkeit des Inhalts der Religion,
Kunst usf., daß sich eine solche Gemeinschaftlichkeit
nicht denken lasse. (Wie dagegen der Religion, Kunst, Wissenschaft, Staat bei der einen Totalität der menschlichen 30
Natur, die alles überall auf dieselbe Weise sogar bewirke,
ein unterschiedener Inhalt herkomme – nach einer Erklärung über dergleichen darf man bei dem Verf. nicht
nachfragen.) Nun höre man die tiefsinnige Argumentation,
daß eine Gemeinschaftlichkeit des Inhalts von Religion, 35
Kunst usf. sich nicht denken lasse. | »Haben nämlich Reli-
gion, Kunst, Wissenschaft, Staat ihren Inhalt nicht so

ganz für sich, daß sie ihn nicht für sich behalten, sondern
an ein Anderes abtreten können oder müssen, so haben sie ihn überhaupt nicht, und es gibt dann noch
keine wahre Religion, Kunst, Wissenschaft, Staat usf.« –
5 Wo ist je einem Menschen außer dem Verfasser in den Sinn
gekommen, daß die Religion, Kunst usf. ihren Inhalt an ein
Anderes abtreten können oder müssen, um eine Gemeinschaftlichkeit zu haben? Ist es dem Vf. in der Tat
Ernst damit, daß z. B. die indischen, griechischen, christ-
10 lichen Kunstwerke, Poeme, Skulpturwerke, Malereien usf.
nichts Gemeinschaftliches haben mit dem Inhalte dieser
Religionen? Der Vf. führt unter seinen Gebieten auch die
Wissenschaft auf; hält er dafür, daß die Wissenschaften
des Staats, darunter des Rechts usf., der Religion usf. nichts
15 Gemeinschaftliches haben mit dem Inhalte des Staats, des
Rechts, der Religion usf.? – Offenbar hat der Vf. bei den
leeren Abstraktionen, in denen er so breit ist, sich nichts
gedacht, nicht den konkreten Sinn derselben vor seiner
Vorstellung gehabt. Aber das andere Horn des Dilemma ist
20 noch besser als die Ungereimtheit des ersten: »Haben Religion usf. aber ihren Inhalt ganz für sich, so kann er an
ein Anderes außer ihnen nur zerstückelt, d. h. in seiner
Unwahrheit übergehen«. Das Resultat dieses stupenden
Scharfsinns ist dann, daß »die Philosophie in ihrer Allge-
25 meinheit, als eben durch die Gemeinschaftlichkeit des Inhaltes aller andern Geistesgebiete erwirkt, überhaupt nur ein
Falsches habe und ihr besonderer Unterschied als radika-
ler Vorzug eben nur die Falschheit gegen alles andere menschliche Treiben und Beginnen« sei.
30 Man sieht wohl, daß der Vf., der ein Buch von zwei Bänden über Goethe geschrieben, das, was dieser geistreich
fordert – daß ein Kunstwerk, Naturprodukt und Charakter
usf. in seiner konkreten Individualität für sich aufzufassen
und der Genuß und Begriff desselben nicht durch Verglei-
35 chung, durch Theorien und viele andere Einseitigkeiten
einer abstrakten Reflexion, die eine frühe und lange Plage
für ihn geworden waren, zu verkümmern und zu zertrüm-

mern sei –, das, was bei Goethe von der Einheit des Inhalts
und der Form, die bei einem wahrhaften Kunstwerk statthat, vorkommt – daß der Vf. diese Bestimmungen sich so
eingeprägt und sie zum Eckstein seiner Weisheit auf eine so
schülerhafte Weise gemacht hat, um auch da, wo es sich um 5
ganz andere Ganze, als ein Kunstwerk ist, handelt, um
Grundsätze, Gesetze, Gedanken, überhaupt einen Inhalt,
der seiner Natur nach allgemein, nicht sinnlich konkret ist,
dabei stehenzubleiben und ungeschickterweise hier ohne
alles Bewußtsein über die Verschiedenheit der Form dieser 10
Gegenstände eine Anwendung von jenen sinnvollen Forderungen zu machen. Indem er diese Vorstellungen in einer
Allgemeinheit, die er für sich verdammt, nimmt, gerät er
in die vollständigste Verwirrung und bloß in die flachen Ab-
straktionen von Menschheit, Ganzes, To|talität, das ur- 15
sprüngliche Kraftmaß, das um das Wahre, Echte usf. hervorzubringen, in seiner Totalität wirksam sein müsse usf.
– Es ist die Form der Allgemeinheit selbst, welche es dem
Verfasser möglich macht, von seinen Gebieten und hohen
Gegenständen und Wesenheiten zu reden, welche aber auch 20
zugleich den Vorteil oder vielmehr Nachteil bringt, ihm die
Inkohärenz seiner Gedanken zu verstecken. Sind denn Religion, Kunst, Wissenschaft, Staat, die hohen Gegenstände
und Wesenheiten nicht Allgemeine, Gattungen, Ideen – die
Gegenstände in Form der Allgemeinheit? so seine Katego- 25
rien von Form und Inhalt? usf. Das Schlagwort, die Totalität, zu der sich die Einzelnheit erweitern soll, was ist sie
ohne Allgemeinheit? Daß aber die Allgemeinheit wesentlich
in sich konkret sei – und dies ist die Totalität – und nur
so Wahrheit habe, ist einer der Hauptsätze der Philosophie, 30
die der Verfasser bestreitet und deren Hauptsätze er nicht
kennt. – Das Einzelne, fordert der Verfasser, soll für sich
zur Totalität erweitert, selbständig sein und so selbständig
genommen werden, das Besondere als ein in sich Ganzes,
Abgeschlossenes, Fertiges nicht auf Anderes bezogen, nicht 35
unter Allgemeines subsumiert werden; so ist ihm die Philosophie um ihrer Allgemeinheiten, d. i. um seiner – aller-

dings bei ihm flach genug bleibenden − Wesenheiten und
hohen Gegenstände willen durch und durch ein Falsches. Es
ist der Mangel, die Natur des Allgemeinen selbst zu betrachten und zu ergründen, daß der Verf. sich in gleich verwor-
5 renen als oberflächlichen Allgemeinheiten herumtreibt. Das
Verhältnis des Allgemeinen zum Besondern in seiner Viel-
gestaltung zu erkennen, ist die Aufgabe der logischen Philosophie; dem Verf. aber fehlt es an der Kenntnis und
dem Bewußtsein über die trivialsten Formen jenes Verhält-
10 nisses.

   Den sublimsten Schwung seiner Verworrenheit darüber
gibt sich der Verf. bei Gelegenheit seiner Tirade über den
Glauben an die Unsterblichkeit der Seele, S. 146. Die höl-
zerne Deklamation, in der er aufzählt, was dieser Glaube
15 alles dem Menschen gewähre, schließt er damit: »Die Natur und ihre Wissenschaft hat den Wert einer Wahrheit an
sich außer und neben der Wahrheit des Geistes (dies
ist eine neue Natur, die ohne Beziehung auf den Geist
Wahrheit hat − eine neue Wissenschaft, ohne die Beziehung
20 auf die Wahrheit des Geistes), kurz (!), das ganze Universum erscheint vor ihm (dem Menschen mit jenem Glauben)
als ein in allen seinen Teilen selbständig organisiertes
Ganzes (ein für sich verworrener und zweideutiger Ausdruck − wenigstens fassen wir daraus, daß es ein Ganzes
25 ist, von dem die Rede sei), wovon jeder Teil in seiner
höchsten Wahrheit nur als ein Ganzes, das nicht aufzulösen ist, nicht aber beziehungsweise nur, Wahrheit
hat.« Für den Verf. ist es kein Galimathias, daß das Universum Ein Ganzes, das nur Teile hat, und wieder, daß je-
30 der Teil desselben selbst ein Ganzes, und dessen höchste
Wahrheit sei, ein Beziehungsloses auf einen andern Teil
und damit (da das Ganze die | Beziehung der Teile aufein-
ander ist) beziehungslos auf das Ganze zu sein, dessen Teil
er ist. − Solche Logik soll der Glaube an die Unsterblichkeit
35 der Seele lehren: Den Verf. hat derselbe nur in den vollkommenen Widerspruch geführt, nicht zur Ahndung, in
welchem Widerspruch er befangen ist, und um dieser Un-

wissenheit willen noch weniger zum Bedürfnis und zur Sehnsucht, den Widerspruch aufzulösen.

Ref. unterläßt es, von dem ungereimten Aperçu des Verf. über die gesamte Geschichte der Philosophie, außerhalb deren er sich zu befinden angibt, mehr als das Resultat 5 anzuführen. Der Verf. macht (S. 40) folgende Einteilung dieser Geschichte; zuerst sei das All vor der Welt, vor allem gegenwärtigen Dasein und Sein aufgesucht worden (diese Verrücktheit, das All aufzusuchen und es vor der Welt aufzusuchen, mutet er den griechischen Philosophen 10 zu! Hätte er etwa von den Pythagoräern oder Eleaten gehört, daß jene sagten: das All und Alles ist die Zahl, diese: das All und Alles ist das Eine, ist das Sein, so hätte er darin sehen müssen, daß diese wie die andern Philosophen das All und Alles nicht erst gesucht, sondern das wie andere 15 Menschen vor sich gehabt haben, was man das All oder das Alles so ins Blaue hin zu heißen pflegt; daß sie ebensowenig das All oder Alles zu ihrem Gegenstande gemacht, sondern vielmehr sich davon abgewendet, daß ihr Denken einen andern Gegenstand gesucht und ihn in der Zahl, im Einen, im 20 Sein gefunden habe. Aber die Zumutung geht über alles, daß jene Philosophen das All und das Alles vor der Welt aufgesucht haben); dann sei das All in der Zusammenfassung des Wirklichen (hier ist das Allgemeine als Zusammenfassung genommen), also innerhalb des Wirklichen gesucht 25 worden; endlich drittens sei der philosophische Standpunkt – als Kritizismus nämlich, das All nach der Welt zu setzen – zuletzt aber dahin gelangt, das All aufgeben zu müssen und »auf das absolute Gegenteil, auf ein Nichts zurückgekehrt und leugne nun jeder menschlichen Er- 30 kenntnis ihre objektive Wahrheit und Wirklichkeit ab, als ob (!) zwischen All und Nichts kein Drittes in der Mitte liege?« – Daß nun aber zwischen solchen Phantasmen von All und Nichts ein Drittes liege und was dieses Dritte sei, doziert der Verf. so: »dasselbe sei weit ent- 35 fernt, All zu sein, doch ebensowenig Nichts, nämlich es sei – Etwas.« Das ist | eine große Entdeckung! – und noch

mehr: Das Etwas sei nicht ein totes, leeres, sondern geglie-
dertes Etwas usf. – Es kann nur die äußerste Dürftigkeit des
Geistes sein, die mit solchem Etwas und mit den Worten
von totem, leerem, gegliedertem Etwas usf. etwas gesagt zu
5 haben meint. – Wir übergehen gleichfalls, was der Verf.,
von außerhalb der Philosophie, dieser Wissenschaft weiter
Übles nachzusagen sich anstrengt; die Unwissenheit, zu der
er sich über dieselbe bekennt, schließt es von selbst aus, daß
er etwas Treffendes vorzubringen fähig sei. Er behilft sich
10 damit, einen Gedanken, der über den geschichtlichen Moment der Erscheinung des Philosophierens von der Philosophie aus, die er bestreitet, geäußert worden ist, aufzunehmen, aber freilich von der Hauptsache nichts zu wissen, wie
die Zurückdrängung des Geistes in sich aus dem unglück-
15 lichen, entzweiten Zustand einer existierenden Welt sich in
einer ideellen, wahrhaftern Welt eine Zuflucht, ein Heil-
mittel und den höhern Frieden, der ihm im Dasein nicht
mehr werden kann, gewinnt. Er versichert dagegen, S. 48,
»daß von der Erstrebung eines objektiven, wahren In-
20 halts durch die Philosophie durchaus nie und nirgends
etwas sich zeigte«. Schwerlich ist je der fanatischste Zelot
gegen die Philosophie in der Blindheit seines Verunglimp-
fens so weit gegangen. Aber bei andern Zeloten findet sich
oft eine Wärme, Lebhaftigkeit, Energie, Kühnheit, aber
25 hier geht alles in derselben Kälte, Steifheit, geschraubten
Demütigkeit und Schwerfälligkeit vor sich.
    Von solcher Erkenntnisfähigkeit und Geistesdisposition
sind nichts weiter als gemeine, invidiöse Vorstellungen zu
erwarten. So findet sich S. 72 die Konsequenz: »der Staats-
30 mann, der Religiöse, der Künstler, das entdeckende Genie
denken also nicht«; solche Konsequenz erlaubt sich der
Verf. gegen eine Philosophie zu machen, welche von aller
menschlichen Tätigkeit behauptet, daß Denken darin sei.
Gleich darauf setzt der Verf. solche Unbestimmtheiten wie
35 höheres, angemessenes Denken, das den andern Gebieten abgesprochen werden solle, an die Stelle der bestimmten Unterschiede, welche die Philosophie macht, und führt

sie als historische Angabe von derselben auf, wie er kurz
vorher die Konsequenz machte, daß auf andern Gebieten
außer der Philosophie gar nicht gedacht werde. – Damit
bringt er ferner eine ähnliche scharfsinnige Argumentation
in Verbindung wie die oben erwähnte. |                          5

Die Philosophie nehme den Inhalt der andern Gebiete in
Anspruch und behaupte, ihm die gedankenmäßige Form
verleihen zu wollen; nun fragt der Vf.: wie kann ein vernünftiger Inhalt ohne seine verhältnismäßige Gedankenform bestehen? was niemand in Abrede stellen wird, und   10
macht jetzt das treffliche Dilemma: »Haben jene Gebiete
nicht vor Dazwischenkunft der Philosophie die schlechthin gemäße, vernünftige Gedankenform, wo ist ihr Inhalt überhaupt vernünftig? Will die Philosophie aber zu
einem nicht vernünftigen Inhalt die vernünftige         15
Form hinzufügen, sieht sie denn nicht, fragt er, daß dies
entweder schlechthin nichtig oder jedenfalls ein sehr ver-
gebliches Bemühen ist?« Der Tiefsinn des zweiten Horns
dieses Dilemmas gestattet es, dasselbe mit Stillschweigen zu
übergehen; in Ansehung des ersten wäre es überflüssig z. B.   20
zu bemerken, daß Gott die Welt vernünftig erschaffen hat,
daß aber dieser vernünftige Inhalt in der sinnlichen Anschauung noch nicht die vernünftige Gedankenform hat,
sondern erst durch das Nachdenken der Menschen diese
Form erzeugt wird; daß die Wissenschaften, welche mit den   25
einzelnen Naturgestaltungen und Erscheinungen zu tun haben, nur darum Wissenschaften sind, weil sie diese in den
sinnlichen Schein vernunftloser Äußerlichkeit zerstreuten
Einzelnheiten durch einen allgemeinen Charakter bestimmen, sie auf Gattungen, Arten, auf Gesetze reduzieren, und   30
daß Gattungen, Arten, Gesetze, allgemeine Charaktere usf.
Gedankenformen sind. Wer einerseits ein philosophisches
System studiert haben und es beurteilen zu wollen angibt
und andererseits sich sosehr auf den unphilosophischen
Standpunkt stellt, um dergleichen Kenntnisse nicht zu   35
haben, gegen den wäre es, wie gesagt, überflüssig, das An-
geführte auseinandersetzen und die fernere Anwendung |

davon auch auf die Gestaltungen der geistigen Welt zu zeigen. Der Verf. greift, wie oben zu einem Verse, hier (S.
120) auch einmal in Ansehung der Allgemeinheit zu einem
andern Ausspruche, wer in Einem Falle die tausende mitzu-
5 sehen nicht vermöge, sei kein wissenschaftlicher Kopf. Der
Vf. hätte auch wissen müssen, daß ein solcher umgekehrt in
tausend Fällen, Pflanzen, Tieren, Begebenheiten usf. nur
Einen Fall, Eine Pflanze usf. sehen, d. i. daß er denken
kann und das Denken jenen individuellen Einzelnheiten in
10 den Klassen, Gattungen, Gesetzen usf. eine andere Form
gibt, als sie in ihrer empirischen Existenz haben, und doch
ihren Inhalt sosehr nicht verändert, daß es sie damit vielmehr auf ihren wahrhaften Inhalt zurückbringt. Diese Begriffe sind so elementarisch, daß es den außerphilosophi-
15 schen Standpunkt des Verf. keineswegs kompromittieren
würde, einige Kenntnisse davon zu haben, wie er an dem
Beispiel der sonst gebildeten außerphilosophischen Menschheit sehen kann, als welcher jene Bestimmungen ganz geläufig sind. Aber die Gedankenwelt und das Vernünftige
20 liegt nicht so auf der sinnlichen Oberfläche, daß es nur so
»in die Hand« gegeben, noch mit einigen aufgerafften Sprü-
chen und dem Dünkel einer rohen, dürftigen Reflexion erfaßt werden könnte.

Der zweite Teil der Schrift (von S. 79–118) – »ein Ab-
25 riß des Systems des Herrn H. nach dessen Enzyklopädie der
philosophischen Wissenschaften« – ist teils ein trocknes In-
haltsregister, von dem man nicht sieht, wem es dienen soll,
teils von der Einleitung ein weitläufigerer, in den Vortrag
der Sache eingehender Auszug; es wird dadurch etwas
30 glaubhaft, daß ein anderer der beiden sonst so »sehr glücklich übereintreffenden« Verfasser denselben angefertigt
habe; in der übrigen Broschüre gibt sich nichts zu erkennen, das ein Eindringen in die Sache und ein Fassen und Erkenntnis des Inhalts zeigte. Die eignen Reflexionen des
35 Verf. sind ohne die geringste Kritik der von ihm gebrauchten Kategorien herausgequält; zu einigem Bewußtsein über
seine Gedankenformen sowie zu einiger Rücksicht auf den

Sinn dessen, was er bestreitet, hätte er sich, wenn er das
Werk selbst studiert hätte, doch wohl verleiten lassen.

Der dritte Abschnitt, von S. 119-Ende, ist »Kritik des
Hegelschen Systems«. Zu derselben findet der Verf. für seinen außerphilosophischen Standpunkt einen bequemen, be-     5
reits fertigen Anknüpfungspunkt darin, | daß er in diesem
Systeme die Vernunft für etwas Wirkliches erklärt findet, »worüber es ihm nicht entferntest einfallen könne, H.
etwa deswegen beschelten zu wollen« S. 121. Eine Kritik
sei hiermit eben auch angewiesen, »dies Verhältnis der       10
Wirklichkeit aufzufassen und praktisch (!?) wie theoretisch die Gleichung seiner (?) mit dem spekulativen Resultate vorzunehmen«; die Geschraubtheit der Reflexions-
weise macht den Verf. auch ein so ungeschicktes Deutsch
schreiben. – Bei der Vollziehung dieser Gleichung, wie er    15
es heißt, hat der Verf. kein Bedenken über die eine Seite,
nämlich ob er faktisch, ohne Philosophie, Philosophisches
aufzufassen befähigt sei; er scheint dies für sich vorauszusetzen, ohne sich daran zu erinnern, daß er der Menschheit
von Haus aus das Organ für das, was er als den Gegenstand    20
der Philosophie ansieht, abspricht; es ist daher auch nicht
tunlich, die Bildung und Übung eines mangelnden Organs,
eine Gewohnheit im Denken und im Auffassen von Gedanken an ihn zu verlangen. Was dagegen die andere Seite betrifft, so meint er (S. 121), »daß wir uns über dasjenige, was  25
auch wir für wirklich halten, leicht vereinbaren dürften, aber damit möchte die Übereinstimmung in dem, wie
wir es uns als wirklich denken und denken müssen, mit
Hrn. H. noch nicht gegeben sein.« Wie kommt der Verf.
hier auf einmal zu einem Denken und Denken müssen?        30
und vollends darauf, von einem Denken des Wirklichen zu
sprechen? Besäße er sonst mehr von dem Organ der Philosophie, so wäre ihm ferner bekannt, daß das Wie des Denkens, das ihm Bedenken macht, sich zum Was zu schlagen
pflegt und diese Unterscheidung sehr nichtssagend ist. Ein   35
genügendes Beispiel, wie das Wie des Meinens zu einem
historischen Was wird, bietet der Verf. selbst dar, der in

einer frühern Schrift, soviel Ref. sich noch erinnert, von
Homer die geschichtliche Darstellung macht, daß derselbe
ein Trojaner, Zeitgenosse und Vetter des Aeneas gewesen,
ferner an dem Hofe eines nach Iliums Fall weit dahinten in
5 Asien sich forterhaltenden trojanischen Reiches gelebt, wie
denn die Dichter an den Höfen leben müssen, was Goethes
Beispiel beweise; Homer als Trojaner habe die Griechen als
die unsittlichsten Menschen geschildert, als welche er am
Tage der Zerstörung Trojas sich habe betrinken und gegen
10 die Sittlichkeit abends eine Volksversammlung halten lassen,
welche dann auch unordentlich genug ausgefallen sei usf. –
Man sieht, daß, wenn so der Verf. sein Wie, die superio-
ren Aperçus, die ihm aus seinem Denken-müssen der Wirklichkeit hervorgehen, zu dem historischen Was zu schlagen
15 gewohnt ist, allerdings die zweite Seite der Wirklichkeit
unüberwindliche Schwierigkeiten mit sich führt, sich mit
ihm darüber zu vereinbaren. – Ein drittes Ingredienz dabei
ist das Räsonement, indem die Vergleichung zwischen den
Tatsachen und den Begriffen doch nicht ganz nackt vorge-
20 nommen werden kann. Von dem außerphilosophischen Räsonement des Verf. über philosophische Gegenstände sind
Proben genug gegeben; aber in dieser kritischen Partie wird
dasselbe | noch transzendenter. Es soll nur weniges davon
ausgehoben werden; zunächst sein hier breiter ausgeführtes
25 Räsonement gegen die Form des spekulativen Denkens. Er
stellt die Frage: ob diese Form die allgemeine Form des
Wahren sei, in welcher sich die Wirklichkeit darbietet? Es
wäre mit ja! auf diese Frage zu antworten, daß sich die
Wirklichkeit dem Denken in dieser allgemeinen Form,
30 welche die Form des Denkens ist, darbiete; diese Antwort
setzte einen platten Sinn der Frage voraus, aber er zeigt sich
im Verfolg als noch platter; nämlich ob sich die Wirklichkeit jedem Verhalten zu ihr überhaupt, es sei ein Hinsehen, Hinhören usf., was es sonst sein mag, in spekulativer
35 Form darbiete? Er räsoniert gegen diesen seinen Einfall, was
freilich ein Leichtes ist, daß nämlich die Spekulation die
Form der Allgemeinheit vielmehr der Wirklichkeit ab-

spreche und sich vindiziere: Er doziert das Überflüssigste,
daß Kunst, Wissenschaft, Staat, Religion, als Wirklichkeit
gefaßt, sich in der Tat in einer ganz anderen Form darstellen, welche von der Form der Spekulation verschieden
sei. Er führt dies in weiterem Räsonement aus, »wenn das 5
Wesen der genannten Gegenstände durch die eigentümliche Form in der Wirklichkeit nicht ausgedrückt würde,
sondern dies erst durch die Spekulation geschehen müßte,
so müßte bis dahin auf ein Nichtwissen, Nichtkunst, Nicht-
religion, Nichtstaat zu erkennen sein.« Der Verf. würde, 10
wie oben bemerkt, von Anfang an konsequenter gewesen
sein, wenn er sich sonst und auch hier enthalten hätte, vom
Wesen zu sprechen, da er das Allgemeine überhaupt per-
horresziert; ebensowenig als mit solcher leeren Abstraktion
ist dann mit der eigentümlichen Form gesagt; dies ist ein 15
gleich unbestimmter Ausdruck. Dächte er sich bei Wesen
und bei Eigentümlichkeit in der Tat etwas Bestimmtes,
so hätte ihm einfallen müssen, daß es Religionen, Künste
usf. gegeben hat, welche das Wesen ihrer Gegenstände im
Apis oder Affen usf., in fratzenhaften oder schönen Stein- 20
und Farbenbildern, wohl auf eine eigentümliche, aber nicht
dem Wesen eigentümliche Weise gewußt und ausgedrückt
haben, so daß die Philosophie allerdings auf schlechte oder,
wenn der Vf. lieber will, auf Nicht-Religionen, Nicht-
Künste usf. erkannt hat. – »Damit aber, wird weiter argu- 25
mentiert, verfällt die Spekulation in einen neuen Widerspruch, da ja jene Gegenstände doch in der Tat Wirklichkeiten seien; und auf der andern Seite, wenn es nur Nichtwirklichkeiten seien, so habe sie keine Objekte, da sie es
doch mit Wirklichem zu tun habe.« – Der Vf. hat seine Ein- 30
fälle in eine in der Tat bündig erwiesene Verlegenheit versetzt: Die Wirklichkeiten sind nicht in der Form der Spekulation, also sind sie ihr Nichtwirklichkeiten; nun aber sind
sie teils doch, teils hat die Spekulation selbst es mit Wirklichkeiten zu tun, wie kann sie existieren, wenn sie nur 35
Nichtwirklichkeiten vor sich hat? »Wollen diese«, fährt der
Verf. fort, »aber doch eine Wirklichkeit behaupten, so

würde Wirklichkeit gegen Wirklichkeit auftreten (diese
zweite Wirklichkeit sind die spekulativen Einfälle des |
Vfs.), und eine davon müßte eine nur gemachte, falsche,
eingeschwärzte sein.« Was in solchem Drange die Spekula-
5 tion für einen Ausweg suche, gibt der Verf. auf seine Weise
an; ihm selbst aber muß es überlassen bleiben, die von ihm
erschaffene Verlegenheit zu heben. – Andere Krudidäten
seines Scharfsinns, z. B. S. 181, daß wir finden, daß die
Dinge keineswegs verschwinden, wenn wir auch unser
10 Bewußtsein über dieselben verschwinden machen, oder
S. 204, daß er gegen die in der Enzyklopädie betrachtete
Unmittelbarkeit beliebig angibt, was er mit dem Namen
unmittelbare Hervorbringungen belegt wissen, und daß
er noch willkürlicher die Vermittlung, die in allen Beispie-
15 len, die er anführt, am allernächsten in der Kategorie des
Hervorbringens selbst liegt, übersehen will – den langen
Zug von Trivialitäten durchmustern, sie zergliedern, widerlegen zu wollen, insofern sie Einwürfe, Belehrungen oder
Vernichtungen sein sollen, ist für sich unstatthaft. Aber voll-
20 ends untunlich wird es durch ein weiteres Ingredienz in diesem Gebräue, das womöglich noch abstoßender ist. Das
Verfahren, bei der Kritik einer Philosophie von der Philosophie zu abstrahieren und zwischen dem, was der Verf.
Wirklichkeit in Religion, Staat usf. nennt, und dem, was
25 er für faktische Resultate der kritisierten Philosophie, wie
den Homer für einen Trojaner, Vetter des Aeneas usf. ausgibt, eine äußerliche Vergleichung anzustellen, gibt das
wohlbewußte Mittel an die Hand, eine Philosophie durch
alle beliebigen Gehässigkeiten hindurchzuziehen. Dieses,
30 selbst in den Händen von dürftigen und schwachen Köpfen
sonst mächtige Mittel ist jedoch längst stumpfer geworden,
sei es durch Gleichgültigkeit gegen die Philosophie oder
gegen die Religion oder sei es aus einem tiefern und würdi-
gern Gefühle beider. Es ist das Verfahren, Religion über-
35 haupt, Christentum insbesondere und dessen nähere Lehren, die Dreieinigkeit, Christi Erscheinen, die Unsterblichkeit und überdem den Staat, wie diese Bestimmungen geist-

los in den nächsten besten positiven Ausdrücken aufgenommen werden, zusammenzustellen mit dem, was teils
faktisch falsch, teils so für die Resultate einer Philosophie
ausgegeben wird, indem es zu begrifflosen Worten verein-
zelt worden ist. Der Verf. steigert dies Verfahren vollends 5
zu einer transzendenten Virtuosität, indem er wissentlich
die Form der Wissenschaftlichkeit verkennt; derselbe Inhalt,
insofern er gedacht ist, ist für ihn dieser Inhalt nicht mehr.
Er ist so dürftig, immer dieselbe Polemik gegen die Form
des spekulativen Begriffes zu wiederholen, nur in immer 10
größerer Verworrenheit. S. 131 weiß er von einem Ansin-
nen »der Spekulation, nach welchem« die Wirklichkeit,
»Wahrheit als absolut wahr nur insofern entwickeln solle,
daß sie nicht auch in sich selbst Wahrheit sei« (man
versuche hierbei sich etwas zu denken!), »sondern ihre 15
höchste Sanktion erst aus einem Andern, wie z. B. dem
spekulativen Begriffe, entwickeln müsse« – wo hat der Verf.
gefunden, als in seiner eigenen Verkehrung, daß der wieder
beispielsweise angeführte spekulative Begriff etwas Ande-
res sein solle als die innere Wahrheit der | Wirklichkeit 20
selbst? Er fährt fort, »die Wahrheit der Wirklichkeit in
spekulativer Form sei dieser fremd« (dies Hauptargument
des Verfassers kann ihm bei der Unbestimmtheit der voraus-
gesetzten Wirklichkeit beliebig zugegeben werden und
ebensosehr auch nicht; die Wahrheit in Form der Religion 25
ist ebensosehr der Sonne, den Gestirnen usf., den Pflanzen
und den Tieren, auch dem Bedürfnis-Geschäftsleben der
Menschen fremd; die Sonne, die Gestirne usf., die Pflanzen, Tiere, Menschen sind ebensowenig Kunstwerke). Daß
der Vf. die Wissenschaften, freilich bei eingeschränkten 30
Kenntnissen von denselben, nicht aber den sich und die
Wirklichkeit in reinem Denken wissenden Geist als eine
Wirklichkeit gelten läßt, ist ein Belieben seiner Idiosynkra-
sie, welches, weil der Wirklichkeit die Wahrheit in spekulativer Form fremd sei, diese für »eine Fiktion« erklärt, 35
»ein Machwerk des spekulativen Begriffs, womit er sich
selbst und andere täusche.« – Die Kategorien Fiktion,

Machwerk, Täuschung, welche die dünkelvolle Unwissenheit des Vf. von spekulativer Wissenschaft gebraucht, können für ganz richtig auf die K u n s t angewendet betrachtet
werden; dessen ungeachtet gilt dem Vf. die Kunst für eine
5 Wahrheit der Wirklichkeit, ist eine seiner Sphären der
hohen Gegenstände und Wesenheiten der Menschheit. Seiner Menschheit macht es dann der Vf. im Gegensatze gegen
jenes spekulative Fingieren usf. sehr bequem mit ihrer
wahrhaften Wirklichkeit; »die W i r k l i c h k e i t«, sagt er,
10 »w e i ß ( ? ) nur, wenn man die h ö c h s t e W a h r h e i t finden will, daß man sich auf d i e h ö c h s t e n S t a n d p u n k t e
i h r e r, wie sie in der Wirklichkeit ist, stellen müsse.« Es ist
damit eine große Leichtigkeit angegeben, die Wahrheit zu
finden; man hat sich eben ohne weiteres auf d i e h ö c h s t e n
15 S t a n d p u n k t e zu stellen, oder auch ist nur ausgedrückt, daß
die W i r k l i c h k e i t – doch wohl n u r die des Vf. – von dem
Wege, wie zur Wahrheit zu gelangen sei, nur soviel anzugeben w e i ß. Schon vorher, S. 120, hatte er dem Glauben
solche Leichtigkeit zugeschrieben; »derselbe«, heißt es dort,
20 »g i b t m i t e i n e m M a l e i n d i e H a n d, was das Zählen,
Rechnen (darunter versteht er das Denken) mühselig zustande bringt«. Die oben angeführte »Durchmusterung« der
Wissenschaften, der Geographie und der Astronomie mag
den Lesern des Verf. wohl den Glauben in die Hand geben,
25 daß dessen wissenschaftliche Kenntnis nicht durch vieles
Zählen, Rechnen zustande gekommen ist, und in Ansehung
der Philosophie ist dem Refer. durch die Schrift des Verf.
der Glaube gleichfalls nahegelegt, daß sie nicht durch Gedanken, auch nicht durch schlichten Glauben dem Vf. in die
30 Hand gegeben worden ist. Der schlichte Glaube spreizt sich
nicht aus, über Wissenschaften mitzureden, außerhalb deren
er seine Stellung zu haben weiß, viel weniger betritt er den
finstern Weg der Gehässigkeit, des Hohns oder gar einer
vielleicht selbst skurril zu nennenden Laune. – Auf den
35 Grund der anzustellenden Vergleichung der philosophischen
Resultate mit der Wirklichkeit kann der Vf. S. 173 mit be | -
haglicher, satirisch-seinsollender Wohlmeinendheit »nicht

die Gelegenheit vorübergehn lassen«, Hrn. H. gegen einen
Vorwurf in Schutz (? welche gewichtige und wohlwol-
lende Protektion?) zu nehmen, der ihm in politischer Beziehung auf sein Philosophieren gemacht wird, als ob er sich
nämlich nur gewissen Ansichten zuliebe bequeme, die 5
Monarchie als die höchste, als die absolute Form des Staats
für den Begriff zu entwickeln. Von solchem Vorwurfe befreit indessen Hrn. H. am meisten (man sieht, daß dem Vf.
nicht der Begriff der Sache und das Beweisen aus demselben, sondern exoterische Beziehungen für das Meiste 10
gelten) dies, daß er, in einem Staate lebend, welcher nicht
im eigentlichen und entwickeltern Sinn konstitutio-
nell genannt werden kann (und warum nicht? verschweigt
der Vf. Der Name tut nichts zur Sache; welche der vielen
Theorien von einem konstitutionellen Staate er im Kopfe 15
habe, hätte er angeben und vor allem zeigen müssen, daß
seine Theorien etwas taugen), und beauftragt (?), über Naturrecht und Staatswissenschaft Vorlesungen zu halten, die
rein (?) konstitutionelle Monarchie seiner wissenschaftlichen Überzeugung nach als das Absolute einer Staats- 20
form, nicht die Monarchie an sich, aufstellt.« Der Vf.
bemüht sich, in behaglicher Gehässigkeit mit wiederholter
besonderer Anführung der Beauftragung solchen Widerspruch in geflissentlichern Zügen auszuführen; dies ist ihm,
wie seine Floskeln vom Absoluten einer Staatsform und 25
sein Abstraktum von einer Monarchie an sich, zu überlassen.

Die widrigste Seite der Schrift ist leider endlich auch
noch zu erwähnen, der traurige Kitzel des Verf., launig und
spaßhaft zu tun; es mag das eine Beispiel von dieser abge- 30
schmackten Sucht erwähnt werden, wo sie ihn bei der
Lehre von der Unsterblichkeit befällt. Diese Lehre ist außer
den politischen Insinuationen diejenige, die am häufigsten
gebraucht zu werden pflegte, auf eine Philosophie Gehässigkeit zu werfen. Für den Verf. – er findet die erwähnte 35
Lehre nicht in der Philosophie, die er zu betrachten vorgibt
– ist es nicht vorhanden, daß in dieser Philosophie der Geist

über alle die Kategorien, welche Vergehen, Untergang,
Sterben usf. in sich schließen, erhoben wird, unabgesehen
anderer ebenso ausdrücklicher Bestimmungen; er mag die
Lehren des Christentums etwa in der Form des Katechismus
5 erkennen, aber das Philosophische und derselbe Inhalt,
wenn er in philosophischer Form ist, existiert nicht für ihn.
Im Zusammenhang mit jener Lehre vermißt er auch den
Tod in jener Philosophie, S. 143, und umgekehrt, wenn
ihm einmal zu wenig vom Tod darin vorkommt, ist ihm
10 ein andermal zuviel darin. Bei der Angabe der Lebensalter
(§ 396 der Enzykl.), sagt der Vf., wäre der rechte Platz für
die Abhandlung des Todes gewesen, und tadelt es, daß er
zum Greisenalter nicht auch ausdrücklich den Tod genannt
findet (will der Vf. den Tod als ein Lebens|alter betrachtet
15 wissen? soll in der Todesanzeige von einem Menschen gesagt werden, er sei in das Lebensalter des Todes getreten?),
und indem er den Tod hier nicht findet und dann, wie es
scheint, an einem Übergange des Begriffes stockt, wird er
(Gottlob? heißt es irgendwo; hier möchte man ausrufen:
20 Gott sei's geklagt! er wird) – witzig?! – Er geht, in einem
sonst genug verworrenen Unzusammenhang, den Ref.
nicht zu entwirren im Stande war, zu der Konsequenz fort
zu fragen, »ob H. meine, bei lebendigem Leibe gen
Himmel gefahren zu sein? Derselbe würde erst den
25 letzten Beweis für die Richtigkeit seiner Philosophie, und
der ihm zugleich die allgemeinste Zustimmung sichern
würde, geben, wenn er wenigstens wie der ewige Jude
auf Erden nicht stürbe«. Hat der Vf. in der Freude über seinen Einfall nicht bedacht, daß er damit, nur wenigstens
30 so wie der Mann in der Legende nicht zu sterben, eine zu
leichte Forderung an den Beweis der Richtigkeit einer Philosophie gemacht hat? oder hält der Vf. im Ernste jene Legende für eine wahre Geschichte, wie die Zeitgenossen-
schaft und Vetterschaft Homers mit Aeneas?, so hätte er sich
35 noch weiter über die geistreiche Grundlage seines Einfalls
auslassen können, wie das geforderte Nichtsterben von ihm
und andern, für die damit ein Beweis geleistet werden

sollte, zu erleben wäre! – Für die Talentlosigkeit des Vf.
zum Spaßhaften, in welchem er es nicht über die dürre
Sucht des Hohnes hinausbringt, könnte noch sein Herum-
reiten auf einer Anspielung, die er auf die Redensart hic
Rhodus, hic salta und auf das bekannte Symbol der Ro- 5
senkreuzer, welches seine Unwissenheit nicht zu erkennen
scheint, gefunden hat, angeführt werden. Aber von derlei
Ingredienz trister Gereiztheit und eines anschuldigenden
und verunglimpfenden Unmuts ist die Schrift zu widrig angefüllt, um sich darauf, wie auf das damit ohnehin kontra- 10
stierende, fromme Aufspreizen mit Christentum, einlassen
zu können. Dieser Ton unglücklicher Gereiztheit, mit dem
Mangel an Kenntnissen und mit der Gehaltlosigkeit der
Vorstellungen verbunden, machen, wenn man sich auch
durch die steife, schwerfällige Wohlgesetztheit und die Un- 15
geschicklichkeit der Rede und des Stils durcharbeiten
wollte, den Gedanken vergehen, hier Einwürfe sehen und
das Vorgebrachte widerlegen zu wollen; eine Polemik, die
zum voraus sich erklärt, nicht in den Gegenstand eingehen
zu wollen und sich aus gehässigen Insinuationen und höh- 20
nisch sein wollenden Abgeschmacktheiten zusammensetzt,
ist zu ärmlich – man weiß nicht, ob es zuviel wäre, sie schä-
big zu nennen –, um sich nicht mit Ekel davon abzuwenden und sie nicht in der Meinung und in dem Genusse der
selbstgepriesenen, »gehörigen Tiefe und Gründlichkeit« 25
weiter ungestört zu lassen.

Hegel. |

# REDE ZUR DRITTEN SÄKULARFEIER
# DER AUGSBURGISCHEN KONFESSION

(den 25. Juni 1830)

Durch den hochwürdigen Senat ist mir der ehrenvolle Auftrag geworden, Anlaß und Grund der Feier klarzulegen, mit
der unter gnädiger Erlaubnis Seiner Majestät des Königs unsere Universität den heutigen Festtag zu begehen sich an-
schickt. Die unsterbliche Tat, deren Gedächtnis wir erneu-
ern, hat dem Bekenntnis und der Sicherung der religiösen
Lehre gegolten. Daher scheint es angemessen, daß die ehr-
würdige theologische Fakultät, die solche Fragen vorzugsweise angehen, den Hauptanteil an dem Vollzuge der Feier
trage; ihr hochansehnlicher Herr Dekan wird uns über die
Wichtigkeit des großen Ereignisses gebührend und mit um-
fassendem Wissen unterrichten. Möge, was wir von ihm
hören, sich tief in unsere Herzen einprägen. Nun hat aber
zu Augsburg nicht ein Verband von Doktoren der Theologie und Kirchenhäuptern das denkwürdige Werk vollbracht. Es hat nicht eine Disputation von Gelehrten stattgefunden, infolge deren dann die geistliche Obrigkeit die Bestimmung über die rechte Lehre getroffen und die Gemeinde der Laien verpflichtet hätte, diese Lehre anzunehmen und sich ihr in gläubigem Gehorsam zu unterwerfen.
Sondern die Bedeutung jenes Tages liegt hauptsächlich
darin, daß die Fürsten der deutschen Staaten und die Bürgermeister der Freien Reichsstädte durch ihr Bekenntnis zu
erkennen gaben, daß die Lehre des Evangeliums, die endlich von abergläubischen Bräuchen, Irrtümern, vielfältig-
stem Betruge und allem möglichen Unrecht und Frevel gereinigt worden sei, jetzt fertig erhaben über den ungewissen
Ausgang eines Streitgespräches, über die Willkür und jede
weltliche Gewalt dastehe und daß die Sache der Religion
von ihnen selbst in die Hand genommen wor│den ist. Damit erklärten sie zugleich, daß denen, die früher als Laien
galten, in Glaubenssachen ein eigenes Urteil zustehe; und

diese unschätzbare Freiheit haben sie grundsätzlich für uns alle erworben. Wenn es mir also obliegt, unsere Feier mit einigen Worten über die Sache selbst einzuleiten, so weiß ich freilich, daß ich wegen meiner geringen Gewandtheit im Reden um Entschuldigung bitten muß und der Nach- 5 sicht meiner hochzuverehrenden Zuhörer bedarf. Aber ich würde die Sache der Freiheit, die jener Tag, dessen wir heute gedenken, für uns gebracht hat, verraten, wenn ich mich deswegen entschuldigen würde, daß ich als sogenann- ter Laie über eine religiöse Frage spreche. Vielmehr scheint 10 dieser Teil der Feier, den ich gern übernommen habe, mir gerade deshalb aufgetragen worden zu sein, damit wir uns dieser erworbenen Vollmacht bedienen und ihren Besitz durch öffentliches Zeugnis bestätigen. Aus diesem Grunde habe ich von der Freiheit, die wir Nichttheologen durch die 15 Augsburgische Konfession erworben haben, sprechen zu müssen geglaubt.

Bis dahin war die christliche Welt in zwei Klassen gespal- ten, deren eine alle Rechtsbefugnisse, die der uns durch Christus gegebenen Freiheit entstammen, an sich gerissen 20 hatte, während die andere, zur Knechtschaft herabgedrückt, das verfügbare Eigentum jener freien Klasse war. Wir aber verstehen die christliche Freiheit so, daß jedermann für würdig erklärt ist, sich mit seinen Gedanken, seinen Gebe- ten und seiner Verehrung Gott zuzuwenden, daß jeder das 25 Verhältnis, das er zu Gott und Gott zu ihm hat, mit Gott selbst herstellt, Gott selbst aber es seinerseits im menschli- chen Geiste vollendet. Wir haben es nämlich nicht mit ei- ner Gottheit zu tun, die den Naturbestimmungen unter- worfen ist, sondern mit dem Gott, der die Wahrheit, die 30 ewige Vernunft und das Bewußtsein dieser Vernunft, d. h. Geist ist. Der Mensch aber ist nach Gottes Willen mit eben diesem Bewußtsein der Vernunft begabt und dadurch von den vernunftlosen Tieren unterschieden. Gott wollte ihn zu seinem Ebenbild und seinen Geist, der ein Funke des ewi- 35 gen Lichts ist, diesem Licht zugänglich machen. Außerdem hat Gott damit, daß der Mensch sein Ebenbild ist, | dem

sterblichen Geschlecht offenbart, daß er selbst das Urbild
der menschlichen Natur in sich trage. So hat er denn den
Menschen gestattet und geboten, ihn zu lieben, und ihnen
das unendliche Vermögen und Vertrauen geschenkt, sich
5 ihm zu nähern. Dieses höchste Gut, das er den Menschen
gewähren konnte, ist dann wieder verlorengegangen, indem das innerste Heiligtum der Seele, die einzige Möglichkeit, der einzige Boden für die heilige Gemeinschaft, mit
erlogenen Schrecken verunreinigt und durch schändlichen
10 Aberglauben verschüttet wurde. So war, wie durch eine
eherne Mauer, jene Beziehung zu Gott unterbrochen. Diese
Schranken aber, die aufgerichtet waren zwischen Gott und
der Seele, die vor Verlangen, ihm zu nahen, brannte, sind
Quelle und Ursprung der Knechtschaft geworden; denn die
15 göttliche Liebe ist ein freies und unendliches Verhältnis, und
wenn man ihm Grenzen zieht, so wird es auf die Art von
Gemeinschaft herabgesetzt, die zwischen Sterblichen üblich
ist. Das Heilige wird nach Art der irdischen Dinge betrachtet, die man mit Händen greifen, mit Waffengewalt beherr-
20 schen, ja kaufen und verkaufen kann und damit in sein Gegenteil verkehrt. In einer solchen Gemeinsamkeit haben
Tyrannei und Willkür ihren Platz; hier entsteht alles, was
in den Seelen, die der göttlichen Freiheit entfremdet sind,
an Schlechtem nistet, Ehrgeiz, Habgier, Haß und alle mög-
25 liche Gewalt und Willkür. So wurde in der Religion, die
der Mutterschoß der Freiheit war, die Christenheit in Herren und Knechte getrennt, und die Herrschaft der Gottlosigkeit schien kraft dieser Ordnung den Sieg davongetragen zu haben und für immer wiederhergestellt zu sein.
30    Aber das wahre Bewußtsein von Gott und seine unendliche Liebe zerbrachen diese Fesseln, und dem Menschen
ward der freie Zugang zu Gott wieder aufgetan. Was die
Häupter Deutschlands auf dem Reichstage zu Augsburg in
ihrem und ihrer Völker Namen eröffneten, war eben dies,
35 daß sie die Knechtschaft abtäten und den Laienstand ab-
schafften, wie die Theologen den geistlichen Stand auf-
gaben, und so beide überhaupt beseitigten. So wurde jener

verderblichen Spaltung ein Ende gemacht, die, weil es sich
| bei ihr nicht bloß um den zufälligen Vorrang einzelner
Menschen handelte, nicht nur die Kirche, sondern die Religion selbst verdorben, ja zerstört hatte. Zwar hatten auch
früher schon weltliche Fürsten an Konzilen teilgenommen,   5
z. B. an dem berühmten Konstanzer Konzil; aber sie hatten
da nicht etwa ihre eigene Meinung zu äußern, sondern sie
waren nur die ausführenden Organe der Geistlichkeit und
hatten das zu unterschreiben, was die Doktoren der Kirche
beschlossen, und danach als Henker den blutigen Sinn die-  10
ser Beschlüsse in die Tat, d. h. in Mord, umzusetzen. Der
Kaiser aber, der den Vorsitz auf dem Augsburger Reichstage
führte, handelte nicht aus gleichem Recht, aus gleicher
Freiheit, d. h. nicht aus göttlicher Autorität. Karl V., jener
Kaiser, dessen Macht sich so weit erstreckte, daß man sagte,   15
in seinem Reich gehe die Sonne nicht unter, derselbe, der
wenige Jahre vorher die Stadt Rom, den Sitz des Papstes,
mit allem nur erdenklichen Spott und Mutwillen gegen den
Papst selbst, seinen Truppen zur Eroberung, Plünderung
und Brandschatzung überlassen hatte, spielte sich damals in   20
Augsburg als Beschützer und Schirmherr der Kirche, mit
anderen Worten, als Gefolgsmann des Papstes, auf und erklärte, daß es seine Absicht sei, den Frieden der Kirche wiederherzustellen, und zwar im Sinne der alten Knechtschaft.
Er war mit der Beute, die ihm Ehrgeiz, Blutdurst und Gier   25
aus dem ganzen Erdkreis, aus Rom, ja vom gefangenen
Papste selbst herangeschleppt hatten, zufrieden; aber den
unsterblichen Ruhm des herrlichen Sieges über die Tyrannei, die sich die Herrschaft über die Religion angemaßt
hatte, überließ er den anderen. Seiner Taubheit blieb es   30
verborgen, daß Gott, der droben thront, selbst die Herrschaft habe, daß es Gottes eigene Posaune sei, die den wun-
derbaren Klang der christlichen Freiheit erschallen ließ. Er
war dem heiligen Geist, der seine Zeit ergriffen hatte, nicht
gewachsen.   35
    Daß aber die, die diesen Klang vernommen hatten und
die sich schon zur wahren Freiheit durchgedrungen glaub-

ten, noch nicht wirklich frei, sondern nur Freigelassene waren, scheint seinen Grund darin zu haben, daß sich die Lan-
desfürsten und Bürgermeister der Sache angenommen |
hatten. Es ist in der Tat unvermeidlich, daß Gemüter, die
5 eben erst den Fesseln des Aberglaubens entronnen sind,
noch unter dem Joche der Rechts- und Staatsform stehen,
die der jeweiligen Religionsform entspricht. Die Religion
läßt sich nicht in die Einsamkeit des Herzens einschließen
und vom vernünftigen Handeln sowie von der Einrichtung
10 des Lebens trennen. Ihre Macht und Bedeutung ist so groß,
daß nichts, was zum menschlichen Leben gehört, sich ihrer
Einwirkung entzieht. Deshalb ist es notwendig, daß mit der
Erneuerung der Religion auch die Grundsätze des Staates
sowie des bürgerlichen und sittlichen Lebens sich ändern.
15 Und so war das, was unser Luther unternommen hatte,
allerdings eine große Umwälzung. Dadurch aber, daß es
Fürsten und bürgerliche Obrigkeiten waren, die die Augsburgische Sache in feierlicher Form beschlossen, wurde ur-
kundlich festgelegt, daß sie durch freiwilligen und öffent-
20 lichen Ratschluß, nicht durch den Druck der Masse zustande gekommen, daß die Hoheit und die Geltung der
Gesetze und der Regierungen nicht verletzt worden ist.
Vielmehr standen die Regierenden an der Spitze von rechtmäßig geführten Ländern und Untertanen.
25   Freilich haben einige gegen diese Auffassung eingewandt,
daß man zwischen dem Anfang und der fertigen Gestalt unterscheiden müsse; wenn auch der Ausgang und Abschluß
die Reformation zu einer legalen Sache gemacht habe, so
sei dennoch ihr Beginn nicht minder sündhaft gewesen. Lu-
30 thers Tat soll nicht einfach der Glaubenslehre gegolten, sondern sich gegen die bestehende Rechtsordnung gerichtet
haben. Man erklärt, daß es dem Umsturz gleichkomme,
wenn eine solche Ausflucht und ein Schein des Rechts dadurch herzustellen versucht wird, daß man den Erfolg zum
35 Prüfstein der Sache macht und den Sieger für rechtmäßig,
den Unterlegenen aber für schuldig hält. Wenn also jene
siegreiche Sache Gott gefallen haben sollte, so hat sie sol-

chen Catonen natürlich mißfallen, eben weil die unter-
legene Sache einst die rechtmäßige gewesen sei. Zweifels-
ohne ist die Lehre, die sie vertreten, von größter Bedeutung, daß nämlich den Bürgern nichts heiliger sein müsse
als der Gehorsam, den sie den Gesetzen, und | die Ehrer- 5
bietung und Treue, die sie ihrem Landesherrn schuldig sind.
Es sei mir jedoch gestattet, in diesem Zusammenhang auf
die Worte Ciceros über Sokrates und Aristipp hinzuweisen:
»Keineswegs«, sagt er, »darf sich jemand dem Wahne hinge-
ben, daß, weil jene Männer gegen Sitte und bürgerliches 10
Herkommen gehandelt oder geredet haben, ihm dasselbe
zustehe; denn jene haben sich durch große, göttliche Gaben
das Recht dazu erworben.« Wieviel größer aber und göttlicher als die Gaben, von denen Cicero hier spricht, sind die
Güter, deren Gewinn wir heute freudig preisen; um wieviel 15
berechtigter und gerechter war deshalb auch die Vollmacht,
kraft deren Luther und seine Freunde, aber nicht sie allein,
sondern mit ihnen die Landesherren und Bürgermeister,
von dem, was vordem in der bürgerlichen Ordnung für
recht und gesetzmäßig galt, gar manches geändert und er- 20
neuert haben! Möchten doch lieber alle, die das Werk der
Erneuerung des evangelischen Glaubens in dieser Weise
verurteilen, sich wohl in acht nehmen, daß sie bei ihrer Beredtsamkeit wider Luthers umstürzlerisches Gebaren sich
ihres eifrigen Gehorsams gegen Staatsgesetz und Obrigkeit 25
nicht nur darum rühmen, weil sie eine göttliche Wahrheit
überhaupt leugnen und jene Glaubenslehre als menschliche
Erfindung und Einbildung betrachten.

Aus demselben Grunde pflegen diese Leute ihr Bedauern
darüber auszusprechen, daß in Augsburg ein Lehrbekenntnis 30
aufgestellt worden ist; denn dadurch hätten die, die sich
ihrer Freiheit gerühmt, eigentlich nur ihre Ketten gewechselt. Man meint nämlich, daß es keine allgemeine Wahrheit
gebe, sondern daß nur die eigene Meinung als gewiß gelten
könne und daß es das Wesen der Freiheit sei, von dem, was 35
allgemein gilt, nach Belieben abzuweichen. Aber wer diejenigen, die die Magna Charta der evangelischen Kirche,

mit der diese sich öffentlich begründet und eine Verfassung
gegeben hat, bezichtigt, ihr Fesseln angelegt zu haben, ver-
gißt, daß gerade innerhalb der auf diesem Bekenntnis begründeten Gemeinschaft jener unermüdliche Drang erwacht
5 ist, durch sinnliche Wahrnehmung und Denken alle gött-
lichen und menschlichen Dinge | zu erforschen, daß infol-
gedessen der Geist nichts unerprobt, nichts unberührt gelassen und der Menschheit alle Gebiete der Bildung, der freien
Künste und Wissenschaften wiedergegeben, ja mehr als das,
10 sie mit neuer, unendlicher Leidenschaft belebt und vermehrt hat. So sehen wir sie täglich in beständigem kräftigen
Fortschreiten und Wachsen, zugleich mit der Freiheit, die
jedem den Zugang zu diesen Studien eröffnet hat, und
ebenso mit der Notwendigkeit, daß jeder zur eigenen Ein-
15 sicht in das, was recht, was wahr, was göttlich ist, von allen
Seiten aufgefordert, angetrieben und ermuntert wird. –
Doch genug von den Fesseln, die jeder öffentlich geltenden
Lehre anhaften sollen. Diese Auseinandersetzung würde
nicht nur mich wegen der Schwierigkeit der Sache zu weit
20 von meinem Thema abführen, sondern auch wegen der
vielfachen Verdächtigung und Mißgunst, wovon schon gesprochen, zu unerfreulich sein und wenig zu der frohen
Stimmung des heutigen Tages passen. Darum genüge der
Hinweis, daß jene überreiche Saat unmöglich auf dem Bo-
25 den der Knechtschaft hat aufgehen können. Welche Kraft
aber den erneuerten religiösen Lehren in bezug auf die Verbesserung der Gesetze und Einrichtungen des bürgerlichen
Lebens innewohnt, hat sich schon zu Beginn der Reformation, besonders aber in unseren Tagen deutlichst gezeigt.
30 Gestatten Sie mir nun, daß ich auf das Wesen dieser evangelischen Lehre, die sich auf unser eigentliches Thema bezieht, etwas genauer eingehe!

Zunächst sehen wir, wie gesagt, jene Spaltung beseitigt,
die nicht nur in das innerste Heiligtum der Seele die Zerris-
35 senheit hineintrug, sondern auch den Staat in zwei verschiedene öffentliche Gewalten trennte. Statt ihrer herrscht nun
die Erkenntnis, daß nach Gottes Willen der Staat eins in sich

sein soll und das Recht des Gemeinwesens wie die sittliche
Pflicht der Bürger durch Gott anerkannt ist. Die fürstliche
Gewalt und die Kirche sind so zur Versöhnung gelangt;
während jene sich dem göttlichen Willen verbunden weiß,
verzichtet diese auf unrechtmäßige Machtansprüche. Das 5
Bedeutsamste hierbei scheint mir die Tat|sache zu sein, daß
es sich nicht um irgendein zufälliges und äußerliches Übereinkommen zwischen Fürsten und Theologen handelte,
sondern daß sich die Grundsätze von Religion und Staat
selbst mit dem innersten Wesen der Wahrheit zu einem 10
echten Frieden verbanden. Der Grund, der damals gelegt
worden ist, hat sich mit der Zeit in naturgemäß langsamer
Entwicklung so reich entfaltet, daß er schließlich in jedes
Gebiet des menschlichen Lebens eingedrungen ist und die
ganze Lehre vom sittlichen Handeln des Menschen verän- 15
dert hat.

Vergegenwärtigen wir uns deshalb einmal, hochzuvereh-
rende Hörer, welches die sittlichen Pflichten des Menschen
sind und wie die alte Kirche sie durch ihre Lehre bekämpft,
ja in ihr Gegenteil verkehrt hat. Es sind die allgemein be- 20
kannten, erstens die Pflichten, die sich auf die Familie beziehen, die Liebe der Ehegatten, der Eltern und Kinder untereinander, sodann die Rechtlichkeit, die Billigkeit und das
Wohlwollen gegen andere, die Gewissenhaftigkeit und
Redlichkeit in der Verwaltung des Eigentums, und schließ- 25
lich die Liebe zu König und Vaterland, zu deren Verteidigung wir auch das eigene Leben einsetzen müssen. Die unsterblichen Beispiele dieser Tugenden, die uns die Griechen
und Römer zur Bewunderung und Nachahmung hinterlas-
sen haben, sind von den Kirchenvätern als glänzende Laster 30
gebrandmarkt worden. Und so hat denn auch die römische
Kirche diesen Tugenden und den Bestimmungen über das,
was recht und sittlich gut ist, ein anderes Ideal des Lebens
gegenübergestellt und vorgezogen, nämlich die Heiligkeit. Wir müssen zwar zugeben, daß die auf dem Christen- 35
tum ruhende Heiligkeit, wenn sie aus Liebe zu Gott fließt,
weit vortrefflicher und heiliger ist als alles, was nicht aus

dieser Quelle stammt. Aber wir behaupten und halten dafür,
daß alle die Pflichten, die das Familienleben, die Beziehungen der Menschen untereinander, das Vaterland und die
Obrigkeit betreffen, in Gottes Willen ihren Grund haben
5 und daß deshalb die zugehörigen Tugenden durch die
christliche Frömmigkeit, d. h. durch die Liebe zu Gott und
seinem Willen immer nur bekräftigt, niemals aber dieser
wegen verachtet, verworfen und | beiseite gesetzt werden
können. Durch die Gebote der Heiligkeit aber, wie die rö-
10 mische Kirche sie aufgestellt und ihren Gläubigen vorgeschrieben hat, werden jene Pflichten und Tugenden wankend gemacht und zugrunde gerichtet. Um zu beweisen,
daß dies keine leere und eitle Behauptung ist, wollen wir
auf das einzelne eingehen.
15   Erstens hat die römische Kirche gelehrt, daß die Ehe-
und Kinderlosigkeit dem Ideal der Liebe und Frömmigkeit
näherkomme als das Familienleben. Gewiß werden wir
durch die Natur zu dieser Gemeinsamkeit hingetrieben,
aber nur die vernunftlosen Tiere bleiben bei dem, wozu die
20 Natur sie treibt. Wahrhaft menschlich ist es dagegen, diesen
Trieb zu einer dauernden Gemeinschaft der Liebe und Achtung zu machen. Fürwahr, wenn die Alten die Göttin Ve-
sta, die Laren und Penaten gläubig als Beschützer der Familie verehrten, so hatten sie das richtige Gefühl, daß in ihr
25 etwas Göttliches enthalten sei, vor der Kirche voraus, die in
der Verachtung der Ehe etwas Heiliges sehen zu können
glaubte. Es erübrigt sich zu erwähnen, welch eine heillose
Sittenverderbnis dieses Gebot der Unfruchtbarkeit zur Folge
hatte; weiß man doch zur Genüge, daß unter den Geist-
30 lichen, die zu dieser Art von Heiligkeit gezwungen waren,
die meisten und gerade die höchsten Würdenträger Männer
von äußerster Zucht- und Zügellosigkeit waren. Man wendet zwar ein, daß eine solche Lasterhaftigkeit nicht dem Gebot zuzurechnen, sondern die Schuld menschlicher Be-
35 gierde und Verdorbenheit sei. Das ändert aber nichts daran,
daß Gott die Pflichten, die er den Menschen als heilige Gebote auferlegt hat, verbindlich für alle hat machen und sich

den Angehörigen aller Stände, die Ihn lieben, in gleicher
Weise hat offenbaren wollen. Wenn aber – was freilich un-
gereimt ist – auf Grund jenes Gebots der Heiligkeit allen
Menschen die Ehe untersagt werden könnte, dann würde
die Grundlage aller Ehre und sittlichen Zucht zerstört; denn 5
daß diese das innige Verhältnis der Eltern und Kinder zueinander ist, steht außer Frage.

Zweitens hat die Kirche die Armut zu einer religiösen
Tugend gemacht. Das bedeutet aber, daß sie auf den Fleiß
| und die Redlichkeit in der Pflege und Verwaltung des 10
Eigentums, auf die Gewissenhaftigkeit beim Erwerb irdischen Gutes, das doch ebenso zum Lebensunterhalt notwendig ist, wie es zur Hilfeleistung an andere dient, nur wenig
Wert legt und der Arbeit den Müßiggang, dem Streben die
Nachlässigkeit, der Vorsorge und Redlichkeit die Gleich- 15
gültigkeit vorzieht. So hat sie den Geistlichen durch das Ge-
lübde oder vielmehr den falschen Schein der Armut den
Weg zur Habsucht und Üppigkeit freigegeben. Denn wenn
die Kirche Besitz und Erwerb von Reichtümern ver-
dammte, so hatte sie offenbar dafür sorgen wollen, daß die 20
Geistlichen allein im Besitz von Geld und allen den Reichtümern seien, die sich die andern törichter- oder gar ruch-
loserweise erworben hatten.

Diesen beiden Geboten hat die Kirche drittens, und zwar
als Krone von allen, den blinden Gehorsam und die Un- 25
terwerfung des menschlichen Verstandes hinzugefügt. Hiernach hebt uns die Liebe zu Gott nicht etwa zur
Freiheit empor, sondern sie stößt uns in die Knechtschaft
hinab; denn wir sollen nicht in den Kleinigkeiten, die dem
Zufall und dem Belieben jedes einzelnen überlassen sind, 30
sondern in den wichtigsten Dingen, in der Erkenntnis dessen, was recht, was sittlich, was Gott wohlgefällig ist, und
in der Einrichtung unseres Lebens unfrei sein – offenbar damit die, die sich selbst die Knechte, ja die Knechte der
Knechte nennen, das Privatleben wie das Hauswesen be- 35
herrschen und die Herren über den Staat wie die Fürsten
sein könnten.

Niemand, der gegen Andersgläubige duldsam ist und den
grausamen Religionshaß, der die Völker so lange und anhaltend beunruhigt hat, endlich beigelegt und nie wieder auf-
leben sehen möchte, wird bestreiten können, was ich gesagt
5 habe, daß nämlich diese Regeln der Heiligkeit wirklich von
der römischen Kirche gelehrt werden, daß sie die ganze
Lebensauffassung bestimmen und alle Gerechtigkeit und
Sittlichkeit in Verwirrung bringen und umkehren. Deshalb
haben die deutschen Fürsten zu Augsburg durch ihre Erklä-
10 rung nicht nur die Heiligkeit, die sich der römische Papst
angemaßt hatte, sondern auch die viel be|denklicheren,
weil höchst schädlichen Heiligkeitsgebote abgeschafft und
dadurch den Staat mit Gott und Gott mit dem Staate versöhnt. Der Widerspruch, daß vor den Menschen die bürger-
15 lichen Gesetze und die sittlichen Gebote, vor Gott aber etwas ganz anderes gelten solle, ist gelöst und damit eine
Zweideutigkeit und Verwirrung behoben worden, dank
deren die Frevler den Erlaß ihrer Sünden und Missetaten
beanspruchen, die Guten aber entweder zum Widerstand
20 gegen die Obrigkeit und zu Verbrechen verführt oder in
Läppischkeiten und geistiger Trägheit belassen werden
konnten. Seitdem hat das Bewußtsein vom Willen Gottes
aufgehört, von dem Bewußtsein dessen, was wahr und recht
ist, unterschieden zu sein.

25 Der Mensch kann zu keinem Gesetz ein festes Vertrauen
gewinnen, wenn er nicht überzeugt ist, daß es der Religion
nicht nur nicht widerspricht, sondern in ihr seinen Ursprung hat. Freilich wird heute von vielen hochangesehe-
nen und geistvollen Männern behauptet, daß die Trennung
30 der Religion vom Staat erst die wahre Weisheit sei. Aber
das ist ein schwerer Irrtum. Dem menschlichen Geist ist das
Wissen von Gott die Quelle alles sittlichen Handelns, das sicherste und höchste Prinzip. Was nicht aus ihm abgeleitet
und durch den Willen Gottes geheiligt ist, kann, da es als
35 Ausgeburt zufälliger Willkür oder angemaßter Gewalt erscheint, die Menschen nicht wahrhaft verpflichten und zu
freudigem Gehorsam bewegen. Daher kann man die Tor-

heit derer nicht scharf genug geißeln, die meinen, es lasse
sich eine Reform der staatlichen Einrichtungen und Gesetze
durchführen, ohne die wahre Religion wiederherzustellen,
der jene gemäß sein müssen. Die bürgerliche Freiheit und
Gerechtigkeit ist einzig und allein die Frucht der errunge- 5
nen Freiheit in Gott. Den Irrtum derer, die das Wesen
dieser Sache nicht einsehen, hat in unseren Zeiten ein
furchtbarer Lehrmeister, die geschichtliche Wirklichkeit, in
nachdrücklichster Weise widerlegt. In allen Staaten der
katholischen Welt, wo den höheren Ständen schon eine kla- 10
rere Einsicht in das, was sittlich und recht ist, aufgegangen
war, ist der Versuch gemacht worden, die bürgerlichen Ge-
setze und Sitten zu erneuern. Die Fürsten haben teils | ein-
gewilligt, teils widerstrebt; da aber die Religion im Wege
stand, so waren alle diese Versuche schon von vornherein 15
mit einem Makel behaftet, und schließlich sind wir Zeugen
davon gewesen, wie sie unter dem Wust von Schändlich-
keiten und Übeln begraben wurden und schließlich zur
Schmach und Schande ihrer Urheber kläglich scheiterten.

Uns dagegen ist durch Gottes gnädige Vorsehung das 20
Glück zuteil geworden, daß die Grundsätze unseres Glaubens und die Gesetze des Staats übereinstimmen. Vor drei-
hundert Jahren sind die Fürsten und Völker Deutschlands
zuerst dahin gekommen; dann aber mußten sie selbst und
ihre Nachfahren in langen, schweren Kriegsnöten für die 25
alte, furchtbare Schuld der Fälschung des christlichen Glaubens büßen und entsühnt werden, ehe sie sich das Gut end-
gültig sichern konnten, das wir nun als unser kostbarstes
Erbteil von ihnen übernommen haben: die auf Freiheit
gegründete Einigkeit zwischen der weltlichen Ordnung 30
und dem Glauben, und zwar dem evangelischen. Denn daß
sie den eigentümlichen Vorzug eben des evangelischen
Bekenntnisses ausmacht, das haben wir uns soeben zum Bewußtsein gebracht. Dieser Einigkeit danken wir den erfreulichen Erfolg, daß alle heilsamen und nutzbringenden Fort- 35
schritte, zu denen der menschliche Geist durch die Notwendigkeit der Sache geführt worden ist, um die Freiheit

zu mehren, die Gesetze zu verbessern, die Einrichtungen
des Staats bequemer und angemessener zu machen, ohne innere Unruhe und äußeren Aufruhr unter der Leitung und
auf Grund der Einsicht und des rechten Sinnes der Regie-
5 renden selber in friedlicher Entwicklung durchgeführt werden konnten. Lassen sie mich das Wichtigste besonders erwähnen! Wir haben recht, wenn wir uns der Frömmigkeit
unserer Fürsten freuen. Denn wir brauchen sie nicht zu
fürchten wie jene verhängnisvolle, Schrecken verbreitende
10 Frömmigkeit, die die französischen Könige getrieben hat,
gegen ihre evangelischen Untertanen, ob vornehm oder ge-
ring, mit Mord, Raub und Grausamkeit aller Art wüten zu
lassen, ja mit eigener Hand zu wüten. Durch solche Schänd-
lichkeiten, die ihre Religion ihnen gebot, haben sie den
15 Namen der Frömmigkeit entehrt. Die evangelischen | Für-
sten dagegen wissen, daß ihre Frömmigkeit sie dazu verpflichtet, ihren Staat nach den ewigen Grundsätzen der Gerechtigkeit zu gestalten und zu verwalten und ihrem Volke
die Sicherheit des Daseins zu gewährleisten. Von einer Hei-
20 ligkeit, die damit nicht übereinstimmt, wollen sie nichts
wissen.

So gibt uns die Frömmigkeit unserer Fürsten den festen
Grund zu unbesorgtem Vertrauen und knüpft zwischen ihnen und uns das Band der Liebe. Wenn wir jedes Jahr zum
25 Geburtstag unseres gnädigen Königs Friedrich Wilhelm die
Augen zu ihm erheben und der Wohltaten gedenken, die
er hiesiger Universität in so reichem Maße hat zukommen
lassen, so wollen wir heute seine hohe Frömmigkeit, den
Quell aller Tugenden, freudig lobpreisen. Da sie die Bürger
30 unmittelbar angeht, wollen wir sie pflegen, verehren und
uns ihrer glücklich preisen. Unsere freudige Verehrung erhält dadurch eine ganz besondere Bedeutung, daß die ganze
evangelische Welt innerhalb und außerhalb der Grenzen
Deutschlands sich der Wichtigkeit ihrer Sache bewußt ist,
35 daß sich die aufrichtige Bewunderung und die frommen
Wünsche aller derer, die sich dieser Freiheit erfreuen, dem
zuwenden, den sie als zuverlässigen Schirmherrn der evan-

gelischen Lehre und ihrer Freiheit anerkennen. Möge der allmächtige Gott unserm lieben König und seinem erlauchten Hause allzeit die hohen Güter erhalten und mehren, mit denen er Frömmigkeit, Gerechtigkeit und Milde immerdar belohnt! |

5

## ÜBER DIE ENGLISCHE REFORMBILL
(1831)

Die dem englischen Parlamente gegenwärtig vorliegende
Reformbill beabsichtigt zunächst, in die Verteilung des An-
5 teils, welchen die verschiedenen Klassen und Fraktionen des
Volks an der Erwählung der Parlamentsglieder haben, Gerechtigkeit und Billigkeit dadurch zu bringen, daß an die
Stelle der gegenwärtigen bizarrsten, unförmlichsten[1] Unre-
gelmäßigkeit und Ungleichheit, die darin herrscht, eine
10 größere Symmetrie gesetzt werde. Es sind Zahlen, Lokalitäten, Privatinteressen, welche anders gestellt werden sollen;
aber es sind zugleich in der Tat die edlen Eingeweide, die
vitalen Prinzipien der Verfassung und des Zustandes Groß-
britanniens, in welche jene Veränderung eindringt. Von
15 dieser Seite verdient die vorliegende Bill besondere Aufmerksamkeit, und diese höhern Gesichtspunkte, die in den
bisherigen Debatten des Parlaments zur Sprache gekommen
sind, hier zusammenzustellen, soll der Gegenstand dieses
Aufsatzes sein.
20 Daß die Bill im Unterhause einen so vielstimmigen
Widerspruch gefunden und die zweite Lesung nur durch
den Zufall Einer Stimme durchgegangen ist, kann nicht
verwundern, da es gerade die[2] im Unterhause mächtigen
Interessen der Aristokratie sind, welche angegriffen und re-
25 formiert werden sollen. Wenn alle diejenigen, die teils persönlich, teils aber deren Kommittenten, an bisheriger Be-
vorrechtung und Gewichte | verlieren sollen, sich der Bill
entgegensetzten, so würde sie sogleich auf das Entschieden-
ste die Majorität gegen sich haben. Die, welche die Bill -
30 eingebracht, konnten sich nur darauf verlassen, daß nun-

---

[1] bizarrsten, unförmlichsten] *fehlt in* D
[2] die] *D:* die auch

mehr gegen die Hartnäckigkeit der Privilegien das Gefühl
der Gerechtigkeit in denen selbst mächtig geworden, welche ihren Vorteil in jenen Bevorrechtigungen haben; ein
Gefühl, das eine große Unterstützung an dem Eindruck der
Besorgnis bekam, welchen bei den interessierten Parla- 5
mentsgliedern das benachbarte Beispiel Frankreichs hervorbrachte; die beinahe allgemeine Stimme, die sich in England
über das Bedürfnis einer Reform aussprach, pflegt im Parlamente immer als ein höchst wichtiges Motiv geltend gemacht zu werden. Wenn aber auch die öffentliche Stimme 10
von Großbritannien ganz allgemein für Reform in der Ausdehnung oder Beschränkung wäre, wie die Bill sie vor-
schlägt, so müßte es noch erlaubt sein, den Gehalt dessen zu
prüfen, was solche Stimme verlangt, um so mehr, als wir in
neuern Zeiten nicht selten erfahren haben, daß ihre Forde- 15
rungen sich unausführbar oder in der Ausführung unheil-
bringend zeigten und daß die allgemeine [Stimme] sich nun
ebenso heftig gegen dasjenige kehrte, was sie kurz vorher
heftig zu verlangen und gutzuheißen schien. Die Alten,
welche in den Demokratien, denen sie von ihrer Jugend an 20
angehörten, eine lange Reihe von Erfahrungen durchgelebt
und gleich ihr tiefsinniges Nachdenken darauf gewandt haben, hatten andere Vorstellungen von der Volksstimme, als
heutzu|tage mehr a priori gang und gebe sind.

  Die projektierte Reform geht von der unbestreitbaren 25
Tatsache aus, daß die Grundlagen, nach welchen der Anteil
bestimmt worden war, den die verschiedenen Grafschaften
und Gemeinden Englands an der Besetzung des Parlaments
hatten, im Verlaufe [der] Zeit sich vollkommen geändert
haben, daß damit die Rechte solchen Anteils von den Prin- 30
zipien der Grundlagen selbst vollkommen abweichend und
allem widersprechend geworden sind, was in diesem Fache,[1]
in diesem Teile einer Verfassung als gerecht und billig dem
einfachsten Menschenverstand einleuchtet. Einer der bedeu-

---

[1] in diesem Fache,] *fehlt in D*

tendsten Gegner der Bill, Robert Peel, gibt es zu, daß es
leicht sein möge, sich über die Anomalien und Absurdität
der englischen Verfassung auszulassen, und die Widersinnig-
keiten sind in allen ihren Einzelnheiten in den Parlaments-
5 verhandlungen und in den öffentlichen Blättern ausführlich
dargelegt worden. Es kann daher hier genügen, an die
Hauptpunkte zu erinnern, daß nämlich Städte von geringer
Bevölkerung oder auch deren – und zwar sich selbst ergän-
zende – Magistrate, mit Ausschluß der Bürger, sogar auf
10 zwei bis drei Einwohner (und zwar Pächter) herabgekom-
mene Flecken das Recht behalten haben, Sitze im Parlament
zu vergeben, während viele in spätern Zeiten emporgekom-
mene blühende Städte von hunderttausend und mehr Be-
wohnern von dem Rechte solcher Ernennung ausgeschlos-
15 sen sind, wobei zwischen diesen Extre|men noch die größte
Mannigfaltigkeit sonstiger Ungleichheit vorhanden ist. Als
eine nächste Folge hat sich ergeben, daß die Besetzung einer
großen Anzahl von Parlamentsstellen sich in den Händen
einer geringen Zahl von Individuen befindet, wie berechnet
20 worden, die Majorität des Hauses in den Händen von 150
Vornehmen, daß ferner die noch bedeutendere Anzahl von
Sitzen käuflich, zum Teil ein anerkannter Handelsgegen-
stand [ist], so daß der Besitz einer solchen Stelle durch Bestechung, förmliche Bezahlung einer gewissen Summe an
25 die Stimmberechtigten erworben wird oder überhaupt in
vielfachen andern Modifikationen sich auf ein Geldverhält-
nis reduziert. |

Es wird schwerlich irgendwo ein ähnliches Symptom von
politischer Verdorbenheit eines Volkes aufzuweisen sein.
30 Montesquieu hat die Tugend, den uneigennützigen Sinn
der Pflicht gegen den Staat, für das Prinzip der demokratischen Verfassung erklärt; in dem englischen hat das demo-
kratische Element ein bedeutendes Gebiet in der Teilnahme
des Volkes an der Wahl der Mitglieder des Unterhauses –
35 der Staatsmänner, welchen der wichtigste Teil der über die
allgemeinsten Angelegenheiten beschließenden Macht zukommt. Es ist wohl eine ziemlich übereinstimmende An-

sicht der pragmatischen Geschichtsschreiber, daß, wenn in
einem Volke in die Wahl der Staatsvorsteher das Privatinteresse und ein schmutziger Geldvorteil sich überwiegend
einmischt, solcher Zustand als der Vorläufer des notwendigen Verlusts seiner politischen Freiheit, des Untergangs 5
seiner Verfassung und des Staates selbst zu betrachten sei.
Dem Stolze der englischen Freiheit gegenüber dürfen wir
Deutsche wohl anführen, daß, wenn auch die ehemalige
deutsche Reichsverfassung gleichfalls ein unförmliches Aggregat von partikulären Rechten gewesen, dieselbe nur das 10
äußere Band der deutschen Länder war und das Staatsleben
in diesen, in Beziehung auf die Besetzung und die Wahl-
rechte zu den in ihnen bestandenen Ländern, nicht solche
Absurdität[1], wie die erwähnte, noch weniger jene alle
Volksklassen durchdringende Verdorbenheit[2] in sich hatte. 15
Wenn nun auch neben dem demokratischen Elemente das
aristokratische in England eine so höchst bedeutende Macht
ist und es den rein aristokratischen Regierungen wie Vene-
dig, Genua, Bern usf. zum Vorwurf gemacht worden, daß
sie ihre Sicherheit und Festigkeit in dem Versenken des von 20
ihnen beherrschten Volks in gemeine Sinnlichkeit und in
der Sittenverderbnis desselben finden, und wenn es ferner
selbst | zur Freiheit gerechnet wird, seine Stimme ganz
nach Gefallen, welches Motiv den Willen bestimme, zu geben, so ist es als ein gutes Zeichen von dem Wiedererwa- 25
chen des moralischen Sinnes in dem englischen Volke anzuerkennen, daß eines der Gefühle, welche das Bedürfnis
einer Reform herbeigeführt, der Widerwille gegen jene
Verworfenheit[3] ist. Man wird es gleichfalls für den richtigen
Weg anerkennen, daß der Versuch der Verbesserung nicht 30
mehr bloß auf moralische Mittel der Vorstellungen, Ermah-
nungen, Vereinigung einzelner Individuen, dem Systeme
der Korruption nichts zu verdanken und ihm entgegenzu-

---

[1] Absurdität] *D:* Anomalie
[2] Verdorbenheit] *D:* Eigensucht
[3] Verworfenheit] *D:* Verderbtheit

arbeiten, gestellt werden soll, sondern auf die Veränderung
der Institutionen; das gewöhnliche Vorurteil der Trägheit,
den alten Glauben an die Güte einer Institution noch immer
festzuhalten, wenn auch der davon abhängende Zustand
5 ganz verdorben ist, hat auf diese Weise endlich nachgege-
ben. Eine durchgreifendere Reform ist um so mehr gefordert worden, als die bei dem Eintritt jeden neuen Parlaments aus Veranlassung der Anklagen wegen vorgefallener
Bestechung entstehenden Propositionen zu einer Verbesse-
10 rung ohne bedeutenden Erfolg blieben; als selbst der kürzlich gemachte, sich sosehr empfehlende Vorschlag, das
wegen erwiesener Bestechung einem Flecken genommene
Wahlrecht auf die Stadt Birmingham überzutragen und da-
mit eine billige Geneigt|heit selbst zu einer höchst ge-
15 mäßigten Abstellung der auffallendsten Ungleichheit zu be-
zeigen, durch ministerielle Parlamentstaktik besonders des
sonst für freisinniger gepriesenen Ministers Peel wegmanö-
vriert worden war und ein im Beginn der Sitzung des gegenwärtigen Parlaments genommener großer Anlauf sich
20 darauf reduziert hat, daß den Kandidaten verboten worden,
Bänder an die ihnen günstig gesinnten Wähler ferner aus-
zuteilen. Die Anklagen eines zur Wahl berechtigten Orts
wegen Bestechung und die Untersuchungen und der Prozeß
darüber waren, da die Mitglieder der beiden Häuser, wel-
25 che die Richter über solches Verbrechen sind, in überwie-
gender Anzahl in das System der Korruption verwickelt
sind und im Unterhaus die Mehrzahl ihre Sitze demselben
verdankt, für bloße Farcen und selbst für schamlose Proze-
duren zu offen und zu laut erklärt worden, als daß auf sol-
30 chem Wege auch nur einzelne Remeduren mehr erwartet
werden konnten.

Der im Parlament gegen Angriffe auf positive Rechte
sonst gewöhnliche Grund, der aus der Weisheit der Vorfahren genommen wird, ist bei dieser Gelegenheit nicht
35 geltend gemacht worden; denn mit dieser Weisheit, welche
darein zu setzen ist, daß die Austeilung von Wahlrechten
der Parlamentsglieder nach der damaligen Bevölkerung oder

sonstiger Wichtigkeit der Grafschaften, Städte und Burgflecken bemessen worden ist, steht das Verhältnis in zu
grellem Widerstreit, wie sich Bevölkerung, Reichtum,
Wichtigkeit der Landschaften und der Interessen in neuern
Zeiten gestellt hat. Auch ist der Gesichtspunkt, daß so viele　5
Indivi | duen eine Einbuße an Vermögen, eine noch größere
Menge an einer Geldeinnahme verlieren, nicht zur Sprache
gebracht worden; der Geldgewinn, der aus der direkten Bestechung gezogen wird, ist, obgleich alle Klassen durch Geben oder Empfangen dabei beteiligt sind, gesetzwidrig. Der　10
Kapitalwert, der an den Burgflecken, denen ihr Wahlrecht
genommen werden soll, verlorengeht, gründet sich auf die
im Lauf der Zeiten geschehene Verwandlung eines politischen Rechts in einen Geldwert, und obgleich der Erwerb
um einen Preis, der nunmehr herabsinkt, sogut als beim　15
Ankauf von Sklaven bona fide geschehen und sonst im englischen Parlament bei neuen Gesetzen in solchem Fall sehr
auf die Erhaltung reellen Eigentums und auf Entschädigung,
wenn für dasselbe ein Verlust entsteht, Bedacht genommen
wird, so sind doch im gegenwärtigen Falle keine Ansprüche　20
darauf noch Schwierigkeit von dieser Seite her erhoben
worden, sosehr dieser Umstand als Motiv gegen die Bill bei
einer Anzahl | von Parlamentsgliedern wirksam sein mag.

　　Dagegen wird ein anderes, England vorzugsweise eigentümliches Rechtsprinzip durch die Bill angegriffen, nämlich　25
der Charakter des Positiven, den die englischen Institutionen des Staatsrechts und Privatrechts überwiegend an sich
tragen. Jedes Recht und dessen Gesetz ist zwar der Form
nach ein Positives, von der obersten Staatsgewalt verordne-
tes und gesetztes, dem darum, weil es Gesetz ist, Gehorsam　30
geleistet werden muß. Allein zu keiner Zeit mehr als heutigentags ist der allgemeine Verstand auf den Unterschied geleitet worden, ob die Rechte auch nach ihrem materiellen
Inhalte nur positiv, oder auch an und für [sich] recht und
vernünftig sind, und bei keiner Verfassung wird das Urteil　35
sosehr veranlaßt, diesen Unterschied zu beachten, als bei der
englischen, nachdem die Kontinentalvölker sich so lang

durch die Deklamationen von englischer Freiheit und durch
den Stolz der Nation auf ihre Gesetzgebung haben imponieren lassen. Bekanntlich beruht diese durch und durch auf
besondern Rechten, Freiheiten, Privilegien, welche von
5 Königen oder Parlamenten auf besondere Veranlassungen
erteilt, verkauft, geschenkt oder ihnen abgetrotzt worden
sind; die Magna Charta, Bill of Rights, über die wichtigsten
Grundlagen der englischen Verfassung, die nachher durch
Parlamentsbe|schlüsse weiter bestimmt worden sind, sind
10 mit Gewalt abgedrungene Konzessionen oder Gnaden-
geschenke, Pacta usf., und die Staatsrechte sind bei der pri-
vatrechtlichen Form ihres Ursprungs und damit bei der
Zufälligkeit ihres Inhalts stehengeblieben. Dieses in sich unzusammenhängende Aggregat von positiven Bestimmungen
15 hat noch nicht die Entwicklung und Umbildung erfahren,
welche bei den zivilisierten Staaten des Kontinents durchgeführt worden und in deren Genuß z. B. die deutschen Länder sich seit längerer oder kürzerer Zeit befinden. In England mangelten bisher die Momente, welche den vornehm-
20 lichen Anteil an diesen so glorreichen als glücklichen Fortschritten haben. Unter diesen Momenten steht obenan die
wissenschaftliche Bearbeitung des Rechts, welche einerseits
allgemeine Grundlagen auf die besondern Arten und deren
Verwicklungen angewendet und in ihnen durchgeführt, an-
25 dererseits das Konkrete und Spezielle auf einfache[1] Bestimmungen zurückgebracht hat; daraus konnten die nach allgemeinen Prinzipien überwiegend verfaßten Landrechte und
staatsrechtlichen Institutionen der neuern Kontinentalstaa-
ten hervorgehen, wobei in Ansehung des Inhalts dessen,
30 was gerecht sei, der allgemeine | Menschenverstand und die
gesunde Vernunft ihren gebührenden Anteil haben durften.
Denn ein noch wichtigeres Moment in Umgestaltung des
Rechts ist zu nennen – der große Sinn von Fürsten, solche
Prinzipien wie das Beste des Staates, das Glück ihrer Unter-
35 tanen und den allgemeinen Wohlstand, vornehmlich aber

---

[1] einfache] D: einfachere

das Gefühl einer an und für sich seienden Gerechtigkeit zu dem Leitsterne ihrer legislatorischen Wirksamkeit zu machen, mit welcher zugleich die gehörige monarchische Macht verbunden ist, um solchen Prinzipien gegen bloß positive Privilegien, hergebrachten Privateigennutz und den Unverstand der Menge Eingang und Realität zu verschaffen. England ist so auffallend in den Institutionen wahrhaften Rechts hinter den andern zivilisierten Staaten Europas aus dem einfachen Grunde zurückgeblieben, weil die Regierungsgewalt in den Händen derjenigen liegt, welche sich in dem[1] Besitz so vieler einem vernünftigen Staatsrecht und [einer] wahrhaften Gesetzgebung widersprechenden Privilegien befinden.

Dieses Verhältnis ist es, auf welches die projektierte Reform[2] eine bedeutende Einwirkung haben soll; nicht aber etwa dadurch, daß das monarchische Element der Verfassung eine Erweiterung von Macht bekommen sollte; im Gegenteil, wenn der Bill nicht sogleich allgemeine Ungunst entgegenkommen soll, muß die Eifersucht gegen die Macht der Krone, wohl das hartnäckigste englische Vorurteil, geschont bleiben, und die vorgeschlagene Maßregel verdankt vielmehr einen Teil ihrer Popularität dem Umstande, | daß jener Einfluß durch sie noch geschwächt gesehen wird. Was das große Interesse erweckt, ist die Besorgnis einerseits, die Hoffnung andererseits, daß die Reform des Wahlrechts andere materielle Reformen nach sich ziehen werde. Das englische Prinzip des Positiven, auf welchem dort, wie bemerkt, der allgemeine Rechtszustand beruht, leidet durch die Bill in der Tat eine Erschütterung, die in England ganz neu und unerhört ist, und der Instinkt wittert aus diesem Umsturz der formellen Grundlage des Bestehenden die weitergreifenden Veränderungen.

Von solchen Aussichten ist im Verlaufe der Verhandlungen des Parlaments einiges, doch mehr beiläufig, erwähnt

[1] dem] *D:* den
[2] Reform] *D:* Reformbill

worden; die Urheber und Freunde der Bill mögen teils in
dem guten Glauben sein, daß sie nicht weiter führe, als sie
eben selbst reicht, teils, um die Gegner nicht heftiger aufzuregen, ihre Hoffnungen nicht lauter werden lassen; wie die
5 Gegner das, wofür sie besorgt sind, nicht als einen Preis des
Sieges vorhalten mögen; da sie viel besitzen, haben sie allerdings viel zu verlieren. Daß aber von dieser substantielleren
Seite der Reform nicht mehr im Parlament zur Sprache gebracht worden ist, daran hat die Gewohnheit einen großen
10 Anteil, daß bei wichtigen Gegenständen in dieser Versammlung immer die meiste Zeit mit Erklärungen der Mitglieder
über ihre persönliche Stellung verbracht wird; sie legen ihre
Ansichten nicht als Geschäftsmänner, sondern als privilegierte Individuen und als Redner vor. – Es ist in England
15 für die Reform ein weites, die wichtigsten Zwecke der bür-
gerlichen und Staatsgesellschaft [umfassendes Feld] offen, |
[die Notwendigkeit] dazu beginnt gefühlt zu werden; einiges von dem, worauf bei der Gelegenheit gedeutet worden,
mag als Beispiel dienen, wie viele Arbeit, die anderwärts ab-
20 getan ist, für England noch bevorsteht.
  Unter den Aussichten auf materielle Verbesserungen wird
zu allererst die Hoffnung zu Ersparnissen in der Verwaltung gemacht; sooft aber dies Thema als durchaus notwendig für die Erleichterung des Drucks und des allgemeinen
25 Elends, in dem sich das Volk befinde, von der Opposition
angeregt wird, so wird auch jedesmal wiederholt, daß alle
Anstrengungen dafür bisher vergeblich gewesen, auch die
von den Ministerien und selbst in der Thronrede gegebene
populäre Hoffnung jedesmal getäuscht worden sei. Diese
30 Deklamationen werden nach allen seit fünfzehn Jahren
gemachten Reduktionen der Taxen auf dieselbe Weise
wiederholt. Zur endlichen Erfüllung derselben werden in
einem reformierten Parlament bessere Aussichten [gezeigt,
nämlich] in der größern Unabhängigkeit einer größern An-
35 zahl seiner Mitglieder von dem Ministerium, auf dessen
Schwäche, Hartherzigkeit gegen das Volk, Interesse usf. die
Schuld einer fortdauernden übermäßigen Ausgabe gescho-

ben wird. Aber zieht man[1] die Hauptartikel der englischen
Staatsausgabe in Erwägung, so zeigt sich kein großer Raum
für das Ersparen; der eine, die Zinsen der enormen Staatsschuld, ist keiner Verminderung fähig; der andere, die Kosten der Land- und Seemacht mit Einschluß der Pensionen,     5
hängt nicht nur mit dem politischen Verhältnis, besonders
dem Interesse der Basis der englischen Existenz, des Handels, und mit der Gefahr innerer Aufstände, sondern auch
mit den Gewohnheiten und Anforderungen der diesem
Stande sich widmenden Individuen, im Wohlleben und      10
Luxus den andern Ständen nicht nachzustehen, aufs innigste
zusammen, so daß sich ohne Gefahr hier nichts abdingen
ließe. Die Rechnungen, welche das Geschrei über die so
berüchtigten Sinekuren an den Tag gebracht hat, haben ge-
zeigt, daß auch eine gänzliche, | ohne große Ungerechtig-     15
keit nicht zu bewirkende Aufhebung derselben kein wichtiger Gegenstand sein würde. Aber man braucht sich auf das
Materielle nicht einzulassen, sondern nur zu bemerken, daß
die unermüdlichen, in das kleinste Detail der Finanzen ein-
gehenden Bemühungen eines Hume sogut als immerfort er-     20
folglos sind; dies kann nicht allein der Korruption der Aristokratie des Parlaments und der Nachgiebigkeit des Ministeriums gegen sie, deren Beistand es bedarf und welche sich
und ihren Verwandten die mannigfachsten Vorteile durch
Sinekuren, überhaupt einträgliche Stellen der Verwaltung,     25
des Militärdienstes, der Kirche und des Hofes sich[2] verschaffe, zugeschrieben werden. Die verhältnismäßig sehr
geringe Stimmenzahl, welche solche Vorschläge zur Verminderung der Ausgaben für sich zu haben pflegen, deutet
auf einen geringen Glauben an die Möglichkeit oder auf ein     30
schwaches Interesse für solche Erleichterungen des angebli-
chen allgemeinen Drucks, gegen welchen die Parlamentsglieder allerdings durch ihren Reichtum geschützt sind.
Diejenige Fraktion derselben, welche für unabhängig gilt,

---

[1] Aber zieht man] D: Zieht man aber
[2] sich] fehlt in D

pflegt auf seiten des Ministeriums zu sein; und diese Unabhängigkeit zeigt sich zuweilen,[1] weiterzugehen als es ihrem
gewöhnlichen Verhalten oder den Vorwürfen der Opposition nach scheinen sollte – bei Gelegenheiten, wo das Mini-
5  sterium ein ausdrückliches, näheres Interesse für eine Geld-
bewilligung darlegt; wie vor einigen Jahren eine Zulage von
1000 Pfund, die für den sosehr geachteten Huskisson, welcher um der Überhäufung seiner verdienstlichen Geschäfte
im Handelsbureau willen eine einträgliche Stelle aufgab,
10  von dem Ministerium mit großem Interesse in Vorschlag
gebracht wurde, mit großer Majorität abgeschlagen worden
ist; wie dies | auch bei Vorschlägen von Erhöhung der für
England eben nicht reichlich zugemessenen Apanagen
königlicher Prinzen nicht selten gewesen ist; in diesen eine
15  Persönlichkeit und das Gefühl von Anstand betreffenden
Fällen hat die Leidenschaftlichkeit die sonst bewiesene Lauigkeit des Parlaments für Ersparnisse überwunden. – Soviel
ist wohl einleuchtend, daß keine Reformbill die Ursachen
der hohen Besteuerung in England direkt aufzuheben ver-
20  mag; Englands und Frankreichs Beispiel könnte sogar zu der
Induktion führen, daß Länder, in welchen die Staatsverwaltung in die Bewilligung von Versammlungen, die vom
Volke gewählt sind, [gelegt ist,] am stärksten mit Auflagen
belastet sind; in Frankreich, wo der Zweck der englischen
25  Reformbill, das Wahlrecht auf eine beträchtlichere Anzahl
von Bürgern auszudehnen, in großem Maße ausgeführt ist,
wurde soeben in französischen Blättern das Budget dieses
Landes mit einem hoffnungsvollen Kinde verglichen, das
täglich bedeutende Fortschritte mache. Um gründliche Vor-
30  kehrungen [zu treffen], den drückenden Zustand der englischen Staatsverwaltung zu mindern, würde zu tief in die
innere Verfassung der partikulären Rechte eingegriffen
werden müssen; es ist keine Macht vorhanden, um bei
dem enormen Reichtum der Privatpersonen ernstliche An-
35  stalten zu einer erklecklichen Verminderung der ungeheu-

---

[1] zuweilen,] D: zuweilen geneigt,

ren Staatsschuld zu machen. Die exorbitanten Kosten der
verworrenen Rechtspflege – die den Weg der Gerichte nur
den Reichen zugänglich machen –, die Armentaxe, welche
ein Ministerium in Irland, wo die Notwendigkeit sosehr als
die Gerechtigkeit sie forderte, nicht einzuführen vermögen 5
würde, die Verwendung der Kirchengüter, der noch weiter
Erwähnung geschehen wird, und viele andere große
Zweige des gesellschaftlichen Verbandes setzen für eine Abänderung noch andere Bedingungen in der Staatsmacht voraus, als in der Reformbill enthalten sind. 10

Beiläufig wurde im Parlament die Abschaffung der Zehnten der Kirche, der gutsherrlichen Rechte, der Jagdrechte,
die in Frankreich geschehen, erwähnt; »Alles dies unter den
Auspizien eines patriotischen Königs und eines reformierten
Parlaments geschehen«;[1] und die Richtung der Rede scheint 15
die Aufhebung von Rechten jener Art für sich schon als
einen bedauerlichen Umsturz der ganzen Konstitu|tion zu
bezeichnen, außerdem, daß sie noch die greuelvolle Anar-
chie jenes Landes zur Folge gehabt habe. Bekanntlich sind
in andern Staaten dergleichen Rechte nicht nur ohne solche 20
Folgen verschwunden, sondern die Abschaffung derselben
als[2] eine wichtige Grundlage von vermehrtem Wohlstand
und wesentlicher Freiheit betrachtet worden. Daher möge
einiges weitere darüber hier angeführt werden.

Was zuerst den Zehnten betrifft, so ist in England längst 25
das Drückende dieser Abgabe bemerklich gemacht worden;
abgesehen von der besondern Gehässigkeit, die auf solcher
Art von Abgabe überhaupt liegt, in England aber vollends
nicht Wunder nehmen kann, wenn daselbst in manchen
Gegenden der Geistliche täglich aus den Kuhställen den 30
zehnten Topf der gemolkenen Milch, das zehnte der täglich
gelegten Eier usf. zusammenholen läßt, so ist auch die Un-
billigkeit gerügt worden, die in dieser Abgabe durch die
Folge liegt, daß, je mehr durch Fleiß, Zeit und Kosten der

---

[1] »Alles dies [...] geschehen«] D: alles dies sei [...] geschehen
[2] als] D: ist als

Ertrag des[1] Bodens erhöht wird, um so mehr die Abgabe
steigt, somit auf die Verbesserung der Kultur, worein in
England große Kapitalien gesteckt worden,[2] statt sie aufzumuntern, eine Steuer gelegt wird. Der Zehnte gehört der
5 Kirche in England; in andern, besonders protestantischen
Ländern ist zum Teil längst (in preußischen Ländern schon
vor mehr als hundert Jahren), zum Teil neuerlich der
Zehnte ohne Pomp und Aufsehen wie ohne Beraubung und
Ungerechtigkeit abgeschafft oder ablösbar gemacht und den
10 Einkünften der Kirche das Drückende benommen und ihnen zweckmäßigere und anständigere Erhebung gegeben
worden. In England hat aber auch sonst die Natur der ursprünglichen Berechtigung des Zehnten eine wesentlich
verkümmerte und verkehrte Wendung erhalten; die Be-
15 stimmung für die Subsistenz der Religionslehrer und die
Er|bauung und Unterhaltung der Kirche ist überwiegend in
die Art und Weise eines Ertrages von Privateigentum übergegangen; das geistliche Amt hat den Charakter einer
Pfründe, und die Pflichten desselben haben sich in Rechte
20 auf Einkünfte verwandelt. Abgerechnet, daß eine Menge
einträglicher geistlicher Stellen, Kanonikate, ganz ohne
Amtsverrichtungen sind, ist es nur zu sehr bekannt, wie
häufig es ist, daß englische Geistliche sich mit allem andern
als den Funktionen ihres Amts, mit Jagd usf. und sonstigem
25 Müßiggang beschäftigen, die reichen Einkünfte ihrer Stellen
in fremden Ländern verzehren und die Amtsverrichtungen
einem armen Kandidaten für ein Almosen, das ihn zur Not
gegen Hungertod schützt, übertragen. Über den Zusammenhang, in welchem hier der Besitz einer geistlichen
30 Stelle und der Bezug der Einkünfte derselben mit der Ausübung der Pflichten des Amtes – verbunden mit sittlichem
Wandel – stehen, darüber gibt ein vor etlichen Jahren bei
den Gerichten verhandeltes Beispiel eine umfassende Vorstellung. Gegen einen Geistlichen namens Frank wurde bei

---

[1] des] *D:* dieses
[2] worden,] *D:* werden,

Gericht der Antrag gemacht, denselben wegen Wahnsinns
für unfähig, sein Vermögen zu verwalten, zu erklären und
dieses unter Kuratel zu stellen; er hatte eine Pfarre von
800 £ Einkünften außer andern Pfründen von etwa 600 Pfd.
St. (etwas[1] als 10.000 Taler); die gerichtliche Klage aber     5
wurde von seinem Sohne, als dieser majorenn geworden,
im Interesse der Familie angebracht. Die durch viele Tage
und eine Menge von Zeugenaussagen öffentlich [abgelegte]
Beweisführung    über    die    angeschuldigte    Verrücktheit
brachte Handlungen dieses Pfarrers zum Vorschein, die der-   10
selbe, von einer geistlichen Behörde ganz ungestört, in ei-
nem Laufe | von Jahren sich hatte zu Schuld kommen las-
sen, und z. B. von der Beschaffenheit, daß er einmal am
hellen Tage durch die Straßen und über die Brücke seiner
Stadt, an jedem Arme eine öffentliche Dirne aus einem lie-   15
derlichen Hause,[2] unter dem Gefolge einer Menge höhnen-
der Gassenjungen gezogen war; noch viel skandalöser waren
die ebenfalls durch Zeugen erhärteten Anekdoten von dem
Verhältnisse zu seiner eigenen Frau und einem bei ihm zu
Hause seienden Geliebten derselben.[3] Solche Schamlosigkeit   20
eines Geistlichen von der englischen Kirche hatte ihm in
dem Besitze seines Amtes und im Genusse der Einkünfte
seiner Pfründen keinen Eintrag getan; die Verachtung, in
welche die Kirche durch solche Beispiele, am meisten dadurch verfällt, daß sie, der Einrichtung einer bischöflichen   25
Hierarchie unerachtet,[4] solcher Verdorbenheit und deren
Skandal von sich aus nicht steuert, trägt, wie die Habsucht
anderer Geistlichen in Beitreibung ihrer Zehnten, das Ihrige
dazu bei, auch diejenige Achtung zu vermindern, welche
von dem englischen Publikum für das Eigentumsrecht der   30
Kirche gefordert wird. Daß solches Eigentum durch seine

---

[1] etwas] *D:* etwas weniger

[2] an jedem Arme [. . .] liederlichen Hause,] *D:* in höchst unanstän-
diger Gesellschaft,

[3] Anekdoten [. . .] derselben.] *D:* eignen häuslichen Verhältnisse
des Mannes.

[4] unerachtet] *D:* ungeachtet

Bestimmung für den religiösen Zweck einen ganz andern
Charakter habe als Privateigentum, über das die freie Willkür der Besitzer zu disponieren hat – daß diese Verschiedenheit ein verschiedenes Recht begründe und der Genuß
5 dieses Vermögens an Pflichten als Bedingungen geknüpft sei
und jener Zweck in protestantischen Staaten eine Berechti-
gung der Staatsgewalt, für die Erfüllung dieses Zwecks |
und der an Einkünfte geknüpften Pflichten mitzuwachen,
begründe –, dergleichen Grundsätze scheinen englischen
10 Köpfen[1] noch ganz fremde und unbekannt zu sein. Bei dem
abstrakten Gesichtspunkt des Privatrechts hierüber stehenzubleiben ist aber zu sehr in dem Vorteile der Klasse, die
im Parlamente überwiegenden Einfluß hat, dadurch mit
dem Ministerium, das die hohen und einträglichsten geist-
15 lichen Stellen zu vergeben hat, zusammenhängt und die
jüngern Söhne oder Brüder, die, da der Grundbesitz in
England im allgemeinen nur auf den ältesten Sohn übergeht, ohne Vermögen gelassen werden, durch solche Pfründen zu versorgen das Interesse hat. Dieselbe Klasse soll auch
20 nach der Reformbill ihre Stellung im Parlament behalten,
sogar noch erweitern; es ist daher sehr problematisch, ob sie
für ihr Interesse, in Rücksicht auf die Reichtümer der Kirche und ihr Patronat, etwas zu besorgen habe.
  Die Besorgnisse über eine Reform eines solchen Zustands
25 der englischen Kirche haben alle Ursache, sich besonders
auf ihr Etablissement in Irland zu erstrecken, welches seit
mehrern Jahren, vornehmlich im Betrieb der Angelegenheit
der Emanzipation, die für sich nur die politische Seite betraf, so heftig angegriffen worden ist. Die der katholischen
30 Kirche, zu der bekanntlich die Mehrzahl der irländischen
Bevölkerung gehört, daselbst ehmals gehörigen Güter, die
Kirchen selbst, die Zehnten, die Verpflichtung der Gemeinden, die Kirchengebäude in baulichem Zustande zu erhal-
ten, die Utensilien des Got|tesdienstes, auch den Unterhalt
35 der Küster usf. zu beschaffen, alles dies ist kraft des Er-

---

[1] englischen Köpfen] *D:* in England

oberungsrechts der katholischen Kirche genommen und
zum Eigentume der anglikanischen gemacht worden. In
Deutschland hat der Dreißigjährige Krieg vor mehr als an-
derthalb hundert Jahren und in neuerer Zeit die vernünftige
Bildung [mit sich geführt, daß] einem Lande oder einer 5
Provinz, Stadt, Dorf die der Kirche ihrer Bevölkerung gehörigen Güter erhalten[1] [worden sind]; die Religion des
Fürsten und der Regierung hat die Kirchengüter des Gebiets, die zu einem andern Kultus gehören, nicht eingezogen.[2] Selbst die Türken haben den ihnen unterworfenen 10
Christen, Armeniern, Juden meist ihre Kirchen gelassen;
indem sie ihnen auch verboten, dieselben, wenn sie verfie-
len, zu reparieren, lassen sie doch die Erlaubnis dazu erkaufen; aber die Engländer haben der von ihnen besiegten
katholischen Bevölkerung alle Kirchen weggenommen. Die 15
Irländer, deren Armut, Elend und daraus entstehende Ver-
wilderung und Demoralisation im Parlamente ein stehendes,
von allen Ministerien eingestandenes Thema ist, sind gezwungen, ihre eigenen Geistlichen aus den wenigen Pfen-
nigen, die sie besitzen können, zu besolden und ein Lokal 20
für den Gottesdienst zu beschaffen, dagegen die Zehnten alles Güterertrages an anglikanische Geistliche zu bezahlen, in
deren weitläufigen, selbst zwei, drei, sechs und mehr
eigentliche Pfarrdörfer in sich begreifenden Kirchsprengeln
sich oft nur sehr wenige Protestanten (zuweilen ist der 25
Küster der einzige) befinden; sie sind gezwungen, auch die
Reparatur der nun anglikanischen Kirchengebäude, die Be-
schaffung der Utensilien des Kultus usf. zu bezahlen. Die
Feinde der Emanzipation haben vornehmlich auch das
Schreckbild der Reform solcher schreienden Ungerechtig- 30
keit, als einer wahrscheinlichen Folge | jener Maßregel,
vorgehalten; aber die Freunde derselben haben sich und
ihre Anhänger im Gegenteil wesentlich damit beruhigt, daß

---

[1] erhalten] *D:* belassen
[2] die Religion [...] nicht eingezogen.] *D:* oder daß auf andere
Weise für das Bedürfnis des Kultus gesorgt worden ist.

mit der Emanzipation die Forderungen der Katholiken befriedigt und das Etablissement der anglikanischen Kirche in
Irland um so gesicherter sein werde. Dies in einer zivilisierten und christlich-protestantischen Nation beispiellose Ver-
5 hältnis und der positive Rechtstitel, durch die Habsucht[1]
aufrechtgehalten, hat bisher gegen die vorauszusetzende
religiöse Gesinnung der anglikanischen Geistlichkeit und
gegen die Vernunft des englischen Volkes und seiner Repräsentanten ausgehalten; die Reformbill versetzt zwar etliche
10 irische Mitglieder mehr, worunter auch Katholiken sein
können, in das Unterhaus; diesem Umstande möchte dagegen die in derselben Bill enthaltene Vermehrung der
Mitglieder aus derjenigen Klasse, deren Interesse mit jenem
Zustand der Kirche zusammenhängt, mehr als das Gleichge-
15 wicht halten.

Die gutsherrlichen Rechte, welche gleichfalls in jener
Besorgnis der sich auf sie mit der Zeit ausdehnenden Reform befaßt werden können, gehen in England seit langem
nicht mehr bis zur Hörigkeit der ackerbauenden Klasse,
20 aber drücken auf die Masse derselben sosehr als die Leib-
eigenschaft, ja drücken sie zu einer ärgern Dürftigkeit als die
Leibeignen herab. In | England selbst, zwar in der Unfähig-
keit gehalten, Grundeigentum zu besitzen, und auf den
Stand von Pächtern oder Tagelöhnern reduziert, findet sie
25 teils in dem Reichtum Englands überhaupt und in der ungeheuren Fabrikation, wenn sie in Zeiten des Flors ist, Arbeit; aber mehr noch halten die Armengesetze, die ein jedes
Kirchspiel verpflichten, für seine Armen zu sorgen, die Folgen der äußersten Dürftigkeit von ihr ab. In Irland dagegen
30 hat die allgemeine Eigentumslosigkeit der von der Arbeit
des Ackerbaus lebenden Klasse diesen Schutz nicht; die Beschreibungen der Reisenden wie die parlamentarisch doku-
mentierten Angaben schildern den allgemeinen Zustand der
irischen Landbauer als so elend, wie sich selbst in kleinen
35 und armen Distrikten der zivilisierten, auch der in der Zi-

---

[1] die Habsucht] D: Eigennutz

vilisation zurückstehenden Länder des Kontinents nicht
leicht Beispiele finden. Die Eigentumslosigkeit der Landbau
treibenden Klasse hat ihren Ursprung in Verhältnissen und
Gesetzen des alten Lehensrechts, welches jedoch, wie es
auch noch in mehreren Staaten besteht, dem an den Boden, 5
den er zu bauen hat, angehefteten Bauern eine Subsistenz
auf demselben sichert; indem aber auf einer Seite die irischen Leibeigenen wohl persönliche Freiheit besitzen, haben auf der andern Seite die Gutsherren das Eigentum so
vollständig an sich genommen, daß sie sich von aller Ver- 10
bindlichkeit, für die Subsistenz der Bevölkerung, die das
ihnen gehörige Land baut, | zu sorgen, losgesagt haben.
Nach dieser Berechtigung geschieht es, daß Gutsherrn,
wenn sie eine Kultur des Bodens für vorteilhafter finden,
bei der sie weniger Hände bedürfen, die bisherigen Be- 15
bauer, die für ihre Subsistenz an diesen Boden sogut als
die Leibeignen gebunden waren und deren Familien seit
Jahrhunderten Hütten auf diesem Boden bewohnten und
ihn bebauten, zu Hunderten, ja Tausenden aus diesen Hütten, die nicht das Eigentum der Bewohner sind, vertrieben 20
und den schon Besitzlosen auch die Heimat und die ange-
erbte Gelegenheit ihrer Subsistenz entzogen – von Rechts
wegen, auch dies von Rechts wegen, daß sie, um sie gewiß
aus dem Grunde jener Hütten auszujagen und ihnen die Zö-
gerung des Auszuges oder das Wiedereinschleichen unter 25
solches Obdach abzuschneiden, diese Hütten verbrennen
ließen.

Dieser Krebsschaden Englands wird jahraus, jahrein dem
Parlament vorgelegt; wieviele Reden sind darüber gehalten,
wieviele Komitees niedergesetzt, wieviele Zeugen abge- 30
hört, wieviele gründliche Reports abgestattet, wieviele Mittel vorgeschlagen worden, die entweder für[1] ungenügend
oder unausführbar schienen! Der vorgeschla|gene Abzug
der Überzahl der Armen durch Kolonisation müßte, um
eine Wirkung zu versprechen, wenigstens eine Million Ein- 35

---

[1] für] *fehlt in D*

wohner fortnehmen; wie dies bewirken? abgesehen davon,
daß der dadurch entstehende leere Raum, wenn die sonstigen Gesetze und Verhältnisse blieben, auf dieselbe Weise,
als er vorher angefüllt war, sich bald ausfüllen würde. Eine
5 Parlamentsakte (subletting act), welche die Verteilung in
kleine Pachte, die Unterkunftsweise und den Brutboden der
fruchtbaren Bettlerklasse in Irland beschränken sollte, zeigte
sich so wenig geschickt, dem Übel abzuhelfen, daß sie, nach
ein paar Jahren des Versuchs, kürzlich zurückgenommen
10 werden mußte. Der Zeitpunkt des Übergangs von Lehens-
besitz in Eigentum ist unbenutzt, der ackerbauenden Klasse
Grundeigentum    einzuräumen,    vorübergegangen;    einige
Möglichkeit dazu könnte durch Änderung der Erbrechte,
Einführung der gleichen Verteilung des elterlichen Vermö-
15 gens unter die Kinder, die Befugnis der Beschlagnahme und
des Verkaufs der Güter zur Bezahlung der Schulden, überhaupt durch Änderung des rechtlichen Charakters des
Grundeigentums, der unsägliche Formalitäten und Kosten
bei der Veräußerung usf. nach sich zieht, eingeleitet[1] wer-
20 den. Aber | die englische Gesetzgebung über Eigentum hat
in diesen wie in vielen andern Stücken zu weit hin zu der
Freiheit desselben, deren es in den Kontinentalländern genießt; alle Privatverhältnisse sind zu tief in diese Fesseln ein-
gewachsen; vollends würde die Eröffnung der Möglichkeit
25 für die landbautreibende Klasse, Grundeigentum zu erwerben, durch Änderung dieser Gesetze nur höchst unbedeutend sein im Verhältnis zum Ganzen; die Schwäche der
monarchischen Macht hat über jenen Übergang nicht wachen können; die parlamentarische Gesetzgebung bleibt
30 auch nach der Reformbill in den Händen derjenigen Klasse,
die ihr Interesse und noch mehr ihre starre Gewohnheit in
dem bisherigen Systeme der Eigentumsrechte hat, und ist
bisher immer nur darauf gerichtet, den Folgen des Systems,
wenn die Not und das Elend zu schreiend wird, direkt, so-
35 mit durch Palliative (wie der subletting act) oder moralische

---

[1] eingeleitet] D: eingeführt

Wünsche (daß die irländischen Gutsbesitzer ihre Residenz in Irland nehmen möchten u. dgl.) abzuhelfen.

Auch ist der Jagdrechte erwähnt worden, als eines Gegenstands, welcher einer Reform ausgesetzt werden könnte – ein Punkt, dessen Berührung so vielen englischen Parlamentsgliedern und deren Zusammenhang an das Herz greift; aber der Unfug und die Übelstände sind zu groß geworden, als daß nicht eine Veränderung der Gesetze hierüber in Anregung hätte gebracht werden müssen; insbesondere hat die Vermehrung der Gefechte und Morde, die von den Wilddieben an den Parkaufsehern begangen werden, des Verlusts an Wild, den die Gutsbesitzer in ihren Parks erleiden, insbesondere der Verbrechen des Wilddiebstahls, die vor die Gerichte kommen, doch nur ein kleiner Teil derjenigen sind, welche wirklich verübt werden, dann der harten, unverhältnismäßigen Strafen, die auf das unberechtigte Jagen gesetzt sind und verhängt werden – denn es ist die jagdberechtigte Aristokratie selbst, welche diese Gesetze machte und wieder in der Qualität von Magistratspersonen und Geschworenen zu Gericht sitzt –, eine allgemeinere[1] Aufmerksamkeit auf sich gezogen. Das Interesse der Jagdliebhaber wird gleichfalls durch die große Ausdehnung der Jagdberechtigung in den offenen Gebieten in Anspruch genommen; der Sohn eines | Squire hat das Jagdrecht, und jeder Pfarrer gilt für einen Squire, so daß der Sohn diesen Vorzug haben kann, den der Vater, wenn er nicht selbst schon Sohn eines Squire ist, nicht besitzt usf. Seit mehreren Jahren wird Jahr für Jahr eine Jagdbill zur Verbesserung dieser Gesetze im Parlament eingebracht, aber keine hat noch das Glück gehabt, gegen die privilegierten Jagdinteressen durchgesetzt werden zu können; auch dem gegenwärtigen Parlamente liegt eine solche Bill vor. Es muß noch für problematisch angesehen werden, inwieweit die projektierte Parlamentsreform auf diese Gesetzgebung, auf die Milderung der Strafen, auf die Beschränkung der persönlichen

---

[1] allgemeinere] D: allgemeine

Jagdberechtigung, vornehmlich auch, im Interesse der feld-
bauenden Klasse, auf das Recht, daß die Hirsche, Hasen,
Füchse mit der Koppel Hunde und mit zwanzig, dreißig
und mehr Pferden und noch mehr Fußgängern durch die
5 Saatfelder und alles offene bebaute Land verfolgt werden,
einen bedeutenden Einfluß haben müßte. In vielen deutschen Ländern machte vormals der Wildschaden, die Ver-
wüstung der Felder durch die Jagd, das Abfressen der Saaten
und Früchte durch das Wild einen stehenden Artikel in den
10 landständischen Beschwerden aus; bis jetzt hat sich die englische Freiheit noch nicht die Beschränkung solcher Rechte
auferlegt, welchen die Fürsten Deutschlands zum Besten
ihrer Untertanen längst entsagt haben. |
Der weitschichtige Wust des englischen Privatrechts,
15 welches Engländer selbst einen Augiasstall zu nennen dem
Dünkel ihrer[1] Freiheit abgewinnen können, wäre genug befähigt, ein Gegenstand für die Hoffnung einer Säuberung zu
werden. Das wenige, was Rob. Peel[2] vor einigen Jahren
durchgesetzt, ist für sehr verdienstlich geachtet und von all-
20 gemeinem Lobe begleitet worden. Weiter eingehende Vorschläge, die der jetzige Lordkanzler, Brougham, später in
einer siebenstündigen Rede zur Verbesserung der Justiz gemacht hat und die mit großem Beifalle aufgenommen worden sind, haben zwar wohl die Niedersetzung von Komitees
25 veranlaßt, aber sind bis jetzt ohne weitern Erfolg geblieben.
Soviel als in Deutschland eine mehrhundertjährige stille Arbeit der wissenschaftlichen Bildung, der Weisheit und Ge-
rechtigkeitsliebe der Fürsten bewirkt hat, hat die englische
Nation von ihrer Volksrepräsentation nicht erlangt, und in
30 der neuen Bill sind eben keine besondern Elemente enthalten, welche an die Stelle teils der rohen Ignoranz der Fuchs-
jäger und Landjunker,[3] teils einer bloß in Gesellschaften,
durch Zeitungen und Parlamentsdebatten erlangten Bil-

---

[1] Dünkel ihrer] *D:* Stolze auf ihre
[2] Rob. Peel] *D:* Sir Rob. Peel
[3] teils der [...] Landjunker,] *fehlt in D*

dung, teils der meist nur durch Routine erworbenen Geschicklichkeit der Rechtsgelehrten, vielmehr der gründlichen Einsicht und wirklichen Kenntnis ein Übergewicht verliehen. Die Bedingungen, welche in Deutschland auch für eine höhere Geburt, Reichtum an Grundvermögen usf.   5 gestellt sind, um an den Regierungs- und Staatsgeschäften in den allgemeinen und in den spezielleren Zweigen teilzunehmen – theoretisches Studium, wissenschaftliche Ausbildung, praktische Vorübung und | Erfahrung –, sind so wenig in der neuen Bill als in der bisherigen Organisation an   10 die Glieder einer Versammlung gemacht, in deren Händen die ausgedehnteste Regierungs- und Verwaltungsgewalt sich befindet. Nirgends ist das Vorurteil so fest und unbefangen, daß, wem Geburt und Reichtum ein Amt gibt, ihm auch den Verstand dazu gebe, als in England.[1] Auch die neue Bill   15 enthält nichts von dergleichen Bedingungen; sie sanktioniert gleichfalls den Grundsatz, daß eine freie Rente von zehn £, aus Grundeigentum gezogen, zu dem[2] Amt, die Befähigung zu dem Geschäfte der Regierung und Staatsverwaltung, welches im Besitze des Parlaments[3] ist, zu beur-   20 teilen und darüber zu entscheiden, vollkommen qualifiziert. Die Vorstellung von Prüfungskommissionen, die selbst aus einsichtsvollen und erfahrenen Männern [bestehen], die als Beamte Pflichten hätten, statt einer Menge Individuen, die nur die Eigenschaft der Zehn-Pfund-Rente haben, sowie   25 Vorstellung von Beweisen der Fähigkeit, die an die[4] Kandidaten des Gesetzgebens und Staatsverwaltens gefordert würden, ist allerdings zu weit von der unbedingten Souveränität der hierüber zum Beschließen Berechtigten entfernt.   30
Wenn nun für die berührten und für andere materielle Interessen vernünftigen Rechts, welche in vielen zivilisier-

[1] Nirgends [...] England.] *fehlt in D*
[2] zu dem] *D:* für das
[3] des Parlaments] *D:* der Parlamente
[4] an die] *D:* von den

ten Staaten des Kontinents, vornehmlich in den deutschen
Ländern, bereits durchgeführt sind, in England das Bedürfnis noch beinahe zu schlummern scheint, so ist es nicht aus
der Erfahrung, wie wenig oder nichts von den Parlamenten,
5 nach der bisherigen Art der Rechte der Besetzung dersel-
ben,[1] nach dieser Seite | hin geleistet worden, daß die Not-
wendigkeit einer Reform aufgezeigt wird; England wird
dem Herzog von Wellington in dem beistimmen, was er
kürzlich im Oberhause sagte, daß »vom Jahr 1688 an (dem
10 Jahre der Revolution, welche[2] das katholisch gesinnte Haus
Stuart vom Throne stürzte) bis jetzt durch den Verein von
Reichtum, Talenten und mannigfachen Kenntnissen, der
die großen Interessen des Königreichs repräsentierte, die
Angelegenheiten des Landes auf das Beste und Ruhm-
15 vollste geleitet worden sind.« Der Nationalstolz überhaupt
hält die Engländer ab, die Fortschritte, welche andere Nationen in der Ausbildung der Rechtsinstitutionen gemacht,
zu studieren und kennenzulernen; der Pomp und Lärm der
formellen Freiheit, im Parlamente und in sonstigen Ver-
20 sammlungen aller Klassen und Stände die Staatsangelegenheiten zu bereden und in jenem darüber zu beschließen, sowie die unbedingte Berechtigung dazu, hindert sie oder
führt sie nicht darauf, in der Stille des Nachdenkens in das
Wesen der Gesetzgebung und Regierung einzudringen (bei
25 wenigen europäischen Nationen herrscht solche ausgebildete Fertigkeit des Räsonements im Sinne ihrer Vorurteile
und solche Seichtigkeit über[3] Grundsätze); der Ruhm und
der Reichtum macht es überflüssig, auf die Grundlagen der
vorhandenen Rechte zurückzugehen, wozu bei den Völ-
30 kern, die den Druck derselben empfinden, die äußerliche
Not und das dadurch geweckte Bedürfnis der Vernunft
treibt.

---

[1] derselben] *D:* desselben
[2] welche] *D:* welches
[3] solche Seichtigkeit über] *D:* so wenig Tiefe der

Wir kommen zu den formellern Gesichtspunkten zurück,
die sich unmittelbarer an die vorliegende Reformbill an-
knüpfen. Ein Gesichtspunkt | [von] großer Wichtigkeit, der
auch von den Gegnern der Bill hervorgehoben wird, ist
der, daß im Parlament die verschiedenen großen Interessen 5
der Nation repräsentiert werden sollen und welche Veränderung nun diese Repräsentation durch die vorliegende Bill
erleiden würde.

Die Ansichten hierüber scheinen verschieden, indem der
Herzog von Wellington äußert, daß, der in Rede stehenden 10
Bill zufolge, die größere Masse der Wähler aus Krämern bestehen würde; hiermit schiene das Handelsinteresse Vorteile
zu erlangen; allein die Ansicht ist allgemein und wird zu
[ihren] Gunsten sehr geltend gemacht, daß der Landbesitz
und das Ackerbau-Interesse nicht nur nichts von seinem 15
Einflusse verlieren, sondern, indem der Entwurf von den
aufzuhebenden bisherigen Wahlberechtigungen den großen
Städten oder dem Handelsinteresse nur fünfundzwanzig
Mitglieder, den Grafschaften aber oder dem Länderbesitz[1]
mit Einschluß kleinerer Städte, wo auch meistenteils der 20
Einfluß des Landbesitzers obwalte, die übrigen einundacht-
zig zuteile, vielmehr eine relative Erweiterung erhalten
werde. Besonders merkwürdig ist es in dieser Rücksicht,
daß eine Anzahl von Kaufleuten, und zwar die ersten Ban-
kiers Londons, die mit der Ostindischen Kompanie und der 25
Bank von England in Verbindung stehen, sich gegen die Bill
erklärt haben – und aus dem Grunde, weil diese Maßregel,
während sie die Repräsentation des Königreichs auf die
große Basis des Eigentums zu stützen und diese Basis auszudehnen beabsichtige, »in ihrer praktischen Wirkung die 30
Hauptzugänge verschließen würde, vermittels welcher die
Geld-, Handels-, Schiffahrts- und Kolonialinteressen, zusammen mit allen andern – im ganzen Lande und in allen
auswärtigen Besitzungen bis zu den entferntesten Punkten

---

[1] Länderbesitz] *D:* Landbesitz

– Interessen[1] bisher im Parlamente repräsentiert wurden.«[2]
Diese Hauptzugänge sind die Flecken und Städtchen, in
denen ein Parlamentssitz direkt zu kaufen steht. Es | konnte
bisher auf dem Wege des gewöhnlichen Handels mit Par-
5 lamentssitzen mit Sicherheit dafür gesorgt werden, daß
Bankdirektoren, ingleichen Direktoren der Ostindischen
Kompanie sich im Parlamente befanden, wie die großen
Plantagenbesitzer auf den Westindischen Inseln und andere
Kaufleute, die solche große Handelszweige beherrschen,
10 sich gleichfalls mit solchen Stellen versehen, um ihre und
ihrer Assoziation Interessen wahrzunehmen, die allerdings
zugleich für das Gesamtinteresse Englands so wichtig sind.
Aus dem letzten Parlamente wurde der Bankdirektor Man-
ning, der seit vielen Jahren darin saß, davon[3] ausgeschlos-
15 sen, weil von seinem Konkurrenten die Anwendung von
Bestechung bei seiner Wahl bewiesen wurde. Daß die
unterschiedenen großen Interessen der Nation in ihrem
Großen Rate repräsentiert werden sollen, ist ein England
eigentümlicher Gesichtspunkt, der in seiner Art auch der
20 Konstitution der älteren Reichs- und Landstände in allen
Monarchien Europas zu Grunde gelegen hat, wie er noch
z. B. in der schwedischen Verfassung die Basis der Abord-
nung zum Reichstage ausmacht. Er ist dem modernern
Prinzip, nach welchem nur der abstrakte Wille der Indivi-
25 duen als solcher repräsentiert werden soll, entgegengesetzt,
und wenn in England zwar auch die subjektive Willkür der
Barone und der sonstigen zur Wahl Privilegierten die
Grundlage der Besetzung der Stellen ausmacht, hiermit die
Repräsentation der Interessen selbst dem Zufall anheimge-
30 stellt ist, so gilt sie doch für ein so wichtiges Moment, daß
die angesehensten Bankiers | sich nicht schämen, in die
Korruption des Verkaufs von Parlamentsstellen einzugehen

---

[1] – im ganzen Lande [. . .] Punkten – Interessen] Interessen im ganzen Lande [. . .] Punkten – Interessen
[2] »in [. . .] wurden.«] *D:* in [. . .] wurden.
[3] davon] *D:* darum

und sich in einer öffentlichen Erklärung an das Parlament
zu beschweren, daß jenen großen Interessen durch die Bill
dieser der Zufälligkeit nicht ausgesetzte Weg der Bestechung abgeschnitten werden solle, im Parlamente repräsentiert zu werden. Moralische Beweggründe weichen solchem 5
wichtigen Gesichtspunkte, aber es ist der Mangel einer Verfassung, daß sie das, was notwendig ist, dem Zufall überläßt
und dasselbe auf dem Wege der Korruption, den die Moral
verdammt, zu erlangen nötigt. Die Interessen, wie sie in die
Stände organisch unterschieden sind, wie[1] in dem angeführ- 10
ten Beispiele Schwedens in die Stände des Adels, der Geistlichkeit, der Städtebürger und der Bauern, entsprechen
zwar dem jetzigen Zustande der meisten Staaten, nachdem,
wie in England, die erwähnten andern Interessen nunmehr
mächtig geworden sind, nicht mehr vollständig; dieser 15
Mangel wäre jedoch leicht zu beseitigen, wenn die frühere
Basis des innern Staatsrechts wieder verstanden würde,
nämlich, daß die realen Grundlagen des Staatslebens so, wie
sie wirklich unterschieden sind und auf ihren unterschiedenen Gehalt wesentlicher Bedacht in der Regierung und 20
Verwaltung genommen werden muß, auch mit Bewußtsein
und ausdrücklich herausgehoben, anerkannt und, wo von
ihnen gesprochen und über sie entschieden werden soll, sie
selbst, ohne daß dies dem Zufall überlassen würde, zur Sprache gelassen werden sollen. Napoleon hat in einer Konsti- 25
tution, welche er dem Königreich Italien gegeben, die Berechtigung zur Repräsentation nach den Klassen von Possi-
denti, Dotti, Merchanti | in dem Sinne jenes Gesichts-
punkts eingeteilt.

In den frühern Parlamentsverhandlungen über vorge- 30
schlagene, sehr partielle Reformen [war] immer ein Haupt-
grund dagegen, der auch gegenwärtig hervorgehoben wird,
der, daß bei der bisherigen Besetzung des Parlaments alle
großen Interessen repräsentiert seien, daß die Sachen, nicht
Individuen als solche, sich auszusprechen und geltend zu 35

---

[1] wie] *fehlt in D*

machen Gelegenheit haben sollen. In dieses Moment scheint
dasjenige einzutreten – denn es ist nicht näher ausgeführt,
was der Herzog von Wellington in seiner letzten Rede dem
Oberhause als einen Punkt an das Herz legt, der bisher von
5 demselben wie vom[1] Unterhause übersehen worden sei –,
daß sie nämlich eine gesetzgebende Versammlung und
keine Korporation von Stimmfähigen, ein Unterhaus
und kein neues System für die Konstituenten zu schaffen
[hätten].[2] Wenn es nicht um Rechte der Stimmfähigkeit
10 und darum, wer die Konstituenten sein sollen, sondern um
das Resultat, daß eine gesetzgebende Versammlung und ein
Unterhaus konstituiert sei, zu tun wäre, so konnte allerdings
gesagt werden, daß ein solches Unterhaus bereits nach dem
bisherigen Repräsentationsrechte konstituiert sei – und
15 zwar führt der Herzog im Verfolg der Rede das Zeugnis
eines Freundes der Reformbill an, daß das gegenwärtige
Unterhaus so beschaffen sei, daß kein besseres gewählt wer-
den könnte. | Und in der Tat liegt in der Reformbill selbst
weiter keine Garantie, daß ein nach derselben mit Verlet-
20 zung der bisherigen positiven Rechte gewähltes vorzüglicher sein werde.
Diese Rechte setzt der Herzog in seiner Rede dem Recht
gleich, vermöge dessen ihm sein Sitz im Oberhaus so wenig
entzogen, als dem Minister, Grafen Grey, seine Güter in
25 Yorkshire genommen werden dürfen. Die Bill enthält allerdings das neue Prinzip, daß das privilegierte Wahlrecht
nicht mehr in dieselbe Kategorie mit dem eigentlichen Eigentumsrechte gesetzt wird. Nach dieser Seite ist es als richtig anzuerkennen, was die Gegner der Bill ihr vorwerfen,
30 daß [sie], vermöge ihres neuen Prinzips selbst, schlechthin
inkonsequent in sich sei. Ein persönlich nähertretender Vorwurf hierüber liegt in der Angabe, daß die Grenzlinie, nach
welcher bisher privilegierten kleinern Städtchen das Wahl-

---

[1] vom] *D:* von dem
[2] daß sie nämlich eine [...] zu schaffen [hätten.] *D:* nämlich daß
eine [...] zu schaffen seien.

recht gelassen werden solle, in der Bill mit Vorbedacht so
gezogen sei, daß dem Herzog von Bedford, Bruder des
Lord J. Russell, der die Bill ins Unterhaus eingebracht hat,
seine Boroughs nicht angerührt würden. Die Bill ist in der
Tat ein Gemische von den alten Privilegien und von dem     5
allgemeinen Prinzip der gleichen Berechtigung aller Bürger
– mit der äußerlichen Beschränkung einer Grundrente von
zehn £ – zur Stimmgebung über diejenigen, welche sie
vertreten[1] sollen. Indem sie so den Widerspruch des positiven Rechts und des abstrakten[2] Gedankenprinzips in sich    10
aufgenommen hat, stellt sie das, was bloß aus dem Boden
des alten Lehensrechtes stammt, in das viel grellere Licht
der Inkonsequenz, als wie noch alle Berechtigungen insgesamt auf einem und demselben Boden des positiven Rechts
fußten. |                                                     15
    Dies Prinzip für sich eröffnet allerdings eine Unendlich-
keit von Ansprüchen, der wohl zunächst die parlamentarische Macht Schranken setzen kann; in seiner Konsequenz
durchgeführt würde es mehr eine Revolution als eine bloße
Reformation[3] sein. Daß aber solche weiteren Ansprüche    20
nicht sobald mit besonderer Energie mögen erhoben werden, dafür spricht die, wie es scheint, sehr allgemeine Befriedigung[4] der mittlern und untern Klassen der drei König-
reiche mit der Bill. Den | sogenannten praktischen, d. h.
auf Erwerb, Subsistenz, Reichtum gerichteten Sinn der bri-    25
tischen Nation scheinen die Bedürfnisse der oben angeführten materiellen Rechte noch wenig ergriffen zu haben;
noch weniger ist durch ganz formelle Prinzipien abstrakter
Gleichheit etwas bei ihm auszurichten; der Fanatismus solcher Prinzipien ist diesem Sinne fremder. Dieser praktische    30
Sinn wird zwar[5] selbst in unmittelbaren Verlust gesetzt, in-

---

[1] welche sie vertreten] *D:* von welchen sie vertreten werden
[2] abstrakten] *D:* allgemeinen
[3] Reformation] *D:* Reform
[4] Befriedigung] *D:* Zufriedenheit
[5] wird zwar] *D:* zwar wird

dem eine große Menge den Gewinn der Bestechung verliert, durch die Erhöhung der Bedingung der Wählereigen-
schaft von vierzig Schillingen auf das Fünffache. Hat diese
höhere Klasse[1] bisher einen reellen Vorteil von ihrem Wäh-
5 len gezogen, so geht er ihr nicht verloren. Soeben ist ein
von der Stadt Liverpool gewähltes Mitglied vom Parlament
ausgeschlossen worden, weil von den Wählern die Annahme von Bestechung bewiesen worden ist; die Wähler in
dieser [Stadt] sind sehr zahlreich, und da sie sehr reich ist,
10 so wäre zu vermuten, daß sich unter den Bestochenen auch
viele Wohlhabende befunden haben. Sogut ferner als die
großen Gutsbesitzer Hunderte und Tausende von ihren besitzlosen Pächtern als Eigentümer von einer freien Grundrente von vierzig Schillingen aufzuführen wußten, sogut
15 wird sich auch diese eigentümliche Weise, sich Stimmen zu
verschaffen, bei dem neuen Zensus einrichten und jene abhängigen Menschen sich in Grundrentenbesitzer von zehn
Pfunden maskieren lassen. Nicht weniger wird das mehr-
wöchentliche Schlemmen und Rausch,[2] in den die | frei-
20 gelassene Bestialität[3] des englischen Pöbels sich auszulassen
Aufforderung und Bezahlung erhielt, sich der Erhöhung
der Bedingungsrente ungeachtet jenen Genuß nicht[4] nehmen lassen. Bei der vorletzten Parlamentswahl wurde angegeben, daß in der volkreichen Grafschaft York für die Wahl
25 eines dasigen[5] Gutsbesitzers, Beaumont, 80.000 Pf. St. (bei
560.000 Taler) ausgegeben worden sind;[6] wenn in Parlamentsverhandlungen vorgebracht worden ist, daß die Kosten bei den Wahlen nachgerade allzu stark werden, so ist

---

[1] *Fußnote in D:* Kürzlich ist im Oberhause diese höhere Klasse, der
10 Pf. Rente, mit dem Namen: Paupers belegt worden.

[2] Rausch,] *D:* der Rausch,

[3] Bestialität] *D:* Wildheit

[4] nicht] *fehlt in D*

[5] dasigen] *D:* dortigen

[6] *Fußnote in D:* In einer der letzten Sitzungen des Parlaments ist
der Aufwand der vorhin angeführten Wahl zu Liverpool auf 120.000
Pf. Sterl. (über 800.000 Rtlr.) angegeben worden.

die Frage, wie das Volk es ansehen werde, daß an ihm die
Reichen Ersparnisse machen wollen. Wie sich diese Seite
eines reellen Vorteils stellen, welche neuen Kombinationen
von der unermüdlichen Spekulation der mit dem Handel
der Parlamentssitze sich befassenden Agenten erfunden wer- 5
den, ist noch unbestimmt; es würde zu früh sein, auf die
Veränderung, die in diesem Interesse vorgeht, Vermutungen bauen zu wollen.

Ein höheres Interesse aber scheint das Stimmrecht selbst
darzubieten, indem es für sich das Verlangen und die For- 10
derung einer allgemeinern Erteilung desselben aufregt. Der
Erfahrung nach zeigt sich jedoch die Ausübung des Stimm-
rechts nicht so anziehend, um gewaltige Ansprüche und
daraus entstehende Bewegungen zu veranlassen. Es scheint
vielmehr bei den Stimmberechtigten eine große Gleichgül- 15
tigkeit dagegen, des damit verbundenen Interesses der Bestechung ungeachtet, zu herrschen; aus der zahlreichen
Klasse derer, die insbesondere wegen der Erhöhung des
Wahlzensus dasselbe verlieren oder denen es, indem ihre
Stimmen in die allgemeine Menge der Berechtigten der 20
Grafschaft geworden werden, sehr geschwächt wird, sind
noch keine Petitionen gegen die ihnen so nachteilige Bill
zum Vorschein gekommen. Die Reklamationen dagegen
sind von solchen erhoben worden, welchen die Sicherheit
oder Wahrscheinlichkeit, einen Parlamentssitz zu erhalten, 25
gewählt zu werden,[1] geschmälert wird oder ganz verlorengeht. Durch eine Parlamentsakte ist vor einem Jahre durch
Erhöhung der zum Stimmrecht erforderlichen Rente in Ir-
land einer Anzahl von zweimal hunderttausend Indivi|duen
ihr Wahlrecht genommen worden, ohne daß sie eine Be- 30
schwerde über diesen Verlust ihres Berufs, an den Staats-
und Regierungsangelegenheiten teilzunehmen, erhoben
hätten. Nach allen Umständen sehen die Wähler in ihrem
Rechte eine Eigenschaft, die nur[2] denen zugute kommt,

---

[1] gewählt zu werden,] *fehlt in* D
[2] nur] D: vornehmlich

welche in das Parlament gewählt zu werden wünschen und
für deren eigenes Gutdünken, Willkür und Interesse auf
alles, was in jenem Rechte von Mitregieren und Mit-
gesetzegeben [liegt,] Verzicht geleistet werde. – Das Haupt-
5 geschäft bei einer Wahl, wofür die Kandidaten Agenten
annehmen, die mit den Lokalitäten und Persönlichkeiten
sowie mit der Art, diese zu traktieren, bekannt sind, ist das
Aufsuchen und Herbeibringen von Wahlberechtigten,
ebensosehr als sie zugunsten ihrer Patrone, insbesondere
10 durch Bestechung zu bestimmen; die großen Gutsbesitzer
lassen die Scharen ihrer Pächter, deren ein Teil, wie vorhin
bemerkt, soeben in momentane Besitzer der erforderlichen
Grundrente travestiert worden, zusammentreiben. Brougham beschrieb bei einer vorigen Wahl launig eine Szene,
15 wo man [sie] in Höfen bei Feuern, Pudding und Porter bi-
wakieren und, um sie dem Einfluß der Gegner zu entziehen, darin bis zu dem Augenblicke verschließen ließ, wo sie
ihr gehorsames Vo|tum abzugeben haben. Diese Gleichgül-
tigkeit gegen das Wahlrecht und dessen Ausübung kontra-
20 stiert im höchsten Grade damit, daß in demselben das Recht
des Volkes liegt,[1] an den öffentlichen Angelegenheiten, den
höchsten Interessen des Staats und der Regierung teilzunehmen, und daß die Ausübung desselben eine hohe Pflicht ist,[2]
da die Konstituierung eines wesentlichen Teils der Staatsge-
25 walt, der Repräsentantenversammlung darauf beruht, ja da
dies Recht und seine Ausübung im französischen Stile der
Akt der Souveränität des Volkes, und zwar sogar der einzige
ist.[3] Aus dieser Gleichgültigkeit[4] kann leicht die Beschuldigung der politischen Stumpfheit oder Verdorbenheit eines
30 Volkes gezogen werden, wie aus der Gewohnheit der Bestechung bei Ausübung desselben. Diese harte Ansicht muß
sich jedoch mildern, wenn man erwägt, was zu solcher

[1] liegt,] D: liege,
[2] ist,] D: sei,
[3] ist.] D: sei.
[4] Gleichgültigkeit] D: Gleichgültigkeit gegen dieses Recht

Lauigkeit mitwirken muß; es ist dies offenbar die Empfindung der wirklichen Gleichgültigkeit der einzelnen Stimme
unter den vielen tausenden, die zu einer Wahl konkurrie-
ren. Von ungefähr 658, die gegenwärtig in das englische
Unterhaus, oder von 430 Mitgliedern, die in die französi- 5
sche Kammer zu wählen sind (die Änderung, welche diese
Zahlen demnächst erleiden werden, ist hier gleichgültig), ist
es Ein Mitglied, das zu ernennen ist – unter solcher Anzahl
schon eine sehr unansehnliche Fraktion; aber die einzelne
Stimme ist eine noch um so viel geringfügigere Fraktion, 10
als es hundert oder tausende Stimmen sind, die dazu kon-
kurrieren. Wenn die Anzahl der durch das neue französische
Wahlgesetz zu produzierenden Wähler auf 200.000 geschätzt, die Anzahl der danach zu erwählenden Mitglieder
aber in runder Summe zu 450 angenommen wird, so ergibt 15
sich die einzelne Wahlstimme als der zweimal hunderttau-
sendste Teil der ganzen Wahlmacht und als der neunzigmil-
lionste Teil des einen der drei Zweige der Macht, welche
Gesetze gibt. | Das Individuum stellt sich schwerlich die
Geringfügigkeit seiner Wirksamkeit in diesen Zahlen vor, 20
aber hat nicht weniger die bestimmte Empfindung dieser
quantitativen Unbedeutendheit seiner Stimme, und das
Quantitative, die Anzahl der Stimmen, ist hier allein das
Praktische und Entscheidende. Es mögen wohl die qualitati-
ven hohen Gesichtspunkte der Freiheit, der Pflicht, der 25
Ausübung des Souveränitätsrechtes, des Anteils an den allgemeinen Staatsangelegenheiten gegen die Lässigkeit hervor-
getan werden; der gesunde Menschenverstand hält sich gern
an das Effektive; und wenn dem Individuum das Gewöhnliche vorgestellt wird, daß, wenn j e d e r so lässig dächte, der 30
Bestand des Staats und noch mehr die Freiheit in Gefahr
käme, so muß dasselbe sich ebensosehr des Prinzips erinnern, auf welches seine Pflicht, das ganze Recht seiner Freiheit gebaut wird – nämlich, daß es sich nicht durch die Betrachtung dessen, was andere tun, sondern nur durch seinen 35
eigenen Willen bestimmen lassen solle und daß seine individuelle Willkür das Letzte und eben das Souveräne ist, das

ihm zukommt und zuerkannt ist. – Ohnehin ist dieser für
sich so geringfügige Einfluß auf die Personen beschränkt
und wird noch unendlich geringfügiger dadurch, daß er sich
nicht auf die Sache bezieht, diese vielmehr ausdrücklich
5 ausgeschlossen ist. Nur in der demokratischen Konstitution
Frankreichs vom J. III unter Robespierre, die vom ganzen
Volk angenommen wurde, aber freilich um so weniger zu
irgendeiner Ausführung kam, war angeordnet, daß den einzelnen Bürgern auch die Gesetze über die öffentlichen An-
10 gelegenheiten zur Beschlußnahme vorgelegt werden sollten.
– Die Wähler sind ferner auch nicht einmal[1] Kommittenten,
die ihrem Deputierten Instruktionen zu geben hätten; die
Cahiers, welche die Mitglieder der Nationalversammlung
bei ihrer Sendung mitbekommen hatten, wurden sogleich
15 beiseite gelegt und von beiden Teilen vergessen, und es gilt
für | einen der wesentlichsten konstitutionellen Grundsätze
in England und Frankreich, daß die erwählten Mitglieder
ebenso souverän in ihren Stimmgebungen seien, als ihre
Wähler in den ihrigen. Beide haben bei ihren Beratungen
20 und Beschlüssen über die öffentlichen Angelegenheiten
nicht den Charakter von Beamten und teilen mit dem Könige, was für ihn sanktioniert ist, für die Erfüllung ihrer
Pflichten keine Verantwortlichkeit zu haben.
    Infolge des Gefühls der stattfindenden Geringfügigkeit
25 des Einflusses des Einzelnen und der an dies Recht geknüpften souveränen Willkür lehrt denn die Erfahrung, daß die
Wahlversammlungen überhaupt nicht zahlreich besucht
werden; die Zahlen, die man in den öffentlichen Blättern
zuweilen von den Stimmberechtigten und den bei der Wahl
30 wirklich Stimmenden angegeben findet, zeigen sich selbst in
Frankreich für die aufgeregten Zeiten der letzten Regie-
rungsjahre Karls X. gewöhnlich als sehr voneinander abweichend; bei der neuesten, im Mittelpunkte des politischen
Interesses, in Paris, abgehaltenen Wahl, wo es an Eifer der
35 Parteien, die Wahlberechtigten zum Stimmabgeben herbei-

---

[1] nicht einmal] D: einmal nicht

zurufen, nicht gefehlt zu haben scheint, ist bei ungefähr
achtzehnhalb hundert Wahlberechtigten angegeben, daß
sich etwa sechshundert nicht eingefunden haben. Es möchte
in dieser Rücksicht interessant sein, auch aus andern Kreisen, wo das Wahlrecht sämtlichen Bürgern übertragen ist
und ein ihnen viel näherliegendes Interesse betrifft – z. B.
von Wahlversammlungen für Erwählung der Stadtverordneten im preußischen Staate –, das Durchschnittsverhältnis der
Stimmberechtigten zu den wirklich Stimmenden kennenzulernen. – In frühern Perioden der Französischen Revolution
hat der Eifer und das Benehmen der Jakobiner in den Wahlversammlungen es den ruhigen, rechtschaffenen Bürgern
entleidet, auch gefährlich gemacht, von dem Stimmrecht
Gebrauch zu machen, und die Faktion[1] allein das Feld be-
hauptet. – Wenn die über die Wahlberechtigung | gegen-
wärtig beschließenden großen politischen Körper eine
Pflicht hoher Gerechtigkeit zu erfüllen glauben, daß sie die
äußerlichen Bedingungen dieser Befugnis erweitern und sie
einer größern Anzahl erteilen, so bedenken sie nicht,[2] daß
sie ebendamit den Einfluß des Einzelnen vermindern, seine
Vorstellung von dessen Wichtigkeit und dadurch sein Interesse, dies Recht auszuüben, schwächen, abgesehen davon,
wie überhaupt irgendeine Staatsgewalt dazu komme, über
dieses Recht der Bürger zu disponieren, dabei fünfzig oder
hundert Franken oder soviel Pfund Sterling in Überlegung
zu nehmen und dies Recht nach solchen Größen zu ändern
– ein Recht, welches seiner Bestimmung nach als souverän,
ursprünglich, unveräußerlich, überhaupt als das Gegenteil
davon angenommen worden, daß es erteilt oder genommen
werden könne.

Wie der in so gutem Rufe stehende gesunde Menschenverstand des englischen Volks die Individuen die Unbedeutendheit ihres Einflusses in die Staatsangelegenheiten durch
ihre einzelne Stimme empfinden läßt, so gibt derselbe ge-

---

[1] Faktion] D: Faktion hat
[2] bedenken sie nicht,] D: dürfte ihrer Erwägung entgehn,

sunde Menschenverstand auch das richtige Gefühl seiner
Unwissenheit überhaupt und der[1] geringen Befähigung, um
die zu hohen Staatsämtern erforderlichen | Talente, Ge-
schäftskenntnis, Fertigkeit und Geistesbildung zu beurteilen;
5 sollten ihm vierzig Schillinge oder zehn Pf. Grundrente
oder zweihundert Fr. direkter Steuern, die Zusatz-Centimen mit eingerechnet oder nicht, einen so großen Zuwachs
von Befähigung zu enthalten scheinen? Die Strenge der
französischen Kammern, den Gesichtspunkt sonstiger Be-
10 fähigung gegen die, welche in den zweihundert Fr. mit
[oder][2] ohne die Zusatz-Centimen liegen soll, auszuschlie-
ßen und sie nur den Mitgliedern des Institutes zuzuschreiben, ist charakteristisch genug; der Formalismus der
Achtung der zweihundert Fr. hat die Achtung für die Be-
15 fähigung und guten[3] Willen von Präfektur-, Gerichtsräten,
Ärzten, Advokaten usf., die nicht soviel Steuer bezahlen,
überwunden. – Überdem wissen die Stimmgebenden, daß
sie vermöge ihres souveränen Rechts es[4] überhoben sind,
eine Beurteilung oder gar Prüfung der sich vorschlagenden
20 Kandidaten vorangehen zu lassen, und[5] ohne all dergleichen
souverän zu entscheiden haben. Es ist daher eben kein
Wunder, daß in England die Individuen in großer Anzahl,
und es käme noch darauf an, ob es nicht die Mehrzahl ist,
es bedürfen, daß sie zu der ihnen wenig wichtigen Mühwal-
25 tung des Stimmgebens durch die Kandidaten aufgereizt
werden und daß sie für solche Mühwaltung, die den Kandidaten zugute kommt, [sich] von denselben mit Bändern,
Braten und Bier und einigen Guineen schadlos machen[6] lassen. Die Franzosen, neuer in dieser politischen Laufbahn,
30 allerdings auch durch die wichtigsten Interessen des noch

---

[1] Unwissenheit überhaupt und der] *fehlt in D*
[2] [oder]] *fehlt in D*
[3] guten] *D:* den guten
[4] es] *fehlt in D*
[5] und] *D:* und daß sie
[6] machen] *D:* halten

nicht tiefer konsolidierten, vielmehr in innerste Gefahr ge-
brachten Zustands gedrängt, sind noch nicht sosehr auf diese
Art von Schadloserhaltung gefallen; aber indem sie die Sachen und ihren Anteil daran ernster zu nehmen aufgeregt
worden, haben sie sich für die Geringfügigkeit ihres[1] indivi-   5
duellen Anteils ihrer Souveränität an den öffentlichen Angelegenheiten, durch selbst genommenen Anteil auch an den
Sachen, in Insurrektionen, Klubs, Assoziationen usf. ent-
schädigt und Recht verschafft. |

Die soeben berührte Eigentümlichkeit einer Gewalt in   10
England, welche untergeordnet sein soll und deren Mitglieder zugleich ohne Instruktion, Verantwortlichkeit, ohne
Beamte zu sein, über die Gesamtangelegenheiten des Staates
beschließen, begründet ein Verhältnis zu dem monarchischen Teile der Verfassung; es ist zu erwähnen, welchen   15
Einfluß die Reformbill auf dieses Verhältnis und auf die Regierungsgewalt überhaupt haben möge. Für diese Betrachtung ist vorher an die nächste Folge der erwähnten Eigentümlichkeit zu erinnern, daß in England durch dieselbe die
monarchische Gewalt und die Regierungsgewalt sehr von   20
einander verschieden sind. Der monarchischen Gewalt
kommen die hauptsächlichsten Zweige der höchsten Staatsmacht zu, vornehmlich die, welche die Beziehung zu andern Staaten betreffen, die Macht, Krieg und Frieden zu beschließen, die Disposition über die Armee, die Ernennung   25
der Minister – doch ist es Etikette geworden, daß der Monarch direkt nur den Präsidenten des Ministerialconseils er-
nennt und dieser das übrige Kabinett zusammensetzt –, die
Ernennung der Armeebefehlshaber und Offiziere, der Ge-
sandten usf. Indem nun dem Parlamente die souveräne Be-   30
schließung des Budgets (mit Einschluß selbst der Summe für
die Sustentation der Persönlichkeit des Königs und seiner
Familie), d. i. des Gesamtumfangs der Mittel, Krieg und
Frieden zu machen, eine Armee, Gesandte usf. zu haben,

---

[1] ihres] *D:* des

zusteht und ein Ministerium hiermit nur regieren d. h. existieren kann, insofern es sich den Ansichten und dem Wil-
len des Parlaments | anschließt, so ist der Anteil des Mon-
archen an der Regierungsgewalt mehr illusorisch als reell,
5 und die Substanz derselben befindet sich im Parlamente. Bekanntlich hat S i e y è s , der den großen Ruf tiefer Einsichten
in die Organisation freier Verfassungen hatte, in seinem
Plane, den er endlich bei dem Übergange der Direktorial-
verfassung in die konsularische aus seinem Portefeuille her-
10 vorziehen konnte, damit nun Frankreich in den Genuß dieses Resultates der Erfahrung und des gründlichsten Nachdenkens gesetzt werde, einen Chef an die Spitze des Staats
gestellt, dem der Pomp der Repräsentation nach außen und
die Ernennung des obersten Staatsrats und der verantwort-
15 lichen Minister wie der weitern untergeordneten Beamten
zuständе, so daß die oberste Regierungsgewalt jenem Staatsrat anvertraut sein, der Proclamateur-électeur aber keinen
Anteil an derselben haben sollte. Man kennt das soldatische
Urteil Napoleons, der sich zum Herrn und Regenten ge-
20 macht fühlte, über dies Projekt eines solchen Chefs, in welchem er nur die Rolle eines cochon à l'engrais de quelques
millions sah, welche zu übernehmen sich kein Mann von
einigem Talent und etwas Ehre finden werde. Es war in
diesem Projekt übersehen (und hier wohl redlicherweise,
25 was in andern mit vollem Bewußtsein und vollständiger Absicht eingerichtet worden ist), daß die Ernennung der Personen des Ministeriums und der anderen Beamten der ausübenden Gewalt für sich etwas Formelles und Unmächtiges
ist und der Sache nach dahin fällt, wo effektiv | sich die
30 Regierungsgewalt befindet. Diese sehen wir in England im
Parlamente; wenn in manchen monarchischen Konstitutionen, deren Erschaffung wir erlebt haben, die formelle
Scheidung der Regierungsgewalt als der ausübenden von
einer n u r gesetzgebenden und richterlichen Gewalt ausge-
35 sprochen und jene sogar mit Pomp und Auszeichnung her-
ausgestellt sind, so ist immer die Besetzung des Ministeriums
das Zentrum der Kontestation und des Kampfs – des der

Krone unbedingt zugeschriebenen Rechtes dieser Besetzung unerachtet – geworden, und die sogenannte nur gesetzgebende Gewalt hat den Sieg davongetragen; so hat auch unter der neuesten Verfassung Frankreichs sich die Regierung bald genötigt gesehen, ihr Hauptquartier in die Deputier- 5 tenkammer zu verlegen, wo sie selbst dazu gebracht worden ist, sich mit ihren Unterbeamten in öffentliche Kontestationen einlassen zu müssen.

Eine Beziehung auf die im Parlamente liegende Regierungsgewalt zunächst hat das, was die Gegner der Reform- 10 bill zugunsten der Burgflecken, durch deren Besitz viele Parlamentssitze von einzelnen Individuen oder Familien abhängen, anführen, daß nämlich vermittels dieses Umstandes die ausgezeichnetsten Staatsmänner Englands den Weg in das Parlament und von da in das Ministerium gefunden ha- 15 ben. Es wird wohl geschehen, daß ein ausgezeichnetes, gründliches Talent oft eher der Privatfreundschaft bekannt wird und in dem Fall ist, nur durch individuelle Großsinnigkeit zu dem ihm gebührenden Platz gelangen zu können, den es bei mangelndem Vermögen und Familienzusammen- 20 hang von der Masse der Bürger einer Stadt oder Grafschaft sonst vielleicht nicht erreichen würde. Aber derglei|chen Beispiele können dem Reiche der Zufälligkeit zugeschrieben werden, wo sich einer Wahrscheinlichkeit leicht eine andere, einem möglichen Nachteil ein möglicher Vorteil 25 entgegenstellen läßt. Verwandt damit ist eine andere angebliche Folge von größerer Wichtigkeit, auf welche der Herzog von Wellington aufmerksam machte, der zwar nicht das Ansehen eines Redners hat, weil ihm die wohlfließende, stundenlang fort unterhaltende und an Selbstostentation so 30 reiche Geschwätzigkeit abgeht, durch welche viele Parlamentsglieder zu so großem Rufe der Beredtsamkeit gelangt sind, dessen Vorträgen aber bei dem Abgerissenen der Sätze, was ihnen zum Vorwurfe gemacht wird, Gehalt und das Wesen der Sache treffende Gesichtspunkte nicht mangeln. 35 Er äußert nämlich die Besorgnis, daß an die Stelle derjenigen Männer, denen jetzt im Parlamente die Besorgung des

öffentlichen Interesses anvertraut sei, ganz andere treten
werden, und fragt ein anderesmal, ob denn die Krämer, aus
welchen, wie früher angegeben, nach seiner Ansicht infolge
der neuen Bill die größere Masse der Wähler bestehen
5 werde, die Leute seien, welche die Mitglieder für den großen Rat der Nation wählen sollen, der über die einheimi-
schen und auswärtigen Angelegenheiten, über die Interessen
des Ackerbaus, der Kolonien und Fabriken zu ent|scheiden
hat? – Der Herzog spricht aus der Anschauung des eng-
10 lischen Parlaments, in welchem über der Masse unfähiger
und unwissender, mit dem Firnis der gewöhnlichen Vorurteile und aus der Konversation geschöpften Bildung, auch
oft nicht einmal hiermit versehener Mitglieder eine Anzahl
talentvoller, sich der politischen Tätigkeit und dem Staatsin-
15 teresse gänzlich widmender Männer steht. Auch dem größern Teile von diesen ist ein Sitz im Parlament gesichert,
teils durch ihren eignen Reichtum und den Einfluß, den sie
selbst oder ihre Familie in einem Burgflecken, Stadt oder
Grafschaft besitzen, teils durch den Einfluß des Ministeriums
20 und dann ihrer Parteifreunde. |
    An diese Klasse schließt sich eine Menge Männer an, wel-
che die politische Tätigkeit zum Geschäfte ihres Lebens machen; entweder daß sie dies aus Liebhaberei tun und von
unabhängigem Vermögen sind, oder daß [sie] öffentliche
25 Stellen bekleiden und diese durch die Konnexion mit parla-
mentarischem Einfluß erlangt, oder auch, wenn sie dieselben sonst erhalten haben, können sie sowohl nach ihrer
amtlichen Stellung als dem allgemeinen innern Beruf es
nicht unterlassen, sich an die politische Klasse und eine Par-
30 tei derselben anzuschließen. Wo der Staatsdienst nicht an
sonstige Bedingungen, z. B. gemachter wissenschaftlicher
Studien, Staatsprüfungen, praktischer Vorbereitungskurse u.
dgl. geknüpft ist, muß das Individuum sich jener Klasse ein-
verleiben; es hat in ihr eine Wichtigkeit sich zu verschaffen,
35 ist durch ihren Einfluß getragen, wie gegenseitig der seinige
derselben zugeschlagen wird. Seltene Anomalien sind von
dieser Konnexion isolierte Individuen, wie z. B. Hunt, die

in das Parlament kommen, darin aber nicht unterlassen, eine
seltsame Figur zu machen.

Ein Hauptelement der Macht dieses Zusammenhangs –
dessen sonstige Bande, Familienkonnexionen, Politisieren
und Reden bei Gastmahlen usf., der unendliche, nach allen 5
Teilen der Erde sich erstreckende politische Briefwechsel,
auch das gemeinsame Herumtreiben auf Landsitzen, Pferde-
rennen, Fuchsjagden usf. zwar nicht gestört werden –, aber
die Disposition über eine Menge von Parlamentssitzen erleidet allerdings durch die Reformbill eine bedeutende Modi- 10
fikation, welche wohl die Wirkung haben mag, welche der
Herzog berührt, daß viele andere Individuen an die Stelle
solcher treten, die zu dem gegenwärtigen Kreise derer, die
sich dem Interesse der Staatsregierung widmen, gehören,
aber auch den Erfolg nach sich zu ziehen | geeignet ist, daß 15
die Gleichförmigkeit von Maximen und Rücksichten, die in
jener Klasse vorhanden sind und den Verstand des Parlaments ausmachen, eine Störung erfährt. Zwar scheint es
nicht, daß z. B. Hunt, sosehr er isoliert steht, über die gewöhnlichen Kategorien von Druck des Volks durch die 20
Auflagen, Sinekuren usf. hinausginge, aber der Weg in das
Parlament mag durch die Reform für Ideen offen werden,
die den Interessen jener Klasse entgegen, daher auch noch
nicht in ihre Köpfe gekommen sind – Ideen, welche die
Grundlagen einer reellen Freiheit ausmachen und die oben 25
berührten Verhältnisse von Kircheneigentum, Kirchenorga-
nisation, geistlichen Pflichten, dann die gutsherrlichen und
die sonstigen aus dem Lehensverhältnisse stammenden bi-
zarren Rechte und Beschränkungen des Eigentums und
weitere Massen des Chaos der englischen Gesetze betreffen 30
– Ideen, die wie in Frankreich mit vielen weitern Abstraktionen vermengt und mit den bekannten Gewalttätigkeiten
verbunden, so unvermischter in Deutschland längst zu festen Prinzipien der innern Überzeugung und der öffentlichen Meinung geworden sind und die wirkliche, ruhige, 35
allmähliche, gesetzliche Umbildung jener Rechtsverhältnisse
bewirkt haben, so daß man hier mit den Institutionen der

reellen Freiheit schon weit fortgeschritten, mit den wesentlichsten bereits fertig und in ihrem Genusse, während die
Regierungsgewalt des Parlaments kaum noch ernstlich daran
erinnert worden ist und England von den dringenden For-
5 derungen jener Grundsätze und einer verlangten raschen
Verwirk|lichung derselben in der Tat die größten Erschüt-
terungen seines gesellschaftlichen und des Staatsverbands zu
fürchten hätte. So enorm innerhalb Englands der Kontrast
von ungeheurem Reichtum und von ganz ratloser Armut
10 ist, so groß und leicht noch größer ist der, welcher zwischen den Privilegien seiner Aristokratie und überhaupt den
Institutionen seines positiven Rechts einerseits und andererseits zwischen den Rechtsverhältnissen und Gesetzen, wie
sie sich in den zivilisierten Staaten des Kontinents umgestal-
15 tet haben, und den Grundsätzen [stattfindet], die, insofern
sie auf die allgemeine Vernunft gegründet sind, auch dem
englischen Verstand nicht, wie bisher, so immer fremde
bleiben können. – Die novi homines, von denen der Herzog von Wellington besorgt, daß sie sich an den Platz bis-
20 heriger Staatsmänner eindringen werden, mögen zugleich
an diesen Grundsätzen für den Ehrgeiz und die Erlangung
von Popularität die stärkste Stütze finden. Weil es in England nicht der Fall sein kann, daß diese Grundsätze von der
Regierungsgewalt, die bisher in den Händen jener privile-
25 gierten Klasse ist, aufgenommen und von ihr aus bewirkt
werden, so würden die Männer derselben nur als Opposition gegen die Regierung, die bestehende Ordnung der
Dinge und die Grundsätze selbst nicht in ihrer konkreten
praktischen Wahrheit und Anwendung, wie in Deutschland,
30 sondern in der gefährlichen Gestalt der französischen Abstraktion eintreten müssen. Der Gegensatz der hommes
d'état und der hommes à principes, der in Frankreich anfangs der Revolution gleich ganz schroff eintrat und in England noch keinen Fuß gefaßt hat, mag wohl durch die Er-
35 öffnung eines breitern Wegs für Parlamentssitze eingeleitet
sein; die neue Klasse kann um so leichter Fuß fassen, [als]
die Prinzipien selbst als solche von einfacher Natur sind,

deswegen sogar von der Unwissenheit schnell aufgefaßt
[werden] und mit einiger Leichtigkeit des Talents – da sie
um ihrer Allgemeinheit willen ohnehin die Prätention haben, für alles auszureichen – und mit einiger Energie des
Charakters und des Ehrgeizes für eine erforderliche, alles    5
angreifende Beredtsamkeit ausreichen und auf die Vernunft
der zugleich ebenso hierin unerfahrenen Menge eine blen-
dende Wirkung ausüben; wohingegen die Kenntnis, Erfahrung und Geschäftsroutine der hommes d'état nicht so
leicht sich anschaffen lassen, welche für die Anwendung und    10
Einführung vernünftiger Grundsätze in das wirkliche Leben
gleich notwendig sind.

Durch ein solches neues Element würde aber nicht nur
die Klasse gestört, deren Zusammenhang die Staatsgeschäfte
in Händen hat, sondern es ist die Regierungsgewalt, die aus    15
ihrem Gleise gerückt werden könnte. Sie liegt, wie bemerkt
worden, in dem Parlament; sosehr es in Parteien unterschieden ist und mit so großer Heftigkeit diese einander gegen-
übertreten, so wenig sind sie Faktionen; sie stehen inner-
halb desselben | allgemeinen Interesses, und ein Minister-    20
wechsel hat bisher mehr nach außen, in Rücksicht auf Krieg
und Frieden, als nach innen bedeutende Folgen gehabt. Das
monarchische Prinzip hat dagegen in England nicht mehr
viel zu verlieren. Der Abgang des Wellingtonschen Ministeriums ist bekanntlich durch die Minorität veranlaßt worden,    25
in der es sich über die vorzunehmende Regulierung der Zi-
villiste des Königs befand – eine Veranlassung, die von dem
besondern Interesse ist, daß sie eines der wenigen Elemente
betraf, die noch von dem monarchischen Prinzip in England
übrig sind. Der Rest der Domänengüter, die jedoch den    30
Charakter von Familiengut, von Privateigentum der königlichen Familie ebensogut hatten, als die Güter der herzog-
lichen, gräflichen, freiherrlichen usf. Familien in England,
war im vorigen Jahrhundert an die Schatzkammer überlassen und zur Entschädigung eine dem Ertrag entsprechende,    35
unter dem übrigen jährlich vom Unterhause zu verwilligen-
den Budget begriffene Summe festgesetzt worden. Dies

Domänengut, der schmale Rest des frühern großen Vermögens der Krone, das durch Verschwendungen, vornehmlich
durch das Bedürfnis, in bürgerlichen Kriegen Truppen und
den Beistand von Baronen zu erkaufen, sosehr geschwächt
5 worden war, hatte eine Ausscheidung von dem, was Fami-
liengut | bleiben, und dem, was für allgemeine Staats-
zwecke verwendet werden sollte, nicht erfahren. Wenn nun
die Qualität von Familien- und Privateigentum, die einem
Teile jenes Vermögensrestes zukam, wenigstens der Form
10 nach durch seine Verwandlung von Grundeigentum in eine
in das jährliche parlamentarische Budget eingeschlossene
Verabfindungssumme bereits alteriert worden war, so blieb
doch noch eine Gestalt monarchischer, dabei jedoch dem
Ministerialconseil unterworfener Einwirkung auf diesen ge-
15 ringen Teil der jährlichen großbritannischen Staatsausgabe.
Durch die neuerlich von dem Parlamente verfügte Ausscheidung eines Teils, der auf die Disposition des Königs zur
Verwendung für sich und seine Familie gestellt ist, und der
Anheimgebung des andern, schon bisher auf Staatszwecke
20 verwendeten an die parlamentarische Verfügung wird auch
dieses Überbleibsel königlich-monarchischer Disposition
aufgehoben. Es läßt sich dabei nicht übersehen, daß die Majorität, welche gegen ein monarchisches Element bedeutend
genug war, um das Wellingtonsche Ministerium zur Abdan-
25 kung zu vermögen, bei der zweiten Lesung der Reformbill,
welche gegen aristokratische Prärogativen gerichtet ist, bekanntlich nur von Einer Stimme war.
    Als charakteristisch für die Stellung des monarchischen
Elements kann der wie bei der katholi|schen Emanzipati-
30 onsbill, so auch in den Verhandlungen über die Reformbill
dem Ministerium gemachte Vorwurf angesehen werden,
daß es nämlich die dieser Maßregel zuteil gewordene Zustimmung des Königs habe laut werden lassen. Es handelt
sich nicht um die Ausübung einer monarchischen Macht-
35 vollkommenheit oder eines sogenannten Staatsstreichs; was
ungehörig gefunden wird, ist nur die Autorität oder Einfluß, den eine persönliche Äußerung des Königs ausüben

könnte. Sosehr damit einerseits eine Delikatesse, bei der
Verhandlung der Bill nicht in den Fall der Verlegenheit,
dem Willen des Monarchen zu widersprechen, versetzt zu
werden, geltend gemacht wird, sosehr liegt darin, daß das
Parlament auch in betreff der Initiative, welche dem mon-   5
archischen Elemente, der Krone, zusteht, es nur mit einem
von ihm abhängigen und ihm inkorporierten Ministerium
und eigentlich nur mit seinen Mitgliedern, da die Minister
nur in dieser Qualität den Vorschlag zu einer Bill machen
können, zu tun haben wolle, wie denn auch das dem Kö-   10
nige als drittem Zweig der gesetzgebenden Macht zuste-
hende Recht der Bestätigung oder Verwerfung einer von
den beiden Häusern angenommenen Bill insofern mehr nur
illusorisch wird, als das Kabinett wieder dasselbe dem Parlament einverleibte Ministerium ist. Der Graf Grey hat auf   15
jenen Vorwurf erklärt, daß in der Einbringung der Bill
durch das Ministerium schon von selbst die königliche Ein-
stimmung enthalten sei, aber den Tadel der ausdrücklichen
Erzählung, daß sie die Zustimmung des Königs habe, nur
dadurch abgewälzt, daß diese Erwähnung nicht von den Mi-   20
nistern, sondern von anderwärts ausgegangen sei.

Der eigentümliche Zwiespalt, welcher durch die neuen
Männer in das Parlament gebracht werden könnte, würde
daher nicht | der Kampf sein, mit welchem jede der meh-
rern französischen Konstitutionen jedesmal darum begann,   25
ob die Regierungsgewalt dem Könige und seinem Ministerium, als welcher Seite sie ausdrücklich zugelegt war, wirklich zukommen sollte; in dem Zustande der englischen
Staatsverwaltung ist längst entschieden, was in Frankreich
einer entscheidenden authentischen Interpretation durch In-   30
surrektionen und Gewalttaten des insurgierten Volkes immer erst bedurfte. Die Neuerung der Reformbill kann daher
nur die effektive Regierungsgewalt treffen, welche im Parlament etabliert ist; diese erleidet nach dem bisherigen Zustand nur oberflächliche Schwankungen, die als Wechsel   35
von Ministerien erscheinen, keinen wahrhaften Zwiespalt
durch Prinzipien; eine neues Ministerium gehörte selbst

derselben Klasse von Interessen von Staatsmännern an als das
vorhergehende; die nötige überwiegende Stärke, deren es
als Partei bedarf, gewinnt es teils durch die Anzahl der Mitglieder, die für unabhängig gelten und die im ganzen sich
5 auf die Seite jedes Ministeriums, im Gefühl, daß eine Regierung vorhanden sein muß, stellen, teils aber durch den Einfluß, den es auf die Besetzung einer Anzahl von Parlamentssitzen auszuüben vermag. Wenn nun auch das sogenannte
Interesse des Ackerbaus sich erklärt zu haben scheint, bei der
10 neu einzuführenden Wählart seine Rechnung zu finden,
auch ein großer Teil der bisherigen Patronate für Parlamentssitze und der Kombinationen der Käuflichkeit der-
selben ihren Stand | behalten, so kann es doch nicht anders
sein, als daß die bisher im Parlament herrschende Klasse, die
15 jedem Ministerium ein fertiges Material für das bisherige System des gesellschaftlichen Zustandes darbietet, eine Modifikation durch Einführung neuer Menschen und heterogener
Grundsätze erleide. Die Reformbill für sich tut der bisherigen Basis dieses Systems, nämlich dem Prinzip des nur posi-
20 tiven Rechts, Eintrag, das den Privilegien, sie mögen zu den
Rechten der reellen Freiheit ein Verhältnis haben welches
sie wollten, ihren Besitzstand sichert. Wenn Ansprüche
neuer Art, die sich bisher kaum in bewußtlosem Stammeln
und mehr in der unbestimmten Furcht vor denselben als
25 wirklicher Forderung vernehmen ließen, im Parlamente zur
Sprache gedeihen, so verändert die Opposition ihren Charakter; die Parteien enthalten ein anderes Objekt als nur die
Besitznahme des Ministeriums. Fassen wir diesen vom bisherigen verschiedenen Charakter einer Opposition in seinem
30 Extreme, wie er in Frankreich erscheint, auf, so bezeichnet
er sich am sprechendsten in der Verwunderung, die sich
neuerlich dort bei jeder Ministerialveränderung ergibt, darüber, daß die Individuen, welche aus der Opposition in das
Ministerium übergehen, ungefähr nun nach denselben Ma-
35 ximen sich verhalten als die verdrängten Vorgänger; man
liest in französischen Oppositionsblättern naive Klagen darüber, daß so viele ausgezeichnete Individuen aus ihrem

Durchgang durch Ministerialfunktionen der linken Seite,
der sie früher angehörten, ungetreu geworden zurückkehren, d. h. daß sie, indes sie in abstracto vorher wohl zugegeben haben, daß eine Regierung sein [müsse], nun gelernt
haben, was das Regieren wirklich | ist, und daß dazu noch 5
etwas weiteres gehört als die Prinzipien. Diese bestehen bekanntlich in den allgemeinen Vorstellungen von der Freiheit, der Gleichheit, dem Volke, dessen Souveränität usf.
Die Staatsgesetzgebung ist für die Männer der Prinzipien im
wesentlichen ungefähr mit den von Lafayette verfaßten, den 10
frühern französischen Konstitutionen vorgesetzten Droits de
l'homme et du citoyen erschöpft; eine weiter bestimmte
Gesetzgebung, eine Organisation der Staatsgewalten und
Unterordnung der Behörden der Administration wie der
Unterordnung des Volks unter diese öffentlichen Autoritä- 15
ten wird freilich als notwendig zugegeben und aufgestellt.
Aber gegen die Betätigung der Institutionen, welche die
öffentliche Ordnung und die wirkliche Freiheit ist, wird auf
jene Abstraktionen zurückgekommen, durch welche, nach
dem, was sie für die Freiheit fordern, das Grundgesetz in 20
sich schon widersprechend ist. Gehorsam gegen die Gesetze
wird als notwendig zugegeben, aber von den Behörden,
d. i. von Individuen, gefordert, erscheint er der Freiheit zuwider; die Befugnis zu befehlen, der Unterschied dieser Befugnis, des Befehlens und Gehorchens überhaupt, ist gegen 25
die Gleichheit; eine Menge von Menschen kann sich den
Titel von Volk geben, und mit Recht, denn das Volk ist
diese unbestimmte Menge; von ihm aber sind die Behörden
und Beamten, überhaupt die der organisierten Staatsgewalt
angehörigen Glieder unterschieden, und sie erscheinen da- 30
mit in dem Unrecht, aus der Gleichheit herausgetreten zu
sein und dem Volke gegen|überzustehen, das in dem unendlichen Vorteil ist, als der souveräne Wille anerkannt zu
sein. Dies ist das Extrem von den Widersprüchen, in dessen
Kreise eine Nation herumgeworfen wird, deren sich diese 35
formellen Kategorien bemächtigt haben. Die Mitglieder des
englischen Parlaments vom bisherigen Systeme und die Eng-

länder überhaupt sind mehr von praktischem Staatssinne und
haben eine Vorstellung von dem, was Regierung und Regieren ist; wobei in dem Charakter ihrer Verfassung zugleich liegt, daß die Regierung in die besondern Kreise des
5 gesellschaftlichen Lebens, in die Administration der Grafschaften, Städte usf., in Kirchen- und Schulwesen, auch in
andere gemeinsame Angelegenheiten wie Straßenbau sogut
wie gar nicht eingreift. Dieser freiere, konkretere Zustand
des bürgerlichen Lebens kann zu der Wahrscheinlichkeit
10 hinzufügen, daß die formellen Prinzipien der Freiheit bei
der über [der] niederen Klasse – welche in England freilich
höchst zahlreich ist und die überhaupt für jenen Formalismus am meisten offen ist – stehenden Klasse so bald den
Eingang nicht finden werden, den die Gegner der Reform-
15 bill in drohender Nähe zeigen.

Sollte aber die Bill, mehr noch durch ihr Prinzip als
durch ihre Dispositionen, den dem bisherigen System entgegengesetzten Grundsätzen den Weg in das Parlament, somit in den Mittelpunkt der Regierungsgewalt eröffnen, so
20 daß sie mit größerer Bedeutung, als die bisherigen Radikal-
reformer gewinnen konnten, daselbst auftreten könnten, so
würde der | Kampf um so gefährlicher zu werden drohen,
als zwischen den Interessen der positiven Privilegien und
den Forderungen der reellern Freiheit keine mittlere höhere
25 Macht, sie zurückzuhalten und zu vergleichen, stünde, weil
das monarchische Element hier ohne die Macht ist, durch
welche ihm andere Staaten den Übergang aus der frühern,
nur auf positivem Rechte gegründeten Gesetzgebung in
eine auf die Grundsätze der reellen Freiheit basierte, und
30 zwar einen von Erschütterung, Gewalttätigkeit und Raub
rein gehaltenen Übergang verdanken konnten. Die andere
Macht würde das Volk sein, und eine Opposition, die, auf
einen dem Bestand des Parlaments bisher fremden Grund
gebaut, sich im Parlamente der gegenüberstehenden Partei
35 nicht gewachsen fühlte, würde verleitet werden können, im
Volke ihre Stärke zu suchen und dann statt einer Reform
eine Revolution herbeizuführen.

# OHLERT-REZENSION
## (1831)

Der Idealrealismus. Erster Teil. Auch unter dem besonderen Titel: Der Idealrealismus als Metaphysik in
die Stelle des Idealismus und Realismus gesetzt 5
von Dr. Alb. Leop. Jul. OHLERT. Εν αὐτῷ γὰρ ζῶμεν καὶ
κινούμεθα καὶ ἐσμέν. Act. Ap. 17, 28. Neustadt an der
Orla 1830. 228 S.

Der Verf. dieser Schrift zeigt sich als einen geübten und 10
scharfsinnigen Denker, der – ein Haupterfordernis des Philosophierens – die Geduld hat, sich mit abstrakten Gedanken zu beschäftigen und in einem Räsonement metaphysischer Begriffe sich zu ergehen, dem dabei auch das Feld des
Spekulativen nicht nur nicht fremd ist, sondern was im vier- 15
ten Buch als die Wahrheit dargestellt wird, beruht ganz auf
spekulativer Idee. Dabei befleißigt sich der Hr. Verf. der
Klarheit und erreicht sie dadurch von selbst, daß er nicht
irgendeinem abstrakten Formalismus hingegeben ist. |
    Man erkennt, daß das, was er vorbringt, sein in dem Ge- 20
genstande, den er behandelt, befindliches, bestimmtes Räsonement ist; der Vortrag hat dadurch eine empfehlende Popularität, wobei jedoch auch hier, wie sonst, häufig die
Gründlichkeit leidet; jene verlangt unter anderem, daß Vorstellungen und Sätze, die in unserer wissenschaftlichen oder 25
philosophischen Bildung zugelassen sind und gelten, nicht
analysiert, an ihnen nicht gerüttelt wird; ist das Räsonement
bis auf sie zurückgeführt oder auch geht es von ihnen aus,
so findet ein verständiges Bewußtsein in ihnen als etwas Be-
kanntem Ruhepunkte und einleuchtende Befriedigung; 30
sollte es aber über sie hinausgeführt werden, so gerät es
leicht durch deren Entziehung in die Unruhe der Unsicherheit und des Mißtrauens und meint etwa, nun nichts mehr
zu verstehen.

Der Gang, den der Hr. Verf. in seiner Untersuchung
nimmt, ist einfach und zweckmäßig. Passend für die Art der
Darstellung, in der die Schrift gehalten ist, ist der Ausgang
von den Widersprüchen, Zweifeln und Fragen genommen,
5 in die der Mensch im Fortgang seiner äußern und innern
Erfahrung sich verwickelt findet und deren Lösung die Philosophie zu leisten habe. Hierauf werden die zwei entgegengesetzten, einseitigen Wege dieser Lösung, der reine
Idealismus und der reine Realismus, auseinandergesetzt und
10 kritisiert und zuletzt der reine Idealrealismus als das Versöhnende beider und als das die Forderungen, die man an die
Philosophie zu machen berechtigt sei, befriedigende System
dargestellt. – Ref. hat nun von diesem Gange einiges | Nä-
here anzugeben und will dabei Veranlassung nehmen, hin
15 und wieder bemerklich zu machen, inwiefern ihm scheine,
daß die Analyse für die Forderung der Gründlichkeit nicht
weit genug verfolgt sei und zu oft innerhalb gewohnter
Verstandesbestimmungen und Vorstellungen stehengeblieben werde.
20    Es ist gleich in der Einl. §§ 1–16, daß der Herr Verf. § 5
selbst und gewiß mit Recht fordert, daß man, um eine
feste Philosophie zu erlangen, damit beginnen müsse, alles
früher Geglaubte und Gemeinte zu vergessen oder es doch
bis zur Bestätigung durch das philosophische Nachdenken
25 beiseite setzen müsse; irgend welche Voraussetzung ver-
derbe von vornherein die Untersuchung. Doch kann diese
Schrift selbst vielfältig zum Beispiel dienen, daß diese Forderung leichter zu machen als die Bewußtlosigkeit, mit der
wir Geläufiges und Bekanntes voraussetzen und gelten las-
30 sen, zu überwinden ist. – Das Bild, das der Hr. Verf. hierauf von dem Philosophen und gar von dem vollendeten
Philosophen beschreibend macht, wäre wohl besser weggeblieben; dergleichen (wie: in solchem Philosophen höre
alles übereilte, unterbrochene Denken auf, nichts Unerwar-
35 tetes kann ihn außer sich setzen; er ist ohne Leidenschaften
und Heftigkeit der Gefühle; Affekte und Begierden wohnen
nicht in ihm usf.) erinnert zu sehr an die Rednereien der

Stoiker und Epikuräer von dem Weisen; diese Philosophien
hatten es nötig, zum Subjektiven als zum letzten bestimmenden Grund zurückzugehen, weil ein solcher ihren abstrakten Prinzipien mangelte; aber die moderne Philosophie
geht auf Prinzipien, die von konkreter Natur sein, wie auch 5
das des Hrn. Vfs. von der Art ist, und in ihnen nicht bloß
eine nur abstrakte Grundlage, sondern auch selbst die der
Bestimmung und Entwicklung enthalten sollen; daher dann
dergleichen Schilderung vom Subjekte des Philosophierens
müßig und einem Tadel anderer Art, wenigstens Horazi- 10
schem Scherze über den Weisen, der | glücklich, reich, ja
ein König sei – außer wenn ihn Verschleimung beschwe-
re –, ausgesetzt ist.

Für die Bestimmung der Philosophie selbst nun wird
(S. 6) daran erinnert, daß sich alles Wissen auf Erfahrung 15
gründe, entweder äußere durch die Sinne oder innere, das
Bewußtsein dessen, was in der Seele lebe und vorangehe
oder doch vorzugehen scheine; »was man nicht erfahre, davon könne man nichts wissen« – das letztere wird man,
nach jenem ganz unbestimmten Sinne der Erfahrung, wohl 20
zugeben; daß sie aber als Grund sich zum Wissen verhalte,
ist teils zu unbestimmt, teils schon zuviel präsumiert. Der
Geist mit ihr sich nicht befriedigend, forsche nach Gründen, und zwar den letzten Gründen der Erfahrung, und die
Wissenschaft, welche diese aufsucht, sei die Philosophie. 25
Diese soll (§ 12) »das, was dem Denker in der Erfahrung unklar, zweifelhaft oder gar widersprechend vorkommt, auf-
hellen, lösen, versöhnen; deshalb werde sie weder ganz
Noologismus noch Empirismus sein dürfen, wenn sie
nicht einseitig verfahren und dadurch in Irrtum verfallen 30
wolle«. Wir sehen, die Erfahrung wird schon selbst als der
Grund, und zwar des Wissens, angegeben; die Wissenschaft als die Gründe jenes Grundes aufsuchend; wir werden
somit in dem beliebten Kreise herumgeführt, in welchem
in der Wissenschaft der Grund, daß sie eine Kraft – und 35
mit solchen und solchen Bestimmungen – annimmt, die Erfahrung ist, umgekehrt aber die Kraft zum Grunde dessen,

was in der Erfahrung als deren Äußerung ist, gemacht wird.
– Das leidige Herumsprechen vom Verhältnisse der Erfahrung und des Wissens kann auf solche Weise zu nichts Bestimmtem kommen. Einen Vorzug vor jener losen Exposi-
5 tion hat durchaus noch immer die Kantische Einleitung,
nämlich sogleich die Erfahrung selbst zu analysieren und in
ihr die zwei Momente (Bestandstücke nach ihrem Ausdruck), nämlich das eine, die sinnliche Einzelnheit des
Wahrnehmens, das andere, die Verstandesbestimmungen,
10 Allgemeinheit und Notwendigkeit, aufzuzeigen; dies läßt
sich auf eine populäre Weise tun und bringt sogleich auf den
Punkt tüchtiger Betrachtung – es hat den Vorteil, das Denken in der Erfahrung selbst impliziert zu nehmen, ohne auf
die gar zu populäre gewöhnliche Weise vorgestellt zu wer-
15 den, daß es zu der Erfahrung hinzutrete und nach den
Gründen derselben frage. – Der Hr. Vf. schließt die Einlei-
tung damit, daß »der Mensch sich nicht mit dem Wissen |
begnügen könne, wenn er gleich möchte«; es ist nichts
Empfehlendes, wenn von jemand gesagt wird, er möchte
20 wohl, aber er kann nicht; daß es mit dem Menschen überhaupt, mit dem Wissen der Vernunft, von der doch eigentlich hier nur die Rede sein sollte, diese Bewandtnis habe,
dies zu erhärten, versichert der Hr. Verf. noch ferner, daß
»der Geist so lange zu begreifen strebe, bis er an etwas
25 Unbegreifliches komme« (ist der Geist auch schon, ehe
er an ein solches kommt, nur im Streben des Begreifens,
so könnte man die Folgerung ziehen, daß er sich hier sogleich nur bei Unbegreiflichem befinde); der Geist wolle
»mit einem Großen, Gewaltigen endigen, von dem er
30 sich ganz danieder gedrückt fühle, das er nicht erkenne,
sondern das er glaube; den Trost, die Beruhigung, die
freudige Aussicht in die Zukunft, vergebens von der Wissenschaft verlangt, gewähre der Glaube, über dessen Gegenstände die an die metaphysische, natürliche Theologie
35 sich anschließende Offenbarung handle«. – Der Hr. Verf.
tut dem religiösen Glauben, von dem er hier spricht, Unrecht; nach dem, was wohl nach allgemeiner Übereinstim-

mung darunter verstanden wird, soll in demselben der
Mensch, statt sich »ganz niedergedrückt«, vielmehr vollkommen befreit fühlen; nur in diese Befreiung wird »die
Befriedigung des Bedürfnisses seiner Seele, die Stillung der
Sehnsucht des Herzens« gesetzt, die § 15 vom Glauben ver-      5
spricht. – Auf das Verhältnis des Wissens und der Philosophie zum Glauben kommt der Hr. Verf. in dem letzten Buche, welches den Idealrealismus [abhandelt], das System, das
alle Forderungen, die an die Philosophie gemacht werden
können, erfülle, nur insofern zurück, als § 141 die Abhand-   10
lung von der Offenbarung in den besondern Teil, die Religionsphilosophie, verwiesen und das soeben Angeführte
trocken vom Bedürfnis des Glaubens wiederholt wird; aber
das, um was es zu tun gewesen, an jenem Idealrealismus
selbst den Mangel und die Lücke aufzuzeigen, durch welche   15
er unbefriedigend sein soll und weiter zur Offenbarung und
zum Glauben treibe, ist unterlassen. Es kann für sehr zweckmäßig anerkannt werden, daß, um zu der Philosophie hin-
zuführen und ihr Bedürfnis zu erwecken oder aufzuzeigen,
wie hier geschieht (im ersten Buche §§ 17–49), mit den     20
Zweifeln und Widersprüchen begonnen wird, in welche das Bewußtsein in seinen Erfahrungen sich verwickelt
finde. Zum Behuf einer solchen Anleitung | ist gerade nicht
für erforderlich anzusehen, daß die Zweifel und Widersprüche in systematischer Folge entwickelt und nach einer not-   25
wendigen Entstehung dargestellt werden, wie für die Wissenschaft verlangt werden muß. Hier konnte es genügen,
eine beliebige Anzahl von solchen zur Philosophie auf-
regenden Verlegenheiten der Reflexion, wie sie sich zufällig anbieten mögen, übrigens aber von der Art seien, wie     30
sie früh und häufig vorkommen, aufzuführen. Der Hr. Verf.
hätte bei solcher Darstellung an Kants Antinomien erinnert
werden können, die ihm nicht nur mehrere Beispiele an die
Hand geben, sondern auch weitere und wichtige Gesichtspunkte eröffnen konnten. Gleich dagegen, daß der Hr.       35
Verf. § 17 aus einem Räsonement ableitet, daß die Widersprüche zwischen den innern und äußern Erfahrungen –

und nur zwischen diesen soll es Widersprüche geben – nur
scheinbar seien, enthält die Kantische Betrachtung den für
die Wissenschaft so hoch interessanten und Epoche machen-
den Satz von der Notwendigkeit der Widersprüche;
5   dieser Gesichtspunkt ist für die Bedingung anzusehen, daß
das Philosophieren eine Tiefe gewinne. – Ob und wo dann
überhaupt Widersprüche stattfinden, hängt von den Voraussetzungen ab, die gemacht werden; damit nimmt es der Hr.
Verf. nicht genau genug; er macht es dem Leser zu leicht,
10  die Annahmen nicht gelten zu lassen, die einen Widerspruch hervorbringen sollen. Schon im Anfange § 17, wo
gezeigt werden soll, daß weder in der Natur für sich noch
im Geiste die Quelle der Widersprüche liegen könne, gestattet sich der Hr. Vf. ohne weiteres eine solche unerwie-
15  sene Annahme, welche sich auf die Natur des Widerspruchs
selbst bezieht und in Ansehung deren er vor allem das aus
§ 5 Angeführte hätte befolgen müssen, nämlich alles früher
Geglaubte und Gemeinte zu vergessen oder einstweilen beiseite zu setzen. »In der Natur, heißt es, können keine Wi-
20  dersprüche liegen, denn Widersprechendes hebt sich auf
und kann nicht existieren«; die Natur aber soll existieren; ebenso »der Geist denkt nicht Widersprechendes;
und diese Beschaffenheit desselben«, wird fortgefahren, »ist
ja eben die Ursache davon, daß man Widersprüche er-
25  blickt und zu lösen versucht«. – Der Hr. Verf. wäre glücklich zu preisen, wenn ihm in der Welt, in der Natur und in
dem Tun und Treiben wie im Denken der Menschen, noch
keine Widersprüche, wenn ihm noch keine sich selbst wi-
dersprechenden Existenzen | vorgekommen wären; er
30  sagt mit Recht, »der Widerspruch hebe sich auf«, aber daraus folgt nicht, daß »er nicht existiert«; jedes Verbrechen
wie jeder Irrtum, überhaupt aber jedes endliche Sein und
Denken ist ein Widerspruch; sosehr, daß noch weiter sogar
gesagt werden muß, daß es nichts gibt, in dem nicht ein
35  Widerspruch existiert, der sich aber freilich ebensosehr
aufhebt. Allein in dem selbst, was darüber angebracht ist, ist
wohl der größte Widerspruch nicht zu verkennen; die Be-

schaffenheit des Geistes (Beschaffenheit ist ein Ausdruck, der für den Geist, wo vollends von der Natur desselben die Rede sein soll, wohl ungeeignet ist), nichts Widersprechendes denken zu können, soll selbst die Ursache sein, von was? – davon, daß man Widersprüche erblickt, nicht mit 5 den leiblichen Augen, die Natur soll keine darbieten, sondern mit den Augen des Geistes, d. i. daß er solche überhaupt in seinem Bewußtsein hat und sogar denkt; sie soll Ursache sein, daß man sie zu lösen sucht; wenn sie nicht existierten, wo es sei, in der äußern oder innern Erfah- 10 rung des Denkens, würde man nicht in Versuchung kommen können, sie lösen zu wollen. Wenn auch der Hr. Verf. dieselben auf das Verhältnis von Geist und Natur, von innerer und äußerer Erfahrung (willkürlich) beschränkt und solche Widersprüche nachher anführt, so ist er ebendamit 15 im Falle, von Widersprüchen zu wissen, sie zu denken, ihre Quelle anzugeben. – Der Hr. Verf. hat sich gegen das, was er hier unmittelbar tut, sowie gegen das, was er in der Erfahrung, noch mehr aber im Denken unzähligemal muß vorgefunden haben, durch ein gewöhnliches Schulge- 20 schwätze bereden lassen, die allerunwahrste Annahme, daß es keine Widersprüche in der Natur und im Bewußtsein gebe, blindlings zu machen.

Mit der Annahme, daß das Widersprechende nur in das Verhältnis des sinnlichen Anschauens und des Denkens falle, 25 kommt sogleich in Kollision, daß jenes selbst in der vorseienden Betrachtung denkend aufgefaßt wird; somit ist es nicht solches Anschauen und das Denken, sondern es sind in den Beispielen des Hrn. Verfs. nur Gedanken, die mit Gedanken verglichen und einander widersprechend gefun- 30 den werden. So fängt § 18 damit an, daß es »die sinnliche Erfahrung sei, welche behaupte, daß alles, was ist, sich verändere, das Denken dagegen sage, alles, was ist, bleibt dasselbe, immer und ewig; Veränderung ist undenkbar«. – | Schon die erstere Behauptung hätte doch nicht 35 so geradezu zu einer Annahme der sinnlichen Erfahrung gemacht werden sollen. Erstens, wie käme die sinn-

liche Erfahrung zu: Allem; das Alles, als sinnlich, ist im
Raume, ebenso in der Zeit, und zwar der Vergangenheit
und Gegenwart und Zukunft; wie möchte man nur sagen,
alles, was an allen Orten des Raumes (z. B. Innern der
5 Erde wie der Sonne und Gestirne und im äußern Hinaus
des Himmels), alles zu allen Zeiten und selbst in der Zukunft sei erfahren worden und sogar wisse man von diesen Erfahrungen – wie könnte man sonst von ihnen sprechen? Beschränken wir sie etwa auf das nächste beste, was
10 wir sinnlich erfahren und von dessen Erfahrungen wir wissen, so fällt doch zweitens gleich die Frage ein, haben wir
denn oder wer hat sonst die Erfahrung gemacht, daß
diese Gebirge der Erde, diese Weltteile usf., daß diese
Gestirne, Sonne und Mond (die beobachtete Bewegung
15 ist nur die Veränderung ihres Orts, der Lichtwechsel nur
ihres Lichtscheines usf.) sich verändert haben? – Es kann
etwa ungeeignet aussehen, wenn wir in hoher metaphysischer Betrachtung stehen, an solches Triviales zu erinnern,
was wir, und zwar nicht wissenschaftlich, sondern nach der
20 gemeinsten sinnlichen Erfahrung uns gemerkt haben. Aber
die Alten, wie besonders Sokrates bei Xenophon u. a. und
selbst aus dem Munde des erhabenen Plato, haben sich und
ihr Philosophieren nicht für zu vornehm gehalten, um nicht
die nächsten besten Wahrnehmungen des gemeinen Lebens
25 aufzunehmen, um von da aus zu ihren allgemeinen Sätzen
und selbst zu den Ideen aufzusteigen oder diese dadurch als
an Beispielen zu erläutern – mitunter auf eine so redselige
Weise, die uns, die wir an abstrakte Sätze mehr gewöhnt
sind, als überflüssig und selbst langweilig erscheinen. Aber
30 wo von sinnlicher Erfahrung gesprochen wird, sind die Beispiele nicht nur erläuternd, sondern beweisend; ein Satz
dieses Gebiets beruht ganz auf der Induktion, die aus ihnen
allein gezogen werden kann. Allgemeine Sätze ins Blaue
hinein über die sinnliche | Erfahrung auszusagen und gelten
35 zu lassen, ist eine üble Gewohnheit unbedachten Metaphy-
sierens, der sich die Philosophie zum wenigsten ebensosehr
entgegensetzen sollte, als es der gesunde Menschenverstand

tut. – Vollends wenn diesem, unter dem Titel von »Jedermann« und »allen Menschen«, zum Behuf, das Bedürfnis
zur Philosophie in ihm aufzuzeigen, solche falsche Sätze,
wie daß man erfahre, daß alles sich verändere, mit der Berufung auf ihn, beim Antritt zum Philosophieren, an den 5
Kopf geworfen werden, so kann ihm solches nur befremd-
lich vorkommen, ebensosehr als daß dem Denken die Veränderung undenkbar sein solle – daß es das Denken sei,
welches den Satz, daß alle endlichen Dinge veränderlich
sind, daß die Veränderlichkeit die Natur der endlichen 10
Dinge ausmacht, verwerfe. Das hierauf folgende Räsonement über das Entstehen und Vergehen ist nicht so
scharf als das der alten Eleaten; diese kamen nicht zu dem
Schlußsatze, daß »ein Anderes (und ein Anderes ist doch
wohl auch Etwas), also daß Etwas ein Neues aus sich her- 15
vorgehen lasse oder daß Etwas vielmehr gar einen Teil
(wie kommt hierher die Kategorie eines Teils?) von sich
absondere, und dann gleich, daß nur die Form oder Beschaffenheit eine andere werde.« – Wie dergleichen Kategorien, so ist unter anderem dann gar der allen solchen 20
Annahmen widersprechende Satz jenes Pantheismus: Aus
Nichts wird Nichts, geradezu als feststehend angenommen. S. 211 kommt der Herr Verfasser auf den Pantheismus und die Unterschiedenheit des Idealrealismus von
demselben zu reden; er macht es sich daselbst leicht mit 25
dem Pantheismus, indem er geradezu annimmt, »jedes Individuum habe ein selbständiges Dasein«; dafür aber hätte er
früher nicht einen Satz müssen gelten lassen, der die eleati-
sche Einheit, die abstrakte, unveränderliche Identität ausspricht. – Gleich darauf § 21 wird der Satz der Kausalität 30
dem sinnlichen Anschauen zugeschrieben, wie soeben dem
Denken der Begriff der Veränderung abgesprochen worden
usf. |
    Doch zu ähnlichen Zweifeln und Ausstellungen könnte
die ganze Ausführung des ersten Buchs über die Zweifel 35
und Widersprüche, welche den menschlichen Geist zur Philosophie treiben sollen, Veranlassung geben; bei der unkri-

tischen Einführung von Kategorien und Sätzen, wie sie hier
statthat, sieht man näher, wie es zu bedauern ist, daß das
Studium der Kantischen Kritik, eigentlich aus einer Art von
Vornehmigkeit, geringschätzig geworden; die nächste
5 Frucht solches Studiums ist wenigstens ein gebildeteres Verfahren des Denkens selbst im bloßen Räsonement über abstrakte Gegenstände, und ohne solche zuvor erworbene Bildung sollte nicht an weiteres Philosophieren, noch weniger
an Spekulatives gegangen werden.

10 　　Das Ende des ersten Buchs gibt als die drei möglichen
Wege der Lösung der Widersprüche den Idealismus, den
Realismus und den Idealrealismus an; jene beiden werden in ihrer bestimmten Konsequenz aufgenommen, nach
welcher (§ 47) der reine Realist wie der reine Idealist kei-
15 nen wahren Gegensatz zwischen Geistigem und Sinnlichem anerkennen, indem jenem das Geistige nicht verschieden dem Wesen nach vom Sinnlichen ist und für den
zweiten es keine wahre Außenwelt gibt, als welche von
dem Ich in sich selbst getragen werde. Mit Recht wird dann
20 auch das dritte, was der Hr. Verf. den Idealrealismus
nennt, dahin bestimmt, daß er nicht ein Gemische aus den
beiden Gliedern des Bewußtseins nebeneinander sein soll.

　　Das zweite Buch handelt nun vom reinen Idealis-
mus und gibt im ersten Abschnitt (§§ 50–62) eine | Dar-
25 stellung desselben nach der entschiedensten Gestalt, die er
als Fichtesches System hat. Diese Darstellung ist in Ansehung der Prinzipien im ganzen gründlich und scharf bestimmt zu nennen; es ist für richtig anzuerkennen, daß der
Gegensatz des Objekts und die Teilung des Gegen-
30 ständlichen an das Ich und das Objekt als Tatsachen von
diesem Systeme aufgeführt und angenommen werden. Jedoch enthält der Übergang (§ 53) zur nähern Bestimmung
des Fichteschen dritten, des synthetischen Grundsatzes ein
Räsonement, das weder als Fichtesch noch als sonst für sich
35 bündig angesehen werden kann. »Das Ich würde« nämlich,
sagt der Hr. Verf., »alles, was auf dem Gegensatz seiner und
des Nicht-Ich beruht, nicht finden, wenn ein Nicht-Ich

als absolutes Wesen existierte, denn dann würde das Ich
eine Vorstellung von sich haben können, ohne daß eine
entgegengesetzte sie begleitete« (eine solche, d. i. reines,
abstraktes Selbstbewußtsein, wird uns übrigens nicht abgesprochen), »weil alsdenn bereits ein Objekt für seine 5
Tätigkeit da wäre; von diesem (Objekte) auf sich reflektiert hätte es nicht nötig, in dem Erfassen seiner selbst zugleich das Nicht-Ich, das Resultat eines Akts seiner Tätigkeit, zu setzen«. Nach dem (§ 51) angeführten ersten,
schlechthin unbedingten Grundsatze Fichtes: Ich bin Ich, 10
erfaßt Ich schlechthin rein sich selbst; indem es aus seinem
Gegensatze sich in sich reflektiert, vermag es ebenso rein
sich zu erfassen, ob das Gegensätzliche als Objekt oder als
Nicht-Ich, als Produkt des Ich, bestimmt worden sei. Insofern aber Ich an dem absolut vorhandenen Nicht-Ich ein 15
Objekt seiner Tätigkeit haben sollte, so ist ja damit
eben das Verhältnis von Ich zu einem Nicht-Ich ausgesprochen, das eine Zeile vorher darin liegen solle, daß es kein
solches Nicht-Ich gäbe.

Mit dem Räsonement, das § 54 über die unendlich 20
vielfache Tätigkeit des Ich gemacht wird, kann Refer.
gleichfalls nicht einverstanden sein, daß es dem | Fichte-
schen oder dem reinen Idealismus überhaupt angehöre. Die
vielfache Tätigkeit des Ich ist allzu einfach auf die Weise
eingeführt, daß es daselbst heißt, wenn das Nicht-Ich ein- 25
fach wäre, so könnte die Tätigkeit des Ich nur sehr
(wohl, ganz würde folgen) einförmig, oder wenn es auch
sie wechselte, könnte dieselbe doch nicht zugleich auf
mehrere Objekte gerichtet sein. Sie sei aber unendlich
vielfach und dränge, so vielfach als möglich sich zu 30
äußern; solches Voraussetzen dürfte sich der reine Idealismus nicht erlauben — ebensowenig als die folgende Konsequenz: »darum ist das Nicht-Ich so zusammengesetzt
und besteht aus einer gar großen Anzahl von Individuen, welche die verschiedenartigste Beschaffenheit an 35
sich tragen und dadurch der Wirksamkeit des Ich das freieste Feld bieten.« Auf solche Art hat wenigstens der Fichte-

sche Idealismus sich nicht erlaubt, Annahmen zu machen
und zu räsonieren; er ist vielmehr wegen seiner Eigentümlichkeit, alles zu deduzieren und zu konstruieren, verspottet
worden. – Doch dies mag zur Bezeugung des Wunsches,
5   daß die Darstellung des Idealismus mehr der Strenge, die er
ausgezeichnet sich zum Gesetz gemacht, entsprechen
möchte, genügen, und Ref. will mit Übergehung des weitern dieser Darstellung noch den zweiten Abschnitt, die
Kritik des reinen Idealismus (§§ 63–68) berühren.
10      Die erste Frage, die hier (§ 63) gemacht ist, »kann der
Idealismus – dem Menschen genügen, befriedigt er die
menschlichen Bedürfnisse, die ihn erzeugten?«, wird
mehr dadurch beseitigt, daß sie beiseite gestellt, als auf sie
geantwortet wird. Der Hr. Verf. hätte nach seinem vorhin
15   auch zitierten Grundsatze (§ 5), daß man alles früher Geglaubte und Gemeinte bis zur Bestätigung desselben durch
das philosophische Nachdenken beiseite zu setzen habe, das
Herbeibringen von so was wie menschliche Bedürfnisse
und die Vergleichung des Prinzips mit solcher Vorausset-
20   zung unterlassen und verwerfen müssen. Die folgende Aus-
malung des Schauderns des Ich – wohl ohnehin nicht, wie
der Hr. Verf. sagt, »vor seinem reinen Selbstbewußtsein« –
wäre damit besser weggeblieben, vollends die Zuspitzung
der Deklamation dazu, daß »das Ich in dem reinen Bewußt-
25   sein seiner selbst (was ganz verschieden vom Egoismus ist,
den der Hr. Verf. daselbst nennt) alle Bande der Menschheit, die Realität des höchsten Wesens und sein Verhältnis
zu diesem beinahe (!) für | nichts als fratzenhafte Ge-
bilde seiner Phantasie halten solle«. – Dergleichen blin-
30   den Vorstellungen und falschen Vorspiegelungen sollte am
wenigsten eine philosophische Darstellung durch eigene
Verwechslung des reinen Selbstbewußtseins und dessen, was
Egoismus heißt, Vorschub tun.
        Interessanter ist, daß der Hr. Verf. im folg. § das Prinzip
35   selbst vornimmt, und was er zunächst an demselben aufzeigt, zeigt die Fähigkeit des Auffassens abstrakter Sätze, das
aber zu bald in gewöhnliche Manier unphilosophischer Re-

flexion zurückfällt. – Aus dem Satze § 64, daß Ich sich nur soll ergreifen können, indem es sich als Gegensatz eines Nicht-Ich betrachtet und sich mit dem Nicht-Ich zugleich setze, wird abgeleitet, daß »Ich nie (die Zeitbestimmung ist hier müßig) dazu kommen könne, sich selbst, abgeson- 5 dert und allein, zu setzen.« Allein es darf der erste Satz Fichtes: Ich = Ich oder Ich bin Ich, der Ausdruck des reinen Selbstbewußtseins, ein Satz, der ein paar Zeilen nachher selbst angeführt wird, nicht vergessen werden. Vielmehr wäre die Fichtesche Inkonsequenz bemerklich zu machen 10 gewesen, auf diesen unbedingten Satz noch zwei Sätze folgen zu lassen, deren jeder gleichfalls ein unbedingtes Moment enthält, darunter den vom Hrn. Verf. hier allein angeführten, daß Ich sich mit dem Nicht-Ich zugleich setze. Über jenen Satz: Ich setzt sich, sagt der Hr. Verf. her- 15 nach, »also weiß es, daß es Ich ist, d. i. es wisse von sich Nichts; ob es nicht eine tote, ganz unfruchtbare Erkenntnis sei, wenn Ich von sich nur wisse, daß es existiere«. Hätte der Hr. Verf. darauf reflektiert, daß dieses abstrakte Wissen des Ich von sich, die ganz abstrakte Existenz solchen 20 Wissens, in der Ich sich setzen könne, die Grundlage von der Persönlichkeit und Freiheit und von allem, was damit zusammenhängt, wie von der Unsterblichkeit der Seele ausmacht, so hätte dieser Satz für ihn wohl nicht den Schein von Totem und Unfruchtbarem behalten. Abstrakt ist dieser 25 Satz und dieses Wissen freilich; deswegen muß von ihm aus weitergegangen werden, was denn auch Fichte in seinem zweiten und dritten Grundsatze tut, zum Nicht-Ich und zu der Beziehung des Ich darauf überzugehen. Damit kommt allerdings der Widerspruch zwischen dem Ich und ihm als 30 sich beziehend auf ein Nicht-Ich (ein großes, gewaltiges, prächtiges Nicht-Ich! heißt es S. 83) herein. Dieser Idealismus aber ist es selbst zu allererst, der den Wi|derspruch, welcher in dieser Beziehung liegt, anerkennt, ihn zu vielen weitern Widersprüchen entwickelt und sie löst, 35 aus welchen Lösungen selbst andere Widersprüche entstehen, die einer neuen Lösung bedürfen. Nach jener Inkon-

sequenz von drei Grundsätzen mit drei unbedingten Bestimmungen ist diese Entwicklung und die Art, die Widersprüche zu lösen, das, was das wesentliche Interesse dieses
Systems ausmacht; das Verdienst des Versuchs, die Welt der
5  Gedankenbestimmungen in einem notwendigen Fortschreiten abzuleiten, hat der Hr. Verf. nicht bemerklich gemacht, überhaupt von dieser Entwicklungsweise und der
Methode der Deduktion ganz abgesehen, wie auch sein
eigenes Verfahren nicht zeigt, daß er solchen Gedanken ge-
10 faßt und dieser eine Wirkung auf dasselbe gehabt hätte.
Schüchtern zeigt sich der Ausdruck dialektisch; wenn,
heißt es S. 83, »man ein wenig dialektisch verfahren
wollte, so könnte man also schließen« usf. Die Dialektik
ist aber nicht das Schließen einer Konsequenzenmacherei
15 aus Voraussetzungen und beliebig herbeigenommenen Bestimmungen, wie das »wenige Dialektische«, das uns hier
gezeigt wird; »das Ich soll eine Setzung sein; die Setzung
ist aber eine bloße geistige Tätigkeit, ein Gedanke«;
sagt man aber nicht im Sinne des Idealismus oder überhaupt
20 eines notwendigen Denkens, daß durch den jetzigen Augenblick der nächstfolgende, durch diesen Raum der nächste begrenzende, durch die Ursache die Wirkung (die der
Hr. Verf. auch in die Region der Sinnlichkeit verlegt) usf.
gesetzt werde, und diese Verhältnisse sind doch wohl nicht
25 einseitig geistige Tätigkeiten; »also, wird fortgefahren, ist
das Ich ein Gedanke, folglich nicht real. Oder soll etwa
das Denken das Reale sein?« – Diese unbestimmte Frage
schließt unbeantwortet, wohl weil sich die Antwort von
selbst verstehe und damit das Sich-setzen des Ich für sich
30 evident ad absurdum geführt sei? – Sosehr der Hr. Verf.
hier sich in die populäre Vorstellung, das Denken sei ja das
Ideelle und nicht ein reales Ding, als welches mit Händen
zu greifen sei, hat hineingehen lassen, sosehr hätte er sich
wenigstens daran erinnern müssen, daß er hier bei dem
35 Idealismus ist, für welchen allerdings das Denken das Reale
und das Allein-Reale ist, wogegen bloß die Frage zu machen: ob etwa das Denken das Reale sein soll, nichts weni-

ger als dialektisch ist. So ein leerer, unbestimmter Ausdruck, wie hier das Reale hereinkommt, tut ohnehin zum Begriffe nichts. Aber das Betrachten eines Satzes, Begriffs an ihm selbst, was den Hrn. Verf. in eine ganz andere Weise der Dialektik eingeleitet haben würde, ist ihm hier allzu 5 fremd geblieben, wie in der Menge anderer Konsequenzen und Räsonements, die in diesem Abschn. über das Ich durcheinander laufen. Nur noch in Beziehung auf das schon erwähnte »große, gewaltige, prächtige Nicht-Ich« ein Beispiel, wie sehr der Hr. Verf. im Stande sei, im Populären 10 sich zu verlieren und zu vergessen; § 67 heißt es: »Es ist durchaus kein Grund vorhanden, warum das Ich sich nicht auf einem würdigen Standpunkt, mächtig | und gewaltig, als Teil des Nicht-Ich erblickt (dies sollte dem Ich Würde geben, sich als ein Teil des Nicht-Ich zu sehen), 15 statt daß es nun vielleicht! verachtet, kaum als ein Punkt, der Bedeutung verdient, erscheint.« Um auch eine Frage zu machen, deren Antwort sich von selbst verstehen soll, so fragen wir: Liegt nicht die Bedeutung, Würde und Macht des Geistes gegen die ausgedehnte Welt gerade in der 20 Einfachheit des Denkens, in der es Punkt, aber freilich kein räumlicher, noch zeitlicher, ist.

Das dritte Buch gibt vom reinen Realismus gleichfalls im ersten Abschnitte die Darstellung und im zweiten die Kritik desselben. Die Darstellung des Idealismus, insofern 25 er als reiner, auf die Spitze der abstrakten Subjektivität des Ichs getriebener Idealismus mit Recht genommen wurde, bietet wegen der Bestimmtheit seines Prinzips wohl weniger Schwierigkeit dar als die des Realismus, der so vielfacher Auffassungsweisen fähig ist, indem er zugleich Meta- 30 physik sein soll, wie auch der Hr. Verf. denselben als in sich konsequentes System in »Vereinigung der Erfahrung mit den Postulaten des Denkens in Bezug auf das Seiende« (§ 71) darzustellen bemüht ist. Es wird im ganzen mit Recht das atomistische System zu Grunde gelegt, soll jedoch nicht so- 35 wohl geschichtlich, als in seiner eigenen Konsequenz dargestellt werden. So scharfsinnig vieles in dieser Ausführung

ist, so laufen doch Annahmen und Räsonements unter, die
ein denkender Realismus wohl nicht auf sich nehmen
würde, z. B. (§ 70) es sei »natürlich, daß es eine bestimmte Anzahl von Wesen gibt, wenn wir auch nicht
5 wissen, wie groß dieselbe ist« (wohl eine durch ihre Natürlichkeit nicht schon gerechtfertigte, auch sonst ganz mü-
ßige Annahme); oder § 71 ist das Räsonement nicht klar,
daß »der erfüllte Raum schon ein sich selbst widersprechen-
der Begriff sei« (ist diese Annahme für den Realismus not-
10 wendig, oder die folgende): »daß der leere Raum die höchste Potenz der Undenkbarkeit sei; also könne zwischen
den einzelnen Wesen oder Elementen Nichts sein« (Nichts
wäre nur der leere Raum); der Hr. Vf. folgert dagegen, also
»müssen die einzelnen Wesen einander berühren« –
15 heißt dies aber nicht, zu dem ersten, dem »für in sich widersprechend« erklärten Begriff zurückkehren? – Doch können
wir dieser Auseinandersetzung nicht weiter folgen, die viel
andere Schwächen des Räsonements in sich enthält, übrigens die zerstörenden Lehren des Realismus richtig aufzeigt,
20 deren Konsequenz er nicht ablehnen kann.

Der zweite Abschnitt, §§ 82–97, beginnt wohl die Kritik
des Realismus mit der interessanten Bemerkung, daß derselbe mit dem Idealismus, ohne es zu wissen, ein und dasselbe Prinzip habe, nämlich daß Ich eine äußere und in-
25 nere Erfahrung habe, was nichts anderes sei, als was der
Idealismus vom Ich sage, daß es sich seiner und zugleich
eines Nicht-Ich bewußt sei, die sich einander beschränken;
doch ist solche Erscheinung oder sogenannte bloße Tatsache
des Bewußtseins noch kein philosophisches Prinzip zu
30 nennen. Allein mehre|res auszuzeichnen, wie anderes nach
den schon angegebenen Mängeln des Räsonements zu rügen, verbietet uns der Raum.

Über das vierte Buch (§§ 98–143), welches den Idealrealismus darstellen soll, wollen wir gleichfalls kürzer be-
35 merken, daß man mit dem zu Grunde liegenden Gehalte
ganz wohl einverstanden sein kann. Nach der im vorhergehenden berichteten Einsicht des Hrn. Vfs. von der Einsei-

tigkeit des reinen Idealismus und des reinen Realismus
mußte sich ihm die Erkenntnis der Wahrheit als der Einheit,
nicht der abstrakten, die das Sinnliche und Geistige nur
wegläßt und nicht über eine solche dürre Verstandesbestim-
mung wie Wesen, Identität und dergleichen hinausgeht, er- 5
geben, und §§ 104–118 sprechen diese Idee ganz gut, beredt
und mit Wärme aus. Es wird vom »Bewußtsein seiner selbst,
als einer Tatsache angefangen, die jeder zugebe und die
daher nicht bewiesen werden dürfe« (das heißt wohl, daß
sie keines Beweises bedürfe – gewiß, aber um die Tatsache 10
nur als solche ist es nicht zu tun), welches Bewußtsein seiner selbst »aus der Verbindung von Geistigem und Sinnlichem hervorgehe« (dieser Ausdruck möchte einem Tadel unterliegen), »sich auf beides beziehe und sich als Gefühl
oder als Denken oder als klares Schauen zeige«. Auch diese 15
Unterschiede sind zweckmäßig auseinandergesetzt: »klares
Schauen« nämlich nennt der Hr. Verf. »das Zurückkehren
des Bewußtseins in sich«, in welchem dasselbe »sich als die
unmittelbare Identität des Wissens und Seins, folglich als das
Reale, das sich selbst und in sich alles andere schaut«. Außer 20
dem, daß es »um sich, schaue es auch über sich, und
schaue so den Urgrund als das Absolute usf., das Von-sich-
seiende, als die ursprünglichste Einheit, welche alle scheinbare Vielheit aus sich entstehen lasse und in der alle Vielheit
sich wieder in eine Einheit verwandle, folglich als das Ein- 25
fache«. Sehr gut gibt der Herr Verfasser an, daß das »Bewußtsein das Absolute nicht nur in seiner Fülle als die Identität des Seins und der Entwicklung anschaue, sondern es
könne auch als ruhend und abgeschlossen von dem tätigen,
aus sich heraustretenden, das Absolute für sich von ihm in 30
seinem Anderssein für die Betrachtung trennen; wovon
das letztere, der Inbegriff aller relativen Individualitäten, für
das menschliche Bewußtsein die Welt sei«.

　　Indem nun dem Hrn. Verf. zugestanden werden muß,
daß er sich im Mittelpunkte des Bewußtseins der spekulati- 35
ven Idee befindet, und wenn der Ausdruck des Schauens
für solches Bewußtsein an sich gleichgültig ist, so ist der-

selbe zugleich charakteristisch für die Expositionsweise, die
sich in diesem vierten Buch für die Idee vorfindet. Abgesehen davon, daß hier und da mehr philosophische Präzision, z. B. in Bestimmung des Verstandes, auch der Idee
5 selbst, alsdenn das Weglassen von einigen bloßen Deklamationen gegen denselben und von Rücksichten auf empirische psychologische Zustände gewünscht werden könnte,
muß jeder Leser we|sentlich den Beweis vermissen, daß
die Idee, wie sie als jene Einheit bestimmt worden, in der
10 Tat absolut, das Wahre ist. Die Aufforderung des Bewußtseins zu dem Schauen dessen, was das Absolute genannt und
von dem in den angeführten Bestimmungen gesprochen
wird, und die Versicherung, daß solches Schauen die Wahrheit besitze und sie selbst sei, reicht für die Überzeugung
15 des Gedankens nicht aus. Die Religionen enthalten im allgemeinen dieses Schauen, in Schwärmereien ist es ausdrücklicher herausgehoben, auch in allen wahrhaften Philosophien ausgesprochen; aber teils ist dasselbe darin mit mancherlei Heterogenem und Falschem vermischt, teils, wenn
20 es rein und in seiner wahrhaften Tiefe im Bewußtsein ist,
ist das Eigentümliche der Wissenschaft, nicht bloß solches
Schauen assertorisch auszusprechen, sondern die Wahrheit
seiner Bestimmung zur begreifenden Überzeugung, zur
Einsicht in die Notwendigkeit, daß das Absolute so und
25 nicht anders bestimmt werden könne und sich selbst so bestimme, zu bringen. Für solche Einsicht, um deren willen
allein wir das Bedürfnis der Philosophie haben, ist es nicht
genügend, die Einseitigkeit der beiden frühern Gesichtspunkte auf die Art gezeigt zu haben, auf welche es der Hr.
30 Verf. versucht hat; es ist vielmehr erforderlich, jene entgegengesetzten, das (endliche) Geistige und das Sinnliche
(oder auf welche andere Weise der Gegensatz aufgefaßt
werden möge) an ihnen selbst zu betrachten und in ihnen
zu erkennen, daß sie, wie sie bestimmt gegeneinander sein
35 sollen, vielmehr dies sind, in ihr Gegenteil sich aufzuheben,
somit die Identität eines jeden mit seinem Andern aus ihnen
selbst sich ableitend zu wissen – was die wahrhafte Dialek-

tik und allein die von der Philosophie zu leistende Beweisführung ist. Diese Richtung aber ist dem Hrn. Vf. in seiner
Exposition des sogenannten Absoluten noch zu fremde geblieben, um mehr als Assertionen zu geben, die nicht allein
dunkel und voller Unbestimmtheiten bleiben, sondern statt 5
zu beruhigen, die höchsten Widersprüche darbieten. So bemerken wir noch, daß, was von § 120 an über »die Entwicklung des Absoluten, wie sie geschehe«, gesagt wird,
vornehmlich an dem Grundmangel leidet, aus direkten Annahmen und bloßen Räsonements zusammengesetzt zu sein 10
und keine Ableitung des Inhalts, die aus dem Schauen des
Absoluten geschehen müßte, gegeben zu haben; selbst von
dem Gedanken der Wesentlichkeit solcher Ableitung findet
sich nirgend eine Äußerung; obgleich der Fichtesche Idealismus, den der Hr. Vf. kennt, wie oben bemerkt, für im- 15
mer die Wirkung auf das Philosophieren haben sollte, das
immanente Aufzeigen der Notwendigkeit unerläßlich zu
machen. Der Hr. Vf., der bereits so tief eingedrungen und
Interesse und Gewohnheit abstrakten Gedankens besitzt,
möge auch dies Erfordernis der Form für das Philosophie- 20
ren durch weiteres Nachdenken und Studium für seine Arbeiten noch gewinnen!

Hegel. |

# GÖRRES-REZENSION
## (1831)

Über die Grundlage, Gliederung und Zeitenfolge
der Weltgeschichte. Drei Vorträge, | gehalten an
5 der Ludw. Max. Universität in München, von J.
GÖRRES. Breslau 1830.

Hr. Görres zeigt sich in dieser Schrift dem Publikum in
einer neuen Stellung, als Universitätslehrer, der einen
didaktischen Vortrag über einen wissenschaftlichen Gegen-
10 stand vorhat und hier in drei Vorlesungen die Einleitung
dazu auch dem Publikum mitteilt. Früher ausgezeichnet
durch die Beschäftigung in den beiden Extremen alter asia-
tischer, nordischer usf. Mythologie und Dichtkunst und des
gegenwärtigen politischen Interesses und der Handlung der
15 Tagesgeschichte, dort graue Gestalten oder kahle Namen
und trockene Züge mit tiefen Ahndungen, mehr mit einer
Phantasie des Gedankens als mit Gedanken selbst und
kühnen Kombinationen belebend, erweiternd, erfüllend,
hier unmittelbar in die Situation des Augenblicks eingrei-
20 fend und das Gemüt des Volks mit leidenschaftsvoller Beredtsamkeit zum Enthusiasmus der Tat entflammend. Jene
dunklen Anfänge durch die lange Kette der Weltgeschichte
mit der jetzigen Gegenwart zu verknüpfen, macht sich nun
der Hr. Verf. zur Aufgabe. Schon der Gegenstand, der die
25 offen liegende Geschichte ist, wie der leidenschaftslose
Zweck, wissenschaftliche Einsicht und Belehrung zu bewirken, muß viel von der Behandlungsweise, durch welche
jene Arbeiten einen Teil ihrer Zelebrität erhalten haben,
entfernen. Wenn dort Phantasie, kühne Kombinationen,
30 Hitze, Beredtsamkeit, zu oft auch mit Phantasterei, leerem
Spiele von Analogien und bloßen Einfällen, blinder Leidenschaftlichkeit und Bombast verbunden waren, so muß dergleichen hier in dem Lehrvortrage eines wissenschaftlichen

Ganzen gegen Gedanken, historische Begründung und Kälte des Verstandes zurücktreten; doch in einer Einleitung, die uns einstweilen der Hr. Verf. in die Hände gegeben, wird ein Ingredienz von blühender Phantasie, Bildern von Wärme und Beredtsamkeit nicht an unrechter Stelle gefun- 5 den werden.

Für den Zweck einer kritischen Anzeige sollte der reinere, d. i. abstraktere Inhalt herausgegeben werden, aber es zeigt sich beinahe untunlich, ihn von der lebhaften, warmen Bildersprache, in die er nicht sowohl | eingehüllt als an die 10 er vielmehr ganz gebunden ist, zu befreien; es könnte selbst leid tun, den Schmuck des Vortrags ganz beiseite zu setzen; es ist jedoch nicht zu leugnen, daß dies durch alle Perioden der drei Vorlesungen fortquallende rednerische Tönen der Wirkung durch die Ermüdung Abbruch tut und selbst im 15 Lesen zu häufig mehr die Ohren als den Geist erfüllt. – In der ersten Vorlesung gibt der Hr. Verf. S. 6 den Inhalt dieser und der zwei folgenden dahin an, daß er sich zu erklären habe,

erstens, welches herrschende Grundprinzip er der Ge- 20 schichte unterlege und in welcher Weise er von dem Entgegengesetzten sich lossage;

zweitens, in welcher Ordnung dies herrschende Grundprinzip mit den andern abgeleiteten und untergeordneten Prinzipien sich verkette und wie eben daraus auch die ge- 25 genseitige Unterordnung und Bedeutung der verschiedenen Normen sich ableite, die als Leitsterne wie den Gang der Geschichte selbst in der Tat, so auch die Wissenschaft in der Anschauung lenken und regieren; endlich

drittens, wie aus dieser innern Verkettung sich die in- 30 nere organische Gliederung der Geschichte selbst entwickle und wie sie in dieser Gliederung in große natürliche Perioden zerfalle, die mit ihren wohlgeordneten, durcheinander geschlungenen Kreisen die ganze Fülle der Ereignisse umschreiben. 35

Die Natur einer Einleitung bringt es zwar mit sich, daß der Inhalt nur im allgemeinen vor die Vorstellung gebracht

werden soll und es darin noch nicht um das Begründen und
Beweisen zu tun sein kann; aber daß es überhaupt nicht um
ein solches für die Wissenschaft, wie sie in diesem Vortrage
der Weltgeschichte verstanden wird, zu tun sein solle,
5 würde man schon daraus abnehmen müssen, daß die Anschauung als das angegeben wird, was der Wissenschaft
zum Unterschiede von der Tat der Geschichte eigentümlich sei. Nirgend ist in diesen Vorlesungen das Bedürfnis
ausgedrückt, daß von dem, was der Hr. Verf. für die Wahr-
10 heit ausgibt, auch bewiesen werde, daß es Wahrheit sei,
sowohl was die äußerlich-geschichtliche als die höhere sub-
stantielle betrifft. |
    Es scheint dem Hrn. Verf. völlig unbekannt, für ihn
überhaupt nicht vorhanden zu sein, daß die Einsicht in die
15 Notwendigkeit allein durch das Denken und Begreifen bewirkt, wie die Beglaubigung des Geschichtlichen nur auf
historische Zeugnisse und deren kritische Würdigung gegründet werden kann, und daß solche Erkenntnis allein
Wissenschaftlichkeit genannt wird. Selbst das Wort Ge-
20 danke erinnert sich Ref. in der ganzen Schrift nicht gesehen zu haben, das Wort Begriff kommt S. 55 vor; aber
nur von »beschränkten Begriffen« wird daselbst die
Rede, und unter der gewöhnlichen abgedroschenen Umgebung von »engherziger Weise«, »künstlichem Systeme«,
25 »hineinzwängen der Mannigfaltigkeit in dieselbe« usf. Es
wird sich an dem, was wir von der Abhandlung herauszuheben haben, ergeben, wie in der Anschauung, die der
Hr. Vf. für seine Erkenntnisweise nimmt, die Abstraktionen
und Kategorien einer gewöhnlichen Verstandesbildung
30 durchlaufen, ingleichen wie diese Anschauung verfährt, sich
das geschichtliche Material zu verschaffen.
    Die erste Vorlesung beginnt die Darlegung der Wahrheit,
die der Weltgeschichte zu Grunde liege, mit dem Gegensatze derselben gegen die Irrlehren; dieser wird durch die
35 Parallelisierung mit der »zweifachen Anschauung« eingeführt, die »in dem Naturgebiete« gefunden werde – die
eine, die den sinnlichen Schein zu Grunde lege, nach

welchem die Erde die eigentliche Mitte des ganzen Welt-
gebietes sei, die von der Tiefe aus über die Höhe gebiete,
die andere, entgegengesetzte, welche die Sonne in die Mitte
stellte und nach Erfindung der Keplerischen Gesetze und
des Grundgesetzes | der Schwere alle Ungleichheiten an  5
diese Ordnung der Mitte leicht anknüpfte. – Der Hr. Vf.
nimmt keinen Anstand, die beliebte Fabel zu wiederholen,
daß diese Weltanschauung durch das früheste Altertum hin-
durchgegangen sei und sich als ein zweifelhafter Schimmer,
eine verblichene Überlieferung, in einigen Priester-  10
schulen aufbewahrt habe; auch verschmäht er es dagegen
nicht, für diese Vorstellung die populäre Reflexion über
das »Unzulässige der ungeheuren Geschwindigkeit«,
die die tägliche Bewegung des Sternenhimmels voraus-
setzte, anzuführen. Diesen Weltanschauungen werden zwei  15
Grundanschauungen der Geschichte gegenübergestellt; die eine, welche das Natürliche für das Herrschende
erkenne – eine »durch das gesamte Altertum« (gleichfalls!)
»durchgreifende Ansicht, die mit allen Sinnen sich an den
Naturschein heftend, die Erde und in ihr das Naturprinzip  20
als das Gebietende im geistigen Reiche geehrt und das
Göttliche in unterwürfiger Dienstbarkeit an die All-
herrscherin geknüpft; in dieser Ansicht seien es nur Natur-
mächte, die in Wahrheit die Geschichte wirken, und
Menschen und Götter, obgleich diese dem Himmel angehö-  25
ren und auf dem Gipfel des Olympus ihren Sitz gewählt,
seien doch in innerster Wurzel gleich erdenhaft und an
die Natur verfallen und von ihrer Notwendigkeit unbedingt und blind beherrscht«. – Es hat wohl Kirchenväter
gegeben, welche die griechischen Götter, auf welche der  30
Hr. Verf. hier näher anspielt, für Dämonen, teuflische Aus-
geburten erklärt haben; aber wenn es wohl an dem ist, daß
»der Berg Olympus seine Wurzeln in die Tiefe der Erde
schlage und die Heimat dieser Götter mit der Heimat der
andern Erdgebornen verbinde«, so ist es zuviel, wenn aus  35
dieser Anschauung entnommen wird, daß das Naturprinzip so einseitig, wie der Hr. Vf. annimmt, ohne Gei-

stigkeit und geistige Freiheit das Wesen des griechischen
Bewußtseins des Göttlichen ausmache; über diesen Göttern
schwebt allerdings das | Verhängnis als eine geistlose Not-
wendigkeit; die griechische Religion ist nicht zum Letzten
5 gedrungen, zur unendlichen, konkreten Versöhnung des
ewigen Geistes im endlichen mit sich selbst; aber schon jenes Schicksal ist nicht dasselbe, was Naturnotwendigkeit,
die nur auf die Natur gestellt ist; sie ist ein Abstraktum
anderer Art als das Naturprinzip – das Negative und nur
10 erst Negative gegen die Endlichkeit, Zufälligkeit, in
welcher dem Menschen das Bewußtsein der geistigen Freiheit verliehen war. Aber diese Freiheit macht sogar ausdrücklich gegen das bloß Natürliche, die Titanen der Zeit
(Chronos), der Erde (Gäa), des Himmels (Uranos) usf. das
15 Prinzip der griechischen Götter aus, und jene höher als sie
gesetzte Notwendigkeit ist die Anerkennung der Beschränktheit, in welcher das Prinzip der Geistigkeit und Freiheit nur erst manifestiert ist. Man vermißt in jenem Auffassen die Grundanschauung des griechischen Geistes und sei-
20 ner Götterwelt; Hr. G. ist nur in das Produkt der Reflexion
über sie, in das Negative derselben, nämlich die Notwendigkeit, geraten und hat ferner dies Abstraktum unrichtig als Naturprinzip aufgefaßt. Solcher Mangel findet
jedoch nicht bloß in Ansehung des ausgehobenen griechi-
25 schen Lebens statt; der abstrakte Verstandesgegensatz von
bloßer Naturmacht, an welche Götter und Menschen verfallen seien, die objektive Geschichte selbst wie die subjektive Ansicht derselben, gegen den Gott der sogleich anzuführenden andern Anschauung der Geschichte ist zu
30 oberflächlich für die konkrete Wirklichkeit der Geschichte und die Vernunft-Erkenntnis; wir werden weiterhin
sehen, daß Hrn. Gs. geschichtliche Anschauung wesentlich dem fernern zwar tiefern, aber gleichfalls noch abstrakten Verstandesgegensatze von Gut und Böse verfallen
35 bleibt.

Die andere Anschauung der Geschichte wird als diejenige
charakterisiert, welche allein der schöpferischen Gottes-

kraft die Würde und Bedeutung zugesteht, das Erste und
Herrschende zu sein; diese Kraft handelt, ihres Tuns sich
bewußt, selber frei, jede ethische Freiheit achtend; sie lenkt
als ewige Vorsehung den Lauf der Begebenheiten, die
willigen Freiheitskräfte leitend, die widerstrebenden zie-   5
hend und nur die geknechtete Natur im Zügel der Notwendigkeit haltend und sie an unbeugsame Gesetze bindend.
»Unsere Geschichte«, sagt der Verf., »bekennt sich ohne
allen Zweifel zu dieser Lehre«, und gewiß jede philosophi-
sche Weltge|schichte, wie überhaupt die christlich-religiöse   10
Ansicht der gegenwärtigen und vergangenen Weltbegebenheiten. Dies Prinzip wäre für sich in seiner Allgemeinheit
weder etwas Neues noch Eigentümliches; bei dieser Allgemeinheit desselben bleibt der religiöse Glaube stehen; aber
eine Darstellung der Weltgeschichte hat dasselbe in seiner   15
Entwicklung bestimmt aufzuzeigen, d. i. den Plan der Vorsehung zum Verständnis zu bringen; wie diesen Plan die
dritte Vorl., die denselben zum Gegenstande hat, auffaßt,
haben wir nachher zu sehen. Zunächst gibt der Hr. Verf.
von diesem Prinzipe selbst das Geschichtliche an, daß, wie   20
die zuerst genannte Anschauung der Geschichte bis nahe
an den Ursprung der Dinge hinüberreiche, so sei diese andere dagegen aus einem höhern und bessern Zustande
eines nähern und vertrautern Verhältnisses mit der Gottheit
hervorgegangen, habe sich durch priesterliche Überliefe-   25
rung fortgepflanzt, von Zeit zu Zeit in gottbegeisterten
Propheten sich erneut usf.; diese Lehre sei »im Heiligtume
des erwählten Volkes zuerst verkündet worden«; in der Tat
finden wir geschichtlich bei dem jüdischen Volke, freilich noch in sehr unbestimmter Weise, die Lehre von der   30
göttlichen Weltregierung und Vorsehung. Aber das Fabel-
hafte jener Vorstellung spricht sich unumwunden in dem
folgenden aus, nämlich, »daß die äußersten Strahlen dieser
Lehre im Heidentum mit uralten, verblaßten Erinnerungen vereint unter der Hülle der Mysterien ihr Werk voll-   35
bracht und dann in jenem andern Göttergeschlechte, das
sich als eine Geburt des Lichts bekannt und erkannt habe,

etwas, das wenigstens symbolisch die Wahrheit andeuten
mochte, hervorgerufen haben.« Es konnte nicht anders erwartet werden, als daß Hr. G. auch in diesen Vorträgen eine
Vorstellung zum Ausgangspunkte macht, die er mit Fr. von
5 Schlegel und andern katholischen Schriftstellern, besonders
mit modernen französischen, außer dem Abbé Lamenais,
Baron Eckstein, auch Gelehrten, die mit der Congregation
zusammenhingen, teilt. Im Interesse der katholischen Religion, um ihr auch der Existenz nach Allgemeinheit und
10 Ursprünglichkeit zu vindizieren, wird die in den Menschen
als Geist, als Ebenbild Gottes, allerdings ursprünglich gelegte Vernunft so als ein vorhandener Zustand vorgestellt,
daß in demselben vor der Anschauung des Menschen, der
ebenso ethisch vollkommen gewesen, auch die Natur in
15 allen ihren Tiefen und Gesetzen klar und of|fen gelegen
habe; diese Fülle von Erkenntnis, unter andern auch die erwähnten Keplerischen Gesetze, sei er durch die Schuld der
Sünde verdammt worden, nun durch die mühselige Arbeit
von Jahrtausenden wiederherzustellen und habe solches zu-
20 gleich nur vermocht, nachdem durch das Opfer des zweiten
Menschen die Erlösung vom Bösen vollbracht worden –
wobei man unter anderem nicht einsieht, wie nicht mit dem
Christentum dem Menschen unmittelbar auch jene Fülle der
Erkenntnis und der Wissenschaften zurückgestellt worden
25 ist. – Alles, was sich unter den Völkern von richtiger, höherer Gottes- sowie von Naturerkenntnis finde, seien Trümmer, die das Menschengeschlecht aus dem Schiffbruche, den
es durch das in die Geisterwelt eingedrungene Böse erlitten,
mannigfaltig durch die mannigfaltigen Schicksale modifi-
30 ziert, gerettet habe. Was den geschichtlichen Nachweis
von Spuren wissenschaftlicher Kenntnis von der Natur in
den indischen, chinesischen usf. Traditionen betrifft, die
man früher dafür angeführt hat, so hat solche Begründung
jener Behauptung aufgegeben werden müssen, nachdem die
35 unbestimmten Erzählungen der Leichtgläubigkeit und
Ruhmredigkeit durch die erlangte Einsicht in die Original-
werke dieser Nationen verdrängt worden sind und die hohe

Meinung von ihren wissenschaftlichen Kenntnissen sich als ungeschichtlich und unwahr erwiesen hat. Auf der andern Seite, nämlich in Ansehung der Erkenntnis Gottes, haben vornehmlich die lamaische und buddhistische Religion, da sie das Ausgezeichnete der ausdrücklichen Vorstellung eines 5 Gottmenschen haben, das Interesse gelehrter Untersuchung teils bereits erworbener Schätze und des Aufsuchens dermalen noch unzugänglicher Quellen, durch veranstaltete Reisen, von neuem belebt, wodurch bereits die interessantesten Aufschlüsse über religiöse Vorstellungen und Philoso- 10 pheme des hintern Orients – z. B. auch über das Prinzip der Dreiheit in dem Absoluten – gewonnen worden und damit noch weitere versprochen sind; aber damit hat es noch weit hin zu dem geschichtlichen Zusammenhang, auf den die Behauptung ging; noch kahler sieht es aber mit dem aprio- 15 rischen Zusammenhange aus, der aus oberflächlichen Ähnlichkeiten geschöpft wird. – Gegen die abstrakte Grundlage von Hrn. G's. Weltanschauung ist, wie schon bemerkt, nichts einzuwenden, daß (S. 16) in den Geistern wie in allem, was höher und tiefer sich rege und bewege, Gott als 20 aller Bewegung Anfang, | Mitte und Ende gelten müsse; auch könnte man sich die Manier der Beschreibung, welche ebend. vom Anfang gemacht wird, gefallen lassen, daß nämlich »Gottes Wort aus dem Innersten seiner Wesenheit gesprochen, ins Nichtsein ein sich selbst tragender Hall 25 ausgetönt und im Halle sich die Geisterwelt zugleich mit der ersten Materie ausgeschaffen hat und das Wort in den Geistern sich aus der Materie selber die Schrift gestaltet und gesetzt, in die es, die Seele in den Leib, eingekehrt, und die also gesetzte lebendige Schrift ins Buch der Na- 30 tur sich eingeschrieben hat«; ferner noch, was den Fortgang betrifft, daß »der Anfang durch Gottes Allmacht gegeben, dem alles Gute in der Geschichte, alles Böse aber ihr selber zugerechnet werden müsse, im Lichte und der Reinheit stehe, die Mitte von seiner Liebe getragen, in 35 der Entzweiung und im Kampfe; das Ende aber in der Schiednis durch die Gerechtigkeit wieder zur Verklärung

gelange.« – Allein, wenn nun jener Anfang nicht bloß im
Sinne des göttlichen Ansichseins, sondern eines geschichtlichen Zustands genommen, wenn solche Meinung für die »uralte, historische, priesterliche Grundan-
5 schauung« (S. 17) ausgegeben wird, so charakterisiert sich
darin die durch das Ganze durchgehende Eigentümlichkeit
des Hrn. Verfs., die Assertion von seinem Anschauen
ebensosehr über die historische Autorität für das Material als
über den Begriff, der denkend die göttliche Notwendigkeit
10 in der Geschichte erkennt, zu stellen.

Nirgends findet sich in diesen Vorlesungen die Erwähnung der Aufgabe, dem Gange der göttlichen Vorsicht, indem derselbe in der Betrachtung der Weltgeschichte zu
Grunde gelegt wird, mit denkender Vernunft zu folgen. Hr.
15 G. zeigt sich mit keiner andern Verfahrungsweise außer der
Partikularität seines Anschauens bekannt. So ist es die
endliche Verstandesansicht allein, die er noch kennt und die
er in der einseitigen, abstrakten Gestalt, in der er sie auffaßt,
noch in der ersten Vorlesung, dem Gehalte nach mit richti-
20 ger Würdigung, aber nicht ohne fratzenhafte Bildnerei
schildert; »jener eisgraue Alte, der Dämogorgon der griechischen (?) Sage, der geschäftig arbeitend im Mittelpunkte
der Erde sitze – das Christentum habe ihn zur Ruhe gewiesen, er aber rege sich aufs neue im tiefen Naturgrunde aller
25 Dinge, auch des Menschen, suche aufs neue die höhern
Freiheitskräfte als Fürst der Welt durch alle tellurischen
Kräfte zu be|herrschen; da habe der Zwergkönig Alberich
der Heldensage seine Puxen, Gnomen und Kobolde
durch alle Adern der Erde ausgesendet, daß sie als kundige
30 Schmiede das Metall ausschmieden, daß des Goldes Glanz
und Silbers Schein das Licht der Sonne überstrahle usf.; die
Salamander seien ausgesendet usf. – Der Fluch nun solchen Treibens, die Verdammnis dieser Zeit, in der die gesellschaftliche Verbindung ausgehend von dem Grunde
35 eines törichten Selbstbelügens sich zu einem frechen gegenseitigen Belügen ausgestaltet«, soll von der Jugend
abgewendet werden – vorher hatte er diese Richtung auch

»die Rückkehr des alten Heidentums« genannt, »in einer
Zeit, die nach der Weltordnung ganz dem Christentum
und seiner Weltansicht angehören sollte«. Hr. G. erzeigt
der Weltordnung, die nach der von ihm zum festen Grunde
gelegten Ansicht wesentlich von der göttlichen Vorsehung 5
geleitet worden, sowie dem Christentume und dessen Weltansicht wenig Ehre, schenkt derselben wenig wahrhaften
Glauben und Vertrauen, wenn er ihr nur zugesteht, daß die
Zeit ihr nur angehören sollte, daß diese Weltordnung aber
so wenig Kraft und Macht habe, daß diese Zeit dem Hei- 10
dentume verfallen, die ganze gesellschaftliche Verbindung sich zu einem frechen gegenseitigen Belügen ausgestaltet habe usf. Der gründliche Glaube an sein
Prinzip hätte den Hrn. Verf. vielmehr darauf leiten müssen,
zu allererst in solche Ansicht der Zeit, die ihm nur die An- 15
schauung von Lüge, Nichtigkeit, Frevel, Heidentum usf.
gibt, Zweifel zu setzen − Zweifel, welche sogleich aus der
einfachen Betrachtung entstehen, daß diese Ansicht als Anschauung ein subjektives Vorstellen ist und bei der Ver-
schmähung der Begriffe und der Wissenschaftlichkeit doch 20
an dem Prinzip seinen Maßstab haben muß, mit diesem aber
in dem ganz ungeheuren Widerspruche steht, welcher ohne
Auflösung gelassen ist. Der gründliche Glaube hätte dann
dem Hrn. Verf. das Vertrauen geschenkt, daß, wenn er,
statt dem bequemen Anschauen sich zu überlassen, die 25
Mühe des Studiums, des Gedankens und der Einsicht sich
geben würde, solche Bemühung ihm die belohnendere Erkenntnis und Überzeugung von der Macht und Wirklichkeit der göttlichen Vorsehung auch in dieser Welt und
in dieser Zeit gewähren müsse. Was an solchen viele Seiten 30
fortgehenden Schildereien und Deklamationen des Hrn. G.
auffällt, ist nur die trockene | Verstandesabstraktion des
Bösen, die zu Grunde liegt und damit ausstaffiert ist; und
daß sie ganz frostig bleiben, weil sie ohne weitere Fülle und
Reichtum eines Gehalts sind.                                    35
    In der zweiten Vorl. S. 30 soll das Verhältnis des
göttlichen Prinzips zu dem natürlichen, ihre Verket-

tung in Über- und Unterordnung, ihre Formen und
Momente, die Gesetze ihrer Wirksamkeit, endlich die
Art und Weise, wie diese Gesetze an uns gelangen, aufgestellt werden. Hier somit wird uns Hoffnung gemacht,
5 daß wir zu einem Inhalte gelangen sollen; in der Tat aber
kommt die Vorlesung gleichfalls nicht über das Formelle
hinaus. Es ist eine sehr gute Schilderung, die Hr. G. S. 33
»von der göttlichen Mechanik in der Natur und dem in den
Himmel und die Erde hineingelegten harmonisch ordnen-
10 den Gesetze des Gleichgewichts macht, das wie eine herrschende, urbildliche Idee durch alle ihre Bewegungen
durchgreife usf., auf welche Unterlage dann eine höhere
Geschichte, die der freien Natur, gebaut werden soll.
Den Erbauern dieses Reichs habe der Meister mit den nöti-
15 gen Kräften ein gleiches, harmonisch ordnendes Gesetz des
Gleichgewichts innerlich angeschaffen, das auch äußerlich
all ihr Tun mit aller Macht einer herrschenden, urbildlichen
Idee durchgreifen soll, an der alle ethischen Ungleichhei-
ten sich ausgleichen und ausschwanken müssen; die Idee,
20 ausgegangen aus der Fülle des Guten, die Gott in sich
schließt, will in der Geschichte nur einen Abglanz dieses
Guten ausgestalten und einen äußern Nachklang seiner innern Harmonie hervorrufen«. Ref. kann nicht anders, als
dieser großartigen – Anschauung, wenn Hr. G. will, bei-
25 stimmen und sich erfreuen, sie hier so wahr ausgesprochen
und anerkannt zu finden; um so mehr ist es aber zu bedauern, nicht nur, daß es bei dieser allgemeinen Wahrheit
bleibt, sondern die Ausführung, auf welche es dann ankäme,
um ihr die äußerlich-reelle Bewährung zu geben, derselben
30 vielmehr den größten Eintrag tut. – Es heißt sogleich weiter, daß jene »Verwirklichung der Idee Gott den geistigen
Naturen angesonnen und ihnen in den Bewegungen der
Himmelskörper ein Musterbild hingestellt, dem sie nur
nachbilden dürfen«; damit wäre den geistigen Naturen,
35 vollends wenn sie die Kenntnis der schon erwähnten Keplerischen Gesetze immer bereits besessen hätten, die Sache
leicht gemacht. |

Noch leichter hat sich aber der Hr. Verf. die Explikation
gemacht, die nun auf das Bestimmtere, nämlich das Verhältnis vom göttlichen Willen zur menschlichen Freiheit, zugehen soll – indem er dabei an dem trocknen Gegensatz vom
G u t e n und B ö s e n festhält und über den Hauptpunkt bei 5
Katechismusvorstellungen stehenbleibt, nämlich darüber,
daß »Gott die Geschichte in ewiger Gegenwart schaue und
wie er sie schaut, sie vollbringen müsse, aber daß er sie
schaue, wie sie durch die Mitwirkung f r e i e r Geister sich
vollbringt«. Wenn es vorher für gut gesagt gelten kann, 10
»daß Gott jene Verwirklichung lieber als eine f r e i e G a b e
a u s d e r H a n d d e r f r e i e n K r e a t u r und als eine Bezeugung ihrer Liebe und Dankbarkeit h i n n e h m e n wolle«, so
ist es zunächst ungeeignet, darein zu mischen, daß er dies
durch Z w a n g s b e f e h l hätte e i n t r e i b e n k ö n n e n; von 15
dem Leeren solcher Möglichkeit mußte nicht mehr die
Rede sein. Für das Verhältnis aber von Gottes Walten zum
Handeln der Menschen beläßt es der Hr. Vf. bei Allgemeinheiten wie den folgenden: »jenes von Gott vorausgeschaute
Handeln der Freien bestimme sein Schauen, welches dann 20
e r s t h i n t e r h e r das in Handlung hervorgegangene V o r -
s c h a u e n also bestimme, daß i n d e m (?) Gottes Wille zum
Vollzuge gelangt, alles z u m G u t e n ausschlage in der Geschichte – wobei die Gewalt der höhern, göttlichen Macht
als eine übermannende Notwendigkeit dem Mißbrauch der 25
freien K ü r entgegentrete und ihre ewige O r d n u n g gegen
die U n o r d n u n g, die jene in sie gebracht, verteidige usf.,
der Herr aber dem Willigen, der mit überlegter Einsicht frei
den bessern Teil gewählt, Helfer sei und aus e i | g e n e r
Fülle seine Leistungen ergänze usf.« Für so richtig und 30
selbst für g e h a l t v o l l man diese Vorstellungen und die weiteren ähnlichen Erläuterungen gelten lassen mag, ob sie
gleich mehr eine scholastische Verstandesansicht nachspre-
chen als daß sie einer Vernunfteinsicht entnommen sind, sosehr sind sie formell gegen den I n h a l t, nach welchem bei 35
einem konkreten Gegenstande, wie die Weltgeschichte ist,
gefragt wird; der Kindergeist wird zuerst in elementarische

Bestimmungen, weil sie als die abstraktesten die noch einfachsten und leichtesten sind, eingeführt; gleichfalls kehrt
auch der gebildete Religiöse immer zu denselben zurück;
aber jener hat erst in der Erfahrung der Welt und seines
5 eigenen Gemüts näher zu erlernen, was denn gut und
bös, was denn Ordnung und Unordnung ist; dieser
kehrt zu denselben gleichsam als Abbreviaturen und abstrakten Zeichen des reichen Inhalts zurück, dessen Bewußtsein
er sich im Leben, Geschichte, Studium usf. erworben hat.
10 In dem abstrakten Innern des Gewissens, in der Religion,
vor Gott laufen die konkreten Unterschiede in den einfachen von Gut und Böse, Ordnung und Unordnung
etwa zusammen; aber wo es um die selbst explizite Erkenntnis eines expliziten – und der expliziteste ist die Welt-
15 geschichte – Gegenstandes zu tun ist, da reichen diese Abstraktionen nicht aus. Ein besonnener Mensch wird es
schwerlich vermögen, über ein Individuum das Urteil zu
fällen, daß dasselbe gut oder daß es böse sei; aber vollends
die individuellen Gestaltungen der Völker und deren im
20 Verlauf der Weltgeschichte hervorgegangenen, in sich so
reichen Zustände und Taten dieser Gestaltungen unter bloße Kategorien jener Art zu fassen, kontrastiert sogleich zu
sehr mit der Fülle der Aufgabe, als daß nicht selbst ein nur
oberflächliches Interesse sich unbefriedigt fühlen sollte.
25   Der Verfolg (S. 41) scheint zunächst einen Inhalt näher-
bringen zu wollen. Nachdem von den drei Rei|chen,
dem Reiche Gottes, der mit Notwendigkeit gemischten
Freiheit und der Natur, die sich in der Weltgeschichte
durchdringen, angegeben ist, daß sie auf drei Gesetzen
30 beruhen, einem in den Tiefen der Gottheit verborgenen (?), einem in den menschlichen Geist gelegten,
einem in die Materie eingetragenen, so soll der Mensch
das erste Reich mit Gott wirken in der geistigen Welt,
wozu derselbe mit Freiheit ausgestattet worden; die Übung
35 dieser Freiheit aber sei an die Einsicht in die Wege
der Vorsehung und die Kenntnis der gottgegründe-
ten Gesetze, in denen jenes Reich gewirkt werden soll,

geknüpft. Nun scheine es, müßte das dem Menschen
von Gott eingeschriebene Gesetz hinreichend sein, die
zwei andern Gesetze zu deuten und sie zur Richtschnur seiner Handlungsweise zu machen. – Über dieses Scheinen
folgt aber der populäre Übergang, daß »wenn Gott dem 5
Menschen diese Einsicht nicht verliehen habe (welch ein
Wenn!! der Hr. Vf. macht es sich leicht, dergleichen Sätze
einzuführen!) oder wenn der damit Ausgestattete unvor-
sichtig die verliehene Gabe verscherzt habe (es wäre etwas
mehr als solche bloße Wendung vonnöten gewesen, ein 10
Verhältnis dieser Fälle mit dem frühern Einschreiben des
göttlichen Gesetzes und seiner Grammatik in die Menschen-
brust und in die Natur anzudeuten), so müsse Gott, soll
ferner noch von einer in menschlicher Mitwirkung ausge-
wirkten höhern Geschichte die Rede sein, ihn einer höhern 15
Belehrung würdigen, ihm als Lehrer jenes göttliche Gesetz
durch Offenbarung mitteilen«.

Auf diese vage und äußerliche Weise, die uns nur auf den
ganz gewöhnlichen, trocknen Schulboden versetzt, wird die
Offenbarung als Bibel eingeführt, S. 43, und ihre Bestim- 20
mung zunächst dahin angegeben, daß in ihr das Gesetz,
welches Gott in aller Geschichte realisiert haben wolle,
kundgetan sei; so daß das Gesetz der drei Reiche in die drei
Bibeln, der Bibel der Natur, der Bibel des Geistes
und der Bibel der Geschichte eingeschrieben, die bei- 25
den ersten aber der dritten untergeordnet seien.

Nun aber erhebe sich ein Widereinanderreden vieler
Stimmen, der vielen Völkerschaften; kaum eine habe Anstand genommen, sich selber zum allgemeinen Schwer-
punkte der Geschichte aufzuwerfen, und jede reiche Bücher 30
dar, von denen viele Zeugen aus Einem Munde beteuern,
sie seien ihnen, den Gottbegünstigten, vorzugsweise vor
allen andern mitgeteilt. – Es | werden also die Kriterien an-
gegeben, um zu erkennen, in welchem unter den heiligen
Büchern aller Völker, vorausgesetzt, daß in diese auch 35
Wahrheit eingegangen, die lautere Quelle der Wahrheit
fließe und wem der Vorrang gebühre. Diese Kriterien sind,

um sie kurz anzuführen, schlichte prunklose Einfalt, welche die von keiner Betrachtung zu erschöpfende Fülle wie
Gott selbst in Unsichtbarkeit verbirgt und das Verborgene doch wieder allen Suchenden offen und neidlos
5 hinlegt (wir werden bei der dritten Vorlesung sehen, was
dem Suchen des Hrn. Verfs. sich offen dargelegt hat, aber
wohl andern Suchenden in Unsichtbarkeit verborgen
geblieben ist und auch nach des Hrn. Verfs. Aufdecken
wohl bleiben wird); zweitens der volle Einklang der
10 menschlichen Wissenschaft – wobei abermals die Schilderei
des einen Grundgedankens von der in die Natur und in den
Geist eingeschriebenen Grammatik der göttlichen Sprache,
welche die schaffende Gottheit ins Nichts hineingeredet,
wiederkehrt – mit der Schrift, die sich wechselweise durch-
15 einander bewähren (S. 48), jedoch also, daß dem Göttlichen der Vorrang gebührt und das Menschliche vor
der Zulassung sich zuvor über seine unzweifelhafte
Gültigkeit ausweisen müsse; man kann dies als richtig
zugeben, aber es erhellt ebenso, daß mit solchen allgemei-
20 nen Worten im geringsten nichts für ein Kriterium geleistet
ist. Zur Bekräftigung der Leerheit solchen Kanons fügt der
Hr. Verf. sogleich hinzu, daß das Menschliche seiner Natur
nach der Fehle unterworfen, jene Bücher oft schwer verständlich seien, in ihrer Deutung sich vielfältig die Meinun-
25 gen teilen (freilich! leider!) usf. Dafür wird ein drittes
Kennzeichen »höchster Würde heiliger Bücher« hinzugesetzt, daß »sie das schöne Ebenmaß und die ruhige
Sicherheit herrschender und umschreibender Ein-
heit wirklich in sich tragen«. – Es ist gleichfalls in der drit-
30 ten Vorlesung, wo sich die Sicherheit des Hrn. Vfs., in den
Büchern der Hebräer, die nach der geschichtlichen Seite
als ein beschränktes Nationalbuch erscheinen können, die
für die Weltgeschichte umschreibende Einheit zu finden,
kundgibt. – Den Schriften der Hebräer nämlich habe
35 nun der bessere Teil des Geschlechts seit Jahrtausenden den Vorrang und den Standpunkt in der herrschenden Mitte einstimmig zuerkannt usf.; man findet hier in

den vagen Allgemeinheiten und dem Tone der Sicherheit
vollständig den Stil des Abbé Lamenais und anderer älte|rer
und neuerer Häupter der Kirche. Es spielt an einen bessern
Gedanken an, was der Hr. Vf. dabei sagt, was aber noch
weiterer Bestimmungen bedürfte, um mehr als etwas Tri- 5
viales zu sein, daß »so oft eine neue erweiterte Standlinie
für die Aufschauenden gewonnen sei, aller Blicke sich aufs
neue nach solcher Urkunde richten, ob ihr Gesetz noch
unversehrt aufbewahrt, ob ihr Verborgenes sich dem for-
schenden Blick auf dem neuen Standpunkt nicht tiefer auf- 10
geschlossen usf.« Die Exegese hängt freilich von dem Geist
der Zeit ab; aber Luthern hat der Geist getrieben, seine und
seines Volkes Blicke auf die so lange verborgen gehaltene
Bibel überhaupt zu richten; aber nicht alle haben den Segen dieser Richtung aufgenommen. Wenn aber, wie der 15
Hr. Verf. versichert, dies alle tun und er sich denselben
angeschlossen habe, so vindiziert er sich dagegen als
eigentümlich, was in seinen Worten anzuführen ist, S. 52,
daß er »indem die Aufgabe, wie er wohl sagen dürfe, in
einer Allgemeinheit und bis ins Einzelne vordringenden Be- 20
sondernheit aufgefaßt, wie man es teilweise aus verschiedenen Gesichtspunkten wohl versucht, aber in gleichem Umfange nie vollführt, so sei es ihm, wie er wohl glauben
dürfe, schon einmal (!) gelungen, einerseits den Strom
der in diesen Büchern enthaltenen Wahrheit reinigend, 25
läuternd, deutend, erklärend und zugleich erfrischend
in die Anschauung der Weltgeschichte hineinzuleiten
und andrerseits diese Geschichte in allen ihren Richtungen als die faktische Gewähr und die dem Geiste unab-
weisliche Bürgschaft für diese Wahrheit darzustellen.« Wie 30
der Hr. Verf. die Reinigung, Läuterung, Deutung, Erklärung – jener Bücher vorgenommen, daß sie in die Weltgeschichte eingeflossen, und wie die faktische Bewährung,
die er solcher Hineinleitung verschafft, beschaffen ist, werden wir nachher angeben. Aus der zweiten Vorlesung ist in 35
dieser Rücksicht noch anzuführen, daß S. 55 ausdrücklich
protestiert wird, daß »nicht die Rede sein könne, der Man-

nigfaltigkeit irdischer Ausgestaltung irgend Gewalt anzutun,
sie durch willkürliches Wegnehmen und Hinzusetzen in die
Umrisse eines künstlichen Systems hineinzuzwängen usf.,
durch überkünstliche Deutung Fehlendes hinein-, Un-
5 bequemes herauszudeuten usf., den vollen Erguß des
Lebens aus feiger Ängstlichkeit zu scheuen«.
    Noch aber fängt in dieser Vorl. der Hr. Verf. an, der Sa-
che selbst näher zu treten; es werden die Haupt | mo-
mente der Geschichte angegeben – als drei aller natür-
10 lichen Geschichte, die in einem vierten sich der höhern
anschließt, die sie beherrscht (ist nicht grammatisch klar).
Auf diese Angabe folgt unmittelbar ein: Denn, Denn dies
ist die Parallelisierung des Lebens des Geschlechts mit
dem des einzelnen Menschen, so daß jenes sich in den-
15 selben Stadien verlaufe als dieses! Man kann geneigt sein,
diese Parallelisierung aufzunehmen und gelten zu lassen.
Aber schon »das Schema«, die Angabe der Stadien des
Lebens des Einzelnen, ist nicht ganz deutlich. Als das erste
Stadium wird das natürliche Dasein angegeben, das den
20 Menschen zuerst aufgenommen habe, die Jugend; die andere Stufe ist die der Tätigkeit der ihm einwohnenden
lebendigen Kräfte und begreift die Verhältnisse, in die er
zur Familie, zum Stamme, zu seinem Volke eingetreten.
Das dritte Gebiet ist das der in ihn gelegten moralischen,
25 ethischen Kräfte; das letzte das religiöse Element. Wenn
zwar der Ausdruck von Lebensaltern vermieden ist, so
wurde man doch auf diese Vorstellung gelenkt. Anfangs ist
von dem Lebensverlauf des Einzelnen in Stadien nach
der Naturordnung die Rede, ingleichen wird das erste
30 die Jugend genannt; die folgenden heißen jedoch nicht
mehr Stadien, sondern Gebiete, und werden auch nicht
etwa als Gebiete des Jünglings, des Mannes und Greises
aufgeführt; es würde freilich auffallend gewesen sein, erst in
das letzte Alter das religiöse Element zu legen. Damit ist
35 aber zugleich die angekündigte Parallelisierung hinwegge-
fallen; wir erhalten nur die Angabe der unterschiedenen
Hauptmomente des menschlichen Lebens, bei denen es et-

was Leeres war, mit dem einzelnen Menschen anzufangen und auf ihn sich zu berufen, daß, wenn er sein Leben betrachte, er solche darin werde gefunden haben. – Plato, an dessen Gang in der Republik man sich erinnern könnte, geht umgekehrt sogleich zur Betrachtung der Gerechtig- 5 keit im Staate über und von da aus erst zur Ausprägung derselben Grundbestimmungen am Einzelnen, aber auch wieder so, daß hier nicht eine bloße Wiederholung derselben stattfindet, sondern daß er sie, wie sie am Individuum eigentümlich sich hervortun, richtig als die Tugenden auf- 10 faßt und beschreibt.

Was sich nun am Einzelnen ausgewiesen, werde auch in der Universalgeschichte Geltung haben. Denn der Stammvater des Geschlechts ist selber eine einzelne Persönlichkeit gewesen, die daher Grund und Anfang | aller 15 Geschichte ist – ein schwacher Zusammenhang, daß hiermit die Stadien, die vorhin an der einzelnen Person aufgewiesen worden, auch die Stadien der Universalgeschichte seien. Das sich mehrende, auf die ganze Erde ausbreitende Geschlecht, wird fortgefahren, hat die klimatisch, geolo- 20 gisch und geographisch geschiedene Gliederung derselben in sich ausgeprägt – erstes und unterstes, am meisten naturverwandtes Element; das zweite ist das ethnographische – Teilung in Rassen und Völker und Stämme und Geschlechter, mit eigner Lebensrichtung, eigenem Instink- 25 te, Anlagen usf.; man sieht dabei nicht gut, wie das geographische Element, das wohl für sich beschrieben werden mag, nun aber auf die Menschen bezogen und in denselben ausgeprägt, nicht als ein Moment nur des ethnographischen sein und wie es, von diesem getrennt, ein beson- 30 deres menschliches Element abgeben sollte. Als das dritte Moment wird das ethisch-politische im Gebiete des Rechtsstaates angegeben; das vierte, indem jedes Volk auf seinem Erbe und Lose an der Oberfläche der Erde, den Teil des Wortes, der ihm zugefallen, verarbeitet, mehr 35 oder weniger mit menschlicher Zutat ihn versetzend (wenn ihm nur ein Teil zugefallen, wäre das Wort in ihm schon

endlich genug und die sogenannte menschliche Zutat
bereits ganz in der Endlichkeit, daß ihm nur ein Teil zuge-
fallen, befaßt), ist das kirchliche Element.

Die Einfachheit dieser Momente war schon durch jene
5 Parallelisierung unnötig verdoppelt, in der zweiten Angabe
ist sie noch weniger durch Gedanken entwickelt, als mit
leeren und trocknen Redensarten umgeben. Hier, wo die
allgemeine Einteilung die Angabe bestimmter Unterschiede
verlangt, ist es am unangenehmsten, Ausführungen vorzu-
10 finden, wie z. B. folgende (S. 62) beim ethisch-politischen
Elemente, »indem sich die innerliche Einheit der gei-
stig-ethischen Kräfte im Verlaufe der Geschichte aufgetan
und ihren reichen Inhalt in vielfach ausgelegten Richtungen ausgelegt habe«; nun heißt es noch ferner: »im
15 Spiele dieser Kräfte hat eine neue, höhere Dynamik
sich begründet, die Elemente des Lebens, ergriffen von jener Beseelung, sind in – ? andere Verhältnisse gegeneinander eingetreten, in einer – ? gesteigerten Scheidekunst
mischen sie sich und trennen sich nach – ? geändertem
20 Gesetze, | und Gebilde, die einer – ? andern Ordnung der
Dinge angehören, gestalten sich (zu was?) – in ihrem
Verkehre«. So läßt sich ohne Gehalt lange fortsprechen.

Vornehmlich ist es in der dritten Vorlesung, daß solcher Reflexionsformalismus, mit dem gleich leeren phanta-
25 stischen Schall und Schwall, wovon früher Beispiele angeführt worden, abwechselnd, das ihrige zu dem Tädiösen
ihres Inhalts hinzugeben. Die glänzende Verworrenheit in
dem grundlosen, abstrakten Formalismus macht es schwer,
noch von dieser Vorlesung (S. 66–122) Rechenschaft zu ge-
30 ben, in welcher nun »der Grund- und Aufriß des großen
Gebäudes der Weltgeschichte« selbst aufgestellt, »das Werk,
das wir zu vollführen unternommen, zu seiner Vollendung
gebracht werden soll«. Wie der Verlauf der Weltzeiten zuerst nacheinander angegeben ist, dem läßt sich etwa folgen;
35 aber wo nun S. 111 der Überblick des ganzen Periodenbaus
jener Anschauung gewährt werden soll, da wird der Kal-
kül (denn die Grundkategorie ist Zahlen-Schematismus) zu

transzendent, um zur Bemühung um dessen Entwirrung
einzuladen. Es wird S. 67 [gesprochen] »von der zeit- und
richtungslosen Ewigkeit, in der die Selbstoffenbarung der
Gottheit (dieses Ausdrucks bedient sich der Hr. Vf. oft)
vor dem ersten Anbeginn der Dinge schon erfolgt«, (S. 72)    5
(die Metaphysik oder vielmehr Rhetorik dieser Ewigkeit
übergehen wir) so hat sich an diese erste Tat, die über aller Geschichte liegt, die zweite angeknüpft, in der die
schaffend gewordene Gottheit das Weltall hervorgebracht,
in Zeiten und Tage die Schöpfungszeit teilend. Die-          10
ser Zeiten sind sechs, in denen »die geistige und natürliche
Welt in allen ihren Hierarchien hervorgebracht worden;
in drei Scheidungen und drei Einigungen,« »die erste
Scheidung, die von innen nach außen gegangen, hat
Licht und Finsternis getrennt und damit die erste Hier-     15
archie ins Universum eingeführt«; so geht es durch die
sechs Schöpfungsmomente der mosaischen Darstellung
hindurch; wie aber diese Sukzession der Schöpfungen als
Scheidungen und Einigungen, je drei und drei, und deren
Hierarchien vom Hrn. Verf. noch sonst zusammen – kon-       20
struiert, wie man es sonst genannt, oder in Anschauungen von Verknüpfungen und Gegensätzen gebracht wer-
den, enthalten wir uns auseinander zu setzen. |

Nur dies Eigentümliche wollen wir herausheben, daß der
Hr. Verf. aus dem Seinigen (der Protestation gegen will-    25
kürliche Erfindungen unerachtet) hier auch dies hinzufügt,
daß »an die letzte der drei ersten Scheidungen (die Erschaffung der Sonne und der Gestirne) sich eine andere, vierte,
angeknüpft, in der die geistigen Elemente wie die Natur-
elemente sich geschieden« und welche ebenfalls drei Schei-  30
dungen in sich gehabt haben soll; die Auseinandersetzung
dieser drei Scheidungen gibt eine des Feuers von dem Elemente des Wassers, des Anwachsens der Gebirge über
das Trockene und eine dritte, der Ausklärung der Luft,
der Aufleuchtung in Meteoren usf. – wobei dem Ref. un-      35
ter anderem dies unklar geblieben ist, wie darin über eine
Scheidung der geistigen Elemente etwas besagt sein soll,

obgleich es auch unmittelbar hernach wieder heißt, daß »das alles gleicherweise auf der Natur- wie auf der geistigen Seite sich vollbracht habe«; was in der letztern vollbracht worden, hat dem Hrn. Verf. beliebt, in sich verborgen zu
5 behalten.

Das ist nun die »erste historische (!?) Periode, die in ihren sechs Zeiten abgelaufen ist«. »In ihr hat Gott allein gewirkt und gewaltet, und alles, was er hervorgebracht, ist gut gewesen«. Nun aber »in der zweiten Weltzeit be-
10 ginnt von der geistigen Natur aus die Genesis des Bösen«, die, wie die Ausschaffung des Guten durch die ersten Weltzeiten in den höhern Regionen (siehe vorher) begonnen, so durch die des Bösen in den dortigen höheren Geistern; und ebenfalls ist, nach der Versicherung des Hrn.
15 Verfs., »in drei absteigenden und drei andern frech ansteigenden Akten | der Sündenfall in das höhere Geisterreich eingetreten und hat sich auch in das aus Geist und Natur gemischte Reich unten an der Erde verbreitet«.

Mit dieser »Vollendung der Genesis des Bösen in ihren
20 sechs Momenten«, über deren historischen Verlauf wir freilich keinen weitern Aufschluß erhalten, ist »die zweite große Weltzeit abgelaufen«. Hierauf folgt »die dritte Weltzeit, von dem Sündenfall bis zur Weltflut, der Kampf auf Leben und Tod zwischen dem Reiche des Guten und des
25 Bösen, den das Gericht der Weltflut – ein freilich einfaches Mittel – zu Ende bringt«. Für diese Weltzeit weiß uns der Hr. Verf. (S. 83 f) vielen Bescheid darüber zu geben, was die Habeliten und die Sethiten und Kainiten gleichfalls in sechs Momenten getan haben würden,
30 wenn kein Sündenfall eingetreten und, wieder im entgegengesetzten Fall, der Fluch der Sünde allein geherrscht hätte; aber ferner auch, wie jener Kampf in drei Zeiten zwischen der Gottesstadt, welche die Habeliten, und der Erdenstadt, welche die Kainiten erbauten, geführt worden, wobei die Töchter der Menschen und die Nephilim
35 den, wobei die Töchter der Menschen und die Nephilim ihre weltgeschichtliche Rolle zu spielen nicht unterlassen. »Mit der Flut ist die Urgeschichte abgelaufen«; hätte es

der Hr. Verf. dabei bewenden lassen, daß das Historische derselben mit den Habeliten, Sethiten und Kainiten für uns ebenso als die Wasser der Flut abgelaufen sind, so hätte er sowohl daran besser getan, als auch daran, wenn er es bei der Darstellung der Bibel, die von sechs Schöpfungsta- 5 gen spricht, dagegen nichts von sechs Weltzeiten, die wieder von der Weltflut an bis auf die Erscheinung Christi vollendet worden, auch nichts von weitern sechs von da ausgehenden Weltzeiten berichtet, hätte belassen wollen.

Doch zunächst wird die neue Weltzeit (S. 87) in drei 10 engere Zeiten (diese drei Weltzeiten sind hauptsächlich im Auge zu behalten, um nicht in der folgenden Rechnung konfus zu werden) gegliedert; in der er|sten wird »der Keim eines neuen Menschengeschlechts, der in der Arche geborgen in den Fluten die sühnende Taufe erlangt« 15 (wohl eine große Wassertaufe, der aber vom Hrn. Verf. nicht viel Geist hinzugefügt worden), in allen Gegensätzen sich entfalten, in der mittlern die heilkräftige Einwirkung der Gottheit zur Offenbarung gelangen und die Verhei- ßung sich erfüllen, in der dritten in der versöhnten Mensch- 20 heit der Kampf mit dem Bösen sich zum Ziel ausstreiten. – Es wird nun angegeben, wie die erste Weltzeit in der Folge von sechs Zeiten abgelaufen, »nach dem in sie gelegten Ty- pus der frühern Genesis«. Nach solcher leeren Grund- lage eines Schema wird die Geschichte dieser ersten Welt- 25 zeit der neuen Zeit wieder aus drei Wurzeln, dem Sem, Ja- phet und Cham durch die drei ersten Zeiten dieser Häu- ser, des Nimrod, des Unterfangens, in dem Turm das Ka- pitol des neuen Erdenstaats zu bauen usf. durchgeführt. »Die vierte Zeit geht im Kampfe der erhaltenden 30 Kräfte, an die geweihte Stätte der Kinder Gottes (des Ge- schlechts Hebers) geknüpft, mit den Zerstörenden, die in den Kindern der Menschen wirken, dahin, und nun erfolgt über die ganze Erde hin vom Norden her im Stamme der Japhetiten die Gegenwirkung, welche die 35 beiden folgenden Weltzeiten erfüllt«. Auch sind es die Ja- phetiten, durch welche die Universalmonarchien mit neuer

Lehre dritter Ordnung im Zeusdienst gegründet seien.
»Die fünfte wird nämlich durch Baktrisch-Medisch-
Persische Weltherrschaft, seit den Zeiten Feriduns von
Iran aus die Völker umfassend (daß Feridun nicht feh-
5 len würde, konnte man aus des Hrn. Verfs. Einleitung zu
seiner Übersetzung des Schah-Name wohl erwarten), erfüllt und die Gewalt dadurch dem östlichen Weltteile
zugeteilt. Bald aber geht die Herrschaft nach Europa
über und die sechste Weltzeit grüßt die Griechen als die
10 Gebieter der Erde, denen die Römer den Herrscher-
stab entwinden«. Diese Zeile ist alles, was vom Geiste der
griechischen und römischen Welt gesagt wird; wenn der
Hr. Verf. den Habeliten, Sethiten, Japhetiten und solchen Häusern die große Bedeutung in der Weltgeschichte
15 erteilt, so kann man sich nur über die kahle Kategorie von
Herrschaft, die durch die Griechen auf Europa gebracht
und ihnen von den Römern entwunden werde, wundern,
womit diese reichen, hochherrlichen Wirklichkeiten von
Völkergeistern gegen jene nebulosen Schemen abgefertigt
20 werden; doch ist schon | oben bemerkt worden, daß der
Hr. Verf. griechische Mythologie die trübe, späte, unbedeutende Ausgeburt nennt, in welcher ein Dämogorgon vorkommt.
   Die zweite Weltzeit ist die des neuen Sabbaths, des
25 andern Adam, des Stammvaters eines neuen geistigen
Geschlechts; über der begeisterten Rhetorik, in der die
Vorstellungen vorgetragen sind, scheint der Hr. Verf. nicht
dazu gekommen zu sein, die sechs Zeiten des Schemas für
diese Weltzeit anzugeben.
30    Von da geht nun die dritte Weltzeit aus; von welcher
der wesentliche Charakter wie in der, die nach dem Falle
begonnen, sich kundgebe – im Kampfe des Lebens, das
aufs neue in der Menschheit Wurzel gefaßt, mit dem Tode,
der aus der frühern Zeit noch hinüberwirkt. Von der Aus-
35 breitung des Christentums aus wurde zwischen ihm und
dem Mohamedanismus die neue Geschichte in Licht
und Nacht geteilt, und es war Abend und Morgen der

erste Tag in ihr – von den sechs Tagen. Es mag vom fernern nur noch bemerkt werden, daß von der Reformation an nun erst der dritte Tag begonnen haben soll, in
dem wir noch leben; wir enthalten uns aber, hierüber ein
weiteres Detail aus der Darstellung zu geben; sie hat allent- 5
halben denselben schwallenden Ton des überladenen Far-
benglanzes bei der Trockenheit der Gedanken und der Zah-
lenspielerei. Man mag die Auseinandersetzung S. 111 nachlesen, wie aus der gedoppelten Dreizahl, in die der
ganze Verlauf der Weltgeschichte eingeschlossen sei, sich 10
die Siebenzahl gewinne und die vier großen Umläufe
vier und zwanzig Zeitläufe in sich begreifen, aber wenn
wir das große Schauspiel am Schlusse, wovon es doch
schien, daß wir erst einen Teil erlebt haben, wieder in sich
zerfällen, in sechs und dreißig große Zeitabteilungen 15
der ganze Zeitverlauf der Geschichte umschrieben sei. Das
Zählen macht die äußerlichste Seite der Betrachtungsweise
aus; die grundlose Willkür, in der es hier sogar zum Prinzip
gemacht wird, kann nur Ungeduld und Überdruß erwek-
ken. Wie vorhin ein Beispiel von der Rhetorik der Refle- 20
xion ohne Gehalt gegeben worden, so mischt sie sich auch
in diesem Teile, in welchem das Bestimmtere der geschichtlichen Gestaltungen und ihres Verlaufs angegeben werden
soll, allenthalben ein, und man wird dabei zu sehr an den
ältern Stil französischen weltgeschichtlichen Vortrags in de- 25
klamatorischen Allgemeinheiten, als ein weiteres Ingredienz
zu den übri|gen, gemahnt; alle, neue, allmählich,
Verwirrung usf. dergleichen und andere unbestimmte
Formen herrschen durch lange Ausführungen hindurch und
ermüden das Bestreben, irgendeinen bestimmten Gedanken 30
zu fassen. Diese hohle Manier zur nähern Anschauung zu
bringen, führt Ref. nur einiges aus der breiten Darstellung
der Wirksamkeit des Christentums an; nachdem ein aus-
führliches Gleichnis von der Saat vorangeschickt ist, heißt
es vom Christentume selbst (S. 98), »diese Saat, quellend, 35
keimend, wurzelnd, sprossend im neuen Boden und allmählich zum erdbeschattenden Baum erwachsend, hat

nur im Streite diese Entfaltung sich errungen, aufbietend
die ihr eingepflanzten überirdischen Kräfte gegen die,
in denen das Irdische sich wirksam erweist« – nun wird dasselbe wiederholt: »bewaffnend das ihr inwohnende bes-
5 sere Prinzip gegen das Böse, das die Welt durchwu-
chert, hat sie aus unscheinbarem Anfange usf.« – »In
dem Maaße aber, wie der neue Glaube der Verwirrung
und der Zerstörung Meister geworden und in der Ver-
wesung neues Leben hervorrufend, das Erstorbene zu
10 neuer Tätigkeit geweckt und das in regelloser (abermals)
Verwirrung Aufgelöste in die Kreise der Ordnung zurückgeführt, hat es in allmählicher Ausbreitung alle Regionen des menschlichen Daseins durchdrungen durch alle
Gebiete und Gegensätze, in denen die menschliche Natur
15 sich aufgeschlossen« usf. – doch genug an solchen allgemeinen Worten.

Es ist schon angegeben worden, daß der durchweg herrschende Gegensatz für das Reich des Geistes, dessen Freiheit den trocknen Gegensatz an der Natur hat, der ab-
20 strakte des Guten und Bösen ist, dann kommt der Kampf
beider miteinander; auch kommt es noch zu der Unterscheidung von den schaffenden, zerstörenden und er-
haltenden Kräften; wie der Hr. Verf. solche abstrakte
Grundlagen des Verstandes, nebst den Zahlunterschieden,
25 für Anschauung ansehen und ausgeben mag, ist nicht
wohl zu verstehen; noch weniger wie der Geist und eine
geistige Anschauung, wenn denn Anschauung sein soll, in
der Geschichte und in der Weltgeschichte sich damit begnügen könnte. Der Grundmangel in diesen Vorlesungen ist,
30 daß es ihnen ganz für den großen Gegenstand, mit dem sie
sich beschäftigen wollen, an einem konkreten Prinzipe
fehlt, dessen gedankenvoller Gehalt entwickelt, uns nicht
nur die Gottheit, wie Hr. G. sich oft ausdrückt, sondern
den | Geist, und zwar den Geist Gottes und den Geist des
35 Menschen zeigte und die organische Systematisierung desselben in der Weltgeschichte statt einer äußerlichen, durch
Zählen bestimmten Schematisierung ihrer Erscheinungen

und noch mehr solcher Nebelhaftigkeiten, wie die Habeliten und dergleichen sind, darstellen würde; in solcher
Schematisierung lebt und wohnt kein Geist. Es tut nichts
zur Sache, daß der Hr. Verf. sie ein Gesetz nennt und mit
ebensolcher Protestation wie die obenangeführte beschließt, 5
S. 114, »dies gefundene Gesetz meistre nicht den Gang
der Ereignisse, noch wolle es nach irgend vorgefaßter
Meinung Gewalt antun den Tatsachen und den innern
(wo käme dieser her?) Zusammenhang der Dinge verkennen und stören. Noch weniger soll diese Anschauungsweise 10
überall nach bloßen Ähnlichkeiten« (Zahlen geben sogar
Gleichheiten) »haschen, gröblich den innern Unterschied – verkennend, und dadurch eine langweilige
Monotonie in die Historie bringen.« Der Hr. Verf. hat
noch durch mehr, auch durch die fortdauernde Wiederkehr 15
der angeführten wenigen dürftigen Abstraktionen und
durch die ganze Art des Vortrags, die wir genug charakterisiert, für Monotonie gesorgt; und wie diese, so möchte man
leicht alle jene andern Eigenschaften und noch die weitern,
die er folgen läßt – daß die Ordnung nicht wie ein »mathe- 20
matisches« (das Zählen und die Wiederholung von eben-
demselben ist freilich noch nicht etwas mathematisches)
Netz die Masse der historischen Tatsachen umziehen und sie
mühsam und kümmerlich zusammenhalten –, diese Eigenschaften, die der Hr. Verf. ablehnt, möchte man leicht in 25
starkem Maße in solcher »Hierarchie« der Weltgeschichte
gerade finden und die häufigen Protestationen der Art eher
der Ahndung eines solchen Vorwurfs zuschreiben.

Noch wäre zum Schluß, da der Vortrag an Studierende
gerichtet, die Art anzugeben, wie er sich an diese wendet; 30
doch ließe sich dieselbe nicht wohl anders charakterisieren,
als daß diese Anreden größtenteils selbst hierher gesetzt
würden; darum können wir nur darauf als etwas Besonderes
hinweisen, daß der Hr. Verf. in der letzten Vorlesung, am
Schlusse S. 119 ff. den Verein, den er vor sich hat, nach den 35
Stämmen, denen derselbe angehöre, schildert; Bayern sind
es, die ihn zunächst und allermeist umgeben; ihren Sinn und

ihre Art habe er die vergangenen zwei Jahre hindurch | ge-
prüft, und probehaltig und widerhaltig zur Genüge
sie gefunden; dann stellt er ihnen die Nativität als nicht gewandt, aber stark auftretend usf., so nach der Reihe den
5  Schwaben, Schweizern, Franken, denen er selber angehöre; wie ehemals ogygisch jedes Uranfängliche genannt worden, so habe die neuere Zeit nichts Früheres als
Altfränkisches anzugeben gewußt usf.»Einige aus dem
Norden haben sich wohl auch herzugefunden«; dort sei
10  der Verstand das Vermögen, das man von je »sorgsamst
gepflegt«, was auf Einseitigkeit geführt; wollen sie hinhören
auf die Stimme, die immer aus dem vollen Ganzen re-
dend, aus der Geschichte spricht, so werden sie, ohne, was
in ihrer Weise tüchtig, aufzugeben, auch profitieren kön-
15  nen, indem sie gegen jene Einseitigkeit sich eine höhere
Freiheit der Ansicht gewinnen. – Doch die persönliche
Seite der Stellung, die sich der Lehrer zu seinen Zuhörern
gibt, wenn er dieselbe auch vor das Publikum bringt, eignet
sich nicht dazu, weiter besprochen zu werden.

20                                        Hegel. |

# TEXTKRITISCHER ANHANG

Der Textkritische Anhang verzeichnet bei denjenigen Schriften, die nicht auf der Grundlage der *Gesammelten Werke* in diesen Band aufgenommen worden sind, sämtliche Eingriffe in den Text des jeweiligen Originals (O). Ferner gibt er Hinweise auf Stellen, an denen Hegels Text irrtümlich von seiner zitierten oder referierten Vorlage abweicht. Die Druckfehlerverzeichnisse der Originale sind stillschweigend berücksichtigt.

## Jacobi-Rezension

**8,14** 3. Heft] 31. Heft    **8,14** 1801] *so im rezensierten Band; richtig:* 1802    **8,17** Ansicht] *richtig:* Absicht    **9,21** daran] darin    **16,37** werden] worden    **17,24** haben.] haben    **23,27** nur] durch    **23,36** des] der    **35,20** könne] können    **37,7–8** gottverlassene] gottverlassenes    **37,21** »auf] auf

## Hinrichs-Vorrede

**63,7** weder] nicht weder    **68,22–23** er [...] er] es [...] es

## Über die Bekehrten

**89,28** den farcenhaft] *nach Hegels Schlußbemerkung (s. oben 100,11) lies:* dem Farcenhaften    **90,1** würdigeren] würdigerern    **91,7** Pikantem] Pikantes    **91,33** das] daß    **92,23** welche] welches    **92,25** desselben] derselben    **93,29** Kästenbräters] Kästenbräter    **97,17** noch] nach

## Humboldt-Rezension

**102** Fußnote Z. 7 »verfälschte] verfälschte    **102** Fußnote Z. 17

253] 251 **103,15** »ein] ein **108,21** infernis mancipat] *so
Schlegel; O:* inferis mancipant **108 Fußnote** Z. 2 80] 9
**113,16** werde] werden **119,31** 256] 257 **120,10–12** bedient (S.
41), zeigt [...] für die] bedient, zeigt [...] für die (S. 41)
**126,33** VIII. 8] VIII. 89 **130,4** einen] einen auf einem *(so auch
v. Humboldt)* **130,5** Cupagras] *v. Humboldt:* Opfergras (kusa,
...) **130,21** hinzufüge] hinzufügen **133 Fußnote** Z. 1 sollen]
soll **134,5** II. H. 2.] 3. 11. H. 3. **134,10** Rosen] Rose
**135,4** Yoga-Lehre Patanjalis] Patanjalis Yoga-Lehre **142,4**
überhaupt, nicht] überhaupt nicht, **143,3** solches] solche
**145,17** Rapter] *richtig:* Raper **145,21** Rapter] *richtig:* Raper
**145,22** Nána] *richtig:* Nánac **145,31** die] der **147,11** Langlès]
*Verwechslung von Louis Mathieu Langlès mit Simon Alexandre Lang-
lois* **147,19** liberté] *richtig:* vérité **150,2** ist] ist. **150,8**
sind] ist **153,30** den Griechen] nicht den Griechen **155,26**
Ein] Als **156,19** sind] ist **157,27** 421 f.] 422 **162,4** Vorstel-
lung] Verstellung **162,28** welchen] welche **167,32** 627] 626
**169,26** individuum] inviduum **169,37** denn] dann **171,5**
Fitz-Clarence] Fitz. Clarence

## Solger-Rezension

**179,18** einiges] einigen **189,26** »unter] unter **190,30** 518]
222 **191,2** gehöre] gehören **197,29** dieser] die-/ **197,32**
könnten] könnte **198,29** dichterischen] dichterischer **215,8**
eine] einer **237,15** sie] er

## Hamann-Rezension

**246,2** Töllner] Zöllner **250,1** Arbeit] *Hamann:* Armut **251,23**
Denkungsart«] Denkungsart **254,1–2** ein anderer] einen anderen **256,2** nichts] nicht **258,15** In] »In **260,37** »ob] ob
**262,25** »der] der **264,3** aussehen.«] aussehen. **264,37** 495]
405 **265,26** 437] 430 **267,10** Sehen.«] Sehen. **267,12**
1. Kor. VIII,2 f.] 1. Kor. VII. **272,21** das] der **273,2** dasselbe]
derselbe **273,33** 195] 193 **275,12** den] der **278,25** lun-
gernde] hungernde **281,24** 143] 142 **281,25** Stolberg« angibt;
»H. sagte] Stolberg angibt;« H. sagte **282,4** Zweifelknoten]
*Hamann:* Zweifelwelten **282,10** für] *so Hamann; O:* von

**282,27** wenn] daß     **284,7** VIII] X     **285,11** vom] von     **285,32–33** sein kärgliches] seinen kärglichen     **286,10–11** ein … kärgliches, … ausgesetztes] einen … kärglichen, … ausgesetzten     **286,24–25** Judentum«] Judentum     **290,13** Zwangs-, Wohlwollens- und Gewissenspflichten] Zwangs- und Wohlwollens-Gewissenspflichten     **292,18** 6] 7     **292,33** »die] die     **293,4** »das] das     **294,6** »zur] zur     **294,23** inaudita] *so Hamann; O:* in audita     **295,5** »die] die     **298,26** Velo Veli Dei] *so die von Hegel aus Hamanns Text übernommene Dativform; in Hegels Satzkonstruktion müßte* velum veli Dei *stehen*     **298,27** 114] 104     **300,5** übriglassen.«] übriglassen.     **303,35** 121f.] 120     **305,2** 1787] 1782     **305,24** an Hippel] Hippel wie     **305,25** »bei] bei     **307,21** Reinhardt] *richtig:* Reichardt     **308,37–309,1** Werke] Werken     **311,19–20** herumtrage,«] herumtrage,     **311,25** 348] 349     **312** Fußnote Z. 11 könne.«] könne.     **315,21** 382] 384

### Göschel-Rezension

**318,7–11** Darum … 3,21–23.] *in* O Petit     **320,21** zeigen«] zeigen     **323,11** Zeit,«] Zeit,     **324,3** ist.«] ist.     **324,4** »Indem] Indem     **326,2** Hinübergeworfenwerden] Hingeworfenwerden     **326,31** allem] allen     **327,26** vom₂] von     **330,19** 116] 115     **334,15** in dem] indem     **337,4** ist] bin     **338,27** ihn] ihm     **342,16** missen] wissen     **347,20** allem] allen *(so auch Göschel)*     **349,26** 96f.] 97

### Repliken

**354,14** E. H. Weiße] *richtig:* C. H. Weiße     **357,25** ihr] ihnen     **358,31** das] ist das     **359,15** »kann] kann     **360,11** »paßt] paßt     **360,20** aufzufassen«] aufzufassen     **360,24** »die] die     **361,28** II. B.] 11. B.     **363,37** selbst.« ebendas. und folg. S.] selbst. ebendas. und folg. S.«     **365,33** Wirksamkeit.«] Wirksamkeit.     **368,7** S. 500] § 500     **371,17** nichts] nicht     **372,21** 152] 400     **373,16** Sinne«] Sinne     **373,20** wären] wä-/ren     **374,10** hier schreibt er einmal Kausalität] *zum Textverständnis: Hegel moniert, daß der Verfasser sonst* Kausalität *statt* Causalität *schreibe; diese Differenz ist im vorliegenden Band auf Grund der Modernisierung der Schreibweise verlorengegangen*     **378,32** allem] allem aus     **381,10** solchen] diesen solchen     **382,3** »um] um     **382,34** 210] 216

383,14 »es] es    385,5 »Das] Das    385,12 Aufstellens] Auf-
/stellens    388,14 nirgends.«] nirgends.    389,2 mehrere«] mehrere    390,18 »daß] daß    390,21 »Die] Die    393,35 »Auf]
Auf    394,12 ausgedrückt«] ausgedrückt    397,5 zählt«] zählt
397,7 Wandel))] Wandel)    397,24 »am] am    398,15 »der]
der    398,27 232] 234    398,32 Offenbarung«] Offenbarung
399,1 »Es] Es    401,19 muß«.] muß«    401,24 »ein] ein
401,29–30 System] Systems    401,36 »nicht] nicht    406,1 »in]
in    406,30 »auf] auf    408,2 Totalität«] Totalität    412,15
»Wolle] Wolle    413,16 usf.?] usf.    413,22 in] in in    413,23
übergehen«.] übergehen,«    415,15 »Die] Die    418,11
»Haben] Haben    420,10 »dies] dies    422,25–26 wird weiter
argumentiert] weiter argumentiert wird    422,29 habe] haben
424,22 fremd«] fremd    424,29 Kunstwerke)] Kunstwerke
424,36 »ein] ein    425,10 »weiß] weiß    426,33 Insinuationen]
Insinuanen

## Über die englische Reformbill

443,30 verlassen] veranlassen    444,6–7 hervorbrachte] *(vers.*
*gestr:* hervor)brachte    444,30 damit die] die damit    444,30
Rechte solchen Anteils] *in D irrtümlich (durch Verwechslung von*
*Einfügungszeichen mit Anführungszeichen):* »Rechte solchen Anteils«    445,17 daß] daß sie    445,22 ein] einer    446,17 eine]
ein    446,33–447,1 entgegenzuarbeiten,] entgegenzuarbeiten,
*folgt vers. nicht gestr:* die Verbesserung    447,19 genommener] genommene    448,2 steht] zeigt    448,6 größere] grösse    448,23
von] *Seite 54a ist gestr.*    449,25 einfache] einfachen    449,26
nach] *davor vers. nicht gestr:* und durch    449,32 in] *davor vers.*
*nicht gestr:* ist    450,19 die₁] *davor vers. nicht gestr:* ist    451,15
Zwecke] Zweck    452,32 Drucks] *davor vers. nicht gestr:* an
453,18 die] *davor vers. nicht gestr:* vermag    454,6 der₂] die
454,22 eine] ein    454,24 einiges] einige    454,32 auch] *davor*
*vers. nicht gestr:* auch    455,31–32 sittlichem Wandel] sittlichen
Wandels    456,29 Achtung] *davor vers. nicht gestr:* die    457,4
der] den    458,24 Kirchsprengeln] Kirchsprengel    459,28 ver-
pflichten] verpflichtet *(so auch D)*    460,1 Länder] Ländern
462,32 eine] ein    463,27 wissenschaftlichen] wissenschaftlicher
464,20 welches] *davor vers. nicht gestr:* dem    464,24 hätten]
hätte    465,5–6 derselben] desselben    465,23 in₁] *davor vers. nicht*
*gestr:* hindert sie,    465,29–30 Völkern] Völker    466,10 Herzog]

H. **468,22** wo] *davor vers. nicht gestr:* und **470,8** welche] von welchen **472,7** die] das **472,11** aufregt] aufzuregen **472,32** erhoben] *davor vers. nicht gestr:* eine Beschwerde **475,9–10** Angelegenheiten] Angelegenheit **476,20** ebendamit] *folgt vers. nicht gestr:* die **477,5** sollten] sollte **477,12** Mitgliedern] Mitglieder **477,26** werden] zu werden **478,5** ihres] *davor vers. nicht gestr:* des **479,3** Parlaments] Parla- **479,31** manchen] *davor vers. nicht gestr:* den **480,5** bald] *folgt vers. nicht gestr:* sich **480,6** wo] *davor vers. nicht gestr:* hat, **480,22** derglei-|chen] dergleich-|(chen *vers. gestr.)* **482,14** gehören] treten **483,29** Deutschland,] *folgt vers. nicht gestr:* ein **484,22** innen] aussen **484,30** die jedoch] *folgt vers. nicht gestr:* welche **485,16** Parlamente] *davor vers. nicht gestr:* aber **485,22** übersehen] *davor vers. nicht gestr:* zu **485,32** die] *davor vers. nicht gestr:* worden ist, daß es **487,15** Material] *davor: (gestr:* ministeri-/)(elles *vers. nicht gestr.)* **487,28** vom] von **487,32** dort] *folgt vers. nicht gestr:* Frankreich **488,4** gelernt] gelehrt **489,20** sie] *folgt vers. nicht gestr:* daselbst **489,36** ihre] seine

## Ohlert-Rezension

**492,18** »was] was **492,26** § 12] S. 12 **493,29** »mit] mit **494,10** können] könne **497,6** Himmels),] Himmels, **498,19** werde.«] werde. **500,3** begleitete] begleitete. **500,33** »darum] darum **502,4** »Ich] Ich **503,13** schließen«] schließen **504,13** einem] *so auch Ohlert; O:* einen **505,3** 70] 40 **506,6** 104–118] 7–18 **506,14** »sich] sich **506,20–21** Außer dem] Außerdem

## Görres-Rezension

**514,17** diesen] dieser **514,28** worden] worden sei **515,10** den] dem **516,3** haben] hat **516,13–14** weit hin] weithin **518,1** »in] in **520,19** den] die **521,13** um] nun **527,14** habe] haben **527,27** hinzugeben] hinzukommen **528,13** Einigungen,«] Einigungen, **530,2** Sethiten] Semiten **531,13** Sethiten] Semiten **532,35** (S. 98), »diese] »(S. 98) diese **534,20–21** »mathematisches«] mathematisches« **535,9** herzugefunden«] herzugefunden

# QUELLENVERZEICHNIS

Heidelberger Antrittsrede: Hegel: Gesammelte Werke. Band 18. Hrsg. von Walter Jaeschke. Hamburg 1995, 3–8

Jacobi-Rezension: Heidelbergische Jahrbücher der Litteratur. 10. Jahrgang. Erste Hälfte. Januar bis Juny. Heidelberg 1817, 1–32, Nrr 1–2

Berliner Antrittsrede: Hegel: Gesammelte Werke. Band 18. Hrsg. von Walter Jaeschke. Hamburg 1995, 11–31

Hinrichs-Vorrede: Hermann Friedrich Wilhelm Hinrichs: Die Religion im inneren Verhältnisse zur Wissenschaft. Nebst Darstellung und Beurtheilung der von Jacobi, Kant, Fichte und Schelling gemachten Versuche, dieselbe wissenschaftlich zu erfassen, und nach ihrem Hauptinhalte zu entwickeln. Mit einem Vorworte von Georg Wilhelm Friedrich Hegel. Heidelberg 1822. I-XXVIII (zweite römische Paginierung)

Über die Bekehrten. Antikritisches: Berliner Schnellpost für Literatur, Theater und Geselligkeit. 31a–40b, Nrr 8–10; 18., 21, 23. Januar 1826: Remise für Theater und Novellistik. – Beiwagen für Kritik und Antikritik zur Berliner Schnellpost. No 4 (unpaginiert; i-iii); Montag, dem 23. Januar 1826

Humboldt-Rezension: Jahrbücher für wissenschaftliche Kritik. Stuttgart und Tübingen 1827. 1. Artikel: Januar; 51–63, Nrr 7/8; 2. Artikel: Oktober; 1441–1492, Nrr 181–188

Solger-Rezension: Jahrbücher für wissenschaftliche Kritik. Stuttgart und Tübingen 1828. 1. Artikel: März; Bd 1.403–428, Nrr 51–54; 2. Artikel: Juni; Bd 1.838–870, Nrr 105–110

Hamann-Rezension: Jahrbücher für wissenschaftliche Kritik. Stuttgart und Tübingen 1828. 1. Artikel: Oktober; Bd 2.620–640, Nrr 77–80; 2. Artikel: Dezember; Bd 2.859–900, Nrr 107–114

Göschel-Rezension: Jahrbücher für wissenschaftliche Kritik. Stuttgart und Tübingen 1829. Mai-Juni; Bd 1.789–816, 833–835, Nrr 99–102, 105/106

Repliken: Jahrbücher für wissenschaftliche Kritik. Stuttgart und Tübingen 1829. 1. Artikel: Juli; Bd 2.77–88, 97–109, Nrr 10–11, 13–14; 2. Artikel: August; Bd 2.293–308, 313–318, Nrr 37–40; 3. Artikel: Dezember; Bd 2.936–960, Nrr 117–120

Rede zur dritten Säkularfeier der Augsburgischen Konfession: Hegel: Berliner Schriften. Hrsg. von Johannes Hoffmeister. Hamburg 1956, 31–55 (Übersetzung der lateinischen Rede)

Über die englische Reformbill: Manuskript: Staatsbibliothek zu Berlin Preußischer Kulturbesitz, Hegel-Nachlaß, Bd 3, Bll 50–78; Varianten: Allgemeine Staats-Zeitung 1831, Nrr 115/116 (Dienstag, 26. April), Nr 118 (Freitag, 29. April) (S. 853 f., 857 f., 867 f.)

Ohlert-Rezension: Jahrbücher für wissenschaftliche Kritik. Stuttgart und Tübingen 1831. Juni; Bd 1.848–864, Nrr 106–108

Görres-Rezension: Jahrbücher für wissenschaftliche Kritik. Stuttgart und Tübingen 1831. September; Bd 2.438–463, Nrr 55–58

# PERSONENVERZEICHNIS

Das Register erfaßt nur historische Personen, die im Textteil genannt werden. Stellen, die auf eine bestimmte Person anspielen, ohne sie namentlich bzw. durch Personalpronomina oder auf andere Weise eindeutig zu bezeichnen, sowie Hinweise auf Werke, deren Autor Hegel nicht nennt, sind unter dem Namen der betreffenden Person in ( ) aufgeführt. In der Bibel vorkommende Personen seit der Zeit Abrahams werden hier verzeichnet, da sie analog historischen Personen handeln; ein weitergehendes Urteil über ihre Historizität ist damit nicht beabsichtigt. Nicht berücksichtigt sind Personennamen, die Bestandteile eines zitierten Titels sind (z. B. »Spinoza« in »Jacobi: Über die Lehre des Spinoza ...«).

**Meiner**                  Philosophische Bibliothek

GEORG WILHELM FRIEDRICH HEGEL

Jenaer Kritische Schriften (I). Nach dem Text von
G.W. Bd. 4. PhB 319a. 1979. XXVII, 180 S.

Jenaer Kritische Schriften (II). Nach dem Text von
G.W. Bd. 4. PhB 319b. 1983. XXXIX, 212 S.

Jenaer Kritische Schriften (III). Nach dem Text von
G.W. Bd. 4. PhB 319c. 1986. XXII, 156 S.

Jenaer Systementwürfe I. Nach dem Text von
G.W. Bd. 6. PhB 331. 1986. XXXVII, 286 S.

Jenaer Systementwürfe II. Nach dem Text von
G.W. Bd. 7. PhB 332. 1982. XXXIV, 388 S.

Jenaer Systementwürfe III. Nach dem Text von
G.W. Bd. 8. PhB 333. 1987. XXXVII, 319 S.

Wissenschaft der Logik. Erster Band.
Die objektive Logik. Erstes Buch. Das Sein (1812)
Nach dem Text von G.W. Bd. 11.
PhB 375. 1986. LIII, 320 S.

Wissenschaft der Logik. Erster Band.
Die objektive Logik. Zweites Buch. Die Lehre vom
Wesen (1813). Nach dem Text von G.W. Bd. 11.
PhB 376. 1992. XLIV, 225 S.

Wissenschaft der Logik. Zweiter Band.
Die subjektive Logik. Die Lehre vom Begriff (1816)
Nach dem Text von G.W. Bd. 12.
PhB 377. 1994. XLII, 339 S.

Wissenschaft der Logik. Erster Teil. Die objektive
Logik. Erster Band. Die Lehre vom Sein (1832).
Nach dem Text von G.W. Bd. 21.
PhB 385. 1989. XLI, 509 S.

Phänomenologie des Geistes. Nach dem Text von
G.W. Bd. 9. PhB 414. 1988. XC, 631 S.

Gesamtverzeichnis bitte anfordern!
Felix Meiner Verlag · D-22081 Hamburg

# Philosophische Bibliothek                    Meiner

Vorlesungen über die Geschichte der Philosophie
Teil 1: Einleitung in die Geschichte
der Philosophie. Orientalische Philosophie
PhB 439. 1993. XL, 403 S.

System der Sittlichkeit. PhB 457. i.V.

Enzyklopädie der philosophischen
Wissenschaften im Grundrisse (1830)
PhB 33. 8. Aufl. 1991. LII, 506 S.

Vorlesungen über die Philosophie
der Weltgeschichte
Band I: Die Vernunft in der Geschichte
PhB 171a. 6. Aufl. 1994. XVI, 275 S.
Band II-IV (in einem Band):
Die orientalische Welt; Die griechische und
die römische Welt; Die germanische Welt.
PhB 171b-d. 1988. XVI, 265-956 S.

Briefe von und an Hegel. 3. Aufl.
Band 1: 1785-1812. PhB 235. 1969. XV, 516 S.
Band 2: 1813-1822. PhB 236. 1969. X, 509 S.
Band 3: 1823-1831. PhB 237. 1969. X, 476 S.
Band 4: Teil 1: PhB 238a. 1977. XVI, 372 S.
        Teil 2: PhB 238b. 1981. XII, 331 S.

Hegel in Berichten seiner Zeitgenossen
PhB 245. 1970. XVIII, 694 S.

Vorlesungen über die Philosophie der Religion.
Teil 1: PhB 459. 1993. XLIII, 365 S.
Teil 2: PhB 460. 1994. XIL, 645 S.
Teil 3: PhB 461. 1995. XXXVII, 296 S.

Grundlinien der Philosophie des Rechts
PhB 483. 1995. XVIII, 434 S.

Berliner Schriften (1818-1831)
Nach dem Text von GW, Bd. 18
PhB 504. 1997. LXXXVIII, 550 S.

Gesamtverzeichnis bitte anfordern!
Felix Meiner Verlag · D-22081 Hamburg